法律文件缩略语

简称	全称
法　律	
《民法通则》	《中华人民共和国民法通则》
《民法总则》	《中华人民共和国民法总则》
《物权法》	《中华人民共和国物权法》
《担保法》	《中华人民共和国担保法》
《合同法》	《中华人民共和国合同法》
《婚姻法》	《中华人民共和国婚姻法》
《继承法》	《中华人民共和国继承法》
《侵权责任法》	《中华人民共和国侵权责任法》
《农业法》	《中华人民共和国农业法》
《农村土地承包法》	《中华人民共和国农村土地承包法》
《土地管理法》	《中华人民共和国土地管理法》
《城市房地产管理法》	《中华人民共和国城市房地产管理法》
《消费者权益保护法》	《中华人民共和国消费者权益保护法》
司法解释	
《民通意见》	《最高人民法院关于贯彻执行〈中华人民共和国民法通则〉若干问题的意见（试行）》法（办）发〔1988〕6号
《继承法意见》	《最高人民法院关于贯彻执行〈中华人民共和国继承法〉若干问题的意见》法（民）发〔1985〕22号

简称	全称
《合同法司法解释（一）》	《最高人民法院关于适用〈中华人民共和国合同法〉若干问题的解释（一）》法释〔1999〕19号
《合同法司法解释（二）》	《最高人民法院关于适用〈中华人民共和国合同法〉若干问题的解释（二）》法释〔2009〕5号
《买卖合同司法解释》	《最高人民法院关于审理买卖合同纠纷案件适用法律问题的解释》法释〔2012〕8号
《商品房买卖合同司法解释》	《最高人民法院关于审理商品房买卖合同纠纷案件适用法律若干问题的解释》法释〔2003〕7号
《民间借贷规定》	《最高人民法院关于审理民间借贷案件适用法律若干问题的规定》法释〔2015〕18号
《公司法司法解释（一）》	《最高人民法院关于适用〈中华人民共和国公司法〉若干问题的规定（一）》法释〔2014〕2号
《公司法司法解释（三）》	《最高人民法院关于适用〈中华人民共和国公司法〉若干问题的规定（三）》法释〔2014〕2号
《公司法司法解释（四）》	《最高人民法院关于适用〈中华人民共和国公司法〉若干问题的规定（四）》法释〔2017〕16号
《精神损害赔偿司法解释》	《最高人民法院关于确定民事侵权精神损害赔偿责任若干问题的解释》法释〔2001〕7号
《民事案件诉讼时效规定》	《最高人民法院关于审理民事案件适用诉讼时效制度若干问题的规定》法释〔2008〕11号
《物权法司法解释（一）》	《最高人民法院关于适用〈中华人民共和国物权法〉若干问题的解释（一）》法释〔2016〕5号
《担保法司法解释》	《最高人民法院关于适用〈中华人民共和国担保法〉若干问题的解释》法释〔2000〕44号
《建筑物区分所有权解释》	《最高人民法院关于审理建筑物区分所有权纠纷案件具体应用法律若干问题的解释》法释〔2009〕7号

简称	全称
《农村土地承包解释》	《最高人民法院关于审理涉及农村土地承包纠纷案件适用法律问题的解释》法释〔2005〕6号
《国有土地使用权合同纠纷解释》	《最高人民法院关于审理涉及国有土地使用权合同纠纷案件适用法律问题的解释》法释〔2005〕5号
《城镇房屋租赁合同司法解释》	《最高人民法院关于审理城镇房屋租赁合同纠纷案件具体应用法律若干问题的解释》法释〔2009〕11号
《融资租赁合同司法解释》	《最高人民法院关于审理融资租赁合同纠纷案件适用法律问题的解释》法释〔2014〕3号
《建设工程合同纠纷解释》	《最高人民法院关于审理建设工程施工合同纠纷案件适用法律问题的解释》法释〔2004〕14号
《建设工程合同纠纷解释（二）》	《最高人民法院关于审理建设工程施工合同纠纷案件适用法律问题的解释（二）》法释〔2018〕20号
《技术合同司法解释》	《最高人民法院关于审理技术合同纠纷案件适用法律若干问题的解释》法释〔2004〕20号
《物业服务纠纷司法解释》	《最高人民法院关于审理物业服务纠纷案件具体应用法律若干问题的解释》法释〔2009〕8号
《婚姻法司法解释（一）》	《最高人民法院关于适用〈中华人民共和国婚姻法〉若干问题的解释（一）》法释〔2001〕30号
《婚姻法司法解释（二）》	《最高人民法院关于适用〈中华人民共和国婚姻法〉若干问题的解释（二）》法释〔2017〕6号
《婚姻法司法解释（三）》	《最高人民法院关于适用〈中华人民共和国婚姻法〉若干问题的解释（三）》法释〔2011〕18号
《道路交通事故损害赔偿司法解释》	《最高人民法院关于审理道路交通事故损害赔偿案件适用法律若干问题的解释》法释〔2012〕19号

简称	全称
《民法典总则编司法解释》	《最高人民法院关于适用〈中华人民共和国民法典〉总则编若干问题的解释》法释〔2022〕6号
《民法典时间效力规定》	《最高人民法院关于适用〈中华人民共和国民法典〉时间效力的若干规定》法释〔2020〕15号
《民法典担保制度司法解释》	《最高人民法院关于适用〈中华人民共和国民法典〉有关担保制度的解释》法释〔2020〕28号
《九民纪要》	《全国法院民商事审判工作会议纪要》法〔2019〕254号
《民法典物权编司法解释(一)》	《最高人民法院关于适用〈中华人民共和国民法典〉物权编的解释（一）》法释〔2020〕24号
2020年《建设工程合同纠纷解释》	《最高人民法院关于审理建设工程施工合同纠纷案件适用法律问题的解释（一）》法释〔2020〕25号
《民法典婚姻家庭编司法解释（一)》	《最高人民法院关于适用〈中华人民共和国民法典〉婚姻家庭编的解释（一)》法释〔2020〕22号
《民法典继承编司法解释(一)》	《最高人民法院关于适用〈中华人民共和国民法典〉继承编的解释（一)》法释〔2020〕23号
2020年《劳动争议司法解释（一)》	《最高人民法院关于审理劳动争议案件适用法律问题的解释（一)》法释〔2020〕26号

目　录

民法典与相关规定新旧对照

民法典配套司法解释与相关规定新旧对照

民法典与相关规定新旧对照

民法典与相关法律、司法解释规定对照表

（左栏删除线部分为删除的内容，右栏黑体部分为增加的内容，两栏下划线部分为修改的内容）

相关法律、司法解释规定	民法典
	第一编　总　则
	第一章　基本规定
《民法通则》① **第一条**　为了保障公民、法人的合法~~的民事~~权益，~~正确~~调整民事关系，适应社会主义~~现代化建设事业~~发展~~的~~需要，根据宪法~~和我国实际情况，总结民事活动的实践经验，~~制定本法。	**第一条**　为了保护民事主体的合法权益，调整民事关系，**维护社会和经济秩序**，适应**中国特色**社会主义发展要求，**弘扬社会主义核心价值观**，根据宪法，制定本法。 释义　本条是关于民法典的立法目的和依据的规定。 亮点是增加"弘扬社会主义核心价值观"的表述。
《民法通则》 **第二条**　~~中华人民共和国~~民法调整平等主体的~~公民之间、法人之间、公民和法人~~之间的财产关系和人身关系。	**第二条**　民法调整平等主体的**自然人、法人和非法人组织**之间的人身关系和财产关系。 释义　本条是关于民法典调整范围的规定。 本条列举了民事主体的具体类型，包括自然人、法人和非法人组织三类。非法人组织包括个人独资企业、

① 在民法典编纂的过程中，全部立法分为两步：第一步，制定民法总则，第二步，将民事立法的基本法律整合，结合民法总则编纂民法典。《民法总则》已由中华人民共和国第十二届全国人民代表大会第五次会议于2017年3月15日通过并公布，自2017年10月1日起施行。由于《民法典》总则编与《民法总则》基本相同，因此特将《民法典》总则编与《民法通则》对照，但《民法典》总则编对《民法总则》作出实质性修改的，也将二者予以对照。

相关法律、司法解释规定	民法典
	合伙企业、不具有法人资格的专业服务机构等。创设第三类民事主体，赋予其民事主体地位，有利于其开展民事活动，促进经济社会发展，也与其他法律的规定相衔接。
《民法通则》 **第五条** 公民、法人的合法~~的民事~~权益受法律保护，任何组织和个人不得侵犯。	**第三条** 民事主体的**人身权利、财产权利以及其他**合法权益受法律保护，任何组织或者个人不得侵犯。 释义 本条是关于民事权利及其他合法权益受法律保护的规定。 将本条的内容从《民法通则》第5条移至前面第3条，以充分体现权利本位、权利导向的立法宗旨。
《民法通则》 **第三条** 当事人在民事活动中的地位平等。	**第四条** 民事主体在民事活动中的**法律**地位**一律**平等。 释义 本条是关于平等原则的规定。
《民法通则》 **第四条** 民事活动应当遵循自愿、公平、~~等价有偿~~、诚实信用的原则。	**第五条 民事主体从事**民事活动，应当遵循自愿原则，**按照自己的意思设立、变更、终止民事法律关系。** **第六条 民事主体从事**民事活动，应当遵循公平原则，**合理确定各方的权利和义务。** **第七条 民事主体从事**民事活动，应当遵循诚信原则，**秉持诚实，恪守承诺。** 释义 此三条是关于自愿原则、公平原则和诚信原则的规定。
《民法通则》 **第七条** 民事活动应当尊重社会公德，不得损害社会公共利益，扰乱社会经济秩序。	**第八条 民事主体从事**民事活动，**不得违反法律，**不得违背公序良俗。 释义 本条是关于守法与公序良俗原则的规定。使用“公序良俗”的表述更为简洁。

相关法律、司法解释规定	民法典
	第九条　民事主体从事民事活动，应当有利于节约资源、保护生态环境。 释义　本条是关于绿色原则的规定。 绿色原则是贯彻宪法关于保护环境规定的要求，同时也是落实党中央关于建设生态文明、实现可持续发展理念的要求。将环境资源保护上升至民法基本原则的地位，具有鲜明的时代特征，顺应了绿色立法的潮流。
《民法通则》 **第六条**　民事活动必须遵守法律，法律没有规定的，应当遵守国家政策。	**第十条　处理民事纠纷，应当依照法律；法律没有规定的，可以适用习惯，但是不得违背公序良俗。** 释义　本条是关于处理民事纠纷的依据的规定。 本条确认习惯可以作为民事法律渊源，但适用习惯受到两个方面的限制：一是适用习惯的前提是法律没有规定；二是所适用的习惯不得违背公序良俗。
	第十一条　其他法律对民事关系有特别规定的，依照其规定。 释义　本条是关于一般法与特别法的关系的规定。
《民法通则》 **第八条第一款**　在中华人民共和国领域内的民事活动，适用中华人民共和国法律，法律另有规定的除外。	**第十二条　中华人民共和国领域内的民事活动，适用中华人民共和国法律。法律另有规定的，依照其规定。** 释义　本条是关于民法的效力范围的规定。 中华人民共和国领域包括中华人民共和国领土、领空、领海，以及根据国际法视为我国领域的我国驻外使馆，国籍为中国的船舶、航空器等。

相关法律、司法解释规定	民法典
	第二章　自　然　人
	第一节　民事权利能力和民事行为能力
《民法通则》 **第九条**　公民从出生时起到死亡时止，具有民事权利能力，依法享有民事权利，承担民事义务。	**第十三条**　自然人从出生时起到死亡时止，具有民事权利能力，依法享有民事权利，承担民事义务。 释义　本条是关于自然人民事权利能力的规定。
《民法通则》 **第十条**　公民的民事权利能力一律平等。	**第十四条**　自然人的民事权利能力一律平等。 释义　本条是关于自然人民事权利能力平等的规定。
《民通意见》① 1. 公民的~~民事权利能力自出生时开始。~~出生的时间以户籍证明为准；没有户籍证明的，以医院出具的出生证明为准。没有医院证明的，参照其他有关证明认定。	**第十五条**　自然人的**出生时间和死亡时间，以出生证明、死亡证明记载的时间为准；没有出生证明、死亡证明的，以户籍登记或者其他有效身份登记记载的时间为准。有其他证据足以推翻以上记载时间的，以该证据证明的时间为准。** 释义　本条是关于自然人出生时间和死亡时间的规定。 本条与《民通意见》规定变化较大，出生时间和死亡时间的认证顺序为：足以推翻记载的证据 > 出生/死亡证明 > 户籍/其他有效身份登记。
《继承法》 **第二十八条**　遗产分割时，应当保留胎儿的继承份额。胎儿出生时是死体的，保留的份额按照法定继承办理。	**第十六条　涉及遗产继承、接受赠与等胎儿利益保护的，胎儿视为具有民事权利能力。但是，胎儿娩出时为死体的，其民事权利能力自始不存在。**

① 《最高人民法院关于贯彻执行〈中华人民共和国民法通则〉若干问题的意见（试行）》简称《民通意见》。

相关法律、司法解释规定	民法典
《继承法意见》① 45. 应当为胎儿保留的遗产份额没有保留的应从继承人所继承的遗产中扣回。 为胎儿保留的遗产份额，如胎儿出生后死亡的，由其继承人继承；如胎儿出生时就是死体的，由被继承人的继承人继承。	释义　本条是关于胎儿利益保护的规定。为了更周延地保护胎儿利益，涉及遗产继承、接受赠与等胎儿利益保护的，胎儿自母亲怀孕之时起就被视为具有民事权利能力，无须待到其出生即可行使权利。
《民法通则》 **第十一条**　十八周岁以上的公民是成年人，具有完全民事行为能力，可以独立进行民事活动，是完全民事行为能力人。 十六周岁以上不满十八周岁的公民，以自己的劳动收入为主要生活来源的，视为完全民事行为能力人。	**第十七条**　十八周岁以上的自然人为成年人。**不满十八周岁的自然人为未成年人。** **第十八条**　**成年人**为完全民事行为能力人，可以独立实施民事法律行为。 十六周岁以上的未成年人，以自己的劳动收入为主要生活来源的，视为完全民事行为能力人。 释义　第17条是关于成年人与未成年人年龄标准的规定；第18条是关于完全民事行为能力人的规定。
《民法通则》 **第十二条**　十周岁以上的未成年人是限制民事行为能力人，可以进行与他的年龄、智力相适应的民事活动；其他民事活动由他的法定代理人代理，或者征得他的法定代理人的同意。不满十周岁的未成年人是无民事行为能力人，由他的法定代理人代理民事活动。	**第十九条**　八周岁以上的未成年人为限制民事行为能力人，实施民事法律行为由其法定代理人代理或者经其法定代理人同意、**追认；但是，可以独立实施纯获利益的民事法律行为或者**与其年龄、智力相适应的民事法律行为。 **第二十条**　不满八周岁的未成年人为无民事行为能力人，由其法定代理人代理**实施**民事法律行为。

① 《最高人民法院关于贯彻执行〈中华人民共和国继承法〉若干问题的意见》简称《继承法意见》。

相关法律、司法解释规定	民法典
	释义　第19条是关于限制民事行为能力的未成年人的规定；第20条是关于无民事行为能力的未成年人的规定。 限制民事行为能力和无民事行为能力未成年人的年龄认定标准由10周岁改为8周岁。
《民法通则》 **第十三条**　不能辨认自己行为的精神病人是无民事行为能力人，由他的法定代理人代理民事活动。 不能完全辨认自己行为的精神病人是限制民事行为能力人，可以进行与他的精神健康状况相适应的民事活动；其他民事活动由他的法定代理人代理，或者征得他的法定代理人的同意。 **《民通意见》** 5. 精神病人（包括痴呆症人）如果没有判断能力和自我保护能力，不知其行为后果的，可以认定为不能辨认自己行为的人；对于比较复杂的事物或者比较重大的行为缺乏判断能力和自我保护能力，并且不能预见其行为后果的，可以认定为不能完全辨认自己行为的人。	**第二十一条**　不能辨认自己行为的成年人为无民事行为能力人，由其法定代理人代理**实施**民事法律行为。 **八周岁以上的未成年人不能辨认自己行为的，适用前款规定。** **第二十二条**　不能完全辨认自己行为的成年人为限制民事行为能力人，实施民事法律行为由其法定代理人代理或者经其法定代理人同意、**追认；但是，可以独立实施纯获利益的民事法律行为或者**与其**智力、**精神健康状况相适应的民事法律行为。 释义　该两条是关于无民事行为能力和限制民事行为能力的成年人的规定。 不再使用“精神病人”的表述，是对无民事行为能力人和限制民事行为能力人的范围的进一步扩张，包括因先天、疾病等各种原因不能辨认、不能完全辨认自己行为的成年人，既包括智力障碍患者、严重精神障碍患者，也包括阿尔茨海默病患者等。
《民法通则》 **第十四条**　无民事行为能力人、限制民事行为能力人的监护人是他的法定代理人。	**第二十三条**　无民事行为能力人、限制民事行为能力人的监护人是其法定代理人。 释义　本条是关于无民事行为能力人、限制民事行为能力人的法定代理人的规定。

相关法律、司法解释规定	民法典
《民法通则》 **第十九条** 精神病人的利害关系人，可以向人民法院申请宣告精神病人为无民事行为能力人或者限制民事行为能力人。 被人民法院宣告为无民事行为能力人或者限制民事行为能力人的，根据他健康恢复的状况，经本人或者利害关系人申请，人民法院可以宣告他为限制民事行为能力人或者完全民事行为能力人。	**第二十四条** 不能辨认或者不能完全辨认自己行为的成年人，其利害关系人**或者有关组织**，可以向人民法院申请认定该成年人为无民事行为能力人或者限制民事行为能力人。 被人民法院认定为无民事行为能力人或者限制民事行为能力人的，经本人、利害关系人**或者有关组织**申请，人民法院可以根据其**智力、精神**健康恢复的状况，认定该成年人恢复为限制民事行为能力人或者完全民事行为能力人。 **本条规定的有关组织包括：居民委员会、村民委员会、学校、医疗机构、妇女联合会、残疾人联合会、依法设立的老年人组织、民政部门等。** 释义 本条是关于认定或者恢复某种民事行为能力状态相关法定程序的规定。 1. 将“宣告”改为“认定”，法院公开认定而非宣告，能避免对无民事行为能力、限制民事行为能力的成年人的正常工作、生活等造成影响，更好保护其权益。 2. 增加“有关组织”并明确范围，以更好保障没有利害关系人的成年人的权利。
《民法通则》 **第十五条** 公民以他的户籍所在地的居住地为住所，经常居住地与住所不一致的，经常居住地视为住所。 《民通意见》 9. 公民离开住所地最后连续居住一年以上的地方，为经常居住地。	**第二十五条** 自然人以户籍登记**或者其他有效身份登记记载的**居所为住所；经常居所与住所不一致的，经常居所视为住所。 释义 本条是关于自然人住所的规定。

相关法律、司法解释规定	民法典
但住医院治病的除外。 公民由其户籍所在地迁出后至迁入另一地之前，无经常居住地的，仍以其原户籍所在地为住所。	增加“其他有效身份登记记载”，主要包括居住证和外国人的有效居留证件等。
	第二节　监　　护
《婚姻法》 **第二十一条第一款**　父母对子女有抚养教育的义务；子女对父母有赡养扶助的义务。 **第二十三条**　父母有保护和教育未成年子女的~~权利和~~义务。~~在未成年子女对国家、集体或他人造成损害时，父母有承担民事责任的义务。~~	**第二十六条**　父母对**未成年**子女**负**有抚养、教育和保护的义务。 **成年**子女对父母**负**有赡养、扶助和保护的义务。 释义　本条是关于父母子女之间法律义务的规定。
《民法通则》 **第十六条第一款、第二款**　~~未成年人的~~父母是未成年人的监护人。 未成年人的父母已经死亡或者没有监护能力的，由下列~~人员中~~有监护能力的人担任监护人： （一）祖父母、外祖父母； （二）兄、姐； （三）~~关系密切的~~其他亲属、朋友愿意承担监护责任，经~~未成年人的父、母的所在单位或者~~未成年人住所地的居民委员会、村民委员会同意~~的~~。 **《民通意见》** 11. 认定监护人监护能力，应当根据监护人的身体健康状况、经济条件，以及与被监护人在生活上的联系状况等因素确定。	**第二十七条**　父母是未成年子女的监护人。 未成年人的父母已经死亡或者没有监护能力的，由下列有监护能力的人**按顺序**担任监护人： （一）祖父母、外祖父母； （二）兄、姐； （三）其他愿意**担任监护人的**个人**或者组织，但是须**经未成年人住所地的居民委员会、村民委员会**或者民政部门**同意。 释义　本条是关于未成年人的监护人的规定。 1. 增加“按顺序”担任监护人的规定，主要目的在于防止具有监护资格的人之间互相推卸责任。 2. 增加“愿意担任监护人的组织”，是对家庭监护的有益补充，也可以缓解国家监护的压力。

相关法律、司法解释规定	民法典
	3. 将"关系密切的其他亲属、朋友"修改为愿意担任监护人的"个人"，进一步扩大了监护人的范围，尽量避免无人担任监护人的情况。
《民法通则》 **第十七条第一款** 无民事行为能力或者限制民事行为能力的精神病人，由下列人员担任监护人： （一）配偶； （二）父母； ~~（三）成年~~子女； （四）其他近亲属； （五）关系密切的其他亲属、朋友愿意承担监护责任，经精神病人的~~所在单位或者~~住所地的居民委员会、村民委员会同意的。	**第二十八条** 无民事行为能力或者限制民事行为能力的成年人，由下列有监护能力的人**按顺序**担任监护人： （一）配偶； （二）父母、子女； （三）其他近亲属； （四）其他愿意担任监护人的个人**或者组织，但是须经被**监护人住所地的居民委员会、村民委员会**或者民政部门**同意。 释义　本条是关于无民事行为能力或者限制民事行为能力的成年人的监护人的规定。
	第二十九条　被监护人的父母担任监护人的，可以通过遗嘱指定监护人。 释义　本条是关于遗嘱监护的规定。 1. 遗嘱监护制度有利于更好保护被监护人的利益。 2. 遗嘱指定监护的前提是父母正在担任监护人，未丧失监护能力。
《民通意见》 15. 有监护资格的人之间协议确定监护人的~~，应当由协议确定的监护人对被监护人承担监护责任~~。	**第三十条　依法具**有监护资格的人之间可以协议确定监护人。**协议确定监护人应当尊重被监护人的真实意愿。** 释义　本条是关于协议确定监护人的规定。 协议监护可以不按照第27条、第28条规定的顺序确定监护人。

相关法律、司法解释规定	民法典
《民法通则》 **第十六条第三款** 对担任监护人有争议的，由未成年人~~的父、母的所在单位或者未成年人~~住所地的居民委员会、村民委员会~~在近亲属中~~指定。对指定不服提起诉讼的，由人民法院裁决。 **第十七条第二款** 对担任监护人有争议的，由精神病人~~的所在单位或者~~住所地的居民委员会、村民委员会~~在近亲属中~~指定。对指定不服提起诉讼的，由人民法院裁决。 《民通意见》 16. 对于担任监护人有争议的，应当按照民法通则第十六条第三款或者第十七条第二款的规定，由有关组织予以指定。未经指定而向人民法院起诉的，人民法院不予受理。 18. 监护人被指定后，不得自行变更。擅自变更的，由原被指定的监护人和变更后的监护人承担监护责任。 19. 被指定人对指定不服提起诉讼的，人民法院应当根据本意见第十四条的规定，作出维持或者撤销指定监护人的判决。如果判决是撤销原指定的，可以同时另行指定监护人。此类案件，比照民事诉讼法（试行）规定的特别程序进行审理。 在人民法院作出判决前的监护责任，一般应当按照指定监护人的顺序，由有监护资格的人承担。	**第三十一条** 对监护人的确定有争议的，由被监护人住所地的居民委员会、村民委员会**或者民政部门**指定**监护人，有关当事人**对指定不服的，可以向人民法院申请指定监护人；**有关当事人也可以直接向人民法院申请指定监护人。** **居民委员会、村民委员会、民政部门或者人民法院应当尊重被监护人的真实意愿，按照最有利于被监护人的原则在依法具有监护资格的人中指定监护人。** **依据本条第一款规定指定监护人前，被监护人的人身权利、财产权利以及其他合法权益处于无人保护状态的，由被监护人住所地的居民委员会、村民委员会、法律规定的有关组织或者民政部门担任临时监护人。** **监护人被指定后，不得擅自变更；擅自变更的，不免除被指定的监护人的责任。** 释义 本条是关于监护争议解决程序的规定，吸收了《民法通则》和《民通意见》的相关规定。 本条规定不再保留《民法通则》规定的诉前指定程序，一是考虑随着社会经济发展，就业人员流动频繁，与单位关系并不稳定，单位不适宜再承担指定监护人的职责。二是实践中单位、居民委员会、村民委员会不愿指定、迟迟不指定监护人的情况较为常见，不利于保护被监护人的权益。

相关法律、司法解释规定	民法典
《民法通则》 **第十六条第四款** 没有第一款、第二款规定的监护人的，由~~未成年人的父、母的所在单位或者~~未成年人住所地的居民委员会、村民委员会或者民政部门担任监护人。 **第十七条第三款** 没有第一款规定的监护人的，由~~精神病人的所在单位或者~~住所地的居民委员会、村民委员会或者民政部门担任监护人。	**第三十二条** 没有依法具有监护资格的人的，监护人由民政部门担任，也可以由**具备履行监护职责条件的**被监护人住所地的居民委员会、村民委员会担任。 释义 本条是关于民政部门或者居民委员会、村民委员会担任监护人的规定。
《老年人权益保障法》 **第二十六条** 具备完全民事行为能力的老年人，可以在近亲属或者其他~~与自己关系密切、~~愿意承担监护责任的个人、组织中协商确定自己的监护人。监护人在老年人丧失或者部分丧失民事行为能力时，依法承担监护责任。 ~~老年人未事先确定监护人的，其丧失或者部分丧失民事行为能力时，依照有关法律的规定确定监护人。~~	**第三十三条** 具有完全民事行为能力的成年人，可以与其近亲属、其他愿意担任监护人的个人或者组织事先协商，**以书面形式**确定自己的监护人，在自己丧失或者部分丧失民事行为能力时，由该监护人履行监护职责。 释义 本条是关于意定监护的规定。 本条吸收了《老年人权益保障法》的规定，并进一步扩大了适用范围，将意定监护制度适用于具有完全民事行为能力的成年人。
《民法总则》 **第三十四条** 监护人的职责是代理被监护人实施民事法律行为，保护被监护人的人身权利、财产权利以及其他合法权益等。 监护人依法履行监护职责产生的权利，受法律保护。 监护人不履行监护职责或者侵害被监护人合法权益的，应当承担法律责任。	**第三十四条** 监护人的职责是代理被监护人实施民事法律行为，保护被监护人的人身权利、财产权利以及其他合法权益等。 监护人依法履行监护职责产生的权利，受法律保护。 监护人不履行监护职责或者侵害被监护人合法权益的，应当承担法律责任。 **因发生突发事件等紧急情况，监护人暂时无法履行监护职责，被监护**

相关法律、司法解释规定	民法典
	人的生活处于无人照料状态的，被监护人住所地的居民委员会、村民委员会或者民政部门应当为被监护人安排必要的临时生活照料措施。 释义　本条是关于监护职责内容及临时生活照料的规定。 本条第4款增加了“临时生活照料”的规定。“突发事件”是指《突发事件应对法》中规定的突然发生，造成或者可能造成严重社会危害，需要采取应急处置措施予以应对的自然灾害、事故灾难、公共卫生事件和社会安全事件等，如新冠肺炎疫情。
《民法通则》 **第十八条**　监护人应当履行监护职责，保护被监护人的人身、财产及其他合法权益，除为被监护人的利益外，不得处理被监护人的财产。 监护人依法履行监护的权利，受法律保护。 监护人不履行监护职责或者侵害被监护人的合法权益的，应当承担责任；给被监护人造成财产损失的，应当赔偿损失。人民法院可以根据有关人员或者有关单位的申请，撤销监护人的资格。	**第三十五条**　监护人应当**按照最有利于被监护人的原则**履行监护职责。**监护人**除为**维护**被监护人利益外，不得处分被监护人的财产。 **未成年人的监护人履行监护职责，在作出与被监护人利益有关的决定时，应当根据被监护人的年龄和智力状况，尊重被监护人的真实意愿。** **成年人的监护人履行监护职责，应当最大程度地尊重被监护人的真实意愿，保障并协助被监护人实施与其智力、精神健康状况相适应的民事法律行为。对被监护人有能力独立处理的事务，监护人不得干涉。** 释义　本条是关于履行监护职责应当遵循的原则的规定。 本条确立了监护人履行监护职责的两项基本原则：一是最有利于被监护人的原则；二是尊重被监护人意愿的原则。

相关法律、司法解释规定	民法典
《民法通则》 **第十八条第三款**　监护人不履行监护职责或者侵害被监护人的合法权益的，应当承担责任；给被监护人造成财产损失的，应当赔偿损失。人民法院可以根据有关人员或者有关单位的申请，撤销监护人的资格。 **《民通意见》** 21. 夫妻离婚后，与子女共同生活的一方无权取消对方对该子女的监护权，但是，未与该子女共同生活的一方，对该子女有犯罪行为、虐待行为或者对该子女明显不利的，人民法院认为可以取消的除外。 **《反家庭暴力法》** **第二十一条第一款**　监护人实施家庭暴力严重侵害被监护人合法权益的，人民法院可以根据被监护人的近亲属、居民委员会、村民委员会、县级人民政府民政部门等有关人员或者单位的申请，依法撤销其监护人资格，另行指定监护人。 **《最高人民法院、最高人民检察院、公安部、民政部关于依法处理监护人侵害未成年人权益行为若干问题的意见》** 第27条第1款　下列单位和人员（以下简称有关单位和人员）有权向人民法院申请撤销监护人资格： （一）未成年人的其他监护人，祖父母、外祖父母、兄、姐，关系密切的其他亲属、朋友； （二）未成年人住所地的村（居）	**第三十六条　监护人有下列情形之一的，人民法院根据有关个人或者组织的申请，撤销其监护人资格，安排必要的临时监护措施，并按照最有利于被监护人的原则依法指定监护人：** **（一）实施严重损害被监护人身心健康的行为；** **（二）怠于履行监护职责，或者无法履行监护职责且拒绝将监护职责部分或者全部委托给他人，导致被监护人处于危困状态；** **（三）实施严重侵害被监护人合法权益的其他行为。** **本条规定的有关个人、组织包括：其他依法具有监护资格的人，居民委员会、村民委员会、学校、医疗机构、妇女联合会、残疾人联合会、未成年人保护组织、依法设立的老年人组织、民政部门等。** **前款规定的个人和民政部门以外的组织未及时向人民法院申请撤销监护人资格的，民政部门应当向人民法院申请。** 释义　本条是关于撤销监护人资格的规定。 本条对撤销监护人资格诉讼的申请主体、适用情形等内容作出了明确规定，并强化了民政部门的职责。

相关法律、司法解释规定	民法典
民委员会，未成年人父、母所在单位； （三）民政部门及其设立的未成年人救助保护机构； （四）共青团、妇联、关工委、学校等团体和单位。	
《反家庭暴力法》 第二十一条第二款　被撤销监护人资格的加害人，应当继续负担相应的赡养、扶养、抚养费用。	**第三十七条　依法负担被监护人抚养费、赡养费、扶养费的父母、子女、配偶等，被人民法院撤销监护人资格后，应当继续履行负担的义务。** 释义　本条是关于法定扶养义务人继续负担扶养费的规定。法定扶养义务是基于血缘等关系确立的法律义务，该义务不因监护人资格的撤销而免除。
《最高人民法院、最高人民检察院、公安部、民政部关于依法处理监护人侵害未成年人权益行为若干问题的意见》 40. 人民法院经审理认为申请人确有悔改表现并且适宜担任监护人的，可以判决恢复其监护人资格，原指定监护人的监护人资格终止。 申请人具有下列情形之一的，一般不得判决恢复其监护人资格： （一）性侵害、出卖未成年人的； （二）虐待、遗弃未成年人六个月以上、多次遗弃未成年人，并且造成重伤以上严重后果的； （三）因监护侵害行为被判处五年有期徒刑以上刑罚的。	**第三十八条　被监护人的父母或者子女被人民法院撤销监护人资格后，除对被监护人实施故意犯罪的外，确有悔改表现的，经其申请，人民法院可以在尊重被监护人真实意愿的前提下，视情况恢复其监护人资格，人民法院指定的监护人与被监护人的监护关系同时终止。** 释义　本条是关于恢复监护人资格的规定。 本条在认真总结司法实践经验的基础上，对恢复监护人资格设定了非常严格的限制。

相关法律、司法解释规定	民法典
	第三十九条　有下列情形之一的，监护关系终止： **（一）被监护人取得或者恢复完全民事行为能力；** **（二）监护人丧失监护能力；** **（三）被监护人或者监护人死亡；** **（四）人民法院认定监护关系终止的其他情形。** **监护关系终止后，被监护人仍然需要监护的，应当依法另行确定监护人。** 释义　本条是关于监护关系终止的情形的规定。
	第三节　宣告失踪和宣告死亡
《民法通则》 第二十条第一款　公民下落不明满二年的，利害关系人可以向人民法院申请宣告他为失踪人。 《民通意见》 24. 申请宣告失踪的利害关系人，包括被申请宣告失踪人的配偶、父母、子女、兄弟姐妹、祖父母、外祖父母、孙子女、外孙子女以及其他与被申请人有民事权利义务关系的人。	**第四十条**　自然人下落不明满二年的，利害关系人可以向人民法院申请宣告该自然人为失踪人。 释义　本条是关于宣告失踪的条件的规定。条件有三个：一是自然人下落不明满二年；二是利害关系人向人民法院申请；三是由人民法院依据法定程序进行宣告。
《民法通则》 第二十条第二款　战争期间下落不明的，下落不明的时间从战争结束之日起计算。 《民通意见》 26. 下落不明是指公民离开最后居住地后没有音讯的状况。对于在台湾或者在国外，无法正常通讯联系的，	**第四十一条　自然人下落不明的时间自其失去音讯之日起计算。**战争期间下落不明的，下落不明的时间自战争结束之日**或者有关机关确定的下落不明之日**起计算。 释义　本条是关于下落不明的时间计算的规定。 《民通意见》中的“从公民音讯

相关法律、司法解释规定	民法典
不得以下落不明宣告死亡。 **第28条第1款** 民法通则第二十条第一款、第二十三条第一款第一项中的下落不明的起算时间，从公民音讯消失之次日起算。	消失之次日起算”改为“失去音讯之日起计算”，改变表述方式以更符合法律表述传统，计算方式不变。按照本法第201条规定，期间开始当日不计入，从下一日开始计算。
《民法通则》 **第二十一条第一款** 失踪人的财产由他的配偶、父母、成年子女或者关系密切的其他亲属、朋友代管。代管有争议的，没有以上规定的人或者以上规定的人无能力代管的，由人民法院指定的人代管。	**第四十二条** 失踪人的财产由其配偶、成年子女、父母或者其他愿意担任财产代管人的人代管。 代管有争议，没有前款规定的人，或者前款规定的人无代管能力的，由人民法院指定的人代管。 释义 本条是关于失踪人的财产代管人的规定。
《民法通则》 **第二十一条第二款** 失踪人所欠税款、债务和应付的其他费用，由代管人从失踪人的财产中支付。 **《民通意见》** 31. 民法通则第二十一条第二款中的“其他费用”，包括赡养费、扶养费、抚育费和因代管财产所需的管理费等必要的费用。 32. 失踪人的财产代管人拒绝支付失踪人所欠的税款、债务和其他费用，债权人提起诉讼的，人民法院应当将代管人列为被告。 失踪人的财产代管人向失踪人的债务人要求偿还债务的，可以作为原告提起诉讼。	**第四十三条 财产代管人应当妥善管理失踪人的财产，维护其财产权益。** 失踪人所欠税款、债务和应付的其他费用，由**财产**代管人从失踪人的财产中支付。 **财产代管人因故意或者重大过失造成失踪人财产损失的，应当承担赔偿责任。** 释义 本条是关于财产代管人职责的规定。本条规定的财产代管人的职责是法定的，通常是无偿的，因此只有在财产代管人因故意或重大过失造成失踪人的财产损失时才应当承担赔偿责任。
《民通意见》 35. 失踪人的财产代管人以无力履行代管职责，申请变更代管人的，	**第四十四条 财产代管人不履行代管职责、侵害失踪人财产权益或者丧失代管能力的，失踪人的利害关系**

相关法律、司法解释规定	民法典
人民法院比照特别程序进行审理。 失踪人的财产代管人不履行代管职责或者侵犯失踪人财产权益的，失踪人的利害关系人可以向人民法院请求财产代管人承担民事责任。如果同时申请人民法院变更财产代管人的，变更之诉比照特别程序单独审理。	**人可以向人民法院申请变更财产代管人。** **财产代管人有正当理由的，可以向人民法院申请变更财产代管人。** **人民法院变更财产代管人的，变更后的财产代管人有权请求原财产代管人及时移交有关财产并报告财产代管情况。** 释义　本条是关于财产代管人变更的规定。
《民法通则》 **第二十二条**　被宣告失踪的人重新出现~~或者确知他的下落~~，经本人或者利害关系人申请，人民法院应当撤销~~对他的~~失踪宣告。	**第四十五条**　失踪人重新出现，经本人或者利害关系人申请，人民法院应当撤销失踪宣告。 **失踪人重新出现，有权请求财产代管人及时移交有关财产并报告财产代管情况。** 释义　本条是关于失踪宣告撤销的规定。本条第2款新增失踪人重新出现后的法律后果。
《民法通则》 **第二十三条**　公民有下列情形之一的，利害关系人可以向人民法院申请宣告他死亡： （一）下落不明满四年~~的~~； （二）因意外事故下落不明~~，从事故发生之日起~~满二年的。 ~~战争期间下落不明的，下落不明的时间从战争结束之日起计算。~~ **《民事诉讼法》** **第一百八十四条**　公民下落不明满四年，或者因意外事故下落不明满二年，或者因意外事故下落不明，经	**第四十六条**　自然人有下列情形之一的，利害关系人可以向人民法院申请宣告该自然人死亡： （一）下落不明满四年； （二）因意外事件，下落不明满二年。 因意外事件下落不明，经有关机关证明该自然人不可能生存的，**申请宣告死亡不受二年时间的限制。** 释义　本条是关于宣告死亡的条件的规定。 宣告失踪只产生失踪人财产代管、债权债务处理等法律后果，但宣

相关法律、司法解释规定	民法典
有关机关证明该公民不可能生存，利害关系人申请宣告其死亡的，向下落不明人住所地基层人民法院提出。 申请书应当写明下落不明的事实、时间和请求，并附有公安机关或者其他有关机关关于该公民下落不明的书面证明。	告死亡还会导致继承开始、身份关系解除等，因此条件更为严格。
《民通意见》 29. ~~宣告失踪不是宣告死亡的必须程序。公民下落不明，符合申请宣告死亡的条件，利害关系人可以不经申请宣告失踪而直接申请宣告死亡。但利害关系人只申请宣告失踪的，应当宣告失踪；同一顺序的~~利害关系人~~，~~~~有的~~申请宣告死亡，有的不同意宣告死亡，~~则~~应当宣告死亡。	**第四十七条** 对同一自然人，有的利害关系人申请宣告死亡，有的利害关系人申请宣告失踪，**符合本法规定的宣告死亡条件的，人民法院**应当宣告死亡。 释义 本条是关于宣告死亡和宣告失踪的关系的规定。宣告死亡并不以宣告失踪为前提。
《民通意见》 **第36条第1款** 被宣告死亡的人，判决宣告之日为其死亡的日期。~~判决书除发给申请人外，还应当在被宣告死亡的人住所地和人民法院所在地公告。~~	**第四十八条** 被宣告死亡的人，**人民法院**宣告死亡的判决作出之日视为其死亡的日期；**因意外事件下落不明宣告死亡的，意外事件发生之日视为其死亡的日期。** 释义 本条是关于被宣告死亡的人死亡时间如何确定的规定。
《民法通则》 **第二十四条第二款** 有民事行为能力人在被宣告死亡期间实施的民事法律行为~~有效~~。 《民通意见》 **第36条第2款** 被宣告死亡和自然死亡的时间不一致的，被宣告死亡所引起的法律后果仍然有效，但自然死亡前实施的民事法律行为与被宣	**第四十九条** 自然人被宣告死亡但是并未死亡的，不影响该自然人在被宣告死亡期间实施的民事法律行为**的效力**。 释义 本条是关于被宣告死亡但并未死亡的自然人实施的民事法律行为效力的规定。 本条并未吸收《民通意见》第36条第2款的规定，因此，当被宣告

相关法律、司法解释规定	民法典
告死亡引起的法律后果相抵触的，则以其实施的民事法律行为为准。	死亡但未死亡的自然人实施的民事法律行为与被宣告死亡引起的法律后果相抵触时如何处理，仍需相应司法解释予以确认。
《民法通则》 **第二十四条第一款** 被宣告死亡的人重新出现~~或者确知他没有死亡~~，经本人或者利害关系人申请，人民法院应当撤销~~对他的~~死亡宣告。	**第五十条** 被宣告死亡的人重新出现，经本人或者利害关系人申请，人民法院应当撤销死亡宣告。 **释义** 本条是关于撤销死亡宣告的规定。
《民法总则》 **第五十一条** 被宣告死亡的人的婚姻关系，自死亡宣告之日起消灭。死亡宣告被撤销的，婚姻关系自撤销死亡宣告之日起自行恢复，但是其配偶再婚或者向婚姻登记机关书面声明不愿意恢复的除外。 **《民通意见》** 37. 被宣告死亡的人与配偶的婚姻关系，自死亡宣告之日起消灭。死亡宣告被人民法院撤销，如果其配偶尚未再婚的，夫妻关系从撤销死亡宣告之日起自行恢复；如果其配偶再婚后又离婚或者再婚后配偶又死亡的，则不得认定夫妻关系自行恢复。	**第五十一条** 被宣告死亡的人的婚姻关系，自死亡宣告之日起消除。死亡宣告被撤销的，婚姻关系自撤销死亡宣告之日起自行恢复。但是，其配偶再婚或者向婚姻登记机关书面声明不愿意恢复的除外。 **释义** 本条是关于宣告死亡与撤销死亡宣告对婚姻关系法律效果的规定。 本条与《民法总则》规定基本相同，吸收了《民通意见》第37条的规定。
《民通意见》 38. 被宣告死亡的人在被宣告死亡期间，其子女被他人依法收养，~~被宣告死亡的人~~在死亡宣告被撤销后，仅以未经本人同意而主张收养关系无效的，一般不应准许，但收养人和被收养人同意的除外。	**第五十二条** 被宣告死亡的人在被宣告死亡期间，其子女被他人依法收养的，在死亡宣告被撤销后，不得以未经本人同意为由主张收养行为无效。 **释义** 本条是关于撤销死亡宣告后如何处理宣告死亡期间的收养关系的规定。

相关法律、司法解释规定	民法典
《民法总则》 **第五十二条** 被宣告死亡的人在被宣告死亡期间，其子女被他人依法收养的，在死亡宣告被撤销后，不得以未经本人同意为由主张收养关系无效。	
《民法通则》 **第二十五条** 被撤销死亡宣告的人有权请求返还财产。依照~~继承法~~取得他的财产的公民或者组织，~~应当返还原物；~~原物不存在的，给予适当补偿。 **《民通意见》** 39. 利害关系人隐瞒真实情况使他人被宣告死亡而取得其财产的，除应返还原物及孳息外，还应对造成的损失予以赔偿。 40. 被撤销死亡宣告的人请求返还财产，其原物已被第三人合法取得的，第三人可不予返还。但依继承法取得原物的公民或者组织，应当返还原物或者给予适当补偿。	**第五十三条** 被撤销死亡宣告的人有权请求**依照本法第六编**取得**其**财产的民事主体返还财产；无法返还的，**应当**给予适当补偿。 利害关系人隐瞒真实情况，**致**使他人被宣告死亡而取得其财产的，除应当返还财产外，还应当对**由此**造成的损失承担赔偿责任。 释义 本条是关于撤销死亡宣告后返还财产的规定。
	第四节 个体工商户和农村承包经营户
《民法通则》 **第二十六条** 公民~~在法律允许的范围内，~~依法经核准登记，从事工商业经营的，为个体工商户。个体工商户可以起字号。	**第五十四条** 自然人从事工商业经营，经依法登记，为个体工商户。个体工商户可以起字号。 释义 本条是关于个体工商户的规定。 个体工商户规定在“自然人”一章，而非“非法人组织”一章，是因为个体工商户不具有组织性，不存在设立过程，没有出资行为，缴纳个人所得税等特点。

相关法律、司法解释规定	民法典
《民法通则》 **第二十七条**　农村集体经济组织的成员，在法律允许的范围内，按照承包合同规定从事商品经营的，为农村承包经营户。	**第五十五条**　农村集体经济组织的成员，依法取得农村土地承包经营权，从事家庭承包经营的，为农村承包经营户。 释义　本条是关于农村承包经营户的规定。 农村承包经营户规定在“自然人”一章，而非“非法人组织”一章，是因为其不具有组织性，不存在设立过程，没有出资行为，无须具有名称或字号等特点。
《民法通则》 **第二十九条**　个体工商户、农村承包经营户的债务，个人经营的，以个人财产承担；家庭经营的，以家庭财产承担。 《民通意见》 42. 以公民个人名义申请登记的个体工商户和个人承包的农村承包经营户，用家庭共有财产投资，或者收益的主要部分供家庭成员享用的，其债务应以家庭共有财产清偿。 43. 在夫妻关系存续期间，一方从事个体经营或者承包经营的，其收入为夫妻共有财产，债务亦应以夫妻共有财产清偿。 44. 个体工商户、农村承包经营户的债务，如以其家庭共有财产承担责任时，应当保留家庭成员的生活必需品和必要的生产工具。	**第五十六条**　个体工商户的债务，个人经营的，以个人财产承担；家庭经营的，以家庭财产承担；**无法区分的，以家庭财产承担。** 农村承包经营户的债务，**以从事农村土地承包经营的农户财产承担；事实上由农户部分成员经营的，以该部分成员的财产承担。** 释义　本条是关于个体工商户、农村承包经营户债务承担的规定。 实践中无法区分是个人经营还是家庭经营的，应看是个人投资还是家庭投资，是个人享用经营收益还是家庭共同享用经营收益，进而确定债务是以个人财产承担，还是以家庭财产承担。

相关法律、司法解释规定	民法典
	第三章　法　人
	第一节　一 般 规 定
《民法通则》 **第三十六条第一款**　法人是具有民事权利能力和民事行为能力，依法独立享有民事权利和承担民事义务的组织。	**第五十七条**　法人是具有民事权利能力和民事行为能力，依法独立享有民事权利和承担民事义务的组织。 释义　本条是关于法人定义的规定。
《民法通则》 **第三十七条**　法人应当~~具备下列条件~~： ~~（一）~~依法成立； ~~（二）有必要的~~财产或者经费； ~~（三）~~有自己的名称、组织机构和场所； ~~（四）能够独立承担民事责任~~。	**第五十八条**　法人应当依法成立。 **法人应当**有自己的名称、组织机构、住所、财产或者经费。**法人成立的具体条件和程序，依照法律、行政法规的规定。** **设立法人，法律、行政法规规定须经有关机关批准的，依照其规定。** 释义　本条是关于法人成立的规定。
《民法通则》 **第三十六条第二款**　法人的民事权利能力和民事行为能力，从法人成立时产生，到法人终止时消灭。	**第五十九条**　法人的民事权利能力和民事行为能力，从法人成立时产生，到法人终止时消灭。 释义　本条是关于法人的民事权利能力和民事行为能力的规定。
《民法通则》 **第四十八条**　全民所有制企业法人以国家授予它经营管理的财产承担民事责任。集体所有制企业法人以企业所有的财产承担民事责任。中外合资经营企业法人、中外合作经营企业法人和外资企业法人以企业所有的财产承担民事责任，法律另有规定的除外。	**第六十条　法人以其全部财产独立承担民事责任。** 释义　本条是关于法人独立承担民事责任的规定。
《民法通则》 **第三十八条**　依照法律或者法人~~组织~~章程规定，代表法人行使职权的	**第六十一条**　依照法律或者法人章程的规定，代表法人从事民事活动的负责人，为法人的法定代表人。

相关法律、司法解释规定	民法典
负责人，是法人的法定代表人。 **第四十三条** 企业法人对它的法定代表人和其他工作人员的经营活动，承担民事责任。 **《合同法》** **第五十条** 法人或者其他组织的法定代表人、负责人超越权限订立的合同，除相对人知道或者应当知道其超越权限的以外，该代表行为有效。	**法定代表人以法人名义从事的民事活动，其法律后果由法人承受。** **法人章程或者法人权力机构对法定代表人代表权的限制，不得对抗善意相对人。** 释义 本条是关于法人的法定代表人的规定。 本条第3款对法人章程的对外效力作了适当限制，以保护善意相对人的合法权益。 “善意相对人”是指对法人章程或者法人权力机构对法定代表人代表权的限制不知情或者不应当知情的权利人。需要注意的是，判断相对人是否为善意，不仅要考虑其事实上是否知道上述限制的情况，还要考虑其是否应当知道。“知道”是一种事实状况的判定，而“应当知道”则是对相对人是否存在过错的判定。
《民通意见》 58. 企业法人的法定代表人和其他工作人员，以法人名义从事的经营活动，给他人造成经济损失的，企业法人应当承担民事责任。	**第六十二条 法定代表人因执行职务造成他人损害的，由法人承担民事责任。** **法人承担民事责任后，依照法律或者法人章程的规定，可以向有过错的法定代表人追偿。** 释义 本条是关于法定代表人职务侵权行为的责任承担的规定。 法定代表人职务侵权的责任承担有对外和对内两方面。对外责任方面，由法人对外承担民事责任，不论法定代表人是否有过错。对内责任方面，法人向法定代表人追偿时需要满足两个条件：一是有法律或法人章程

相关法律、司法解释规定	民法典
	规定；二是法定代表人有过错，此处的过错既包括故意也包括过失。
《民法通则》 **第三十九条**　法人以它的主要办事机构所在地为住所。	**第六十三条**　法人以其主要办事机构所在地为住所。**依法需要办理法人登记的，应当将主要办事机构所在地登记为住所。** 释义　本条是关于法人住所的规定。法人设立登记是法人依法成立的要件，依据本条规定，应当将主要办事机构所在地登记为住所。
《民法通则》 **第四十四条第一款**　~~企业~~法人~~分立、合并或者有其他重要~~事项变更，应当向登记机关办理登记~~并公告~~。	**第六十四条**　法人**存续期间**登记事项发生变化的，应当**依法**向登记机关申请**变更**登记。 释义　本条是关于法人变更登记的规定。
	第六十五条　法人的实际情况与登记的事项不一致的，不得对抗善意相对人。 释义　本条是关于法人登记事项错误不能对抗善意相对人的规定。 法人登记有一个基本的公示功能，其目的在于保护相对人的利益，维护交易安全，同时也有利于国家职能部门掌握情况，实施监督管理。因此，如果法人实际情形与登记不一致的，发生的法律后果由法人自行承担，对善意相对人不发生效力。
	第六十六条　登记机关应当依法及时公示法人登记的有关信息。 释义　本条是关于法人登记公示制度的规定。

相关法律、司法解释规定	民法典
	法人登记事项经公示之后，即产生对抗力和公信力。通过赋予公示的登记事项以对抗力来保护登记人的合法权益。同时，通过赋予公示的登记事项以公信力来保护善意第三人从而维护交易安全。
《民法通则》 **第四十四条第二款**　~~企业~~法人分立、合并，它的权利和义务由变更后的法人享有和承担。 **《合同法》** **第九十条**　当事人订立合同后合并的，由合并后的法人或者其他组织行使合同权利，履行合同义务。当事人订立合同后分立的，除债权人和债务人另有约定的以外，由分立的法人或者其他组织对合同的权利和义务享有连带债权，承担连带债务。 **《公司法》** **第一百七十四条**　公司合并时，合并各方的债权、债务，应当由合并后存续的公司或者新设的公司承继。 **第一百七十六条**　公司分立前的债务由分立后的公司承担连带责任。但是，公司在分立前与债权人就债务清偿达成的书面协议另有约定的除外。	**第六十七条**　法人合并的，其权利和义务由合并后的法人享有和承担。 法人分立的，其权利和义务由**分立后的法人享有连带债权，承担连带债务，但是债权人和债务人另有约定的除外**。 释义　本条是关于法人合并、分立后的相关权利义务的规定。
《民法通则》 **第四十五条**　~~企业~~法人由于下列原因之一终止： （一）~~依法被撤销~~； （二）解散； （三）~~依法~~宣告破产； （四）其他原因。	**第六十八条**　有下列原因之一**并依法完成清算、注销登记的**，法人终止： （一）**法人**解散； （二）**法人被**宣告破产； （三）**法律规定的**其他原因。

相关法律、司法解释规定	民法典
	法人终止，法律、行政法规规定须经有关机关批准的，依照其规定。 释义　本条是关于法人终止的规定。
《公司法》 **第一百八十条**　公司因下列原因解散： （一）公司章程规定的营业期限届满或者公司章程规定的其他解散事由出现； （二）股东会或者股东大会决议解散； （三）因公司合并或者分立需要解散； （四）依法被吊销营业执照、责令关闭或者被撤销； （五）~~人民法院依照本法第一百八十三条的规定予以解散~~。	**第六十九条**　有下列情形之一的，法人解散： （一）法人章程规定的存续期间届满或者法人章程规定的其他解散事由出现； （二）法人的权力机构决议解散； （三）因法人合并或者分立需要解散； （四）**法人依法被吊销营业执照、登记证书，被**责令关闭或者被撤销； **（五）法律规定的其他情形。** 释义　本条是关于法人解散的规定。
《民法通则》 **第四十条**　法人终止，应当依法进行清算，~~停止清算范围外的活动~~。 **第四十七条**　~~企业~~法人解散，应当成立清算组织，进行清算。~~企业法人被撤销、被宣告破产的，应当由主管机关或者人民法院组织有关机关和有关人员成立清算组织，进行清算~~。 《民通意见》 59. 企业法人解散或被撤销的，应当由其主管机关组织清算小组进行清算。企业法人被宣告破产的，应当由人民法院组织有关机关和有关人员成立清算组织进行清算。	**第七十条**　法人解散的，**除合并或者分立的情形外，清算义务人**应当及时组成清算组进行清算。 **法人的董事、理事等执行机构或者决策机构的成员为清算义务人。法律、行政法规另有规定的，依照其规定。** **清算义务人未及时履行清算义务，造成损害的，应当承担民事责任；主管机关或者利害关系人可以申请人民法院指定有关人员组成清算组进行清算。** 释义　本条是关于法人解散清算的规定。

相关法律、司法解释规定	民法典
《公司法》 **第一百八十三条** 公司因本法第一百八十条第（一）项、第（二）项、第（四）项、第（五）项规定而解散的，应当在解散事由出现之日起十五日内成立清算组，开始清算。有限责任公司的清算组由股东组成，股份有限公司的清算组由董事或者股东大会确定的人员组成。逾期不成立清算组进行清算的，债权人可以申请人民法院指定有关人员组成清算组进行清算。人民法院应当受理该申请，并及时组织清算组进行清算。 **第一百八十四条** 清算组在清算期间行使下列职权： （一）清理公司财产，分别编制资产负债表和财产清单； （二）通知、公告债权人； （三）处理与清算有关的公司未了结的业务； （四）清缴所欠税款以及清算过程中产生的税款； （五）清理债权、债务； （六）处理公司清偿债务后的剩余财产； （七）代表公司参与民事诉讼活动。 **第一百八十五条** 清算组应当自成立之日起十日内通知债权人，并于六十日内在报纸上公告。债权人应当自接到通知书之日起三十日内，未接到通知书的自公告之日起四十五日内，向清算组申报其债权。	**第七十一条 法人的清算程序和清算组职权，依照有关法律的规定；没有规定的，参照适用公司法律的有关规定。** 释义 本条是关于法人的清算程序和清算组职权的规定。 本条中参照的有关法律规定主要是指《公司法》和《社会团体登记管理条例》《事业单位登记管理暂行条例》《民办非企业单位登记管理暂行条例》及有关实施细则等。

相关法律、司法解释规定	民法典
债权人申报债权，应当说明债权的有关事项，并提供证明材料。清算组应当对债权进行登记。 在申报债权期间，清算组不得对债权人进行清偿。 **第一百八十六条** 清算组在清理公司财产、编制资产负债表和财产清单后，应当制定清算方案，并报股东会、股东大会或者人民法院确认。 公司财产在分别支付清算费用、职工的工资、社会保险费用和法定补偿金，缴纳所欠税款，清偿公司债务后的剩余财产，有限责任公司按照股东的出资比例分配，股份有限公司按照股东持有的股份比例分配。 清算期间，公司存续，但不得开展与清算无关的经营活动。公司财产在未依照前款规定清偿前，不得分配给股东。 **第一百八十七条** 清算组在清理公司财产、编制资产负债表和财产清单后，发现公司财产不足清偿债务的，应当依法向人民法院申请宣告破产。 公司经人民法院裁定宣告破产后，清算组应当将清算事务移交给人民法院。 **第一百八十九条** 清算组成员应当忠于职守，依法履行清算义务。 清算组成员不得利用职权收受贿赂或者其他非法收入，不得侵占公司财产。 清算组成员因故意或者重大过失给公司或者债权人造成损失的，应当承担赔偿责任。	

相关法律、司法解释规定	民法典
《民法通则》 **第四十条** 法人终止，应当依法进行清算，停止清算范围外的活动。 **第四十六条** 企业法人终止，应当向登记机关办理注销登记并公告。 《公司法》 **第一百八十六条第二款、第三款** 公司财产在分别支付清算费用、职工的工资、社会保险费用和法定补偿金，缴纳所欠税款，清偿公司债务后的剩余财产，有限责任公司按照股东的出资比例分配，股份有限公司按照股东持有的股份比例分配。 清算期间，公司存续，但不得开展与清算无关的经营活动。公司财产在未依照前款规定清偿前，不得分配给股东。 **第一百八十八条** 公司清算结束后，清算组应当制作清算报告，报股东会、股东大会或者人民法院确认，并报送公司登记机关，申请注销公司登记，公告公司终止。	**第七十二条　清算期间法人存续，但是不得从事与清算无关的活动。** **法人清算后的剩余财产，按照法人章程的规定或者法人权力机构的决议处理。法律另有规定的，依照其规定。** **清算结束并完成法人注销登记时，法人终止；依法不需要办理法人登记的，清算结束时，法人终止。** 释义　本条是关于清算期间法人活动的要求、清算后剩余财产的处理，以及法人终止的规定。
	第七十三条　法人被宣告破产的，依法进行破产清算并完成法人注销登记时，法人终止。 释义　本条是关于法人因破产而终止的规定。 “依法”主要是指《企业破产法》和其他规定了法人破产清算的法律，如《农民专业合作社法》《民办教育促进法》等。

相关法律、司法解释规定	民法典
《公司法》 **第十四条第一款** 公司可以设立分公司。设立分公司，应当向公司登记机关申请登记，领取营业执照。分公司不具有法人资格，其民事责任由公司承担。	**第七十四条 法人可以依法设立分支机构。法律、行政法规规定分支机构应当登记的，依照其规定。** **分支机构以自己的名义从事民事活动，产生的民事责任由法人承担；也可以先以该分支机构管理的财产承担，不足以承担的，由法人承担。** 释义 本条是关于法人设立分支机构的规定。
《公司法》 **第九十四条** 股份有限公司的发起人应当承担下列责任： （一）公司不能成立时，对设立行为所产生的债务和费用负连带责任； （二）公司不能成立时，对认股人已缴纳的股款，负返还股款并加算银行同期存款利息的连带责任； （三）在公司设立过程中，由于发起人的过失致使公司利益受到损害的，应当对公司承担赔偿责任。 **《公司法司法解释（三）》**① **第二条** 发起人为设立公司以自己名义对外签订合同，合同相对人请求该发起人承担合同责任的，人民法院应予支持。 公司成立后对前款规定的合同予以确认，或者已经实际享有合同权利或者履行合同义务，合同相对人请求公司承担合同责任的，人民法院应予支持。	**第七十五条 设立人为设立法人从事的民事活动，其法律后果由法人承受；法人未成立的，其法律后果由设立人承受，设立人为二人以上的，享有连带债权，承担连带债务。** **设立人为设立法人以自己的名义从事民事活动产生的民事责任，第三人有权选择请求法人或者设立人承担。** 释义 本条是关于设立人为设立法人而从事的民事活动的法律后果的规定。

① 《最高人民法院关于适用〈中华人民共和国公司法〉若干问题的规定（三）》简称《公司法司法解释（三）》。

相关法律、司法解释规定	民法典
第三条 发起人以设立中公司名义对外签订合同，公司成立后合同相对人请求公司承担合同责任的，人民法院应予支持。 公司成立后有证据证明发起人利用设立中公司的名义为自己的利益与相对人签订合同，公司以此为由主张不承担合同责任的，人民法院应予支持，但相对人为善意的除外。 **第四条** 公司因故未成立，债权人请求全体或者部分发起人对设立公司行为所产生的费用和债务承担连带清偿责任的，人民法院应予支持。 部分发起人依照前款规定承担责任后，请求其他发起人分担的，人民法院应当判令其他发起人按照约定的责任承担比例分担责任；没有约定责任承担比例的，按照约定的出资比例分担责任；没有约定出资比例的，按照均等份额分担责任。 因部分发起人的过错导致公司未成立，其他发起人主张其承担设立行为所产生的费用和债务的，人民法院应当根据过错情况，确定过错一方的责任范围。 **第五条** 发起人因履行公司设立职责造成他人损害，公司成立后受害人请求公司承担侵权赔偿责任的，人民法院应予支持；公司未成立，受害人请求全体发起人承担连带赔偿责任的，人民法院应予支持。 公司或者无过错的发起人承担赔偿责任后，可以向有过错的发起人追偿。	

相关法律、司法解释规定	民法典
	第二节　营 利 法 人
《民法总则》 **第七十六条**　以取得利润并分配给股东等出资人为目的成立的法人，为营利法人。 营利法人包括有限责任公司、股份有限公司和其他企业法人等。	**第七十六条**　以取得利润并分配给股东等出资人为目的成立的法人，为营利法人。 营利法人包括有限责任公司、股份有限公司和其他企业法人等。 释义　本条是关于营利法人定义的规定。
《民法通则》 **第四十一条**　全民所有制企业、集体所有制企业有符合国家规定的资金数额，有组织章程、组织机构和场所，能够独立承担民事责任，经主管机关核准登记，取得法人资格。 在中华人民共和国领域内设立的中外合资经营企业、中外合作经营企业和外资企业，具备法人条件的，依法经工商行政管理机关核准登记，取得中国法人资格。	**第七十七条　营利法人经依法登记成立。** 释义　本条是关于营利法人登记成立的规定。 “依法”是指《公司法》《公司登记管理条例》《企业法人登记管理条例》等法律、行政法规。
《公司法》 **第七条第一款**　依法设立的公司，由公司登记机关发给公司营业执照。公司营业执照签发日期为公司成立日期。	**第七十八条　依法设立的营利法人，由登记机关发给营利法人营业执照。营业执照签发日期为营利法人的成立日期。** 释义　本条是关于营利法人营业执照的规定。
《公司法》 **第十一条**　设立公司必须依法制定公司章程。公司章程对公司、股东、董事、监事、高级管理人员具有约束力。	**第七十九条　设立营利法人应当依法制定法人章程。** 释义　本条是关于营利法人应当依法制定章程的规定。 法人章程是指根据法人性质、任务和业务活动需要制定的关于法人的

相关法律、司法解释规定	民法典
	活动范围、组织机构以及内部成员之间的权利义务等的重要文件，是法人从事生产经营活动的行为准则。
《公司法》 **第三十六条** 有限责任公司股东会由全体股东组成。股东会是公司的权力机构，依照本法行使职权。 **第九十八条** 股份有限公司股东大会由全体股东组成。股东大会是公司的权力机构，依照本法行使职权。	**第八十条 营利法人应当设权力机构。** **权力机构行使修改法人章程，选举或者更换执行机构、监督机构成员，以及法人章程规定的其他职权。** 释义 本条是关于营利法人的权力机构及其职权的规定。
《公司法》 **第十三条** 公司法定代表人依照公司章程的规定，由董事长、执行董事或者经理担任，并依法登记。公司法定代表人变更，应当办理变更登记。 **第四十四条** 有限责任公司设董事会，其成员为三人至十三人；但是，本法第五十条另有规定的除外。 两个以上的国有企业或者两个以上的其他国有投资主体投资设立的有限责任公司，其董事会成员中应当有公司职工代表；其他有限责任公司董事会成员中可以有公司职工代表。董事会中的职工代表由公司职工通过职工代表大会、职工大会或者其他形式民主选举产生。 董事会设董事长一人，可以设副董事长。董事长、副董事长的产生办法由公司章程规定。 **第五十条第一款** 股东人数较少或者规模较小的有限责任公司，可以	**第八十一条 营利法人应当设执行机构。** **执行机构行使召集权力机构会议，决定法人的经营计划和投资方案，决定法人内部管理机构的设置，以及法人章程规定的其他职权。** **执行机构为董事会或者执行董事的，董事长、执行董事或者经理按照法人章程的规定担任法定代表人；未设董事会或者执行董事的，法人章程规定的主要负责人为其执行机构和法定代表人。** 释义 本条是关于营利法人的执行机构和法定代表人的规定。

相关法律、司法解释规定	民法典
设一名执行董事，不设董事会。执行董事可以兼任公司经理。 执行董事的职权由公司章程规定。 **第六十七条第一款** 国有独资公司设董事会，依照本法第四十六条、第六十六条的规定行使职权。董事每届任期不得超过三年。董事会成员中应当有公司职工代表。	
《公司法》 **第五十一条** 有限责任公司设监事会，其成员不得少于三人。股东人数较少或者规模较小的有限责任公司，可以设一至二名监事，不设监事会。 监事会应当包括股东代表和适当比例的公司职工代表，其中职工代表的比例不得低于三分之一，具体比例由公司章程规定。监事会中的职工代表由公司职工通过职工代表大会、职工大会或者其他形式民主选举产生。 监事会设主席一人，由全体监事过半数选举产生。监事会主席召集和主持监事会会议；监事会主席不能履行职务或者不履行职务的，由半数以上监事共同推举一名监事召集和主持监事会会议。 董事、高级管理人员不得兼任监事。	**第八十二条 营利法人设监事会或者监事等监督机构的，监督机构依法行使检查法人财务，监督执行机构成员、高级管理人员执行法人职务的行为，以及法人章程规定的其他职权。** 释义 本条是关于营利法人的监督机构及其职权的规定。
《公司法》 **第二十条** 公司股东应当遵守法律、行政法规和公司章程，依法行使股东权利，不得滥用股东权利损害公	**第八十三条 营利法人的出资人不得滥用出资人权利损害法人或者其他出资人的利益；滥用出资人权利造成法人或者其他出资人损失的，应当**

相关法律、司法解释规定	民法典
司或者其他股东的利益；不得滥用公司法人独立地位和股东有限责任损害公司债权人的利益。 公司股东滥用股东权利给公司或者其他股东造成损失的，应当依法承担赔偿责任。 公司股东滥用公司法人独立地位和股东有限责任，逃避债务，严重损害公司债权人利益的，应当对公司债务承担连带责任。	**依法承担民事责任。** **营利法人的出资人不得滥用法人独立地位和出资人有限责任损害法人债权人的利益；滥用法人独立地位和出资人有限责任，逃避债务，严重损害法人债权人的利益的，应当对法人债务承担连带责任。** 释义　本条是关于营利法人的出资人不得滥用权利、法人独立地位和出资人有限责任的规定。 本条规则被称为“揭开公司的面纱”，又叫“法人人格否认”。这里的否认，并非否认法人资格，而是否认其独立地位，需出资人承担无限连带责任，保护债权人利益。
《公司法》 **第二十一条**　公司的控股股东、实际控制人、董事、监事、高级管理人员不得利用其关联关系损害公司利益。 违反前款规定，给公司造成损失的，应当承担赔偿责任。	**第八十四条　营利法人的控股出资人、实际控制人、董事、监事、高级管理人员不得利用其关联关系损害法人的利益；利用关联关系造成法人损失的，应当承担赔偿责任。** 释义　本条是关于营利法人的控股出资人、实际控制人、董事、监事、高级管理人员不得利用其关联关系损害法人利益的规定。 本条在公司法的基础上，进一步明确所有的营利法人的控股出资人、实际控制人、董事、监事、高级管理人员利用关联关系给法人造成损失的，应当承担赔偿责任，以维护法人的合法权益。

相关法律、司法解释规定	民法典
《公司法》 **第二十二条第二款** 股东会或者股东大会、董事会的会议召集程序、表决方式违反法律、行政法规或者公司章程，或者决议内容违反公司章程的，股东可以自决议作出之日起六十日内，请求人民法院撤销。 《公司法司法解释（一）》① **第三条** 原告以公司法第二十二条第二款、第七十四条第二款规定事由，向人民法院提起诉讼时，超过公司法规定期限的，人民法院不予受理。 《公司法司法解释（四）》② **第六条** 股东会或者股东大会、董事会决议被人民法院判决确认无效或者撤销的，公司依据该决议与善意相对人形成的民事法律关系不受影响。	**第八十五条　营利法人的权力机构、执行机构作出决议的会议召集程序、表决方式违反法律、行政法规、法人章程，或者决议内容违反法人章程的，营利法人的出资人可以请求人民法院撤销该决议。但是，营利法人依据该决议与善意相对人形成的民事法律关系不受影响。** 释义　本条是关于营利法人的出资人可以请求撤销法人权力机构、执行机构违法或者违反章程作出的决议的规定。 本条的规定旨在保护营利法人的出资人的合法权益，同时也维护相关善意相对人的合法权益，保护交易安全。
《公司法》 **第五条第一款** 公司从事经营活动，必须遵守法律、行政法规，遵守社会公德、商业道德，诚实守信，接受政府和社会公众的监督，承担社会责任。	**第八十六条　营利法人从事经营活动，应当遵守商业道德，维护交易安全，接受政府和社会的监督，承担社会责任。** 释义　本条是关于对营利法人从事经营活动所应承担的道德和社会责任的规定。
	第三节　非营利法人
	第八十七条　为公益目的或者其他非营利目的成立，不向出资人、设

① 《最高人民法院关于适用〈中华人民共和国公司法〉若干问题的规定（一）》简称《公司法司法解释（一）》。

② 《最高人民法院关于适用〈中华人民共和国公司法〉若干问题的规定（四）》简称《公司法司法解释（四）》。

相关法律、司法解释规定	民法典
	立人或者会员分配所取得利润的法人，为非营利法人。 **非营利法人包括事业单位、社会团体、基金会、社会服务机构等。** 释义　本条是关于非营利法人的定义和范围的规定。 看一个法人是否为非营利法人，取决于两个因素：一是成立目的的非营利性；二是不分配利润。
《民法通则》 **第五十条第二款**　具备法人条件的事业单位、社会团体，依法不需要办理法人登记的，从成立之日起，具有法人资格；依法需要办理法人登记的，经核准登记，取得法人资格。	**第八十八条　具备法人条件，为适应经济社会发展需要，提供公益服务设立的事业单位，经依法登记成立，取得事业单位法人资格；依法不需要办理法人登记的，从成立之日起，具有事业单位法人资格。** 释义　本条是关于事业单位法人资格取得的规定。
	第八十九条　事业单位法人设理事会的，除法律另有规定外，理事会为其决策机构。事业单位法人的法定代表人依照法律、行政法规或者法人章程的规定产生。 释义　本条是关于事业单位法人组织机构的规定。 本条明确了理事会作为事业单位决策机构的法律地位，有利于加强事业单位的法人治理，进一步激发事业单位的活力，促进事业单位的健康发展。
《民法通则》 **第五十条第二款**　具备法人条件的事业单位、社会团体，依法不需要办理法人登记的，从成立之日起，具	**第九十条　具备法人条件，基于会员共同意愿，为公益目的或者会员共同利益等非营利目的设立的社会团体，经依法登记成立，取得社会团体**

相关法律、司法解释规定	民法典
有法人资格；依法需要办理法人登记的，经核准登记，取得法人资格。	**法人资格；依法不需要办理法人登记的，从成立之日起，具有社会团体法人资格。** 释义　本条是关于社会团体法人资格取得的规定。
	第九十一条　设立社会团体法人应当依法制定法人章程。 **社会团体法人应当设会员大会或者会员代表大会等权力机构。** **社会团体法人应当设理事会等执行机构。理事长或者会长等负责人按照法人章程的规定担任法定代表人。** 释义　本条是关于社会团体法人章程和组织机构的规定。
《慈善法》 **第十条**　设立慈善组织，应当向县级以上人民政府民政部门申请登记，民政部门应当自受理申请之日起三十日内作出决定。符合本法规定条件的，准予登记并向社会公告；不符合本法规定条件的，不予登记并书面说明理由。 本法公布前已经设立的基金会、社会团体、社会服务机构等非营利性组织，可以向其登记的民政部门申请认定为慈善组织，民政部门应当自受理申请之日起二十日内作出决定。符合慈善组织条件的，予以认定并向社会公告；不符合慈善组织条件的，不予认定并书面说明理由。 有特殊情况需要延长登记或者认定期限的，报经国务院民政部门批准，可以适当延长，但延长的期限不得超过六十日。	**第九十二条　具备法人条件，为公益目的以捐助财产设立的基金会、社会服务机构等，经依法登记成立，取得捐助法人资格。** 依法设立的宗教活动场所，具备法人条件的，可以申请法人登记，取得捐助法人资格。法律、行政法规对宗教活动场所有规定的，依照其规定。 释义　本条是关于捐助法人的定义和范围的规定。 捐助法人是为公益目的，以捐助财产设立的非营利法人。其特点：一是为公益目的设立，二是法人的财产全部来自捐助。

相关法律、司法解释规定	民法典
《慈善法》 **第十二条** 慈善组织应当根据法律法规以及章程的规定，建立健全内部治理结构，明确决策、执行、监督等方面的职责权限，开展慈善活动。 慈善组织应当执行国家统一的会计制度，依法进行会计核算，建立健全会计监督制度，并接受政府有关部门的监督管理。	**第九十三条　设立捐助法人应当依法制定法人章程。** **捐助法人应当设理事会、民主管理组织等决策机构，并设执行机构。理事长等负责人按照法人章程的规定担任法定代表人。** **捐助法人应当设监事会等监督机构。** 释义　本条是关于捐助法人章程和组织机构的规定。
《公益事业捐赠法》 **第二十一条** 捐赠人有权向受赠人查询捐赠财产的使用、管理情况，并提出意见和建议。~~对于捐赠人的查询~~，受赠人应当如实答复。	**第九十四条**　捐助人有权向捐助法人查询捐助财产的使用、管理情况，并提出意见和建议，捐助法人应当及时、如实答复。 **捐助法人的决策机构、执行机构或者法定代表人作出决定的程序违反法律、行政法规、法人章程，或者决定内容违反法人章程的，捐助人等利害关系人或者主管机关可以请求人民法院撤销该决定。但是，捐助法人依据该决定与善意相对人形成的民事法律关系不受影响。** 释义　本条是关于捐助人权利的规定。 为了保护捐助人的权益和捐助财产的安全，使捐助财产真正用于慈善事业，本条明确了捐助人对所捐助财产使用、管理情况的监督权，以及捐助法人对捐助人行使这一权利的相应配合义务。
《慈善法》 **第十八条** 慈善组织终止，应当进行清算。 慈善组织的决策机构应当在本法	**第九十五条　为公益目的成立的非营利法人终止时，不得向出资人、设立人或者会员分配剩余财产。剩余财产应当按照法人章程的规定或者权**

相关法律、司法解释规定	民法典
第十七条规定的终止情形出现之日起三十日内成立清算组进行清算，并向社会公告。不成立清算组或者清算组不履行职责的，民政部门可以申请人民法院指定有关人员组成清算组进行清算。 　　慈善组织清算后的剩余财产，应当按照慈善组织章程的规定转给宗旨相同或者相近的慈善组织；章程未规定的，由民政部门主持转给宗旨相同或者相近的慈善组织，并向社会公告。 　　慈善组织清算结束后，应当向其登记的民政部门办理注销登记，并由民政部门向社会公告。	**力机构的决议**用于公益目的；无法按照法人章程的规定或者权力机构的决议处理的，由主管机关主持转给宗旨相同或者相近的法人，并向社会公告。 **释义**　本条是关于为公益目的成立的非营利法人终止时剩余财产处理的规定。 　　为公益目的成立的非营利法人，包括捐助法人和事业单位法人，以及部分社会团体法人。这些法人的财产，要么来自捐助财产，要么来自国有资产，所以在这些法人终止时，其剩余财产的处理要受到限制。
	第四节　特 别 法 人
	第九十六条　本节规定的机关法人、农村集体经济组织法人、城镇农村的合作经济组织法人、基层群众性自治组织法人，为特别法人。 **释义**　本条是关于特别法人范围的规定。
《民法通则》 　　**第五十条第一款**　有独立经费的机关从成立之日起，具有法人资格。	**第九十七条**　有独立经费的机关**和承担行政职能的法定机构**从成立之日起，具有**机关**法人资格，**可以从事为履行职能所需要的民事活动。** **释义**　本条是关于机关法人的规定。
《国家赔偿法》 　　**第七条第五款**　赔偿义务机关被撤销的，继续行使其职权的行政机关为赔偿义务机关；没有继续行使其职权的行政机关的，撤销该赔偿义务机关的行政机关为赔偿义务机关。	**第九十八条　机关法人被撤销的，法人终止，其民事权利和义务由继任的机关法人享有和承担；没有继任的机关法人的，由作出撤销决定的机关法人享有和承担。** **释义**　本条是关于机关法人终止的规定。

相关法律、司法解释规定	民法典
	第九十九条　农村集体经济组织依法取得法人资格。 **法律、行政法规对农村集体经济组织有规定的，依照其规定。** 释义　本条是关于农村集体经济组织依法取得法人资格的规定。 赋予农村集体经济组织法人资格，有利于其以自己的名义对外从事经营等民事活动，对于发展农村经济，提高农民收入，实现乡村振兴具有重要意义。
《民法总则》 **第一百条**　城镇农村的合作经济组织依法取得法人资格。 法律、行政法规对城镇农村的合作经济组织有规定的，依照其规定。	**第一百条**　城镇农村的合作经济组织依法取得法人资格。 法律、行政法规对城镇农村的合作经济组织有规定的，依照其规定。 释义　本条是关于城镇农村的合作经济组织依法取得法人资格的规定。 城镇农村的合作经济组织是按照自愿互利、民主管理、协作服务原则组建的经济组织，主要是指供销合作社等。
《城市居民委员会组织法》 **第二条**　居民委员会是居民自我管理、自我教育、自我服务的基层群众性自治组织。 不设区的市、市辖区的人民政府或者它的派出机关对居民委员会的工作给予指导、支持和帮助。居民委员会协助不设区的市、市辖区的人民政府或者它的派出机关开展工作。 **《村民委员会组织法》** **第二条**　村民委员会是村民自我	**第一百零一条**　居民委员会、村民委员会具有基层群众性自治组织**法人资格**，可以从事为履行职能所需要的民事活动。 **未设立村集体经济组织的，村民委员会可以依法代行村集体经济组织的职能。** 释义　本条是关于居民委员会、村民委员会具有基层群众性自治组织法人资格的规定。 赋予居民委员会、村民委员会基

相关法律、司法解释规定	民法典
管理、自我教育、自我服务的基层群众性自治组织，实行民主选举、民主决策、民主管理、民主监督。 村民委员会办理本村的公共事务和公益事业，调解民间纠纷，协助维护社会治安，向人民政府反映村民的意见、要求和提出建议。 村民委员会向村民会议、村民代表会议负责并报告工作。	层群众性自治组织法人资格，便于其为履行职能需要从事民事活动。
	第四章　非法人组织
《个人独资企业法》 **第二条**　本法所称个人独资企业，是指依照本法在中国境内设立，由一个自然人投资，财产为投资人个人所有，投资人以其个人财产对企业债务承担无限责任的经营实体。 **《合伙企业法》** **第二条第一款**　本法所称合伙企业，是指自然人、法人和其他组织依照本法在中国境内设立的普通合伙企业和有限合伙企业。	**第一百零二条　非法人组织是不具有法人资格，但是能够依法以自己的名义从事民事活动的组织。** **非法人组织包括个人独资企业、合伙企业、不具有法人资格的专业服务机构等。** 释义　本条是关于非法人组织的定义和范围的规定。 在民事主体的分类上，由《民法通则》采取的公民、法人二元民事主体结构改为自然人、法人和非法人组织的三元民事主体结构，体现了我国民事主体制度的重大创新，具有重要的理论价值和现实意义。
	第一百零三条　非法人组织应当依照法律的规定登记。 **设立非法人组织，法律、行政法规规定须经有关机关批准的，依照其规定。** 释义　本条是关于非法人组织设立程序的规定。 设立非法人组织的程序包括两种：

相关法律、司法解释规定	民法典
	一是设立登记，即设立非法人组织应当依法进行登记。二是设立审批，即设立非法人组织须依法经有关机关批准，如律师事务所、会计师事务所。
《合伙企业法》 **第二条第二款、第三款** 普通合伙企业由普通合伙人组成，合伙人对合伙企业债务承担无限连带责任。本法对普通合伙人承担责任的形式有特别规定的，从其规定。 有限合伙企业由普通合伙人和有限合伙人组成，普通合伙人对合伙企业债务承担无限连带责任，有限合伙人以其认缴的出资额为限对合伙企业债务承担责任。 《个人独资企业法》 **第二条** 本法所称个人独资企业，是指依照本法在中国境内设立，由一个自然人投资，财产为投资人个人所有，投资人以其个人财产对企业债务承担无限责任的经营实体。	**第一百零四条　非法人组织的财产不足以清偿债务的，其出资人或者设立人承担无限责任。法律另有规定的，依照其规定。** 释义　本条是关于非法人组织承担民事责任的规定。 非法人组织不具有法人资格，不能独立承担民事责任。所以，虽然非法人组织有自己的财产，但当其财产不足以对外清偿债务的，其出资人或者设立人应当以其个人或者家庭财产承担无限责任。
	第一百零五条　非法人组织可以确定一人或者数人代表该组织从事民事活动。 释义　本条是关于非法人组织代表人的规定。 非法人组织代表人是指非法人组织根据其章程、协议或者经共同决定，来确定由其代表该组织对外从事民事活动的人。

相关法律、司法解释规定	民法典
	第一百零六条　有下列情形之一的，非法人组织解散： **（一）章程规定的存续期间届满或者章程规定的其他解散事由出现；** **（二）出资人或者设立人决定解散；** **（三）法律规定的其他情形。** 释义　本条是关于非法人组织解散的规定。 非法人组织解散，意味着该组织民事主体资格的消灭，不再具有民事权利能力和民事行为能力。
	第一百零七条　非法人组织解散的，应当依法进行清算。 释义　本条是关于非法人组织解散清算的规定。 《个人独资企业法》《合伙企业法》等法律对个人独资企业、合伙企业的解散清算作了规定，本条规定的“依法”即是指依据上述法律的规定。
	第一百零八条　非法人组织除适用本章规定外，参照适用本编第三章第一节的有关规定。 释义　本条是关于非法人组织参照适用本编第三章有关法人规定的规定。 “参照适用”不是完全适用，对于法人的一般性规定，非法人组织能够适用的，就适用；不能够完全适用的，可以参照相关规定的原则、精神，在适用上作灵活处理。

相关法律、司法解释规定	民法典
	第五章　民 事 权 利
第一百零一条　~~公民、法人享有名誉权，~~公民的人格尊严受法律保护~~，禁止用侮辱、诽谤等方式损害公民、法人的名誉~~。	**第一百零九条　自然人的人身自由、人格尊严受法律保护。** 释义　本条是关于自然人的人身自由、人格尊严受法律保护的规定。 人身自由和人格尊严是人格权获得法律保护的价值依据，是自然人自主参加社会各项活动、参与各种社会关系、行使其他人身权和财产权的基本保障，是自然人行使其他一切权利的前提和基础。
《民法通则》 **第九十八条**　公民享有生命健康权。 **第九十九条**　公民享有姓名权，有权决定、使用和依照规定改变自己的姓名，禁止他人干涉、盗用、假冒。 法人、个体工商户、个人合伙享有名称权。企业法人、个体工商户、个人合伙有权使用、依法转让自己的名称。 **第一百条**　公民享有肖像权，未经本人同意，不得以营利为目的使用公民的肖像。 **第一百零一条**　公民、法人享有名誉权，公民的人格尊严受法律保护，禁止用侮辱、诽谤等方式损害公民、法人的名誉。 **第一百零二条**　公民、法人享有荣誉权，禁止非法剥夺公民、法人的荣誉称号。 **第一百零三条**　公民享有婚姻自主权，禁止买卖、包办婚姻和其他干涉婚姻自由的行为。	**第一百一十条**　自然人享有生命权、**身体权**、健康权、姓名权、肖像权、名誉权、荣誉权、**隐私权**、婚姻自主权等权利。 法人、非法人组织享有名称权、名誉权和荣誉权。 释义　本条是关于民事主体人格权的规定。 本条继承了《民法通则》关于人格权的规定和做法，同时根据近40年的实践发展，进一步丰富了具体人格权的类型。

相关法律、司法解释规定	民法典
《网络安全法》 **第四十四条**　~~任何个人和组织不得窃取或者以其他非法方式获取个人信息，~~不得非法出售或者~~非法向他人~~提供个人信息。	**第一百一十一条　自然人的个人信息受法律保护。任何组织或者个人需要获取他人个人信息的，应当依法取得并确保信息安全，不得非法收集、使用、加工、传输他人个人信息，**不得非法买卖、提供**或者公开他人个人信息。** **释义**　本条是关于自然人的个人信息受法律保护的规定。 个人信息权利是公民在现代信息社会享有的重要权利，明确保护个人信息对于保护公民的人格尊严、使公民免受非法侵扰、维护正常的社会秩序具有现实意义。
《民法通则》 **第一百零四条**　婚姻、家庭、老人、母亲和儿童受法律保护。 残疾人的合法权益受法律保护。	**第一百一十二条　自然人因婚姻家庭关系等产生的人身权利受法律保护。** **释义**　本条是关于自然人因婚姻家庭关系等产生的人身权利受法律保护的规定。
《民法通则》 **第七十五条**　公民的个人财产，包括公民的合法收入、房屋、储蓄、生活用品、文物、图书资料、林木、牲畜和法律允许公民所有的生产资料以及其他合法财产。 公民的合法财产受法律保护~~，禁止任何组织或者个人侵占、哄抢、破坏或者非法查封、扣押、冻结、没收~~。 **《物权法》** **第四条**　国家、集体、私人的物权和其他权利人的物权受法律保护~~，任何单位和个人不得侵犯~~。	**第一百一十三条**　民事主体的财产权利**受法律平等**保护。 **释义**　本条是关于民事主体的财产权利受法律平等保护的规定。 本条的核心是“平等保护”。在社会主义市场经济条件下，各种所有制经济形成的市场主体都处于平等地位，享有相同权利，遵守相同规则，承担相同责任。

相关法律、司法解释规定	民法典
《民法通则》 **第七十一条** 财产所有权是指所有人依法对自己的财产享有占有、使用、收益和处分的权利。 《物权法》 **第二条第三款** ~~本法所称~~物权~~，~~是指权利人依法对特定的物享有直接支配和排他的权利，包括所有权、用益物权和担保物权。	**第一百一十四条 民事主体依法享有物权。** 物权是权利人依法对特定的物享有直接支配和排他的权利，包括所有权、用益物权和担保物权。 释义 本条是关于民事主体依法享有物权的规定，继承了《物权法》的规定。
《物权法》 **第二条第二款** ~~本法所称~~物~~，~~包括不动产和动产。法律规定权利作为物权客体的，依照其规定。	**第一百一十五条** 物包括不动产和动产。法律规定权利作为物权客体的，依照其规定。 释义 本条是关于物权客体的规定，继承了《物权法》的规定。
《物权法》 **第五条** 物权的种类和内容，由法律规定。	**第一百一十六条** 物权的种类和内容，由法律规定。 释义 本条是关于物权法定原则的规定，继承了《物权法》的规定。
《国有土地上房屋征收与补偿条例》 **第二条** 为了公共利益的需要，征收国有土地上单位、个人的房屋，应当~~对被征收房屋所有权人（以下称被征收人）~~给予公平补偿。	**第一百一十七条** 为了公共利益的需要，**依照法律规定的权限和程序**征收、**征用**不动产或者动产的，应当给予公平、**合理的**补偿。 释义 本条是关于征收、征用的规定。 征收和征用是两个不同的法律概念。征收主要是所有权的改变，征用只是使用权的改变。征收是国家从被征收人手中直接取得所有权，其结果是所有权发生了移转；征用则主要是在紧急情况下对他人财产的强制使用，一旦紧急情况结束，被征用的财产应返还原权利人。

相关法律、司法解释规定	民法典
《民法通则》 **第八十四条** 债是按照合同的约定或者依照法律的规定，在当事人之间产生的特定的权利和义务关系。享有权利的人是债权人，负有义务的人是债务人。 债权人有权要求债务人按照合同的约定或者依照法律的规定履行义务。	**第一百一十八条 民事主体依法享有债权。** **债权是因合同、侵权行为、无因管理、不当得利以及法律的其他规定，权利人请求特定义务人为或者不为一定行为的权利。** 释义 本条是关于民事主体依法享有债权的规定。 债是因合同、无因管理、不当得利、侵权行为以及法律的其他规定，在特定当事人之间发生的权利义务关系。
《合同法》 **第八条第一款** 依法成立的合同，对当事人具有法律约束力。~~当事人应当按照约定履行自己的义务，不得擅自变更或者解除合同~~。	**第一百一十九条** 依法成立的合同，对当事人具有法律约束力。 释义 本条是关于依法成立的合同对当事人具有法律约束力的规定。
《侵权责任法》 **第二条第一款** 侵害民事权益，~~应当依照本法承担侵权责任。~~ **第三条** 被侵权人有权请求侵权人承担侵权责任。	**第一百二十条** 民事权益受到侵害的，被侵权人有权请求侵权人承担侵权责任。 释义 本条是关于民事权益受到侵害的被侵权人的请求权的规定。
《民法通则》 **第九十三条** 没有法定的或者约定的义务，为避免他人利益受损失进行管理~~或者服务~~的，有权要求受益人偿付由此~~而~~支付的必要费用。 **《民通意见》** 132. 民法通则第九十三条规定的管理人或者服务人可以要求受益人偿付的必要费用，包括在管理或者服务活动中直接支出的费用，以及在该活动中受到的实际损失。	**第一百二十一条** 没有法定的或者约定的义务，为避免他人利益受损失而进行管理的人，有权请求受益人偿还由此支出的必要费用。 释义 本条是关于无因管理的规定。 本条继承《民法通则》对无因管理作了原则性规定。本法合同编在此基础上还设专章对无因管理制度的具体规则作了规定。

相关法律、司法解释规定	民法典
《民法通则》 **第九十二条** 没有合法根据，取得不当利益，~~造成他人损失的，~~应当将取得的不当利益返还受损失的人。 **《民通意见》** 131. 返还的不当利益，应当包括原物和原物所生的孳息。利用不当得利所取得的其他利益，扣除劳务管理费用后，应当予以收缴。	**第一百二十二条** **因他人没有法律根据，取得不当利益，受损失的人有权请求其返还不当利益。** 释义 本条是关于不当得利的规定。 本法继承《民法通则》对不当得利作了概括性规定，并于合同编设专章对该制度的具体规则作了规定。
《民法通则》 **第九十四条** 公民、法人享有著作权（版权），依法有署名、发表、出版、获得报酬等权利。 **第九十五条** 公民、法人依法取得的专利权受法律保护。 **第九十六条** 法人、个体工商户、个人合伙依法取得的商标专用权受法律保护。 **第一百一十八条** 公民、法人的著作权（版权）、专利权、商标专用权、发现权、发明权和其他科技成果权受到剽窃、篡改、假冒等侵害的，有权要求停止侵害，消除影响，赔偿损失。 **《民通意见》** 133. 作品不论是否发表，作者均享有著作权（版权）。 137. 公民、法人通过申请专利取得的专利权，或者通过继承、受赠、受让等方式取得的专利权，应当予以保护。 转让专利权应当由国家专利局登记并公告，专利权自国家专利局公告之日起转移。	**第一百二十三条** **民事主体依法享有知识产权。** **知识产权是权利人依法就下列客体享有的专有的权利：** **（一）作品；** （二）发明、实用新型、外观设计； （三）商标； **（四）地理标志；** **（五）商业秘密；** **（六）集成电路布图设计；** **（七）植物新品种；** **（八）法律规定的其他客体。** 释义 本条是关于民事主体依法享有知识产权的规定。 本条第2款第8项规定了“法律规定的其他客体”，实际上为未来知识产权客体的发展留出了空间。

相关法律、司法解释规定	民法典
138. 法人、个体工商户、个人合伙通过申请商标注册或者受让等方式取得的商标专用权，除依法定程序撤销者外，应当予以保护。 转让商标专用权应当由国家工商行政管理局商标局批准，商标专用权自核准之日起转移。	
《民法通则》 **第七十六条** 公民依法享有~~财产~~继承权。	**第一百二十四条** 自然人依法享有继承权。 **自然人合法的私有财产，可以依法继承。** 释义 本条是关于自然人依法享有继承权的规定。
	第一百二十五条 民事主体依法享有股权和其他投资性权利。 释义 本条是关于民事主体依法享有股权和其他投资性权利的规定。 股权等投资性权利虽然属于商事权益，但我国实行民商合一的立法体例，所以，股权等投资性权益也属于广义上的民事权益。在民法中对此作出明确规定，既可以加强对这些投资性权利的保护，也可以为《公司法》《证券法》《合伙企业法》等商事单行法作进一步规定提供依据。
	第一百二十六条 民事主体享有法律规定的其他民事权利和利益。 释义 本条是关于民事主体享有的民事权益的兜底性规定。 本法所保护的民事权益必须是法律明确规定的民事权利和利益。

相关法律、司法解释规定	民法典
	第一百二十七条　法律对数据、网络虚拟财产的保护有规定的，依照其规定。 释义　本条是关于数据和网络虚拟财产的保护的规定。
	第一百二十八条　法律对未成年人、老年人、残疾人、妇女、消费者等的民事权利保护有特别规定的，依照其规定。 释义　本条是关于弱势群体民事权利的特别保护的衔接性规定。
	第一百二十九条　民事权利可以依据民事法律行为、事实行为、法律规定的事件或者法律规定的其他方式取得。 释义　本条是关于民事权利的取得方式的规定。 民事权利的取得，是指民事主体依据合法的方式获得民事权利。
	第一百三十条　民事主体按照自己的意愿依法行使民事权利，不受干涉。 释义　本条是关于民事主体按照自己的意愿依法行使民事权利的规定。 本条规定是自愿原则在民事权利行使中的体现。
	第一百三十一条　民事主体行使权利时，应当履行法律规定的和当事人约定的义务。 释义　本条是关于民事主体行使权利时应当履行义务的规定。

相关法律、司法解释规定	民法典
	民事主体依法享有的民事权利和承担的民事义务是民事法律关系的内容。在民事法律关系中，民事权利和民事义务是相互对应、相互联系的。
	第一百三十二条　民事主体不得滥用民事权利损害国家利益、社会公共利益或者他人合法权益。 释义　本条是关于民事主体不得滥用民事权利的规定。 构成权利滥用一般需要满足以下要件：一是民事主体享有权利；二是民事主体行使权利；三是民事主体行使权利的行为损害了国家利益、社会公共利益或者他人合法权益。
	第六章　民事法律行为
	第一节　一般规定
《民法通则》 **第五十四条**　民事法律行为是公民或者法人设立、变更、终止民事权利和民事义务的~~合法~~行为。	**第一百三十三条**　民事法律行为是民事主体**通过意思表示**设立、变更、终止民事法律关系的行为。 释义　本条是关于民事法律行为定义的规定。 本条仍采用了“民事法律行为”的表述，但条文删除了“合法”，对其内涵作了调整，使其既包括合法的法律行为，也包括无效、可撤销和效力待定的法律行为，同时强调了民事法律行为是民事主体通过意思表示设立、变更、终止民事法律关系的行为，突出了“意思表示”这一核心要素。

相关法律、司法解释规定	民法典
	第一百三十四条　民事法律行为可以基于双方或者多方的意思表示一致成立，也可以基于单方的意思表示成立。 **法人、非法人组织依照法律或者章程规定的议事方式和表决程序作出决议的，该决议行为成立。** 释义　本条是关于民事法律行为成立的规定。
《民法通则》 **第五十六条**　民事法律行为可以采取书面形式、口头形式或者其他形式。法律规定用特定形式的，应当依照法律规定。 **《合同法》** **第十条**　当事人订立合同，有书面形式、口头形式和其他形式。 法律、行政法规规定采用书面形式的，应当采用书面形式。当事人约定采用书面形式的，应当采用书面形式。 **《合同法司法解释（二）》**① **第二条**　当事人未以书面形式或者口头形式订立合同，但从双方从事的民事行为能够推定双方有订立合同意愿的，人民法院可以认定是以合同法第十条第一款中的"其他形式"订立的合同。但法律另有规定的除外。	**第一百三十五条**　民事法律行为可以采用书面形式、口头形式或者其他形式；**法律、行政法规规定或者当事人约定**采用特定形式的，应当采用特定形式。 释义　本条是关于民事法律行为形式的规定。

① 《最高人民法院关于适用〈中华人民共和国合同法〉若干问题的解释（二）》简称《合同法司法解释（二）》。

相关法律、司法解释规定	民法典
《民法通则》 **第五十七条** 民事法律行为从成立时起具有法律约束力。行为人非依法律规定或者取得对方同意，不得擅自变更或者解除。 **《合同法》** **第四十四条** 依法成立的合同，自成立时生效。 法律、行政法规规定应当办理批准、登记等手续生效的，依照其规定。 **《合同法司法解释（一）》**① **第九条** 依照合同法第四十四条第二款的规定，法律、行政法规规定合同应当办理批准手续，或者办理批准、登记等手续才生效，在一审法庭辩论终结前当事人仍未办理批准手续的，或者仍未办理批准、登记等手续的，人民法院应当认定该合同未生效；法律、行政法规规定合同应当办理登记手续，但未规定登记后生效的，当事人未办理登记手续不影响合同的效力，合同标的物所有权及其他物权不能转移。	**第一百三十六条** 民事法律行为自成立时生效，**但是法律另有规定或者当事人另有约定的除外。** 行为人非依法律规定或者未经对方同意，不得擅自变更或者解除**民事法律行为**。 释义 本条是关于民事法律行为生效时间的规定。
	第二节 意 思 表 示
《合同法》 **第十六条** 要约到达受要约人时生效。 采用数据电文形式订立合同，收件人指定特定系统接收数据电文的，该数据电文进入该特定系统~~的时间，视为到达时间~~；未指定特定系统的，	**第一百三十七条 以对话方式作出的意思表示，相对人知道其内容时生效。** **以非对话方式作出的**意思表示，到达相对人时生效。**以非对话方式作出的**采用数据电文形式**的**意思表示，相对人指定特定系统接收数据电文的，

① 《最高人民法院关于适用〈中华人民共和国合同法〉若干问题的解释（一）》简称《合同法司法解释（一）》。

相关法律、司法解释规定	民法典
~~该数据电文进入收件人的任何系统的首次时间，视为到达时间~~。	该数据电文进入该特定系统时生效；未指定特定系统的，**相对人知道或者应当知道该数据电文进入其系统时生效。当事人对采用数据电文形式的意思表示的生效时间另有约定的，按照其约定。** 释义　本条是关于有相对人的意思表示生效时间的规定。对于此类情况，本条又根据是否采用对话方式作了不同规定。
	第一百三十八条　无相对人的意思表示，表示完成时生效。法律另有规定的，依照其规定。 释义　本条是关于无相对人的意思表示生效时间的规定。 无相对人的意思表示由于不涉及意思表示的受领问题，所以一般自意思表示完成时就发生法律拘束力。但法律另有规定的，从其规定。例如，遗嘱这种无相对人的意思表示自遗嘱人死亡时发生效力。
	第一百三十九条　以公告方式作出的意思表示，公告发布时生效。 释义　本条是关于以公告方式作出的意思表示生效时间的规定。 需要注意的是，本条所规定的表意人并不是在任何情况下都可以采用公告方式作出意思表示，只有在表意人非因自己的过错而不知相对人的下落或者地址的情况下才可以采用公告方式作出意思表示，否则对相对人很不公平。

相关法律、司法解释规定	民法典
《民通意见》 66. ~~一方当事人向对方当事人提出民事权利的要求，对方未用语言或者文字明确表示意见，但其行为表明已接受的，可以认定为默示~~。不作为的默示只有在法律有规定或者当事人~~双方有~~约定~~的情况下~~，才可以视为意思表示。	**第一百四十条　行为人可以明示或者默示作出意思表示。** **沉默只有在有法律规定、当事人约定或者符合当事人之间的交易习惯时，才可以视为意思表示。** 释义　本条是关于作出意思表示的方式的规定。 本条明确了沉默视为意思表示的三种情形。需要注意，沉默原则上不得作为意思表示的方式，只有在有法律规定、当事人约定或者符合当事人之间的交易习惯时，才可以视为意思表示。例如，试用买卖合同中，试用期间届满，买受人对是否购买标的物未作表示的，视为购买。
《合同法》 **第十七条**　要约可以撤回。撤回要约的通知应当在要约到达受要约人之前或者与要约同时到达受要约人。 **第二十七条**　承诺可以撤回。撤回承诺的通知应当在承诺通知到达要约人之前或者与承诺通知同时到达要约人。	**第一百四十一条　行为人可以撤回意思表示。撤回意思表示的通知应当在意思表示到达相对人前或者与意思表示同时到达相对人。** 释义　本条是关于意思表示撤回的规定。 意思表示的撤回，是指在意思表示作出之后、发生法律效力之前，意思表示的行为人欲使该意思表示不发生效力而作出的意思表示。
《合同法》 **第一百二十五条第一款**　当事人对合同条款的理解有争议的，应当按照合同所使用的词句、合同的有关条款、合同的目的、交易习惯以及诚实信用原则，确定该条款的真实意思。	**第一百四十二条　有相对人的意思表示的解释，应当按照所使用的词句，结合相关条款、行为的性质和目的、习惯以及诚信原则，确定意思表示的含义。** **无相对人的意思表示的解释，不能完全拘泥于所使用的词句，而应当**

相关法律、司法解释规定	民法典
	结合相关条款、行为的性质和目的、习惯以及诚信原则，确定行为人的真实意思。 释义　本条是关于意思表示解释的规定。 本条区分有无相对人，对意思表示解释的规则作了不同规定。对有相对人的意思表示的解释，宜采用主客观相结合解释主义，不仅需要考虑表意人的内心真实意思，即主观想法，更要考虑相对人的信赖利益，即客观情况。对无相对人的意思表示的解释主要探究表意人的内心真实意思，对客观情况考虑较少，学理上也称为主观解释主义。
	第三节　民事法律行为的效力
《民法通则》 **第五十五条**　民事法律行为应当具备下列条件： （一）行为人具有相应的民事行为能力； （二）意思表示真实； （三）不违反法律或者<u>社会公共利益</u>。	**第一百四十三条**　具备下列条件的民事法律行为**有效**： （一）行为人具有相应的民事行为能力； （二）意思表示真实； （三）不违反法律、**行政法规的强制性规定**，<u>不违背公序良俗</u>。 释义　本条是关于民事法律行为有效要件的规定。 本条作为“民事法律行为的效力”一节的首条规定，明确了一项有效的民事法律行为需要具备的基本要件。

相关法律、司法解释规定	民法典
《民法通则》 **第五十八条第一款第一项**　下列民事行为无效： （一）无民事行为能力人实施的；	**第一百四十四条**　无民事行为能力人实施的民事法律行为无效。 释义　本条是关于无民事行为能力人实施的民事法律行为的效力的规定。
《民法总则》 **第一百四十五条**　限制民事行为能力人实施的纯获利益的民事法律行为或者与其年龄、智力、精神健康状况相适应的民事法律行为有效；实施的其他民事法律行为经法定代理人同意或者追认后有效。 相对人可以催告法定代理人自收到通知之日起<u>一个月</u>内予以追认。法定代理人未作表示的，视为拒绝追认。民事法律行为被追认前，善意相对人有撤销的权利。撤销应当以通知的方式作出。 **《合同法》** **第四十七条**　限制民事行为能力人订立的合同，经法定代理人追认后，该合同有效，但纯获利益的合同或者与其年龄、智力、精神健康状况相适应而订立的合同，不必经法定代理人追认。 相对人可以催告法定代理人在一个月内予以追认。法定代理人未作表示的，视为拒绝追认。合同被追认之前，善意相对人有撤销的权利。撤销应当以通知的方式作出。	**第一百四十五条**　限制民事行为能力人实施的纯获利益的民事法律行为或者与其年龄、智力、精神健康状况相适应的民事法律行为有效；实施的其他民事法律行为经法定代理人同意或者追认后有效。 相对人可以催告法定代理人自收到通知之日起<u>三十日</u>[①]内予以追认。法定代理人未作表示的，视为拒绝追认。民事法律行为被追认前，善意相对人有撤销的权利。撤销应当以通知的方式作出。 释义　本条是关于限制民事行为能力人实施的民事法律行为的效力的规定。

① 《民法典》将原民事相关法律规定中的“一个月”改为“三十日”，“三个月”改为“九十日”。

相关法律、司法解释规定	民法典
《民法通则》 **第五十八条第一款第六项** 下列民事行为无效： （六）以合法形式掩盖非法目的的。 **《合同法》** **第五十八条第一款第二项、第三项** 有下列情形之一的，合同无效： （二）恶意串通，损害国家、集体或者第三人利益； （三）以合法形式掩盖非法目的；	**第一百四十六条** 行为人与相对人以虚假的意思表示实施的民事法律行为无效。 **以虚假的意思表示隐藏的民事法律行为的效力，依照有关法律规定处理。** 释义 本条是关于以虚假意思表示实施的民事法律行为的效力以及隐藏行为效力的规定。 虚假意思表示又称虚伪表示，是指行为人与相对人都知道自己所表示的意思并非真意，通谋作出与真意不一致的意思表示。隐藏行为，又称隐匿行为，是指在虚伪表示掩盖之下行为人与相对人真心所欲达成的民事法律行为。 虚伪表示无效，隐藏行为并不必然无效，需要依据相关法律规定处理。
《民法通则》 **第五十九条第一款第一项** 下列民事行为，一方有权请求人民法院或者仲裁机关予以~~变更或者~~撤销： （一）行为人对行为内容有重大误解的； **《民通意见》** 71. 行为人因对行为的性质、对方当事人、标的物的品种、质量、规格和数量等的错误认识，使行为的后果与自己的意思相悖，并造成较大损失的，可以认定为重大误解。 第73条第1款 ~~对于重大误解或者显失公平的民事行为，当事人请求变更的，人民法院应当予以变更；~~当事人请求撤销的，人民法院可以酌~~情予以变更或者~~撤销。	**第一百四十七条** 基于重大误解实施的民事法律行为，行为人有权请求人民法院或者仲裁机构予以撤销。 释义 本条是关于基于重大误解实施的民事法律行为的效力规定。 基于重大误解实施的民事法律行为，本条删除了“可变更”的规定。

相关法律、司法解释规定	民法典
《民法通则》 **第五十八条第一款第三项** 下列民事行为无效： （三）一方以欺诈、胁迫的手段或者乘人之危，使对方在违背真实意思的情况下所为的； **《民通意见》** 68. 一方当事人故意告知对方虚假情况，或者故意隐瞒真实情况，诱使对方当事人作出错误意思表示的，可以认定为欺诈行为。 **《合同法》** **第五十四条第二款** 一方以欺诈~~、胁迫的~~手段~~或者乘人之危~~，使对方在违背真实意思的情况下订立的合同，受损害方有权请求人民法院或者仲裁机构~~变更或者~~撤销。	**第一百四十八条** 一方以欺诈手段，使对方在违背真实意思的情况下实施的民事法律行为，受欺诈方有权请求人民法院或者仲裁机构予以撤销。 释义 本条是关于行为人以欺诈手段实施的民事法律行为的效力规定。 关于欺诈的法律后果，《民法通则》规定的是无效。《合同法》则区分欺诈行为是否损害国家利益而分别规定，如损害国家利益，则无效；如不损害，则为可变更或者可撤销。本条修改为可撤销，既体现了对受欺诈人意思自治的尊重和保护，也便于司法实践的把握与适用。
	第一百四十九条 第三人实施欺诈行为，使一方在违背真实意思的情况下实施的民事法律行为，对方知道或者应当知道该欺诈行为的，受欺诈方有权请求人民法院或者仲裁机构予以撤销。 释义 本条是关于第三人欺诈的民事法律行为的效力规定。 需要注意，第三人实施欺诈行为，只有在受欺诈人的相对方非属于善意时，受欺诈人才能行使撤销权。
《民法通则》 **第五十八条第一款第三项** 下列民事行为无效： （三）一方以欺诈、胁迫的手段或者乘人之危，使对方在违背真实意	**第一百五十条** 一方或者第三人以胁迫手段，使对方在违背真实意思的情况下实施的民事法律行为，受胁迫方有权请求人民法院或者仲裁机构予以撤销。

相关法律、司法解释规定	民法典
思的情况下所为的； **《合同法》** **第五十四条第二款、第三款** 一方以~~欺诈、~~胁迫的手段~~或者乘人之危~~，使对方在违背真实意思的情况下订立的合同，受损害方有权请求人民法院或者仲裁机构~~变更或者~~撤销。 ~~当事人请求变更的，人民法院或者仲裁机构不得撤销~~。 **《民通意见》** 69. 以给公民及其亲友的生命健康、荣誉、名誉、财产等造成损失或者以给法人的荣誉、名誉、财产等造成损害为要挟，迫使对方作出违背真实的意思表示的，可以认定为胁迫行为。	释义　本条是关于以胁迫手段实施的民事法律行为的效力的规定。 本条统一了《民法通则》《合同法》关于胁迫情形下的民事法律行为的效力为可撤销。
《民法通则》 **第五十九条第一款第二项** 下列民事行为，一方有权请求人民法院或者仲裁机关予以~~变更或者~~撤销： （二）显失公平的。 **《民通意见》** 72. 一方当事人利用优势或者利用对方没有经验，致使双方的权利义务明显违反公平、等价有偿原则的，可以认定为显失公平。 第73条第1款 对于重大误解或者显失公平的民事行为，~~当事人请求变更的，人民法院应当予以变更~~；当事人请求撤销的，人民法院可以酌情予以~~变更~~或者撤销。	**第一百五十一条** 一方利用对方处于危困状态、缺乏判断能力等情形，致使民事法律行为成立时显失公平的，受损害方有权请求人民法院或者仲裁机构予以撤销。 释义　本条是关于显失公平的民事法律行为的效力的规定。 本条删除显失公平的民事法律行为效力的“可变更”，规定为“可撤销”。

相关法律、司法解释规定	民法典
《合同法》 **第五十四条第一款第二项、第二款** 下列合同，当事人一方有权请求人民法院或者仲裁机构~~变更或者~~撤销： （二）在订立合同时显失公平的。 一方~~以欺诈、胁迫的手段或者~~乘人之危，使对方在违背真实意思的情况下订立的合同，受损害方有权请求人民法院或者仲裁机构~~变更或者~~撤销。	
《民通意见》 **第73条第2款** 可变更或者可撤销的民事行为，自行为成立时起超过一年当事人才请求变更或撤销的，人民法院不予保护。 **《合同法》** **第五十五条** 有下列情形之一的，撤销权消灭： （一）~~具有撤销权的~~当事人自知道或者应当知道撤销事由之日起一年内没有行使撤销权； （二）~~具有撤销权的~~当事人知道撤销事由后明确表示或者以自己的行为放弃撤销权。 **第七十五条** 撤销权自债权人知道或者应当知道撤销事由之日起一年内行使。自债务人的行为发生之日起五年内没有行使撤销权的，该撤销权消灭。 **《合同法司法解释（一）》** **第八条** 合同法第五十五条规定的“一年”、第七十五条和第一百零四条第二款规定的“五年”为不变期间，不适用诉讼时效中止、中断或者延长的规定。	**第一百五十二条** 有下列情形之一的，撤销权消灭： （一）当事人自知道或者应当知道撤销事由之日起一年内、**重大误解的当事人自知道或者应当知道撤销事由之日起九十日内**没有行使撤销权； **（二）当事人受胁迫，自胁迫行为终止之日起一年内没有行使撤销权；** **（三）当事人知道撤销事由后明确表示或者以自己的行为表明**放弃撤销权。 **当事人自民事法律行为发生之日起五年内没有行使撤销权的，撤销权消灭。** 释义 本条是关于撤销权消灭期间的规定。 撤销权为形成权，本条在《民法通则》和《合同法》规定的基础上，借鉴其他国家和地区的立法例，对撤销权的除斥期间区分不同情形作了不同规定，且限定了撤销权行使的最长客观期间，有助于稳定法律关系、交易秩序，维护交易安全。

相关法律、司法解释规定	民法典
《合同法》 **第五十二条第四项、第五项**　有下列情形之一的，合同无效： （四）~~损害社会公共利益~~； （五）违反法律、行政法规的强制性规定。 **《合同法司法解释（一）》** **第四条**　合同法实施以后，人民法院确认合同无效，应当以全国人大及其常委会制定的法律和国务院制定的行政法规为依据，不得以地方性法规、行政规章为依据。 **《合同法司法解释（二）》** **第十四条**　合同法第五十二条第（五）项规定的“强制性规定”，是指效力性强制性规定。	**第一百五十三条**　违反法律、行政法规的强制性规定的民事法律行为无效。**但是，该强制性规定不导致该民事法律行为无效的除外。** **违背公序良俗的民事法律行为无效。** 释义　本条是关于违反法律、行政法规的强制性规定以及违背公序良俗的民事法律行为的效力的规定。 法律规范分为任意性规范与强制性规范，任意性规范的目的是引导、规范民事主体的行为，并不具备强制性效力，民事法律行为与任意性规范不一致的，并不影响其效力。本条第1款第2句即是此意。 此外，用“公序良俗”取代了“社会公共利益”的概念，明确规定违反公序良俗的民事法律行为无效。
《民法通则》 **第五十八条第一款第四项**　下列民事行为无效： （四）恶意串通，损害国家、集体或者第三人利益的； **《合同法》** **第五十二条第二项**　有下列情形之一的，合同无效： （二）恶意串通，损害国家、集体或者第三人利益；	**第一百五十四条**　行为人与相对人恶意串通，损害他人合法权益的民事法律行为无效。 释义　本条是关于恶意串通的民事法律行为的效力的规定。 恶意串通，是指行为人与相对人互相勾结，为牟取私利而实施的损害他人合法权益的民事法律行为。
《民法通则》 **第五十八条第二款**　无效的民事行为，从行为开始起就没有法律约束力。 **第五十九条第二款**　被撤销的民事行为从行为开始起无效。	**第一百五十五条**　无效的或者被撤销的民事法律行为自始没有法律约束力。 释义　本条是关于无效的或者被撤销的民事法律行为自始无效的规定。

相关法律、司法解释规定	民法典
《合同法》 **第五十六条** 无效的~~合同~~或者被撤销的~~合同~~自始没有法律约束力。~~合同部分无效，不影响其他部分效力的，其他部分仍然有效~~。	
第六十条 民事行为部分无效，不影响其他部分~~的~~效力的，其他部分仍然有效。	**第一百五十六条** 民事**法律**行为部分无效，不影响其他部分效力的，其他部分仍然有效。 释义 本条是关于民事法律行为部分无效的规定。 本条规定体现了民法尽可能尊重双方意思自治、承认民事法律行为效力的原则。
《民法通则》 **第六十一条** 民事行为~~被确认为~~无效或者被撤销后，当事人因该行为取得的财产，应当返还~~给受损失的一方~~。有过错的一方应当赔偿对方因此所受的损失，双方都有过错的，应当各自承担相应的责任。 ~~双方恶意串通，实施民事行为损害国家的、集体的或者第三人的利益的，应当追缴双方取得的财产，收归国家、集体所有或者返还第三人~~。 **《合同法》** **第五十八条** 合同无效或者被撤销后，因该合同取得的财产，应当予以返还；不能返还或者没有必要返还的，应当折价补偿。有过错的一方应当赔偿对方因此所受到的损失，双方都有过错的，应当各自承担相应的责任。	**第一百五十七条** 民事**法律**行为无效、被撤销**或者确定不发生效力后**，行为人因该行为取得的财产，应当**予以**返还；**不能返还或者没有必要返还的，应当折价补偿**。有过错的一方应当赔偿对方由此所受**到**的损失；各方都有过错的，应当各自承担相应的责任。**法律另有规定的，依照其规定**。 释义 本条是关于民事法律行为无效、被撤销以及确定不发生效力的后果的规定。 "法律另有规定的，依照其规定"，主要是指民事法律行为效力被否定后，并非在任何情况下都存在返还财产、折价补偿或者赔偿损失的责任问题，而是需要根据相关法律、行政法规的规定对其予以没收、收缴等，如毒品交易中的毒品，需要根据《禁毒法》等法律规定予以收缴，而不是返还一方当事人。

相关法律、司法解释规定	民法典
	第四节　民事法律行为的附条件和附期限
《民法通则》 **第六十二条**　民事法律行为可以附条件，附条件的民事法律行为在符合所附条件时生效。 **《民通意见》** 75. 附条件的民事行为，如果所附的条件是违背法律规定或者不可能发生的，应当认定该民事行为无效。 **《合同法》** **第四十五条第一款**　当事人对合同的效力可以约定附条件。附生效条件的合同，自条件成就时生效。附解除条件的合同，自条件成就时失效。	**第一百五十八条**　民事法律行为可以附条件，**但是根据其性质不得附条件的除外**。附生效条件的民事法律行为，自条件成就时生效。附解除条件的民事法律行为，自条件成就时失效。 释义　本条是关于附条件的民事法律行为的规定。
《合同法》 **第四十五条第二款**　当事人为自己的利益不正当地阻止条件成就的，视为条件已成就；不正当地促成条件成就的，视为条件不成就。	**第一百五十九条　附条件的民事法律行为**，当事人为自己的利益不正当地阻止条件成就的，视为条件已经成就；不正当地促成条件成就的，视为条件不成就。 释义　本条是对民事法律行为条件成就和不成就拟制的规定。
《合同法》 **第四十六条**　当事人对合同的效力可以约定附期限。附生效期限的合同，自期限届至时生效。附终止期限的合同，自期限届满时失效。 **《民通意见》** 76. 附期限的民事法律行为，在所附期限到来时生效或者解除。	**第一百六十条**　民事法律行为可以附期限，**但是根据其性质不得附期限的除外**。附生效期限的民事法律行为，自期限届至时生效。附终止期限的民事法律行为，自期限届满时失效。 释义　本条是关于附期限的民事法律行为的规定。

相关法律、司法解释规定	民法典
	第七章　代　　理
	第一节　一般规定
《民法通则》 **第六十三条第一款、第三款**　公民、法人可以通过代理人实施民事法律行为。 依照法律规定~~或者按照~~双方当事人约定，应当由本人实施的民事法律行为，不得代理。	**第一百六十一条**　民事主体可以通过代理人实施民事法律行为。 依照法律规定、当事人约定**或者民事法律行为的性质**，应当由本人**亲自**实施的民事法律行为，不得代理。 **释义**　本条是关于代理适用范围的规定。 依照民事法律行为的性质，应当由本人亲自实施的民事法律行为，主要是指具有人身性质的身份行为，如结婚、离婚、收养、遗嘱、遗赠等。
《民法通则》 **第六十三条第二款**　代理人在代理权限内，以被代理人~~的~~名义实施民事法律行为。被代理人对代理人的代理行为，承担民事责任。	**第一百六十二条**　代理人在代理权限内，以被代理人名义实施**的**民事法律行为，对被代理人发生效力。 **释义**　本条是关于代理效力的规定。 代理行为发生代理效力必须符合下列两个条件：一是代理人在代理权限内实施民事法律行为；二是代理人必须以被代理人的名义实施民事法律行为。
《民法通则》 **第六十四条**　代理包括委托代理、法定代理~~和指定代理~~。 委托代理人按照被代理人的委托行使代理权，法定代理人依照法律的规定行使代理权~~，指定代理人按照人民法院或者指定单位的指定行使代理权~~。	**第一百六十三条**　代理包括委托代理和法定代理。 委托代理人按照被代理人的委托行使代理权。法定代理人依照法律的规定行使代理权。 **释义**　本条是关于代理类型的规定。 删除“指定代理”形式，指定代理只是法定代理的一种特殊形式，没有必要单独列为一种代理的类型。

相关法律、司法解释规定	民法典
《民法通则》 **第六十六条第二款、第三款** 代理人不履行职责而给被代理人造成损害的，应当承担民事责任。 代理人和第三人串通，损害被代理人的利益的，由代理人和第三人负连带责任。	**第一百六十四条** 代理人不履行或者不完全履行职责，造成被代理人损害的，应当承担民事责任。 代理人和相对人恶意串通，损害被代理人合法权益的，代理人和相对人应当承担连带责任。 释义 本条是关于代理人不当履职的民事责任及代理人和相对人恶意串通的民事责任的规定。
	第二节 委托代理
《民法通则》 **第六十五条第二款** 书面委托代理的授权委托书应当载明代理人的姓名或者名称、代理事项、权限和期间，并由委托人签名或者盖章。 **《民法总则》** **第一百六十五条** 委托代理授权采用书面形式的，授权委托书应当载明代理人的姓名或者名称、代理事项、权限和期间，并由被代理人签名或者盖章。	**第一百六十五条** 委托代理授权采用书面形式的，授权委托书应当载明代理人的姓名或者名称、代理事项、权限和期限[①]，并由被代理人签名或者盖章。 释义 本条是关于授权委托书的规定。
	第一百六十六条 数人为同一代理事项的代理人的，应当共同行使代理权，但是当事人另有约定的除外。 释义 本条是关于共同代理的规定。 共同代理是指数个代理人共同行使一项代理权的代理。共同代理有如下三个特征：一是有数个代理人；二是只有一个代理权；三是共同行使代理权。

① 《民法典》将《民法总则》中的“期间”改为“期限”的条文有：第165条、第173条。

相关法律、司法解释规定	民法典
《民法通则》 **第六十七条** 代理人知道被委托代理的事项违法仍然进行代理活动的，或者被代理人知道代理人的代理行为违法不表示反对的，由被代理人和代理人负连带责任。	**第一百六十七条** 代理人知道**或者应当知道**代理事项违法仍然实施代理行为，或者被代理人知道**或者应当知道**代理人的代理行为违法未作反对表示的，被代理人和代理人**应当**承担连带责任。 释义 本条是关于代理违法的民事责任的规定。
	第一百六十八条 **代理人不得以被代理人的名义与自己实施民事法律行为，但是被代理人同意或者追认的除外。** **代理人不得以被代理人的名义与自己同时代理的其他人实施民事法律行为，但是被代理的双方同意或者追认的除外。** 释义 本条是关于禁止自己代理和双方代理的规定。
《民法通则》 **第六十八条** 委托代理人为被代理人的利益需要转托他人代理的，应当事先取得被代理人的同意。事先没有取得被代理人同意的，应当在事后及时告诉被代理人，如果被代理人不同意，由代理人对自己所转托的人的行为负民事责任，但在紧急情况下，为了保护被代理人的利益而转托他人代理的除外。	**第一百六十九条** 代理人需要转委托第三人代理的，应当取得被代理人的同意**或者追认**。 **转委托代理经被代理人同意或者追认的，被代理人可以就代理事务直接指示转委托的第三人，代理人仅就第三人的选任以及对第三人的指示承担责任。** **转委托代理**未经被代理人同意或者追认的，代理人**应当**对转委托的第三人的行为承担责任；但是，在紧急情况下**代理人**为了维护被代理人的利益需要转委托第三人代理的除外。 释义 本条是关于复代理的规定。

相关法律、司法解释规定	民法典
	在复代理关系中，存在原代理人和复代理人两个代理人，存在原代理人对被代理人的代理和复代理人对被代理人的代理两层代理。
《民法通则》 **第四十三条**　企业法人对它的法定代表人和其他工作人员的经营活动，承担民事责任。 《合同法》 **第五十条**　法人或者其他组织的法定代表人、负责人超越权限订立的合同，除相对人知道或者应当知道其超越权限的以外，该代表行为有效。	**第一百七十条　执行法人或者非法人组织工作任务的人员，就其职权范围内的事项，以法人或者非法人组织的名义实施的民事法律行为，对法人或者非法人组织发生效力。** **法人或者非法人组织对执行其工作任务的人员职权范围的限制，不得对抗善意相对人。** 释义　本条是关于职务代理的规定。 职务代理，是指根据代理人所担任的职务而产生的代理，即执行法人或者非法人组织工作任务的人员，就其职权范围内的事项，以法人或者非法人组织的名义实施的民事法律行为，无需法人或者非法人组织的特别授权，即法人或者非法人组织发生效力。
《民法通则》 **第六十六条第一款、第四款**　没有代理权、超越代理权或者代理权终止后~~的行为~~，只有经过被代理人的追认，被代理人才承担民事责任。未经追认的行为，由行为人承担民事责任。~~本人知道他人以本人名义实施民事行为而不作否认表示的，视为同意~~。 第三人知道行为人没有代理权、超越代理权或者代理权已终止~~还与行为人实施民事行为给他人造成损害~~的，~~由~~第三人和行为人负连带责任。	**第一百七十一条　行为人没有代理权、超越代理权或者代理权终止后，仍然实施代理行为，未经被代理人追认的，对被代理人不发生效力。** **相对人可以催告被代理人自收到通知之日起三十日内予以追认。被代理人未作表示的，视为拒绝追认。行为人实施的行为被追认前，善意相对人有撤销的权利。撤销应当以通知的方式作出。** **行为人实施的行为未被追认的，善意相对人有权请求行为人履行债务**

相关法律、司法解释规定	民法典
《合同法》 **第四十八条** 全民所有制企业法人以国家授予它经营管理的财产承担民事责任。集体所有制企业法人以企业所有的财产承担民事责任。中外合资经营企业法人、中外合作经营企业法人和外资企业法人以企业所有的财产承担民事责任，法律另有规定的除外。	**或者就其受到的损害请求行为人赔偿。但是，赔偿的范围不得超过被代理人追认时相对人所能获得的利益。** 相对人知道**或者应当知道**行为人无权代理的，相对人和行为人按照各自的过错承担责任。 释义 本条是关于无权代理的规定。
《合同法》 **第四十九条** 行为人没有代理权、超越代理权或者代理权终止后以被代理人名义订立合同，相对人有理由相信行为人有代理权的，该代理行为有效。 《合同法司法解释（二）》 **第十三条** 被代理人依照合同法第四十九条的规定承担有效代理行为所产生的责任后，可以向无权代理人追偿因代理行为而遭受的损失。	**第一百七十二条** 行为人没有代理权、超越代理权或者代理权终止后，仍然实施代理行为，相对人有理由相信行为人有代理权的，代理行为有效。 释义 本条是关于表见代理的规定。 构成表见代理需要满足以下两个条件：一是行为人并没有获得被代理人的授权就以被代理人的名义与相对人实施民事法律行为；二是相对人在主观上必须是善意、无过失的。
	第三节 代理终止
《民法通则》 **第六十九条** 有下列情形之一的，委托代理终止： （一）代理期间届满或者代理事务完成； （二）被代理人取消委托或者代理人辞去委托； （三）代理人死亡； （四）代理人丧失民事行为能力； （五）作为被代理人或者代理人的法人终止。	**第一百七十三条** 有下列情形之一的，委托代理终止： （一）代理期限届满或者代理事务完成； （二）被代理人取消委托或者代理人辞去委托； （三）代理人丧失民事行为能力； （四）代理人**或者被代理人**死亡； （五）作为代理人或者被代理人的法人、**非法人组织**终止。

相关法律、司法解释规定	民法典
	释义　本条是关于委托代理终止的规定。 本条在《民法通则》和《合同法》相关规定的基础上，明确了委托代理终止的情形。
《民通意见》 82. 被代理人死亡后有下列情况之一的，委托代理人实施的代理行为有效：(1) 代理人不知道被代理人死亡的；(2) 被代理人的继承人均予承认的；(3) 被代理人与代理人约定到代理事项完成时代理权终止的；(4) 在被代理人死亡前已经进行、而在被代理人死亡后为了被代理人的继承人的利益继续完成的。	**第一百七十四条**　被代理人死亡后，有下列情形之一的，委托代理人实施的代理行为有效： （一）代理人不知道**且不应当知道**被代理人死亡； （二）被代理人的继承人予以承认； （三）**授权中明确**代理权在代理事务完成时终止； （四）被代理人死亡前已经实施，为了被代理人的继承人的利益继续代理。 **作为被代理人的法人、非法人组织终止的，参照适用前款规定。** 释义　本条是关于委托代理终止例外的规定。 如果被代理人是法人、非法人组织，其终止类似于自然人的死亡，因此本条第2款规定，作为被代理人的法人、非法人组织终止的，参照适用前款规定。
《民法通则》 **第七十条**　有下列情形之一的，法定代理或者指定代理终止： （一）被代理人取得或者恢复民事行为能力； （二）被代理人或者代理人死亡； （三）代理人丧失民事行为能力；	**第一百七十五条**　有下列情形之一的，法定代理终止： （一）被代理人取得或者恢复完全民事行为能力； （二）代理人丧失民事行为能力； （三）代理人或者被代理人死亡； **（四）法律规定的其他情形。**

相关法律、司法解释规定	民法典
~~（四）指定代理的人民法院或者指定单位取消指定~~； ~~（五）由其他原因引起的被代理人和代理人之间的监护关系消灭~~。	释义　本条是关于法定代理终止的规定。 本条在《民法通则》规定的基础上，明确了法定代理终止情形。
	第八章　民 事 责 任
《民法通则》 **第一百零六条第一款**　~~公民、法人违反合同或者不履行其他义务的~~，~~应当~~承担民事责任。 **《合同法》** **第六十条第一款**　当事人应当按照约定全面履行自己的义务。	**第一百七十六条　民事主体依照法律规定或者按照当事人约定，履行民事义务，**承担民事责任。 释义　本条是关于民事主体依法承担民事责任的规定。
《侵权责任法》 **第十二条**　二人以上分别实施侵权行为造成同一损害，能够确定责任大小的，各自承担相应的责任；难以确定责任大小的，平均承担~~赔偿~~责任。	**第一百七十七条**　二人以上依法承担按份责任，能够确定责任大小的，各自承担相应的责任；难以确定责任大小的，平均承担责任。 释义　本条是关于按份责任的规定。 按份责任是责任人各自承担不同份额的责任，不具有连带性，权利人只能请求属于按份责任人的责任份额。
《侵权责任法》 **第十三条**　法律规定承担连带责任的，被侵权人有权请求部分或者全部连带责任人承担责任。 **第十四条**　连带责任人根据各自责任大小确定相应的赔偿数额；难以确定责任大小的，平均承担~~赔偿~~责任。 支付超出自己赔偿数额的连带责任人，有权向其他连带责任人追偿。	**第一百七十八条　二人以上**依法承担连带责任的，权利人有权请求部分或者全部连带责任人承担责任。 连带责任人的责任份额根据各自责任大小确定；难以确定责任大小的，平均承担责任。实际承担责任超过自己责任份额的连带责任人，有权向其他连带责任人追偿。 **连带责任，由法律规定或者当事人约定。** 释义　本条是关于连带责任的规定。

相关法律、司法解释规定	民法典
	连带责任是两个或者两个以上的债务人共同向债权人承担民事责任，是一种较为严厉的责任方式，除当事人有约定外，宜由法律作出规定。
《民法通则》 **第一百三十四条** 承担民事责任的方式主要有： （一）停止侵害； （二）排除妨碍； （三）消除危险； （四）返还财产； （五）恢复原状； （六）修理、重作、更换； （七）赔偿损失； （八）支付违约金； （九）消除影响、恢复名誉； （十）赔礼道歉。 以上承担民事责任的方式，可以单独适用，也可以合并适用。 ~~人民法院审理民事案件，除适用上述规定外，还可以予以训诫、责令具结悔过、收缴进行非法活动的财物和非法所得，并可以依照法律规定处以罚款、拘留。~~ **《侵权责任法》** **第四十七条** 明知产品存在缺陷仍然生产、销售，造成他人死亡或者健康严重损害的，被侵权人有权请求相应的惩罚性赔偿。	**第一百七十九条** 承担民事责任的方式主要有： （一）停止侵害； （二）排除妨碍； （三）消除危险； （四）返还财产； （五）恢复原状； （六）修理、重作、更换； **（七）继续履行；** （八）赔偿损失； （九）支付违约金； （十）消除影响、恢复名誉； （十一）赔礼道歉。 **法律规定惩罚性赔偿的，依照其规定。** 本条规定的承担民事责任的方式，可以单独适用，也可以合并适用。 **释义** 本条是关于承担民事责任方式的规定。
《民法通则》 **第一百零七条** 因不可抗力不能履行合同~~或者造成他人损害~~的，不承	**第一百八十条** 因不可抗力不能履行民事义务的，不承担民事责任。法律另有规定的，依照其规定。

相关法律、司法解释规定	民法典
担民事责任，法律另有规定的除外。 **第一百五十三条** ~~本法所称的~~“不可抗力”，是指不能预见、不能避免并不能克服的客观情况。 **《合同法》** **第一百一十七条** 因不可抗力不能履行合同的，根据不可抗力的影响，部分或者全部免除责任，但法律另有规定的除外。当事人迟延履行后发生不可抗力的，不能免除责任。 本法所称不可抗力，是指不能预见、不能避免并不能克服的客观情况。 **《侵权责任法》** **第二十九条** 因不可抗力造成他人损害的，不承担责任。法律另有规定的，依照其规定。	不可抗力是不能预见、不能避免且不能克服的客观情况。 **释义** 本条是关于不可抗力的规定。
《民法通则》 **第一百二十八条** 因正当防卫造成损害的，不承担民事责任。正当防卫超过必要的限度，造成不应有的损害的，应当承担适当的民事责任。 **《侵权责任法》** **第三十条** 因正当防卫造成损害的，不承担责任。正当防卫超过必要的限度，造成不应有的损害的，正当防卫人应当承担适当的责任。	**第一百八十一条** 因正当防卫造成损害的，不承担民事责任。 正当防卫超过必要的限度，造成不应有的损害的，**正当防卫人**应当承担适当的民事责任。 **释义** 本条是关于正当防卫的规定。 正当防卫，是指本人、他人的人身权利、财产权利遭受不法侵害时，行为人所采取的一种防卫措施。
《民法通则》 **第一百二十九条** 因紧急避险造成损害的，由引起险情发生的人承担民事责任。~~如果~~危险~~是~~由自然原因引起的，紧急避险人不承担民事责任~~或者承担适当的民事责任~~。~~因~~紧急避险	**第一百八十二条** 因紧急避险造成损害的，由引起险情发生的人承担民事责任。 危险由自然原因引起的，紧急避险人不承担民事责任，**可以给予适当补偿**。

相关法律、司法解释规定	民法典
采取措施不当或者超过必要的限度，造成不应有的损害的，紧急避险人应当承担适当的民事责任。 《侵权责任法》 **第三十一条** 因紧急避险造成损害的，由引起险情发生的人承担责任。如果危险是由自然原因引起的，紧急避险人不承担责任或者给予适当补偿。紧急避险采取措施不当或者超过必要的限度，造成不应有的损害的，紧急避险人应当承担适当的责任。	紧急避险采取措施不当或者超过必要的限度，造成不应有的损害的，紧急避险人应当承担适当的民事责任。 释义 本条是关于紧急避险的规定。 紧急避险，是指为了使本人或者他人的人身、财产权利免受正在发生的危险，不得已采取的紧急避险行为，造成损害的，不承担责任或者减轻责任的情形。
《民法通则》 **第一百零九条** 因防止、制止国家的、集体的财产或者他人的财产、人身遭受侵害而使自己受到损害的，由侵害人承担赔偿责任，受益人也可以给予适当的补偿。 《侵权责任法》 **第二十三条** 因防止、制止他人民事权益被侵害而使自己受到损害的，由侵权人承担责任。侵权人逃逸或者无力承担责任，被侵权人请求补偿的，受益人应当给予适当补偿。	**第一百八十三条** 因保护他人民事权益使自己受到损害的，由侵权人承担民事责任，受益人可以给予适当补偿。**没有侵权人、侵权人逃逸或者无力承担民事责任，受害人请求补偿的，受益人应当给予适当补偿。** 释义 本条是关于因保护他人民事权益而使自己受到损害的责任承担主体的规定。 本条规定的目的，在于保护见义勇为者，鼓励见义勇为行为。
	第一百八十四条 因自愿实施紧急救助行为造成受助人损害的，救助人不承担民事责任。 释义 本条是关于因自愿实施紧急救助行为造成受助人损害的，救助人不承担民事责任的规定。 本条对鼓励见义勇为，保护救助人有着积极意义。

相关法律、司法解释规定	民法典
《精神损害赔偿司法解释》① **第三条** 自然人死亡后，其近亲属因下列侵权行为遭受精神痛苦，向人民法院起诉请求赔偿精神损害的，人民法院应当依法予以受理： （一）以侮辱、诽谤、贬损、丑化或者违反社会公共利益、社会公德的其他方式，侵害死者姓名、肖像、名誉、荣誉； （二）非法披露、利用死者隐私，或者以违反社会公共利益、社会公德的其他方式侵害死者隐私； （三）非法利用、损害遗体、遗骨，或者以违反社会公共利益、社会公德的其他方式侵害遗体、遗骨。	**第一百八十五条** 侵害英雄烈士等的姓名、肖像、名誉、荣誉，**损害社会公共利益的**，应当承担民事责任。 释义 本条是关于侵害英雄烈士等的姓名、肖像、名誉、荣誉的民事责任的规定。 本条特别规定英雄烈士等的人格权益保护，有利于弘扬社会主义核心价值观和英雄烈士精神，培养爱国主义精神，增强民族凝聚力，维护社会公共利益。
《合同法》 **第一百二十二条** 因当事人一方的违约行为，侵害对方人身、财产权益的，受损害方有权选择~~依照本法~~要求其承担违约责任或者~~依照其他法律要求其承担~~侵权责任。 **《合同法司法解释（一）》** **第三十条** 债权人依照合同法第一百二十二条的规定向人民法院起诉时作出选择后，在一审开庭以前又变更诉讼请求的，人民法院应当准许。对方当事人提出管辖权异议，经审查异议成立的，人民法院应当驳回起诉。	**第一百八十六条** 因当事人一方的违约行为，损害对方人身**权益**、财产权益的，受损害方有权选择请求其承担违约责任或者侵权责任。 释义 本条是关于违约责任与侵权责任竞合的规定。

① 《最高人民法院关于确定民事侵权精神损害赔偿责任若干问题的解释》简称《精神损害赔偿司法解释》。

相关法律、司法解释规定	民法典
《侵权责任法》 **第四条** 侵权人因同一行为应当承担行政责任或者刑事责任的，不影响依法承担侵权责任。 因同一行为应当承担侵权责任和行政责任、刑事责任，侵权人的财产不足以支付的，先承担侵权责任。	**第一百八十七条** 民事主体因同一行为应当承担民事责任、行政责任和刑事责任的，**承担行政责任或者刑事责任**不影响承担民事责任；民事主体的财产不足以支付的，优先用于承担民事责任。 释义 本条是关于财产优先承担民事责任的规定。
	第九章 诉讼时效
《民法通则》 **第一百三十五条** 向人民法院请求保护民事权利的诉讼时效期间为二年，法律另有规定的除外。 **第一百三十七条** 诉讼时效期间从知道或者应当知道权利被侵害时起计算。但是，从权利被侵害之日起超过二十年的，人民法院不予保护。有特殊情况的，人民法院可以延长诉讼时效期间。 **第一百四十一条** 法律对诉讼时效另有规定的，依照法律规定。	**第一百八十八条** 向人民法院请求保护民事权利的诉讼时效期间为三年。法律另有规定的，依照其规定。 诉讼时效期间自权利人知道或者应当知道权利受到损害**以及义务人之日**起计算。法律另有规定的，依照其规定。但是，自权利受到损害之日起超过二十年的，人民法院不予保护，有特殊情况的，人民法院可以**根据权利人的申请决定**延长。 释义 本条是关于普通诉讼时效期间及起算规则、最长权利保护期间的规定。
《民事案件诉讼时效规定》① **第五条** 当事人约定同一债务分期履行的，诉讼时效期间从最后一期履行期限届满之日起计算。	**第一百八十九条** 当事人约定同一债务分期履行的，诉讼时效期间自最后一期履行期限届满之日起计算。 释义 本条是关于分期履行债务诉讼时效期间起算规则的特殊规定。

① 《最高人民法院关于审理民事案件适用诉讼时效制度若干问题的规定》简称《民事案件诉讼时效规定》。

相关法律、司法解释规定	民法典
	第一百九十条　无民事行为能力人或者限制民事行为能力人对其法定代理人的请求权的诉讼时效期间，自该法定代理终止之日起计算。 **释义**　本条是关于无民事行为能力人或者限制民事行为能力人对其法定代理人的请求权的诉讼时效期间起算规则的特殊规定。 本条规定实质上旨在保障无民事行为能力人或者限制民事行为能力人对其法定代理人行使请求权。
	第一百九十一条　未成年人遭受性侵害的损害赔偿请求权的诉讼时效期间，自受害人年满十八周岁之日起计算。 **释义**　本条是关于未成年人遭受性侵害的损害赔偿请求权的诉讼时效期间起算规则的特殊规定。 本条规定从时效制度方面加强了对未成年人的保护。
《民法通则》 **第一百三十八条**　超过诉讼时效期间，当事人自愿履行的，不受诉讼时效限制。 **《民通意见》** 171. 过了诉讼时效期间，义务人履行义务后，又以超过诉讼时效为由翻悔的，不予支持。	**第一百九十二条　诉讼时效期间届满的，义务人可以提出不履行义务的抗辩。** **诉讼时效期间届满后，义务人同意履行的，不得以诉讼时效期间届满为由抗辩；义务人已经自愿履行的，不得请求返还。** **释义**　本条是关于诉讼时效期间届满法律效果的规定。
《民事案件诉讼时效规定》 **第三条**　~~当事人未提出诉讼时效抗辩，~~人民法院不应~~对诉讼时效问题~~	**第一百九十三条**　人民法院不得主动适用诉讼时效的规定。

相关法律、司法解释规定	民法典
~~进行释明及~~主动适用诉讼时效的规定~~进行裁判~~。	释义　本条是关于诉讼时效援用的规定。 抗辩权属于私权的一种，可以选择行使，也可以选择不行使，义务人对时效利益的处分不违反法律的规定，也没有侵犯国家、集体及他人的合法权益，人民法院不应当主动干预。
《民法通则》 **第一百三十九条**　在诉讼时效期间的最后六个月内，因不可抗力~~或者其他~~障碍不能行使请求权的，诉讼时效中止。~~从中止时效的原因消除之日起，诉讼时效期间继续计算。~~ **《民通意见》** 172. 在诉讼时效期间的最后六个月内，权利被侵害的无民事行为能力人、限制民事行为能力人没有法定代理人，或者法定代理人死亡、丧失代理权，或者法定代理人本人丧失行为能力的，可以认定为因其他障碍不能行使请求权，适用诉讼时效中止。 **《民事案件诉讼时效规定》** **第二十条**　有下列情形之一的，应当认定为民法通则第一百三十九条规定的“其他障碍”，诉讼时效中止： （一）~~权利被侵害的~~无民事行为能力人、限制民事行为能力人没有法定代理人，或者法定代理人死亡、丧失代理权、丧失行为能力； （二）继承开始后未确定继承人或者遗产管理人； （三）权利人被义务人或者其他	**第一百九十四条**　在诉讼时效期间的最后六个月内，因下列障碍，不能行使请求权的，诉讼时效中止： （一）不可抗力； （二）无民事行为能力人或者限制民事行为能力人没有法定代理人，或者法定代理人死亡、丧失民事行为能力、丧失代理权； （三）继承开始后未确定继承人或者遗产管理人； （四）权利人被义务人或者其他人控制； （五）其他导致权利人不能行使请求权的障碍。 **自中止时效的原因消除之日起满六个月，诉讼时效期间届满。** 释义　本条是关于诉讼时效中止的规定。 中止时效的原因消除之日起满6个月诉讼时效期间届满，既能给权利人行使权力留下必要的准备时间，又不会造成诉讼的过分拖延和给义务人造成过分的负担。

相关法律、司法解释规定	民法典
人控制~~无法主张权利~~； （四）其他导致权利人不能主张权利的客观情形。	
《民法通则》 **第一百四十条** 诉讼时效因提起诉讼、当事人一方提出要求或者同意履行义务而中断。从中断时起，诉讼时效期间重新计算。 **《民通意见》** 173. 诉讼时效因权利人主张权利或者义务人同意履行义务而中断后，权利人在新的诉讼时效期间内，再次主张权利或者义务人再次同意履行义务的，可以认定为诉讼时效再次中断。 权利人向债务保证人、债务人的代理人或者财产代管人主张权利的，可以认定诉讼时效中断。 174. 权利人向人民调解委员会或者有关单位提出保护民事权利的请求，从提出请求时起，诉讼时效中断。经调处达不成协议的，诉讼时效期间即重新起算；如调处达成协议，义务人未按协议所定期限履行义务的，诉讼时效期间应从期限届满时重新起算。	**第一百九十五条 有下列情形之一的，诉讼时效中断，从中断、有关程序终结时起，诉讼时效期间重新计算：** **（一）权利人向义务人提出履行请求；** **（二）义务人同意履行义务；** **（三）权利人提起诉讼或者申请仲裁；** **（四）与提起诉讼或者申请仲裁具有同等效力的其他情形。** 释义 本条是关于诉讼时效中断的规定。 在本条第1项、第2项规定的情形下，诉讼时效期间从中断时起重新计算。在第3项、第4项规定的情形下，从有关程序终结时起，诉讼时效期间重新计算。
	第一百九十六条 下列请求权不适用诉讼时效的规定： **（一）请求停止侵害、排除妨碍、消除危险；** **（二）不动产物权和登记的动产物权的权利人请求返还财产；** **（三）请求支付抚养费、赡养费**

相关法律、司法解释规定	民法典
	或者扶养费； **（四）依法不适用诉讼时效的其他请求权。** 释义　本条是关于不适用诉讼时效的情形的规定。
《民事案件诉讼时效规定》 **第二条**　当事人违反法律规定，约定~~延长~~或者~~缩短~~诉讼时效期间、预先放弃诉讼时效利益的，人民法院不予认可。	**第一百九十七条**　诉讼时效的期间、计算方法以及中止、中断的事由**由法律规定，当事人约定**无效。 当事人对诉讼时效利益的预先放弃无效。 释义　本条是关于诉讼时效法定性及时效利益不得预先放弃的规定。
《仲裁法》 **第七十四条**　法律对仲裁时效有规定的，适用该规定。~~法律对仲裁时效~~没有规定的，适用诉讼时效的规定。	**第一百九十八条**　法律对仲裁时效有规定的，依照其规定；没有规定的，适用诉讼时效的规定。 释义　本条是关于仲裁时效的规定。
《合同法》 **第九十五条**　法律规定或者当事人约定解除权行使期限，期限届满当事人不行使的，该权利消灭。 ~~法律没有规定或者当事人没有约定解除权行使期限，经对方催告后在合理期限内不行使的，该权利消灭。~~	**第一百九十九条**　法律规定或者当事人约定**的撤销权、**解除权**等权利的**存续期间，**除法律另有规定外，自权利人知道或者应当知道权利产生之日起计算，不适用有关诉讼时效中止、中断和延长的规定。**存续期间届满，撤销权、解除权等**权利消灭。** 释义　本条是关于除斥期间的一般规定。
	第十章　期间计算
第一百五十四条第一款　民法所称的期间按照公历年、月、日、小时计算。	**第二百条**　民法所称的期间按照公历年、月、日、小时计算。 释义　本条是关于期间的计算单位的规定。

相关法律、司法解释规定	民法典
《民法通则》 **第一百五十四条第二款** 规定按照小时计算期间的，从规定时开始计算。规定按照日、月、年计算期间的，开始的当天不算入，从下一天开始计算。	**第二百零一条** 按照年、月、日计算期间的，开始的当日不计入，自下一日开始计算。 按照小时计算期间的，自**法律规定或者当事人约定的时间**开始计算。 释义 本条是关于期间起算的规定。 与《民法通则》的规定相比，本条增加了在按照小时计算期间的情况下，允许当事人约定起算时间，这是为了最大限度地尊重当事人的意思自治，尊重不同地区、不同行业的交易习惯，方便生活、促进交易。
《民通意见》 198. 当事人约定的期间不是以月、年第一天起算的，一个月为三十日，一年为三百六十五日。 期间的最后一天是星期日或者其他法定休假日，而星期日或者其他法定休假日有变通的，以实际休假日的次日为期间的最后一天。	**第二百零二条 按照年、月计算期间的，到期月的对应日为期间的最后一日；没有对应日的，月末日为期间的最后一日。** 释义 本条是关于期间结束的规定。
《民法通则》 **第一百五十四条第三款、第四款** 期间的最后一天是星期日或者其他法定休假日的，以休假日的次日为期间的最后一天。 期间的最后一天的截止时间为二十四点。有业务时间的，到停止业务活动的时间截止。	**第二百零三条** 期间的最后一日是法定休假日的，以**法定**休假日**结束**的次日为期间的最后一日。 期间的最后一日的截止时间为二十四时；有业务时间的，停止业务活动的时间**为**截止**时间**。 释义 本条是关于期间结束日顺延和期间末日结束点的规定。
《民通意见》 199. 按照日、月、年计算期间，当事人对起算时间有约定的，按约定办。	**第二百零四条 期间的计算方法依照本法的规定，但是法律另有规定或者当事人另有约定的除外。** 释义 本条是关于期间法定或者约定的规定。

相关法律、司法解释规定	民法典
	第二编　物　　权
	第一分编　通　　则
	第一章　一 般 规 定
《物权法》 **第二条**　因物的归属和利用~~而~~产生的民事关系，适用本法。 ~~本法所称物，包括不动产和动产。法律规定权利作为物权客体的，依照其规定。~~ ~~本法所称物权，是指权利人依法对特定的物享有直接支配和排他的权利，包括所有权、用益物权和担保物权。~~	**第二百零五条**　本编调整因物的归属和利用产生的民事关系。 释义　本条规定了物权编规范的社会关系，也就是物权编的调整范围。
《物权法》 **第三条**　国家~~在社会主义初级阶段，~~坚持公有制为主体、多种所有制经济共同发展~~的~~基本经济制度。 国家巩固和发展公有制经济，鼓励、支持和引导非公有制经济的发展。 国家实行社会主义市场经济，保障一切市场主体的平等法律地位和发展权利。	**第二百零六条**　国家坚持和完善公有制为主体、多种所有制经济共同发展，**按劳分配为主体、多种分配方式并存，社会主义市场经济体制等社会主义**基本经济制度。 国家巩固和发展公有制经济，鼓励、支持和引导非公有制经济的发展。 国家实行社会主义市场经济，保障一切市场主体的平等法律地位和发展权利。 释义　本条是关于我国基本经济制度与社会主义市场经济原则的规定。 党的十九届四中全会提出“公有制为主体、多种所有制经济共同发展，按劳分配为主体、多种分配方式并存，社会主义市场经济体制等社会主义基本经济制度”，本条第 1 款内容适时修改。

相关法律、司法解释规定	民法典
《物权法》 **第四条** 国家、集体、私人的物权和其他权利人的物权受法律保护，任何单位和个人不得侵犯。	**第二百零七条** 国家、集体、私人的物权和其他权利人的物权受法律平等保护，任何组织或者个人不得侵犯。 **释义** 本条是关于平等保护国家、集体和私人的物权原则的规定。 本条内容与《物权法》基本一致，再次重申平等保护原则。
《物权法》 **第六条** 不动产物权的设立、变更、转让和消灭，应当依照法律规定登记。动产物权的设立和转让，应当依照法律规定交付。	**第二百零八条** 不动产物权的设立、变更、转让和消灭，应当依照法律规定登记。动产物权的设立和转让，应当依照法律规定交付。 **释义** 本条是关于物权公示原则的规定。
	第二章 物权的设立、变更、转让和消灭
	第一节 不动产登记
《物权法》 **第九条** 不动产物权的设立、变更、转让和消灭，经依法登记，发生效力；未经登记，不发生效力，但法律另有规定的除外。 依法属于国家所有的自然资源，所有权可以不登记。	**第二百零九条** 不动产物权的设立、变更、转让和消灭，经依法登记，发生效力；未经登记，不发生效力，但是法律另有规定的除外。 依法属于国家所有的自然资源，所有权可以不登记。 **释义** 本条是关于不动产物权登记生效以及依法属于国家所有的自然资源，所有权可以不登记的规定。
《物权法》 **第十条** 不动产登记，由不动产所在地的登记机构办理。 国家对不动产实行统一登记制度。统一登记的范围、登记机构和登记办法，由法律、行政法规规定。	**第二百一十条** 不动产登记，由不动产所在地的登记机构办理。 国家对不动产实行统一登记制度。统一登记的范围、登记机构和登记办法，由法律、行政法规规定。

相关法律、司法解释规定	民法典
	释义 本条是关于不动产登记机构和国家实行统一登记制度的规定。
《物权法》 **第十一条** 当事人申请登记，应当根据不同登记事项提供权属证明和不动产界址、面积等必要材料。	**第二百一十一条** 当事人申请登记，应当根据不同登记事项提供权属证明和不动产界址、面积等必要材料。 释义 本条是关于当事人申请登记应当提供的必要材料的规定。
《物权法》 **第十二条** 登记机构应当履行下列职责： （一）查验申请人提供的权属证明和其他必要材料； （二）就有关登记事项询问申请人； （三）如实、及时登记有关事项； （四）法律、行政法规规定的其他职责。 申请登记的不动产的有关情况需要进一步证明的，登记机构可以要求申请人补充材料，必要时可以实地查看。	**第二百一十二条** 登记机构应当履行下列职责： （一）查验申请人提供的权属证明和其他必要材料； （二）就有关登记事项询问申请人； （三）如实、及时登记有关事项； （四）法律、行政法规规定的其他职责。 申请登记的不动产的有关情况需要进一步证明的，登记机构可以要求申请人补充材料，必要时可以实地查看。 释义 本条是对登记机构应当履行的职责的规定。 本条内容只是物权编作出的一个原则性规定，随着行政管理体制改革和不动产统一登记制度的建立，需要法律在总结实践经验的基础上对登记机构履行职责问题作出更为具体的规定。
《物权法》 **第十三条** 登记机构不得有下列行为： （一）要求对不动产进行评估； （二）以年检等名义进行重复登	**第二百一十三条** 登记机构不得有下列行为： （一）要求对不动产进行评估； （二）以年检等名义进行重复登记；

相关法律、司法解释规定	民法典
记； （三）超出登记职责范围的其他行为。	（三）超出登记职责范围的其他行为。 **释义** 本条是关于登记机构禁止从事的行为的规定。
《物权法》 **第十四条** 不动产物权的设立、变更、转让和消灭，依照法律规定应当登记的，自记载于不动产登记簿时发生效力。 **《不动产登记暂行条例》** **第二十一条** 登记事项自记载于不动产登记簿时完成登记。 不动产登记机构完成登记，应当依法向申请人核发不动产权属证书或者登记证明。	**第二百一十四条** 不动产物权的设立、变更、转让和消灭，依照法律规定应当登记的，自记载于不动产登记簿时发生效力。 **释义** 本条是关于依法应当登记的不动产物权的设立、变更、转让和消灭何时发生效力的规定。 本法第 209 条确立了不动产物权登记生效的原则，本条则具体明确了不动产物权设立、变更、转让和消灭登记生效的时间，即“自记载于不动产登记簿时发生效力”。
《物权法》 **第十五条** 当事人之间订立有关设立、变更、转让和消灭不动产物权的合同，除法律另有规定或者合同另有约定外，自合同成立时生效；未办理物权登记的，不影响合同效力。	**第二百一十五条** 当事人之间订立有关设立、变更、转让和消灭不动产物权的合同，除法律另有规定或者当事人另有约定外，自合同成立时生效；未办理物权登记的，不影响合同效力。 **释义** 本条是关于合同效力和物权效力区分的规定。 本条规定的内容，在民法学中称为物权变动与其基础关系或者说原因关系的区分原则。
《物权法》 **第十六条** 不动产登记簿是物权归属和内容的根据。 不动产登记簿由登记机构管理。	**第二百一十六条** 不动产登记簿是物权归属和内容的根据。 不动产登记簿由登记机构管理。 **释义** 本条是关于不动产登记簿效力以及管理机构的规定。

相关法律、司法解释规定	民法典
《物权法司法解释（一）》① **第二条** 当事人有证据证明不动产登记簿的记载与真实权利状态不符、其为该不动产物权的真实权利人，请求确认其享有物权的，应予支持。 **《担保法司法解释》**② **第六十一条** 抵押物登记记载的内容与抵押合同约定的内容不一致的，以登记记载的内容为准。	在建立不动产登记制度的情况下，不动产登记成为不动产物权制度的基础，不动产登记簿所记载的权利的正确性推定效力对客观、公正的不动产交易秩序的建立有着极为重要的意义。
《物权法》 **第十七条** 不动产权属证书是权利人享有该不动产物权的证明。不动产权属证书记载的事项，应当与不动产登记簿一致；记载不一致的，除有证据证明不动产登记簿确有错误外，以不动产登记簿为准。	**第二百一十七条** 不动产权属证书是权利人享有该不动产物权的证明。不动产权属证书记载的事项，应当与不动产登记簿一致；记载不一致的，除有证据证明不动产登记簿确有错误外，以不动产登记簿为准。 **释义** 本条是关于不动产登记簿与不动产权属证书关系的规定。 根据物权公示原则，完成不动产物权公示的是不动产登记，不动产物权的归属和内容应以不动产登记簿为根据。不动产物权证书只是不动产登记簿所记载内容的外在表现形式，当二者记载不一致的，应以不动产登记簿为准。
《物权法》 **第十八条** 权利人、利害关系人可以申请查询、复制登记资料，登记机构应当提供。	**第二百一十八条** 权利人、利害关系人可以申请查询、复制不动产登记资料，登记机构应当提供。 **释义** 本条是关于不动产登记资料查

① 《最高人民法院关于适用〈中华人民共和国物权法〉若干问题的解释（一）》简称《物权法司法解释（一）》。

② 《最高人民法院关于适用〈中华人民共和国担保法〉若干问题的解释》简称《担保法司法解释》。

相关法律、司法解释规定	民法典
《不动产登记暂行条例》 **第二十一条** 登记事项自记载于不动产登记簿时完成登记。 不动产登记机构完成登记，应当依法向申请人核发不动产权属证书或者登记证明。	询、复制的规定。 物权公示虽然是针对不特定的人，但这个不特定的人不是全社会的人。登记资料只要能够满足合同双方当事人以外或者物权权利人以外的人中可能和这个物权发生联系的人的要求，就达到了登记的目的和物权公示的目的。
《不动产登记暂行条例》 **第二十八条** 查询不动产登记资料的单位、个人应当向不动产登记机构说明查询目的，不得将查询获得的不动产登记资料用于其他目的；未经权利人同意，不得泄露查询获得的不动产登记资料。	**第二百一十九条 利害关系人不得公开、非法使用权利人的不动产登记资料。** 释义 本条是关于利害关系人应当保护权利人个人信息的规定。 本条是民法典新增加的条文，明确利害关系人不得公开、非法使用权利人不动产登记资料的义务，目的是保护权利人的个人信息。
《物权法》 **第十九条** 权利人、利害关系人认为不动产登记簿记载的事项错误的，可以申请更正登记。不动产登记簿记载的权利人书面同意更正或者有证据证明登记确有错误的，登记机构应当予以更正。 不动产登记簿记载的权利人不同意更正的，利害关系人可以申请异议登记。登记机构予以异议登记的，申请人<u>在</u>异议登记之日起十五日内不<u>起诉</u>，异议登记失效。异议登记不当，造成权利人损害的，权利人可以向申请人请求损害赔偿。	**第二百二十条** 权利人、利害关系人认为不动产登记簿记载的事项错误的，可以申请更正登记。不动产登记簿记载的权利人书面同意更正或者有证据证明登记确有错误的，登记机构应当予以更正。 不动产登记簿记载的权利人不同意更正的，利害关系人可以申请异议登记。登记机构予以异议登记，申请人<u>自</u>异议登记之日起十五日内不<u>提起诉讼</u>的，异议登记失效。异议登记不当，造成权利人损害的，权利人可以向申请人请求损害赔偿。 释义 本条是关于不动产更正登记和异议登记的规定。

相关法律、司法解释规定	民法典
《物权法司法解释（一）》 **第三条** 异议登记因物权法第十九条第二款规定的事由失效后，当事人提起民事诉讼，请求确认物权归属的，应当依法受理。异议登记失效不影响人民法院对案件的实体审理。	更正登记目的是保护事实上的权利人的物权，许可真正的权利人或者利害关系人依据真正的权利状态对不动产登记簿记载的内容进行更正。但是，更正登记的程序较为费时，有时申请更正的权利人与登记簿上记载的权利人之间的争议一时难以解决，法律有必要建立异议登记制度，作为一种对真正权利人利益的临时性保护措施。
《物权法》 **第二十条** 当事人签订买卖房屋或者其他不动产物权的协议，为保障将来实现物权，按照约定可以向登记机构申请预告登记。预告登记后，未经预告登记的权利人同意，处分该不动产的，不发生物权效力。 预告登记后，债权消灭或者自能够进行不动产登记之日起<u>三个月</u>内未申请登记的，预告登记失效。 《物权法司法解释（一）》 **第四条** 未经预告登记的权利人同意，转移不动产所有权，或者设定建设用地使用权、地役权、抵押权等其他物权的，应当依照物权法第二十条第一款的规定，认定其不发生物权效力。 **第五条** 买卖不动产物权的协议被认定无效、被撤销、被解除，或者预告登记的权利人放弃债权的，应当认定为物权法第二十条第二款所称的"债权消灭"。	**第二百二十一条** 当事人签订买卖房屋**的协议**或者**签订**其他不动产物权的协议，为保障将来实现物权，按照约定可以向登记机构申请预告登记。预告登记后，未经预告登记的权利人同意，处分该不动产的，不发生物权效力。 预告登记后，债权消灭或者自能够进行不动产登记之日起<u>九十日</u>内未申请登记的，预告登记失效。 **释义** 本条是关于预告登记的规定。 预告登记，是指为保全一项请求权而进行的不动产登记，该项请求权所要达到的目的，是在将来发生不动产物权变动。预告登记的功能是限制房地产开发商等债务人处分其权利，以保障债权人将来实现其债权。

相关法律、司法解释规定	民法典
《物权法》 **第二十一条** 当事人提供虚假材料申请登记，给他人造成损害的，应当承担赔偿责任。 因登记错误，给他人造成损害的，登记机构应当承担赔偿责任。登记机构赔偿后，可以向造成登记错误的人追偿。 **《最高人民法院关于审理房屋登记案件若干问题的规定》** **第十二条** 申请人提供虚假材料办理房屋登记，给原告造成损害，房屋登记机构未尽合理审慎职责的，应当根据其过错程度及其在损害发生中所起作用承担相应的赔偿责任。 **第十三条** 房屋登记机构工作人员与第三人恶意串通违法登记，侵犯原告合法权益的，房屋登记机构与第三人承担连带赔偿责任。	**第二百二十二条** 当事人提供虚假材料申请登记，造成他人损害的，应当承担赔偿责任。 因登记错误，造成他人损害的，登记机构应当承担赔偿责任。登记机构赔偿后，可以向造成登记错误的人追偿。 **释义** 本条是关于登记错误赔偿责任的规定。 实践中登记错误的发生主要有两种情况：一是登记机构工作人员疏忽、过失等造成错误；二是登记申请人等采取欺骗手段或者与登记机关的人员恶意串通造成错误。
《物权法》 **第二十二条** 不动产登记费按件收取，不得按照不动产的面积、体积或者价款的比例收取。~~具体收费标准由国务院有关部门会同价格主管部门规定~~。	**第二百二十三条** 不动产登记费按件收取，不得按照不动产的面积、体积或者价款的比例收取。 **释义** 本条是关于登记收费问题的规定。
	第二节 动产交付
《物权法》 **第二十三条** 动产物权的设立和转让，自交付时发生效力，但法律另有规定的除外。	**第二百二十四条** 动产物权的设立和转让，自交付时发生效力，但是法律另有规定的除外。 **释义** 本条是关于动产物权的设立和转让何时发生效力的规定。

相关法律、司法解释规定	民法典
《物权法》 **第二十四条** 船舶、航空器和机动车等物权的设立、变更、转让和消灭，未经登记，不得对抗善意第三人。 **《物权法司法解释（一）》** **第六条** 转让人转移船舶、航空器和机动车等所有权，受让人已经支付对价并取得占有，虽未经登记，但转让人的债权人主张其为物权法第二十四条所称的“善意第三人”的，不予支持，法律另有规定的除外。	**第二百二十五条** 船舶、航空器和机动车等的物权的设立、变更、转让和消灭，未经登记，不得对抗善意第三人。 释义 本条是关于船舶、航空器和机动车等物权登记的规定。 本条延续了船舶、航空器和机动车等动产登记对抗主义原则的规定。
《物权法》 **第二十五条** 动产物权设立和转让前，权利人已经~~依法~~占有该动产的，物权自法律行为生效时发生效力。	**第二百二十六条** 动产物权设立和转让前，权利人已经占有该动产的，物权自民事法律行为生效时发生效力。 释义 本条是关于动产物权受让人先行占有问题的规定。 本条规定的是设立或者转让动产物权时的一种特殊的情形，即物权的受让人已经取得了动产的占有，而后又与动产的所有权人达成移转所有权或者设定质权合同的情形。 在受让人已经取得对动产的占有又依据民事法律行为取得其物权的情况下，动产物权的公示已经在事先完成，物权受让人已经能够依物权的排他性行使物权。因此，物权的变动就在当事人之间的关于物权变动的协议生效时生效。
《物权法》 **第二十六条** 动产物权设立和转让前，第三人~~依法~~占有该动产的，负有交付义务的人可以通过转让请求第	**第二百二十七条** 动产物权设立和转让前，第三人占有该动产的，负有交付义务的人可以通过转让请求第三人返还原物的权利代替交付。

相关法律、司法解释规定	民法典
三人返还原物的权利代替交付。	**释义** 本条是关于动产物权指示交付的规定。 指示交付，又称返还请求权的让与，是指让与动产物权的时候，如果让与人的动产由第三人占有，让与人可以将其享有的对第三人的返还请求权让与受让人以代替现实交付。
《物权法》 **第二十七条** 动产物权转让时，双方又约定由出让人继续占有该动产的，物权自该约定生效时发生效力。	**第二百二十八条** 动产物权转让时，当事人又约定由出让人继续占有该动产的，物权自该约定生效时发生效力。 **释义** 本条是关于动产物权占有改定的规定。 占有改定是指动产物权的让与人使受让人取得对标的物的间接占有，以代替该动产现实移转的交付。占有改定的原因在于，社会生活中，出卖人虽然将其动产出卖，但是在某一段时间内仍然可能还有使用的需要，或者买受人已经取得了该动产的所有权但是需要出卖人对该动产进行暂时的保管或者改进。
	第三节 其他规定
《物权法》 **第二十八条** 因人民法院、仲裁委员会的法律文书或者人民政府的征收决定等，导致物权设立、变更、转让或者消灭的，自法律文书或者~~人民政府的~~征收决定等生效时发生效力。 《物权法司法解释（一）》 **第七条** 人民法院、仲裁委员会在分割共有不动产或者动产等案件中	**第二百二十九条** 因人民法院、仲裁机构的法律文书或者人民政府的征收决定等，导致物权设立、变更、转让或者消灭的，自法律文书或者征收决定等生效时发生效力。 **释义** 本条是关于因人民法院、仲裁机构的法律文书或者人民政府的征收决定等而导致物权设立、变更、转让或者消灭的规定。

相关法律、司法解释规定	民法典
作出并依法生效的改变原有物权关系的判决书、裁决书、调解书，以及人民法院在执行程序中作出的拍卖成交裁定书、以物抵债裁定书，应当认定为物权法第二十八条所称导致物权设立、变更、转让或者消灭的人民法院、仲裁委员会的法律文书。	需要注意两点：第一，依照法院判决或者仲裁裁决而享有的物权，在处分时，如果法律规定需要办理登记的，不经登记，不发生物权效力。第二，国家征收土地，县级以上人民政府要进行公告，已起到了公示作用。而且，集体所有土地被征收，即成为国家所有的自然资源，所有权可以不登记，征收决定生效之时即产生物权变动的效力。
《物权法》 **第二十九条**　因继承~~或者受遗赠~~取得物权的，自继承~~或者受遗赠~~开始时发生效力。	**第二百三十条**　因继承取得物权的，自继承开始时发生效力。 **释义**　本条是关于因继承而取得物权的规定。 本条删除受遗赠开始时发生物权变动效力的规定，根据本法第 657 条和 1124 条规定，受赠人（受遗赠人）表示接受，赠与（遗赠）法律关系才成立，这与遗赠开始即发生物权变动效力的规定相冲突，因此删除。
《物权法》 **第三十条**　因合法建造、拆除房屋等事实行为设立或者消灭物权的，自事实行为成就时发生效力。	**第二百三十一条**　因合法建造、拆除房屋等事实行为设立或者消灭物权的，自事实行为成就时发生效力。 **释义**　本条是关于因事实行为而设立或者消灭物权的规定。 根据本法第 232 条的规定，合法建造的房屋固然因建造完成而取得所有权，但如果按照法律规定应当办理登记而未登记的，所有权人其后的处分行为，不发生物权效力。

相关法律、司法解释规定	民法典
《物权法》 **第三十一条** 依照本法第二十八条至第三十条规定享有不动产物权的，处分该物权时，依照法律规定需要办理登记的，未经登记，不发生物权效力。	**第二百三十二条** 处分依照本节规定享有的不动产物权，依照法律规定需要办理登记的，未经登记，不发生物权效力。 **释义** 本条是关于非依民事法律行为享有的不动产物权变动的规定。
	第三章 物权的保护
《物权法》 **第三十二条** 物权受到侵害的，权利人可以通过和解、调解、仲裁、诉讼等途径解决。	**第二百三十三条** 物权受到侵害的，权利人可以通过和解、调解、仲裁、诉讼等途径解决。 **释义** 本条是关于物权保护争讼程序的规定。
《物权法》 **第三十三条** 因物权的归属、内容发生争议的，利害关系人可以请求确认权利。 **《物权法司法解释（一）》** **第二条** 当事人有证据证明不动产登记簿的记载与真实权利状态不符、其为该不动产物权的真实权利人，请求确认其享有物权的，应予支持。	**第二百三十四条** 因物权的归属、内容发生争议的，利害关系人可以请求确认权利。 **释义** 本条是关于物权确认请求权的规定。
《物权法》 **第三十四条** 无权占有不动产或者动产的，权利人可以请求返还原物。	**第二百三十五条** 无权占有不动产或者动产的，权利人可以请求返还原物。 **释义** 本条是关于返还原物请求权的规定。 享有返还原物请求权的权利人应当是物权人，包括所有权人、用益物权人等。至于占有人，无论其是否为有权占有，均应依据占有请求权行使权利，而不能依返还原物请求权行使权利。

相关法律、司法解释规定	民法典
《物权法》 第三十五条　妨害物权或者可能妨害物权的，权利人可以请求排除妨害或者消除危险。	**第二百三十六条**　妨害物权或者可能妨害物权的，权利人可以请求排除妨害或者消除危险。 释义　本条是关于排除妨害、消除危险请求权的规定。 排除妨害是一种物权请求权。妨害是指以非法的、不正当的行为，包括施加无权施加的设施，影响了特定物的权利人行使物权。 消除危险也是一种物权请求权。消除危险请求权，是指对于某种尚未发生但确有发生可能的危险，物权人也可以请求有关的当事人采取预防措施加以防止。
《物权法》 第三十六条　造成不动产或者动产毁损的，权利人可以请求修理、重作、更换或者恢复原状。	**第二百三十七条**　造成不动产或者动产毁损的，权利人可以**依法**请求修理、重作、更换或者恢复原状。 释义　本条是关于物权的权利人可以依法请求修理、重作、更换或者恢复原状的规定。 本条在《物权法》规定的基础上，增加了"依法"二字。修理、重作、更换或者恢复原状请求权，在性质上属于债权请求权，增加"依法"二字，以和返还原物、排除妨害、消除危险之物权请求权相区分。 "依法"是指依照民法典侵权责任编以及其他相关法律规范的规定。这就意味着权利人行使这种权利，需要符合这些相关法律关于请求权具体要件等方面的规定。

相关法律、司法解释规定	民法典
《物权法》 **第三十七条** 侵害物权，造成权利人损害的，权利人可以请求损害赔偿，也可以请求承担其他民事责任。	**第二百三十八条** 侵害物权，造成权利人损害的，权利人可以**依法**请求损害赔偿，也可以**依法**请求承担其他民事责任。 释义 本条是关于物权的权利人可以依法请求侵权人承担赔偿损失等民事责任的规定。 本条增加了“依法”二字，理由参见第237条释义。
《物权法》 **第三十八条** 本章规定的物权保护方式，可以单独适用，也可以根据权利被侵害的情形合并适用。 ~~侵害物权，除承担民事责任外，违反行政管理规定的，依法承担行政责任；构成犯罪的，依法追究刑事责任~~。	**第二百三十九条** 本章规定的物权保护方式，可以单独适用，也可以根据权利被侵害的情形合并适用。 释义 本条是关于物权保护方式的单用和并用的规定。
	第二分编 所 有 权
	第四章 一般规定
《物权法》 **第三十九条** 所有权人对自己的不动产或者动产，依法享有占有、使用、收益和处分的权利。	**第二百四十条** 所有权人对自己的不动产或者动产，依法享有占有、使用、收益和处分的权利。 释义 本条是关于所有权基本内容的规定。
《物权法》 **第四十条** 所有权人有权在自己的不动产或者动产上设立用益物权和担保物权。用益物权人、担保物权人行使权利，不得损害所有权人的权益。	**第二百四十一条** 所有权人有权在自己的不动产或者动产上设立用益物权和担保物权。用益物权人、担保物权人行使权利，不得损害所有权人的权益。 释义 本条是关于所有权人设定他物权的规定。

相关法律、司法解释规定	民法典
	由于用益物权与担保物权都是对他人的物享有的权利，因此都称为"他物权"。与此相对应，所有权称为"自物权"。
《物权法》 **第四十一条** 法律规定专属于国家所有的不动产和动产，任何单位和个人不能取得所有权。	**第二百四十二条** 法律规定专属于国家所有的不动产和动产，任何组织或者个人不能取得所有权。 释义 本条是关于国家专有的规定。
《物权法》 **第四十二条** 为了公共利益的需要，依照法律规定的权限和程序可以征收集体所有的土地和单位、个人的房屋及其他不动产。 征收集体所有的土地，应当依法足额支付土地补偿费、安置补助费、地上附着物和青苗的补偿费等费用，安排被征地农民的社会保障费用，保障被征地农民的生活，维护被征地农民的合法权益。 征收单位、个人的房屋及其他不动产，应当依法给予拆迁补偿，维护被征收人的合法权益；征收个人住宅的，还应当保障被征收人的居住条件。 任何单位和个人不得贪污、挪用、私分、截留、拖欠征收补偿费等费用。	**第二百四十三条** 为了公共利益的需要，依照法律规定的权限和程序可以征收集体所有的土地和组织、个人的房屋以及其他不动产。 征收集体所有的土地，应当依法**及时**足额支付土地补偿费、安置补助费**以及农村村民住宅、其他**地上附着物和青苗**等**的补偿费用，**并**安排被征地农民的社会保障费用，保障被征地农民的生活，维护被征地农民的合法权益。 征收组织、个人的房屋以及其他不动产，应当依法给予征收补偿，维护被征收人的合法权益；征收个人住宅的，还应当保障被征收人的居住条件。 任何组织或者个人不得贪污、挪用、私分、截留、拖欠征收补偿费等费用。 释义 本条是关于征收的规定。 本条第2款在《物权法》的基础上增加规定，征收集体所有的土地，应当依法及时足额支付农村村民住宅的补偿费用等，以与《土地管理法》第48条第2款相衔接。

相关法律、司法解释规定	民法典
《物权法》 **第四十三条** 国家对耕地实行特殊保护，严格限制农用地转为建设用地，控制建设用地总量。不得违反法律规定的权限和程序征收集体所有的土地。	**第二百四十四条** 国家对耕地实行特殊保护，严格限制农用地转为建设用地，控制建设用地总量。不得违反法律规定的权限和程序征收集体所有的土地。 释义 本条是关于保护耕地、禁止违法征地的规定。
《物权法》 **第四十四条** 因抢险、救灾等紧急需要，依照法律规定的权限和程序可以征用单位、个人的不动产或者动产。被征用的不动产或者动产使用后，应当返还被征用人。单位、个人的不动产或者动产被征用或者征用后毁损、灭失的，应当给予补偿。	**第二百四十五条** 因抢险救灾、**疫情防控**等紧急需要，依照法律规定的权限和程序可以征用组织、个人的不动产或者动产。被征用的不动产或者动产使用后，应当返还被征用人。组织、个人的不动产或者动产被征用或者征用后毁损、灭失的，应当给予补偿。 释义 本条是关于征用的规定。 增加"疫情防控"，回应新冠肺炎疫情征用需要，如征用体育馆改为方舱医院等。
	第五章 国家所有权和集体所有权、私人所有权
《物权法》 **第四十五条** 法律规定属于国家所有的财产，属于国家所有即全民所有。 国有财产由国务院代表国家行使所有权；法律另有规定的，依照其规定。	**第二百四十六条** 法律规定属于国家所有的财产，属于国家所有即全民所有。 国有财产由国务院代表国家行使所有权。法律另有规定的，依照其规定。 释义 本条是关于国有财产范围、国家所有的性质和国家所有权行使的规定。
《物权法》 **第四十六条** 矿藏、水流、海域属于国家所有。	**第二百四十七条** 矿藏、水流、海域属于国家所有。 释义 本条是关于矿藏、水流、海域的国家所有权的规定。

相关法律、司法解释规定	民法典
《海岛保护法》 **第四条** 无居民海岛属于国家所有，国务院代表国家行使无居民海岛所有权。	**第二百四十八条** 无居民海岛属于国家所有，国务院代表国家行使无居民海岛所有权。 释义 本条是关于无居民海岛的国家所有权的规定。 本条为新增条款，规范目的在于明确无居民海岛的权属。海岛本身兼具海洋和陆地两种属性，不仅生态资源丰富，而且战略位置重要，因此有必要明确国家享有无居民海岛的所有权。
《物权法》 **第四十七条** 城市的土地，属于国家所有。法律规定属于国家所有的农村和城市郊区的土地，属于国家所有。	**第二百四十九条** 城市的土地，属于国家所有。法律规定属于国家所有的农村和城市郊区的土地，属于国家所有。 释义 本条是关于国家所有土地范围的规定。
《物权法》 **第四十八条** 森林、山岭、草原、荒地、滩涂等自然资源，属于国家所有，但法律规定属于集体所有的除外。	**第二百五十条** 森林、山岭、草原、荒地、滩涂等自然资源，属于国家所有，但是法律规定属于集体所有的除外。 释义 本条是关于属于国家所有的森林、草原等自然资源的规定。
《物权法》 **第四十九条** 法律规定属于国家所有的野生动植物资源，属于国家所有。	**第二百五十一条** 法律规定属于国家所有的野生动植物资源，属于国家所有。 释义 本条是关于属于国家所有的野生动植物资源的规定。
《物权法》 **第五十条** 无线电频谱资源属于国家所有。	**第二百五十二条** 无线电频谱资源属于国家所有。 释义 本条是关于无线电频谱资源的国家所有权的规定。

相关法律、司法解释规定	民法典
《物权法》 **第五十一条** 法律规定属于国家所有的文物，属于国家所有。	**第二百五十三条** 法律规定属于国家所有的文物，属于国家所有。 **释义** 本条是关于属于国家所有文物的规定。
《物权法》 **第五十二条** 国防资产属于国家所有。 铁路、公路、电力设施、电信设施和油气管道等基础设施，依照法律规定为国家所有的，属于国家所有。	**第二百五十四条** 国防资产属于国家所有。 铁路、公路、电力设施、电信设施和油气管道等基础设施，依照法律规定为国家所有的，属于国家所有。 **释义** 本条是关于国防资产的国家所有权以及属于国家所有的基础设施的规定。
《物权法》 **第五十三条** 国家机关对其直接支配的不动产和动产，享有占有、使用以及依照法律和国务院的有关规定处分的权利。	**第二百五十五条** 国家机关对其直接支配的不动产和动产，享有占有、使用以及依照法律和国务院的有关规定处分的权利。 **释义** 本条是关于国家机关的物权的规定。
《物权法》 **第五十四条** 国家举办的事业单位对其直接支配的不动产和动产，享有占有、使用以及依照法律和国务院的有关规定收益、处分的权利。	**第二百五十六条** 国家举办的事业单位对其直接支配的不动产和动产，享有占有、使用以及依照法律和国务院的有关规定收益、处分的权利。 **释义** 本条是关于国家举办的事业单位的物权的规定。 本条依照民法典总则编和《事业单位登记管理暂行条例》关于事业单位法人应当具备“必要的财产或者经费”“与其业务活动相适应的经费来源”和“能够独立承担民事责任”等条件，从物权角度作出了上述规定，加强了对国家举办的事业单位直接占有的国有财产的保护。

相关法律、司法解释规定	民法典
《物权法》 **第五十五条** 国家出资的企业，由国务院、地方人民政府依照法律、行政法规规定分别代表国家履行出资人职责，享有出资人权益。 **《企业国有资产法》** **第五条** 本法所称国家出资企业，是指国家出资的国有独资企业、国有独资公司，以及国有资本控股公司、国有资本参股公司。 **第六条** 国务院和地方人民政府应当按照政企分开、社会公共管理职能与国有资产出资人职能分开、不干预企业依法自主经营的原则，依法履行出资人职责。	**第二百五十七条** 国家出资的企业，由国务院、地方人民政府依照法律、行政法规规定分别代表国家履行出资人职责，享有出资人权益。 **释义** 本条根据党的有关国有资产管理体制改革的政策，对国有企业出资人制度作了规定。 国家出资的企业，不仅仅包括国家出资兴办的企业，如国有独资公司，也包括国家控股、参股有限责任公司和股份有限公司等。当然，国家出资的企业不仅仅包括公司形式的企业，也包括未进行公司制改造的其他企业。
《物权法》 **第五十六条** 国家所有的财产受法律保护，禁止任何单位和个人侵占、哄抢、私分、截留、破坏。	**第二百五十八条** 国家所有的财产受法律保护，禁止任何组织或者个人侵占、哄抢、私分、截留、破坏。 **释义** 本条是关于国有财产保护的规定。 本条将“单位”修正为“组织”，“和”修正为“或者”。“单位”是中国特有的说法，一般指机关、团体等，具有较强的计划经济色彩。而“组织”包含的范围更广，更符合民法的一般表达。“和”改为“或者”，更加明确其主体是选择性的，使法律条文更确切。
《物权法》 **第五十七条** 履行国有财产管理、监督职责的机构及其工作人员，应当依法加强对国有财产的管理、监	**第二百五十九条** 履行国有财产管理、监督职责的机构及其工作人员，应当依法加强对国有财产的管理、监督，促进国有财产保值增值，

相关法律、司法解释规定	民法典
督，促进国有财产保值增值，防止国有财产损失；滥用职权，玩忽职守，造成国有财产损失的，应当依法承担法律责任。 违反国有财产管理规定，在企业改制、合并分立、关联交易等过程中，低价转让、合谋私分、擅自担保或者以其他方式造成国有财产损失的，应当依法承担法律责任。	防止国有财产损失；滥用职权，玩忽职守，造成国有财产损失的，应当依法承担法律责任。 违反国有财产管理规定，在企业改制、合并分立、关联交易等过程中，低价转让、合谋私分、擅自担保或者以其他方式造成国有财产损失的，应当依法承担法律责任。 **释义** 本条是关于国有财产管理法律责任的规定。 加大对国有财产的保护力度，切实防止国有财产流失，是巩固和发展公有制经济的重要内容。从国有财产流失的主要情形看，加大对国有财产的保护力度，切实防止国有财产流失，一方面要加强对国有财产的管理、监督；另一方面要明确规定造成国有财产流失应承担的法律责任。
《物权法》 **第五十八条** 集体所有的不动产和动产包括： （一）法律规定属于集体所有的土地和森林、山岭、草原、荒地、滩涂； （二）集体所有的建筑物、生产设施、农田水利设施； （三）集体所有的教育、科学、文化、卫生、体育等设施； （四）集体所有的其他不动产和动产。	**第二百六十条** 集体所有的不动产和动产包括： （一）法律规定属于集体所有的土地和森林、山岭、草原、荒地、滩涂； （二）集体所有的建筑物、生产设施、农田水利设施； （三）集体所有的教育、科学、文化、卫生、体育等设施； （四）集体所有的其他不动产和动产。 **释义** 本条是关于集体财产范围的规定。

相关法律、司法解释规定	民法典
	本条依据《宪法》等有关法律的规定，以列举加概括的方式，对集体所有的不动产和动产的范围作出了规定。
《物权法》 **第五十九条** 农民集体所有的不动产和动产，属于本集体成员集体所有。 下列事项应当依照法定程序经本集体成员决定： （一）土地承包方案以及将土地发包给本集体以外的单位或者个人承包； （二）个别土地承包经营权人之间承包地的调整； （三）土地补偿费等费用的使用、分配办法； （四）集体出资的企业的所有权变动等事项； （五）法律规定的其他事项。	**第二百六十一条** 农民集体所有的不动产和动产，属于本集体成员集体所有。 下列事项应当依照法定程序经本集体成员决定： （一）土地承包方案以及将土地发包给本集体以外的组织或者个人承包； （二）个别土地承包经营权人之间承包地的调整； （三）土地补偿费等费用的使用、分配办法； （四）集体出资的企业的所有权变动等事项； （五）法律规定的其他事项。 释义 本条是关于农民集体所有财产归属以及重大事项集体决定的规定。
《物权法》 **第六十条** 对于集体所有的土地和森林、山岭、草原、荒地、滩涂等，依照下列规定行使所有权： （一）属于村农民集体所有的，由村集体经济组织或者村民委员会代表集体行使所有权； （二）分别属于村内两个以上农民集体所有的，由村内各该集体经济组织或者村民小组代表集体行使所有权；	**第二百六十二条** 对于集体所有的土地和森林、山岭、草原、荒地、滩涂等，依照下列规定行使所有权： （一）属于村农民集体所有的，由村集体经济组织或者村民委员会**依法**代表集体行使所有权； （二）分别属于村内两个以上农民集体所有的，由村内各该集体经济组织或者村民小组**依法**代表集体行使所有权； （三）属于乡镇农民集体所有的，

相关法律、司法解释规定	民法典
（三）属于乡镇农民集体所有的，由乡镇集体经济组织代表集体行使所有权。	由乡镇集体经济组织代表集体行使所有权。 **释义** 本条是关于由谁来代表农民集体行使所有权的规定。 根据我国广大农村集体所有权基本形式，本条规定相应的主体来代表集体行使所有权，这样的规定与《土地管理法》《农村土地承包法》等现行法律的相关规定保持一致，也使得党在农村的政策具有连续性和稳定性，进而保护和调动广大农民的积极性。
《物权法》 **第六十一条** 城镇集体所有的不动产和动产，依照法律、行政法规的规定由本集体享有占有、使用、收益和处分的权利。	**第二百六十三条** 城镇集体所有的不动产和动产，依照法律、行政法规的规定由本集体享有占有、使用、收益和处分的权利。 **释义** 本条是关于城镇集体财产权利的规定。
《物权法》 **第六十二条** 集体经济组织或者村民委员会、村民小组应当依照法律、行政法规以及章程、村规民约向本集体成员公布集体财产的状况。	**第二百六十四条** 农村集体经济组织或者村民委员会、村民小组应当依照法律、行政法规以及章程、村规民约向本集体成员公布集体财产的状况。**集体成员有权查阅、复制相关资料。** **释义** 本条是关于公布集体财产状况的规定。 集体所有的财产关系每一个集体成员的切身利益，为了使集体成员可以更好地监督集体财产状况，保障集体财产的安全，本条新增规定“集体成员有权查阅、复制相关资料”，切实保障集体成员的知情权。

相关法律、司法解释规定	民法典
《物权法》 **第六十三条** 集体所有的财产受法律保护，禁止任何单位和个人侵占、哄抢、私分、破坏。 集体经济组织、村民委员会或者其负责人作出的决定侵害集体成员合法权益的，受侵害的集体成员可以请求人民法院予以撤销。	**第二百六十五条** 集体所有的财产受法律保护，禁止任何组织或者个人侵占、哄抢、私分、破坏。 农村集体经济组织、村民委员会或者其负责人作出的决定侵害集体成员合法权益的，受侵害的集体成员可以请求人民法院予以撤销。 释义 本条是关于集体财产权保护的规定。
《物权法》 **第六十四条** 私人对其合法的收入、房屋、生活用品、生产工具、原材料等不动产和动产享有所有权。	**第二百六十六条** 私人对其合法的收入、房屋、生活用品、生产工具、原材料等不动产和动产享有所有权。 释义 本条是关于私有财产范围的规定。
《物权法》 **第六十六条** 私人的合法财产受法律保护，禁止任何单位和个人侵占、哄抢、破坏。	**第二百六十七条** 私人的合法财产受法律保护，禁止任何组织或者个人侵占、哄抢、破坏。 释义 本条是关于私有财产保护的规定。 在法律上明确保护私有财产，不仅可以使财产所有人产生一种制度预期，对自己的财产产生安全感，一方面可以激励人们依法创造财富的积极性；另一方面可以鼓励交易，并形成稳定有序的市场秩序，推动市场经济向前发展。
《物权法》 **第六十七条** 国家、集体和私人依法可以出资设立有限责任公司、股份有限公司或者其他企业。国家、集体和私人所有的不动产或者动产，投	**第二百六十八条** 国家、集体和私人依法可以出资设立有限责任公司、股份有限公司或者其他企业。国家、集体和私人所有的不动产或者动产投到企业的，由出资人按照约定或

相关法律、司法解释规定	民法典
到企业的，由出资人按照约定或者出资比例享有资产收益、重大决策以及选择经营管理者等权利并履行义务。	者出资比例享有资产收益、重大决策以及选择经营管理者等权利并履行义务。 **释义** 本条是关于企业出资人权利的规定。
《物权法》 **第六十八条** 企业法人对其不动产和动产依照法律、行政法规以及章程享有占有、使用、收益和处分的权利。 企业法人以外的法人，对其不动产和动产的权利，适用有关法律、行政法规以及章程的规定。	**第二百六十九条** 营利法人对其不动产和动产依照法律、行政法规以及章程享有占有、使用、收益和处分的权利。 营利法人以外的法人，对其不动产和动产的权利，适用有关法律、行政法规以及章程的规定。 **释义** 本条是关于法人财产权的规定。 将“企业法人”改为“营利法人”，适应了本法总则编对我国法人类型的调整。
《物权法》 **第六十九条** 社会团体依法所有的不动产和动产，受法律保护。	**第二百七十条** 社会团体法人、捐助法人依法所有的不动产和动产，受法律保护。 **释义** 本条是关于保护社会团体法人、捐助法人依法所有的不动产和动产的规定。 本法总则编将法人划分为营利法人、非营利法人和特别法人。社会团体法人、捐助法人属于非营利法人，因此，本条将《物权法》中的“社会团体”修改为“社会团体法人、捐助法人”。
	第六章 业主的建筑物区分所有权
《物权法》 **第七十条** 业主对建筑物内的住宅、经营性用房等专有部分享有所有权，对专有部分以外的共有部分享有共有和共同管理的权利。	**第二百七十一条** 业主对建筑物内的住宅、经营性用房等专有部分享有所有权，对专有部分以外的共有部分享有共有和共同管理的权利。 **释义** 本条是对建筑物区分所有权基

相关法律、司法解释规定	民法典
《建筑物区分所有权解释》① **第一条** 依法登记取得或者根据物权法第二章第三节规定取得建筑物专有部分所有权的人，应当认定为物权法第六章所称的业主。 基于与建设单位之间的商品房买卖民事法律行为，已经合法占有建筑物专有部分，但尚未依法办理所有权登记的人，可以认定为物权法第六章所称的业主。 **第十六条** 建筑物区分所有权纠纷涉及专有部分的承租人、借用人等物业使用人的，参照本解释处理。 专有部分的承租人、借用人等物业使用人，根据法律、法规、管理规约、业主大会或者业主委员会依法作出的决定，以及其与业主的约定，享有相应权利，承担相应义务。 **第十七条** 本解释所称建设单位，包括包销期满，按照包销合同约定的包销价格购买尚未销售的物业后，以自己名义对外销售的包销人。	本内容的规定。 建筑物区分所有权一般是指数人区分一建筑物而各有其专有部分，并就共有部分按其专有部分享有共有的权利。业主是指享有建筑物专有部分所有权的人。
《物权法》 **第七十一条** 业主对其建筑物专有部分享有占有、使用、收益和处分的权利。业主行使权利不得危及建筑物的安全，不得损害其他业主的合法权益。 《建筑物区分所有权解释》 **第二条** 建筑区划内符合下列条	**第二百七十二条** 业主对其建筑物专有部分享有占有、使用、收益和处分的权利。业主行使权利不得危及建筑物的安全，不得损害其他业主的合法权益。 **释义** 本条是关于业主对专有部分行使所有权的规定。

① 《最高人民法院关于审理建筑物区分所有权纠纷案件具体应用法律若干问题的解释》简称《建筑物区分所有权解释》。

相关法律、司法解释规定	民法典
件的房屋，以及车位、摊位等特定空间，应当认定为物权法第六章所称的专有部分： （一）具有构造上的独立性，能够明确区分； （二）具有利用上的独立性，可以排他使用； （三）能够登记成为特定业主所有权的客体。 规划上专属于特定房屋，且建设单位销售时已经根据规划列入该特定房屋买卖合同中的露台等，应当认定为物权法第六章所称专有部分的组成部分。 本条第一款所称房屋，包括整栋建筑物。	
《物权法》 **第七十二条** 业主对建筑物专有部分以外的共有部分，享有权利，承担义务；不得以放弃权利不履行义务。 业主转让建筑物内的住宅、经营性用房，其对共有部分享有的共有和共同管理的权利一并转让。 **《建筑物区分所有权解释》** **第三条** 除法律、行政法规规定的共有部分外，建筑区划内的以下部分，也应当认定为物权法第六章所称的共有部分： （一）建筑物的基础、承重结构、外墙、屋顶等基本结构部分，通道、楼梯、大堂等公共通行部分，消防、公共照明等附属设施、设备，避难层、设备层或者设备间等结构部分；	**第二百七十三条** 业主对建筑物专有部分以外的共有部分，享有权利，承担义务；不得以放弃权利**为由**不履行义务。 业主转让建筑物内的住宅、经营性用房，其对共有部分享有的共有和共同管理的权利一并转让。 释义 本条是关于业主对专有部分以外的共有部分权利义务的规定。 业主专有部分以外的共有部分通常是指，除建筑物内的住宅、经营性用房等专有部分以外的部分，既包括建筑物内的走廊、楼梯、过道、电梯、外墙面、水箱、水电气管线等部分，也包括建筑区划内，由业主共同使用的物业管理用房、绿地、道路、公用设施以及其他公共场所等，但法律另有规定的除外。

相关法律、司法解释规定	民法典
（二）其他不属于业主专有部分，也不属于市政公用部分或者其他权利人所有的场所及设施等。 建筑区划内的土地，依法由业主共同享有建设用地使用权，但属于业主专有的整栋建筑物的规划占地或者城镇公共道路、绿地占地除外。	
《物权法》 **第七十三条** 建筑区划内的道路，属于业主共有，但属于城镇公共道路的除外。建筑区划内的绿地，属于业主共有，但属于城镇公共绿地或者明示属于个人的除外。建筑区划内的其他公共场所、公用设施和物业服务用房，属于业主共有。	**第二百七十四条** 建筑区划内的道路，属于业主共有，但是属于城镇公共道路的除外。建筑区划内的绿地，属于业主共有，但是属于城镇公共绿地或者明示属于个人的除外。建筑区划内的其他公共场所、公用设施和物业服务用房，属于业主共有。 释义 本条是关于建筑区划内的道路、绿地、其他公共场所、公用设施和物业服务用房归属的规定。
《物权法》 **第七十四条第二款、第三款** 建筑区划内，规划用于停放汽车的车位、车库的归属，由当事人通过出售、附赠或者出租等方式约定。 占用业主共有的道路或者其他场地用于停放汽车的车位，属于业主共有。 《建筑物区分所有权解释》 **第六条** 建筑区划内在规划用于停放汽车的车位之外，占用业主共有道路或者其他场地增设的车位，应当认定为物权法第七十四条第三款所称的车位。	**第二百七十五条** 建筑区划内，规划用于停放汽车的车位、车库的归属，由当事人通过出售、附赠或者出租等方式约定。 占用业主共有的道路或者其他场地用于停放汽车的车位，属于业主共有。 释义 本条是关于车位、车库归属的规定。

相关法律、司法解释规定	民法典
《物权法》 **第七十四条第一款**　建筑区划内，规划用于停放汽车的车位、车库应当首先满足业主的需要。 《建筑物区分所有权解释》 **第五条**　建设单位按照配置比例将车位、车库，以出售、附赠或者出租等方式处分给业主的，应当认定其行为符合物权法第七十四条第一款有关“应当首先满足业主的需要”的规定。 前款所称配置比例是指规划确定的建筑区划内规划用于停放汽车的车位、车库与房屋套数的比例。	**第二百七十六条**　建筑区划内，规划用于停放汽车的车位、车库应当首先满足业主的需要。 释义　本条是关于车位、车库应当首先满足业主需要的规定。
《物权法》 **第七十五条**　业主可以设立业主大会，选举业主委员会。 地方人民政府有关部门应当对设立业主大会和选举业主委员会给予指导和协助。	**第二百七十七条**　业主可以设立业主大会，选举业主委员会。**业主大会、业主委员会成立的具体条件和程序，依照法律、法规的规定。** 地方人民政府有关部门、**居民委员会**应当对设立业主大会和选举业主委员会给予指导和协助。 释义　本条是关于设立业主大会和选举业主委员会的规定。
《物权法》 **第七十六条**　下列事项由业主共同决定： （一）制定和修改业主大会议事规则； （二）制定和修改~~建筑物及其附属设施的~~管理规约； （三）选举业主委员会或者更换业主委员会成员； （四）选聘和解聘物业服务企业	**第二百七十八条**　下列事项由业主共同决定： （一）制定和修改业主大会议事规则； （二）制定和修改管理规约； （三）选举业主委员会或者更换业主委员会成员； （四）选聘和解聘物业服务企业或者其他管理人； （五）使用建筑物及其附属设施

相关法律、司法解释规定	民法典
或者其他管理人； （五）筹集和使用建筑物及其附属设施的维修资金； （六）改建、重建建筑物及其附属设施； （七）有关共有和共同管理权利的其他重大事项。 ~~决定前款第五项和第六项规定的事项，应当经专有部分占建筑物总面积三分之二以上的业主且占总人数三分之二以上的业主同意。~~决定前款其他事项，应当经专有部分~~占建筑物总面积~~过半数的业主且~~占总人数~~过半数的业主同意。 **《建筑物区分所有权解释》** **第八条** 物权法第七十六条第二款和第八十条规定的专有部分面积和建筑物总面积，可以按照下列方法认定： （一）专有部分面积，按照不动产登记簿记载的面积计算；尚未进行物权登记的，暂按测绘机构的实测面积计算；尚未进行实测的，暂按房屋买卖合同记载的面积计算； （二）建筑物总面积，按照前项的统计总和计算。	的维修资金； **（六）筹集建筑物及其附属设施的维修资金；** （七）改建、重建建筑物及其附属设施； **（八）改变共有部分的用途或者利用共有部分从事经营活动；** （九）有关共有和共同管理权利的其他重大事项。 **业主共同决定事项，应当由专有部分面积占比三分之二以上的业主且人数占比三分之二以上的业主参与表决。决定前款第六项至第八项规定的事项，应当经参与表决专有部分面积四分之三以上的业主且参与表决人数四分之三以上的业主同意。**决定前款其他事项，应当经**参与表决**专有部分面积过半数的业主且**参与表决人数**过半数的业主同意。 **释义** 本条是关于业主共同决定的重大事项及表决程序的规定。 本条对建筑区划内由业主共同决定的事项进行了较大的修改完善：一是将使用建筑物及其附属设施的维修资金单列一项，并降低通过这一事项的表决要求。二是增加规定“改变共有部分的用途或者利用共有部分从事经营活动”为业主共同决定的重大事项。三是增加了参与表决的业主人数的要求。四是适当降低业主作出决议的门槛，将同意表决权的计算方式由《物权法》的“总面积”“总人数”的计算基数改为“参与表决”专有部分

相关法律、司法解释规定	民法典
	面积和人数，即由原来的三分之二和过半数修改为现在的过半数和三分之一多数。
《物权法》 **第七十七条** 业主不得违反法律、法规以及管理规约，将住宅改变为经营性用房。业主将住宅改变为经营性用房的，除遵守法律、法规以及管理规约外，应当经有利害关系的业主同意。 **《建筑物区分所有权解释》** **第十条** 业主将住宅改变为经营性用房，未按照物权法第七十七条的规定经有利害关系的业主同意，有利害关系的业主请求排除妨害、消除危险、恢复原状或者赔偿损失的，人民法院应予支持。 将住宅改变为经营性用房的业主以多数有利害关系的业主同意其行为进行抗辩的，人民法院不予支持。 **第十一条** 业主将住宅改变为经营性用房，本栋建筑物内的其他业主，应当认定为物权法第七十七条所称"有利害关系的业主"。建筑区划内，本栋建筑物之外的业主，主张与自己有利害关系的，应证明其房屋价值、生活质量受到或者可能受到不利影响。	**第二百七十九条** 业主不得违反法律、法规以及管理规约，将住宅改变为经营性用房。业主将住宅改变为经营性用房的，除遵守法律、法规以及管理规约外，应当经有利害关系的业主**一致**同意。 **释义** 本条是关于将住宅改变为经营性用房的规定。 本条在《物权法》基础上作了修改完善，将应当经有利害关系的业主同意修改为应当经有利害关系的业主"一致"同意。
《物权法》 **第七十八条** 业主大会或者业主委员会的决定，对业主具有约束力。 业主大会或者业主委员会作出的决定侵害业主合法权益的，受侵害的业主可以请求人民法院予以撤销。	**第二百八十条** 业主大会或者业主委员会的决定，对业主具有**法律**约束力。 业主大会或者业主委员会作出的决定侵害业主合法权益的，受侵害的业主可以请求人民法院予以撤销。

相关法律、司法解释规定	民法典
	释义　本条是关于业主大会、业主委员会决定效力的规定。 本条在《物权法》基础上作了修改完善，将“约束力”修改为“法律约束力”。业主大会或者业主委员会作为自我管理的权力机关和执行机关，其作出的决定对业主应当具有法律约束力。
《物权法》 **第七十九条**　建筑物及其附属设施的维修资金，属于业主共有。经业主共同决定，可以用于电梯、~~水箱~~等共有部分的维修。维修资金的筹集、使用情况应当公布。 《建筑物区分所有权解释》 **第十二条**　业主以业主大会或者业主委员会作出的决定侵害其合法权益或者违反了法律规定的程序为由，依据物权法第七十八条第二款的规定请求人民法院撤销该决定的，应当在知道或者应当知道业主大会或者业主委员会作出决定之日起一年内行使。	**第二百八十一条**　建筑物及其附属设施的维修资金，属于业主共有。经业主共同决定，可以用于电梯、**屋顶、外墙、无障碍设施**等共有部分的维修、**更新和改造。建筑物及其附属设施的维修资金的**筹集、使用情况应当**定期**公布。 **紧急情况下需要维修建筑物及其附属设施的，业主大会或者业主委员会可以依法申请使用建筑物及其附属设施的维修资金。** 释义　本条是关于建筑物及其附属设施的维修资金的归属、用途以及筹集与使用的规定。 本条新增了紧急情况下业主大会或业主委员会可以使用维修资金的规定。
《物业管理条例》 **第五十四条**　利用物业共用部位、共用设施设备进行经营的，应当在征得相关业主、业主大会、物业服务企业的同意后，按照规定办理有关手续。业主所得收益应当主要用于补充专项维修资金，也可以按照业主大会的决定使用。	**第二百八十二条　建设单位、物业服务企业或者其他管理人等利用业主的共有部分产生的收入，在扣除合理成本之后，属于业主共有。** 释义　本条是关于共有部分产生收益的归属的规定。 本条是新增条款，对共有部分产生的收入作了原则性规定。

相关法律、司法解释规定	民法典
《物权法》 **第八十条** 建筑物及其附属设施的费用分摊、收益分配等事项，有约定的，按照约定；没有约定或者约定不明确的，按照业主专有部分占建筑物总面积的比例确定。	**第二百八十三条** 建筑物及其附属设施的费用分摊、收益分配等事项，有约定的，按照约定；没有约定或者约定不明确的，按照业主专有部分面积所占比例确定。 释义 本条是关于建筑物及其附属设施费用分摊、收益分配的规定。 表述修改为“按照业主专有部分面积所占比例确定”，与本法 278 条第 2 款在计算口径上保持统一。
《物权法》 **第八十一条** 业主可以自行管理建筑物及其附属设施，也可以委托物业服务企业或者其他管理人管理。 对建设单位聘请的物业服务企业或者其他管理人，业主有权依法更换。	**第二百八十四条** 业主可以自行管理建筑物及其附属设施，也可以委托物业服务企业或者其他管理人管理。 对建设单位聘请的物业服务企业或者其他管理人，业主有权依法更换。 释义 本条是对建筑物及其附属设施管理的规定。
《物权法》 **第八十二条** 物业服务企业或者其他管理人根据业主的委托管理建筑区划内的建筑物及其附属设施，并接受业主的监督。 《建筑物区分所有权解释》 **第十三条** 业主请求公布、查阅下列应当向业主公开的情况和资料的，人民法院应予支持： （一）建筑物及其附属设施的维修资金的筹集、使用情况； （二）管理规约、业主大会议事规则，以及业主大会或者业主委员会的决定及会议记录；	**第二百八十五条** 物业服务企业或者其他管理人根据业主的委托，**依照本法第三编有关物业服务合同的规定**管理建筑区划内的建筑物及其附属设施，接受业主的监督，**并及时答复业主对物业服务情况提出的询问。** **物业服务企业或者其他管理人应当执行政府依法实施的应急处置措施和其他管理措施，积极配合开展相关工作。** 释义 本条是关于物业服务企业或者其他管理人与业主关系以及物业服务企业或者其他管理人执行政府依法实施的管理措施的义务的规定。

相关法律、司法解释规定	民法典
（三）物业服务合同、共有部分的使用和收益情况； （四）建筑区划内规划用于停放汽车的车位、车库的处分情况； （五）其他应当向业主公开的情况和资料。	业主与物业服务企业或者其他管理人之间是一种合同关系，物业服务企业或者其他管理人接受业主委托管理建筑物及其附属设施，理应受业主监督，接受业主询问。 本条第2款是新增内容，具有疫情防控这一突发重大公共卫生事件发生的背景。
《物权法》 **第八十三条第一款、第二款第一句**　业主应当遵守法律、法规以及管理规约。 业主大会和业主委员会，对任意弃置垃圾、排放污染物或者噪声、违反规定饲养动物、违章搭建、侵占通道、拒付物业费等损害他人合法权益的行为，有权依照法律、法规以及管理规约，要求行为人停止侵害、消除危险、排除妨害、赔偿损失。 **《建筑物区分所有权解释》** **第十五条**　业主或者其他行为人违反法律、法规、国家相关强制性标准、管理规约，或者违反业主大会、业主委员会依法作出的决定，实施下列行为的，可以认定为物权法第八十三条第二款所称的其他"损害他人合法权益的行为"： （一）损害房屋承重结构，损害或者违章使用电力、燃气、消防设施，在建筑物内放置危险、放射性物品等危及建筑物安全或者妨碍建筑物正常使用； （二）违反规定破坏、改变建筑	**第二百八十六条**　业主应当遵守法律、法规以及管理规约，**相关行为应当符合节约资源、保护生态环境的要求。对于物业服务企业或者其他管理人执行政府依法实施的应急处置措施和其他管理措施，业主应当依法予以配合。** 业主大会或者业主委员会，对任意弃置垃圾、排放污染物或者噪声、违反规定饲养动物、违章搭建、侵占通道、拒付物业费等损害他人合法权益的行为，有权依照法律、法规以及管理规约，请求行为人停止侵害、排除妨碍、消除危险、**恢复原状**、赔偿损失。 **业主或者其他行为人拒不履行相关义务的，有关当事人可以向有关行政主管部门报告或者投诉，有关行政主管部门应当依法处理。** 释义　本条是关于业主有关义务、制止损害他人合法权益行为并追究其法律责任以及向有关行政主管部门报告或者投诉的规定。 本条第3款为新增内容，业主或其他行为人在建筑区划内违反规定饲

相关法律、司法解释规定	民法典
物外墙面的形状、颜色等损害建筑物外观； （三）违反规定进行房屋装饰装修； （四）违章加建、改建，侵占、挖掘公共通道、道路、场地或者其他共有部分。	养动物、违章搭建、侵占通道等的行为人拒不履行相关义务的，有关当事人可以向行政主管部门报告或投诉。
《物权法》 **第八十三条第二款第二句** 业主对侵害自己合法权益的行为，~~可以依法向人民法院提起诉讼~~。	**第二百八十七条** 业主对**建设单位、物业服务企业或者其他管理人以及其他业主**侵害自己合法权益的行为，**有权请求其承担民事责任。** 释义 本条是关于业主对侵害自己合法权益的行为，有权请求侵权人承担民事责任的规定。 本条在《物权法》规定的基础上修改完善，将业主对侵害自己合法权益行为有权请求承担民事责任的规定单列一条作了规定。
	第七章 相 邻 关 系
《物权法》 **第八十四条** 不动产的相邻权利人应当按照有利生产、方便生活、团结互助、公平合理的原则，正确处理相邻关系。	**第二百八十八条** 不动产的相邻权利人应当按照有利生产、方便生活、团结互助、公平合理的原则，正确处理相邻关系。 释义 本条是关于处理相邻关系原则的规定。
《物权法》 **第八十五条** 法律、法规对处理相邻关系有规定的，依照其规定；法律、法规没有规定的，可以按照当地习惯。	**第二百八十九条** 法律、法规对处理相邻关系有规定的，依照其规定；法律、法规没有规定的，可以按照当地习惯。 释义 本条是关于处理相邻关系依据的规定。

相关法律、司法解释规定	民法典
《物权法》 **第八十六条** 不动产权利人应当为相邻权利人用水、排水提供必要的便利。 对自然流水的利用，应当在不动产的相邻权利人之间合理分配。对自然流水的排放，应当尊重自然流向。	**第二百九十条** 不动产权利人应当为相邻权利人用水、排水提供必要的便利。 对自然流水的利用，应当在不动产的相邻权利人之间合理分配。对自然流水的排放，应当尊重自然流向。 释义 本条是关于用水、排水相邻关系的规定。 相邻的不动产权利人基于用水、排水而发生的相邻关系非常之多，需要法律对用水、排水相邻关系专门作出规定。
《物权法》 **第八十七条** 不动产权利人对相邻权利人因通行等必须利用其土地的，应当提供必要的便利。	**第二百九十一条** 不动产权利人对相邻权利人因通行等必须利用其土地的，应当提供必要的便利。 释义 本条是关于相邻关系中通行权的规定。 不动产权利人原则上有权禁止他人进入其土地，但他人因通行等必须利用或进入其土地的，不动产权利人应当提供必要的便利。
《物权法》 **第八十八条** 不动产权利人因建造、修缮建筑物以及铺设电线、电缆、水管、暖气和燃气管线等必须利用相邻土地、建筑物的，该土地、建筑物的权利人应当提供必要的便利。	**第二百九十二条** 不动产权利人因建造、修缮建筑物以及铺设电线、电缆、水管、暖气和燃气管线等必须利用相邻土地、建筑物的，该土地、建筑物的权利人应当提供必要的便利。 释义 本条是关于利用相邻土地的规定。 本条规定的使用邻地包括两种情形：一是因建造、修缮建筑物而临时使用邻地；二是在邻地上安设管线。

相关法律、司法解释规定	民法典
《物权法》 **第八十九条**　建造建筑物，不得违反国家有关工程建设标准，妨碍相邻建筑物的通风、采光和日照。	**第二百九十三条**　建造建筑物，不得违反国家有关工程建设标准，**不得**妨碍相邻建筑物的通风、采光和日照。 释义　本条是关于通风、采光和日照的规定。
《物权法》 **第九十条**　不动产权利人不得违反国家规定弃置固体废物，排放大气污染物、水污染物、噪声、光、电磁~~波~~辐射等有害物质。	**第二百九十四条**　不动产权利人不得违反国家规定弃置固体废物，排放大气污染物、水污染物、**土壤污染物**、噪声、光**辐射**、电磁辐射等有害物质。 释义　本条是关于相邻不动产之间排放、施放污染物的规定。 本次民法典编纂增加规定“土壤污染物”，并将“光、电磁波辐射”修改为“光辐射、电磁辐射”。
《物权法》 **第九十一条**　不动产权利人挖掘土地、建造建筑物、铺设管线以及安装设备等，不得危及相邻不动产的安全。	**第二百九十五条**　不动产权利人挖掘土地、建造建筑物、铺设管线以及安装设备等，不得危及相邻不动产的安全。 释义　本条是关于维护相邻不动产安全的规定。 不动产权利人有权在自己具有使用权的土地范围内进行工程建设，但是要注意相邻不动产的安全，避免对相邻不动产造成不应有的损害。
《物权法》 **第九十二条**　不动产权利人因用水、排水、通行、铺设管线等利用相邻不动产的，应当尽量避免对相邻的不动产权利人造成损害~~；造成损害的，应当给予赔偿~~。	**第二百九十六条**　不动产权利人因用水、排水、通行、铺设管线等利用相邻不动产的，应当尽量避免对相邻的不动产权利人造成损害。 释义　本条是关于在使用相邻不动产时避免造成损害的规定。

相关法律、司法解释规定	民法典
	本条删除了"造成损害的，应当给予赔偿"的规定，并非造成损害无需赔偿，而是如果造成损害，可以依据本法侵权责任编的规定请求损害赔偿。
	第八章　共　　有
《物权法》 **第九十三条**　不动产或者动产可以由两个以上单位、个人共有。共有包括按份共有和共同共有。	**第二百九十七条**　不动产或者动产可以由两个以上组织、个人共有。共有包括按份共有和共同共有。 释义　本条是关于共有概念和共有形式的规定。 共有，是指某项财产由两个或两个以上的权利主体共同享有所有权。
《物权法》 **第九十四条**　按份共有人对共有的不动产或者动产按照其份额享有所有权。	**第二百九十八条**　按份共有人对共有的不动产或者动产按照其份额享有所有权。 释义　本条是关于按份共有的规定。 按份共有，又称分别共有，指数人按应有份额对共有物共同享有权利和分担义务的共有。在按份共有中，每个共有人对共有财产享有的权利和承担的义务，是依据其不同的份额确定的。
《物权法》 **第九十五条**　共同共有人对共有的不动产或者动产共同享有所有权。	**第二百九十九条**　共同共有人对共有的不动产或者动产共同享有所有权。 释义　本条是关于共同共有的规定。 共同共有是指两个或两个以上的民事主体，根据某种共同关系而对某项财产不分份额地共同享有权利并承担义务。共同共有的形式，通常包括夫妻共有、家庭共有和遗产分割前的共有。

相关法律、司法解释规定	民法典
《物权法》 **第九十六条**　共有人按照约定管理共有的不动产或者动产；没有约定或者约定不明确的，各共有人都有管理的权利和义务。	**第三百条**　共有人按照约定管理共有的不动产或者动产；没有约定或者约定不明确的，各共有人都有管理的权利和义务。 释义　本条是关于共有物管理的规定。
《物权法》 **第九十七条**　处分共有的不动产或者动产以及对共有的不动产或者动产作重大修缮的，应当经占份额三分之二以上的按份共有人或者全体共同共有人同意，但共有人之间另有约定的除外。	**第三百零一条**　处分共有的不动产或者动产以及对共有的不动产或者动产作重大修缮、**变更性质或者用途**的，应当经占份额三分之二以上的按份共有人或者全体共同共有人同意，但是共有人之间另有约定的除外。 释义　本条是关于共有物处分或者重大修缮、变更性质或者用途的规定。 对共有物实施转让、抵押等处分或者变更共有物的性质或用途，对按份共有人的利益影响巨大，因此本条将“重大修缮”修改为“重大修缮、变更性质或者用途”。
《物权法》 **第九十八条**　对共有物的管理费用以及其他负担，有约定的，按照约定；没有约定或者约定不明确的，按份共有人按照其份额负担，共同共有人共同负担。	**第三百零二条**　**共有人**对共有物的管理费用以及其他负担，有约定的，按照**其**约定；没有约定或者约定不明确的，按份共有人按照其份额负担，共同共有人共同负担。 释义　本条是关于共有物管理费用负担的规定。
《物权法》 **第九十九条**　共有人约定不得分割共有的不动产或者动产，以维持共有关系的，应当按照约定，但共有人有重大理由需要分割的，可以请求分割；没有约定或者约定不明确的，按份共有人可以随时请求分割，共同共	**第三百零三条**　共有人约定不得分割共有的不动产或者动产，以维持共有关系的，应当按照约定，但是共有人有重大理由需要分割的，可以请求分割；没有约定或者约定不明确的，按份共有人可以随时请求分割，共同共有人在共有的基础丧失或者有

相关法律、司法解释规定	民法典
有人在共有的基础丧失或者有重大理由需要分割时可以请求分割。因分割<u>对其他共有人造成</u>损害的，应当给予赔偿。	重大理由需要分割时可以请求分割。因分割<u>造成其他共有人</u>损害的，应当给予赔偿。 **释义** 本条是关于共有财产分割原则的规定。
《物权法》 **第一百条** 共有人可以协商确定分割方式。达不成协议，共有的不动产或者动产可以分割<u>并且</u>不会因分割减损价值的，应当对实物予以分割；难以分割或者因分割会减损价值的，应当对折价或者拍卖、变卖取得的价款予以分割。 共有人分割所得的不动产或者动产有瑕疵的，其他共有人应当分担损失。	**第三百零四条** 共有人可以协商确定分割方式。达不成协议，共有的不动产或者动产可以分割<u>且</u>不会因分割减损价值的，应当对实物予以分割；难以分割或者因分割会减损价值的，应当对折价或者拍卖、变卖取得的价款予以分割。 共有人分割所得的不动产或者动产有瑕疵的，其他共有人应当分担损失。 **释义** 本条是关于共有物分割方式的规定。 共有物的分割首先应当尊重各方共有人的意思自治，同时本着发挥物的最大效用、尽可能避免减损其价值的原则进行。
《物权法》 **第一百零一条** 按份共有人可以转让其享有的共有的不动产或者动产份额。其他共有人在同等条件下享有优先购买的权利。 **《物权法司法解释（一）》** **第九条** 共有份额的权利主体因继承、遗赠等原因发生变化时，其他按份共有人主张优先购买的，不予支持，但按份共有人之间另有约定的除外。	**第三百零五条** 按份共有人可以转让其享有的共有的不动产或者动产份额。其他共有人在同等条件下享有优先购买的权利。 **释义** 本条是关于按份共有人的优先购买权的规定。

相关法律、司法解释规定	民法典
第十条 物权法第一百零一条所称的"同等条件"，应当综合共有份额的转让价格、价款履行方式及期限等因素确定。 **第十三条** 按份共有人之间转让共有份额，其他按份共有人主张根据物权法第一百零一条规定优先购买的，不予支持，但按份共有人之间另有约定的除外。	
《物权法司法解释（一）》 **第十条** 物权法第一百零一条所称的"同等条件"，应当综合共有份额的转让价格、价款履行方式及期限等因素确定。 **第十一条** 优先购买权的行使期间，按份共有人之间有约定的，按照约定处理；没有约定或者约定不明的，按照下列情形确定： （一）转让人向其他按份共有人发出的包含同等条件内容的通知中载明行使期间的，以该期间为准； （二）通知中未载明行使期间，或者载明的期间短于通知送达之日起十五日的，为十五日； （三）转让人未通知的，为其他按份共有人知道或者应当知道最终确定的同等条件之日起十五日； （四）转让人未通知，且无法确定其他按份共有人知道或者应当知道最终确定的同等条件的，为共有份额权属转移之日起六个月。 **第十二条** 按份共有人向共有人之外的人转让其份额，其他按份共有	**第三百零六条 按份共有人转让其享有的共有的不动产或者动产份额的，应当将转让条件及时通知其他共有人。其他共有人应当在合理期限内行使优先购买权。** **两个以上其他共有人主张行使优先购买权的，协商确定各自的购买比例；协商不成的，按照转让时各自的共有份额比例行使优先购买权。** 释义 本条是关于按份共有人行使优先购买权的规定。 本条为新增条款，在总结司法解释实践经验的基础上对按份共有人优先购买权的实现作了明确规定。

相关法律、司法解释规定	民法典
人根据法律、司法解释规定，请求按照同等条件购买该共有份额的，应予支持。 其他按份共有人的请求具有下列情形之一的，不予支持： （一）未在本解释第十一条规定的期间内主张优先购买，或者虽主张优先购买，但提出减少转让价款、增加转让人负担等实质性变更要求； （二）以其优先购买权受到侵害为由，仅请求撤销共有份额转让合同或者认定该合同无效。 **第十三条** 按份共有人之间转让共有份额，其他按份共有人主张根据物权法第一百零一条规定优先购买的，不予支持，但按份共有人之间另有约定的除外。 **第十四条** 两个以上按份共有人主张优先购买且协商不成时，请求按照转让时各自份额比例行使优先购买权的，应予支持。	
《物权法》 **第一百零二条** 因共有的不动产或者动产产生的债权债务，在对外关系上，共有人享有连带债权、承担连带债务，但法律另有规定或者第三人知道共有人不具有连带债权债务关系的除外；在共有人内部关系上，除共有人另有约定外，按份共有人按照份额享有债权、承担债务，共同共有人共同享有债权、承担债务。偿还债务超过自己应当承担份额的按份共有人，有权向其他共有人追偿。	**第三百零七条** 因共有的不动产或者动产产生的债权债务，在对外关系上，共有人享有连带债权、承担连带债务，但是法律另有规定或者第三人知道共有人不具有连带债权债务关系的除外；在共有人内部关系上，除共有人另有约定外，按份共有人按照份额享有债权、承担债务，共同共有人共同享有债权、承担债务。偿还债务超过自己应当承担份额的按份共有人，有权向其他共有人追偿。 释义 本条是关于因共有财产产生的

相关法律、司法解释规定	民法典
	债权债务关系的对外以及对内效力的规定。 本条对因共有财产产生的债权债务关系的对外效力不区分按份共有和共同共有，是为了保护善意第三人的权益，对于第三人来说，很难获知共有人的共有关系的性质，此种情形下若不使各共有人承担连带责任，很容易发生共有人推托履行义务的可能，对债权人不利。
《物权法》 **第一百零三条**　共有人对共有的不动产或者动产没有约定为按份共有或者共同共有，或者约定不明确的，除共有人具有家庭关系等外，视为按份共有。	**第三百零八条**　共有人对共有的不动产或者动产没有约定为按份共有或者共同共有，或者约定不明确的，除共有人具有家庭关系等外，视为按份共有。 释义　本条是关于共有关系不明时对共有关系性质推定的规定。
《物权法》 **第一百零四条**　按份共有人对共有的不动产或者动产享有的份额，没有约定或者约定不明确的，按照出资额确定；不能确定出资额的，视为等额享有。	**第三百零九条**　按份共有人对共有的不动产或者动产享有的份额，没有约定或者约定不明确的，按照出资额确定；不能确定出资额的，视为等额享有。 释义　本条是关于按份共有人份额不明时份额的确定原则的规定。 按份共有关系的成立是当事人意思自治的结果，各共有人应有份额也应贯彻同样原则，即由当事人约定，当事人没有约定应有份额时则依出资比例确定共有份额，在不能确定出资额的情况下，推定为等额享有，不仅易于操作，且能简化当事人之间的法律关系，符合社会生活中最基本的公平正义。

相关法律、司法解释规定	民法典
《物权法》 **第一百零五条** 两个以上单位、个人共同享有用益物权、担保物权的，参照本章规定。	**第三百一十条** 两个以上组织、个人共同享有用益物权、担保物权的，参照**适用**本章**的有关**规定。 释义 本条是关于用益物权和担保物权的准共有的规定。 两个以上的主体共同享有用益物权和担保物权的按份共有或共同共有，在性质上与对所有权的共有没有差别，为了条文的简约以及对实践中这种情况的处理，本条规定两个以上单位、个人共同享有用益物权、担保物权的，参照本章规定。
	第九章 所有权取得的特别规定
《物权法》 **第一百零六条** 无处分权人将不动产或者动产转让给受让人的，所有权人有权追回；除法律另有规定外，符合下列情形的，受让人取得该不动产或者动产的所有权： （一）受让人受让该不动产或者动产时是善意的； （二）以合理的价格转让； （三）转让的不动产或者动产依照法律规定应当登记的已经登记，不需要登记的已经交付给受让人。 受让人依照前款规定取得不动产或者动产的所有权的，原所有权人有权向无处分权人请求赔偿损失。 当事人善意取得其他物权的，参照前两款规定。	**第三百一十一条** 无处分权人将不动产或者动产转让给受让人的，所有权人有权追回；除法律另有规定外，符合下列情形的，受让人取得该不动产或者动产的所有权： （一）受让人受让该不动产或者动产时是善意； （二）以合理的价格转让； （三）转让的不动产或者动产依照法律规定应当登记的已经登记，不需要登记的已经交付给受让人。 受让人依据前款规定取得不动产或者动产的所有权的，原所有权人有权向无处分权人请求损害赔偿。 当事人善意取得其他物权的，参照**适用**前两款规定。 释义 本条是关于善意取得的规定。 善意取得，指受让人以财产所有权转移为目的，善意、对价受让且占

相关法律、司法解释规定	民法典
	有该财产，即使出让人无转移所有权的权利，受让人仍取得其所有权，善意取得既适用于动产，又可适用于不动产。
《物权法》 **第一百零七条** 所有权人或者其他权利人有权追回遗失物。该遗失物通过转让被他人占有的，权利人有权向无处分权人请求损害赔偿，或者自知道或者应当知道受让人之日起二年内向受让人请求返还原物，但受让人通过拍卖或者向具有经营资格的经营者购得该遗失物的，权利人请求返还原物时应当支付受让人所付的费用。权利人向受让人支付所付费用后，有权向无处分权人追偿。	**第三百一十二条** 所有权人或者其他权利人有权追回遗失物。该遗失物通过转让被他人占有的，权利人有权向无处分权人请求损害赔偿，或者自知道或者应当知道受让人之日起二年内向受让人请求返还原物；但是，受让人通过拍卖或者向具有经营资格的经营者购得该遗失物的，权利人请求返还原物时应当支付受让人所付的费用。权利人向受让人支付所付费用后，有权向无处分权人追偿。 释义 本条是关于遗失物的善意取得的规定。
《物权法》 **第一百零八条** 善意受让人取得动产后，该动产上的原有权利消灭，但善意受让人在受让时知道或者应当知道该权利的除外。	**第三百一十三条** 善意受让人取得动产后，该动产上的原有权利消灭。但是，善意受让人在受让时知道或者应当知道该权利的除外。 释义 本条是关于善意受让人取得动产后，该动产上的原有权利消灭的规定。
《物权法》 **第一百零九条** 拾得遗失物，应当返还权利人。拾得人应当及时通知权利人领取，或者送交公安等有关部门。	**第三百一十四条** 拾得遗失物，应当返还权利人。拾得人应当及时通知权利人领取，或者送交公安等有关部门。 释义 本条是关于拾得遗失物返还的规定。

相关法律、司法解释规定	民法典
《物权法》 **第一百一十条** 有关部门收到遗失物，知道权利人的，应当及时通知其领取；不知道的，应当及时发布招领公告。	**第三百一十五条** 有关部门收到遗失物，知道权利人的，应当及时通知其领取；不知道的，应当及时发布招领公告。 **释义** 本条是关于有关部门收到遗失物的处理的规定。
《物权法》 **第一百一十一条** 拾得人在遗失物送交有关部门前，有关部门在遗失物被领取前，应当妥善保管遗失物。因故意或者重大过失致使遗失物毁损、灭失的，应当承担民事责任。	**第三百一十六条** 拾得人在遗失物送交有关部门前，有关部门在遗失物被领取前，应当妥善保管遗失物。因故意或者重大过失致使遗失物毁损、灭失的，应当承担民事责任。 **释义** 本条是关于遗失物保管的规定。 遗失物不易保管或者保管费用过高时，公安机关可以及时拍卖、变卖，保存价金。拾得人和有关单位不能自行拍卖、变卖遗失物。
《物权法》 **第一百一十二条** 权利人领取遗失物时，应当向拾得人或者有关部门支付保管遗失物等支出的必要费用。 权利人悬赏寻找遗失物的，领取遗失物时应当按照承诺履行义务。 拾得人侵占遗失物的，无权请求保管遗失物等支出的费用，也无权请求权利人按照承诺履行义务。	**第三百一十七条** 权利人领取遗失物时，应当向拾得人或者有关部门支付保管遗失物等支出的必要费用。 权利人悬赏寻找遗失物的，领取遗失物时应当按照承诺履行义务。 拾得人侵占遗失物的，无权请求保管遗失物等支出的费用，也无权请求权利人按照承诺履行义务。 **释义** 本条是关于拾金不昧的规定。
《物权法》 **第一百一十三条** 遗失物自发布招领公告之日起<u>六个月</u>内无人认领的，归国家所有。	**第三百一十八条** 遗失物自发布招领公告之日起<u>一年</u>内无人认领的，归国家所有。 **释义** 本条是关于无人认领的遗失物归国家所有的规定。 6个月的时间过短，不利于遗失物物归原主，因此民法典将本条中的“六个月”修改为“一年”。

相关法律、司法解释规定	民法典
《物权法》 **第一百一十四条** 拾得漂流物、发现埋藏物或者隐藏物的，参照拾得遗失物的有关规定。~~文物保护法等~~法律另有规定的，依照其规定。	**第三百一十九条** 拾得漂流物、发现埋藏物或者隐藏物的，参照**适用**拾得遗失物的有关规定。法律另有规定的，依照其规定。 **释义** 本条是关于拾得漂流物、发现埋藏物或者隐藏物的规定。 本条仅作文字性修改，对法条适用无实质性影响。
《物权法》 **第一百一十五条** 主物转让的，从物随主物转让，但当事人另有约定的除外。 《担保法司法解释》 **第六十三条** 抵押权设定前为抵押物的从物的，抵押权的效力及于抵押物的从物。但是，抵押物与其从物为两个以上的人分别所有时，抵押权的效力不及于抵押物的从物。	**第三百二十条** 主物转让的，从物随主物转让，但是当事人另有约定的除外。 **释义** 本条是关于从物随主物转让的规定。 主物与从物的划分规则，是指在两个以上的物发生互相附着或者聚合而且在经济上发生密切的关联之后，当物上的权利发生变动时，为确定物的归属所适用的规则。 在主物和从物的关系中，必须有从物附着于主物的事实，即主物和从物必须发生空间上的联系，并且从物对主物需发挥辅助性的作用。
《物权法》 **第一百一十六条** 天然孳息，由所有权人取得；既有所有权人又有用益物权人的，由用益物权人取得。当事人另有约定的，按照约定。 法定孳息，当事人有约定的，按照约定取得；没有约定或者约定不明确的，按照交易习惯取得。	**第三百二十一条** 天然孳息，由所有权人取得；既有所有权人又有用益物权人的，由用益物权人取得。当事人另有约定的，按照**其**约定。 法定孳息，当事人有约定的，按照约定取得；没有约定或者约定不明确的，按照交易习惯取得。 **释义** 本条是关于天然孳息及法定孳息归属的规定。

相关法律、司法解释规定	民法典
	天然孳息是指依物的自然属性所产生的物，天然孳息的范围非常广，主要来源于种植业和养殖业。法定孳息是指依一定的法律关系由原物所生的物，是原物的所有权人进行租赁、投资等特定的民事法律活动而应当获得的合法收益，如房屋出租所得的租金，依股本金所得的股息等。
《民通意见》 86. 非产权人在使用他人的财产上增添附属物，财产所有人同意增添，并就财产返还时附属物如何处理有约定的，按约定办理；没有约定又协商不成，能够拆除的，可以责令拆除；不能拆除的，也可以折价归财产所有人，造成财产所有人损失的，应当负赔偿责任。 **《担保法司法解释》** **第六十二条** 抵押物因附合、混合或者加工使抵押物的所有权为第三人所有的，抵押权的效力及于补偿金；抵押物所有人为附合物、混合物或者加工物的所有人的，抵押权的效力及于附合物、混合物或者加工物；第三人与抵押物所有人为附合物、混合物或者加工物的共有人的，抵押权的效力及于抵押人对共有物享有的份额。	**第三百二十二条 因加工、附合、混合而产生的物的归属，有约定的，按照约定；没有约定或者约定不明确的，依照法律规定；法律没有规定的，按照充分发挥物的效用以及保护无过错当事人的原则确定。因一方当事人的过错或者确定物的归属造成另一方当事人损害的，应当给予赔偿或者补偿。** 释义 本条是关于添附的规定。 民法典出台前，我国法律没有关于添附制度的规定，仅在《民通意见》第86条有所规定。添附是非常重要的所有权取得方式，因此本条对添附制度作出规定。 加工、附合、混合统称添附，是指不同所有人的物被结合、混合在一起成为一个新物，或者利用别人之物加工成为新物的事实状态。其中附合、混合为物与物相结合，加工为劳力与他人之物相结合，添附的发生有的基于人的行为，也有的基于自然的偶然因素。

相关法律、司法解释规定	民法典
	第三分编 用 益 物 权
	第十章 一 般 规 定
《物权法》 **第一百一十七条** 用益物权人对他人所有的不动产或者动产，依法享有占有、使用和收益的权利。	**第三百二十三条** 用益物权人对他人所有的不动产或者动产，依法享有占有、使用和收益的权利。 **释义** 本条是关于用益物权人享有的基本权利的规定。 用益物权是权利人对他人所有的不动产，依法享有占有、使用和收益的权利。用益物权是以对他人所有的物为使用、收益的目的而设立的，因而被称作“用益”物权，用益物权制度是物权法律制度中一项非常重要的制度，与所有权制度、担保物权制度等一同构成了物权制度的完整体系。
《物权法》 **第一百一十八条** 国家所有或者国家所有由集体使用以及法律规定属于集体所有的自然资源，单位、个人依法可以占有、使用和收益。	**第三百二十四条** 国家所有或者国家所有由集体使用以及法律规定属于集体所有的自然资源，组织、个人依法可以占有、使用和收益。 **释义** 本条是关于国有和集体所有的自然资源，组织和个人可以取得用益物权的规定。 民法典物权编根据我国的基本经济制度，以及建立和完善社会主义市场经济体制的要求，在用益物权分编中设专章分别规定了土地承包经营权、建设用地使用权、宅基地使用权等用益物权。
《物权法》 **第一百一十九条** 国家实行自然资源有偿使用制度，但法律另有规定的除外。	**第三百二十五条** 国家实行自然资源有偿使用制度，但是法律另有规定的除外。

相关法律、司法解释规定	民法典
	释义　本条是关于我国自然资源使用制度的规定。
《物权法》 **第一百二十条**　用益物权人行使权利，应当遵守法律有关保护和合理开发利用资源的规定。所有权人不得干涉用益物权人行使权利。	**第三百二十六条**　用益物权人行使权利，应当遵守法律有关保护和合理开发利用资源、**保护生态环境**的规定。所有权人不得干涉用益物权人行使权利。 释义　本条是关于用益物权人应当保护和合理开发利用资源、保护生态环境，以及所有权人不得干涉用益物权人行使权利的规定。 本条分别从用益物权人和所有权人的角度，规定了两个方面的内容：一是用益物权人行使权利，应当遵守法律有关保护和合理开发利用资源的规定；二是所有权人不得干涉用益物权人行使权利。
《物权法》 **第一百二十一条**　因不动产或者动产被征收、征用致使用益物权消灭或者影响用益物权行使的，用益物权人有权依照本法第四十二条、第四十四条的规定获得相应补偿。 《农业法》 **第七十一条**　国家依法征收农民集体所有的土地，应当保护农民和农村集体经济组织的合法权益，依法给予农民和农村集体经济组织征地补偿，任何单位和个人不得截留、挪用征地补偿费用。	**第三百二十七条**　因不动产或者动产被征收、征用致使用益物权消灭或者影响用益物权行使的，用益物权人有权依据本法第二百四十三条、第二百四十五条的规定获得相应补偿。 释义　本条是关于用益物权人因征收、征用有权获得补偿的规定。 用益物权虽由所有权派生出来，但它是一项独立的物权，相应的，用益物权人也是具有独立物权地位的权利人。因他人的不动产被征收、征用致使用益物权消灭或者影响用益物权行使的，用益物权人有权依法获得相应的补偿。

相关法律、司法解释规定	民法典
《农村土地承包解释》① **第二十二条** 承包地被依法征收，承包方请求发包方给付已经收到的地上附着物和青苗的补偿费的，应予支持。 承包方已将土地承包经营权以转包、出租等方式流转给第三人的，除当事人另有约定外，青苗补偿费归实际投入人所有，地上附着物补偿费归附着物所有人所有。 **第二十三条** 承包地被依法征收，放弃统一安置的家庭承包方，请求发包方给付已经收到的安置补助费的，应予支持。	
《物权法》 **第一百二十二条** 依法取得的海域使用权受法律保护。	**第三百二十八条** 依法取得的海域使用权受法律保护。 **释义** 本条是关于海域使用权的规定。 海域使用权是指组织或者个人依法取得对国家所有的特定海域排他性使用权。海域使用权取得的方式主要有三种：一是组织和个人向海洋行政主管部门申请；二是招标；三是拍卖。
《物权法》 **第一百二十三条** 依法取得的探矿权、采矿权、取水权和使用水域、滩涂从事养殖、捕捞的权利受法律保护。	**第三百二十九条** 依法取得的探矿权、采矿权、取水权和使用水域、滩涂从事养殖、捕捞的权利受法律保护。 **释义** 本条是关于探矿权、采矿权，取水权、使用水域和滩涂从事养殖、捕捞的权利的规定。

① 《最高人民法院关于审理涉及农村土地承包纠纷案件适用法律问题的解释》简称《农村土地承包解释》。

相关法律、司法解释规定	民法典
	第十一章　土地承包经营权
《物权法》 **第一百二十四条**　农村集体经济组织实行家庭承包经营为基础、统分结合的双层经营体制。 农民集体所有和国家所有由农民集体使用的耕地、林地、草地以及其他用于农业的土地，依法实行土地承包经营制度。	**第三百三十条**　农村集体经济组织实行家庭承包经营为基础、统分结合的双层经营体制。 农民集体所有和国家所有由农民集体使用的耕地、林地、草地以及其他用于农业的土地，依法实行土地承包经营制度。 释义　本条是对农村集体经济组织实行家庭承包经营为基础、统分结合的双层经营体制的规定。 本条未出现变动，但本章相较《物权法》作了多处改动，主要原因即是为了确认我国农村土地改革的成果，在“三权分置”的基础上，对土地经营权作出系统规定。“三权”简单来说是指集体所有权、农户承包权和土地经营权。
《物权法》 **第一百二十五条**　土地承包经营权人依法对其承包经营的耕地、林地、草地等享有占有、使用和收益的权利，有权从事种植业、林业、畜牧业等农业生产。 **《农村土地承包法》** **第十七条**　承包方享有下列权利： （一）依法享有承包地使用、收益的权利，有权自主组织生产经营和处置产品； （二）依法互换、转让土地承包经营权； （三）依法流转土地经营权；	**第三百三十一条**　土地承包经营权人依法对其承包经营的耕地、林地、草地等享有占有、使用和收益的权利，有权从事种植业、林业、畜牧业等农业生产。 释义　本条是土地承包经营权人享有的基本权利的规定。

相关法律、司法解释规定	民法典
（四）承包地被依法征收、征用、占用的，有权依法获得相应的补偿； （五）法律、行政法规规定的其他权利。 **《农村土地承包解释》** **第八条** 承包方违反农村土地承包法第十七条规定，将承包地用于非农建设或者对承包地造成永久性损害，发包方请求承包方停止侵害、恢复原状或者赔偿损失的，应予支持。	
《物权法》 **第一百二十六条** 耕地的承包期为三十年。草地的承包期为三十年至五十年。林地的承包期为三十年至七十年~~；特殊林木的林地承包期，经国务院林业行政主管部门批准可以延长~~。 前款规定的承包期届满，由土地承包经营权人按照国家有关规定继续承包。	**第三百三十二条** 耕地的承包期为三十年。草地的承包期为三十年至五十年。林地的承包期为三十年至七十年。 前款规定的承包期限届满，由土地承包经营权人依照农村土地承包的法律规定继续承包。 释义 本条是关于土地承包期限的规定。 本条删除了与《农村土地承包法》不一致的特殊林木的林地承包期延长的规定。第2款规定的修改，也是为了与修改后的《农村土地承包法》相衔接。
《物权法》 **第一百二十七条** 土地承包经营权自土地承包经营权合同生效时设立。 县级以上地方人民政府应当向土地承包经营权人发放土地承包经营权证、林权证~~、草原使用权证~~，并登记造册，确认土地承包经营权。	**第三百三十三条** 土地承包经营权自土地承包经营权合同生效时设立。 登记机构应当向土地承包经营权人发放土地承包经营权证、林权证**等证书**，并登记造册，确认土地承包经营权。 释义 本条是关于土地承包经营权设立和登记的规定。

相关法律、司法解释规定	民法典
《农村土地承包法》 **第二十三条** 承包合同自成立之日起生效。承包方自承包合同生效时取得土地承包经营权。 **第二十四条** 国家对耕地、林地和草地等实行统一登记，登记机构应当向承包方颁发土地承包经营权证或者林权证等证书，并登记造册，确认土地承包经营权。 土地承包经营权证或者林权证等证书应当将具有土地承包经营权的全部家庭成员列入。 登记机构除按规定收取证书工本费外，不得收取其他费用。	
《物权法》 **第一百二十八条** 土地承包经营权人依照农村土地承包法的规定，有权将土地承包经营权~~采取转包、~~互换、转让~~等方式流转~~。~~流转的期限不得超过承包期的剩余期限~~。未经依法批准，不得将承包地用于非农建设。 《农村土地承包法》 **第三十三条** 承包方之间为方便耕种或者各自需要，可以对属于同一集体经济组织的土地的土地承包经营权进行互换，并向发包方备案。 **第三十四条** 经发包方同意，承包方可以将全部或者部分的土地承包经营权转让给本集体经济组织的其他农户，由该农户同发包方确立新的承包关系，原承包方与发包方在该土地上的承包关系即行终止。	**第三百三十四条** 土地承包经营权人依照法律规定，有权将土地承包经营权互换、转让。未经依法批准，不得将承包地用于非农建设。 **释义** 本条是关于土地承包经营权互换、转让的规定。 《农村土地承包法》第33条、第34条对土地承包经营权的互换、转让作了明确规定。因此，理解本条的规定，需要结合《农村土地承包法》的相关规定。

相关法律、司法解释规定	民法典
《物权法》 **第一百二十九条** ~~土地承包经营权人将~~土地承包经营权互换、转让，当事人要求登记的，应当向县级以上地方人民政府申请土地承包经营权变更登记；未经登记，不得对抗善意第三人。	**第三百三十五条** 土地承包经营权互换、转让的，当事人可以向登记机构申请登记；未经登记，不得对抗善意第三人。 **释义** 本条是关于互换、转让土地承包经营权时登记的规定。 对土地承包经营权的互换、转让进行登记，指互换、转让土地承包经营权的当事人，申请国家有关登记部门将土地承包经营权互换、转让的事项记载于不动产登记簿上。登记的主要目的在于将土地承包经营权变动的事实予以公示，使他人明确土地承包经营权的权利人。
《物权法》 **第一百三十条** 承包期内发包人不得调整承包地。 因自然灾害严重毁损承包地等特殊情形，需要适当调整承包的耕地和草地的，应当依照农村土地承包法等法律规定办理。 **《农村土地承包法》** **第二十八条** 承包期内，发包方不得调整承包地。 承包期内，因自然灾害严重毁损承包地等特殊情形对个别农户之间承包的耕地和草地需要适当调整的，必须经本集体经济组织成员的村民会议三分之二以上成员或者三分之二以上村民代表的同意，并报乡（镇）人民政府和县级人民政府农业农村、林业和草原等主管部门批准。承包合同中约定不得调整的，按照其约定。	**第三百三十六条** 承包期内发包人不得调整承包地。 因自然灾害严重毁损承包地等特殊情形，需要适当调整承包的耕地和草地的，应当依照农村土地承包的法律规定办理。 **释义** 本条是关于承包地能否调整的规定。 物权编保留了《农村土地承包法》和《物权法》的规定，再次明确承包期内发包方不得调整承包地，维护了土地承包关系的长期稳定，再次给农民吃了定心丸。

相关法律、司法解释规定	民法典
《农村土地承包解释》 **第六条** 因发包方违法收回、调整承包地，或者因发包方收回承包方弃耕、撂荒的承包地产生的纠纷，按照下列情形，分别处理： （一）发包方未将承包地另行发包，承包方请求返还承包地的，应予支持； （二）发包方已将承包地另行发包给第三人，承包方以发包方和第三人为共同被告，请求确认其所签订的承包合同无效、返还承包地并赔偿损失的，应予支持。但属于承包方弃耕、撂荒情形的，对其赔偿损失的诉讼请求，不予支持。 前款第（二）项所称的第三人，请求受益方补偿其在承包地上的合理投入的，应予支持。	
《物权法》 **第一百三十一条** 承包期内发包人不得收回承包地。~~农村土地承包法~~等法律另有规定的，依照其规定。 **《农村土地承包法》** **第二十七条** 承包期内，发包方不得收回承包地。 国家保护进城农户的土地承包经营权。不得以退出土地承包经营权作为农户进城落户的条件。 承包期内，承包农户进城落户的，引导支持其按照自愿有偿原则依法在本集体经济组织内转让土地承包经营权或者将承包地交回发包方，也可以鼓励其流转土地经营权。	**第三百三十七条** 承包期内发包人不得收回承包地。法律另有规定的，依照其规定。 释义 本条是关于承包地能否收回的规定。

相关法律、司法解释规定	民法典
承包期内，承包方交回承包地或者发包方依法收回承包地时，承包方对其在承包地上投入而提高土地生产能力的，有权获得相应的补偿。 **第三十一条**　承包期内，妇女结婚，在新居住地未取得承包地的，发包方不得收回其原承包地；妇女离婚或者丧偶，仍在原居住地生活或者不在原居住地生活但在新居住地未取得承包地的，发包方不得收回其原承包地。	
《物权法》 **第一百三十二条**　承包地被征收的，土地承包经营权人有权依照本法第四十二条第二款的规定获得相应补偿。 **《土地管理法》** **第四十八条**　征收土地应当给予公平、合理的补偿，保障被征地农民原有生活水平不降低、长远生计有保障。 征收土地应当依法及时足额支付土地补偿费、安置补助费以及农村村民住宅、其他地上附着物和青苗等的补偿费用，并安排被征地农民的社会保障费用。 征收农用地的土地补偿费、安置补助费标准由省、自治区、直辖市通过制定公布区片综合地价确定。制定区片综合地价应当综合考虑土地原用途、土地资源条件、土地产值、土地区位、土地供求关系、人口以及经济社会发展水平等因素，并至少每三年调整或者重新公布一次。	**第三百三十八条**　承包地被征收的，土地承包经营权人有权依据本法第二百四十三条的规定获得相应补偿。 释义　本条是关于承包地被征收，土地承包经营权人有权获得补偿的规定。

相关法律、司法解释规定	民法典
征收农用地以外的其他土地、地上附着物和青苗等的补偿标准，由省、自治区、直辖市制定。对其中的农村村民住宅，应当按照先补偿后搬迁、居住条件有改善的原则，尊重农村村民意愿，采取重新安排宅基地建房、提供安置房或者货币补偿等方式给予公平、合理的补偿，并对因征收造成的搬迁、临时安置等费用予以补偿，保障农村村民居住的权利和合法的住房财产权益。 县级以上地方人民政府应当将被征地农民纳入相应的养老等社会保障体系。被征地农民的社会保障费用主要用于符合条件的被征地农民的养老保险等社会保险缴费补贴。被征地农民社会保障费用的筹集、管理和使用办法，由省、自治区、直辖市制定。 **《农村土地承包解释》** **第二十二条**　承包地被依法征收，承包方请求发包方给付已经收到的地上附着物和青苗的补偿费的，应予支持。 承包方已将土地承包经营权以转包、出租等方式流转给第三人的，除当事人另有约定外，青苗补偿费归实际投入人所有，地上附着物补偿费归附着物所有人所有。 **第二十三条**　承包地被依法征收，放弃统一安置的家庭承包方，请求发包方给付已经收到的安置补助费的，应予支持。 **第二十四条**　农村集体经济组织	

相关法律、司法解释规定	民法典
或者村民委员会、村民小组，可以依照法律规定的民主议定程序，决定在本集体经济组织内部分配已经收到的土地补偿费。征地补偿安置方案确定时已经具有本集体经济组织成员资格的人，请求支付相应份额的，应予支持。但已报全国人大常委会、国务院备案的地方性法规、自治条例和单行条例、地方政府规章对土地补偿费在农村集体经济组织内部的分配办法另有规定的除外。	
《农村土地承包法》 **第三十六条** <u>承包方</u>可以自主决定依法采取出租~~（转包）~~、入股或者其他方式向他人流转土地经营权~~，并向发包方备案~~。	**第三百三十九条** <u>土地承包经营权人</u>可以自主决定依法采取出租、入股或者其他方式向他人流转土地经营权。 **释义** 本条是关于土地经营权流转的规定。 本条以《农村土地承包法》的相关内容为基础，就土地经营权流转方式作了规定，完善了土地经营权的内涵，表明国家保护承包权人依法、自愿、有偿流转土地经营权。
《农村土地承包法》 **第三十七条** 土地经营权人有权在合同约定的期限内占有农村土地，自主开展农业生产经营并取得收益。	**第三百四十条** 土地经营权人有权在合同约定的期限内占有农村土地，自主开展农业生产经营并取得收益。 **释义** 本条是关于土地经营权人享有的基本权利的规定。 土地经营权是受让方根据流转合同的约定对承包方承包的农村土地依法占有，利用其开展农业生产经营并取得收益的权利。

相关法律、司法解释规定	民法典
《农村土地承包法》 **第四十一条**　土地经营权流转期限为五年以上的，当事人可以向登记机构申请土地经营权登记。未经登记，不得对抗善意第三人。	**第三百四十一条　流转期限为五年以上的土地经营权，自流转合同生效时设立。当事人可以向登记机构申请土地经营权登记；未经登记，不得对抗善意第三人。** 释义　本条是关于土地经营权设立与登记的规定。 本条以《农村土地承包法》相关内容为基础，就五年以上的土地经营权流转规定了登记对抗制度，赋予土地经营权人选择权，通过登记颁证制度，合理平衡各方权利义务。 所谓善意第三人，是指不知道也不应当知道承包地上设有土地经营权的人。
《物权法》 **第一百三十三条**　通过招标、拍卖、公开协商等方式承包~~荒地等~~农村土地，<u>依照农村土地承包法等法律和国务院的有关规定，其土地承包经营权可以</u>~~转让~~、入股、抵押或者~~以~~其他方式流转。	**第三百四十二条**　通过招标、拍卖、公开协商等方式承包农村土地，<u>经依法登记取得权属证书的，可以依法采取</u>**出租**、入股、抵押或者其他方式流转**土地经营权**。 释义　本条是关于以其他方式承包取得的土地经营权流转的规定。 根据《农村土地承包法》的规定，我国的农村土地承包制度包括“农村集体经济组织内部的家庭承包方式”和“其他方式的承包”：以家庭承包方式取得承包地的，承包方可以自主决定依法采取出租、入股或者其他方式向他人流转土地经营权；以其他方式承包农村土地的，承包方取得土地经营权。这两种土地经营权存在诸多区别，法律在其流转的规定方面也有较大不同。

相关法律、司法解释规定	民法典
	通过其他方式承包土地所取得的土地经营权是通过市场化的行为并支付一定的对价获得的，其流转无需向发包人备案或经发包人同意，对受让方也没有特别限制，接受流转的一方可以是本集体经济组织以外的个人、农业公司等。
《物权法》 **第一百三十四条** 国家所有的农用地实行承包经营的，参照<u>本法</u>的有关规定。	**第三百四十三条** 国家所有的农用地实行承包经营的，参照**适用**<u>本编</u>的有关规定。 释义 本条是关于国有农用地实行承包经营的法律适用的规定。
	第十二章 建设用地使用权
《物权法》 **第一百三十五条** 建设用地使用权人依法对国家所有的土地享有占有、使用和收益的权利，有权利用该土地建造建筑物、构筑物及其附属设施。	**第三百四十四条** 建设用地使用权人依法对国家所有的土地享有占有、使用和收益的权利，有权利用该土地建造建筑物、构筑物及其附属设施。 释义 本条是关于建设用地使用权概念的规定。 建设用地使用权是用益物权中的一项重要权利，使建设用地使用权人对国家所有的土地享有占有、使用和收益的权利。建设用地包括住宅用地、公共设施用地、工矿用地、交通水利设施用地、旅游用地、军事设施用地等。本条中的建筑物主要是指住宅、写字楼、厂房等。构筑物主要是指不具有居住或生产经营功能的人工建造物，比如道路、桥梁、隧道、水池、水塔、纪念碑；附属设施主要是指附属于建筑物、构筑物的一些设施。

相关法律、司法解释规定	民法典
《物权法》 **第一百三十六条**　建设用地使用权可以在土地的地表、地上或者地下分别设立。~~新设立的建设用地使用权，不得损害已设立的用益物权。~~	**第三百四十五条**　建设用地使用权可以在土地的地表、地上或者地下分别设立。 释义　本条是关于建设用地使用权分层设立的规定。
	第三百四十六条　设立建设用地使用权，应当符合节约资源、保护生态环境的要求，遵守法律、行政法规关于土地用途的规定，不得损害已经设立的用益物权。 释义　本条是关于设立建设用地使用权的规定。 本条在《物权法》第136条第2句的基础上作了修改完善，以进一步体现绿色原则，设立建设用地使用权应当符合节约资源、保护生态环境的要求。
《物权法》 **第一百三十七条**　设立建设用地使用权，可以采取出让或者划拨等方式。 工业、商业、旅游、娱乐和商品住宅等经营性用地以及同一土地有两个以上意向用地者的，应当采取招标、拍卖等公开竞价的方式出让。 严格限制以划拨方式设立建设用地使用权。~~采取划拨方式的，应当遵守法律、行政法规关于土地用途的规定。~~ 《土地管理法》 **第五十四条**　建设单位使用国有土地，应当以出让等有偿使用方式取得；但是，下列建设用地，经县级以	**第三百四十七条**　设立建设用地使用权，可以采取出让或者划拨等方式。 工业、商业、旅游、娱乐和商品住宅等经营性用地以及同一土地有两个以上意向用地者的，应当采取招标、拍卖等公开竞价的方式出让。 严格限制以划拨方式设立建设用地使用权。 释义　本条是关于建设用地使用权出让方式的规定。 本条删除第3款中“采取划拨方式的，应当遵守法律、行政法规关于土地用途的规定”，理由在于，我国实行严格的土地用途管制制度，以划

相关法律、司法解释规定	民法典
上人民政府依法批准，可以以划拨方式取得： （一）国家机关用地和军事用地； （二）城市基础设施用地和公益事业用地； （三）国家重点扶持的能源、交通、水利等基础设施用地； （四）法律、行政法规规定的其他用地。	拨方式取得的建设用地使用权的，权利人必须按照法律、行政法规规定的用途利用土地是不言自明的，因而没有必要再予以强调。
《物权法》 **第一百三十八条** 采取招标、拍卖、协议等出让方式设立建设用地使用权的，当事人应当采取书面形式订立建设用地使用权出让合同。 建设用地使用权出让合同一般包括下列条款： （一）当事人的名称和住所； （二）土地界址、面积等； （三）建筑物、构筑物及其附属设施占用的空间； （四）土地用途； （五）~~使用~~期限； （六）出让金等费用及其支付方式； （七）解决争议的方法。	**第三百四十八条** 通过招标、拍卖、协议等出让方式设立建设用地使用权的，当事人应当采用书面形式订立建设用地使用权出让合同。 建设用地使用权出让合同一般包括下列条款： （一）当事人的名称和住所； （二）土地界址、面积等； （三）建筑物、构筑物及其附属设施占用的空间； （四）土地用途**、规划条件**； （五）**建设用地使用权**期限； （六）出让金等费用及其支付方式； （七）解决争议的方法。 释义 本条是对建设用地使用权出让合同内容的规定。 将“土地用途”修改为“土地用途、规划条件”的原因在于，明确建设用地使用权出让合同中应当增加规划条件的内容，避免建设用地使用权的出让因违反规划无效。同时，更契合《城乡规划法》第38条“先规划、后出让”的规定。

相关法律、司法解释规定	民法典
《物权法》 **第一百三十九条** 设立建设用地使用权的，应当向登记机构申请建设用地使用权登记。建设用地使用权自登记时设立。登记机构应当向建设用地使用权人发放建设用地使用权证书。	**第三百四十九条** 设立建设用地使用权的，应当向登记机构申请建设用地使用权登记。建设用地使用权自登记时设立。登记机构应当向建设用地使用权人发放权属证书。 释义 本条是关于建设用地使用权登记的规定。 建设用地使用权适用登记生效的原则，建设用地使用权从办理建设用地使用权登记时设立。 将“建设用地使用权证书”修改为“权属证书”，原因在于，依据《不动产登记暂行条例》规定，我国建立不动产统一登记制度，建设用地使用权被纳入不动产统一登记范畴，完成登记后，统一核发不动产权属证书。
《物权法》 **第一百四十条** 建设用地使用权人应当合理利用土地，不得改变土地用途；需要改变土地用途的，应当依法经有关行政主管部门批准。 《土地管理法》 **第四条** 国家实行土地用途管制制度。 国家编制土地利用总体规划，规定土地用途，将土地分为农用地、建设用地和未利用地。严格限制农用地转为建设用地，控制建设用地总量，对耕地实行特殊保护。 前款所称农用地是指直接用于农业生产的土地，包括耕地、林地、草地、农田水利用地、养殖水面等；建设用地是指建造建筑物、构筑物的土	**第三百五十条** 建设用地使用权人应当合理利用土地，不得改变土地用途；需要改变土地用途的，应当依法经有关行政主管部门批准。 释义 本条是关于土地用途的规定。

相关法律、司法解释规定	民法典
地，包括城乡住宅和公共设施用地、工矿用地、交通水利设施用地、旅游用地、军事设施用地等；未利用地是指农用地和建设用地以外的土地。 使用土地的单位和个人必须严格按照土地利用总体规划确定的用途使用土地。 **第五十六条** 建设单位使用国有土地的，应当按照土地使用权出让等有偿使用合同的约定或者土地使用权划拨批准文件的规定使用土地；确需改变该幅土地建设用途的，应当经有关人民政府自然资源主管部门同意，报原批准用地的人民政府批准。其中，在城市规划区内改变土地用途的，在报批前，应当先经有关城市规划行政主管部门同意。 **《国有土地使用权合同纠纷解释》**① **第五条** 受让方经出让方和市、县人民政府城市规划行政主管部门同意，改变土地使用权出让合同约定的土地用途，当事人请求按照起诉时同种用途的土地出让金标准调整土地出让金的，应予支持。 **第六条** 受让方擅自改变土地使用权出让合同约定的土地用途，出让方请求解除合同的，应予支持。	
《物权法》 **第一百四十一条** 建设用地使用权人应当依照法律规定以及合同约定支付出让金等费用。	**第三百五十一条** 建设用地使用权人应当依照法律规定以及合同约定支付出让金等费用。 **释义** 本条是关于建设用地使用权人

① 《最高人民法院关于审理涉及国有土地使用权合同纠纷案件适用法律问题的解释》简称《国有土地使用权合同纠纷解释》。

相关法律、司法解释规定	民法典
《国有土地使用权合同纠纷解释》 **第三条** 经市、县人民政府批准同意以协议方式出让的土地使用权，土地使用权出让金低于订立合同时当地政府按照国家规定确定的最低价的，应当认定土地使用权出让合同约定的价格条款无效。 当事人请求按照订立合同时的市场评估价格交纳土地使用权出让金的，应予支持；受让方不同意按照市场评估价格补足，请求解除合同的，应予支持。因此造成的损失，由当事人按照过错承担责任。	支付出让金等费用的义务的规定。
《物权法》 **第一百四十二条** 建设用地使用权人建造的建筑物、构筑物及其附属设施的所有权属于建设用地使用权人，但有相反证据证明的除外。	**第三百五十二条** 建设用地使用权人建造的建筑物、构筑物及其附属设施的所有权属于建设用地使用权人，但是有相反证据证明的除外。 释义 本条是关于建设用地使用权人建造的建筑物、构筑物及其附属设施权属的规定。 需要注意，本条规定的建筑物、构筑物及其附属设施必须是合法建造产生的，对于非法占地、违规搭建，《土地管理法》第74条、第77条、第83条以及其他法律法规的有关规定都明确规定了制裁措施，这种违章建筑会被没收和强制拆除，更不会产生合法的所有权，因此并不在本条的调整范围内。
《物权法》 **第一百四十三条** 建设用地使用权人有权将建设用地使用权转让、互换、出资、赠与或者抵押，但法律另	**第三百五十三条** 建设用地使用权人有权将建设用地使用权转让、互换、出资、赠与或者抵押，但是法律另有规定的除外。

相关法律、司法解释规定	民法典
有规定的除外。	释义 本条是关于建设用地使用权流转方式的规定。
《物权法》 **第一百四十四条** 建设用地使用权转让、互换、出资、赠与或者抵押的，当事人应当<u>采取</u>书面形式订立相应的合同。使用期限由当事人约定，<u>但</u>不得超过建设用地使用权的剩余期限。 **《城市房地产管理法》** **第四十三条** 以出让方式取得土地使用权的，转让房地产后，其土地使用权的使用年限为原土地使用权出让合同约定的使用年限减去原土地使用者已经使用年限后的剩余年限。	**第三百五十四条** 建设用地使用权转让、互换、出资、赠与或者抵押的，当事人应当<u>采用</u>书面形式订立相应的合同。使用期限由当事人约定，<u>但是</u>不得超过建设用地使用权的剩余期限。 释义 本条是关于建设用地使用权人处分建设用地使用权的合同形式和期限的规定。 本条主要包括三项内容：一是采用书面形式订立相应合同；二是可约定建设用地使用权流转后的使用期限；三是期限不得超过建设用地使用权的剩余期限。
《物权法》 **第一百四十五条** 建设用地使用权转让、互换、出资或者赠与的，应当向登记机构申请变更登记。	**第三百五十五条** 建设用地使用权转让、互换、出资或者赠与的，应当向登记机构申请变更登记。 释义 本条是关于建设用地使用权流转后变更登记的规定。 建设用地使用权作为重要的用益物权，不但其取得需要登记，其流转也需要及时变更登记，否则该流转行为就无法发生法律效力，权利人的利益就得不到充分保障。
《物权法》 **第一百四十六条** 建设用地使用权转让、互换、出资或者赠与的，附着于该土地上的建筑物、构筑物及其附属设施一并处分。	**第三百五十六条** 建设用地使用权转让、互换、出资或者赠与的，附着于该土地上的建筑物、构筑物及其附属设施一并处分。 释义 本条是关于建筑物、构筑物及其附属设施随建设用地使用权的流

相关法律、司法解释规定	民法典
	转而一并处分的规定。 本条规定主要包括两个层次：一是建设用地使用权按照第 353 条的规定发生转让。二是依附于该建设用地使用权的建筑物、构筑物及其附属设施随之转让。在存在本法第 345 条规定的同一土地的地表、地上或者地下分别设立不同建设用地使用权的情况下，建筑物、构筑物及其附属设施只依附于其所在空间的建设用地使用权，这就是人们通常所说的“房随地走”。
《物权法》 **第一百四十七条** 建筑物、构筑物及其附属设施转让、互换、出资或者赠与的，该建筑物、构筑物及其附属设施占用范围内的建设用地使用权一并处分。 《城市房地产管理法》 **第三十二条** 房地产转让、抵押时，房屋的所有权和该房屋占用范围内的土地使用权同时转让、抵押。	**第三百五十七条** 建筑物、构筑物及其附属设施转让、互换、出资或者赠与的，该建筑物、构筑物及其附属设施占用范围内的建设用地使用权一并处分。 释义 本条是关于建设用地使用权随建筑物、构筑物及其附属设施的流转而一并处分的规定。 实现“房地一致”有两种方式：一种是“房随地走”，另一种是“地随房走”。两种方式都已经被法律实践和社会生活普遍接受，第 356 条对“房随地走”作了规定，本条相应地对“地随房走”作出规定。
《物权法》 **第一百四十八条** 建设用地使用权期间届满前，因公共利益需要提前收回该土地的，应当依照本法第四十二条的规定对该土地上的房屋及其他不动产给予补偿，并退还相应的出让金。	**第三百五十八条** 建设用地使用权期限届满前，因公共利益需要提前收回该土地的，应当依据本法第二百四十三条的规定对该土地上的房屋以及其他不动产给予补偿，并退还相应的出让金。 释义 本条是关于建设用地使用权提

相关法律、司法解释规定	民法典
	前收回及其补偿的规定。 本条从物权的角度，区分了在提前收回建设用地使用权时，土地和土地上的房屋等不动产不同的性质：因公共利益提前收回土地上的房屋以及其他不动产的，适用征收的有关规定；对于建设用地而言，其性质不是征收，属于提前收回建设用地使用权。
《物权法》 **第一百四十九条** 住宅建设用地使用权期间届满的，自动续期。 非住宅建设用地使用权期间届满后的续期，依照法律规定办理。该土地上的房屋及其他不动产的归属，有约定的，按照约定；没有约定或者约定不明确的，依照法律、行政法规的规定办理。 **《城市房地产管理法》** **第二十二条** 土地使用权出让合同约定的使用年限届满，土地使用者需要继续使用土地的，应当至迟于届满前一年申请续期，除根据社会公共利益需要收回该幅土地的，应当予以批准。经批准准予续期的，应当重新签订土地使用权出让合同，依照规定支付土地使用权出让金。 土地使用权出让合同约定的使用年限届满，土地使用者未申请续期或者虽申请续期但依照前款规定未获批准的，土地使用权由国家无偿收回。	**第三百五十九条** 住宅建设用地使用权期限届满的，自动续期。**续期费用的缴纳或者减免，依照法律、行政法规的规定办理。** 非住宅建设用地使用权期限届满后的续期，依照法律规定办理。该土地上的房屋以及其他不动产的归属，有约定的，按照约定；没有约定或者约定不明确的，依照法律、行政法规的规定办理。 **释义** 本条是建设用地使用权续期及土地上的房屋及其他不动产归属的规定。 本条新增关于住宅建设用地使用权期间届满，“续期费用的缴纳或者减免，依照法律、行政法规的规定办理”的内容。另需注意，本条第1款规定的自动续期仅针对“住宅”，并不包括“非住宅”。

相关法律、司法解释规定	民法典
《物权法》 **第一百五十条** 建设用地使用权消灭的，出让人应当及时办理注销登记。登记机构应当收回建设用地使用权证书。	**第三百六十条** 建设用地使用权消灭的，出让人应当及时办理注销登记。登记机构应当收回权属证书。 释义 本条是对建设用地使用权注销登记的规定。 建设用地使用权消灭的情况主要包括：建设用地使用权期间届满、建设用地使用权提前收回以及因自然灾害等原因造成建设用地使用权灭失等情形。建设用地使用权消灭后，出让人应当及时办理注销登记。
《物权法》 **第一百五十一条** 集体所有的土地作为建设用地的，应当依照土地管理法等法律规定办理。	**第三百六十一条** 集体所有的土地作为建设用地的，应当依照土地管理的法律规定办理。 释义 本条是对集体所有的土地作为建设用地如何适用法律的规定。
	第十三章 宅基地使用权
《物权法》 **第一百五十二条** 宅基地使用权人依法对集体所有的土地享有占有和使用的权利，有权依法利用该土地建造住宅及其附属设施。	**第三百六十二条** 宅基地使用权人依法对集体所有的土地享有占有和使用的权利，有权依法利用该土地建造住宅及其附属设施。 释义 本条是关于宅基地使用权的权利内容的规定。 宅基地使用权是一种带有社会福利性质的权利，是农民的安身之本。宅和土地承包经营权一样，由作为集体成员的农民无偿取得，无偿使用。
《物权法》 **第一百五十三条** 宅基地使用权的取得、行使和转让，适用土地管理法等法律和国家有关规定。	**第三百六十三条** 宅基地使用权的取得、行使和转让，适用土地管理的法律和国家有关规定。 释义 本条是关于宅基地使用权的取

相关法律、司法解释规定	民法典
《土地管理法》 **第六十二条** 农村村民一户只能拥有一处宅基地，其宅基地的面积不得超过省、自治区、直辖市规定的标准。 人均土地少、不能保障一户拥有一处宅基地的地区，县级人民政府在充分尊重农村村民意愿的基础上，可以采取措施，按照省、自治区、直辖市规定的标准保障农村村民实现户有所居。 农村村民建住宅，应当符合乡（镇）土地利用总体规划、村庄规划，不得占用永久基本农田，并尽量使用原有的宅基地和村内空闲地。编制乡（镇）土地利用总体规划、村庄规划应当统筹并合理安排宅基地用地，改善农村村民居住环境和条件。 农村村民住宅用地，由乡（镇）人民政府审核批准；其中，涉及占用农用地的，依照本法第四十四条的规定办理审批手续。 农村村民出卖、出租、赠与住宅后，再申请宅基地的，不予批准。 国家允许进城落户的农村村民依法自愿有偿退出宅基地，鼓励农村集体经济组织及其成员盘活利用闲置宅基地和闲置住宅。 国务院农业农村主管部门负责全国农村宅基地改革和管理有关工作。	得、行使和转让适用法律的衔接性规定。

相关法律、司法解释规定	民法典
《物权法》 **第一百五十四条** 宅基地因自然灾害等原因灭失的，宅基地使用权消灭。对失去宅基地的村民，应当重新分配宅基地。	**第三百六十四条** 宅基地因自然灾害等原因灭失的，宅基地使用权消灭。对失去宅基地的村民，应当**依法**重新分配宅基地。 释义 本条是关于宅基地灭失后重新分配问题的规定。
《物权法》 **第一百五十五条** 已经登记的宅基地使用权转让或者消灭的，应当及时办理变更登记或者注销登记。	**第三百六十五条** 已经登记的宅基地使用权转让或者消灭的，应当及时办理变更登记或者注销登记。 释义 本条是关于宅基地使用权的变更登记和注销登记的规定。
	第十四章 居 住 权
	第三百六十六条 居住权人有权按照合同约定，对他人的住宅享有占有、使用的用益物权，以满足生活居住的需要。 释义 本条是关于居住权概念的规定。 居住权是指居住权人对他人住宅的全部或者部分及其附属设施，享有占有、使用的权利。居住权有以下几个特征：(1) 居住权是在他人住宅上设立的物权。(2) 居住权是一种用益物权。(3) 居住权是为特定自然人的利益在自己所有的住宅上设定的权利，法人或其他组织不能享有居住权。(4) 居住权是为特定自然人生活居住的需要而设定的权利，居住权不得转让、继承，除当事人另有约定外，居住权人不能将其享有居住权的住宅出租。(5) 居住权人按照合同约定对他人的住宅享有占有、使用的权利。

相关法律、司法解释规定	民法典
	第三百六十七条　设立居住权，当事人应当采用书面形式订立居住权合同。 **居住权合同一般包括下列条款：** **（一）当事人的姓名或者名称和住所；** **（二）住宅的位置；** **（三）居住的条件和要求；** **（四）居住权期限；** **（五）解决争议的方法。** 释义　根据本法的规定，居住权既可以基于当事人的约定设立，也可以基于被继承人的遗嘱设立。本条是对通过居住权合同设立居住权的合同形式和内容的规定。 需要注意两点：一是设立居住权，当事人应当采用书面形式订立居住权合同。二是本条第 2 款所规定的内容并非全部都是居住权合同必须约定的内容。当事人应当对第 1 项“当事人的姓名或者名称和住所”、第 2 项“住宅的位置”作出明确约定，如果欠缺这两项内容将导致居住权的主体和客体不明，不可能设立居住权。其他各项均非合同必须约定的内容，如果当事人未作确定，不影响居住权的设立。
	第三百六十八条　居住权无偿设立，但是当事人另有约定的除外。设立居住权的，应当向登记机构申请居住权登记。居住权自登记时设立。 释义　本条是关于居住权设立的规定。

相关法律、司法解释规定	民法典
	需要注意，居住权和租赁权有本质区别：(1) 保护方式存在区别。居住权是一种独立的用益物权，是一种支配权；租赁权是一种请求权。(2) 设立方式存在区别。居住权需要经过登记才发生物权的效力；租赁权只需要双方的合意就发生法律效力，其设立不以登记为条件。(3) 期限存在区别。居住权的期限具有长期性的特点，除当事人另有约定外，通常至居住权人死亡时居住权消灭；租赁权的租期由合同双方当事人约定，但不得超过20年。(4) 取得权利支付的对价存在区别。居住权以无偿设立为原则，当事人可以就是否无偿设立作出约定；租赁合同则是一种双务、有偿合同，取得租赁权，以支付租金为条件。
	第三百六十九条　居住权不得转让、继承。设立居住权的住宅不得出租，但是当事人另有约定的除外。 释义　本条是关于居住权限制的规定。
	第三百七十条　居住权期限届满或者居住权人死亡的，居住权消灭。居住权消灭的，应当及时办理注销登记。 释义　本条是关于居住权消灭的规定。 居住权制度设计的目的是保障居住权人的生活居住的需要，其期限一般具有长期性、终生性。
	第三百七十一条　以遗嘱方式设立居住权的，参照适用本章的有关规定。 释义　本条是关于以遗嘱方式设立居

相关法律、司法解释规定	民法典
	住权的规定。 根据本法的规定，设立居住权有三种方式：一是合同（第 367 条）；二是遗嘱（本条）；三是法院判决（第 229 条）。 本章第 366 条至第 370 条对居住权概念、居住权合同内容、居住权的设立、居住权的限制、居住权的消灭作了规定。当事人以遗嘱方式设立居住权的，本章的相关规定如居住权的限制和消灭等都参照适用。
	第十五章　地　役　权
《物权法》 **第一百五十六条**　地役权人有权按照合同约定，利用他人的不动产，以提高自己的不动产的效益。 前款所称他人的不动产为供役地，自己的不动产为需役地。	**第三百七十二条**　地役权人有权按照合同约定，利用他人的不动产，以提高自己的不动产的效益。 前款所称他人的不动产为供役地，自己的不动产为需役地。 释义　本条是关于地役权的规定。 地役权是按照合同约定利用他人的不动产，以提高自己不动产效益的权利。地役权按照合同设立，具有从属性，这种从属性主要体现在地役权的存续以需役地的存在为前提，与需役地的所有权或者其他物权相伴相随。
《物权法》 **第一百五十七条**　设立地役权，当事人应当采取书面形式订立地役权合同。 地役权合同一般包括下列条款： （一）当事人的姓名或者名称和住所； （二）供役地和需役地的位置；	**第三百七十三条**　设立地役权，当事人应当采用书面形式订立地役权合同。 地役权合同一般包括下列条款： （一）当事人的姓名或者名称和住所； （二）供役地和需役地的位置； （三）利用目的和方法；

相关法律、司法解释规定	民法典
（三）利用目的和方法； （四）<u>利用</u>期限； （五）费用及其支付方式； （六）解决争议的方法。	（四）<u>地役权</u>期限； （五）费用及其支付方式； （六）解决争议的方法。 释义　本条是关于地役权合同的规定。
《物权法》 **第一百五十八条**　地役权自地役权合同生效时设立。当事人要求登记的，可以向登记机构申请地役权登记；未经登记，不得对抗善意第三人。	**第三百七十四条**　地役权自地役权合同生效时设立。当事人要求登记的，可以向登记机构申请地役权登记；未经登记，不得对抗善意第三人。 释义　本条是关于地役权的设立与登记的规定。 在农村，地役权多数是不登记的，为了方便群众，减少成本，《物权法》对地役权实行登记对抗主义。需要注意的是，地役权不登记，仅仅是不得对抗善意第三人。地役权属于用益物权，为绝对权，未登记的地役权还可以对抗恶意第三人。所谓恶意第三人包括以不公正手段获得地役权登记的人，或者明知该地役权已经存在的第三人。
《物权法》 **第一百五十九条**　供役地权利人应当按照合同约定，允许地役权人利用其<u>土地</u>，不得妨害地役权人行使权利。	**第三百七十五条**　供役地权利人应当按照合同约定，允许地役权人利用其<u>不动产</u>，不得妨害地役权人行使权利。 释义　本条是关于供役地权利人义务的规定。
《物权法》 **第一百六十条**　地役权人应当按照合同约定的利用目的和方法利用供役地，尽量减少对供役地权利人物权的限制。	**第三百七十六条**　地役权人应当按照合同约定的利用目的和方法利用供役地，尽量减少对供役地权利人物权的限制。 释义　本条是关于地役权人权利义务的规定。

相关法律、司法解释规定	民法典
《物权法》 **第一百六十一条** 地役权的期限由当事人约定，但不得超过土地承包经营权、建设用地使用权等用益物权的剩余期限。	**第三百七十七条** 地役权期限由当事人约定；但是，不得超过土地承包经营权、建设用地使用权等用益物权的剩余期限。 释义 本条是关于地役权期限的规定。
《物权法》 **第一百六十二条** 土地所有权人享有地役权或者负担地役权的，设立土地承包经营权、宅基地使用权时，该土地承包经营权人、宅基地使用权人继续享有或者负担已设立的地役权。	**第三百七十八条** 土地所有权人享有地役权或者负担地役权的，设立土地承包经营权、宅基地使用权**等用益物权**时，该用益物权人继续享有或者负担已经设立的地役权。 释义 本条是关于在享有或者负担地役权的土地上设立承包经营权、宅基地使用权的规定。 本条中，“等用益物权”这一概括性表达，极大拓宽了本条的适用范围。
《物权法》 **第一百六十三条** 土地上已设立土地承包经营权、建设用地使用权、宅基地使用权等权利的，未经用益物权人同意，土地所有权人不得设立地役权。	**第三百七十九条** 土地上已经设立土地承包经营权、建设用地使用权、宅基地使用权等用益物权的，未经用益物权人同意，土地所有权人不得设立地役权。 释义 本条是关于在已设立用益物权的土地上，土地所有权人设立地役权的规定。 本条把“等权利”修改为“等用益物权”，使法条表达更为明确。
《物权法》 **第一百六十四条** 地役权不得单独转让。土地承包经营权、建设用地使用权等转让的，地役权一并转让，但合同另有约定的除外。	**第三百八十条** 地役权不得单独转让。土地承包经营权、建设用地使用权等转让的，地役权一并转让，但是合同另有约定的除外。 释义 本条是关于地役权不得与需役地分离而单独转让的规定。

相关法律、司法解释规定	民法典
	地役权具有从属性，主要表现在以下三种情形：(1) 地役权人不得自己保留需役地的所有权或者用益物权，单独将地役权转让。(2) 地役权人不得自己保留地役权，而单独将需役地的使用权转让。(3) 地役权人也不得将需役地的使用权与地役权分别让与不同的人。
《物权法》 **第一百六十五条** 地役权不得单独抵押。土地~~承包~~经营权、建设用地使用权等抵押的，在实现抵押权时，地役权一并转让。	**第三百八十一条** 地役权不得单独抵押。土地经营权、建设用地使用权等抵押的，在实现抵押权时，地役权一并转让。 释义 本条是关于地役权不得单独抵押的规定。 本条将《物权法》中“土地承包经营权”修改为“土地经营权”。作此修改主要是与《农村土地承包法》的规定相衔接。根据《农村土地承包法》第47条第1款规定，能够提供担保的仅限于土地经营权，土地承包经营权不再能够用于担保。
《物权法》 **第一百六十六条** 需役地以及需役地上的土地承包经营权、建设用地使用权部分转让时，转让部分涉及地役权的，受让人同时享有地役权。	**第三百八十二条** 需役地以及需役地上的土地承包经营权、建设用地使用权**等**部分转让时，转让部分涉及地役权的，受让人同时享有地役权。 释义 本条是关于需役地及其用益物权等部分转让的规定。 地役权具有不可分性，地役权的享有和存在都及于需役地和供役地的全部，不能分割为数个不同部分或者仅仅以一部分而存在。 地役权的不可分性体现在两个方

相关法律、司法解释规定	民法典
	面：需役地部分转让时，地役权的权利不变；供役地部分转让时，地役权约束也不受影响。本条规定的即是第一种情况。
《物权法》 **第一百六十七条** 供役地以及供役地上的土地承包经营权、建设用地使用权部分转让时，转让部分涉及地役权的，地役权对受让人具有约束力。	**第三百八十三条** 供役地以及供役地上的土地承包经营权、建设用地使用权**等**部分转让时，转让部分涉及地役权的，地役权对受让人具有**法律**约束力。 释义 本条是关于供役地及其用益物权等部分转让的规定。 本条规定体现了地役权不可分性的第二个方面，即供役地及其权利部分变动时，地役权约束也不受影响。
《物权法》 **第一百六十八条** 地役权人有下列情形之一的，供役地权利人有权解除地役权合同，地役权消灭： （一）违反法律规定或者合同约定，滥用地役权； （二）有偿利用供役地，约定的付款期间届满后在合理期限内经两次催告未支付费用。	**第三百八十四条** 地役权人有下列情形之一的，供役地权利人有权解除地役权合同，地役权消灭： （一）违反法律规定或者合同约定，滥用地役权； （二）有偿利用供役地，约定的付款期限届满后在合理期限内经两次催告未支付费用。 释义 本条是关于地役权消灭的规定。 地役权消灭就是地役权因法定事由而归灭失。地役权与其他物权相比的一个重要区别就是地役权的权利内容是由双方当事人通过合同约定的。地役权合同是地役权的基础，双方当事人可以在合同中就地役权的设立、存续、消灭等作出约定。本条针对地役权合同中供役地权利人单方解除权作了特别规定，在出现法定事由时，供役地权利人有权依法行使单方解除权，使地役权归于消灭。

相关法律、司法解释规定	民法典
《物权法》 **第一百六十九条** 已经登记的地役权变更、转让或者消灭的，应当及时办理变更登记或者注销登记。	**第三百八十五条** 已经登记的地役权变更、转让或者消灭的，应当及时办理变更登记或者注销登记。 释义 本条是关于地役权变动后登记的规定。
	第四分编 担 保 物 权
	第十六章 一 般 规 定
《物权法》 **第一百七十条** 担保物权人在债务人不履行到期债务或者发生当事人约定的实现担保物权的情形，依法享有就担保财产优先受偿的权利，但法律另有规定的除外。	**第三百八十六条** 担保物权人在债务人不履行到期债务或者发生当事人约定的实现担保物权的情形，依法享有就担保财产优先受偿的权利，但是法律另有规定的除外。 释义 本条是关于担保物权含义的规定。 担保物权是以直接支配特定财产的交换价值为内容，以确保债权实现为目的而设定的物权。 担保物权具有以下特征：(1) 担保物权以确保债权人的债权得到完全清偿为目的。(2) 担保物权具有优先受偿的效力。(3) 担保物权是在债务人或者第三人的财产上成立的权利。(4) 担保物权具有物上代位性。物上代位性，是指担保物权以取得该财产的交换价值为目的，因此担保财产即使灭失、毁损，只要代替该财产的交换价值还存在，担保物权的效力仍存在，但此时担保物权的效力转移到了该代替物上。
《物权法》 **第一百七十一条** 债权人在借贷、买卖等民事活动中，为保障实现	**第三百八十七条** 债权人在借贷、买卖等民事活动中，为保障实现其债权，需要担保的，可以依照本法

相关法律、司法解释规定	民法典
其债权，需要担保的，可以依照本法和其他法律的规定设立担保物权。 第三人为债务人向债权人提供担保的，可以要求债务人提供反担保。反担保适用本法和其他法律的规定。 **《担保法》** **第二条** 在借贷、买卖、货物运输、加工承揽等经济活动中，债权人需要以担保方式保障其债权实现的，可以依照本法规定设定担保。 本法规定的担保方式为保证、抵押、质押、留置和定金。 **《担保法司法解释》** **第一条** 当事人对由民事关系产生的债权，在不违反法律、法规强制性规定的情况下，以担保法规定的方式设定担保的，可以认定为有效。 **第二条** 反担保人可以是债务人，也可以是债务人之外的其他人。 反担保方式可以是债务人提供的抵押或者质押，也可以是其他人提供的保证、抵押或者质押。	和其他法律的规定设立担保物权。 第三人为债务人向债权人提供担保的，可以要求债务人提供反担保。反担保适用本法和其他法律的规定。 释义　本条是关于担保物权适用范围及反担保的规定。 担保物权的适用范围是指担保物权可以适用的领域。反担保是指替债务人提供担保的第三人，无论该第三人是提供人的担保还是物的担保，为了保证自己的追偿权得到实现，可以要求债务人为自己追偿权的实现提供担保。
《物权法》 **第一百七十二条** 设立担保物权，应当依照本法和其他法律的规定订立担保合同。担保合同是主债权债务合同的从合同。主债权债务合同无效，担保合同无效，但法律另有规定的除外。 担保合同被确认无效后，债务人、担保人、债权人有过错的，应当根据其过错各自承担相应的民事责任。	**第三百八十八条** 设立担保物权，应当依照本法和其他法律的规定订立担保合同。**担保合同包括抵押合同、质押合同和其他具有担保功能的合同**。担保合同是主债权债务合同的从合同。主债权债务合同无效**的**，担保合同无效，但**是**法律另有规定的除外。 担保合同被确认无效后，债务人、担保人、债权人有过错的，应当根据其过错各自承担相应的民事责任。

相关法律、司法解释规定	民法典
《担保法》 **第五条**　担保合同是主合同的从合同，主合同无效，担保合同无效。担保合同另有约定的，按照约定。 担保合同被确认无效后，债务人、担保人、债权人有过错的，应当根据其过错各自承担相应的民事责任。 **《担保法司法解释》** **第五条**　以法律、法规禁止流通的财产或者不可转让的财产设定担保的，担保合同无效。 以法律、法规限制流通的财产设定担保的，在实现债权时，人民法院应当按照有关法律、法规的规定对该财产进行处理。 **第六条**　有下列情形之一的，对外担保合同无效： （一）未经国家有关主管部门批准或者登记对外担保的； （二）未经国家有关主管部门批准或者登记，为境外机构向境内债权人提供担保的； （三）为外商投资企业注册资本、外商投资企业中的外方投资部分的对外债务提供担保的； （四）无权经营外汇担保业务的金融机构、无外汇收入的非金融性质的企业法人提供外汇担保的； （五）主合同变更或者债权人将对外担保合同项下的权利转让，未经担保人同意和国家有关主管部门批准的，担保人不再承担担保责任。但法律、法规另有规定的除外。	**释义**　本条是关于担保合同从属性以及担保合同无效后法律责任的规定。 担保合同除包括本法规定的抵押合同、质押合同外，还包括其他具有担保功能的合同，如融资租赁、所有权保留等非典型担保合同。

相关法律、司法解释规定	民法典
第七条 主合同有效而担保合同无效，债权人无过错的，担保人与债务人对主合同债权人的经济损失，承担连带赔偿责任；债权人、担保人有过错的，担保人承担民事责任的部分，不应超过债务人不能清偿部分的二分之一。 **第八条** 主合同无效而导致担保合同无效，担保人无过错的，担保人不承担民事责任；担保人有过错的，担保人承担民事责任的部分，不应超过债务人不能清偿部分的三分之一。 **第九条** 担保人因无效担保合同向债权人承担赔偿责任后，可以向债务人追偿，或者在承担赔偿责任的范围内，要求有过错的反担保人承担赔偿责任。 担保人可以根据承担赔偿责任的事实对债务人或者反担保人另行提起诉讼。 **第十条** 主合同解除后，担保人对债务人应当承担的民事责任仍应承担担保责任。但是，担保合同另有约定的除外。	
《物权法》 **第一百七十三条** 担保物权的担保范围包括主债权及其利息、违约金、损害赔偿金、保管担保财产和实现担保物权的费用。当事人另有约定的，按照约定。 **《担保法》** **第四十六条** 抵押担保的范围包括主债权及利息、违约金、损害赔偿	**第三百八十九条** 担保物权的担保范围包括主债权及其利息、违约金、损害赔偿金、保管担保财产和实现担保物权的费用。当事人另有约定的，按照**其**约定。 **释义** 本条是关于担保物权的担保范围的规定。 对于担保物权所担保的债权范围，当事人可以依照自己的意思进行

相关法律、司法解释规定	民法典
金和实现抵押权的费用。抵押合同另有约定的，按照约定。 **第六十七条** 质押担保的范围包括主债权及利息、违约金、损害赔偿金、质物保管费用和实现质权的费用。质押合同另有约定的，按照约定。 **第八十一条** 权利质押除适用本节规定外，适用本章第一节的规定。 **第八十三条** 留置担保的范围包括主债权及利息、违约金、损害赔偿金、留置物保管费用和实现留置权的费用。	约定。本条规定的“担保物权的担保范围包括主债权及其利息、违约金、损害赔偿金、保管担保财产和实现担保物权的费用”属于担保物权的法定担保范围。当事人约定的效力优先于本条关于担保物权的法定担保范围的规定。也就是说，当事人约定的担保物权的担保范围可以与本条规定的范围不同。例如，当事人可以约定抵押权的担保范围只限于主债权、损害赔偿金、实现担保物权的费用，不包括利息。这是民法的意思自治原则在担保物权中的一定体现。所以，本条还规定“当事人另有约定的，按照其约定”。
《物权法》 **第一百七十四条** 担保期间，担保财产毁损、灭失或者被征收等，担保物权人可以就获得的保险金、赔偿金或者补偿金等优先受偿。被担保债权的履行期未届满的，也可以提存该保险金、赔偿金或者补偿金等。 **《担保法》** **第五十八条** 抵押权因抵押物灭失而消灭。因灭失所得的赔偿金，应当作为抵押财产。 **第七十三条** 质权因质物灭失而消灭。因灭失所得的赔偿金，应当作为出质财产。 **《担保法司法解释》** **第八十条** 在抵押物灭失、毁损或者被征用的情况下，抵押权人可以就该抵押物的保险金、赔偿金或者补偿金优先受偿。	**第三百九十条** 担保期间，担保财产毁损、灭失或者被征收等，担保物权人可以就获得的保险金、赔偿金或者补偿金等优先受偿。被担保债权的履行期限未届满的，也可以提存该保险金、赔偿金或者补偿金等。 释义 本条是关于担保物权物上代位性的规定。 担保物权的物上代位性是指担保物权的效力及于担保财产因毁损、灭失所得的赔偿金等代位物，是担保物权的重要特征。由于担保物权人设立担保物权并不以占有和使用担保财产为目的，而是以支配担保财产的交换价值为目的，所以，即使担保财产本身已经毁损、灭失，只要该担保财产交换价值的替代物还存在，该担保物权的效力就自动转移到了该替代物上。

相关法律、司法解释规定	民法典
抵押物灭失、毁损或者被征用的情况下，抵押权所担保的债权未届清偿期的，抵押权人可以请求人民法院对保险金、赔偿金或补偿金等采取保全措施。	这种效力不但在抵押权上存在，在质权、留置权上也存在。
《物权法》 **第一百七十五条** 第三人提供担保，未经其书面同意，债权人允许债务人转移全部或者部分债务的，担保人不再承担相应的担保责任。	**第三百九十一条** 第三人提供担保，未经其书面同意，债权人允许债务人转移全部或者部分债务的，担保人不再承担相应的担保责任。 释义 本条是关于债权人未经担保人同意允许债务人转移债务的法律后果的规定。 正确理解本条应当注意以下两点：(1) 债权人允许债务人转移债务必须经提供担保的第三人的书面同意。担保合同为要式合同，设立担保需要以书面形式作出。担保人如果继续为新的债务人担保，这种变更也应当秉承要式合同的规则，否则视为不存在担保人的同意。(2) 未经担保人书面同意，债权人许可债务人转移全部债务的，可以免除担保人全部担保责任；债权人许可债务人转移部分债务的，可以免除担保人部分的担保责任，担保人不得要求免除全部担保责任，其还是要对债务人未转移的债务承担担保责任。这就是本条中“不再承担相应的担保责任”的内涵。
《物权法》 **第一百七十六条** 被担保的债权既有物的担保又有人的担保的，债务人不履行到期债务或者发生当事人约	**第三百九十二条** 被担保的债权既有物的担保又有人的担保的，债务人不履行到期债务或者发生当事人约定的实现担保物权的情形，债权人应

相关法律、司法解释规定	民法典
定的实现担保物权的情形，债权人应当按照约定实现债权；没有约定或者约定不明确，债务人自己提供物的担保的，债权人应当先就该物的担保实现债权；第三人提供物的担保的，债权人可以就物的担保实现债权，也可以要求保证人承担保证责任。提供担保的第三人承担担保责任后，有权向债务人追偿。 **《担保法》** **第二十八条** 同一债权既有保证又有物的担保的，保证人对物的担保以外的债权承担保证责任。 债权人放弃物的担保的，保证人在债权人放弃权利的范围内免除保证责任。 **第五十七条** 为债务人抵押担保的第三人，在抵押权人实现抵押权后，有权向债务人追偿。 **第七十二条** 为债务人质押担保的第三人，在质权人实现质权后，有权向债务人追偿。 **《担保法司法解释》** **第三十八条** 同一债权既有保证又有第三人提供物的担保的，债权人可以请求保证人或者物的担保人承担担保责任。当事人对保证担保的范围或者物的担保的范围没有约定或者约定不明的，承担了担保责任的担保人，可以向债务人追偿，也可以要求其他担保人清偿其应当分担的份额。 同一债权既有保证又有物的担保的，物的担保合同被确认无效或者被	当按照约定实现债权；没有约定或者约定不明确，债务人自己提供物的担保的，债权人应当先就该物的担保实现债权；第三人提供物的担保的，债权人可以就物的担保实现债权，也可以请求保证人承担保证责任。提供担保的第三人承担担保责任后，有权向债务人追偿。 **释义** 本条是关于物的担保与人的担保的关系的规定。 可以从三个方面理解本条：(1) 在当事人对物的担保和人的担保的关系有约定的情况下，应当尊重当事人的意思，按约定实现担保物权，这充分尊重了当事人的意思自治。(2) 在没有约定或者约定不明确，债务人自己提供物的担保的情况下，应当先就物的担保实现担保物权。(3) 在没有约定或者约定不明确，第三人提供物的担保，又有人的担保的情况下，应当允许当事人进行选择。

相关法律、司法解释规定	民法典
撤销，或者担保物因不可抗力的原因灭失而没有代位物的，保证人仍应当按合同的约定或者法律的规定承担保证责任。 债权人在主合同履行期届满后怠于行使担保物权，致使担保物的价值减少或者毁损、灭失的，视为债权人放弃部分或者全部物的担保。保证人在债权人放弃权利的范围内减轻或者免除保证责任。	
《物权法》 **第一百七十七条** 有下列情形之一的，担保物权消灭： （一）主债权消灭； （二）担保物权实现； （三）债权人放弃担保物权； （四）法律规定担保物权消灭的其他情形。	**第三百九十三条** 有下列情形之一的，担保物权消灭： （一）主债权消灭； （二）担保物权实现； （三）债权人放弃担保物权； （四）法律规定担保物权消灭的其他情形。 释义 本条是关于担保物权消灭原因的规定。
	第十七章 抵 押 权
	第一节 一般抵押权
《物权法》 **第一百七十九条** 为担保债务的履行，债务人或者第三人不转移财产的占有，将该财产抵押给债权人的，债务人不履行到期债务或者发生当事人约定的实现抵押权的情形，债权人有权就该财产优先受偿。 前款规定的债务人或者第三人为抵押人，债权人为抵押权人，提供担保的财产为抵押财产。	**第三百九十四条** 为担保债务的履行，债务人或者第三人不转移财产的占有，将该财产抵押给债权人的，债务人不履行到期债务或者发生当事人约定的实现抵押权的情形，债权人有权就该财产优先受偿。 前款规定的债务人或者第三人为抵押人，债权人为抵押权人，提供担保的财产为抵押财产。 释义 本条是关于抵押权基本概念的

相关法律、司法解释规定	民法典
	规定。 抵押权具有以下几个特征：(1) 抵押权是担保物权；(2) 抵押权是债务人或者第三人以其所有的或者有权处分的特定的财产设定的物权；(3) 抵押权是不转移标的物占有的物权；(4) 抵押权人有权就抵押财产优先受偿。 实现抵押权应当具备以下条件之一：一是债务清偿期限届满，债务人不履行义务。清偿期限未届满，抵押权人无权就抵押财产优先受偿。二是发生当事人约定的实现抵押权的情形。
《物权法》 **第一百八十条** 债务人或者第三人有权处分的下列财产可以抵押： （一）建筑物和其他土地附着物； （二）建设用地使用权； （三）~~以招标、拍卖、公开协商等方式取得的荒地等土地承包经营权~~； （四）生产设备、原材料、半成品、产品； （五）正在建造的建筑物、船舶、航空器； （六）交通运输工具； （七）法律、行政法规未禁止抵押的其他财产。 抵押人可以将前款所列财产一并抵押。	**第三百九十五条** 债务人或者第三人有权处分的下列财产可以抵押： （一）建筑物和其他土地附着物； （二）建设用地使用权； **（三）海域使用权；** （四）生产设备、原材料、半成品、产品； （五）正在建造的建筑物、船舶、航空器； （六）交通运输工具； （七）法律、行政法规未禁止抵押的其他财产。 抵押人可以将前款所列财产一并抵押。 释义 本条是关于抵押财产范围的规定。 本条删去了《物权法》第 180 条第 1 款第 3 项“以招标、拍卖、公开协商等方式取得的荒地等土地承包经营权”，增加了“海域使用权”。《农村

相关法律、司法解释规定	民法典
	土地承包法》已经就土地承包经营权、土地经营权担保作出专门规定，并且采取不同的物权变动模式，本条不再作出例示性规定。海域使用权抵押权已经成为沿海地区较为典型的融资担保模式，将之在本法中明文化，有利于促进海域使用权融资担保交易的发展。
《物权法》 **第一百八十一条**　~~经当事人书面协议，~~企业、个体工商户、农业生产经营者可以将现有的以及将有的生产设备、原材料、半成品、产品抵押，债务人不履行到期债务或者发生当事人约定的实现抵押权的情形，债权人有权就<u>实现抵押权</u>时的动产优先受偿。	**第三百九十六条**　企业、个体工商户、农业生产经营者可以将现有的以及将有的生产设备、原材料、半成品、产品抵押，债务人不履行到期债务或者发生当事人约定的实现抵押权的情形，债权人有权就<u>抵押财产确定</u>时的动产优先受偿。 **释义**　本条是关于浮动抵押的规定。 本条的修改之处主要体现在：一是删去“经当事人书面协议”的文字表述。这一修改并非否定浮动抵押合同的订立形式，而是鉴于本法第400条已有明确规定，减少语义累赘。二是就债权人可得优先受偿的动产确定时间由“实现抵押权时”修改为“抵押财产确定时”，减少因债权人实现抵押权时间的不确定而增加抵押财产范围的不确定性。
《物权法》 **第一百八十二条**　以建筑物抵押的，该建筑物占用范围内的建设用地使用权一并抵押。以建设用地使用权抵押的，该土地上的建筑物一并抵押。 抵押人未<u>依照</u>前款规定一并抵押的，未抵押的财产视为一并抵押。	**第三百九十七条**　以建筑物抵押的，该建筑物占用范围内的建设用地使用权一并抵押。以建设用地使用权抵押的，该土地上的建筑物一并抵押。 抵押人未<u>依据</u>前款规定一并抵押的，未抵押的财产视为一并抵押。

相关法律、司法解释规定	民法典
《担保法》 **第三十六条第一款、第二款** 以依法取得的国有土地上的房屋抵押的，该房屋占用范围内的国有土地使用权同时抵押。 以出让方式取得的国有土地使用权抵押的，应当将抵押时该国有土地上的房屋同时抵押。	**释义** 本条是关于建筑物与其占用范围内的建设用地使用权抵押关系的规定。
《物权法》 **第一百八十三条** 乡镇、村企业的建设用地使用权不得单独抵押。以乡镇、村企业的厂房等建筑物抵押的，其占用范围内的建设用地使用权一并抵押。	**第三百九十八条** 乡镇、村企业的建设用地使用权不得单独抵押。以乡镇、村企业的厂房等建筑物抵押的，其占用范围内的建设用地使用权一并抵押。 **释义** 本条是关于乡镇、村企业的建筑物和建设用地使用权抵押的规定。 需要注意，乡镇、村企业的建设用地使用权随其厂房等建筑物被拍卖、变卖后，受让的土地仍然属于农村集体所有，如果该土地原为工业用途，买受人应当严格按照该用途使用土地，未经有关部门批准，买受人不能将该土地用于商业、旅游和住宅建设。
《物权法》 **第一百八十四条** 下列财产不得抵押： （一）土地所有权； （二）~~耕地、~~宅基地、自留地、自留山等集体所有的土地使用权，但法律规定可以抵押的除外； （三）学校、幼儿园、医院等以公益为目的的事业单位、社会团体的教育设施、医疗卫生设施和其他~~社会~~	**第三百九十九条** 下列财产不得抵押： （一）土地所有权； （二）宅基地、自留地、自留山等集体所有土地的使用权，但是法律规定可以抵押的除外； （三）学校、幼儿园、医疗机构等为公益目的成立的非营利法人的教育设施、医疗卫生设施和其他公益设施；

相关法律、司法解释规定	民法典
公益设施； （四）所有权、使用权不明或者有争议的财产； （五）依法被查封、扣押、监管的财产； （六）法律、行政法规规定不得抵押的其他财产。	（四）所有权、使用权不明或者有争议的财产； （五）依法被查封、扣押、监管的财产； （六）法律、行政法规规定不得抵押的其他财产。 **释义** 本条是关于禁止抵押的财产的规定。 本法根据承包地“三权分置”的改革要求，删除了《担保法》《物权法》中关于耕地使用权不得抵押的规定。同时，考虑到民办学校、民办医院等已经进行了分类管理改革，结合本法总则编关于法人分类的规定，将物权法中“学校、幼儿园、医院等以公益为目的的事业单位、社会团体的教育设施、医疗卫生设施和其他社会公益设施”修改为“学校、幼儿园、医疗机构等为公益目的成立的非营利法人的教育设施、医疗卫生设施和其他公益设施”。
《物权法》 **第一百八十五条** 设立抵押权，当事人应当采取书面形式订立抵押合同。 抵押合同一般包括下列条款： （一）被担保债权的种类和数额； （二）债务人履行债务的期限； （三）抵押财产的名称、数量~~、质量、状况、所在地、所有权归属或者使用权归属~~； （四）担保的范围。 **《担保法》** **第三十八条** 抵押人和抵押权人	**第四百条** 设立抵押权，当事人应当采用书面形式订立抵押合同。 抵押合同一般包括下列条款： （一）被担保债权的种类和数额； （二）债务人履行债务的期限； （三）抵押财产的名称、数量等情况； （四）担保的范围。 **释义** 本条是关于订立抵押合同的规定。 本条出于简化规定抵押合同一般条款的考虑，将《物权法》规定的抵

相关法律、司法解释规定	民法典
应当以书面形式订立抵押合同。 **第三十九条** 抵押合同应当包括以下内容: (一)被担保的主债权种类、数额; (二)债务人履行债务的期限; (三)抵押物的名称、数量、质量、状况、所在地、所有权权属或者使用权权属; (四)抵押担保的范围; (五)当事人认为需要约定的其他事项。 抵押合同不完全具备前款规定内容的,可以补正。 **《担保法司法解释》** **第五十六条** 抵押合同对被担保的主债权种类、抵押财产没有约定或者约定不明,根据主合同和抵押合同不能补正或者无法推定的,抵押不成立。 法律规定登记生效的抵押合同签订后,抵押人违背诚实信用原则拒绝办理抵押登记致使债权人受到损失的,抵押人应当承担赔偿责任。	押合同包括"抵押财产的名称、数量、质量、状况、所在地、所有权归属或者使用权归属"修改为"抵押财产的名称、数量等情况",允许当事人对担保财产进行一般性或者概况性描述。
《物权法》 **第一百八十六条** 抵押权人在债务履行期届满前,~~不得~~与抵押人约定债务人不履行到期债务时抵押财产归债权人所有。 **《担保法》** **第四十条** 订立抵押合同时,抵押权人和抵押人在合同中不得约定在债务履行期届满抵押权人未受清偿时,	**第四百零一条** 抵押权人在债务履行期限届满前,与抵押人约定债务人不履行到期债务时抵押财产归债权人所有的,**只能依法就抵押财产优先受偿**。 **释义** 本条是关于流押条款效力的规定。 《担保法》《物权法》规定禁止流押,主要是避免出现与民法规定的

相关法律、司法解释规定	民法典
抵押物的所有权转移为债权人所有。 《担保法司法解释》 **第五十七条** 当事人在抵押合同中约定，债务履行期届满抵押权人未受清偿时，抵押物的所有权转移为债权人所有的内容无效。该内容的无效不影响抵押合同其他部分内容的效力。 债务履行期届满后抵押权人未受清偿时，抵押权人和抵押人可以协议以抵押物折价取得抵押物。但是，损害顺序在后的担保物权人和其他债权人利益的，人民法院可以适用合同法第七十四条、第七十五条的有关规定。	平等、公平原则相悖的情形，如抵押权设立时，抵押人处于资金需求者的地位，一些抵押人出于紧急需要，可能不惜以自己价值很高的抵押财产去为价值远低于该抵押财产的债权担保，做出不利于自己的选择。本条修改了《担保法》《物权法》的规定，规定抵押权人在债务履行期限届满前，与抵押人约定债务人不履行到期债务时抵押财产归债权人所有的，只能依法就抵押财产优先受偿。这表明，当事人订立流押条款的，发生实现抵押权的情形时，抵押财产不能直接归债权人所有，而是应当根据本法第410条、第413条规定的实现抵押权的方式就抵押财产优先受偿。
《物权法》 **第一百八十七条** 以本法<u>第一百八十条</u>第一款第一项至第三项规定的财产或者第五项规定的正在建造的建筑物抵押的，应当办理抵押登记。抵押权自登记时设立。	**第四百零二条** 以本法<u>第三百九十五条</u>第一款第一项至第三项规定的财产或者第五项规定的正在建造的建筑物抵押的，应当办理抵押登记。抵押权自登记时设立。 **释义** 本条是关于不动产抵押登记的规定。 根据本条规定，需要进行抵押登记的财产为：（1）建筑物和其他土地附着物；(2) 建设用地使用权；(3) 海域使用权；(4) 正在建造的建筑物。
《物权法》 **第一百八十八条** 以<u>本法第一百八十条第一款第四项、第六项规定的财产或者第五项规定的正在建造的船舶、航空器</u>抵押的，抵押权自抵押合	**第四百零三条** 以<u>动产</u>抵押的，抵押权自抵押合同生效时设立；未经登记，不得对抗善意第三人。 **释义** 本条是关于动产抵押效力的规定。

相关法律、司法解释规定	民法典
同生效时设立；未经登记，不得对抗善意第三人。	本条整合了《物权法》第188条和第189条的规定，这两条采取同样的动产抵押权的设立模式，即公示对抗主义。不同的是，第188条是关于一般动产抵押权设立与登记效力的规范，第189条是关于动产浮动抵押权的设立与登记效力的规范。为节约立法成本，本条以“动产”概称，将《物权法》第188条和第180条所列动产类型，一并规范。又将《物权法》第189条第2款规定的“正常经营活动中”的买受人不受追及规则独立出来，单列为本法第404条，并且将其适用范围从限于动产浮动抵押扩张到适用于一切动产。
《物权法》 **第一百八十九条** ~~企业、个体工商户、农业生产经营者以本法第一百八十一条规定的动产抵押的，应当向抵押人住所地的工商行政管理部门办理登记。抵押权自抵押合同生效时设立；未经登记，不得对抗善意第三人。~~ 依照本法第一百八十一条规定抵押的，不得对抗正常经营活动中已支付合理价款并取得抵押财产的买受人。	**第四百零四条** 以动产抵押的，不得对抗正常经营活动中已经支付合理价款并取得抵押财产的买受人。 释义 本条是关于动产抵押不得对抗正常经营活动中的买受人的规定。 本条将正常经营活动中的买受人不受追及规则的适用范围从动产浮动抵押扩张到适用一切动产。无论是一般的动产抵押还是浮动抵押，都不得对抗正常经营活动中的买受人，着眼点在于是否为正常经营活动，而不在于担保的形式。本条修改更加契合交易习惯，提高了交易效率。
《物权法》 **第一百九十条** 订立抵押合同前抵押财产已出租的，原租赁关系不受该抵押权的影响。~~抵押权设立后抵押~~	**第四百零五条** 抵押权设立前，抵押财产已经出租**并转移占有**的，原租赁关系不受该抵押权的影响。 释义 本条是关于抵押权和租赁权

相关法律、司法解释规定	民法典
~~财产出租的，该租赁关系不得对抗已登记的抵押权。~~ **《担保法》** **第四十八条** 抵押人将已出租的财产抵押的，应当书面告知承租人，原租赁合同继续有效。 **《担保法司法解释》** **第六十五条** 抵押人将已出租的财产抵押的，抵押权实现后，租赁合同在有效期内对抵押物的受让人继续有效。 **第六十六条** 抵押人将已抵押的财产出租的，抵押权实现后，租赁合同对受让人不具有约束力。 抵押人将已抵押的财产出租时，如果抵押人未书面告知承租人该财产已抵押的，抵押人对出租抵押物造成承租人的损失承担赔偿责任；如果抵押人已书面告知承租人该财产已抵押的，抵押权实现造成承租人的损失，由承租人自己承担。	关系的规定。 仅凭订立抵押合同的时间与订立租赁合同的时间来认定抵押权和租赁关系的先后，容易滋生道德风险。因此，本条将《物权法》中的“订立抵押合同前”修改为“抵押权设立前”，将“抵押财产已出租的”修改为“抵押财产已出租并转移占有的”，在认定抵押权和租赁关系的先后顺序时规定了更为严格的条件。 本条删除《物权法》第190条第2句，是基于两点考虑：一是抵押权成立在先时，已登记的抵押权具有物权公示效力，优于后设立的租赁关系是应有之义。二是对于未登记的动产抵押权，可以适用动产抵押权未经登记不得对抗善意第三人的规则，此处可以不必赘述。
《物权法》 **第一百九十一条** 抵押期间，~~抵押人经抵押权人同意转让抵押财产的~~，~~应当~~将转让所得的价款向抵押权人提前清偿债务或者提存。转让的价款超过债权数额的部分归抵押人所有，不足部分由债务人清偿。 ~~抵押期间，抵押人未经抵押权人同意，不得转让抵押财产，但受让人代为清偿债务消灭抵押权的除外。~~	**第四百零六条** 抵押期间，**抵押人可以转让抵押财产。当事人另有约定的，按照其约定。抵押财产转让的，抵押权不受影响。** **抵押人转让抵押财产的，应当及时通知抵押权人。抵押权人能够证明抵押财产转让可能损害抵押权的，可以请求抵押人**将转让所得的价款向抵押权人提前清偿债务或者提存。转让的价款超过债权数额的部分归抵押人所有，不足部分由债务人清偿。

相关法律、司法解释规定	民法典
	释义　本条是关于抵押期间转让抵押财产的规定。 本条修改之处主要体现在：(1) 删去《物权法》第191条中有关限制抵押人转让抵押财产的相关规定，允许抵押人自由转让抵押物，并明确抵押权的追及效力。(2) 增加“抵押人转让抵押财产的，应当及时通知抵押权人”的规定，以便抵押权人及时对于自身权利所面临的风险进行评估。(3) 在抵押人转让抵押物所得价款的处理上，本条以“抵押权人能够证明抵押财产转让可能损害抵押权的，可以请求……”的表述，取代《物权法》第191条中抵押人“应当”就转让价款先行偿付抵押权人的义务，给予抵押权人基于自身的风险评估进行选择。(4) 删除《物权法》第191条第2款“抵押期间，抵押人未经抵押权人同意，不得转让抵押财产，但受让人代为清偿债务消灭抵押权的除外”的规定。 需要注意的是，抵押权追及效力规则与限制抵押财产转让规则所实现的价值目的大相径庭。与限制抵押财产转让规则相比，抵押权追及效力规则能更好地实现保障抵押权，促进物尽其用，平衡当事人间利益的价值目的。
《物权法》 **第一百九十二条**　抵押权不得与债权分离而单独转让或者作为其他债权的担保。债权转让的，担保该债权的抵押权一并转让，<u>但</u>法律另有规定或者当事人另有约定的除外。	**第四百零七条**　抵押权不得与债权分离而单独转让或者作为其他债权的担保。债权转让的，担保该债权的抵押权一并转让，<u>但是</u>法律另有规定或者当事人另有约定的除外。 释义　本条是关于抵押权转让或者作

相关法律、司法解释规定	民法典
	为其他债权担保的规定。 担保物权的一个重要特点就是其附随于主债权债务关系，没有主债权债务关系的存在，担保关系也就没有了存在以及实现的可能性和价值。抵押权作为担保物权的一种，亦是如此。
《物权法》 **第一百九十三条** 抵押人的行为足以使抵押财产价值减少的，抵押权人有权要求抵押人停止其行为。抵押财产价值减少的，抵押权人有权要求恢复抵押财产的价值，或者提供与减少的价值相应的担保。抵押人不恢复抵押财产的价值也不提供担保的，抵押权人有权要求债务人提前清偿债务。	**第四百零八条** 抵押人的行为足以使抵押财产价值减少的，抵押权人有权请求抵押人停止其行为；抵押财产价值减少的，抵押权人有权请求恢复抵押财产的价值，或者提供与减少的价值相应的担保。抵押人不恢复抵押财产的价值，也不提供担保的，抵押权人有权请求债务人提前清偿债务。 **释义** 本条是关于抵押财产价值减少时如何处理的规定。 本条将“要求”替换为“请求”，原因在于抵押权人所具有的是请求权能，“要求”这一表述并不严谨，应当保持法律条文用词的规范性。
《物权法》 **第一百九十四条** 抵押权人可以放弃抵押权或者抵押权的顺位。抵押权人与抵押人可以协议变更抵押权顺位以及被担保的债权数额等内容，但抵押权的变更，未经其他抵押权人书面同意，不得对其他抵押权人产生不利影响。 债务人以自己的财产设定抵押，抵押权人放弃该抵押权、抵押权顺位或者变更抵押权的，其他担保人在抵	**第四百零九条** 抵押权人可以放弃抵押权或者抵押权的顺位。抵押权人与抵押人可以协议变更抵押权顺位以及被担保的债权数额等内容。但是，抵押权的变更未经其他抵押权人书面同意的，不得对其他抵押权人产生不利影响。 债务人以自己的财产设定抵押，抵押权人放弃该抵押权、抵押权顺位或者变更抵押权的，其他担保人在抵押权人丧失优先受偿权益的范围内免

相关法律、司法解释规定	民法典
押权人丧失优先受偿权益的范围内免除担保责任，但其他担保人承诺仍然提供担保的除外。 《担保法司法解释》 **第三十八条第三款** 债权人在主合同履行期届满后怠于行使担保物权，致使担保物的价值减少或者毁损、灭失的，视为债权人放弃部分或者全部物的担保。保证人在债权人放弃权利的范围内减轻或者免除保证责任。 **第七十五条第一款** 同一债权有两个以上抵押人的，债权人放弃债务人提供的抵押担保的，其他抵押人可以请求人民法院减轻或者免除其应当承担的担保责任。 **第七十七条** 同一财产向两个以上债权人抵押的，顺序在先的抵押权与该财产的所有权归属一人时，该财产的所有权人可以以其抵押权对抗顺序在后的抵押权。 **第一百二十三条** 同一债权上数个担保物权并存时，债权人放弃债务人提供的物的担保的，其他担保人在其放弃权利的范围内减轻或者免除担保责任。	除担保责任，但是其他担保人承诺仍然提供担保的除外。 **释义** 本条是关于抵押权人放弃抵押权、抵押权的顺位以及变更抵押权的规定。
《物权法》 **第一百九十五条** 债务人不履行到期债务或者发生当事人约定的实现抵押权的情形，抵押权人可以与抵押人协议以抵押财产折价或者以拍卖、变卖该抵押财产所得的价款优先受偿。协议损害其他债权人利益的，其他债权人可以~~在知道或者应当知道撤~~	**第四百一十条** 债务人不履行到期债务或者发生当事人约定的实现抵押权的情形，抵押权人可以与抵押人协议以抵押财产折价或者以拍卖、变卖该抵押财产所得的价款优先受偿。协议损害其他债权人利益的，其他债权人可以请求人民法院撤销该协议。 抵押权人与抵押人未就抵押权实

相关法律、司法解释规定	民法典
~~销事由之日起一年内~~请求人民法院撤销该协议。 抵押权人与抵押人未就抵押权实现方式达成协议的，抵押权人可以请求人民法院拍卖、变卖抵押财产。 抵押财产折价或者变卖的，应当参照市场价格。	现方式达成协议的，抵押权人可以请求人民法院拍卖、变卖抵押财产。 抵押财产折价或者变卖的，应当参照市场价格。 **释义** 本条是关于抵押权实现的条件、方式和程序的规定。 本条删去其他债权人可以“在知道或者应当知道撤销事由之日起一年内”请求人民法院撤销该协议的时间限制，原因在于本法合同编已就债权人的撤销权进行了详尽规定，避免法条之间语意的重复。
《物权法》 **第一百九十六条** 依照本法第一百八十一条规定设定抵押的，抵押财产自下列情形之一发生时确定： （一）债务履行期届满，债权未实现； （二）抵押人被宣告破产或者被撤销； （三）当事人约定的实现抵押权的情形； （四）严重影响债权实现的其他情形。	**第四百一十一条** 依据本法第三百九十六条规定设定抵押的，抵押财产自下列情形之一发生时确定： （一）债务履行期限届满，债权未实现； （二）抵押人被宣告破产或者解散； （三）当事人约定的实现抵押权的情形； （四）严重影响债权实现的其他情形。 **释义** 本条是关于在浮动抵押中抵押财产确定的情形的规定。 本条将抵押人“被宣告破产或者被撤销”的情形修改为“被宣告破产或者解散”，立法语言更加规范、精准。
《物权法》 **第一百九十七条** 债务人不履行到期债务或者发生当事人约定的实现抵押权的情形，致使抵押财产被人民	**第四百一十二条** 债务人不履行到期债务或者发生当事人约定的实现抵押权的情形，致使抵押财产被人民法院依法扣押的，自扣押之日起，抵

<table>
<tr><th>相关法律、司法解释规定</th><th>民法典</th></tr>
<tr><td>法院依法扣押的，自扣押之日起抵押权人有权收取该抵押财产的天然孳息或者法定孳息，但抵押权人未通知应当清偿法定孳息的义务人的除外。
前款规定的孳息应当先充抵收取孳息的费用。
《担保法》
第四十七条　债务履行期届满，债务人不履行债务致使抵押物被人民法院依法扣押的，自扣押之日起抵押权人有权收取由抵押物分离的天然孳息以及抵押人就抵押物可以收取的法定孳息。抵押权人未将扣押抵押物的事实通知应当清偿法定孳息的义务人的，抵押权的效力不及于该孳息。
前款孳息应当先充抵收取孳息的费用。
《担保法司法解释》
第六十四条　债务履行期届满，债务人不履行债务致使抵押物被人民法院依法扣押的，自扣押之日起抵押权人收取的由抵押物分离的天然孳息和法定孳息，按照下列顺序清偿：
（一）收取孳息的费用；
（二）主债权的利息；
（三）主债权。</td><td>押权人有权收取该抵押财产的天然孳息或者法定孳息，但是抵押权人未通知应当清偿法定孳息义务人的除外。
前款规定的孳息应当先充抵收取孳息的费用。
释义　本条是关于抵押财产孳息的规定。
需要说明的是，抵押权的效力及于抵押财产的孳息必须具备两个条件：(1) 必须是抵押财产被扣押后，抵押权人才能收取其孳息；(2) 抵押财产被扣押后，抵押权人已经通知应当给付法定孳息的义务人。</td></tr>
<tr><td>《物权法》
第一百九十八条　抵押财产折价或者拍卖、变卖后，其价款超过债权数额的部分归抵押人所有，不足部分由债务人清偿。</td><td>第四百一十三条　抵押财产折价或者拍卖、变卖后，其价款超过债权数额的部分归抵押人所有，不足部分由债务人清偿。
释义　本条是关于抵押财产变价款归属原则的规定。</td></tr>
</table>

相关法律、司法解释规定	民法典
《物权法》 **第一百九十九条** 同一财产向两个以上债权人抵押的，拍卖、变卖抵押财产所得的价款依照下列规定清偿： （一）抵押权已登记的，按照登记的先后顺序清偿；~~顺序相同的，按照债权比例清偿~~； （二）抵押权已登记的先于未登记的受偿； （三）抵押权未登记的，按照债权比例清偿。	**第四百一十四条** 同一财产向两个以上债权人抵押的，拍卖、变卖抵押财产所得的价款依照下列规定清偿： （一）抵押权已经登记的，按照登记的**时间**先后确定清偿顺序； （二）抵押权已经登记的先于未登记的受偿； （三）抵押权未登记的，按照债权比例清偿。 **其他可以登记的担保物权，清偿顺序参照适用前款规定。** 释义 本条是关于同一财产上的多个抵押权及其他可以登记的担保物权的清偿顺序的规定。 与《物权法》第199条相比，本条的修改之处主要体现在：(1) 删除《物权法》第199条第1项中“顺序相同的，按照债权比例清偿”的规定，并增加“时间”二字。原因在于，不动产和动产担保在采取统一登记制度的背景之下，在统一的电子化登记系统之中，各抵押权之间的登记时间先后可以明确地确定，已无“顺序相同”的情形。(2) 本条增设第2款规定，使可以登记的担保物权，如可以登记的权利质权，在本法第388条规定的“其他具有担保功能的合同”下具有担保功能、可以登记的权利等均可适用本条优先顺位规则，有利于优化营商环境。

相关法律、司法解释规定	民法典
《担保法司法解释》 **第七十九条** 同一财产法定登记的抵押权与质权并存时，抵押权人优先于质权人受偿。 同一财产抵押权与留置权并存时，留置权人优先于抵押权人受偿。	**第四百一十五条　同一财产既设立抵押权又设立质权的，拍卖、变卖该财产所得的价款按照登记、交付的时间先后确定清偿顺序。** 释义　本条是关于同一财产上既有抵押权又有质权时清偿顺序的规定。 本条是新增规定，基于《担保法司法解释》第79条规定修改而来。担保法中，一些动产抵押权的设立采登记生效主义，即属于司法解释中“法定登记的抵押权”，但是《物权法》将所有动产抵押权的设立统一规定为登记对抗主义，该条司法解释就失去了适用基础。
	第四百一十六条　动产抵押担保的主债权是抵押物的价款，标的物交付后十日内办理抵押登记的，该抵押权人优先于抵押物买受人的其他担保物权人受偿，但是留置权人除外。 释义　本条是关于买卖价款抵押权的规定。 本条是新增条款。现代商业社会中，以赊购或者贷款方式购买生产设备、原材料、半成品、产品等动产的商业活动非常普遍，这种方式对于增加生产、促进资金融通和经济发展有巨大作用。为了保障在上述买卖活动中提供融资的出卖人或者贷款人的债权，特别是平衡该类债权人与债务人的其他担保物权人之间的优先受偿顺位，本条新设动产购置款担保的超级优先权。

相关法律、司法解释规定	民法典
《物权法》 **第二百条** 建设用地使用权抵押后，该土地上新增的建筑物不属于抵押财产。该建设用地使用权实现抵押权时，应当将该土地上新增的建筑物与建设用地使用权一并处分，但新增建筑物所得的价款，抵押权人无权优先受偿。	**第四百一十七条** 建设用地使用权抵押后，该土地上新增的建筑物不属于抵押财产。该建设用地使用权实现抵押权时，应当将该土地上新增的建筑物与建设用地使用权一并处分。但是，新增建筑物所得的价款，抵押权人无权优先受偿。 释义 本条是关于建设用地使用权抵押后新增建筑物的规定。
《物权法》 **第二百零一条** ~~依照本法第一百八十条第一款第三项规定的土地承包经营权抵押的，或者依照本法第一百八十三条规定以乡镇、村企业的厂房等建筑物占用范围内的建设用地使用权一并~~抵押的，实现抵押权后，未经法定程序，不得改变土地所有权的性质和土地用途。	**第四百一十八条 以集体所有土地的使用权依法**抵押的，实现抵押权后，未经法定程序，不得改变土地所有权的性质和土地用途。 释义 本条是关于以集体所有土地的使用权抵押的，其抵押权实现的特别规定。 本条是在《物权法》第201条的基础上修改而成，将前置条件修改为“以集体所有土地的使用权依法抵押的”，旨在贯彻土地承包经营权“三权分置”的方案，并以概括式的描述取代列举式的表述，为后续的集体所有土地的使用权的改革留下解释空间。
《物权法》 **第二百零二条** 抵押权人应当在主债权诉讼时效期间行使抵押权；未行使的，人民法院不予保护。	**第四百一十九条** 抵押权人应当在主债权诉讼时效期间行使抵押权；未行使的，人民法院不予保护。 释义 本条是关于抵押权存续期间的规定。
	第二节 最高额抵押权
《物权法》 **第二百零三条** 为担保债务的履行，债务人或者第三人对一定期间内	**第四百二十条** 为担保债务的履行，债务人或者第三人对一定期间内将要连续发生的债权提供担保财产的，

相关法律、司法解释规定	民法典
将要连续发生的债权提供担保财产的，债务人不履行到期债务或者发生当事人约定的实现抵押权的情形，抵押权人有权在最高债权额限度内就该担保财产优先受偿。 最高额抵押权设立前已经存在的债权，经当事人同意，可以转入最高额抵押担保的债权范围。	债务人不履行到期债务或者发生当事人约定的实现抵押权的情形，抵押权人有权在最高债权额限度内就该担保财产优先受偿。 最高额抵押权设立前已经存在的债权，经当事人同意，可以转入最高额抵押担保的债权范围。 释义　本条是关于最高额抵押权的概念的规定。 最高额抵押是为一定范围内的债权所提供的担保，该“一定范围”受到“最高债权额限度”“一定期间”“连续发生”等三方面的限制。“最高债权额限度”是抵押权人基于最高额抵押权所得优先受偿的最高债权金额，它表明抵押权人对抵押财产交换价值的支配范围；“一定期间”即为最高额抵押权的确定期间或决算期间，指债权发生的期间；“连续发生”是指所发生的债权次数不确定，且接连发生。
《物权法》 **第二百零四条**　最高额抵押担保的债权确定前，部分债权转让的，最高额抵押权不得转让，但当事人另有约定的除外。	**第四百二十一条**　最高额抵押担保的债权确定前，部分债权转让的，最高额抵押权不得转让，但是当事人另有约定的除外。 释义　本条是关于最高额抵押所担保的债权以及最高额抵押权转让的规定。 最高额抵押权担保一定期间内将要连续发生的债权，并不从属于某一特定的债权。因此，相较于一般抵押权，最高额抵押权的从属性较为缓和，其转让相比于一般抵押权而言具有特殊性，不适用本法第407条规定。

相关法律、司法解释规定	民法典
《物权法》 **第二百零五条** 最高额抵押担保的债权确定前，抵押权人与抵押人可以通过协议变更债权确定的期间、债权范围以及最高债权额，但变更的内容不得对其他抵押权人产生不利影响。 《担保法司法解释》 **第八十二条** 当事人对最高额抵押合同的最高限额、最高额抵押期间进行变更，以其变更对抗顺序在后的抵押权人的，人民法院不予支持。	**第四百二十二条** 最高额抵押担保的债权确定前，抵押权人与抵押人可以通过协议变更债权确定的期间、债权范围以及最高债权额。但是，变更的内容不得对其他抵押权人产生不利影响。 释义 本条是关于抵押权人与抵押人协议变更最高额抵押有关内容的规定。 最高额抵押合同为涉及物权变动的合同，其条款的变更，除涉及双方当事人利益外，往往还涉及第三人的利益。为防止抵押权人与抵押人的变更损害其他抵押权人的利益，本条以但书的形式特别规定：变更的内容不得对其他抵押权人产生不利影响，否则该变更无效。
《物权法》 **第二百零六条** 有下列情形之一的，抵押权人的债权确定： （一）约定的债权确定期间届满； （二）没有约定债权确定期间或者约定不明确，抵押权人或者抵押人自最高额抵押权设立之日起满二年后请求确定债权； （三）新的债权不可能发生； （四）抵押财产被查封、扣押； （五）债务人、抵押人被宣告破产或者被撤销； （六）法律规定债权确定的其他情形。 《担保法司法解释》 **第八十一条** 最高额抵押权所担	**第四百二十三条** 有下列情形之一的，抵押权人的债权确定： （一）约定的债权确定期间届满； （二）没有约定债权确定期间或者约定不明确，抵押权人或者抵押人自最高额抵押权设立之日起满二年后请求确定债权； （三）新的债权不可能发生； （四）**抵押权人知道或者应当知道**抵押财产被查封、扣押； （五）债务人、抵押人被宣告破产或者解散； （六）法律规定债权确定的其他情形。 释义 本条是关于最高额抵押权所担保的债权的确定事由的规定。

相关法律、司法解释规定	民法典
保的债权范围，不包括抵押物因财产保全或者执行程序被查封后或债务人、抵押人破产后发生的债权。 **第八十三条**　最高额抵押权所担保的不特定债权，在特定后，债权已届清偿期的，最高额抵押权人可以根据普通抵押权的规定行使其抵押权。 抵押权人实现最高额抵押权时，如果实际发生的债权余额高于最高限额的，以最高限额为限，超过部分不具有优先受偿的效力；如果实际发生的债权余额低于最高限额的，以实际发生的债权余额为限对抵押物优先受偿。	本条第4项新增前置“抵押权人知道或者应当知道”的规定，原因在于抵押物并非由抵押权人实时占有，抵押权人对于抵押物的信息获取处于劣势状态，本项调整更有利于保护抵押权人的权利。第5项中债务人与抵押人“被宣告破产或者被撤销”的表述修改为“被宣告破产或者解散”，使得确定事由更为全面。
《物权法》 **第二百零七条**　最高额抵押权除适用本节规定外，适用本章第一节~~一般抵押权~~的规定。	**第四百二十四条**　最高额抵押权除适用本节规定外，适用本章第一节的**有关**规定。 **释义**　本条是关于最高额抵押权适用一般抵押权有关条款的规定。 本条删去“一般抵押权”的表述，减少了文字上的重复。
	第十八章　质　权
	第一节　动产质权
《物权法》 **第二百零八条**　为担保债务的履行，债务人或者第三人将其动产出质给债权人占有的，债务人不履行到期债务或者发生当事人约定的实现质权的情形，债权人有权就该动产优先受偿。 前款规定的债务人或者第三人为出质人，债权人为质权人，交付的动产为质押财产。	**第四百二十五条**　为担保债务的履行，债务人或者第三人将其动产出质给债权人占有的，债务人不履行到期债务或者发生当事人约定的实现质权的情形，债权人有权就该动产优先受偿。 前款规定的债务人或者第三人为出质人，债权人为质权人，交付的动产为质押财产。

相关法律、司法解释规定	民法典
	本条是对动产质权基本概念的规定，详细规定了动产质权的成立要件，设立动产质权的主体、客体以及权利义务关系。
《物权法》 **第二百零九条** 法律、行政法规禁止转让的动产不得出质。	**第四百二十六条** 法律、行政法规禁止转让的动产不得出质。 释义 本条是关于禁止出质的动产的规定。 可以出质的动产除了需要符合一般的物的特征外，还必须是依法可以流通和让与的动产。如果以法律、行政法规禁止转让的动产出质的，则该设立质权的民事法律行为无效。需要注意，规定禁止转让的动产的依据只能是全国人大及其常委会制定的法律、国务院制定的行政法规，其他规范性文件，不能作为规定禁止转让动产的依据。
《物权法》 **第二百一十条** 设立质权，当事人应当采取书面形式订立质权合同。 质权合同一般包括下列条款： （一）被担保债权的种类和数额； （二）债务人履行债务的期限； （三）质押财产的名称、数量~~、质量、状况~~； （四）担保的范围； （五）质押财产交付的时间。	**第四百二十七条** 设立质权，当事人应当采用书面形式订立质押合同。 质押合同一般包括下列条款： （一）被担保债权的种类和数额； （二）债务人履行债务的期限； （三）质押财产的名称、数量**等情况**； （四）担保的范围； （五）质押财产交付的时间、**方式**。 释义 本条是关于质押合同的规定。 与《物权法》第 210 条相比，本条修改体现在：（1）将“质权合同”

相关法律、司法解释规定	民法典
	修改为“质押合同”，原因在于本法合同编规定的其他有名合同以合同履行方式作为合同的命名规则，而非以权利作为合同名称；(2) 删除原条文第2款第3项中质押财产的“质量、状况”，代之以“等情况”的表述，降低质量、状况等难以标准化计量的要素对于质押成立的影响；(3) 新增第2条第5项中质押财产交付的“方式”，原因在于交付是质权成立的要件，在质押合同中对于交付方式进行明确有利于质权的成立。
《物权法》 **第二百一十一条** 质权人在债务履行期届满前，~~不得~~与出质人约定债务人不履行到期债务时质押财产归债权人所有。	**第四百二十八条** 质权人在债务履行期限届满前，与出质人约定债务人不履行到期债务时质押财产归债权人所有的，**只能依法就质押财产优先受偿**。 释义 本条是关于流质条款的效力的规定。 相较于《物权法》第211条，本条将“不得”约定修改为约定+“只能依法就质押财产优先受偿”，缓和了流质条款的效力，认定质押担保本身有效，但质权人不能直接取得质押财产的所有权。本条修改理由与前面禁止流押的修改类似。 需要注意的是，当事人之间订有流质条款的，债权人依法就质押财产优先受偿，需要满足质权设立的前提条件，即存在合法有效的质押合同，并且通过交付或者登记设立了质权。

相关法律、司法解释规定	民法典
《物权法》 **第二百一十二条** 质权自出质人交付质押财产时设立。	**第四百二十九条** 质权自出质人交付质押财产时设立。 释义 本条是关于动产质权设立的规定。
《物权法》 **第二百一十三条** 质权人有权收取质押财产的孳息，但合同另有约定的除外。 前款规定的孳息应当先充抵收取孳息的费用。	**第四百三十条** 质权人有权收取质押财产的孳息，但是合同另有约定的除外。 前款规定的孳息应当先充抵收取孳息的费用。 释义 本条是关于质权人孳息收取权的规定。
《物权法》 **第二百一十四条** 质权人在质权存续期间，未经出质人同意，擅自使用、处分质押财产，给出质人造成损害的，应当承担赔偿责任。	**第四百三十一条** 质权人在质权存续期间，未经出质人同意，擅自使用、处分质押财产，造成出质人损害的，应当承担赔偿责任。 释义 本条是关于质权人对质押财产使用处分的限制及法律责任的规定。
《物权法》 **第二百一十五条** 质权人负有妥善保管质押财产的义务；因保管不善致使质押财产毁损、灭失的，应当承担赔偿责任。 质权人的行为可能使质押财产毁损、灭失的，出质人可以要求质权人将质押财产提存，或者要求提前清偿债务并返还质押财产。	**第四百三十二条** 质权人负有妥善保管质押财产的义务；因保管不善致使质押财产毁损、灭失的，应当承担赔偿责任。 质权人的行为可能使质押财产毁损、灭失的，出质人可以请求质权人将质押财产提存，或者请求提前清偿债务并返还质押财产。 释义 本条是关于质权人妥善保管质押财产义务的规定。
《物权法》 **第二百一十六条** 因不能归责于质权人的事由可能使质押财产毁损或者价值明显减少，足以危害质权人权	**第四百三十三条** 因不可归责于质权人的事由可能使质押财产毁损或者价值明显减少，足以危害质权人权利的，质权人有权请求出质人提供相

相关法律、司法解释规定	民法典
利的，质权人有权要求出质人提供相应的担保；出质人不提供的，质权人可以拍卖、变卖质押财产，并与出质人~~通过~~协议将拍卖、变卖所得的价款提前清偿债务或者提存。	应的担保；出质人不提供的，质权人可以拍卖、变卖质押财产，并与出质人协议将拍卖、变卖所得的价款提前清偿债务或者提存。 **释义**　本条是关于质押财产保全的规定。 质权本质上是一种价值权，质权人支配的是质押财产的交换价值。质押财产价值减少将直接危及质权的实现，损害质权人的担保权益。本条规定正是为了保护质权人的权益不受损害。
《物权法》 **第二百一十七条**　质权人在质权存续期间，未经出质人同意转质，造成质押财产毁损、灭失的，应当~~向出质人~~承担赔偿责任。 **《担保法司法解释》** **第九十四条第二款**　质权人在质权存续期间，未经出质人同意，为担保自己的债务，在其所占有的质物上为第三人设定质权的无效。质权人对因转质而发生的损害承担赔偿责任。	**第四百三十四条**　质权人在质权存续期间，未经出质人同意转质，造成质押财产毁损、灭失的，应当承担赔偿责任。 **释义**　本条是关于转质权的规定。 本条将《物权法》第217条中的“应当向出质人承担赔偿责任”修改为“应当承担赔偿责任”，质权人应当赔偿的对象不再限于出质人，原因在于出质人不一定即为质押财产的所有权人，质权人非法转质并造成质押财产毁损、灭失的，可以直接向质押财产所有权人进行赔偿。
《物权法》 **第二百一十八条**　质权人可以放弃质权。债务人以自己的财产出质，质权人放弃该质权的，其他担保人在质权人丧失优先受偿权益的范围内免除担保责任，但其他担保人承诺仍然提供担保的除外。	**第四百三十五条**　质权人可以放弃质权。债务人以自己的财产出质，质权人放弃该质权的，其他担保人在质权人丧失优先受偿权益的范围内免除担保责任，但是其他担保人承诺仍然提供担保的除外。 **释义**　本条是关于质权放弃及其他担保人责任承担原则的规定。

相关法律、司法解释规定	民法典
《物权法》 **第二百一十九条** 债务人履行债务或者出质人提前清偿所担保的债权的，质权人应当返还质押财产。 债务人不履行到期债务或者发生当事人约定的实现质权的情形，质权人可以与出质人协议以质押财产折价，也可以就拍卖、变卖质押财产所得的价款优先受偿。 质押财产折价或者变卖的，应当参照市场价格。	**第四百三十六条** 债务人履行债务或者出质人提前清偿所担保的债权的，质权人应当返还质押财产。 债务人不履行到期债务或者发生当事人约定的实现质权的情形，质权人可以与出质人协议以质押财产折价，也可以就拍卖、变卖质押财产所得的价款优先受偿。 质押财产折价或者变卖的，应当参照市场价格。 释义 本条是关于质押财产返还及质权实现的规定。
《物权法》 **第二百二十条** 出质人可以请求质权人在债务履行期届满后及时行使质权；质权人不行使的，出质人可以请求人民法院拍卖、变卖质押财产。 出质人请求质权人及时行使质权，因质权人怠于行使权利造成损害的，由质权人承担赔偿责任。 《担保法司法解释》 **第九十五条** 债务履行期届满质权人未受清偿的，质权人可以继续留置质物，并以质物的全部行使权利。出质人清偿所担保的债权后，质权人应当返还质物。 债务履行期届满，出质人请求质权人及时行使权利，而质权人怠于行使权利致使质物价格下跌的，由此造成的损失，质权人应当承担赔偿责任。	**第四百三十七条** 出质人可以请求质权人在债务履行期限届满后及时行使质权；质权人不行使的，出质人可以请求人民法院拍卖、变卖质押财产。 出质人请求质权人及时行使质权，因质权人怠于行使权利造成**出质人**损害的，由质权人承担赔偿责任。 释义 本条是关于及时行使质权请求权及怠于行使质权的责任的规定。 与《物权法》第220条相比，本条第2款的修改之处在于将质权人怠于行使权利造成损害的对象限定为“出质人”，原因在于质权人只有对出质人造成损害，才应对出质人承担损害赔偿责任。

相关法律、司法解释规定	民法典
《物权法》 **第二百二十一条**　质押财产折价或者拍卖、变卖后，其价款超过债权数额的部分归出质人所有，不足部分由债务人清偿。	**第四百三十八条**　质押财产折价或者拍卖、变卖后，其价款超过债权数额的部分归出质人所有，不足部分由债务人清偿。 **释义**　本条是关于质押财产变价款归属原则的规定。
《物权法》 **第二百二十二条**　出质人与质权人可以协议设立最高额质权。 最高额质权除适用本节有关规定外，参照本法第十六章第二节~~最高额抵押权~~的规定。	**第四百三十九条**　出质人与质权人可以协议设立最高额质权。 最高额质权除适用本节有关规定外，参照适用本编第十七章第二节的**有关**规定。 **释义**　本条是关于最高额质权的规定。 本条删去《物权法》第222条“最高额抵押权”的表述，减少了语意上的重复累赘。 最高额质权，是指为担保债务的履行，债务人或者第三人对一定期间内将要连续发生的债权提供质押担保的，债务人不履行到期债务或者发生当事人约定的实现质权的情形，质权人有权在最高债权额限度内就该担保财产优先受偿的担保物权。
	第二节　权利质权
《物权法》 **第二百二十三条**　债务人或者第三人有权处分的下列权利可以出质： （一）汇票、支票、本票； （二）债券、存款单； （三）仓单、提单； （四）可以转让的基金份额、股权； （五）可以转让的注册商标专用	**第四百四十条**　债务人或者第三人有权处分的下列权利可以出质： （一）汇票、本票、支票； （二）债券、存款单； （三）仓单、提单； （四）可以转让的基金份额、股权； （五）可以转让的注册商标专用权、专利权、著作权等知识产权中的

相关法律、司法解释规定	民法典
权、专利权、著作权等知识产权中的财产权； （六）应收账款； （七）法律、行政法规规定可以出质的其他财产权利。	财产权； （六）**现有的以及将有的**应收账款； （七）法律、行政法规规定可以出质的其他财产权利。 **释义**　本条是关于可以出质的权利范围的规定。 本条将第1项按照《票据法》的规定重新排列。第6项应收账款之前增加定语“现有的以及将有的”，以明确将来发生的债权可以作为质押的客体。
《物权法》 **第二百二十四条**　以汇票、支票、本票、债券、存款单、仓单、提单出质的，~~当事人应当订立书面合同。~~质权自权利凭证交付质权人时设立；没有权利凭证的，质权自~~有关部门~~办理出质登记时设立。	**第四百四十一条**　以汇票、本票、支票、债券、存款单、仓单、提单出质的，质权自权利凭证交付质权人时设立；没有权利凭证的，质权自办理出质登记时设立。**法律另有规定的，依照其规定。** **释义**　本条是关于以汇票、本票、支票、债券、存款单、仓单、提单出质的权利质权设立的规定。 本条主要修改之处在于：(1) 删去“当事人应当订立书面合同”，减少与本法第427条产生的语意重复；(2) 删除“有关部门”的表述，为将来统一动产和权利担保登记系统的建立留下适用空间；(3) 增加“法律另有规定的，依照其规定”这一表述，旨在解决诸如《票据法》与本法关于票据质权的规定冲突等问题，为特别民事立法保留解释的空间。

相关法律、司法解释规定	民法典
《物权法》 **第二百二十五条** 汇票、支票、本票、债券、存款单、仓单、提单的兑现日期或者提货日期先于主债权到期的，质权人可以兑现或者提货，并与出质人协议将兑现的价款或者提取的货物提前清偿债务或者提存。	**第四百四十二条** 汇票、本票、支票、债券、存款单、仓单、提单的兑现日期或者提货日期先于主债权到期的，质权人可以兑现或者提货，并与出质人协议将兑现的价款或者提取的货物提前清偿债务或者提存。 释义 本条是关于以汇票、本票、支票、债券、存款单、仓单、提单出质的权利质权人行使权利的特别规定。 载明兑现日期或者提货日期的汇票、本票、支票、债券、存款单、仓单、提单的兑现日期或者提货日期届至时，原则上必须兑现或者提货，以免除第三债务人的债务。如果不按时兑现或者提货，有可能会给债务人自身带来损失，最终影响所担保的主债权的实现。
《物权法》 **第二百二十六条** 以基金份额、股权出质的，~~当事人应当订立书面合同。以基金份额、证券登记结算机构登记的股权出质的，质权自证券登记结算机构办理出质登记时设立；以其他股权出质的，~~质权自~~工商行政管理部门~~办理出质登记时设立。 基金份额、股权出质后，不得转让，但经出质人与质权人协商同意的除外。出质人转让基金份额、股权所得的价款，应当向质权人提前清偿债务或者提存。	**第四百四十三条** 以基金份额、股权出质的，质权自办理出质登记时设立。 基金份额、股权出质后，不得转让，但是出质人与质权人协商同意的除外。出质人转让基金份额、股权所得的价款，应当向质权人提前清偿债务或者提存。 释义 本条是关于以基金份额、股权出质的权利质权设立和出质人处分基金份额、股权的限制的规定。 本条以“质权自办理出质登记时设立”取代《物权法》第226条的相关表述，原因在于我国将建立统一的动产和权利担保登记系统，本条的修改为此留下适用空间。

相关法律、司法解释规定	民法典
《物权法》 **第二百二十七条** 以注册商标专用权、专利权、著作权等知识产权中的财产权出质的，~~当事人应当订立书面合同。~~质权自~~有关主管部门~~办理出质登记时设立。 知识产权中的财产权出质后，出质人不得转让或者许可他人使用，但经出质人与质权人协商同意的除外。出质人转让或者许可他人使用出质的知识产权中的财产权所得的价款，应当向质权人提前清偿债务或者提存。 **《担保法司法解释》** **第一百零五条** 以依法可以转让的商标专用权，专利权、著作权中的财产权出质的，出质人未经质权人同意而转让或者许可他人使用已出质权利的，应当认定为无效。因此给质权人或者第三人造成损失的，由出质人承担民事责任。	**第四百四十四条** 以注册商标专用权、专利权、著作权等知识产权中的财产权出质的，质权自办理出质登记时设立。 知识产权中的财产权出质后，出质人不得转让或者许可他人使用，但是出质人与质权人协商同意的除外。出质人转让或者许可他人使用出质的知识产权中的财产权所得的价款，应当向质权人提前清偿债务或者提存。 **释义** 本条是关于以知识产权中的财产权出质的权利质权的设立和出质人处分知识产权的限制的规定。 本条相关修改理由同本法第441条相关修改。
《物权法》 **第二百二十八条** 以应收账款出质的，~~当事人应当订立书面合同。~~质权自~~信贷征信机构~~办理出质登记时设立。 应收账款出质后，不得转让，但经出质人与质权人协商同意的除外。出质人转让应收账款所得的价款，应当向质权人提前清偿债务或者提存。	**第四百四十五条** 以应收账款出质的，质权自办理出质登记时设立。 应收账款出质后，不得转让，但是出质人与质权人协商同意的除外。出质人转让应收账款所得的价款，应当向质权人提前清偿债务或者提存。 **释义** 本条是关于以应收账款出质的权利质权设立和出质人转让应收账款的限制的规定。 本条相关修改理由同本法第441条相关修改。

相关法律、司法解释规定	民法典
《物权法》 **第二百二十九条** 权利质权除适用本节规定外，适用本章第一节动产质权的规定。	**第四百四十六条** 权利质权除适用本节规定外，适用本章第一节的有关规定。 释义 本条是关于权利质权适用动产质权有关规定的规定。 本条删去《物权法》第 229 条“动产质权”的表述，减少了语意上的重复累赘。 本节对权利质权仅在某些内容上作了特殊规定，其他没有规定的内容可以适用动产质权的规定，如本章第一节关于质押合同的订立以及质押合同的一般条款、流质条款的效力、质权人的权利和义务、质权的保全、质权的放弃、质权的实现方式和最高额质权等。
	第十九章 留 置 权
《物权法》 **第二百三十条** 债务人不履行到期债务，债权人可以留置已经合法占有的债务人的动产，并有权就该动产优先受偿。 前款规定的债权人为留置权人，占有的动产为留置财产。	**第四百四十七条** 债务人不履行到期债务，债权人可以留置已经合法占有的债务人的动产，并有权就该动产优先受偿。 前款规定的债权人为留置权人，占有的动产为留置财产。 释义 本条是有关留置权的一般规定。 留置权成立需要满足以下要件：(1) 债权人已经合法占有债务人的动产。此要件包含三层含义：其一，必须是动产。留置权的标的物只能是动产，债权人占有的不动产上不能成立留置权。其二，债权人必须占有动产。债权人的这种占有可以是直接占

相关法律、司法解释规定	民法典
	有，也可以是间接占有。但单纯的持有不能成立留置权。其三，必须合法占有动产。债权人必须基于合法原因而占有债务人动产，如基于承揽、运输、保管合同的约定而取得动产的占有。(2) 债权人占有的动产，应当与债权属于同一法律关系，但企业之间留置的除外。(3) 债务人不履行到期债务。只有在债务履行期限届满，债务人仍不履行债务时，债权人才可以将其合法占有的债务人的动产留置。
《物权法》 **第二百三十一条** 债权人留置的动产，应当与债权属于同一法律关系，<u>但</u>企业之间留置的除外。 **《担保法司法解释》** **第一百零九条** 债权人的债权已届清偿期，债权人对动产的占有与其债权的发生有牵连关系，债权人可以留置其所占有的动产。	**第四百四十八条** 债权人留置的动产，应当与债权属于同一法律关系，<u>但是</u>企业之间留置的除外。 **释义** 本条是有关留置财产与债权的关系的规定。 企业之间行使留置权，不要求留置财产与债权属同一法律关系，主要是因为在商业实践中，企业之间相互交易频繁，追求交易效率，讲究商业信用，如果严格要求留置财产必须与债权的发生具有同一法律关系，则有悖交易迅捷和交易安全原则。因此，企业之间，只要债权人合法占有债务人的动产，债务人不履行债务，债权人即可留置其动产。
《物权法》 **第二百三十二条** 法律规定或者当事人约定不得留置的动产，不得留置。 **《担保法司法解释》** **第一百零七条** 当事人在合同中	**第四百四十九条** 法律规定或者当事人约定不得留置的动产，不得留置。 **释义** 本条是关于留置权适用范围的限制性规定。

相关法律、司法解释规定	民法典
约定排除留置权，债务履行期届满，债权人行使留置权的，人民法院不予支持。	
《物权法》 **第二百三十三条** 留置财产为可分物的，留置财产的价值应当相当于债务的金额。 《担保法司法解释》 **第一百一十条** 留置权人在债权未受全部清偿前，留置物为不可分物的，留置权人可以就其留置物的全部行使留置权。	**第四百五十条** 留置财产为可分物的，留置财产的价值应当相当于债务的金额。 释义 本条是关于可分物作为留置财产的特殊规定。 原则上留置权具有不可分性，但是留置权的立法目的是督促债务人及时履行债务，确保债权人能够实现自己的债权。因此，只要留置财产的价值相当于债务金额，就能够保证其债权得到实现，没有必要留置过多的财产。从公平合理地设计当事人之间的权利义务而言，本条在立法上对留置权的不可分性作了一定程度的缓和。需要注意，本条规定仅适用于留置财产为可分物的情况。
《物权法》 **第二百三十四条** 留置权人负有妥善保管留置财产的义务；因保管不善致使留置财产毁损、灭失的，应当承担赔偿责任。	**第四百五十一条** 留置权人负有妥善保管留置财产的义务；因保管不善致使留置财产毁损、灭失的，应当承担赔偿责任。 释义 本条是关于留置权人保管义务的规定。 留置权人占有、控制着债务人的动产，相应地就应该对留置财产负有妥善保管的义务，以避免留置财产陷于灭失风险之中，危及债务人的所有权以及债权人留置权的实现。一般而言，只要留置权人尽到了善良管理人的注意义务，妥善保管了留置财产，

相关法律、司法解释规定	民法典
	非因留置权人的重大过失导致留置财产的毁损或者灭失，就不能认定为保管不善。
《物权法》 **第二百三十五条** 留置权人有权收取留置财产的孳息。 前款规定的孳息应当先充抵收取孳息的费用。	**第四百五十二条** 留置权人有权收取留置财产的孳息。 前款规定的孳息应当先充抵收取孳息的费用。 释义 本条是关于留置权人收取孳息的权利的规定。
《物权法》 **第二百三十六条** 留置权人与债务人应当约定留置财产后的债务履行期间；没有约定或者约定不明确的，留置权人应当给债务人两个月以上履行债务的期间，但鲜活易腐等不易保管的动产除外。债务人逾期未履行的，留置权人可以与债务人协议以留置财产折价，也可以就拍卖、变卖留置财产所得的价款优先受偿。 留置财产折价或者变卖的，应当参照市场价格。	**第四百五十三条** 留置权人与债务人应当约定留置财产后的债务履行期限；没有约定或者约定不明确的，留置权人应当给债务人六十日以上履行债务的期限，但是鲜活易腐等不易保管的动产除外。债务人逾期未履行的，留置权人可以与债务人协议以留置财产折价，也可以就拍卖、变卖留置财产所得的价款优先受偿。 留置财产折价或者变卖的，应当参照市场价格。 释义 本条是关于实现留置权的一般规定。 本条将“两个月”的表述修改为“六十日”，方便期限时长的计算。
《物权法》 **第二百三十七条** 债务人可以请求留置权人在债务履行期届满后行使留置权；留置权人不行使的，债务人可以请求人民法院拍卖、变卖留置财产。	**第四百五十四条** 债务人可以请求留置权人在债务履行期限届满后行使留置权；留置权人不行使的，债务人可以请求人民法院拍卖、变卖留置财产。 释义 本条是关于债务人可以请求留置权人行使留置权的规定。 理论上，留置权可以长期不灭，

相关法律、司法解释规定	民法典
	其行使并无时间限制。但是，如果留置权人长期持续占有留置财产而不实现，不符合“物尽其用”的原则，也会对社会、经济生活产生不利影响。而且，在有的情况下，留置财产会有自然损耗或者贬值的可能，如果长期不实现留置权，留置财产的价值会受影响，对债务人不利，故本条作此规定。
《物权法》 **第二百三十八条** 留置财产折价或者拍卖、变卖后，其价款超过债权数额的部分归债务人所有，不足部分由债务人清偿。	**第四百五十五条** 留置财产折价或者拍卖、变卖后，其价款超过债权数额的部分归债务人所有，不足部分由债务人清偿。 **释义** 本条是关于留置权实现的规定。
《物权法》 **第二百三十九条** 同一动产上已设立抵押权或者质权，该动产又被留置的，留置权人优先受偿。 《担保法司法解释》 **第七十九条第二款** 同一财产抵押权与留置权并存时，留置权人优先于抵押权人受偿。	**第四百五十六条** 同一动产上已经设立抵押权或者质权，该动产又被留置的，留置权人优先受偿。 **释义** 本条是关于留置权与抵押权或者质权关系的规定。 理解本条需要注意两点：(1) 留置权的效力绝对优先，即留置权对抵押权或者质权的优先效力不受其产生时间的影响。(2) 留置权对抵押权或者质权的优先效力不受留置权人在留置动产时是善意还是恶意的影响。此处的“恶意”指留置权人对同一动产上已存在的抵押权或者质权知情，而并非恶意串通的意思。存在违反诚实信用原则的恶意串通行为时，留置权应当视为不存在。

相关法律、司法解释规定	民法典
《物权法》 **第二百四十条** 留置权人对留置财产丧失占有或者留置权人接受债务人另行提供担保的，留置权消灭。	**第四百五十七条** 留置权人对留置财产丧失占有或者留置权人接受债务人另行提供担保的，留置权消灭。 释义 本条是关于留置权消灭原因的规定。 债务人另行提供担保导致留置权消灭的，应当满足以下条件：(1) 债务人另行提供的担保应当被债权人接受，若债权人不接受新担保的，留置权不消灭。(2) 债务人另行提供的担保所能担保的债权应当与债权人的债权额相当。当然，在双方当事人协商一致的情况下除外。
	第五分编 占　　有
	第二十章 占　　有
《物权法》 **第二百四十一条** 基于合同关系等产生的占有，有关不动产或者动产的使用、收益、违约责任等，按照合同约定；合同没有约定或者约定不明确的，依照有关法律规定。	**第四百五十八条** 基于合同关系等产生的占有，有关不动产或者动产的使用、收益、违约责任等，按照合同约定；合同没有约定或者约定不明确的，依照有关法律规定。 释义 本条是关于有权占有法律适用的规定。 占有是对物的一种事实上的控制与支配。根据占有是否具备法律上的原因，可以分为有权占有和无权占有。有权占有，主要指基于合同等债的关系而产生的占有；无权占有，主要发生在占有人对不动产或者动产的占有无正当法律关系，或者原法律关系被撤销或无效时占有人对占有物的占有，包括误将他人之物认为己有或者借用他人之物到期不还等。

相关法律、司法解释规定	民法典
	需要注意，本法第 459 条至第 461 条是对无权占有情形作出的相关法律规定。
《物权法》 **第二百四十二条** 占有人因使用占有的不动产或者动产，致使该不动产或者动产受到损害的，恶意占有人应当承担赔偿责任。	**第四百五十九条** 占有人因使用占有的不动产或者动产，致使该不动产或者动产受到损害的，恶意占有人应当承担赔偿责任。 **释义** 本条是关于无权占有不动产或者动产致其损害，恶意占有人应当承担赔偿责任的规定。 本条讨论的是无权占有的情况。无权占有时，根据占有人的主观状态，可以分为善意占有和恶意占有。所谓善意占有就是占有人在主观上认为自己有权占有标的物。所谓恶意占有指明知或者因重大过失不知自己为无权占有而仍然进行的占有。
《物权法》 **第二百四十三条** 不动产或者动产被占有人占有的，权利人可以请求返还原物及其孳息，但应当支付善意占有人因维护该不动产或者动产支出的必要费用。	**第四百六十条** 不动产或者动产被占有人占有的，权利人可以请求返还原物及其孳息；但是，应当支付善意占有人因维护该不动产或者动产支出的必要费用。 **释义** 本条是关于无权占有人应向权利人返还原物及其孳息并且善意占有人享有必要费用返还请求权的规定。 本条需要注意：（1）无论是善意占有还是恶意占有，权利人都有权请求占有人返还原物及其孳息。（2）返还原物及其孳息后，善意占有权请求权利人支付因维护该不动产或者动产而支出的必要费用，恶意占有人则无权请求任何费用。

相关法律、司法解释规定	民法典
《物权法》 **第二百四十四条** 占有的不动产或者动产毁损、灭失，该不动产或者动产的权利人请求赔偿的，占有人应当将因毁损、灭失取得的保险金、赔偿金或者补偿金等返还给权利人；权利人的损害未得到足够弥补的，恶意占有人还应当赔偿损失。	**第四百六十一条** 占有的不动产或者动产毁损、灭失，该不动产或者动产的权利人请求赔偿的，占有人应当将因毁损、灭失取得的保险金、赔偿金或者补偿金等返还给权利人；权利人的损害未得到足够弥补的，恶意占有人还应当赔偿损失。 释义 本条是关于被占有的不动产或者动产毁损、灭失时占有人责任的规定。 当占有的不动产或者动产毁损、灭失时，占有人责任区分善意占有和恶意占有而不同。善意占有人因物的毁损、灭失而获得利益时，才对物的权利人承担赔偿责任；如果未获得利益，则不必赔偿。确定恶意占有人责任时，应参考侵权损害赔偿的原则，损失多少赔多少，除去占有物的价值外，还包括物的权利人损失的利益。
《物权法》 **第二百四十五条** 占有的不动产或者动产被侵占的，占有人有权请求返还原物；对妨害占有的行为，占有人有权请求排除妨害或者消除危险；因侵占或者妨害造成损害的，占有人有权请求损害赔偿。 占有人返还原物的请求权，自侵占发生之日起一年内未行使的，该请求权消灭。	**第四百六十二条** 占有的不动产或者动产被侵占的，占有人有权请求返还原物；对妨害占有的行为，占有人有权请求排除妨害或者消除危险；因侵占或者妨害造成损害的，占有人有权**依法**请求损害赔偿。 占有人返还原物的请求权，自侵占发生之日起一年内未行使的，该请求权消灭。 释义 本条是关于占有保护的规定。 占有保护请求权以排除对占有的侵害为目的，因而属于一种物权的请求权。根据占有受侵害的不同情形，分别为占有物返还请求权、占有妨害排除请求权和占有危险消除请求权。

相关法律、司法解释规定	民法典
	第三编　合　　同
	第一分编　通　　则
	第一章　一般规定
《合同法》 **第一条**　为了保护合同当事人的合法权益，维护社会经济秩序，促进社会主义现代化建设，制定本法。	**第四百六十三条　本编调整因合同产生的民事关系。** 释义　本条是关于合同编调整范围的规定。
《合同法》 **第二条**　~~本法所称~~合同是平等主体的自然人、法人、其他组织之间设立、变更、终止民事权利义务关系的协议。 婚姻、收养、监护等有关身份关系的协议，适用~~其他法律的~~规定。	**第四百六十四条**　合同是民事主体之间设立、变更、终止民事法律关系的协议。 婚姻、收养、监护等有关身份关系的协议，适用**有关该身份关系的法律规定；没有规定的，可以根据其性质参照适用本编**规定。 释义　本条是关于合同定义和身份关系协议法律适用的规定。 本条第1款有两处修改：(1) 将“平等主体的自然人、法人、其他组织”修改为“民事主体”，是因为本法第2条已经对民法的调整范围作了总括性规定，合同编本条没必要再重复规定，以“民事主体”概称即可。(2) 将“民事权利义务关系”修改为“民事法律关系”，是为了与本法第5条的表述相统一。本条第2款的新增规定，为涉及身份关系协议的法律适用提供了方法论依据，填补了可能存在的法律漏洞。 此外，《合同法》第3条至第7条的规定已由本法总则编第4条至第8条作了规定，合同编没有必要再作重复性规，故删去了这些内容。

相关法律、司法解释规定	民法典
《合同法》 **第八条** 依法成立的合同，对当事人具有法律约束力。~~当事人应当按照约定履行自己的义务，不得擅自变更或者解除合同~~。 依法成立的合同，受法律保护。	**第四百六十五条** 依法成立的合同，受法律保护。 依法成立的合同，**仅**对当事人具有法律约束力，**但是法律另有规定的除外**。 **释义** 本条是关于依法成立的合同受法律保护以及合同相对性原则的规定。 本条第2款新添“仅”字，以此强调合同约束力范围仅限于当事人之间，确立了合同相对性原则。同时，新增但书规定也为这一原则的突破提供了法律上的空间，体现了一定的灵活性。
《合同法》 **第一百二十五条** 当事人对合同条款的理解有争议的，应当~~按照合同所使用的词句、合同的有关条款、合同的目的、交易习惯以及诚实信用原则~~，确定该条款的真实意思。 合同文本采用两种以上文字订立并约定具有同等效力的，对各文本使用的词句推定具有相同含义。各文本使用的词句不一致的，应当根据合同的目的予以解释。	**第四百六十六条** 当事人对合同条款的理解有争议的，应当**依据本法第一百四十二条第一款的规定**，确定争议条款的含义。 合同文本采用两种以上文字订立并约定具有同等效力的，对各文本使用的词句推定具有相同含义。各文本使用的词句不一致的，应当根据合同的**相关条款、性质、**目的**以及诚信原则等**予以解释。 **释义** 本条是关于合同解释的规定。 《合同法》第125条第1款的规定已经被吸收进本法第142条第1款关于有相对人的意思表示的解释规定中，当事人对合同条款的理解有争议的，可以直接适用该款确定争议条款的含义，合同编没有必要再作重复性规定，仅是予以指引。 本条第2款增加“相关条款”“性质”“诚信原则”作为合同条款

相关法律、司法解释规定	民法典
	解释标准。合同条款之间有着密切联系，因此在不同文字的合同文本解释中也要结合合同相关条款进行分析判断，整体考虑合同的上下文来进行解释；合同的性质也可能直接影响到对合同文本的理解；诚信原则作为民法的基本原则，在不同文字的合同文本解释中也应当遵循，甚至对合同目的本身的解释，也要遵循诚信原则。
《合同法》 **第一百二十四条**　本法~~分则~~或者其他法律没有明文规定的合同，适用<u>本法总则</u>的规定，并可以参照<u>本法分则</u>或者其他法律最相类似的规定。 **第一百二十六条第二款**　在中华人民共和国境内履行的中外合资经营企业合同、中外合作经营企业合同、中外合作勘探开发自然资源合同，适用中华人民共和国法律。	**第四百六十七条**　本法或者其他法律没有明文规定的合同，适用<u>本编通则</u>的规定，并可以参照适用<u>本编</u>或者其他法律最相类似合同的规定。 **在中华人民共和国境内履行的中外合资经营企业合同、中外合作经营企业合同、中外合作勘探开发自然资源合同，适用中华人民共和国法律。** 释义　本条是关于非典型合同及特定涉外合同法律适用的规定。 本条第1款修改，是为了配合本法对规范用语的统一以及体例编排的需要，不涉及规范意旨的变动。
	第四百六十八条　非因合同产生的债权债务关系，适用有关该债权债务关系的法律规定；没有规定的，适用本编通则的有关规定，但是根据其性质不能适用的除外。 释义　本条是关于非因合同产生的债权债务关系法律适用的规定。 本条为新增条款，《民法典》不设债法总则，为更好地规范各类债权债务关系，合同编通则在《合同法》

相关法律、司法解释规定	民法典
	总则基础上作了相关调整，使合同编通则能够充分发挥债法总则的作用。本条规定即是为了使合同编通则发挥债法总则作用所作的调整之一，属于指引性规定。
	第二章　合同的订立
《合同法》 **第十条**　当事人订立合同，有书面形式、口头形式和其他形式。 ~~法律、行政法规规定采用书面形式的，应当采用书面形式。当事人约定采用书面形式的，应当采用书面形式。~~ **第十一条**　书面形式是指合同书、信件和~~数据电文（包括~~电报、电传、传真~~、电子数据交换和电子邮件）~~等可以有形地表现所载内容的形式。	**第四百六十九条**　当事人订立合同，可以采用书面形式、口头形式或者其他形式。 书面形式是合同书、信件、电报、电传、传真等可以有形地表现所载内容的形式。 **以电子数据交换、电子邮件等方式能够有形地表现所载内容，并可以随时调取查用的数据电文，视为书面形式。** 释义　本条是关于合同形式的规定。 本条修改主要有三方面：(1)《合同法》第10条第2款的规则，已在本法总则编第135条作了规定，因此本条未再重复。(2) 将“电报、电传、传真”从数据电文中移出，与合同书、信件并列规定为书面形式的具体形态。(3) 与《合同法》第11条将数据电文直接界定为书面形式不同，本条第3款将数据电文规定为“视为书面形式”且增加了“可以随时调取查用”这一限定条件。
《合同法》 **第十二条**　合同的内容由当事人约定，一般包括以下条款： （一）当事人的名称或者姓名和住所；	**第四百七十条**　合同的内容由当事人约定，一般包括下列条款： （一）当事人的姓名或者名称和住所； （二）标的；

相关法律、司法解释规定	民法典
（二）标的； （三）数量； （四）质量； （五）价款或者报酬； （六）履行期限、地点和方式； （七）违约责任； （八）解决争议的方法。 当事人可以参照各类合同的示范文本订立合同。 **《合同法司法解释（二）》** **第一条** 当事人对合同是否成立存在争议，人民法院能够确定当事人名称或者姓名、标的和数量的，一般应当认定合同成立。但法律另有规定或者当事人另有约定的除外。 对合同欠缺的前款规定以外的其他内容，当事人达不成协议的，人民法院依照合同法第六十一条、第六十二条、第一百二十五条等有关规定予以确定。	（三）数量； （四）质量； （五）价款或者报酬； （六）履行期限、地点和方式； （七）违约责任； （八）解决争议的方法。 当事人可以参照各类合同的示范文本订立合同。 **释义** 本条是关于合同内容的规定。
《合同法》 **第十三条** 当事人订立合同，采取要约、承诺方式。	**第四百七十一条** 当事人订立合同，**可以**采取要约、承诺方式**或者其他方式**。 **释义** 本条是关于合同订立方式的规定。 本条在《合同法》规定的“要约、承诺方式”基础上增加“其他方式”，是因为除了要约、承诺这一典型的合同订立方式外，实践中还存在其他缔约方式，如交叉要约、同时表示、意思实现等，新增规定为实践情况及其发展留下空间。

相关法律、司法解释规定	民法典
《合同法》 **第十四条**　要约是希望和他人订立合同的意思表示，该意思表示应当符合下列规定： （一）内容具体确定； （二）表明经受要约人承诺，要约人即受该意思表示约束。	**第四百七十二条**　要约是希望与他人订立合同的意思表示，该意思表示应当符合下列条件： （一）内容具体确定； （二）表明经受要约人承诺，要约人即受该意思表示约束。 释义　本条是关于要约条件的规定。
《合同法》 **第十五条**　要约邀请是希望他人向自己发出要约的~~意思~~表示。寄送的价目表、拍卖公告、招标公告、招股说明书、商业广告等为要约邀请。 商业广告的内容符合要约规定的，视为要约。	**第四百七十三条**　要约邀请是希望他人向自己发出要约的表示。拍卖公告、招标公告、招股说明书、**债券募集办法、基金招募说明书**、商业广告**和宣传**、寄送的价目表等为要约邀请。 商业广告**和宣传**的内容符合要约条件的，构成要约。 释义　本条是关于要约邀请的规定。 本条修改如下：(1) 本条第 1 款将《合同法》第 15 条的“意思表示”修改为“表示”。要约邀请不是意思表示，对于发出要约邀请之人与被邀请人而言都没有任何法律约束力。意思表示是指行为人为了产生一定民法上的效果而将其内心意思通过一定方式表达于外部的行为，要约是意思表示；而要约邀请只是邀请他人向自己发出要约，自己再视情形予以承诺。要约邀请处于合同的准备阶段，虽然也是一种表示行为，但本身不具有使民事法律关系发生变动的内心意图，也不产生民法上的效果，没有法律约束力。(2) 列举中增加“债券募集办法”“基金招募说明书”，是顺应实践需求在《合同法》基础上

相关法律、司法解释规定	民法典
	新增加的要约邀请类型。(3) 第2款将“视为”改为“构成”，是因为《合同法》第15条第2款中“视为”一词的使用不够准确，予以修改。
《合同法》 **第十六条第一款** 要约到达受要约人时生效。	**第四百七十四条** 要约生效的时间适用本法第一百三十七条的规定。 释义 本条是关于要约生效时间的规定。 本法总则编第137条对有相对人的意思表示的生效时间作了专门规定，要约属于有相对人的意思表示，要约生效的时间自然应当适用第137条的规定，不必再重复规定。
《合同法》 **第十七条** 要约可以撤回。~~撤回要约的通知应当在要约到达受要约人之前或者与要约同时到达受要约人。~~	**第四百七十五条** 要约可以撤回。**要约的撤回适用本法第一百四十一条的规定。** 释义 本条是关于要约撤回的规定。 本法总则编第141条对意思表示撤回条件的规定与《合同法》第17条的规定一致，总则编对意思表示的撤回已经作了规定的前提下，合同编没有必要再作重复性规定，直接适用即可。
《合同法》 **第十八条第一句** 要约可以撤销。 **第十九条** 有下列情形之一的，要约不得撤销： （一）要约人确定手承诺期限或者~~以~~其他形式明示要约不可撤销； （二）受要约人有理由认为要约是不可撤销的，并已经为履行合同作了准备工作。	**第四百七十六条** 要约可以撤销，**但是**有下列情形之一的除外： （一）要约人**以**确定承诺期限或者其他形式明示要约不可撤销； （二）受要约人有理由认为要约是不可撤销的，并已经为履行合同做了**合理**准备工作。 释义 本条是关于要约不得撤销情形的规定。

相关法律、司法解释规定	民法典
	本条主要有两处修改：（1）第 1 项修改，是因为一般情况下，确定承诺期限可以视为要约不可撤销的明示。但在一些情况下，如要约人可能既确定了承诺期限，又在要约中明确指出要约也是可以撤销的，此时就不宜直接以要约确定了承诺期限为由认为要约不得撤销。因此，即使要约人确定了承诺期限，也宜根据具体情况判断要约人确定承诺期限是不是就表明要约不可撤销。为了更为符合实践情况，本条第 1 项作相应修改。（2）第 2 项将合同法中的“作了准备工作”修改为“做了合理准备工作”，是因为受要约人所作的“准备工作”也有程度差别，为了更好平衡要约人与受要约人之间的利益，作此修改。
《合同法》 **第十八条第二句**　撤销要约的通知应当在受要约人~~发出承诺通知之前到达受要约人~~。	**第四百七十七条**　撤销要约的意思表示**以对话方式作出的，该意思表示的内容**应当在受要约人**作出承诺之前为受要约人所知道；撤销要约的意思表示以非对话方式作出的，应当在受要约人作出承诺之前到达受要约人。** 释义　本条是关于撤销要约的条件的规定。 本条主要有两处修改：（1）相较于《合同法》第 18 条，本条规定，要约撤销条件区分撤销要约的意思表示以对话方式作出还是以非对话方式作出。此修改主要是考虑与本法第 137 条对意思表示的生效时间区分意思表示是以对话方式作出的还是以非对话方式作出的规定相衔接。（2）本

相关法律、司法解释规定	民法典
	条将“受要约人发出承诺通知之前”修改为“受要约人作出承诺之前”，主要是考虑与本法第 480 条规定相协调。“受要约人作出承诺之前”既包括受要约人发出承诺通知之前，也包括受要约人根据交易习惯或者要约的要求作出承诺的行为之前。
《合同法》 **第二十条**　有下列情形之一的，要约失效： （一）拒绝要约的通知到达要约人； （二）要约人依法撤销要约； （三）承诺期限届满，受要约人未作出承诺； （四）受要约人对要约的内容作出实质性变更。	**第四百七十八条**　有下列情形之一的，要约失效： （一）要约被拒绝； （二）要约被依法撤销； （三）承诺期限届满，受要约人未作出承诺； （四）受要约人对要约的内容作出实质性变更。 释义　本条是关于要约失效的规定。 本条第 1 项修改是为了与本法第 137 条规定相协调。第 2 项由主动句改为被动句，与第 1 项保持统一。
《合同法》 **第二十一条**　承诺是受要约人同意要约的意思表示。	**第四百七十九条**　承诺是受要约人同意要约的意思表示。 释义　本条是关于承诺定义的规定。
《合同法》 **第二十二条**　承诺应当以通知的方式作出，但根据交易习惯或者要约表明可以通过行为作出承诺的除外。 《合同法司法解释（二）》 **第七条**　下列情形，不违反法律、行政法规强制性规定的，人民法院可以认定为合同法所称“交易习惯”： （一）在交易行为当地或者某一领域、某一行业通常采用并为交易对	**第四百八十条**　承诺应当以通知的方式作出；但是，根据交易习惯或者要约表明可以通过行为作出承诺的除外。 释义　本条是关于承诺方式的规定。

相关法律、司法解释规定	民法典
方订立合同时所知道或者应当知道的做法； （二）当事人双方经常使用的习惯做法。 对于交易习惯，由提出主张的一方当事人承担举证责任。	
《合同法》 **第二十三条** 承诺应当在要约确定的期限内到达要约人。 要约没有确定承诺期限的，承诺应当依照下列规定到达： （一）要约以对话方式作出的，应当即时作出承诺~~，但当事人另有约定的除外~~； （二）要约以非对话方式作出的，承诺应当在合理期限内到达。	**第四百八十一条** 承诺应当在要约确定的期限内到达要约人。 要约没有确定承诺期限的，承诺应当依照下列规定到达： （一）要约以对话方式作出的，应当即时作出承诺； （二）要约以非对话方式作出的，承诺应当在合理期限内到达。 **释义** 本条是关于承诺到达时间的规定。 本条删去了《合同法》的“但当事人另有约定的除外”，意在使条文表述更为简洁，如果当事人另有约定的，自然应当尊重当事人约定，无需特别强调。即便作此删除，条文规范的内涵不变，如果是要约人在要约中规定了承诺期限，或者双方事先有约定的情况，自然应当尊重当事人意愿。
《合同法》 **第二十四条** 要约以信件或者电报作出的，承诺期限自信件载明的日期或者电报交发之日开始计算。信件未载明日期的，自投寄该信件的邮戳日期开始计算。要约以电话、传真等快速通讯方式作出的，承诺期限自要约到达受要约人时开始计算。	**第四百八十二条** 要约以信件或者电报作出的，承诺期限自信件载明的日期或者电报交发之日开始计算。信件未载明日期的，自投寄该信件的邮戳日期开始计算。要约以电话、传真、**电子邮件**等快速通讯方式作出的，承诺期限自要约到达受要约人时开始计算。

相关法律、司法解释规定	民法典
	释义　本条是关于承诺期限起算点的规定。
《合同法》 **第二十五条**　承诺生效时合同成立。	**第四百八十三条**　承诺生效时合同成立，**但是法律另有规定或者当事人另有约定的除外**。 释义　本条是关于采用要约、承诺方式所订合同成立时间的规定。 相较于《合同法》，本条原则上将“承诺生效时”作为采用要约、承诺方式所订合同的成立时间的同时，还作了但书规定：“法律另有规定或者当事人另有约定的除外”。这样，既为法律另行规定留下空间，也有利于当事人根据实际情况对合同成立另行约定。例如，依照法律规定，实践性合同自实际交付标的物时成立。当然，要约人与受要约人也可以约定，承诺生效后还要制作专门的合同书，只有当事人均签名、盖章时合同始成立。
《合同法》 **第二十六条**　~~承诺通知到达要约人时生效。~~承诺不需要通知的，根据交易习惯或者要约的要求作出承诺的行为时生效。 ~~采用数据电文形式订立合同的，承诺到达的时间适用本法第十六条第二款的规定。~~	**第四百八十四条**　**以通知方式作出的承诺，生效的时间适用本法第一百三十七条的规定。** 承诺不需要通知的，根据交易习惯或者要约的要求作出承诺的行为时生效。 释义　本条是关于承诺生效时间的规定。 本条区分以通知方式作出的承诺与通过行为作出的承诺，对承诺的生效时间分别作了规定。本条仅对以通知方式作出的承诺的生效时间进行了修改，以达到与本法第137条规定相

相关法律、司法解释规定	民法典
	协调的目的。据此，对于以通知方式作出的承诺的生效时间，也应当区分承诺是以对话方式作出的还是以非对话方式作出的，分别对待。
《合同法》 **第二十七条** 承诺可以撤回。~~撤回承诺的通知应当在承诺通知到达要约人之前或者与承诺通知同时到达要约人~~。	**第四百八十五条** 承诺可以撤回。**承诺的撤回适用本法第一百四十一条的规定。** 释义 本条是关于承诺撤回的规定。 本条关于承诺的撤回条件的规定，只是基于体例的考虑，作了转引性规定，但在实质内容上与《合同法》相比没有变化。
《合同法》 **第二十八条** 受要约人超过承诺期限发出承诺~~的~~，除要约人及时通知受要约人该承诺有效的以外，为新要约。	**第四百八十六条** 受要约人超过承诺期限发出承诺，**或者在承诺期限内发出承诺，按照通常情形不能及时到达要约人的，**为新要约；**但是，**要约人及时通知受要约人该承诺有效的除外。 释义 本条是关于逾期承诺的法律效果的规定。 逾期承诺包括两类情形：第一类情形是，受要约人超过承诺期限发出承诺。这种情况下，承诺到达要约人时肯定也已经超过承诺期限。第二类情形是，承诺虽然是在承诺期限内发出的，按照通常情形不能及时到达要约人，并且也确实没有在承诺期限内到达要约人。实践中，第二种情形也经常存在，为了便于理解，更有利于实践运用，本条针对第二种情形作了新增规定。 另外需注意，本条的“承诺期限”

相关法律、司法解释规定	民法典
	不但指要约人在要约中确定的承诺期限，也指要约人未确定承诺期限，而根据实际情况推断的合理期限。
《合同法》 **第二十九条** 受要约人在承诺期限内发出承诺，按照通常情形能够及时到达要约人，但因其他原因承诺到达要约人时超过承诺期限的，除要约人及时通知受要约人因承诺超过期限不接受该承诺的以外，该承诺有效。	**第四百八十七条** 受要约人在承诺期限内发出承诺，按照通常情形能够及时到达要约人，但是因其他原因**致使**承诺到达要约人时超过承诺期限的，除要约人及时通知受要约人因承诺超过期限不接受该承诺外，该承诺有效。 释义 本条是关于因传递迟延造成的逾期承诺的法律效果的规定。
《合同法》 **第三十条** 承诺的内容应当与要约的内容一致。受要约人对要约的内容作出实质性变更的，为新要约。有关合同标的、数量、质量、价款或者报酬、履行期限、履行地点和方式、违约责任和解决争议方法等的变更，是对要约内容的实质性变更。	**第四百八十八条** 承诺的内容应当与要约的内容一致。受要约人对要约的内容作出实质性变更的，为新要约。有关合同标的、数量、质量、价款或者报酬、履行期限、履行地点和方式、违约责任和解决争议方法等的变更，是对要约内容的实质性变更。 释义 本条是关于承诺对要约内容作出实质性变更的规定。 依照本条规定，承诺的内容应当与要约的内容一致，但承诺对要约的内容并非绝对不可以改变，对非实质内容可以变更，改变实质内容则是一个新要约。需要注意的是，本条对于实质性条款项目的开列具有提示性质，实际交易的具体合同中，哪些条款内容的变更构成实质性变更，还需就个案进行具体分析。

相关法律、司法解释规定	民法典
《合同法》 **第三十一条** 承诺对要约的内容作出非实质性变更的，除要约人及时表示反对或者要约表明承诺不得对要约的内容作出任何变更的以外，该承诺有效，合同的内容以承诺的内容为准。	**第四百八十九条** 承诺对要约的内容作出非实质性变更的，除要约人及时表示反对或者要约表明承诺不得对要约的内容作出任何变更外，该承诺有效，合同的内容以承诺的内容为准。 释义 本条是关于承诺对要约内容作非实质性变更的规定。
《合同法》 **第三十二条** 当事人采用合同书形式订立合同的，自~~双方~~当事人签字或者盖章时合同成立。 **第三十六条** 法律、行政法规规定或者当事人约定采用书面形式订立~~合同~~，当事人未采用书面形式但一方已经履行主要义务，对方接受的，该合同成立。 **第三十七条** ~~采用合同书形式订立合同，~~在签字或者盖章之前，当事人一方已经履行主要义务，对方接受的，该合同成立。 《合同法司法解释（二）》 **第五条** 当事人采用合同书形式订立合同的，应当签字或者盖章。当事人在合同书上摁手印的，人民法院应当认定其具有与签字或者盖章同等的法律效力。	**第四百九十条** 当事人采用合同书形式订立合同的，自当事人**均**签名、盖章**或者按指印**时合同成立。在签名、盖章**或者按指印**之前，当事人一方已经履行主要义务，对方接受时，该合同成立。 法律、行政法规规定或者当事人约定**合同应当**采用书面形式订立，当事人未采用书面形式但是一方已经履行主要义务，对方接受时，该合同成立。 释义 本条是关于采用书面形式订立的合同成立时间的规定。 本条承继和整合了《合同法》和《合同法司法解释（二）》的有关规定，并进行了适当的修改和补充：一是基于整合的需要进行了语言表述上的优化；二是将“摁手印”修改为“按指印”并将其作为书面合同成立的重要标志；三是进行了体系上的优化，将《合同法》第37条的内容作为本条第2款。这两款使本条成为一个逻辑严密的完全规范，即第1款是一般情形下对合同书面形式的要求，第2款是对突破和推翻第1款要求的特殊情形的规范。

相关法律、司法解释规定	民法典
《合同法》 **第三十三条**　当事人采用信件、数据电文等形式订立合同的，~~可以在合同成立之前要求签订确认书。~~签订确认书时合同成立。 《电子商务法》 **第二条第二款**　本法所称电子商务，是指通过互联网等信息网络销售商品或者提供服务的经营活动。 **第四十九条第一款**　电子商务经营者发布的商品或者服务信息符合要约条件的，用户选择该商品或者服务并提交订单成功，合同成立。当事人另有约定的，从其约定。	**第四百九十一条**　当事人采用信件、数据电文等形式订立合同**要求签订确认书**的，签订确认书时合同成立。 **当事人一方通过互联网等信息网络发布的商品或者服务信息符合要约条件的，对方选择该商品或者服务并提交订单成功时合同成立，但是当事人另有约定的除外。** **释义**　本条是关于签订确认书的合同及电子合同成立时间的规定。 本条第1款在《合同法》第33条基础上稍作修改，即删除了“在合同成立之前”这一条件，而并未对要求签订确认书的提出时间作出限制性规定，条文含义没变。 近年来信息网络技术及其应用发展迅速，当事人通过信息网络销售商品或者提供服务已经较为普遍，“线上交易”成为合同交易中的重要类型。为了回应信息网络技术的发展，适应实践需要，本条第2款吸收了《电子商务法》的规定，对电子合同的成立时间作了规定。
《合同法》 **第三十四条**　承诺生效的地点为合同成立的地点。 采用数据电文形式订立合同的，收件人的主营业地为合同成立的地点；没有主营业地的，其经常居住地为合同成立的地点。当事人另有约定的，按照其约定。	**第四百九十二条**　承诺生效的地点为合同成立的地点。 采用数据电文形式订立合同的，收件人的主营业地为合同成立的地点；没有主营业地的，其住所地为合同成立的地点。当事人另有约定的，按照其约定。 **释义**　本条是关于合同成立地点的规定。

相关法律、司法解释规定	民法典
	本条第2款将《合同法》第34条中的"经常居住地"修改为"住所地"，一是因为本法第25条已经将自然人的"经常居住地"修改为"经常居所"，本法对民事主体已经不再使用"经常居住地"的概念。二是因为"经常居所"仅适用于自然人，而本条第2款的规则既适用于自然人也适用于法人和非人组织。三是因为采用数据电文形式订立合同往往发生在商事主体从事商业活动的过程中。但必须强调的是，本条第2款并不仅仅适用于确定商事合同的成立地点，因此其所指"没有主营业地"包括两种情形：其一，商事主体有多个营业地，但无法判断哪一个是主营业地；其二，不从事经营活动的民事主体，根本就没有主营业地。在这两种情况下，包含了承诺内容的数据电文的收件人住所地就是合同的成立地。
《合同法》 **第三十五条** 当事人采用合同书形式订立合同的，~~双方当事人~~签字或者盖章的地点为合同成立的地点。 **《合同法司法解释（二）》** **第四条** 采用书面形式订立合同，合同约定的签订地与实际签字或者盖章地点不符的，人民法院应当认定约定的签订地为合同签订地；合同没有约定签订地，双方当事人签字或者盖章不在同一地点的，人民法院应当认定最后签字或者盖章的地点为合同签订地。	**第四百九十三条** 当事人采用合同书形式订立合同的，**最后**签名、盖章**或者按指印**的地点为合同成立的地点，**但是当事人另有约定的除外。** 释义 本条是关于采用合同书形式订立的合同成立地点的规定。 本条主要作了两处修改：（1）将当事人采用合同书形式订立合同的成立地点修改为"最后签名、盖章或者按指印的地点"，较原条文作了重大修改；（2）增加了当事人另有约定的除外条款。这两处修改使本条规定变得更为科学。

相关法律、司法解释规定	民法典
《合同法》 **第三十八条** 国家根据需要下达指令性任务或者国家订货任务的，有关法人、其他组织之间应当依照有关法律、行政法规规定的权利和义务订立合同。	**第四百九十四条** 国家根据**抢险救灾、疫情防控或者其他**需要下达国家订货任务、指令性任务的，有关民事主体之间应当依照有关法律、行政法规规定的权利和义务订立合同。 **依照法律、行政法规的规定负有发出要约义务的当事人，应当及时发出合理的要约。** **依照法律、行政法规的规定负有作出承诺义务的当事人，不得拒绝对方合理的订立合同要求。** 释义 本条是关于强制缔约义务的规定。 民法上的自愿原则并非无限制，为了维护国家利益、社会公共利益或者照顾弱势一方利益等政策考量，有必要在特定情形下对民法自愿原则予以适当限制。随着新冠肺炎疫情在全球暴发，为更好地发挥本条在抢险救灾、疫情防控等紧急突发情况中的有效作用，特在第1款作出相应修改，并新增两款分别作出强制发出要约义务和强制作出承诺义务的规定。
《买卖合同司法解释》① **第二条** 当事人签订认购书、订购书、预订书~~、意向书、备忘录~~等预约合同，约定在将来一定期限内订立~~买卖~~合同，一方不履行订立~~买卖~~合同的义务，对方请求其承担预约合同违约责任~~或者要求解除预约合同并主张~~	**第四百九十五条** 当事人约定在将来一定期限内订立**合同的**认购书、订购书、预订书等，**构成**预约合同。 **当事人**一方不履行**预约合同约定的订立合同义务的**，对方**可以**请求其承担**预约合同的**违约责任。 释义 本条是关于预约合同的规定。

① 《最高人民法院关于审理买卖合同纠纷案件适用法律问题的解释》简称《买卖合同司法解释》。

相关法律、司法解释规定	民法典
损害赔偿的，人民法院应予支持。	为了应对实践需求，本条在吸收司法解释规定的基础上，明确将预约合同作为一项基本的民事制度予以规定，适用于各种交易活动。本条界定了预约合同的定义，并对预约合同的违约责任作了原则性规定。 本条第2款删去了“要求解除预约合同并主张损害赔偿”这一违约责任的承担方式。删去这一救济方式的原因主要是：本条确认预约为一种合同行为，则其合同的解除应当依照普通合同解除的条件，具体规定在本法第562条、第563条。若本条直接规定非违约方有权解除合同并要求赔偿损失，则赋予了其单方的法定解除权。而预约合同的当事人享有法定解除权不仅需要另一方不履行合同约定的订立合同义务，而且需要满足上述条文的其他要件，如“致使合同目的不能实现”。
《合同法》 **第三十九条** 采用格式条款订立合同的，提供格式条款的一方应当遵循公平原则确定当事人之间的权利和义务，并采取合理的方式提请对方注意免除或者限制其责任的条款，按照对方的要求，对该条款予以说明。 格式条款是当事人为了重复使用而预先拟定，并在订立合同时未与对方协商的条款。 《合同法司法解释（二）》 **第九条** 提供格式条款的一方当事人违反合同法第三十九条第一款关于	**第四百九十六条** 格式条款是当事人为了重复使用而预先拟定，并在订立合同时未与对方协商的条款。 采用格式条款订立合同的，提供格式条款的一方应当遵循公平原则确定当事人之间的权利和义务，并采取合理的方式提示对方注意免除或者减轻其责任**等与对方有重大利害关系**的条款，按照对方的要求，对该条款予以说明。提供格式条款的一方**未履行**提示或者说明义务，致使对方没有注意**或者理解与其有重大利害关系**的条款的，对方**可以主张该条款不成为合**

相关法律、司法解释规定	民法典
提示和说明义务~~的规定~~，导致对方没有注意~~免除或者限制其责任~~的条款，对方~~当事人申请撤销该格式条款的，人民法院应当支持~~。	同的内容。 释义　本条是关于格式条款的定义和提示、说明义务的规定。本条第1款是关于格式条款的定义性规定，第2款为完全法条，确立了格式条款订立的行为模式及其法律效果。 “有重大利害关系的条款”，一般来说主要包括但不限于格式条款提供方免除或者减轻其责任、加重对方责任、限制或者排除对方主要权利等，其认定要视格式条款的具体情况而定。需要注意的是，本条第2款规定的“该条款不成为合同的内容”，只能由相对方主张，格式条款提供方无权主张，这也是从制度设计上对相对方所作的倾斜性保护。
《合同法》 **第四十条**　格式条款具有本法第五十二条和第五十三条规定情形~~的~~，~~或者~~提供格式条款一方免除其责任、加重对方责任、排除对方主要权利~~的~~，该条款无效。 **《合同法司法解释（二）》** **第十条**　提供格式条款的一方当事人违反合同法第三十九条第一款的规定，并具有合同法第四十条规定的情形之一的，人民法院应当认定该格式条款无效。	**第四百九十七条**　有下列情形之一的，该格式条款无效： （一）具有本法第一编第六章第三节和本法第五百零六条规定的无效情形； （二）提供格式条款一方不合理地免除或者减轻其责任、加重对方责任、限制对方主要权利； （三）提供格式条款一方排除对方主要权利。 释义　本条是关于格式条款无效的规定。 相较于《合同法》第40条，本条分项列出格式合同无效的情形，更为系统、完善。格式合同无效的情形有两种：一是与其他民事法律行为通用的无效情形，即本条第1项规定。

相关法律、司法解释规定	民法典
	二是格式条款特有的无效情形，即本条第2项、第3项规定。
《合同法》 **第四十一条**　对格式条款的理解发生争议的，应当按照通常理解予以解释。对格式条款有两种以上解释的，应当作出不利于提供格式条款一方的解释。格式条款和非格式条款不一致的，应当采用非格式条款。	**第四百九十八条**　对格式条款的理解发生争议的，应当按照通常理解予以解释。对格式条款有两种以上解释的，应当作出不利于提供格式条款一方的解释。格式条款和非格式条款不一致的，应当采用非格式条款。 释义　本条是关于格式条款解释的规定。
《合同法司法解释（二）》 **第三条**　悬赏人以公开方式声明对完成一定行为的人支付报酬，完成特定行为的人请求悬赏人支付报酬的，人民法院依法予以支持。但悬赏有合同法第五十二条规定情形的除外。	**第四百九十九条**　悬赏人以公开方式声明对完成特定行为的人支付报酬的，完成该行为的人可以请求其支付。 释义　本条是关于悬赏广告的规定。 本条在吸收司法实践经验的基础上，对悬赏广告制度的基本规则作了规定，为规范悬赏广告行为、处理悬赏广告纠纷提供了基本依据，并为悬赏广告制度的丰富和发展奠定了民事基本法上的基础。
《合同法》 **第四十二条**　当事人在订立合同过程中有下列情形之一，给对方造成损失的，应当承担损害赔偿责任： （一）假借订立合同，恶意进行磋商； （二）故意隐瞒与订立合同有关的重要事实或者提供虚假情况； （三）有其他违背诚实信用原则的行为。	**第五百条**　当事人在订立合同过程中有下列情形之一，造成对方损失的，应当承担赔偿责任： （一）假借订立合同，恶意进行磋商； （二）故意隐瞒与订立合同有关的重要事实或者提供虚假情况； （三）有其他违背诚信原则的行为。 释义　本条是关于缔约过失责任的规定，相较《合同法》，略作文字性

相关法律、司法解释规定	民法典
《合同法司法解释（二）》 **第八条** 依照法律、行政法规的规定经批准或者登记才能生效的合同成立后，有义务办理申请批准或者申请登记等手续的一方当事人未按照法律规定或者合同约定办理申请批准或者未申请登记的，属于合同法第四十二条第（三）项规定的“其他违背诚实信用原则的行为”，人民法院可以根据案件的具体情况和相对人的请求，判决相对人自己办理有关手续；对方当事人对由此产生的费用和给相对人造成的实际损失，应当承担损害赔偿责任。	修改。 缔约过失责任指当事人在订立合同过程中，因违背诚信原则而给对方造成损失的赔偿责任。缔约过失责任是以诚信原则为基础的民事责任。在这个阶段，合同尚未成立，但一方对另一方在协商、谈判中实施的行为已经产生了合理信赖。如果当事人在这个阶段实施了违背诚信原则的行为，例如隐瞒了重要事实和情况等，使对方的信赖利益受损，缔约过失责任即成立。
《合同法》 **第四十三条** 当事人在订立合同过程中知悉的商业秘密，无论合同是否成立，不得泄露或者不正当地使用。泄露或者不正当地使用该商业秘密给对方造成损失的，应当承担~~损害~~赔偿责任。	**第五百零一条** 当事人在订立合同过程中知悉的商业秘密**或者其他应当保密的信息**，无论合同是否成立，不得泄露或者不正当地使用；泄露、不正当地使用该商业秘密**或者信息**，造成对方损失的，应当承担赔偿责任。 释义 本条是关于合同订立过程中当事人保密义务的规定，是对《合同法》第43条的补充修改，扩大了保密义务的范围。违法泄露或者不正当地使用商业秘密的，不仅限于承担民事赔偿责任，还有可能承担行政责任甚至刑事责任。
	第三章 合同的效力
《合同法》 **第四十四条** 依法成立的合同，自成立时生效。 法律、行政法规规定应当办理批	**第五百零二条** 依法成立的合同，自成立时生效，**但是法律另有规定或者当事人另有约定的除外。** **依照**法律、行政法规**的规定，合**

相关法律、司法解释规定	民法典
准~~、登记~~等手续~~生效~~的，依照其规定。 **第七十七条第二款** 法律、行政法规规定<u>变更合同</u>应当办理批准~~、登记~~等手续的，<u>依照其</u>规定。 **第八十七条** 法律、行政法规规定<u>转让权利或者转移义务</u>应当办理批准~~、登记~~等手续的，<u>依照其</u>规定。 **第九十六条第二款** 法律、行政法规规定<u>解除合同</u>应当办理批准~~、登记~~等手续的，<u>依照其</u>规定。 **《合同法司法解释（一）》** **第九条** 依照合同法第四十四条第二款的规定，法律、行政法规规定合同应当办理批准手续，或者办理批准、登记等手续才生效，在一审法庭辩论终结前当事人仍未办理批准手续的，或者仍未办理批准、登记等手续的，人民法院应当认定该合同未生效；法律、行政法规规定合同应当办理登记手续，但未规定登记后生效的，当事人未办理登记手续不影响合同的效力，合同标的物所有权及其他物权不能转移。 合同法第七十七条第二款、第八十七条、第九十六条第二款所列合同变更、转让、解除等情形，依照前款规定处理。	同应当办理批准等手续的，依照其规定。**未办理批准等手续影响合同生效的，不影响合同中履行报批等义务条款以及相关条款的效力。应当办理申请批准等手续的当事人未履行义务的，对方可以请求其承担违反该义务的责任。** **依照**法律、行政法规**的**规定，<u>合同的变更、转让、解除等情形</u>应当办理批准等手续的，<u>适用前款</u>规定。 **释义** 本条是关于合同生效时间以及未办理影响合同生效的批准等手续的法律后果的规定。 本条第1款增加后半句规定，是本法第136条关于民事法律行为生效时间在合同领域的体现。本条第2款相较《合同法》改动较大：(1) 删除“登记”是因为《合同法》颁布时，还存在须经登记才能生效的合同。目前来看，现行法律、行政法规已经不存在关于合同须经登记才能生效的规定。(2) 本条在总结司法实践经验的基础上，明确将履行报批等义务条款以及相关条款作为一种特殊的条款予以独立对待，即使合同整体因未办理批准等手续不生效，也不影响合同中履行报批等义务条款以及相关条款的效力。负有报批义务的一方当事人未履行义务的，对方也就可以单独就违反报批义务要求其承担责任。
《合同法司法解释（二）》 **第十二条** 无权代理人以被代理人的名义订立合同，被代理人已经开始履行合同义务的，视为对合同的追认。	**第五百零三条** 无权代理人以被代理人的名义订立合同，被代理人已经开始履行合同义务**或者接受相对人履行**的，视为对合同的追认。

相关法律、司法解释规定	民法典
	本条是关于被代理人以默示方式追认无权代理行为的规定，由司法解释修改完善而来。本条补充了无权代理的合同被默示追认的情形，增加了“接受相对人履行”的表述，是对原来追认体系的完善。
第五十条 法人~~或者其他组织~~的法定代表人、负责人超越权限订立的合同，除相对人知道或者应当知道其超越权限的以外，该代表行为有效。	**第五百零四条** 法人的法定代表人或者**非法人组织的**负责人超越权限订立的合同，除相对人知道或者应当知道其超越权限外，该代表行为有效，**订立的合同对法人或者非法人组织发生效力**。 释义 本条是关于法定代表人或者负责人超越权限订立的合同法律效果的规定。 本条修改是为了与本法总则编增设非法人组织的规定相一致。此外，本条增加“订立的合同对法人或者非法人组织发生效力”。对于法定代表人、负责人超越权限订立合同的，不仅要解决代表行为的效力问题，更应当进一步明确所订立的合同的法律效果归属问题，即合同权利和义务是否由法人、非法人组织承受，以更贴切、明确地表达合同法律效果归属问题。
《合同法司法解释（一）》 **第十条** 当事人超越经营范围订立合同，人民法院不因此认定合同无效。~~但违反国家限制经营、特许经营以及法律、行政法规禁止经营规定的除外~~。	**第五百零五条** 当事人超越经营范围订立**的合同的效力，应当依照本法第一编第六章第三节和本编的有关规定确定，**不得仅以超越经营范围确认合同无效。 释义 本条是关于超越经营范围订立的合同效力的规定。根据本条规定，不得仅以超越经营范围确认合同无效。

相关法律、司法解释规定	民法典
《合同法》 **第五十三条**　合同中的下列免责条款无效： （一）造成对方人身<u>伤害</u>的； （二）因故意或者重大过失造成对方财产损失的。	**第五百零六条**　合同中的下列免责条款无效： （一）造成对方人身<u>损害</u>的； （二）因故意或者重大过失造成对方财产损失的。 **释义**　本条是关于免责条款效力的规定。
《合同法》 **第五十七条**　合同无效、被撤销或者终止的，不影响合同中~~独立存在的~~有关解决争议方法的条款的效力。	**第五百零七条**　合同不生效、无效、被撤销或者终止的，不影响合同中有关解决争议方法的条款的效力。 **释义**　本条是关于解决争议方法条款效力独立性的规定。 “合同不生效”是相对于《合同法》新增加的，典型的情形包括两种：一是依照本法第502条规定须办理批准等手续生效的合同，当事人未办理批准等手续，虽然报批等义务条款以及相关条款独立生效，但合同整体不生效；二是附生效条件的合同，所附条件确定无法具备，合同确定不发生效力。合同不生效的情形也面临着确定责任承担、解决争议的问题。
	第五百零八条　本编对合同的效力没有规定的，适用本法第一编第六章的有关规定。 **释义**　本条是关于合同效力适用指引的规定。 本条为新增规定，为了避免条文重复，本编合同效力部分删去了与总则编关于民事法律行为效力相重复的规定。但是，合同作为法律行为的一种，自应符合民事法律行为的一般生

相关法律、司法解释规定	民法典
	效要件才可生效。本条的目的就是通过法律援引技术，提示法官在判定合同的效力时仍然要考虑民事法律行为的一般生效要件。
	第四章　合同的履行
第六十条　当事人应当按照约定全面履行自己的义务。 当事人应当遵循诚实信用原则，根据合同的性质、目的和交易习惯履行通知、协助、保密等义务。	**第五百零九条**　当事人应当按照约定全面履行自己的义务。 当事人应当遵循诚信原则，根据合同的性质、目的和交易习惯履行通知、协助、保密等义务。 **当事人在履行合同过程中，应当避免浪费资源、污染环境和破坏生态。** 释义　本条是关于合同履行原则的规定。 本条第3款是对作为民法基本原则的绿色原则的进一步强调，由此，绿色原则也成为合同履行的一般原则。
《合同法》 **第六十一条**　合同生效后，当事人就质量、价款或者报酬、履行地点等内容没有约定或者约定不明确的，可以协议补充；不能达成补充协议的，按照合同有关条款或者交易习惯确定。	**第五百一十条**　合同生效后，当事人就质量、价款或者报酬、履行地点等内容没有约定或者约定不明确的，可以协议补充；不能达成补充协议的，按照合同相关条款或者交易习惯确定。 释义　本条是关于约定不明时合同内容确定的有关规定。 本条关于合同内容补充规定适用的前提是，合同已经依法成立并生效。如果合同尚未成立、生效，此时合同没有进入履行阶段，自然没有进行内容补充的必要。

相关法律、司法解释规定	民法典
《合同法》 **第六十二条** 当事人就有关合同内容约定不明确，依照本法第六十一条的规定仍不能确定的，适用下列规定： （一）质量要求不明确的，按照~~国家标准、行业标准履行~~；没有国家标准、行业标准的，按照通常标准或者符合合同目的的特定标准履行。 （二）价款或者报酬不明确的，按照订立合同时履行地的市场价格履行；依法应当执行政府定价或者政府指导价的，按照规定履行。 （三）履行地点不明确，给付货币的，在接受货币一方所在地履行；交付不动产的，在不动产所在地履行；其他标的，在履行义务一方所在地履行。 （四）履行期限不明确的，债务人可以随时履行，债权人也可以随时要求履行，但应当给对方必要的准备时间。 （五）履行方式不明确的，按照有利于实现合同目的的方式履行。 （六）履行费用的负担不明确的，由履行义务一方负担。	**第五百一十一条** 当事人就有关合同内容约定不明确，依据前条规定仍不能确定的，适用下列规定： （一）质量要求不明确的，按照**强制性国家标准履行；没有强制性国家标准的，按照推荐性国家标准履行；没有推荐性国家标准的，按照行业标准履行**；没有国家标准、行业标准的，按照通常标准或者符合合同目的的特定标准履行。 （二）价款或者报酬不明确的，按照订立合同时履行地的市场价格履行；依法应当执行政府定价或者政府指导价的，依照规定履行。 （三）履行地点不明确，给付货币的，在接受货币一方所在地履行；交付不动产的，在不动产所在地履行；其他标的，在履行义务一方所在地履行。 （四）履行期限不明确的，债务人可以随时履行，债权人也可以随时请求履行，但是应当给对方必要的准备时间。 （五）履行方式不明确的，按照有利于实现合同目的的方式履行。 （六）履行费用的负担不明确的，由履行义务一方负担；**因债权人原因增加的履行费用，由债权人负担。** 释义 本条是关于确定合同中质量、价款、履行地点等内容的规定。 本条有两处修改：(1) 第1项增加规定，一方面将国家标准区分为强制性标准和推荐性标准，确定了其作

相关法律、司法解释规定	民法典
	为解释依据的顺位关系，另一方面明确了国家标准和行业标准作为解释依据的顺位关系。(2) 第6项增加但书规则，是为了平衡债权人与债务人之间的利益，使这一补充解释规则更为合理。
《电子商务法》 **第五十一条** 合同标的为交付商品并采用快递物流方式交付的，收货人签收时间为交付时间。合同标的为提供服务的，生成的电子凭证或者实物凭证中载明的时间为交付时间；前述凭证没有载明时间或者载明时间与实际提供服务时间不一致的，实际提供服务的时间为交付时间。 合同标的为采用在线传输方式交付的，合同标的进入对方当事人指定的特定系统并且能够检索识别的时间为交付时间。 合同当事人对交付方式、~~交付~~时间另有约定的，从其约定。	**第五百一十二条　通过互联网等信息网络订立的电子**合同**的**标的为交付商品并采用快递物流方式交付的，收货人**的**签收时间为交付时间。**电子**合同**的**标的为提供服务的，生成的电子凭证或者实物凭证中载明的时间为提供服务时间；前述凭证没有载明时间或者载明时间与实际提供服务时间不一致的，以实际提供服务的时间为准。 **电子**合同**的**标的**物**为采用在线传输方式交付的，合同标的物进入对方当事人指定的特定系统且能够检索识别的时间为交付时间。 **电子**合同当事人对交付**商品或者提供服务的**方式、时间另有约定的，按照其约定。 释义　本条是关于电子合同交付商品或者提供服务的方式、时间的规定。 本条根据电子合同履行中的实践情况，吸收《电子商务法》的有关规定，区分电子合同的标的为交付商品或者提供服务分别作出规定，并有针对性地对采用在线传输方式交付标的物的情形作出专门规定。

相关法律、司法解释规定	民法典
《合同法》 **第六十三条** 执行政府定价或者政府指导价的，在合同约定的交付期限内政府价格调整时，按照交付时的价格计价。逾期交付标的物的，遇价格上涨时，按照原价格执行；价格下降时，按照新价格执行。逾期提取标的物或者逾期付款的，遇价格上涨时，按照新价格执行；价格下降时，按照原价格执行。	**第五百一十三条** 执行政府定价或者政府指导价的，在合同约定的交付期限内政府价格调整时，按照交付时的价格计价。逾期交付标的物的，遇价格上涨时，按照原价格执行；价格下降时，按照新价格执行。逾期提取标的物或者逾期付款的，遇价格上涨时，按照新价格执行；价格下降时，按照原价格执行。 释义 本条是关于执行政府定价、政府指导价的规定。
	第五百一十四条 以支付金钱为内容的债，除法律另有规定或者当事人另有约定外，债权人可以请求债务人以实际履行地的法定货币履行。 释义 本条是关于以实际履行地的法定货币履行金钱债务的规定。 本条为新增规定，在合同交易中，对于以支付金钱为内容的债务，当事人可以约定以哪一币种履行债务。如果法律没有特别规定，当事人也没有约定的，债权人可以请求债务人以实际履行地的法定货币履行。
	第五百一十五条 标的有多项而债务人只需履行其中一项的，债务人享有选择权；但是，法律另有规定、当事人另有约定或者另有交易习惯的除外。 **享有选择权的当事人在约定期限内或者履行期限届满未作选择，经催告后在合理期限内仍未选择的，选择权转移至对方。**

相关法律、司法解释规定	民法典
	释义　本条是关于选择之债中选择权归属的规定。 本条是新增规定。基于《民法典》不设债法总则，需要将债法的一般性规则纳入合同编。选择之债的这些规定虽然是在合同编中予以规定，但其不仅仅适用于合同之债，可以作为债法的一般性规则。
	第五百一十六条　当事人行使选择权应当及时通知对方，通知到达对方时，标的确定。标的确定后不得变更，但是经对方同意的除外。 **可选择的标的发生不能履行情形的，享有选择权的当事人不得选择不能履行的标的，但是该不能履行的情形是由对方造成的除外。** 释义　本条为新增规定，承接上一条，明确了选择权的行使方法，以及选择权行使的效力。
《民法通则》 **第八十六条**　债权人为二人以上~~的~~，按照确定的份额分享权利。债务人为二人以上~~的~~，按照确定的份额分担义务。	**第五百一十七条**　债权人为二人以上，标的可分，按照份额各自享有债权的，为按份债权；债务人为二人以上，标的可分，按照份额各自负担债务的，为按份债务。 **按份债权人或者按份债务人的份额难以确定的，视为份额相同。** 释义　本条是关于按份债权和按份债务定义的规定。 相较于《民法通则》第86条，本条完善了按份之债的成立要件，增设了份额难以确定的情形下，多数一方当事人内部份额的确定规则。

相关法律、司法解释规定	民法典
	我国《民法典》不设债法总则，为了使合同编通则在一定程度上发挥债法总则的作用以满足实践需求，合同编第 517 条至第 521 条共 5 个条文对按份之债和连带之债的基本规则作了规定。
《民法通则》 **第八十七条**　债权人或者债务人一方人数为二人以上的，依照法律的规定或者当事人的约定，享有连带权利的每个债权人，都有权要求债务人履行义务；负有连带义务的每个债务人，都负有清偿全部债务的义务，履行了义务的人，有权要求其他负有连带义务的人偿付他应当承担的份额。	**第五百一十八条　债权人为二人以上，部分或者全部债权人均可以请求债务人履行债务的，为连带债权；债务人为二人以上，债权人可以请求部分或者全部债务人履行全部债务的，为连带债务。** **连带债权或者连带债务，由法律规定或者当事人约定。** 释义　本条是关于连带债权和连带债务定义的规定，是对《民法通则》第 87 条的继承和完善。连带之债是相对于按份之债而言的，与按份之债同属于复数主体债权债务。
	第五百一十九条　连带债务人之间的份额难以确定的，视为份额相同。 **实际承担债务超过自己份额的连带债务人，有权就超出部分在其他连带债务人未履行的份额范围内向其追偿，并相应地享有债权人的权利，但是不得损害债权人的利益。其他连带债务人对债权人的抗辩，可以向该债务人主张。** **被追偿的连带债务人不能履行其应分担份额的，其他连带债务人应当在相应范围内按比例分担。**

相关法律、司法解释规定	民法典
	释义 本条是关于连带债务人之间份额确定以及追偿的规定。 本条第1款是关于连带债务人之间份额确定的规定。债权人有权要求任一连带债务人履行全部债务，这是就各连带债务人与债权人之间的关系而言的。至于在连带债务人内部关系中如何确定各自应当承担的债务份额，有法律规定或者当事人约定的，按照法律规定或者当事人约定；如果既没有法律规定，也没有当事人约定，难以确定各连带债务人的债务份额的，则视为份额相同，即由各连带债务人平均分担债务。 本条第2款、第3款规定了连带债务人的追偿权。（1）连带债务人追偿权的成立条件和范围。连带债务人实际承担的债务须超过自己的债务份额，才能向其他连带债务人行使追偿权，并且行使追偿权的范围限于实际承担债务超过自己份额的部分。（2）连带债务规则设立的目的主要是保护债权人，为了合理平衡债权人与享有追偿权的连带债务人之间的利益，本条还规定，实际承担债务的连带债务人享有债权人的权利，但是不得损害债权人的利益。(3）实际承担债务超过自己份额的连带债务人在向其他连带债务人进行追偿时，只能要求其他连带债务人在各自未履行的份额范围内分担债务。(4）基于公平考虑，被追偿的连带债务人不能履行其应分担份额的，其他连带债务人应当在相应范围内按比例分担。

相关法律、司法解释规定	民法典
	第五百二十条　部分连带债务人履行、抵销债务或者提存标的物的，其他债务人对债权人的债务在相应范围内消灭；该债务人可以依据前条规定向其他债务人追偿。 **部分连带债务人的债务被债权人免除的，在该连带债务人应当承担的份额范围内，其他债务人对债权人的债务消灭。** **部分连带债务人的债务与债权人的债权同归于一人的，在扣除该债务人应当承担的份额后，债权人对其他债务人的债权继续存在。** **债权人对部分连带债务人的给付受领迟延的，对其他连带债务人发生效力。** 释义　本条是关于部分连带债务人与债权人之间发生的事项对其他连带债务人的效力的规定。(1) 履行、抵销债务或者提存。部分连带债务人向债权人履行债务，或者以债权人对自己所负债务与连带债务人对债权人所负债务相抵销，或者提存标的物，均可使债权人的债权全部或者部分得到满足，其他债务人对债权人的债务也就在相应范围内消灭。(2) 免除债务。债权人免除部分连带债务人的债务的，债权人仍可向其他债务人请求履行，但是其他债务人承担的连带债务数额要扣除被免除的连带债务人应当承担的内部份额。(3) 混同。部分连带债务人的债务与债权人的债权同归于一人的，混同后的债权人（或者

相关法律、司法解释规定	民法典
	发生混同的连带债务人）仍然可以以债权人的地位，向其他连带债务人请求承担连带债务，但是连带债务的数额要扣除发生混同的连带债务人应当承担的内部份额。
	第五百二十一条　连带债权人之间的份额难以确定的，视为份额相同。 **实际受领债权的连带债权人，应当按比例向其他连带债权人返还。** **连带债权参照适用本章连带债务的有关规定。** 释义　本条是关于连带债权内外部关系的规定。其中，第1款规定了债权人内部的债权份额确定规则。第2款规定了实际受领债务人给付的连带债权人对其他连带债权人的返还义务，换言之，实际上是赋予了其他连带债权人对实际受领给付的债权人返还请求权，这一规定为其他连带债权人提供了一项独立的请求权基础。
《合同法》 **第六十四条**　当事人约定由债务人向第三人履行债务的，债务人未向第三人履行债务或者履行债务不符合约定，应当向债权人承担违约责任。	**第五百二十二条**　当事人约定由债务人向第三人履行债务，债务人未向第三人履行债务或者履行债务不符合约定的，应当向债权人承担违约责任。 **法律规定或者当事人约定第三人可以直接请求债务人向其履行债务，第三人未在合理期限内明确拒绝，债务人未向第三人履行债务或者履行债务不符合约定的，第三人可以请求债务人承担违约责任；债务人对债权人的抗辩，可以向第三人主张。**

相关法律、司法解释规定	民法典
	释义 本条是关于利益第三人合同的规定，第2款为新增条款。 实践中涉及第三人利益的合同不断增多，为了更好实现合同缔结方意愿，加强对第三人利益的保护，本条在保留《合同法》第64条作为本条第1款的基础上，增加规定了第2款，明确了第三人对债务人的履行请求权。本条第1款为不真正利益第三人合同，坚守了合同相对性原则。本款规定情形下，由债务人向第三人履行债务，是债权人与债务人之间所作的约定，该约定不对第三人产生法律约束力。第2款为真正的利益第三人合同。二者的重要区别是真正的利益第三人合同的第三人取得对债务人的履行请求权，当然，这需要法律规定或者当事人作出约定。 涉他合同，又称为涉及第三人的合同，包括利益第三人合同和由第三人履行的合同。本条规定的是利益第三人合同，本编第523条规定的是由第三人履行的合同。
《合同法》 **第六十五条** 当事人约定由第三人向债权人履行债务的，第三人不履行债务或者履行债务不符合约定，债务人应当向债权人承担违约责任。	**第五百二十三条** 当事人约定由第三人向债权人履行债务，第三人不履行债务或者履行债务不符合约定的，债务人应当向债权人承担违约责任。 **释义** 本条是关于由第三人履行合同的规定。 对于本条规定，需要注意的是，由第三人履行的合同没有突破合同相对性，不解决债权人是否具有直接请

相关法律、司法解释规定	民法典
	求第三人履行的问题。债权人是否享有直接请求第三人履行的权利，属于真正利益第三人合同的范畴，要看债务人与第三人之间是否订有以债权人为受益人的真正利益第三人合同。
	第五百二十四条　债务人不履行债务，第三人对履行该债务具有合法利益的，第三人有权向债权人代为履行；但是，根据债务性质、按照当事人约定或者依照法律规定只能由债务人履行的除外。 **债权人接受第三人履行后，其对债务人的债权转让给第三人，但是债务人和第三人另有约定的除外。** 释义　本条是关于具有合法利益的第三人代为履行的规定。 第三人代为履行，是指合同关系以外的第三人基于一定的目的而对合同债务进行的履行。本条与本法第523条（由第三人履行的合同）虽同为对第三人合同债务的规定，但仍存在一定差异：(1) 由第三人履行的合同需要合同当事人事先在合同中作出相应的约定；而第三人代为履行不需要合同的事先约定，第三人之所以会对合同债务进行履行一般是因为其对债务具有一定的利害关系。(2) 由第三人履行的合同虽然涉及合同以外的第三人，但债权债务关系并未转移；而在第三人代为履行的场合，如果债权人接受了第三人的履行，除非债权人与债务人有相反的约定，否则债权移转至第三人。

相关法律、司法解释规定	民法典
《合同法》 **第六十六条** 当事人互负债务，没有先后履行顺序的，应当同时履行。一方在对方履行之前有权拒绝其履行要求。一方在对方履行债务不符合约定时，有权拒绝其相应的履行要求。	**第五百二十五条** 当事人互负债务，没有先后履行顺序的，应当同时履行。一方在对方履行之前有权拒绝其履行请求。一方在对方履行债务不符合约定时，有权拒绝其相应的履行请求。 释义 本条是关于同时履行抗辩权的规定。 同时履行抗辩权，是指在没有先后履行顺序的双务合同中，一方当事人在对方当事人未为履行或者履行不符合约定的情况下，享有拒绝对待给付的权利。同时履行抗辩权针对的是当事人互负债务，但是没有先后履行顺序的情况。同时履行抗辩权是一种防御性权利，而“防御”不是目的，目的在于打破僵局，促使债务履行。
《合同法》 **第六十七条** 当事人互负债务，有先后履行顺序，先履行一方未履行的，后履行一方有权拒绝其履行要求。先履行一方履行债务不符合约定的，后履行一方有权拒绝其相应的履行要求。	**第五百二十六条** 当事人互负债务，有先后履行顺序，**应当先履行债务**一方未履行的，后履行一方有权拒绝其履行请求。先履行一方履行债务不符合约定的，后履行一方有权拒绝其相应的履行请求。 释义 本条是关于后履行抗辩权的规定。 后履行抗辩权，是指在双务合同中应当先履行的一方当事人未履行或者履行债务不符合约定的，后履行的一方当事人享有拒绝对方履行请求或者拒绝对方相应履行请求的权利。后履行抗辩权属延期的抗辩权，只是暂时阻止对方当事人请求权的行使，而非永久的抗辩权。对方当事人履行了合同义务，后履行抗辩权消灭。

相关法律、司法解释规定	民法典
《合同法》 **第六十八条**　应当先履行债务的当事人，有确切证据证明对方有下列情形之一的，可以中止履行： （一）经营状况严重恶化； （二）转移财产、抽逃资金，以逃避债务； （三）丧失商业信誉； （四）有丧失或者可能丧失履行债务能力的其他情形。 当事人没有确切证据中止履行的，应当承担违约责任。	**第五百二十七条**　应当先履行债务的当事人，有确切证据证明对方有下列情形之一的，可以中止履行： （一）经营状况严重恶化； （二）转移财产、抽逃资金，以逃避债务； （三）丧失商业信誉； （四）有丧失或者可能丧失履行债务能力的其他情形。 当事人没有确切证据中止履行的，应当承担违约责任。 释义　本条是关于不安抗辩权的规定。 不安抗辩权，是指双务合同成立后，应当先履行的当事人有确切证据证明对方不能履行义务，或者不履行合同义务的可能性较高时，在对方恢复履行能力或者提供担保之前，有权中止履行合同义务。
《合同法》 **第六十九条**　当事人依照本法第六十八条的规定中止履行的，应当及时通知对方。对方提供适当担保时，应当恢复履行。中止履行后，对方在合理期限内未恢复履行能力并且未提供适当担保的，中止履行的一方可以解除合同。	**第五百二十八条**　当事人依据前条规定中止履行的，应当及时通知对方。对方提供适当担保的，应当恢复履行。中止履行后，对方在合理期限内未恢复履行能力且未提供适当担保的，**视为以自己的行为表明不履行主要债务**，中止履行的一方可以解除合同**并可以请求对方承担违约责任**。 释义　本条是关于不安抗辩权效力的规定。 本条对《合同法》第 69 条进行了修正，将后履行方在合理期限内未恢复履行能力且未提供担保“视为以自己的行为表明不履行主要债务”，实际上构成预期违约中的默示违约。

相关法律、司法解释规定	民法典
	需要注意，出现本条所规定的不安情势但后履行方未明确表示拒绝履行的，并非当然导致合同的解除，只有当后履行方在合理期限内未恢复履行能力且未提供担保的情形下，先履行方可按照预期违约制度解除合同，并请求对方承担违约责任；如果后履行方明确表示拒绝履行以及出现其他构成预期违约情形的，先履行方得直接解除合同并请求对方承担违约责任。
《合同法》 **第七十条** 债权人分立、合并或者变更住所没有通知债务人，致使履行债务发生困难的，债务人可以中止履行或者将标的物提存。	**第五百二十九条** 债权人分立、合并或者变更住所没有通知债务人，致使履行债务发生困难的，债务人可以中止履行或者将标的物提存。 **释义** 本条是关于债权人变更住所等致使债务履行困难时中止履行的规定。
《合同法》 **第七十一条** 债权人可以拒绝债务人提前履行债务，但提前履行不损害债权人利益的除外。 债务人提前履行债务给债权人增加的费用，由债务人负担。	**第五百三十条** 债权人可以拒绝债务人提前履行债务，但是提前履行不损害债权人利益的除外。 债务人提前履行债务给债权人增加的费用，由债务人负担。 **释义** 本条是关于提前履行债务的规定。
《合同法》 **第七十二条** 债权人可以拒绝债务人部分履行债务，但部分履行不损害债权人利益的除外。 债务人部分履行债务给债权人增加的费用，由债务人负担。	**第五百三十一条** 债权人可以拒绝债务人部分履行债务，但是部分履行不损害债权人利益的除外。 债务人部分履行债务给债权人增加的费用，由债务人负担。 **释义** 本条是关于部分履行债务的规定。

相关法律、司法解释规定	民法典
第七十六条 合同生效后，当事人不得因姓名、名称的变更或者法定代表人、负责人、承办人的变动而不履行合同义务。	**第五百三十二条** 合同生效后，当事人不得因姓名、名称的变更或者法定代表人、负责人、承办人的变动而不履行合同义务。 释义 本条是关于当事人不得因姓名、名称变更等不履行合同义务的规定。
《合同法司法解释（二）》 **第二十六条** 合同成立以后客观情况发生了当事人在订立合同时无法预见的、~~非不可抗力造成的~~不属于商业风险的重大变化，继续履行合同对于一方当事人明显不公平~~或者不能实现合同目的~~，当事人请求人民法院变更或者解除合同~~的，~~人民法院应当根据公平原则，并结合案件的实际情况确定是否变更或者解除。	**第五百三十三条** 合同成立后，合同的基础条件发生了当事人在订立合同时无法预见的、不属于商业风险的重大变化，继续履行合同对于当事人一方明显不公平的，**受不利影响的当事人可以与对方重新协商；在合理期限内协商不成的，**当事人**可以**请求人民法院**或者仲裁机构**变更或者解除合同。 人民法院**或者仲裁机构**应当结合案件的实际情况，根据公平原则变更或者解除合同。 释义 本条是关于情势变更制度的规定。 本条在司法解释的基础上，对情势变更的相关规定进行了完善。删除“不可抗力”表述，更便于司法实践适用；删除“不能实现合同目的”，在文义解释上，合同目的落空不能成为情势变更发生的判断标准。
《合同法》 **第一百二十七条** 工商行政管理部门和其他有关行政主管部门~~在各自的职权范围内，~~依照法律、行政法规的规定，对利用合同危害国家利益、社会公共利益的违法行为，负责监督处理~~；构成犯罪的，依法追究刑事责任。~~	**第五百三十四条** 对当事人利用合同**实施**危害国家利益、社会公共利益行为的，市场监督管理和其他有关行政主管部门依照法律、行政法规的规定负责监督处理。 释义 本条是关于对利用合同实施危害国家利益、社会公共利益行为进行监督处理的规定。

相关法律、司法解释规定	民法典
	第五章　合同的保全
《合同法》 **第七十三条**　因债务人怠于行使其~~到期~~债权，<u>对债权人造成损害</u>的，债权人可以向人民法院请求以自己的名义代位行使债务人的<u>债权</u>，但该<u>债权</u>专属于债务人自身的除外。 代位权的行使范围以债权人的债权为限。债权人行使代位权的必要费用，由债务人负担。 **《合同法司法解释（一）》** **第十一条**　债权人依照合同法第七十三条的规定提起代位权诉讼，应当符合下列条件： （一）债权人对债务人的债权合法； （二）债务人怠于行使其到期债权，对债权人造成损害； （三）债务人的债权已到期； （四）债务人的债权不是专属于债务人自身的债权。 **第十二条**　合同法第七十三条第一款规定的专属于债务人自身的债权，是指基于扶养关系、抚养关系、赡养关系、继承关系产生的给付请求权和劳动报酬、退休金、养老金、抚恤金、安置费、人寿保险、人身伤害赔偿请求权等权利。 **第十三条**　合同法第七十三条规定的“债务人怠于行使其到期债权，对债权人造成损害的”，是指债务人不履行其对债权人的到期债务，又不以诉讼方式或者仲裁方式向其债务人	**第五百三十五条**　因债务人怠于行使其债权**或者与该债权有关的从权利**，<u>影响债权人的到期债权实现</u>的，债权人可以向人民法院请求以自己的名义代位行使债务人**对相对人**的<u>权利</u>，但是该<u>权利</u>专属于债务人自身的除外。 代位权的行使范围以债权人的**到期**债权为限。债权人行使代位权的必要费用，由债务人负担。 **相对人对债务人的抗辩，可以向债权人主张。** **释义**　本条是关于代位权行使要件的规定。 本条主要有两处修改：（1）将“债权”修改为“债权或者与该债权有关的从权利”，扩大了代位权的客体适用范围，债务人怠于行使为其债权设定的担保权利（包括担保物权和保证）等影响债权实现的，亦可适用本条规定。（2）将代位权的行使要件“对债权人造成损害的”修改为“影响债权人的到期债权实现的”，使表述更加准确，也明确了代位权的行使条件是影响到期债权的实现，不含未到期债权。未到期债权的情形则规定在本法第536条中。

相关法律、司法解释规定	民法典
主张其享有的具有金钱给付内容的到期债权，致使债权人的到期债权未能实现。 次债务人（即债务人的债务人）不认为债务人有怠于行使其到期债权情况的，应当承担举证责任。 **第十四条** 债权人依照合同法第七十三条的规定提起代位权诉讼的，由被告住所地人民法院管辖。	
	第五百三十六条 债权人的债权到期前，债务人的债权或者与该债权有关的从权利存在诉讼时效期间即将届满或者未及时申报破产债权等情形，影响债权人的债权实现的，债权人可以代位向债务人的相对人请求其向债务人履行、向破产管理人申报或者作出其他必要的行为。 释义 本条是关于保存行为的规定。 本条是新增规定，列举了保存行为的两种典型类型。一是债权人可以代位债务人作出中断诉讼时效的行为。针对的是债权人的债权到期前，债务人的债权或者与债权有关的从权利存在诉讼时效期间即将届满的情况。二是债权人可以代位向破产管理人申报破产债权。针对的是债务人的相对人破产，债务人不积极申报破产债权，影响债权人的债权将来实现的，债权人可以代位向债务人的相对人的破产管理人申报破产债权。
《合同法司法解释（一）》 **第二十条** ~~债权人向次债务人提起的代位权诉讼经~~人民法院~~审理后~~认	**第五百三十七条** 人民法院认定代位权成立的，由债务人的相对人向债权人履行义务，**债权人接受履行后，**

相关法律、司法解释规定	民法典
定代位权成立的，由次债务人向债权人履行~~清偿~~义务，债权人与债务人、债务人与次债务人之间相应的债权债务关系即予消灭。	债权人与债务人、债务人与相对人之间相应的权利义务终止。**债务人对相对人的债权或者与该债权有关的从权利被采取保全、执行措施，或者债务人破产的，依照相关法律的规定处理。** 释义　本条是关于代位权行使效果的规定。 为了有利于调动债权人行使债权的积极性，强化对债权实现的保护力度，本条吸收了合同法司法解释的规定，对于代位权的行使效果采纳了"直接受偿规则"，使代位权制度既具有防止债务人责任财产减少的保全功能，又能在一定程度上达到促成债权人的债权实现的效果。需要注意的是，行使代位权，只是产生了使行使代位权的债权人先于其他债权人受清偿的实际效果，并不是要赋予行使代位权的债权人一种类似担保物权、建设工程价款优先受偿权这样的优先权，也不可以排除适用《企业破产法》的有关规定。
《合同法》 **第七十四条第一款第一句**　~~因~~债务人放弃其~~到期~~债权或者无偿转让财产，对债权人造成损害的，债权人可以请求人民法院撤销债务人的行为。 **《合同法司法解释（二）》** **第十八条**　债务人放弃其未到期的债权或者放弃债权担保，或者恶意延长到期债权的履行期，对债权人造成损害，债权人依照合同法第七十四条的规定提起撤销权诉讼的，人民法院应当支持。	**第五百三十八条**　债务人**以**放弃其债权、**放弃债权担保**、无偿转让财产**等方式无偿处分财产权益，或者恶意延长其到期债权的履行期限，**影响债权人的债权实现的，债权人可以请求人民法院撤销债务人的行为。 释义　本条对债务人无偿处分财产情形下撤销权的成立要件及行使作了规定。 本条继承了《合同法》第74条的规定，但对几种比较典型的无偿处分财产的行为作了列举式增补，并且

相关法律、司法解释规定	民法典
	用了一个“等”字用以涵盖其他各种无偿处分财产的行为。此外，本条还借鉴吸收司法实践经验，规定债权人也可以撤销债务人恶意延长其到期债权的履行期限的行为。
《合同法》 **第七十四条第一款第二句** 债务人以明显不合理的低价转让财产，对债权人造成损害，~~并且~~受让人知道该情形的，债权人~~也~~可以请求人民法院撤销债务人的行为。 《合同法司法解释（二）》 **第十九条** 对于合同法第七十四条规定的“明显不合理的低价”，人民法院应当以交易当地一般经营者的判断，并参考交易当时交易地的物价部门指导价或者市场交易价，结合其他相关因素综合考虑予以确认。 转让价格达不到交易时交易地的指导价或者市场交易价百分之七十的，一般可以视为明显不合理的低价；对转让价格高于当地指导价或者市场交易价百分之三十的，一般可以视为明显不合理的高价。 债务人以明显不合理的高价收购他人财产，人民法院可以根据债权人的申请，参照合同法第七十四条的规定予以撤销。	**第五百三十九条** 债务人以明显不合理的低价转让财产、**以明显不合理的高价受让他人财产或者为他人的债务提供担保**，影响债权人的债权实现，债务人的相对人知道**或者应当知道**该情形的，债权人可以请求人民法院撤销债务人的行为。 释义 本条是关于撤销债务人有偿行为的规定。 本条在《合同法》及其司法解释的基础上，进一步将可得撤销的有偿处分行为列举为三种：以明显不合理低价转让财产、以明显不合理高价受让他人财产、为他人的债务提供担保。此三种行为均会对债务人自身的清偿能力造成消极影响。此外，该条撤销权的行使要求债务人的相对人主观上存在恶意，债务人的相对人知道或者应当知道债务人的行为影响债权人的债权实现，该要件的举证责任由行使撤销权的债权人承担。
《合同法》 **第七十四条第二款** 撤销权的行使范围以债权人的债权为限。债权人行使撤销权的必要费用，由债务人负担。	**第五百四十条** 撤销权的行使范围以债权人的债权为限。债权人行使撤销权的必要费用，由债务人负担。 释义 本条是关于撤销权行使范围的规定。

相关法律、司法解释规定	民法典
《合同法》 **第七十五条** 撤销权自债权人知道或者应当知道撤销事由之日起一年内行使。自债务人的行为发生之日起五年内没有行使撤销权的，该撤销权消灭。	**第五百四十一条** 撤销权自债权人知道或者应当知道撤销事由之日起一年内行使。自债务人的行为发生之日起五年内没有行使撤销权的，该撤销权消灭。 释义 本条是关于撤销权行使期间的规定。 债权人行使撤销权，是对债务人行为的限制，债务人影响债权人的债权实现的行为被撤销的，自始没有法律约束力。因此，债权人撤销权的行使足以改变既存秩序，也会对交易安全制度带来一定的挑战，为了保持社会秩序的相对稳定，应当对撤销权的行使期间作一定的限制。
《合同法司法解释（一）》 **第二十五条第一款** 债权人依照合同法第七十四条的规定提起撤销权诉讼，请求人民法院撤销债务人放弃债权或转让财产的行为，人民法院应当就债权人主张的部分进行审理，依法撤销的，该行为自始无效。	**第五百四十二条 债务人影响债权人的债权实现的行为被撤销的，自始没有法律约束力。** 释义 本条是关于债务人行为被撤销的法律效果的规定。 本条是新增规定，其内容主要来源于《合同法司法解释（一）》第25条第1款的规定，目的是在债权人撤销权行使之后，对债权人与债务人之间、债务人与第三人（受让人或受益人）之间、债务人与其他债权人之间法律关系的变化作出调整。
	第六章 合同的变更和转让
《合同法》 **第七十七条第一款** 当事人协商一致，可以变更合同。	**第五百四十三条** 当事人协商一致，可以变更合同。 释义 本条是关于当事人协商一致变更合同的规定。

相关法律、司法解释规定	民法典
《合同法》 **第七十八条** 当事人对合同变更的内容约定不明确的，推定为未变更。	**第五百四十四条** 当事人对合同变更的内容约定不明确的，推定为未变更。 释义 本条是关于合同变更的内容约定不明确的规定。
《合同法》 **第七十九条** 债权人可以将合同的~~权利~~全部或者部分转让给第三人，但有下列情形之一的除外： （一）根据合同性质不得转让； （二）按照当事人约定不得转让； （三）依照法律规定不得转让。	**第五百四十五条** 债权人可以将债权的全部或者部分转让给第三人，但是有下列情形之一的除外： （一）根据债权性质不得转让； （二）按照当事人约定不得转让； （三）依照法律规定不得转让。 **当事人约定非金钱债权不得转让的，不得对抗善意第三人。当事人约定金钱债权不得转让的，不得对抗第三人。** 释义 本条是关于债权转让的规定。 相较于《合同法》，本条新增第2款，进一步增加了债权让与的自由度。考虑到债务人利益保护和债权流通性之间的平衡，在通过民事法律行为转让该类债权时，如果被转让的债权是非金钱债权，区分受让人的善恶意予以不同处理。如果被转让的债权是金钱债权，金钱债权的转让对债务人所造成的影响较小，而金钱债权的流通性价值在实践中却非常重要，此时，受让人无论善意还是恶意，都能取得债权，债务人不能对受让人主张债权禁止转让的抗辩，债务人因此所遭受的损失，有权请求让与人承担违约损害赔偿责任。

相关法律、司法解释规定	民法典
《合同法》 **第八十条**　债权人转让权利的，~~应当通知债务人。~~未经通知，该转让对债务人不发生效力。 债权人转让~~权利~~的通知不得撤销，但经受让人同意的除外。	**第五百四十六条**　债权人转让债权，**未通知债务人的，**该转让对债务人不发生效力。 债权转让的通知不得撤销，但是经受让人同意的除外。 **释义**　本条是关于债权转让通知的规定。 债权转让通知的目的是保护债务人，据此，是否通知债务人不影响受让人对转让债权的取得，因此，本条对《合同法》条文进行了修改，更为明确。在让与人和受让人之间的关系上，受让人取得转让债权不以通知债务人为条件，债权转让合同效力不因未通知债务人而受影响。当然，为保护债务人，债权转让未通知债务人，该转让对债务人不发生效力，即使受让人取得了债权，债务人也有权拒绝受让人的履行请求。
《合同法》 **第八十一条**　债权人转让权利的，受让人取得与债权有关的从权利，但该从权利专属于债权人自身的除外。	**第五百四十七条**　债权人转让债权的，受让人取得与债权有关的从权利，但是该从权利专属于债权人自身的除外。 **受让人取得从权利不因该从权利未办理转移登记手续或者未转移占有而受到影响。** **释义**　本条是关于受让人取得转让债权的从权利的规定。 本条在《合同法》的基础上增设第2款，债权人转让债权时，无需办理转移登记手续或者转移占有，受让人即取得该债权有关的从权利。债权受让人取得这些从权利是基于法律的

相关法律、司法解释规定	民法典
	规定，并非基于法律行为的物权变动，并且有利于保障主债权顺利实现。在债权转让前，这些从属性的担保权利已经进行了公示，公示公信的效果已经达成，因此没有进一步保护第三人进而维护交易安全的必要。
《合同法》 **第八十二条** 债务人接到债权转让通知后，债务人对让与人的抗辩，可以向受让人主张。 **《合同法司法解释（一）》** **第二十七条** 债权人转让合同权利后，债务人与受让人之间因履行合同发生纠纷诉至人民法院，债务人对债权人的权利提出抗辩的，可以将债权人列为第三人。	**第五百四十八条** 债务人接到债权转让通知后，债务人对让与人的抗辩，可以向受让人主张。 **释义** 本条是关于债权转让中债务人抗辩的规定。
《合同法》 **第八十三条** 债务人接到债权转让通知时，债务人对让与人享有债权，并且债务人的债权先于转让的债权到期或者同时到期的，债务人可以向受让人主张抵销。	**第五百四十九条** 有下列情形之一的，债务人可以向受让人主张抵销： （一）债务人接到债权转让通知时，债务人对让与人享有债权，且债务人的债权先于转让的债权到期或者同时到期； **（二）债务人的债权与转让的债权是基于同一合同产生。** **释义** 本条是关于债权转让中债务人抵销权的规定。 本条第1项沿袭了《合同法》第83条关于债务人抵销权的规定，第2项属于新增规定，增加了债权转让中债务人享有抵销权的第二种情形。由于两个债权是基于同一合同产生的，因此具有密切的联系，受让人就应当

相关法律、司法解释规定	民法典
	认识到债务人对让与人可能基于该合同享有债权，因此受让人能够在订立债权转让合同时对这种抵销可能性进行预先安排。
	第五百五十条　因债权转让增加的履行费用，由让与人负担。 释义　本条是关于因债权转让增加的履行费用负担的规定。 本条是新增规定，与本法第511条第6项的规定保持一致。当事人就有关履行费用的负担约定不明确并且无法确定的，因债权人原因增加的履行费用，由债权人负担。
《合同法》 **第八十四条**　债务人将合同的义务全部或者部分转移给第三人的，应当经债权人同意。	**第五百五十一条**　债务人将债务的全部或者部分转移给第三人的，应当经债权人同意。 **债务人或者第三人可以催告债权人在合理期限内予以同意，债权人未作表示的，视为不同意。** 释义　本条是关于债务转移的规定。 为了保护债权人的利益，本条在《合同法》基础上新增第2款，对于债权人的单纯沉默作出特别规定，债务人或者第三人可以催告债权人在合理期限内予以同意，债权人未作表示的，视为不同意。
	第五百五十二条　第三人与债务人约定加入债务并通知债权人，或者第三人向债权人表示愿意加入债务，债权人未在合理期限内明确拒绝的，债权人可以请求第三人在其愿意承担的债务范围内和债务人承担连带债务。

相关法律、司法解释规定	民法典
	释义　本条是关于债务加入的规定，为新增条文。 债务加入，即第三人加入到债务中，作为新债务人和原债务人一起向债权人负有连带债务。需要注意，债务加入与债务转移是有区别的：债务转移中，原则上原债务人不再作为债务人，因此债务转移又被称为免责的债务转移；但债务加入中，第三人和原债务人一起对债权人负有连带债务，因此债务加入也被称为并存的债务转移。可以看出，较之债务转移，债务加入对债权人更为有利。
《合同法》 **第八十五条**　债务人转移义务的，新债务人可以主张原债务人对债权人的抗辩。	**第五百五十三条**　债务人转移债务的，新债务人可以主张原债务人对债权人的抗辩；**原债务人对债权人享有债权的，新债务人不得向债权人主张抵销。** 释义　本条是关于债务转移中新债务人抗辩和抵销的规定。 本条在《合同法》第85条的基础上，增加了后半句规定，在债务转移中，因债权人对原债务人承担的债务而产生的抵销权，新债务人不能行使，否则无异于承认新债务人可以处分债务人的权利。
《合同法》 **第八十六条**　债务人转移义务的，新债务人应当承担与主债务有关的从债务，但该从债务专属于原债务人自身的除外。	**第五百五十四条**　债务人转移债务的，新债务人应当承担与主债务有关的从债务，但是该从债务专属于原债务人自身的除外。 释义　本条是关于债务转移中新债务人承担从债务的规定。

相关法律、司法解释规定	民法典
《合同法》 **第八十八条**　当事人一方经对方同意，可以将自己在合同中的权利和义务一并转让给第三人。	**第五百五十五条**　当事人一方经对方同意，可以将自己在合同中的权利和义务一并转让给第三人。 释义　本条是关于合同权利义务一并转让的规定。
《合同法》 **第八十九条**　权利和义务一并转让的，适用本法第七十九条、第八十一条至第八十三条、第八十五条至第八十七条的规定。	**第五百五十六条**　合同的权利和义务一并转让的，适用债权转让、债务转移的有关规定。 释义　本条是关于合同权利义务一并转让应当适用有关条款的规定。
	第七章　合同的权利义务终止
《合同法》 **第九十一条**　有下列情形之一的，合同的权利义务终止： （一）债务已经~~按照约定~~履行； ~~（二）合同解除；~~ （三）债务相互抵销； （四）债务人依法将标的物提存； （五）债权人免除债务； （六）债权债务同归于一人； （七）法律规定或者当事人约定终止的其他情形。	**第五百五十七条**　有下列情形之一的，债权债务终止： （一）债务已经履行； （二）债务相互抵销； （三）债务人依法将标的物提存； （四）债权人免除债务； （五）债权债务同归于一人； （六）法律规定或者当事人约定终止的其他情形。 **合同解除的，该合同的权利义务关系终止。** 释义　本条是关于债权债务终止情形的规定。 本条源自《合同法》第91条，将“合同解除”分列于第2款，作为一种特殊的消灭债权债务关系之情形，独立于其他六种情形规定。解除导致合同整体权利义务关系的终止，而非合同关系中单个债权债务的终止，并且在合同权利义务终止后，还涉及解除后的各种权利义务关系。同时，

相关法律、司法解释规定	民法典
	解除仅能适用于合同的权利义务关系，而不能适用于其他法定的债权债务关系。据此，本条在《合同法》规定的基础上将解除单独作为一款。
《合同法》 **第九十二条** 合同的权利义务终止后，当事人应当遵循诚实信用原则，根据交易习惯履行通知、协助、保密等义务。 《合同法司法解释（二）》 **第二十二条** 当事人一方违反合同法第九十二条规定的义务，给对方当事人造成损失，对方当事人请求赔偿实际损失的，人民法院应当支持。	**第五百五十八条** 债权债务终止后，当事人应当遵循诚信等原则，根据交易习惯履行通知、协助、保密、**旧物回收**等义务。 释义 本条是关于后合同义务的规定。 本条主要有两处修改：（1）将《合同法》中的“合同的权利义务”修改为“债权债务”，是因为本条规定的后合同义务不仅在合同的权利义务终止后会发生，在其他法定之债的债权债务终止后，也应当存在这些义务。（2）增加“旧物回收”的义务，是为促进生态文明建设，进一步落实绿色原则的要求。
	第五百五十九条 债权债务终止时，债权的从权利同时消灭，但是法律另有规定或者当事人另有约定的除外。 释义 本条是关于从权利随主权利消灭而消灭的规定。 本条是本次立法新增规定，是主权利和从权利相关理论进入立法的结果。从权利从属于主权利，也包括消灭上的从属性。当主权债务终止时，从权利一般也就没有了存在的价值，同时随之消灭。但是，法律可能作出不同的规定。例如，主债权部分消灭的，作为从权利之一的担保物权并不

相关法律、司法解释规定	民法典
	在相应范围内部分消灭，而是根据担保物权的不可分性，主债权部分消灭，担保物权仍然存在，担保财产仍然担保剩余的债权，直到债务人履行全部债务时为止。同时，本条也允许当事人另有约定，如果当事人约定债权债务终止时，债权的从权利并不消灭而是独立存在，一般应当允许当事人的此种约定发生效力，但法律另有规定的除外。
《合同法司法解释（二）》 **第二十条** 债务人的给付不足以清偿其对同一债权人所负的数笔相同种类的全部债务，应当优先抵充已到期的债务；~~几项~~债务均到期的，优先抵充对债权人缺乏担保或者担保~~数额~~最少的债务；~~担保数额相同的，优先抵充债务负担较重的债务~~；负担相同的，按照债务到期的先后顺序抵充；到期时间相同的，按比例抵充。~~但是，~~债权人与债务人对清偿的债务或者清偿抵充顺序有约定的除外。	**第五百六十条** 债务人对同一债权人负担的数项债务种类相同，债务人的给付不足以清偿全部债务的，**除当事人另有约定外，由债务人在清偿时指定其履行的债务。** 债务人未作指定的，应当优先履行已经到期的债务；**数项**债务均到期的，优先履行对债权人缺乏担保或者担保最少的债务；**均无担保或者担保相等的，优先履行债务人负担较重的债务**；负担相同的，按照债务到期的先后顺序履行；到期时间相同的，按照**债务**比例履行。 **释义** 本条是关于数项债务的清偿抵充顺序的规定。 本条继承了《合同法司法解释（二）》第20条的规定，同时，在确定清偿抵充顺序时，增加了指定抵充的规定；在法定抵充顺序要件中，增加了“无担保”，使该条更加周延。本条不仅填补了《合同法》的立法漏洞，关注到了法定抵充，对抵充顺序作出了法定安排；同时还强调了意定

相关法律、司法解释规定	民法典
	抵充的重要性，尊重双方当事人对债务抵充顺序所作的约定，反映了本条的逻辑严密性与内容严谨性。 根据本条规定，确定清偿抵充顺序的基本原则是有约定从约定，无约定从指定，无指定从法定。
《合同法司法解释（二）》 **第二十一条** 债务人除主债务之外还应当支付利息和费用，当其给付不足以清偿全部债务时，并且当事人没有约定的，~~人民法院~~应当按照下列顺序抵充： （一）实现债权的有关费用； （二）利息； （三）主债务。	**第五百六十一条** 债务人在履行主债务外还应当支付利息和**实现债权的有关**费用，其给付不足以清偿全部债务的，除当事人另有约定外，应当按照下列顺序履行： （一）实现债权的有关费用； （二）利息； （三）主债务。 释义 本条是关于费用、利息和主债务的清偿抵充顺序的规定。 本条基本继承了《合同法司法解释（二）》第21条的规定。实现债权的有关费用，包括保管费用、诉讼费用、执行费用等。
《合同法》 **第九十三条** 当事人协商一致，可以解除合同。 当事人可以约定一方解除合同的条件。解除合同的条件成就时，解除权人可以解除合同。	**第五百六十二条** 当事人协商一致，可以解除合同。 当事人可以约定一方解除合同的事由。解除合同的事由发生时，解除权人可以解除合同。 释义 本条是关于协商解除合同和约定解除权的规定。
《合同法》 **第九十四条** 有下列情形之一的，当事人可以解除合同： （一）因不可抗力致使不能实现合同目的；	**第五百六十三条** 有下列情形之一的，当事人可以解除合同： （一）因不可抗力致使不能实现合同目的； （二）在履行期限届满前，当事

相关法律、司法解释规定	民法典
（二）在履行期限届满之前，当事人一方明确表示或者以自己的行为表明不履行主要债务； （三）当事人一方迟延履行主要债务，经催告后在合理期限内仍未履行； （四）当事人一方迟延履行债务或者有其他违约行为致使不能实现合同目的； （五）法律规定的其他情形。 **《合同法司法解释（二）》** **第二十六条** 合同成立以后客观情况发生了当事人在订立合同时无法预见的、非不可抗力造成的不属于商业风险的重大变化，继续履行合同对于一方当事人明显不公平或者不能实现合同目的，当事人请求人民法院变更或者解除合同的，人民法院应当根据公平原则，并结合案件的实际情况确定是否变更或者解除。	人一方明确表示或者以自己的行为表明不履行主要债务； （三）当事人一方迟延履行主要债务，经催告后在合理期限内仍未履行； （四）当事人一方迟延履行债务或者有其他违约行为致使不能实现合同目的； （五）法律规定的其他情形。 **以持续履行的债务为内容的不定期合同，当事人可以随时解除合同，但是应当在合理期限之前通知对方。** 释义 本条是关于法定解除事由的规定。 相较于《合同法》，本条新增第2款规定以持续履行的债务为内容的不定期合同中当事人的解除权。
《合同法》 **第九十五条** 法律规定或者当事人约定解除权行使期限，期限届满当事人不行使的，该权利消灭。 法律没有规定或者当事人没有约定解除权行使期限，经对方催告后在合理期限内不行使的，该权利消灭。 **《商品房买卖合同司法解释》**① **第十五条** 根据《合同法》第九十四条的规定，出卖人迟延交付房屋	**第五百六十四条** 法律规定或者当事人约定解除权行使期限，期限届满当事人不行使的，该权利消灭。 法律没有规定或者当事人没有约定解除权行使期限，**自解除权人知道或者应当知道解除事由之日起一年内不行使，或者**经对方催告后在合理期限内不行使的，该权利消灭。 释义 本条是关于解除权行使期限的规定。

① 《最高人民法院关于审理商品房买卖合同纠纷案件适用法律若干问题的解释》简称《商品房买卖合同司法解释》。

相关法律、司法解释规定	民法典
或者买受人迟延支付购房款，经催告后在三个月的合理期限内仍未履行，当事人一方请求解除合同的，应予支持，但当事人另有约定的除外。 法律没有规定或者当事人没有约定，经对方当事人催告后，解除权行使的合理期限为三个月。对方当事人没有催告的，解除权应当在解除权发生之日起一年内行使；逾期不行使的，解除权消灭。	无论是约定解除权，还是法定解除权，解除权的行使，是法律赋予当事人保护自己合法权益的手段，但该权利的行使不能毫无限制。考虑到其他形成权的一般除斥期间，本条新增规定，自解除权人知道或者应当知道解除事由之日起1年内不行使的，解除权消灭。
《合同法》 **第九十六条第一款**　当事人一方~~依照本法第九十三条第二款、第九十四条的规定~~主张解除合同的，应当通知对方。合同自通知到达对方时解除。对方有异议的，可以请求人民法院或者仲裁机构确认解除合同的效力。 **《合同法司法解释（二）》** **第二十四条**　当事人对合同法第九十六条、第九十九条规定的合同解除或者债务抵销虽有异议，但在约定的异议期限届满后才提出异议并向人民法院起诉的，人民法院不予支持；当事人没有约定异议期间，在解除合同或者债务抵销通知到达之日起三个月以后才向人民法院起诉的，人民法院不予支持。	**第五百六十五条**　当事人一方**依法**主张解除合同的，应当通知对方。合同自通知到达对方时解除；**通知载明债务人在一定期限内不履行债务则合同自动解除，债务人在该期限内未履行债务的，合同自通知载明的期限届满时解除。**对方**对解除合同**有异议的，**任何一方当事人均**可以请求人民法院或者仲裁机构确认解除行为的效力。 **当事人一方未通知对方，直接以提起诉讼或者申请仲裁的方式依法主张解除合同，人民法院或者仲裁机构确认该主张的，合同自起诉状副本或者仲裁申请书副本送达对方时解除。** 释义　本条是关于解除权行使的规定。 本条第1款中在《合同法》规定的基础上增加相关规定，是考虑在实践中，解除权产生后，解除权人为了给对方一个纠正自己违约的机会，可能会向对方发出催告，载明要求对方履行，并且在合理期限内对方仍不履行的话，合同就自动解除。这对对方

相关法律、司法解释规定	民法典
	当事人并不会产生任何不利，反而是对其有利，获得了纠正自己违约的机会。 本条新增第2款规定了解除权人直接以诉讼或者仲裁方式行使解除权时合同解除的时间。人民法院或者仲裁机构确认解除权人享有解除权，则解除权人提起诉讼或者申请仲裁是解除权人意思表示的一种表达方式，只不过不是解除权人直接通知对方解除合同，而是通过法院或者仲裁机构向对方送达载明解除合同的意思表示的法律文书，均应产生合同解除的法律效果。
《合同法》 **第九十七条** 合同解除后，尚未履行的，终止履行；已经履行的，根据履行情况和合同性质，当事人可以要求恢复原状、采取其他补救措施，并有权要求赔偿损失。	**第五百六十六条** 合同解除后，尚未履行的，终止履行；已经履行的，根据履行情况和合同性质，当事人可以请求恢复原状或者采取其他补救措施，并有权请求赔偿损失。 **合同因违约解除的，解除权人可以请求违约方承担违约责任，但是当事人另有约定的除外。** **主合同解除后，担保人对债务人应当承担的民事责任仍应当承担担保责任，但是担保合同另有约定的除外。** 释义 本条是关于合同解除后法律后果的规定。 本条新增第2款和第3款分别规定了合同解除后的违约责任和担保责任。 第2款适用的前提是合同因违约而被解除，解除权人可以请求违约方承担退货、减少价款或者报酬、赔偿

相关法律、司法解释规定	民法典
	损失等违约责任。根据本条第3款规定，主合同解除后，债务人对于已经履行的债务应当恢复原状或者采取其他补救措施，对债权人利益的损失应当予以赔偿，此时债权人对债务人仍然享有请求权。担保本来就为保障主债务的履行而设立，合同因主债务未履行而被解除的，合同解除后所产生的债务人的责任也同样是因主债务未履行而导致的，因此担保人对债务人应当承担的民事责任仍应当承担担保责任。
《合同法》 **第九十八条**　合同的权利义务终止，不影响合同中结算和清理条款的效力。	**第五百六十七条**　合同的权利义务**关系**终止，不影响合同中结算和清理条款的效力。 释义　本条是关于结算和清理条款不受合同终止影响的规定。
《合同法》 **第九十九条**　当事人互负~~到期~~债务，该债务的标的物种类、品质相同的，任何一方可以将自己的债务与对方的债务抵销，<u>但依照法律规定或者按照合同性质</u>不得抵销的除外。 当事人主张抵销的，应当通知对方。通知自到达对方时生效。抵销不得附条件或者附期限。 《合同法司法解释（二）》 **第二十三条**　对于依照合同法第九十九条的规定可以抵销的到期债权，当事人约定不得抵销的，人民法院可以认定该约定有效。 **第二十四条**　当事人对合同法第	**第五百六十八条**　当事人互负债务，该债务的标的物种类、品质相同的，任何一方可以将自己的债务与对方的**到期**债务抵销<u>；但是，根据债务性质、**按照当事人约定**或者依照法律规定</u>不得抵销的除外。 当事人主张抵销的，应当通知对方。通知自到达对方时生效。抵销不得附条件或者附期限。 释义　本条是关于法定抵销的规定。 当事人约定不得抵销的，也应当不得抵销，司法实践中已对此明确承认。本条基于自愿原则，对此约定的效力予以承认。

相关法律、司法解释规定	民法典
九十六条、第九十九条规定的合同解除或者债务抵销虽有异议，但在约定的异议期限届满后才提出异议并向人民法院起诉的，人民法院不予支持；当事人没有约定异议期间，在解除合同或者债务抵销通知到达之日起三个月以后才向人民法院起诉的，人民法院不予支持。	
《合同法》 **第一百条**　当事人互负债务，标的物种类、品质不相同的，经~~双方~~协商一致，也可以抵销。	**第五百六十九条**　当事人互负债务，标的物种类、品质不相同的，经协商一致，也可以抵销。 释义　本条是关于约定抵销的规定。
《合同法》 **第一百零一条**　有下列情形之一，难以履行债务的，债务人可以将标的物提存： （一）债权人无正当理由拒绝受领； （二）债权人下落不明； （三）债权人死亡未确定继承人或者丧失民事行为能力未确定监护人； （四）法律规定的其他情形。 标的物不适于提存或者提存费用过高的，债务人依法可以拍卖或者变卖标的物，提存所得的价款。	**第五百七十条**　有下列情形之一，难以履行债务的，债务人可以将标的物提存： （一）债权人无正当理由拒绝受领； （二）债权人下落不明； （三）债权人死亡未确定继承人、**遗产管理人**，或者丧失民事行为能力未确定监护人； （四）法律规定的其他情形。 标的物不适于提存或者提存费用过高的，债务人依法可以拍卖或者变卖标的物，提存所得的价款。 释义　本条是关于提存条件的规定。 本法继承编全面建立了遗产管理人制度，遗产管理人享有处理被继承人债权的权利，从而遗产管理人成为法定的债之受领人。本条配合制度规定作出修改。

相关法律、司法解释规定	民法典
《合同法司法解释（二）》 **第二十五条** ~~依照合同法第一百零一条的规定，~~债务人将~~合同~~标的物或者标的物拍卖、变卖所得价款交付提存部门时，~~人民法院应当认定~~提存成立。 提存成立的，视为债务人在其提存范围内已经履行债务。	**第五百七十一条** 债务人将标的物或者**将**标的物**依法**拍卖、变卖所得价款交付提存部门时，提存成立。 提存成立的，视为债务人在其提存范围内已经交付标的物。 释义 本条是关于提存成立的规定。
《合同法》 **第一百零二条** 标的物提存后，~~除债权人下落不明的以外，~~债务人应当及时通知债权人或者债权人的继承人、监护人。	**第五百七十二条** 标的物提存后，债务人应当及时通知债权人或者债权人的继承人、**遗产管理人**、监护人、**财产代管人**。 释义 本条是关于提存通知的规定。 本条在《合同法》第102条的基础上，增加应通知的对象，扩展至债权人或者债权人的继承人、遗产管理人、监护人、财产代管人。此外，《合同法》将“债权人下落不明”作为免除债务人及时通知义务的事由，本条予以删除。在债权人下落不明时，如果债权人已经被宣告失踪并被确定财产代管人，则债务人可以向财产代管人履行，无需提存。如果没有确定财产代管人，债务人可以提存，在确定财产代管人之后通知财产代管人，在确定财产代管人之前债务人也可以申请提存部门采取公告等方式通知。
《合同法》 **第一百零三条** 标的物提存后，毁损、灭失的风险由债权人承担。提存期间，标的物的孳息归债权人所有。提存费用由债权人负担。	**第五百七十三条** 标的物提存后，毁损、灭失的风险由债权人承担。提存期间，标的物的孳息归债权人所有。提存费用由债权人负担。 释义 本条是关于提存期间风险、孳息和提存费用的规定。

相关法律、司法解释规定	民法典
《合同法》 **第一百零四条** 债权人可以随时领取提存物，但债权人对债务人负有到期债务的，在债权人未履行债务或者提供担保之前，提存部门根据债务人的要求应当拒绝其领取提存物。 债权人领取提存物的权利，自提存之日起五年内不行使而消灭，提存物扣除提存费用后归国家所有。	**第五百七十四条** 债权人可以随时领取提存物。但是，债权人对债务人负有到期债务的，在债权人未履行债务或者提供担保之前，提存部门根据债务人的要求应当拒绝其领取提存物。 债权人领取提存物的权利，自提存之日起五年内不行使而消灭，提存物扣除提存费用后归国家所有。**但是，债权人未履行对债务人的到期债务，或者债权人向提存部门书面表示放弃领取提存物权利的，债务人负担提存费用后有权取回提存物。** 释义 本条是关于债权人领取提存物的权利和债务人取回提存物的权利的规定。 完全不承认债务人的取回权，则在对债权人利益并无损害却可能损害债务人利益的情形中，可能使得债务人无法摆脱提存关系的约束而取回提存物，不利于实现债权人和债务人利益的平衡，因此，本条第2款增加规定了债务人取回提存物的权利，同时明确规定了具体的条件，以避免损害债权人的利益。
《合同法》 **第一百零五条** 债权人免除债务人部分或者全部债务的，合同的权利义务部分或者全部终止。	**第五百七十五条** 债权人免除债务人部分或者全部债务的，债权债务部分或者全部终止，**但是债务人在合理期限内拒绝的除外。** 释义 本条是关于免除债务的规定。 本条主要有两处修改：（1）将“合同的权利义务”修改为“债权债务”，以期使本条能适用于合同外的

相关法律、司法解释规定	民法典
	债务免除。(2) 考虑到给予他人好处的，无需他人同意，但他人可以拒绝，遂增加了债务人在合理期间内可以拒绝的规定。
《合同法》 **第一百零六条**　债权和债务同归于一人的，合同的权利义务终止，但涉及第三人利益的除外。	**第五百七十六条**　债权和债务同归于一人的，债权债务终止，但是损害第三人利益的除外。 释义　本条是关于债权债务混同的规定。 本条主要有两处修改：(1) 将“合同的权利义务”修改为“债权债务”以期使本条能适用于合同外债权债务的混同。(2) 将“但涉及第三人利益的除外”修改为“但是损害第三人利益的除外”以限制排除混同的范围，表述更加准确。
	第八章　违约责任
《合同法》 **第一百零七条**　当事人一方不履行合同义务或者履行合同义务不符合约定的，应当承担继续履行、采取补救措施或者赔偿损失等违约责任。	**第五百七十七条**　当事人一方不履行合同义务或者履行合同义务不符合约定的，应当承担继续履行、采取补救措施或者赔偿损失等违约责任。 释义　本条是关于违约责任基本规则的规定。
《合同法》 **第一百零八条**　当事人一方明确表示或者以自己的行为表明不履行合同义务的，对方可以在履行期限届满之前要求其承担违约责任。	**第五百七十八条**　当事人一方明确表示或者以自己的行为表明不履行合同义务的，对方可以在履行期限届满前请求其承担违约责任。 释义　本条是关于预期违约责任的规定。

相关法律、司法解释规定	民法典
《合同法》 **第一百零九条** 当事人一方未支付价款或者报酬的，对方可以要求其支付~~价款或者报酬~~。	**第五百七十九条** 当事人一方未支付价款、报酬、**租金、利息，或者不履行其他金钱债务**的，对方可以请求其支付。 释义 本条是关于金钱债务继续履行的规定。 本条在《合同法》第109条的基础上进一步抽象出“金钱债务”，并增列了租金、利息。金钱债务，是指以债务人给付一定货币作为内容的债务，包括以支付价款、报酬、租金、利息，或者以履行其他金钱债务为内容的债务。
《合同法》 **第一百一十条** 当事人一方不履行非金钱债务或者履行非金钱债务不符合约定的，对方可以要求履行，但有下列情形之一的除外： （一）法律上或者事实上不能履行； （二）债务的标的不适于强制履行或者履行费用过高； （三）债权人在合理期限内未要求履行。	**第五百八十条** 当事人一方不履行非金钱债务或者履行非金钱债务不符合约定的，对方可以请求履行，但是有下列情形之一的除外： （一）法律上或者事实上不能履行； （二）债务的标的不适于强制履行或者履行费用过高； （三）债权人在合理期限内未请求履行。 **有前款规定的除外情形之一，致使不能实现合同目的的，人民法院或者仲裁机构可以根据当事人的请求终止合同权利义务关系，但是不影响违约责任的承担。** 释义 本条是关于非金钱债务继续履行的规定。 本条新增第2款规定，使得在无法请求继续履行且合同陷入僵局时，允许司法终止合同。本款适用的前提

相关法律、司法解释规定	民法典
	有三个：一是对方当事人不能请求违约方继续履行；二是致使不能实现合同目的；三是当事人提出请求，双方当事人均有权请求人民法院或者仲裁机构终止合同。
	第五百八十一条　当事人一方不履行债务或者履行债务不符合约定，根据债务的性质不得强制履行的，对方可以请求其负担由第三人替代履行的费用。 释义　本条是关于替代履行费用的规定。 本条为新增条文，规范目的是通过赋予债权人请求债务人负担由第三人替代履行债务的权利，使不能直接强制履行的可替代性给付经由第三人的履行而达到实际履行的效果。
《合同法》 **第一百一十一条**　质量不符合约定的，应当按照当事人的约定承担违约责任。对违约责任没有约定或者约定不明确，依照本法第六十一条的规定仍不能确定的，受损害方根据标的的性质以及损失的大小，可以合理选择要求对方承担修理、更换、重作、退货、减少价款或者报酬等违约责任。 《买卖合同司法解释》 **第二十一条**　买受人依约保留部分价款作为质量保证金，出卖人在质量保证期间未及时解决质量问题而影响标的物的价值或者使用效果，出卖人主张支付该部分价款的，人民法院	**第五百八十二条**　履行不符合约定的，应当按照当事人的约定承担违约责任。对违约责任没有约定或者约定不明确，依据本法第五百一十条的规定仍不能确定的，受损害方根据标的的性质以及损失的大小，可以合理选择请求对方承担修理、重作、更换、退货、减少价款或者报酬等违约责任。 释义　本条是关于履行不符合约定的补救措施的规定。 《合同法》第111条适用的前提是“质量不符合约定的”，但可能无法涵盖采取补救措施的所有情形，故本条将之扩展为“履行不符合约定的”。

相关法律、司法解释规定	民法典
不予支持。 **第二十二条** 买受人在检验期间、质量保证期间、合理期间内提出质量异议，出卖人未按要求予以修理或者因情况紧急，买受人自行或者通过第三人修理标的物后，主张出卖人负担因此发生的合理费用的，人民法院应予支持。 **第二十三条** 标的物质量不符合约定，买受人依照合同法第一百一十一条的规定要求减少价款的，人民法院应予支持。当事人主张以符合约定的标的物和实际交付的标的物按交付时的市场价值计算差价的，人民法院应予支持。 价款已经支付，买受人主张返还减价后多出部分价款的，人民法院应予支持。	
《合同法》 **第一百一十二条** 当事人一方不履行合同义务或者履行合同义务不符合约定的，在履行义务或者采取补救措施后，对方还有其他损失的，应当赔偿损失。	**第五百八十三条** 当事人一方不履行合同义务或者履行合同义务不符合约定的，在履行义务或者采取补救措施后，对方还有其他损失的，应当赔偿损失。 **释义** 本条是关于履行义务或者采取补救措施后赔偿损失的规定。
《合同法》 **第一百一十三条** 当事人一方不履行合同义务或者履行合同义务不符合约定，给对方造成损失的，损失赔偿额应当相当于因违约所造成的损失，包括合同履行后可以获得的利益，但不得超过违反合同一方订立合	**第五百八十四条** 当事人一方不履行合同义务或者履行合同义务不符合约定，造成对方损失的，损失赔偿额应当相当于因违约所造成的损失，包括合同履行后可以获得的利益；但是，不得超过违约一方订立合同时预见到或者应当预见到的因违约可能造

相关法律、司法解释规定	民法典
同时预见到或者应当预见到的因违反合同可能造成的损失。 ~~经营者对消费者提供商品或者服务有欺诈行为的，依照《中华人民共和国消费者权益保护法》的规定承担损害赔偿责任~~。 **《买卖合同司法解释》** **第二十九条** 买卖合同当事人一方违约造成对方损失，对方主张赔偿可得利益损失的，人民法院应当根据当事人的主张，依据合同法第一百一十三条、第一百一十九条、本解释第三十条、第三十一条等规定进行认定。 **第三十条** 买卖合同当事人一方违约造成对方损失，对方对损失的发生也有过错，违约方主张扣减相应的损失赔偿额的，人民法院应予支持。 **第三十一条** 买卖合同当事人一方因对方违约而获有利益，违约方主张从损失赔偿额中扣除该部分利益的，人民法院应予支持。 **《商品房买卖合同司法解释》** **第八条** 具有下列情形之一，导致商品房买卖合同目的不能实现的，无法取得房屋的买受人可以请求解除合同、返还已付购房款及利息、赔偿损失，并可以请求出卖人承担不超过已付购房款一倍的赔偿责任： （一）商品房买卖合同订立后，出卖人未告知买受人又将该房屋抵押给第三人； （二）商品房买卖合同订立后，出卖人又将该房屋出卖给第三人。	成的损失。 **释义** 本条是关于法定的违约赔偿损失的规定。 本条删除《合同法》第113条第2款规定，是因为本法第11条已经作出统一规定，其他法律对民事关系有特别规定的，依照其规定。故本法将《合同法》的这一款删除。当然，违法行为符合特别法规定的惩罚性赔偿条件的，仍适用特别法的规定。

相关法律、司法解释规定	民法典
第九条 出卖人订立商品房买卖合同时，具有下列情形之一，导致合同无效或者被撤销、解除的，买受人可以请求返还已付购房款及利息、赔偿损失，并可以请求出卖人承担不超过已付购房款一倍的赔偿责任： （一）故意隐瞒没有取得商品房预售许可证明的事实或者提供虚假商品房预售许可证明； （二）故意隐瞒所售房屋已经抵押的事实； （三）故意隐瞒所售房屋已经出卖给第三人或者为拆迁补偿安置房屋的事实。	
《合同法》 **第一百一十四条** 当事人可以约定一方违约时应当根据违约情况向对方支付一定数额的违约金，也可以约定因违约产生的损失赔偿额的计算方法。 约定的违约金低于造成的损失的，当事人可以请求人民法院或者仲裁机构予以增加；约定的违约金过分高于造成的损失的，当事人可以请求人民法院或者仲裁机构予以适当减少。 当事人就迟延履行约定违约金的，违约方支付违约金后，还应当履行债务。 **《合同法司法解释（二）》** **第二十八条** 当事人依照合同法第一百一十四条第二款的规定，请求人民法院增加违约金的，增加后的违	**第五百八十五条** 当事人可以约定一方违约时应当根据违约情况向对方支付一定数额的违约金，也可以约定因违约产生的损失赔偿额的计算方法。 约定的违约金低于造成的损失的，人民法院或者仲裁机构可以根据当事人的请求予以增加；约定的违约金过分高于造成的损失的，人民法院或者仲裁机构可以根据当事人的请求予以适当减少。 当事人就迟延履行约定违约金的，违约方支付违约金后，还应当履行债务。 **释义** 本条是关于约定违约金的规定。 本条修改更为明确了司法酌增和司法酌减规则。

相关法律、司法解释规定	民法典
约金数额以不超过实际损失额为限。增加违约金以后，当事人又请求对方赔偿损失的，人民法院不予支持。 **第二十九条** 当事人主张约定的违约金过高请求予以适当减少的，人民法院应当以实际损失为基础，兼顾合同的履行情况、当事人的过错程度以及预期利益等综合因素，根据公平原则和诚实信用原则予以衡量，并作出裁决。 当事人约定的违约金超过造成损失的百分之三十的，一般可以认定为合同法第一百一十四条第二款规定的“过分高于造成的损失”。	
《担保法》 **第九十条** ~~定金应当以书面形式约定。当事人在定金合同中应当约定交付定金的期限。~~定金合同从实际交付定金之日起生效。 **第九十一条** 定金的数额由当事人约定，但不得超过主合同标的额的百分之二十。 《担保法司法解释》 **第一百一十九条** 实际交付的定金数额多于或者少于约定数额，视为变更~~定金合同；收受定金一方提出异议并拒绝接受定金的，定金合同不生效~~。	**第五百八十六条 当事人可以约定一方向对方给付定金作为债权的担保。**定金合同自实际交付定金时成立。 定金的数额由当事人约定；但是，不得超过主合同标的额的百分之二十，**超过部分不产生定金的效力。**实际交付的定金数额多于或者少于约定数额的，视为变更**约定的定金数额。** 释义 本条是关于违约定金的规定，吸收了《担保法》及其司法解释中关于定金的相关规定。
《合同法》 **第一百一十五条** ~~当事人可以依照《中华人民共和国担保法》约定一方向对方给付定金作为债权的担保。~~债务人履行债务后，定金应当抵作价	**第五百八十七条** 债务人履行债务的，定金应当抵作价款或者收回。给付定金的一方不履行债务**或者履行债务不符合约定，致使不能实现合同目的的，**无权请求返还定金；收受定

相关法律、司法解释规定	民法典
款或者收回。给付定金的一方不履行~~约定的~~债务~~的~~，无权要求返还定金；收受定金的一方不履行~~约定的~~债务~~的~~，应当双倍返还定金。	金的一方不履行债务**或者履行债务不符合约定，致使不能实现合同目的的**，应当双倍返还定金。 释义　本条是关于违约定金效力的规定。 本条源自《担保法》第 89 条和《合同法》第 115 条。在《合同法》的基础上增加“致使不能实现合同目的”条件，表述更加严谨，利于司法实践中准确把握。
《合同法》 **第一百一十六条**　当事人既约定违约金，又约定定金的，一方违约时，对方可以选择适用违约金或者定金条款。 **《买卖合同司法解释》** **第二十八条**　买卖合同约定的定金不足以弥补一方违约造成的损失，对方请求赔偿超过定金部分的损失的，人民法院可以并处，但定金和损失赔偿的数额总和不应高于因违约造成的损失。	**第五百八十八条**　当事人既约定违约金，又约定定金的，一方违约时，对方可以选择适用违约金或者定金条款。 **定金不足以弥补一方违约造成的损失的，对方可以请求赔偿超过定金数额的损失。** 释义　本条是关于定金与违约金、法定赔偿损失之间适用关系的规定。 本条第 2 款规定了定金和法定赔偿损失之间的适用关系。当约定的定金不足以弥补一方违约造成的损失的，守约方既可以请求定金，同时也可以就超过定金数额的部分请求法定的赔偿损失。此时，定金和损失赔偿的数额总和不会高于因违约造成的损失。这既有助于对守约方利益的充分保护，又避免了守约方获得超过其损失的利益。
	第五百八十九条　债务人按照约定履行债务，债权人无正当理由拒绝受领的，债务人可以请求债权人赔偿

相关法律、司法解释规定	民法典
	增加的费用。 **在债权人受领迟延期间，债务人无须支付利息。** 释义　本条为新增条款，是关于债权人无正当理由拒绝受领的法律后果的规定。
《合同法》 **第一百一十七条**　因不可抗力不能履行合同的，根据不可抗力的影响，部分或者全部免除责任，但法律另有规定的除外。当事人迟延履行后发生不可抗力的，不能免除责任。 ~~本法所称不可抗力，是指不能预见、不能避免并不能克服的客观情况。~~ **第一百一十八条**　~~当事人一方~~因不可抗力不能履行合同的，应当及时通知对方，以减轻可能给对方造成的损失，并应当在合理期限内提供证明。	**第五百九十条　当事人一方**因不可抗力不能履行合同的，根据不可抗力的影响，部分或者全部免除责任，但是法律另有规定的除外。因不可抗力不能履行合同的，应当及时通知对方，以减轻可能给对方造成的损失，并应当在合理期限内提供证明。 当事人迟延履行后发生不可抗力的，不免除**其违约**责任。 释义　本条是关于不可抗力后果的规定，整合自《合同法》第117条和第118条，表述更加简洁。此外，本法第180条第2款规定了不可抗力的定义，本条不再重复规定。
《合同法》 **第一百一十九条**　当事人一方违约后，对方应当采取适当措施防止损失的扩大；没有采取适当措施致使损失扩大的，不得就扩大的损失要求赔偿。 当事人因防止损失扩大而支出的合理费用，由违约方承担。	**第五百九十一条**　当事人一方违约后，对方应当采取适当措施防止损失的扩大；没有采取适当措施致使损失扩大的，不得就扩大的损失请求赔偿。 当事人因防止损失扩大而支出的合理费用，由违约方负担。 释义　本条是关于债权人防止损失扩大的减损义务的规定。
《合同法》 **第一百二十条**　当事人~~双方~~都违反合同的，应当各自承担相应的责任。	**第五百九十二条**　当事人都违反合同的，应当各自承担相应的责任。 **当事人一方违约造成对方损失，**

相关法律、司法解释规定	民法典
《买卖合同司法解释》 **第三十条** 买卖合同当事人一方违约造成对方损失，对方对损失的发生也有过错，违约方主张扣减相应的损失赔偿额的，人民法院应予支持。	对方对损失的发生有过错的，可以减少相应的损失赔偿额。 释义 本条是关于双方违约和与有过错的规定。 本条第1款源自《合同法》第120条，未予修改。第2款源自《买卖合同司法解释》第30条，规定了与有过错。与有过错，又称为过错相抵、混合过错，指受损害一方对于损害结果的发生存在过错的，在计算损失赔偿额时应当予以相应减少。
《合同法》 **第一百二十一条** 当事人一方因第三人的原因造成违约的，应当向对方承担违约责任。当事人一方和第三人之间的纠纷，依照法律规定或者按照约定解决。	**第五百九十三条** 当事人一方因第三人的原因造成违约的，应当**依法**向对方承担违约责任。当事人一方和第三人之间的纠纷，依照法律规定或者按照约定处理。 释义 本条是关于因第三人原因造成违约的规定。 本条来自《合同法》第121条，因理论和实践中争议较小，仅在表述上添加“依法”二字，以强调依据本法第577条的规定，即当事人一方不履行合同义务或者履行合同义务不符合约定的，应当承担继续履行、采取补救措施或者赔偿损失等违约责任。
《合同法》 **第一百二十九条** 因国际货物买卖合同和技术进出口合同争议提起诉讼或者申请仲裁的期限为四年~~，自当事人知道或者应当知道其权利受到侵害之日起计算。因其他合同争议提起诉讼或者申请仲裁的期限，依照有关法律的规定~~。	**第五百九十四条** 因国际货物买卖合同和技术进出口合同争议提起诉讼或者申请仲裁的**时效**期间为四年。 释义 本条是关于国际货物买卖合同和技术进出口合同争议的时效期间的规定。 本条是本法总则编第188条的特别规定，因国际货物买卖合同和技术

相关法律、司法解释规定	民法典
	进出口合同争议提起诉讼或者申请仲裁的，诉讼期间为4年，原因是此类合同发生的争议一般比较复杂，标的额度比较大，作出4年诉讼时效期间的特别规定能更好地保障当事人的利益。本章对特别诉讼时间的起算、中断、中止、绝对诉讼时效期间等没有作出规定，因此对此仍应当适用本法第188条至第199条的规定。
	第二分编　典型合同
	第九章　买卖合同
《合同法》 **第一百三十条**　买卖合同是出卖人转移标的物的所有权于买受人，买受人支付价款的合同。	**第五百九十五条**　买卖合同是出卖人转移标的物的所有权于买受人，买受人支付价款的合同。 释义　本条是关于买卖合同概念的规定。
《合同法》 **第一百三十一条**　买卖合同的内容~~除依照本法第十二条的规定以外，还可以~~包括包装方式、检验标准和方法、结算方式、合同使用的文字及其效力等条款。	**第五百九十六条**　买卖合同的内容**一般包括标的物的名称、数量、质量、价款、履行期限、履行地点和方式**、包装方式、检验标准和方法、结算方式、合同使用的文字及其效力等条款。 释义　本条是关于买卖合同条款的规定。 相较于《合同法》第596条，本条对买卖合同的内容进行具体化的列举规定。需要注意，本条只是起到提示性的作用，不具有强制约束力，对于买卖合同的成立及效力，对于买卖合同当事人的具体权利义务等并无实质性的影响。

相关法律、司法解释规定	民法典
《合同法》 **第一百三十二条** ~~出卖的标的物，应当属于出卖人所有或者出卖人有权处分~~。 法律、行政法规禁止或者限制转让的标的物，依照其规定。 **《买卖合同司法解释》** **第三条第二款** 出卖人~~因~~未取得~~所有权或者~~处分权致使标的物所有权不能转移，买受人~~要求出卖人承担违约责任或者要求解除合同并主张损害赔偿的，人民法院应予支持~~。	**第五百九十七条** **因**出卖人未取得处分权致使标的物所有权不能转移的，买受人**可以解除合同并请求出卖人承担违约责任**。 法律、行政法规禁止或者限制转让的标的物，依照其规定。 释义 本条是关于出卖人无权处分行为的法律后果以及标的物本身要求的规定。 本条的内容，主要源自对《合同法》第51条、第132条第1款以及《买卖合同司法解释》第3条的修改、综合、完善。本条中没有明确出卖人处分他人之物所订立的合同是否为有效合同，实质上应是肯定了合同的效力。
《合同法》 **第一百三十五条** 出卖人应当履行向买受人交付标的物或者交付提取标的物的单证，并转移标的物所有权的义务。	**第五百九十八条** 出卖人应当履行向买受人交付标的物或者交付提取标的物的单证，并转移标的物所有权的义务。 释义 本条是关于出卖人基本义务的规定。买卖合同的买受人的目的就是取得标的物的所有权，所以交付标的物并转移标的物所有权是出卖人最基本的义务。
《合同法》 **第一百三十六条** 出卖人应当按照约定或者交易习惯向买受人交付提取标的物单证以外的有关单证和资料。	**第五百九十九条** 出卖人应当按照约定或者交易习惯向买受人交付提取标的物单证以外的有关单证和资料。 释义 本条是关于出卖人交付有关单证和资料义务的规定。 根据新修正的《买卖合同司法解释》第4条规定，“提取标的物单证

相关法律、司法解释规定	民法典
	以外的有关单证和资料”，主要应当包括保险单、保修单、普通发票、增值税专用发票、产品合格证、质量保证书、质量鉴定书、品质检验证书、产品进出口检疫书、原产地证明书、使用说明书、装箱单等。
《合同法》 **第一百三十七条** 出卖具有知识产权的~~计算机软件等~~标的物的，除法律另有规定或者当事人另有约定的以外，该标的物的知识产权不属于买受人。	**第六百条** 出卖具有知识产权的标的物的，除法律另有规定或者当事人另有约定外，该标的物的知识产权不属于买受人。 释义 本条是关于具有知识产权的标的物买卖中知识产权归属的规定。 相较于《合同法》，本条删除了“计算机软件等”的表述，是因为“计算机软件等”的表述本意为举例说明，随着我国计算机使用的大众化以及我国知识产权保护水平的不断提高，已经没有必要特别说明；同时，删去“计算机软件等”后的条文逻辑更加清晰明了。 在买卖合同中，有些标的物本身是某一或某些知识产权的载体，本条旨在揭示作为知识产权载体的标的物买卖与知识产权的买卖（有偿转让）不同，即出卖人转让标的物所有权，往往并不转让该标的物上承载的知识产权。
《合同法》 **第一百三十八条** 出卖人应当按照约定的期限交付标的物。约定交付期间的，出卖人可以在该交付期间内的任何时间交付。	**第六百零一条** 出卖人应当按照约定的时间交付标的物。约定交付期限的，出卖人可以在该交付期限内的任何时间交付。 释义 本条是关于买卖合同出卖人交付期限的规定。

相关法律、司法解释规定	民法典
《合同法》 **第一百三十九条** 当事人没有约定标的物的交付期限或者约定不明确的，适用本法第六十一条、第六十二条第四项的规定。	**第六百零二条** 当事人没有约定标的物的交付期限或者约定不明确的，适用本法第五百一十条、第五百一十一条第四项的规定。 **释义** 本条是关于买卖合同未约定标的物交付期限或者约定不明确如何处理的规定。 标的物交付时间不确定时需要有处理规则。从条文本身的内容以及合同编的体例安排和立法技术上看，本法中的第510条和第511条是两个十分重要的条文，对于合同内容的确定和合同的履行具有重要的意义。典型合同各章中经常要引用总则的这两条以确定各有关合同的约定不明时解决的规则。
《合同法》 **第一百四十一条** 出卖人应当按照约定的地点交付标的物。 当事人没有约定交付地点或者约定不明确，依照本法第六十一条的规定仍不能确定的，适用下列规定： （一）标的物需要运输的，出卖人应当将标的物交付给第一承运人以运交给买受人； （二）标的物不需要运输，出卖人和买受人订立合同时知道标的物在某一地点的，出卖人应当在该地点交付标的物；不知道标的物在某一地点的，应当在出卖人订立合同时的营业地交付标的物。	**第六百零三条** 出卖人应当按照约定的地点交付标的物。 当事人没有约定交付地点或者约定不明确，依据本法第五百一十条的规定仍不能确定的，适用下列规定： （一）标的物需要运输的，出卖人应当将标的物交付给第一承运人以运交给买受人； （二）标的物不需要运输，出卖人和买受人订立合同时知道标的物在某一地点的，出卖人应当在该地点交付标的物；不知道标的物在某一地点的，应当在出卖人订立合同时的营业地交付标的物。 **释义** 本条是关于出卖人交付标的物的地点的规定。

相关法律、司法解释规定	民法典
	需要注意，就买卖合同的交付地点没有约定或者约定不明确时，首先应当适用本条第2款的规定；在本条第2款无法适用或者没有规定时，才适用本法第511条第3项的规定。
《合同法》 **第一百四十二条** 标的物毁损、灭失的风险，在标的物交付之前由出卖人承担，交付之后由买受人承担，但法律另有规定或者当事人另有约定的除外。	**第六百零四条** 标的物毁损、灭失的风险，在标的物交付之前由出卖人承担，交付之后由买受人承担，但是法律另有规定或者当事人另有约定的除外。 释义 本条是关于买卖标的物毁损、灭失风险承担的基本规则的规定。 本条是买卖合同章最重要的条文之一。风险承担是指买卖的标的物在合同生效后因不可归责于当事人双方的事由，如地震、火灾、飓风等致使发生毁损、灭失时，该损失应当由哪方当事人承担。风险承担的关键是风险转移的问题，也就是说如何确定风险转移的时间。转移的时间确定了，风险由谁来承担也就清楚了。
《合同法》 **第一百四十三条** 因买受人的原因致使标的物不能按照约定的期限交付的，买受人应当自违反约定之日起承担标的物毁损、灭失的风险。	**第六百零五条** 因买受人的原因致使标的物未按照约定的期限交付的，买受人应当自违反约定时起承担标的物毁损、灭失的风险。 释义 本条是关于买卖标的物因买受人原因致使交付迟延的情况下风险转移的规定，也是买卖合同标的物以交付划分风险承责原则的例外规定。 依据前条规定，标的物的风险自交付时起，由出卖人转移至买受人。但是，在标的物迟延交付是由买受人

相关法律、司法解释规定	民法典
	原因造成的情况下，如果仍然坚持标的物的风险自交付时起转移，则显然对出卖人是不公平的。因为他已经为标的物的交付做好了准备，标的物已处于可交付的状态，而买受人则违反了及时接收标的物的合同义务。因此，本条作此规定。
《合同法》 **第一百四十四条** 出卖人出卖交由承运人运输的在途标的物，除当事人另有约定的以外，毁损、灭失的风险自合同成立时起由买受人承担。	**第六百零六条** 出卖人出卖交由承运人运输的在途标的物，除当事人另有约定外，毁损、灭失的风险自合同成立时起由买受人承担。 释义 本条是关于路货买卖中的标的物风险转移的规定。 路货买卖是指标的物已在运输途中，出卖人寻找买主，出卖在途中的标的物。它可以是出卖人先把标的物装上开往某个目的地的运输工具（一般是船舶）上，然后再寻找适当的买主订立买卖合同，也可以是一个买卖合同的买受人实际收取标的物前，再把处于运输途中的标的物转卖给另一个买受人。本条规定的情形是第604条规定的特殊情况，而第604条规定的风险转移时间点为“交付时”，本条规定的风险转移时间点为“合同成立时”，这是因为路货买卖的双方当事人均未实际控制货物，只能根据双方当事人已经确定的合同关系来确定，即以“合同成立时”来确定最为合理。
《合同法》 **第一百四十五条** 当事人没有约定交付地点或者约定不明确，依照本	**第六百零七条 出卖人按照约定将标的物运送至买受人指定地点并交付给承运人后，标的物毁损、灭失的**

相关法律、司法解释规定	民法典
法第一百四十一条第二款第一项的规定标的物需要运输的，出卖人将标的物交付给第一承运人后，标的物毁损、灭失的风险由买受人承担。 **《买卖合同司法解释》** **第十二条**　出卖人根据合同约定将标的物运送至买受人指定地点并交付给承运人后，标的物毁损、灭失的风险由买受人负担，但当事人另有约定的除外。	**风险由买受人承担。** 当事人没有约定交付地点或者约定不明确，依据本法第六百零三条第二款第一项的规定标的物需要运输的，出卖人将标的物交付给第一承运人后，标的物毁损、灭失的风险由买受人承担。 释义　本条是关于出卖人将标的物交付给承运人即为履行交付义务的情况下，标的物风险转移的规定。 本条吸收借鉴了《合同法》第145条和《买卖合同司法解释》第12条的规定，针对经常出现的运输途中货物的风险承担划分问题作出了规定，确定了法定的交付界限。
《合同法》 **第一百四十六条**　出卖人按照约定或者依照本法第一百四十一条第二款第二项的规定将标的物置于交付地点，买受人违反约定没有收取的，标的物毁损、灭失的风险自违反约定之日起由买受人承担。	**第六百零八条**　出卖人按照约定或者依据本法第六百零三条第二款第二项的规定将标的物置于交付地点，买受人违反约定没有收取的，标的物毁损、灭失的风险自违反约定时起由买受人承担。 释义　本条是关于买受人不履行接收标的物义务的情况下，标的物毁损、灭失风险承担的规定。 本条规定同上一条不一样，是要解决标的物在非运输途中的风险由谁承担的问题。同时，本条也是细化第604条规定，针对货物的风险承担划分问题作出具体规定，确定法定的交付界限。

相关法律、司法解释规定	民法典
《合同法》 **第一百四十七条** 出卖人按照约定未交付有关标的物的单证和资料的，不影响标的物毁损、灭失风险的转移。	**第六百零九条** 出卖人按照约定未交付有关标的物的单证和资料的，不影响标的物毁损、灭失风险的转移。 **释义** 本条是关于出卖人交付有关标的物的单证和资料的义务与标的物毁损、灭失风险承担的关系的规定。 本条的内容主要包括两个方面：一是出卖人已经将标的物交付给买受人并由买受人占有，只是按照约定没有履行交付有关标的物的单证和资料的义务；二是没有交付有关单证和资料，不影响标的物毁损、灭失风险的转移，即此时的风险由买受人承担。
《合同法》 **第一百四十八条** 因标的物~~质量~~不符合质量要求，致使不能实现合同目的的，买受人可以拒绝接受标的物或者解除合同。买受人拒绝接受标的物或者解除合同的，标的物毁损、灭失的风险由出卖人承担。	**第六百一十条** 因标的物不符合质量要求，致使不能实现合同目的的，买受人可以拒绝接受标的物或者解除合同。买受人拒绝接受标的物或者解除合同的，标的物毁损、灭失的风险由出卖人承担。 **释义** 本条是关于出卖人根本违约的情况下风险承担的规定。 需要注意的是，出卖人交付的标的物不符合质量要求且已经导致买受人无法实现合同目的，也不一定会产生标的物的风险负担问题。因为买受人可能会接受标的物而要求出卖人承担违约责任，此时标的物毁损、灭失的风险应当由买受人承担。但是，如果在出卖人交付的标的物质量不合格且导致买受人订立合同目的落空时，买受人拒绝接受标的物或者解除合同，则应当视为标的物没有交付，在此情况下所产生的标的物毁损、灭失的风险自然应当由出卖人承担。

相关法律、司法解释规定	民法典
《合同法》 **第一百四十九条** 标的物毁损、灭失的风险由买受人承担的，不影响因出卖人履行债务不符合约定，买受人要求其承担违约责任的权利。	**第六百一十一条** 标的物毁损、灭失的风险由买受人承担的，不影响因出卖人履行义务不符合约定，买受人请求其承担违约责任的权利。 释义 本条是关于买受人承担风险与出卖人违约责任关系的规定。
《合同法》 **第一百五十条** 出卖人就交付的标的物，负有保证第三人不得向买受人主张任何权利的义务，但法律另有规定的除外。	**第六百一十二条** 出卖人就交付的标的物，负有保证第三人对该标的物不享有任何权利的义务，但是法律另有规定的除外。 释义 本条是关于出卖人权利担保义务的规定。 需要注意，本章规定权利担保义务的这些条文的目的只是明确买卖合同中当事人的权利义务关系，而不解决买卖合同对货物所有权所产生的影响问题。因此，如果出卖人将其根本没有所有权或者处分权的财产拿来出售，而买方并不知情出钱购买之后，一旦财产的真正所有人向买方提出索回财产时，该善意（即不知情）的买受人能否在法律上得到保护，属于本法第 311 条规定的善意取得制度调整的范畴。
《合同法》 **第一百五十一条** 买受人订立合同时知道或者应当知道第三人对买卖的标的物享有权利的，出卖人不承担本法第一百五十条规定的义务。	**第六百一十三条** 买受人订立合同时知道或者应当知道第三人对买卖的标的物享有权利的，出卖人不承担前条规定的义务。 释义 本条是关于出卖人权利担保义务免除的规定。

相关法律、司法解释规定	民法典
《合同法》 **第一百五十二条** 买受人有确切证据证明第三人~~可能就~~标的物主张权利的，可以中止支付相应的价款，但出卖人提供适当担保的除外。	**第六百一十四条** 买受人有确切证据证明第三人**对**标的物享有权利的，可以中止支付相应的价款，但是出卖人提供适当担保的除外。 释义 本条是关于买受人就标的物的权利缺陷行使中止支付价款权的规定。 本条规定赋予买受人中止支付价款权，目的在于对买受人提供一种积极的保护。本条规定的权利属于买受人的一项选择权，当事人可以选择行使这项权利，也可以选择不行使这项权利。
《合同法》 **第一百五十三条** 出卖人应当按照约定的质量要求交付标的物。出卖人提供有关标的物质量说明的，交付的标的物应当符合该说明的质量要求。	**第六百一十五条** 出卖人应当按照约定的质量要求交付标的物。出卖人提供有关标的物质量说明的，交付的标的物应当符合该说明的质量要求。 释义 本条是关于买卖标的物应当符合约定质量要求的规定。
《合同法》 **第一百五十四条** 当事人对标的物的质量要求没有约定或者约定不明确，依照本法第六十一条的规定仍不能确定的，适用本法第六十二条第一项的规定。	**第六百一十六条** 当事人对标的物的质量要求没有约定或者约定不明确，依据本法第五百一十条的规定仍不能确定的，适用本法第五百一十一条第一项的规定。 释义 本条是关于买卖合同标的物法定质量担保义务的规定。
《合同法》 **第一百五十五条** 出卖人交付的标的物不符合质量要求的，买受人可以依照本法第一百一十一条的规定要求承担违约责任。	**第六百一十七条** 出卖人交付的标的物不符合质量要求的，买受人可以依据本法第五百八十二条至第五百八十四条的规定请求承担违约责任。 释义 本条是关于标的物质量不符合要求时买受人的权利的规定。

相关法律、司法解释规定	民法典
	在出卖人交付的标的物不符合质量要求时，买受人的权利救济规则显得尤为重要。本条在《合同法》第155条规定的基础上，作了适当修订完善。
《买卖合同司法解释》 **第三十二条** 合同约定减轻或者免除出卖人对标的物的瑕疵担保责任，但出卖人故意或者因重大过失不告知买受人标的物的瑕疵，出卖人主张依约减轻或者免除瑕疵担保责任的，人民法院不予支持。	**第六百一十八条 当事人约定减轻或者免除出卖人对标的物瑕疵承担的责任，因出卖人故意或者重大过失不告知买受人标的物瑕疵的，出卖人无权主张减轻或者免除责任。** 释义 本条是关于出卖人对标的物瑕疵担保责任减免特约效力的规定。 本条吸收借鉴了《买卖合同司法解释》第32条的规定。在买卖合同订立及履行过程中，如果出卖人和买受人作出约定，减轻或者免除出卖人对标的物瑕疵的担保责任，按照本法第5条规定的自愿原则，应当尊重当事人的意思自治，即应当尊重出卖人和买受人作出的约定。但是出卖人因故意或重大过失未告知买受人标的物瑕疵时，属于隐瞒事实真相的欺诈行为，有悖诚信原则，因此本条规定倾向于保护买受人的利益，不支持出卖人根据免约特则减轻或者免除责任。
《合同法》 **第一百五十六条** 出卖人应当按照约定的包装方式交付标的物。对包装方式没有约定或者约定不明确，依照本法第六十一条的规定仍不能确定的，应当按照通用的方式包装，没有通用方式的，应当采取足以保护标的物的包装方式。	**第六百一十九条** 出卖人应当按照约定的包装方式交付标的物。对包装方式没有约定或者约定不明确，依据本法第五百一十条的规定仍不能确定的，应当按照通用的方式包装；没有通用方式的，应当采取足以保护标的物**且有利于节约资源、保护生态环境**的包装方式。

相关法律、司法解释规定	民法典
	本条是关于出卖人的标的物包装义务的规定。 随着绿色发展理念的不断深入，对买卖标的物的包装要求务必坚持可持续的观念，故本条在《合同法》第156条规定的基础上，增加了民事活动应当坚持绿色原则的相关内容。
《合同法》 **第一百五十七条** 买受人收到标的物时应当在约定的检验期间内检验。没有约定检验期间的，应当及时检验。	**第六百二十条** 买受人收到标的物时应当在约定的检验期限内检验。没有约定检验期限的，应当及时检验。 释义 本条是关于买受人对标的物的检验义务的规定。 本条规定的“及时”，通常应当理解为：有法定时间的依据法定时间进行检验；没有法定时间的应在收货时或者收货后合理时间内进行检验。
《合同法》 **第一百五十八条** 当事人约定检验期间的，买受人应当在检验期间内将标的物的数量或者质量不符合约定的情形通知出卖人。买受人怠于通知的，视为标的物的数量或者质量符合约定。 当事人没有约定检验期间的，买受人应当在发现或者应当发现标的物的数量或者质量不符合约定的合理期间内通知出卖人。买受人在合理期间内未通知或者自标的物~~收到~~之日起两年内未通知出卖人的，视为标的物的数量或者质量符合约定，但对标的物有质量保证期的，适用质量保证期，不适用该两年的规定。	**第六百二十一条** 当事人约定检验期限的，买受人应当在检验期限内将标的物的数量或者质量不符合约定的情形通知出卖人。买受人怠于通知的，视为标的物的数量或者质量符合约定。 当事人没有约定检验期限的，买受人应当在发现或者应当发现标的物的数量或者质量不符合约定的合理期限内通知出卖人。买受人在合理期限内未通知或者自**收到**标的物之日起二年内未通知出卖人的，视为标的物的数量或者质量符合约定；但是，对标的物有质量保证期的，适用质量保证期，不适用该二年的规定。 出卖人知道或者应当知道提供的

相关法律、司法解释规定	民法典
出卖人知道或者应当知道提供的标的物不符合约定的，买受人不受前两款规定的通知时间的限制。	标的物不符合约定的，买受人不受前两款规定的通知时间的限制。 释义　本条是关于买受人检验标的物的异议通知的规定。
《买卖合同司法解释》 **第十八条**　约定的检验期间过短，依照标的物的性质和交易习惯，买受人在检验期间内难以完成全面检验的，~~人民法院应当认定~~该期间为买受人对外观瑕疵提出异议的期间~~，并根据本解释第十七条第一款的规定确定买受人对隐蔽瑕疵提出异议的合理期间~~。 约定的检验期间或者质量保证期间短于法律、行政法规规定~~的检验期间或者质量保证~~期间的，~~人民法院~~应当以法律、行政法规规定的~~检验期间或者质量保证~~期间为准。	**第六百二十二条**　当事人约定的检验期限过短，根据标的物的性质和交易习惯，买受人在检验期限内难以完成全面检验的，该期限**仅视**为买受人对**标的物的**外观瑕疵提出异议的期限。 约定的检验期限或者质量保证期短于法律、行政法规规定期限的，应当以法律、行政法规规定的期限为准。 释义　本条是关于约定的检验期限或者质量保证期过短情形的规定，吸收借鉴了《买卖合同司法解释》第18条的规定。
《买卖合同司法解释》 **第十五条**　当事人对~~标的物的~~检验期间未作约定，买受人签收的送货单、确认单等载明标的物数量、型号、规格的，~~人民法院应当根据合同法第一百五十七条的规定，~~认定买受人已对数量和外观瑕疵进行~~了~~检验，但有相反证据足以推翻的除外。	**第六百二十三条**　当事人对检验期限未作约定，买受人签收的送货单、确认单等载明标的物数量、型号、规格的，推定买受人已经对数量和外观瑕疵进行检验，但是有相关证据足以推翻的除外。 释义　本条是关于标的物数量和外观瑕疵检验的规定，吸收借鉴了《买卖合同司法解释》第15条的规定。 本条的适用必须以不存在另外的交易习惯为前提条件。存在“先签后验”的交易习惯时，不得适用该条作出“推定”。

相关法律、司法解释规定	民法典
《买卖合同司法解释》 **第十六条** 出卖人依照买受人的指示向第三人交付标的物，出卖人和买受人~~之间~~约定的检验标准与买受人和第三人~~之间~~约定的检验标准不一致的，~~人民法院应当根据合同法第六十四条的规定，~~以出卖人和买受人~~之间~~约定的检验标准为~~标的物的检验标准~~准。	**第六百二十四条** 出卖人依照买受人的指示向第三人交付标的物，出卖人和买受人约定的检验标准与买受人和第三人约定的检验标准不一致的，以出卖人和买受人约定的检验标准为准。 释义 本条是关于出卖人向第三人履行的情形下检验标准的规定，吸收借鉴了《买卖合同司法解释》第16条的规定。 根据合同相对性原则，出卖人与第三人之间没有合同关系，而只与买受人之间存在合同关系，故对出卖人产生拘束力的只能是其与买受人之间的合同中的检验标准。
	第六百二十五条 依照法律、行政法规的规定或者按照当事人的约定，标的物在有效使用年限届满后应予回收的，出卖人负有自行或者委托第三人对标的物予以回收的义务。 释义 本条是关于出卖人回收义务的规定。 本条为新增规定。本法第9条规定了绿色原则，本条规定是该原则在买卖合同中的具体体现。
《合同法》 **第一百五十九条** 买受人应当按照约定的数额支付价款。对价款没有约定或者约定不明确的，适用本法第六十一条、第六十二条第二项的规定。	**第六百二十六条** 买受人应当按照约定的数额**和支付方式**支付价款。对价款**的数额和支付方式**没有约定或者约定不明确的，适用本法第五百一十条、第五百一十一条第二项和第五项的规定。 释义 本条是关于买受人支付价款及

相关法律、司法解释规定	民法典
	其支付方式的一般规定。 《合同法》第159条只是对买卖标的物价款的数额作出规定，并未就价款的支付方式作出规定，本条对此予以完善。支付方式，是指买受人完成履行价款支付义务的具体方法，与买卖双方的权益有密切关系。支付方式不符合约定的，亦需承担相应的违约责任。在实践中，尤其是国际贸易中，支付方式主要有付现（通常指买方需在卖方交货前若干天付清全部货款）、交货付款（通常指买方在卖方交货时付款）、交单付款（通常指买方在收到卖方交付合格的提取货物凭证时付款）3种方式，细分下来还有一次总付、分期支付；现金、转账、信用证、票据等方式。
《合同法》 **第一百六十条** 买受人应当按照约定的地点支付价款。对支付地点没有约定或者约定不明确，依照本法第六十一条的规定仍不能确定的，买受人应当在出卖人的营业地支付，但约定支付价款以交付标的物或者交付提取标的物单证为条件的，在交付标的物或者交付提取标的物单证的所在地支付。	**第六百二十七条** 买受人应当按照约定的地点支付价款。对支付地点没有约定或者约定不明确，依据本法第五百一十条的规定仍不能确定的，买受人应当在出卖人的营业地支付；但是，约定支付价款以交付标的物或者交付提取标的物单证为条件的，在交付标的物或者交付提取标的物单证的所在地支付。 释义 本条是关于买受人支付标的物价款的地点的规定。
《合同法》 **第一百六十一条** 买受人应当按照约定的时间支付价款。对支付时间没有约定或者约定不明确，依照本法	**第六百二十八条** 买受人应当按照约定的时间支付价款。对支付时间没有约定或者约定不明确，依据本法第五百一十条的规定仍不能确定的，

相关法律、司法解释规定	民法典
第六十一条的规定仍不能确定的，买受人应当在收到标的物或者提取标的物单证的同时支付。	买受人应当在收到标的物或者提取标的物单证的同时支付。 释义　本条是关于买受人支付标的物价款的时间的规定。
《合同法》 **第一百六十二条**　出卖人多交标的物的，买受人可以接收或者拒绝接收多交的部分。买受人接收多交部分的，按照合同的价格支付价款；买受人拒绝接收多交部分的，应当及时通知出卖人。	**第六百二十九条**　出卖人多交标的物的，买受人可以接收或者拒绝接收多交的部分。买受人接收多交部分的，按照约定的价格支付价款；买受人拒绝接收多交部分的，应当及时通知出卖人。 释义　本条是关于出卖人多交标的物如何处理的规定。用“约定”的价格代替“合同”的价格，表述更加灵活合理。
《合同法》 **第一百六十三条**　标的物在交付之前产生的孳息，归出卖人所有，交付之后产生的孳息，归买受人所有。	**第六百三十条**　标的物在交付之前产生的孳息，归出卖人所有；交付之后产生的孳息，归买受人所有。**但是，当事人另有约定的除外。** 释义　本条是关于买卖合同标的物孳息归属的规定。 本条规定采取的是风险和利益共担的原则，是一个原则性的规定，如果当事人另有约定，根据民事权利可以依法自由处分的原则，应当按照约定执行。因此，本条新增了除外规定。此外，本条规定的孳息包括天然孳息和法定孳息。
《合同法》 **第一百六十四条**　因标的物的主物不符合约定而解除合同的，解除合同的效力及于从物。因标的物的从物不符合约定被解除的，解除的效力不及于主物。	**第六百三十一条**　因标的物的主物不符合约定而解除合同的，解除合同的效力及于从物。因标的物的从物不符合约定被解除的，解除的效力不及于主物。 释义　本条是关于作为标的物的主物与从物在解除合同时的效力的规定。

相关法律、司法解释规定	民法典
《合同法》 **第一百六十五条** 标的物为数物，其中一物不符合约定的，买受人可以就该物解除，但该物与他物分离使标的物的价值显受损害的，~~当事人~~可以就数物解除合同。	**第六百三十二条** 标的物为数物，其中一物不符合约定的，买受人可以就该物解除。但是，该物与他物分离使标的物的价值显受损害的，**买受人**可以就数物解除合同。 释义 本条是关于标的物为数物中的一物时买受人解除合同的规定。 本条将《合同法》第165条中的“当事人”修改为“买受人”，是因为本条规定的解除权是买受人享有的权利，“当事人”既包含买受人也包含出卖人，赋予出卖人（违约方）解除权，与本法第563条规定的只有守约方才享有合同解除权的规定不符，将“当事人”改为“买受人”，更加符合民法的公平原则。
《合同法》 **第一百六十六条** 出卖人分批交付标的物的，出卖人对其中一批标的物不交付或者交付不符合约定，致使该批标的物不能实现合同目的的，买受人可以就该批标的物解除。 出卖人不交付其中一批标的物或者交付不符合约定，致使今后其他各批标的物的交付不能实现合同目的的，买受人可以就该批以及今后其他各批标的物解除。 买受人如果就其中一批标的物解除，该批标的物与其他各批标的物相互依存的，可以就已经交付和未交付的各批标的物解除。	**第六百三十三条** 出卖人分批交付标的物的，出卖人对其中一批标的物不交付或者交付不符合约定，致使该批标的物不能实现合同目的的，买受人可以就该批标的物解除。 出卖人不交付其中一批标的物或者交付不符合约定，致使之后其他各批标的物的交付不能实现合同目的的，买受人可以就该批以及之后其他各批标的物解除。 买受人如果就其中一批标的物解除，该批标的物与其他各批标的物相互依存的，可以就已经交付和未交付的各批标的物解除。 释义 本条是对长期供货合同分批交付标的物的情况下解除合同的规定。

相关法律、司法解释规定	民法典
《合同法》 **第一百六十七条**　分期付款的买受人未支付到期价款的金额达到全部价款的五分之一的，出卖人可以要求买受人支付全部价款或者解除合同。 出卖人解除合同的，可以向买受人要求支付该标的物的使用费。	**第六百三十四条**　分期付款的买受人未支付到期价款的数额达到全部价款的五分之一，**经催告后在合理期限内仍未支付到期价款的，**出卖人可以请求买受人支付全部价款或者解除合同。 出卖人解除合同的，可以向买受人请求支付该标的物的使用费。 释义　本条是关于分期付款买卖的规定。 相较于《合同法》第167条，本条增加了出卖人请求支付全款或解除合同的催告程序，收紧了出卖人解除权的行使条件，以更好地保护处于弱势地位的买受人。
《合同法》 **第一百六十八条**　凭样品买卖的当事人应当封存样品，并可以对样品质量予以说明。出卖人交付的标的物应当与样品及其说明的质量相同。	**第六百三十五条**　凭样品买卖的当事人应当封存样品，并可以对样品质量予以说明。出卖人交付的标的物应当与样品及其说明的质量相同。 释义　本条是关于凭样品买卖中样品和交付的标的物要求的规定。
《合同法》 **第一百六十九条**　凭样品买卖的买受人不知道样品有隐蔽瑕疵的，即使交付的标的物与样品相同，出卖人交付的标的物的质量仍然应当符合同种物的通常标准。	**第六百三十六条**　凭样品买卖的买受人不知道样品有隐蔽瑕疵的，即使交付的标的物与样品相同，出卖人交付的标的物的质量仍然应当符合同种物的通常标准。 释义　本条是关于凭样品买卖的出卖人应对样品隐蔽瑕疵负责的规定。 质量瑕疵分为表面瑕疵和隐蔽瑕疵。表面瑕疵是指存在于标的物表面凭一般买受人的经验就可以发现的无需经过专门检验的质量缺陷。隐蔽瑕

相关法律、司法解释规定	民法典
	疵则是指存在于标的物内部凭一般买受人的经验难以发现的必须经过专门检验的质量缺陷。由于表面瑕疵凭一般买受人的经验就能发现，而隐蔽瑕疵凭一般买受人的经验难以发现，所以本条专门针对隐蔽瑕疵作出了特别规定。
《合同法》 **第一百七十条** 试用买卖的当事人可以约定标的物的试用期间。对试用期间没有约定或者约定不明确，依照本法第六十一条的规定仍不能确定的，由出卖人确定。	**第六百三十七条** 试用买卖的当事人可以约定标的物的试用期限。对试用期限没有约定或者约定不明确，依据本法第五百一十条的规定仍不能确定的，由出卖人确定。 释义 本条是关于试用买卖合同中试用期限的规定。 试用买卖是以买受人认可标的物为生效条件的买卖，买卖合同在买受人认可标的物时才生效。
《合同法》 **第一百七十一条** 试用买卖的买受人在试用期内可以购买标的物，也可以拒绝购买。试用期间届满，买受人对是否购买标的物未作表示的，视为购买。 《买卖合同司法解释》 **第四十一条** 试用买卖的买受人在试用期内已经支付一部分价款的，人民法院应当认定买受人同意购买，但合同另有约定的除外。 在试用期内，买受人对标的物实施了出卖、出租、设定担保物权等非试用行为的，人民法院应当认定买受人同意购买。	**第六百三十八条** 试用买卖的买受人在试用期内可以购买标的物，也可以拒绝购买。试用期限届满，买受人对是否购买标的物未作表示的，视为购买。 **试用买卖的买受人在试用期内已经支付部分价款或者对标的物实施出卖、出租、设立担保物权等行为的，视为同意购买。** 释义 本条是关于试用买卖合同中买受人享有选择权以及认可标的物的规定。 本条吸收了《合同法》第171条和《买卖合同司法解释》第41条，对买受人就标的物所实施的行为性质给予了正确认定。

相关法律、司法解释规定	民法典
《买卖合同司法解释》 **第四十三条** 试用买卖的当事人没有约定使用费或者约定不明确，出卖人主张买受人支付使用费的，人民法院不予支持。	**第六百三十九条** 试用买卖的当事人对标的物使用费没有约定或者约定不明确的，出卖人无权请求买受人支付。 释义 本条是关于试用买卖使用费的规定，源于《买卖合同司法解释》第43条，文字上略有修改。 试用买卖中，出卖人将标的物交付给买受人使用，是其为实现促成交易等特定目的而自愿承担的附加义务，对出卖人自身具有约束力，买受人使用标的物不必支付使用费。
	第六百四十条 标的物在试用期内毁损、灭失的风险由出卖人承担。 释义 本条是关于试用期间由出卖人承担标的物风险的规定。 本条是新增规定，基本含义是对于试用买卖标的物的风险负担，在试用标的物期间，标的物发生不可归责于买卖双方当事人的原因的毁损、灭失时，应当由出卖人承担该风险，出卖人无权要求买受人承担赔偿责任。 需要注意的是，如果买受人在试用期限内没有尽到一般注意义务，未能按照规定的用途或者标的物通常性能进行试用，导致标的物发生毁损、灭失的，出卖人可以依据本法侵权责任编的规定，在买受人的行为符合侵权责任构成要件的前提下，要求买受人承担赔偿损失等侵权责任。

相关法律、司法解释规定	民法典
《合同法》 **第一百三十四条** 当事人可以在买卖合同中约定买受人未履行支付价款或者其他义务的，标的物的所有权属于出卖人。	**第六百四十一条** 当事人可以在买卖合同中约定买受人未履行支付价款或者其他义务的，标的物的所有权属于出卖人。 **出卖人对标的物保留的所有权，未经登记，不得对抗善意第三人。** 释义 本条是关于买卖合同中标的物所有权保留条款的规定。 本条第2款新增登记的保留所有权，主要是基于两方面考虑。一是基于实现优化营商环境、消灭隐形担保的总目标。本条规定出卖人对标的物享有的所有权未经登记不得对抗善意第三人，明确了必须登记才能取得对抗第三人的效力。二是在所有权保留买卖制度中引入登记，从功能上讲，保留的所有权实质上属于"可以登记的担保权"。基于此，所有权保留同样可以适用本法第414条的规定。需要注意的是，本条关于所有权保留的内容不适于不动产。
《买卖合同司法解释》 **第三十五条** 当事人约定所有权保留，在标的物所有权转移前，买受人有下列情形之一，对出卖人造成损害，出卖人主张取回标的物~~的，人民法院应予支持~~： （一）未按约定支付价款~~的~~； （二）未按约定完成特定条件~~的~~； （三）将标的物出卖、出质或者作出其他不当处分~~的~~。 ~~取回的标的物价值显著减少，出卖人要求买受人赔偿损失的，人民法院~~	**第六百四十二条** 当事人约定出卖人保留合同标的物的所有权，在标的物所有权转移前，买受人有下列情形之一，造成出卖人损害的，**除当事人另有约定外**，出卖人有权取回标的物： （一）未按照约定支付价款，**经催告后在合理期限内仍未支付**； （二）未按照约定完成特定条件； （三）将标的物出卖、出质或者作出其他不当处分。 **出卖人可以与买受人协商取回标**

相关法律、司法解释规定	民法典
院应予支持。	**的物；协商不成的，可以参照适用担保物权的实现程序。** 释义　本条是所有权保留出卖人取回权的有关规定。 本条源于《买卖合同司法解释》第35条，有四处实质修改：(1) 增加“除当事人另有约定外”，彰显本条的任意性规范品格；(2) 第1项中增加“经催告后在合理期限内仍未支付”，严格取回权的行使条件；(3) 基于体系安排，删除《买卖合同司法解释》第35条第2款关于侵权责任的规定；(4) 第2款新增取回权行使程序的规定，买卖双方可以协商取回程序，协商不成的，参照适用担保物权实现程序。
《买卖合同司法解释》 **第三十七条**　出卖人取回标的物后，买受人在双方约定的或者出卖人指定的回赎期间内，消除出卖人取回标的物的事由，主张回赎标的物的，人民法院应予支持。 买受人在回赎期间内没有回赎标的物的，出卖人可以另行出卖标的物。 出卖人另行出卖标的物的，出卖所得价款依次扣除取回和保管费用、再交易费用、利息、未清偿的价金后仍有剩余的，应返还原买受人；如有不足，出卖人要求原买受人清偿的，人民法院应予支持，但原买受人有证据证明出卖人另行出卖的价格明显低于市场价格的除外。	**第六百四十三条**　出卖人**依据前条第一款的规定**取回标的物后，买受人在双方约定或者出卖人指定的**合理**回赎期限内，消除出卖人取回标的物的事由**的**，可以请求回赎标的物。 买受人在回赎期限内没有回赎标的物，出卖人可以**以合理价格将标的物出卖给第三人**，出卖所得价款扣除买受人未支付的价款以及必要费用后仍有剩余的，应当返还买受人；不足**部分由**买受人清偿。 释义　本条是关于买受人回赎权及出卖人再出卖权的规定。 本条源自《买卖合同司法解释》第37条，有多处文字修改，但并不涉及实质内容。本条规定的合理期限，主要是根据标的物性质来确定期限，应当具体情况具体分析。

相关法律、司法解释规定	民法典
《合同法》 **第一百七十二条**　招标投标买卖的当事人的权利和义务以及招标投标程序等，依照有关法律、行政法规的规定。	**第六百四十四条**　招标投标买卖的当事人的权利和义务以及招标投标程序等，依照有关法律、行政法规的规定。 释义　本条是关于招标投标买卖的规定。
《合同法》 **第一百七十三条**　拍卖的当事人的权利和义务以及拍卖程序等，依照有关法律、行政法规的规定。	**第六百四十五条**　拍卖的当事人的权利和义务以及拍卖程序等，依照有关法律、行政法规的规定。 释义　本条是关于拍卖的规定。
《合同法》 **第一百七十四条**　法律对其他有偿合同有规定的，依照其规定；没有规定的，参照买卖合同的有关规定。	**第六百四十六条**　法律对其他有偿合同有规定的，依照其规定；没有规定的，参照**适用**买卖合同的有关规定。 释义　本条是关于买卖合同准用于有偿合同的规定。 买卖合同是最为典型的有偿合同，合同编典型合同分编买卖合同一章的条文最完整详细，其中的一些规定属于有偿合同的共通性规则，为避免重复立法，本条作此参照适用的规定。需要注意的是，准确理解“参照”二字的具体含义。一是参照适用并不是全部能够适用，还需要根据具体情况判断。二是参照适用并不是直接能够适用。根据新修正的《买卖合同司法解释》第 32 条第 2 款规定，权利转让或者其他有偿合同参照适用买卖合同的有关规定的，人民法院应当首先引用《民法典》第 646 条的规定，再引用买卖合同的有关规定。

相关法律、司法解释规定	民法典
《合同法》 **第一百七十五条** 当事人约定易货交易，转移标的物的所有权的，参照买卖合同的有关规定。	**第六百四十七条** 当事人约定易货交易，转移标的物的所有权的，参照**适用**买卖合同的有关规定。 释义 本条是关于易货交易合同的法律适用的规定。
	第十章 供用电、水、气、热力合同
《合同法》 **第一百七十六条** 供用电合同是供电人向用电人供电，用电人支付电费的合同。	**第六百四十八条** 供用电合同是供电人向用电人供电，用电人支付电费的合同。 **向社会公众供电的供电人，不得拒绝用电人合理的订立合同要求。** 释义 本条是关于供用电合同概念以及供电人强制缔约义务的规定。 本条第2款为新增条款。供用电合同涉及千家万户，关系到基本民生，供用电合同不仅关系到当事人的利益，而且关系到社会公共利益。如果作为供电人的供电企业拒绝向某个当事人提供供电服务，则用电人将很可能无法得到这些服务，进而影响到最基本的生产和生活，因此，法律对此类合同作出特别规定，规定了供电人的强制缔约义务。
《合同法》 **第一百七十七条** 供用电合同的内容包括供电的方式、质量、时间，用电容量、地址、性质，计量方式，电价、电费的结算方式，供用电设施的维护责任等条款。	**第六百四十九条** 供用电合同的内容**一般**包括供电的方式、质量、时间，用电容量、地址、性质，计量方式，电价、电费的结算方式，供用电设施的维护责任等条款。 释义 本条是关于供用电合同内容的规定。 本条规定了供用电合同的常见内容，但本条对合同内容的要求仅具有

相关法律、司法解释规定	民法典
	提示性与倡导性的作用，旨在提示供用电双方应注意在供用电合同中明确这些内容，但并非强制性要求。如果供用电合同不具备本条规定的所有内容，并不影响合同的效力，尤其是《民法典》在本条中加入“一般”二字后更能体现其非强制性的要求。
《合同法》 **第一百七十八条**　供用电合同的履行地点，按照当事人约定；当事人没有约定或者约定不明确的，供电设施的产权分界处为履行地点。	**第六百五十条**　供用电合同的履行地点，按照当事人约定；当事人没有约定或者约定不明确的，供电设施的产权分界处为履行地点。 **释义**　本条是关于供用电合同履行地点的规定。 供用电合同的履行地点，具体是指供电人将电力的所有权转移于用电人的转移点。
《合同法》 **第一百七十九条**　供电人应当按照国家规定的供电质量标准和约定安全供电。供电人未按照国家规定的供电质量标准和约定安全供电，造成用电人损失的，应当承担~~损害~~赔偿责任。	**第六百五十一条**　供电人应当按照国家规定的供电质量标准和约定安全供电。供电人未按照国家规定的供电质量标准和约定安全供电，造成用电人损失的，应当承担赔偿责任。 **释义**　本条是关于供电人的安全供电义务及其违约责任的规定。 本条系对《合同法》第179条的承袭，仅删除“损害”二字。理由有二：一是避免与前述“造成用电人损失”中的“损失”重复；二是与《民法典》各编保持一致。
《合同法》 **第一百八十条**　供电人因供电设施计划检修、临时检修、依法限电或者用电人违法用电等原因，需要中断	**第六百五十二条**　供电人因供电设施计划检修、临时检修、依法限电或者用电人违法用电等原因，需要中断供电时，应当按照国家有关规定事

相关法律、司法解释规定	民法典
供电时，应当按照国家有关规定事先通知用电人。未事先通知用电人中断供电，造成用电人损失的，应当承担~~损害~~赔偿责任。	先通知用电人；未事先通知用电人中断供电，造成用电人损失的，应当承担赔偿责任。 释义　本条是关于供电人因故中断供电时的通知义务的规定。
《合同法》 **第一百八十一条**　因自然灾害等原因断电，供电人应当按照国家有关规定及时抢修。未及时抢修，造成用电人损失的，应当承担~~损害~~赔偿责任。	**第六百五十三条**　因自然灾害等原因断电，供电人应当按照国家有关规定及时抢修；未及时抢修，造成用电人损失的，应当承担赔偿责任。 释义　本条是关于因自然灾害等原因断电时供电人的抢修义务的规定。 虽然不可抗力是合同的免责事由，但在不可抗力发生以后，当事人仍应以诚实善意的态度去努力克服，最大限度地减少因不可抗力所造成的损失，以符合合同履行的诚信原则。
《合同法》 **第一百八十二条**　用电人应当按照国家有关规定和当事人的约定及时交付电费。用电人逾期不交付电费的，应当按照约定支付违约金。经催告用电人在合理期限内仍不交付电费和违约金的，供电人可以按照国家规定的程序中止供电。	**第六百五十四条**　用电人应当按照国家有关规定和当事人的约定及时支付电费。用电人逾期不支付电费的，应当按照约定支付违约金。经催告用电人在合理期限内仍不支付电费和违约金的，供电人可以按照国家规定的程序中止供电。 **供电人依据前款规定中止供电的，应当事先通知用电人。** 释义　本条是关于用电人支付电费的义务和逾期支付电费的违约责任的规定。 本条第2款为新增条款，规定了供电人因用电人未支付电费及违约金而中止供电的通知义务。电力属于生活生产必需品，一旦停止供电将对用电人的生产生活产生重大的影响，应当事先通知用电人。

相关法律、司法解释规定	民法典
《合同法》 **第一百八十三条** 用电人应当按照国家有关规定和当事人的约定安全用电。用电人未按照国家有关规定和当事人的约定~~安全~~用电，造成供电人损失的，应当承担~~损害~~赔偿责任。	**第六百五十五条** 用电人应当按照国家有关规定和当事人的约定安全、**节约和计划**用电。用电人未按照国家有关规定和当事人的约定用电，造成供电人损失的，应当承担赔偿责任。 **释义** 本条是关于用电人安全用电义务及其违约责任的规定。 相较于《合同法》第183条，本条增加“节约和计划”用电的规定。节约和计划用电原则一直是我国电力管理的原则，供电企业和用户都有节约用电和计划用电的义务。本条修改既是对《电力法》第24条第1款及第34条规定的重申，也是对《民法典》总则编绿色原则的回应。
《合同法》 **第一百八十四条** 供用水、供用气、供用热力合同，参照供用电合同的有关规定。	**第六百五十六条** 供用水、供用气、供用热力合同，参照**适用**供用电合同的有关规定。 **释义** 本条是关于供用水、气、热力合同参照适用供用电合同的规定。 供用水、供用气、供用热力合同在本质上都属于特殊类型的买卖合同，参照适用的立法技术不仅节约了立法成本，避免了法条的冗长复杂，而且对于提升立法的科学性具有重要作用。
	第十一章 赠与合同
《合同法》 **第一百八十五条** 赠与合同是赠与人将自己的财产无偿给予受赠人，受赠人表示接受赠与的合同。	**第六百五十七条** 赠与合同是赠与人将自己的财产无偿给予受赠人，受赠人表示接受赠与的合同。 **释义** 本条是关于赠与合同概念的规定。

相关法律、司法解释规定	民法典
	赠与合同为转移财产所有权的无偿、单务、诺成、不要式合同。
《合同法》 **第一百八十六条**　赠与人在赠与财产的权利转移之前可以撤销赠与。 具有救灾、扶贫等~~社会~~公益、道德义务性质的赠与合同~~或者经过公证的赠与合同~~，不适用前款规定。	**第六百五十八条**　赠与人在赠与财产的权利转移之前可以撤销赠与。 **经过公证的赠与合同或者依法不得撤销的**具有救灾、扶贫、**助残**等公益、道德义务性质的赠与合同，不适用前款规定。 释义　本条是关于赠与的任意撤销及其限制的规定。 本条对《合同法》第186条进行了调整、增补，作出了两处改动：一是将“经过公证的赠与合同”的规定调整到第2款规定之首，以强调其重要性；二是把“助残”列举为一种具有公益、道德义务性质的赠与合同，以规范和引领赠与人的助残行为。
《合同法》 **第一百八十七条**　赠与的财产依法需要办理登记等手续的，应当办理有关手续。	**第六百五十九条**　赠与的财产依法需要办理登记或者其他手续的，应当办理有关手续。 释义　本条是关于赠与的财产需要办理有关法律手续的规定。
《合同法》 **第一百八十八条**　具有救灾、扶贫等~~社会~~公益、道德义务性质的赠与合同~~或者经过公证的赠与合同~~，赠与人不交付赠与~~的~~财产的，受赠人可以要求交付。 **第一百八十九条**　因赠与人故意或者重大过失致使~~赠与的财产~~毁损、灭失的，赠与人应当承担~~损害~~赔偿责任。	**第六百六十条**　**经过公证的赠与合同或者依法不得撤销的**具有救灾、扶贫、**助残**等公益、道德义务性质的赠与合同，赠与人不交付赠与财产的，受赠人可以请求交付。 **依据前款规定应当交付的赠与财产**因赠与人故意或者重大过失致使毁损、灭失的，赠与人应当承担赔偿责任。 释义　本条是关于法定不得撤销赠与

相关法律、司法解释规定	民法典
	的赠与人不交付赠与财产的责任的规定。 本条由《合同法》第188条、第189条修改、合并而来。《合同法》第189条规定和赠与人在赠与物权利移转之前可以任意撤销的一般规定存在冲突，应当仅限于法定不得任意撤销的情形，因此本条第2款作出相应修改。
《合同法》 **第一百九十条**　赠与可以附义务。 赠与附义务的，受赠人应当按照约定履行义务。	**第六百六十一条**　赠与可以附义务。 赠与附义务的，受赠人应当按照约定履行义务。 **释义**　本条是关于附义务的赠与的规定。 附义务的赠与，其所附义务不是赠与的对价，即所附义务不能大于或者等于受赠人所获得的利益，通常是低于赠与财产的价值。附义务的赠与中，受赠人应当按照合同约定履行义务。赠与人向受赠人给付赠与财产后，受赠人应依约履行其义务。受赠人不履行的，赠与人有权要求受赠人履行义务或者撤销赠与。赠与人撤销赠与的，受赠人应将取得的赠与财产返还赠与人。
《合同法》 **第一百九十一条**　赠与的财产有瑕疵的，赠与人不承担责任。附义务的赠与，赠与的财产有瑕疵的，赠与人在附义务的限度内承担与出卖人相同的责任。 赠与人故意不告知瑕疵或者保证无瑕疵，造成受赠人损失的，应当承担~~损害~~赔偿责任。	**第六百六十二条**　赠与的财产有瑕疵的，赠与人不承担责任。附义务的赠与，赠与的财产有瑕疵的，赠与人在附义务的限度内承担与出卖人相同的责任。 赠与人故意不告知瑕疵或者保证无瑕疵，造成受赠人损失的，应当承担赔偿责任。 **释义**　本条是关于赠与人对赠与财产的瑕疵担保责任的规定。

相关法律、司法解释规定	民法典
《合同法》 **第一百九十二条** 受赠人有下列情形之一的，赠与人可以撤销赠与： （一）严重侵害赠与人或者赠与人的近亲属； （二）对赠与人有扶养义务而不履行； （三）不履行赠与合同约定的义务。 赠与人的撤销权，自知道或者应当知道撤销原因之日起一年内行使。	**第六百六十三条** 受赠人有下列情形之一的，赠与人可以撤销赠与： （一）严重侵害赠与人或者赠与人近亲属**的合法权益**； （二）对赠与人有扶养义务而不履行； （三）不履行赠与合同约定的义务。 赠与人的撤销权，自知道或者应当知道撤销事由之日起一年内行使。 释义 本条是关于赠与人的法定撤销情形及撤销权行使期间的规定。 赠与人的法定撤销权属于形成权，撤销权一经赠与人行使即发生效力，双方当事人的赠与关系即归于消灭。为了维护社会关系的稳定，尽快确定赠与的法律关系，撤销权人应当依法及时行使撤销权。赠与人行使撤销权的期间为一年，自知道或者应当知道撤销原因之日起计算。这一期间属于除斥期间，即法律对某种权利所预定的行使期间，不存在中止、中断和延长的问题。
《合同法》 **第一百九十三条** 因受赠人的违法行为致使赠与人死亡或者丧失民事行为能力的，赠与人的继承人或者法定代理人可以撤销赠与。 赠与人的继承人或者法定代理人的撤销权，自知道或者应当知道撤销原因之日起六个月内行使。	**第六百六十四条** 因受赠人的违法行为致使赠与人死亡或者丧失民事行为能力的，赠与人的继承人或者法定代理人可以撤销赠与。 赠与人的继承人或者法定代理人的撤销权，自知道或者应当知道撤销事由之日起六个月内行使。 释义 本条是关于赠与人的继承人或者法定代理人的法定撤销情形及撤销权行使期间的规定。

相关法律、司法解释规定	民法典
	赠与的撤销权本应属于赠与人，但因受赠人的违法行为致赠与人死亡或使其丧失民事行为能力时，赠与人的撤销权事实上已无法行使。而由赠与人的继承人或法定代理人行使撤销权，才能实现赠与人撤销赠与的权利与意愿。
《合同法》 **第一百九十四条** 撤销权人撤销赠与的，可以向受赠人要求返还赠与的财产。	**第六百六十五条** 撤销权人撤销赠与的，可以向受赠人请求返还赠与的财产。 释义 本条是关于撤销权的行使效力的规定。
《合同法》 **第一百九十五条** 赠与人的经济状况显著恶化，严重影响其生产经营或者家庭生活的，可以不再履行赠与义务。	**第六百六十六条** 赠与人的经济状况显著恶化，严重影响其生产经营或者家庭生活的，可以不再履行赠与义务。 释义 本条是关于赠与人可以不再履行赠与义务的法定情形的规定。 根据本条规定，赠与人不再履行赠与义务，应当符合三个条件：一是赠与合同已经成立，但是赠与财产的权利尚未完全转移。二是赠与人的经济状况显著恶化。所谓显著恶化，是指在赠与合同成立之后，赠与人的经济状况出现明显恶化的状态。三是经济状况显著恶化达到严重影响其生产经营或者家庭生活的程度。
	第十二章 借款合同
《合同法》 **第一百九十六条** 借款合同是借款人向贷款人借款，到期返还借款并支付利息的合同。	**第六百六十七条** 借款合同是借款人向贷款人借款，到期返还借款并支付利息的合同。 释义 本条是关于借款合同定义的规定。

相关法律、司法解释规定	民法典
	本章借款合同适用的范围较之于《合同法》有所扩大。《合同法》中借款合同仅适用于金融借款合同和自然人之间的借款合同；而本章的借款合同适用于金融机构与自然人、法人、非法人组织之间的借款，也适用于自然人、法人、非法人组织相互之间的借款。
《合同法》 **第一百九十七条** 借款合同采用书面形式，<u>但</u>自然人之间借款另有约定的除外。 借款合同的内容包括借款种类、币种、用途、数额、利率、期限和还款方式等条款。	**第六百六十八条** 借款合同应当采用书面形式，<u>但是</u>自然人之间借款另有约定的除外。 借款合同的内容一般包括借款种类、币种、用途、数额、利率、期限和还款方式等条款。 **释义** 本条是关于借款合同形式和内容的规定。 相较于《合同法》，本条两款规定中分别增加了"应当""一般"，以强化对合同形式、主要条款的提示和倡导效果。
《合同法》 **第一百九十九条** 订立借款合同，借款人应当按照贷款人的要求提供与借款有关的业务活动和财务状况的真实情况。	**第六百六十九条** 订立借款合同，借款人应当按照贷款人的要求提供与借款有关的业务活动和财务状况的真实情况。 **释义** 本条是关于借款人应当提供真实情况的义务的规定。
《合同法》 **第二百条** 借款的利息不得预先在本金中扣除。利息预先在本金中扣除的，应当按照实际借款数额返还借款并计算利息。	**第六百七十条** 借款的利息不得预先在本金中扣除。利息预先在本金中扣除的，应当按照实际借款数额返还借款并计算利息。 **释义** 本条是关于借款利息不得预先扣除的规定。

相关法律、司法解释规定	民法典
	作为借款人，实践中发生本条规定的情形时，要注意保留证据，在向贷款人预先支付利息时，需要贷款人出具有签名和日期的利息收条。
《合同法》 **第二百零一条**　贷款人未按照约定的日期、数额提供借款，造成借款人损失的，应当赔偿损失。 借款人未按照约定的日期、数额收取借款的，应当按照约定的日期、数额支付利息。	**第六百七十一条**　贷款人未按照约定的日期、数额提供借款，造成借款人损失的，应当赔偿损失。 借款人未按照约定的日期、数额收取借款的，应当按照约定的日期、数额支付利息。 **释义**　本条是关于贷款人未按照约定提供借款及借款人未按照约定收取借款的责任的规定。
《合同法》 **第二百零二条**　贷款人按照约定可以检查、监督借款的使用情况。借款人应当按照约定向贷款人定期提供有关财务会计报表<u>等</u>资料。	**第六百七十二条**　贷款人按照约定可以检查、监督借款的使用情况。借款人应当按照约定向贷款人定期提供有关财务会计报表<u>或者其他</u>资料。 **释义**　本条是关于贷款人对借款使用情况的监督权利以及借款人应当协助贷款人监督的规定。 相较于《合同法》，本条将“有关财务会计报表等资料”的表述修改为“有关财务会计报表或者其他资料”，以满足实践中借贷双方在借款合同中对检查、监督的内容、期次，特别是提供资料的范围等作出更灵活的约定。
《合同法》 **第二百零三条**　借款人未按照约定的借款用途使用借款的，贷款人可以停止发放借款、提前收回借款或者解除合同。	**第六百七十三条**　借款人未按照约定的借款用途使用借款的，贷款人可以停止发放借款、提前收回借款或者解除合同。 **释义**　本条是关于贷款人在借款人违约使用借款时享有相关权利的规定。

相关法律、司法解释规定	民法典
	借款用途是借款合同的主要内容，与借款人能否按期偿还借款有很直接的关系。借款人擅自改变借款用途，就会使原先当事人共同预期的收益变得不确定，增加了贷款人的借款风险，最终导致借款难以收回。
《合同法》 **第二百零五条** 借款人应当按照约定的期限支付利息。对支付利息的期限没有约定或者约定不明确，依照本法第六十一条的规定仍不能确定，借款期间不满一年的，应当在返还借款时一并支付；借款期间一年以上的，应当在每届满一年时支付，剩余期间不满一年的，应当在返还借款时一并支付。	**第六百七十四条** 借款人应当按照约定的期限支付利息。对支付利息的期限没有约定或者约定不明确，依据本法第五百一十条的规定仍不能确定，借款期间不满一年的，应当在返还借款时一并支付；借款期间一年以上的，应当在每届满一年时支付，剩余期间不满一年的，应当在返还借款时一并支付。 释义 本条是关于借款人支付利息期限的规定。
《合同法》 **第二百零六条** 借款人应当按照约定的期限返还借款。对借款期限没有约定或者约定不明确，依照本法第六十一条的规定仍不能确定的，借款人可以随时返还；贷款人可以催告借款人在合理期限内返还。	**第六百七十五条** 借款人应当按照约定的期限返还借款。对借款期限没有约定或者约定不明确，依据本法第五百一十条的规定仍不能确定的，借款人可以随时返还；贷款人可以催告借款人在合理期限内返还。 释义 本条是关于还款期限的规定。 本条对贷款人催告借款人还款的“合理期限”未作出明确的规定，主要的考虑是：金融机构和其他民事主体作为贷款人时，对借款的返还期限的要求是不同的，规定统一的还款期限不能适应不同的情况。因此，该合理期限由贷款人根据具体情况来确定。

相关法律、司法解释规定	民法典
《合同法》 第二百零七条　借款人未按照约定的期限返还借款的，应当按照约定或者国家有关规定支付逾期利息。	第六百七十六条　借款人未按照约定的期限返还借款的，应当按照约定或者国家有关规定支付逾期利息。 释义　本条是关于借款人未按照约定的期限返还借款责任的规定。 逾期利息可参照《民间借贷规定》（法释〔2020〕17号）① 的相关规定。
《合同法》 第二百零八条　借款人提前偿还借款的，除当事人另有约定的以外，应当按照实际借款的期间计算利息。	第六百七十七条　借款人提前返还借款的，除当事人另有约定外，应当按照实际借款的期间计算利息。 释义　本条是关于借款人提前返还借款的规定。 需要注意，当事人在合同中对提前还款没有约定的，提前还款不损害贷款人利益的，可以不经贷款人同意，利息按照实际借款期间计算；提前还款损害贷款人利益的，贷款人有权拒绝借款人提前还款的要求。
《合同法》 第二百零九条　借款人可以在还款期限届满之前向贷款人申请展期。贷款人同意的，可以展期。	第六百七十八条　借款人可以在还款期限届满前向贷款人申请展期；贷款人同意的，可以展期。 释义　本条是关于借款展期的规定。
《合同法》 第二百一十条　自然人之间的借款合同，自贷款人提供借款时生效。	第六百七十九条　自然人之间的借款合同，自贷款人提供借款时成立。 释义　本条是关于自然人之间的借款合同成立的规定。 本条将《合同法》第210条"自然人之间的借款合同，自贷款人提供

① 《最高人民法院关于审理民间借贷案件适用法律若干问题的规定》简称《民间借贷规定》。

相关法律、司法解释规定	民法典
	借款时生效”中的“生效”修改为“成立”，主要有三个原因：一是避免产生自然人之间借款合同是实践合同还是诺成合同的争议。自然人之间的借款合同为实践合同，《合同法》第210条中“生效”的表述，易让人产生误解，遂作此修改。二是与本法中定金合同和无偿保管合同条文的表述保持一致，统一表述为自实际交付时“成立”。三是可以给司法实践提供正确指引，即使均为自然人的贷款人与借款人签订了借款合同，借款人也无权申请强制执行，更不能要求对方承担违约责任。
《合同法》 **第二百一十一条** ~~自然人之间的~~借款合同对支付利息没有约定~~或者~~约定不明确~~的~~，视为不支付利息。 ~~自然人之间的借款合同约定支付利息的，借款的利率不得违反国家有关限制借款利率的规定~~。 **《民间借贷规定》** **第二十五条** 借贷双方没有约定利息，出借人主张支付借期内利息的，人民法院不予支持。 自然人之间借贷对利息约定不明，出借人主张支付利息的，人民法院不予支持。除自然人之间借贷的外，借贷双方对借贷利息约定不明，出借人主张利息的，人民法院应当结合民间借贷合同的内容，并根据当地或者当事人的交易方式、交易习惯、市场利率等因素确定利息。	**第六百八十条 禁止高利放贷，借款的利率不得违反国家有关规定。** 借款合同对支付利息没有约定的，视为没有利息。 **借款合同对支付利息**约定不明确，**当事人不能达成补充协议的，按照当地或者当事人的交易方式、交易习惯、市场利率等因素确定利息；自然人之间借款的，视为没有利息。** 释义 本条是关于借款利率和利息的规定。 本条在《合同法》第211条的基础上，吸收《民间借贷规定》第25条等司法解释规定，就借款合同利率问题，针对金融借款和民间借贷，制定了统一适用的体系化规则。理解本条需要注意以下几个方面：（1）本条新增第1款明确规定禁止高利放贷，借款的利率不得违反国家有关规定。

相关法律、司法解释规定	民法典
	近年来，社会上出现大量非法融资、非法放贷、套路贷、校园贷等问题，严重扰乱社会经济秩序，本条即回应社会关注，力求解决民间借贷领域存在的突出问题。（2）相较于《合同法》，本条第2款规定有了较大突破，将借款合同对支付利息没有约定时视为没有利息的范围从自然人之间扩展到了所有借贷领域。(3) 借款合同利息约定不明时区分自然人之间的借款和其他借款，自然人之间借款视为没有利息，其他借款则根据相应规则确定利息。
	第十三章　保证合同
	第一节　一般规定
《担保法》 **第六条**　~~本法所称保证，是指~~保证人和债权人约定，当债务人不履行债务时，保证人~~按照约定~~履行债务或者承担责任的<u>行为</u>。	**第六百八十一条　保证合同是为保障债权的实现，**保证人和债权人约定，当债务人不履行**到期**债务**或者发生当事人约定的情形**时，保证人履行债务或者承担责任的<u>合同</u>。 释义　本条是关于保证合同概念的规定。 本条是在《担保法》第1条和第6条的基础修改完善而来。修改主要体现在以下四个方面：（1）将“保证”明确规定为一种新的有名合同，即“保证合同”。（2）将《担保法》第1条所规定的“保障债权的实现”纳入本条规范之中。《担保法》的内容被分别规定于本法物权编和合同编后，已经无法规定适用于所有担保的共通规则，遂有必要将《担保法》中

相关法律、司法解释规定	民法典
	这一体现担保根本目的的表述植入保证合同的定义之中。(3) 将保证债务的履行条件由“债务人不履行债务”修改为“债务人不履行到期债务或者发生当事人约定的情形”。这一修改统一了《民法典》中担保权的实现条件，与本法第386条担保物权的实现条件相一致。其原因在于，《民法典》上“违约”的构成已不再限于债务人不履行到期债务，当事人约定的其他情形亦包括在内。(4) 删除了《担保法》中“保证人按照约定履行债务或者承担责任”这一表述中的“按照约定”四个字。本条已经使用“保证人和债权人约定”的表述，再特别申明保证人“按照约定”履行债务或者承担责任已无必要。
《担保法》 **第五条** 担保合同是主合同的从合同，主合同无效，担保合同无效。~~担保合同另有约定的，按照约定。~~ 担保合同被确认无效后，债务人、担保人、债权人有过错的，应当根据其过错各自承担相应的民事责任。	**第六百八十二条** 保证合同是主**债权债务**合同的从合同。主**债权债务**合同无效的，保证合同无效，**但是法律另有规定的除外**。 保证合同被确认无效后，债务人、保证人、债权人有过错的，应当根据其过错各自承担相应的民事责任。 **释义** 本条是对保证合同的附从性以及保证合同被确认无效后的民事责任分配的规定。 相较于《担保法》第5条第1款，本条第1款的修改主要体现在四个方面：(1) 将“担保合同”限缩于“保证合同”，从担保合同的一般规定降为保证合同的特别规定，本法

相关法律、司法解释规定	民法典
	第388条另就物上担保合同作出专门规定。（2）将“主合同”改为“主债权债务合同”，与本法第388条的表述相一致。（3）将但书的句号移至“主债权债务合同无效，保证合同无效”之前，避免了从属性例外范围在解释上的分歧。（4）将“担保合同另有约定的，按照约定”修改为“法律另有规定的除外”，限缩了当事人的意思，置重于保证制度的保全功能。
《担保法》 **第八条**　国家机关不得为保证人，但经国务院批准为使用外国政府或者国际经济组织贷款进行转贷的除外。 **第九条**　学校、幼儿园、医院等以公益为目的的事业单位、社会团体不得为保证人。	**第六百八十三条**　机关法人不得为保证人，但是经国务院批准为使用外国政府或者国际经济组织贷款进行转贷的除外。 以公益为目的的非营利法人、非法人组织不得为保证人。 释义　本条是保证人的资格的规定。 根据本法总则编的规定，本条修改了相关主体的表述，将“国家机关”改称“机关法人”；将“学校、幼儿园、医院等以公益为目的的事业单位、社会团体”限缩为“以公益为目的的非营利法人、非法人组织”。
《担保法》 **第十五条**　保证合同应当包括以下内容： （一）被保证的主债权种类、数额； （二）债务人履行债务的期限； （三）保证的方式； （四）保证担保的范围； （五）保证的期间；	**第六百八十四条**　保证合同的内容一般包括被保证的主债权的种类、数额，债务人履行债务的期限，保证的方式、范围和期间等条款。 释义　本条是对保证合同中的一般内容的规定。 相较于《担保法》第15条，本条的修改主要体现在：（1）将《担保法》第15条第1款中保证合同的内

相关法律、司法解释规定	民法典
~~（六）双方认为需要约定的其他事项。~~ ~~保证合同不完全具备前款规定内容的，可以补正。~~	容从“应当包括”修改为“一般包括”，进一步明确本条倡导性规范的属性，并将条文的表述方式从分项改为不分项。（2）删去《担保法》第15条第1款“保证合同不完全具备前款规定内容的，可以补正”，但这并不表明不允许当事人就保证合同的内容进行所谓“补正”。在解释上，这里“补正”保证合同的内容，应为对保证合同的变更，适用合同编通则分编的一般规则。
《担保法》 **第九十三条** ~~本法所称~~保证合同~~、抵押合同、质押合同、定金合同~~可以是单独订立的书面合同，~~包括当事人之间的具有担保性质的信函、传真等，~~也可以是主合同中的担保条款。 **《担保法司法解释》** **第二十二条第一款** 第三人单方以书面形式向债权人出具担保书，债权人接受且未提出异议的，保证合同成立。	**第六百八十五条** 保证合同可以是单独订立的书面合同，也可以是主**债权债务**合同中的保证条款。 第三人单方以书面形式向债权人作出保证，债权人接收且未提出异议的，保证合同成立。 **释义** 本条是对保证合同订立的具体方式的规定。 本条是在《担保法》第93条和《担保法司法解释》第22条第1款的基础上修改而成。 本条第1款在上述条文基础上对书面形式作了细化。本条第2款在上述条文基础上作了文字上的完善。“接受”即意味着没有异议，“接受且未提出异议”的表述即有不当，以“接收”替代“接受”更为严谨。
《担保法》 **第十六条** 保证的方式有： ~~（一）~~一般保证； ~~（二）~~连带责任保证。	**第六百八十六条** 保证的方式包括一般保证**和**连带责任保证。 当事人**在保证合同中**对保证方式没有约定或者约定不明确的，按照一般保证承担保证责任。

相关法律、司法解释规定	民法典
第十九条　当事人对保证方式没有约定或者约定不明确的，按照连带责任保证承担保证责任。	释义　本条是对保证方式的规定。 本条第2款颠覆了《担保法》第19条的规定，修改了保证方式的推定规则，将当事人没有约定或者约定不明确时的保证方式由连带责任保证推定修改为一般保证推定。
《担保法》 **第十七条**　当事人在保证合同中约定，债务人不能履行债务时，由保证人承担保证责任的，为一般保证。 一般保证的保证人在主合同纠纷未经审判或者仲裁，并就债务人财产依法强制执行仍不能履行债务前，~~对债权人可以~~拒绝承担保证责任。 有下列情形之一的~~，保证人不得行使前款规定的权利~~： （一）债务人~~住所变更，致使债权人要求其履行债务发生重大困难的~~； （二）人民法院受理债务人破产案件~~，中止执行程序的~~； （三）保证人~~以~~书面~~形式~~放弃前款规定的权利~~的~~。 **《担保法司法解释》** **第二十五条**　担保法第十七条第三款第（一）项规定的债权人要求债务人履行债务发生的重大困难情形，包括债务人下落不明、移居境外，且无财产可供执行。	**第六百八十七条**　当事人在保证合同中约定，债务人不能履行债务时，由保证人承担保证责任的，为一般保证。 一般保证的保证人在主合同纠纷未经审判或者仲裁，并就债务人财产依法强制执行仍不能履行债务前，**有权**拒绝**向债权人**承担保证责任，**但是**有下列情形之一的**除外**： （一）债务人**下落不明，且无财产可供执行**； （二）人民法院**已经**受理债务人破产案件； **（三）债权人有证据证明债务人的财产不足以履行全部债务或者丧失履行债务能力；** （四）保证人书面**表示**放弃本款规定的权利。 释义　本条是对一般保证及先诉抗辩权的相关规定。 本条是在《担保法》第17条和《担保法司法解释》第25条的基础上修改而成。条文内容主要就先诉抗辩权的限制规则作了相应完善。其中，第1项删去了“债务人住所变更”这一前置性条件；第2项删除本项中后句“中止执行程序”这一赘语；新增第3项。

相关法律、司法解释规定	民法典
《担保法》 **第十八条** 当事人在保证合同中约定保证人与债务人对债务承担连带责任的，为连带责任保证。 连带责任保证的债务人在主合同规定的债务履行期届满没有履行债务的，债权人可以要求债务人履行债务，也可以要求保证人在其保证范围内承担保证责任。	**第六百八十八条** 当事人在保证合同中约定保证人和债务人对债务承担连带责任的，为连带责任保证。 连带责任保证的债务人不履行到期债务**或者发生当事人约定的情形时**，债权人可以请求债务人履行债务，也可以请求保证人在其保证范围内承担保证责任。 释义 本条是对连带责任保证的规定。 本法第681条将保证债务的履行条件由“债务人不履行债务”修改为“债务人不履行到期债务或者发生当事人约定的情形”，本条第2款增加了这一履行条件。同时，基于主合同中不一定就债务履行期作了约定，将“债务人在主合同规定的债务履行期届满没有履行债务”修改为“债务人不履行到期债务”，与本法第681条相统一。
《担保法》 **第四条** ~~第三人为债务人向债权人提供担保时，~~可以要求债务人提供反担保。 ~~反担保适用本法担保的规定。~~	**第六百八十九条 保证人**可以要求债务人提供反担保。 释义 本条是关于保证人与债务人之间反担保的规定。 本条承袭了《担保法》第4条的规定，删去了第2款的规定，并对第1款作了相应的文字修改。
《担保法》 **第十四条** 保证人与债权人~~可以就单个主合同分别订立保证合同，也~~可以协议在最高债权额限度内就一定期间连续发生的~~借款合同或者某项商品交易合同订立一个保证合同~~。	**第六百九十条** 保证人与债权人可以**协商订立最高额保证的合同，**约定在最高债权额限度内就一定期间连续发生的**债权提供保证**。 **最高额保证除适用本章规定外，参照适用本法第二编最高额抵押权的有关规定。**

相关法律、司法解释规定	民法典
	释义　本条是关于最高额保证的规定。 相较于《担保法》第14条，本条的改动有两处：一是不再将最高额保证限于借款合同或者商品交易合同。二是增加了“参照适用本法第二编最高额抵押权的有关规定”，明确了准用规则。
	第二节　保证责任
《担保法》 **第二十一条**　保证~~担保~~的范围包括主债权及利息、违约金、损害赔偿金和实现债权的费用。保证合同另有约定的，按照约定。 ~~当事人对保证担保的范围没有约定或者约定不明确的，保证人应当对全部债务承担责任。~~	**第六百九十一条**　保证的范围包括主债权及其利息、违约金、损害赔偿金和实现债权的费用。当事人另有约定的，按照其约定。 释义　本条是关于保证责任范围的规定。 本条删除了《担保法》第21条第2款，并调整了其第1款的部分表述，然而其实质内容并无变化。
《担保法》 **第二十五条第一款**　一般保证的保证人与债权人未约定保证期间的，保证期间为主债务履行期届满之日起六个月。 **第二十六条第一款**　连带责任保证的保证人与债权人未约定保证期间的，债权人有权自主债务履行期届满之日起六个月内要求保证人承担保证责任。 **第三十三条**　主合同对主债务履行期限没有约定或者约定不明的，保证期间自债权人要求债务人履行义务的宽限期届满之日起计算。	**第六百九十二条**　**保证期间是确定保证人承担保证责任的期间**，不发生中止、中断和延长。 债权人与保证人可以约定保证期间，但是约定的保证期间早于主债务履行期限或者与主债务履行期限同时届满的，视为没有约定；没有约定或者约定不明确的，**保证期间为主债务履行期限届满之日起六个月**。 债权人与债务人对主债务履行期限没有约定或者约定不明确的，保证期间自债权人请求债务人履行债务的宽限期届满之日起计算。 释义　本条是关于保证期间的规定。 本条系由《担保法》第25条第

相关法律、司法解释规定	民法典
《担保法司法解释》 **第三十一条** 保证期间不因任何事由发生中断、中止、延长的法律后果。 **第三十二条** 保证合同约定的保证期间早于或者等于主债务履行期限的，视为没有约定，保证期间为主债务履行期届满之日起六个月。 ~~保证合同约定保证人承担保证责任直至主债务本息还清时为止等类似内容的，视为约定不明，保证期间为主债务履行期届满之日起二年。~~	1款、第26条第1款及《担保法司法解释》第31条、第32条第1款、第33条统合修改而来。除了表述上的变化外，内容上的实质改动为：其一，本条第1款增加规定保证期间的定义；其二，将保证期间约定不明的情形与没有约定的情形作同一处理，两种情况下保证期间均为主债务履行期限届满之日起6个月。
《担保法》 **第二十五条第二款** 在~~合同约定的保证期间和前款规定的保证期间，债权人未~~对债务人提起诉讼或者申请仲裁的，保证人免除保证责任~~；债权人已提起诉讼或者申请仲裁的，保证期间适用诉讼时效中断的规定~~。 **第二十六条第二款** 在~~合同约定的保证期间和前款规定的保证期间，债权人未要求保证人~~承担保证责任的，保证人免除保证责任。	**第六百九十三条 一般保证的债权人未在保证期间**对债务人提起诉讼或者申请仲裁的，保证人不再承担保证责任。 **连带责任保证的债权人未在保证期间请求保证人**承担保证责任的，保证人不再承担保证责任。 **释义** 本条是关于保证期间届满的法律效果的规定。 本条系由《担保法》第25条第2款、第26条第2款统合修改而来。除了表述上的简化外，本条将原条文中的"保证人免除保证责任"修改为"保证人不再承担保证责任"，明确了保证期间经过的法律效果：保证债务消灭，在一定程度上防止了"保证人免除保证责任"的解释分歧。
《担保法司法解释》 **第三十四条** 一般保证的债权人在保证期间届满前对债务人提起诉讼	**第六百九十四条** 一般保证的债权人在保证期间届满前对债务人提起诉讼或者申请仲裁的，从**保证人拒绝**

相关法律、司法解释规定	民法典
或者申请仲裁的，从~~判决或者仲裁裁决生效~~之日起，开始计算保证合同的诉讼时效。 连带责任保证的债权人在保证期间届满前要求保证人承担保证责任的，从债权人要求保证人承担保证责任之日起，开始计算保证合同的诉讼时效。	**承担保证责任的权利消灭**之日起，开始计算保证债务的诉讼时效。 连带责任保证的债权人在保证期间届满前请求保证人承担保证责任的，从债权人请求保证人承担保证责任之日起，开始计算保证债务的诉讼时效。 释义　本条是关于保证债务诉讼时效的规定。 本条将一般保证债务诉讼时效的起算点由“判决或者仲裁裁决生效之日”修改为“保证人拒绝承担保证责任的权利消灭之日”。
《担保法》 **第二十四条**　债权人与债务人协议变更主合同的，应当取得保证人书面同意，未经保证人书面同意的，保证人不再承担保证责任。保证合同另有约定的，按照约定。 **《担保法司法解释》** **第三十条**　~~保证期间，~~债权人与债务人~~对主合同数量、价款、币种、利率等内容作了变动，~~未经保证人同意的，~~如果~~减轻债务~~人的债务~~的，保证人仍~~应当~~对变更后的合同承担保证责任；~~如果~~加重~~债务人的~~债务的，保证人对加重的部分不承担保证责任。 债权人与债务人~~对~~主合同履行期限~~作了变动~~，未经保证人书面同意的，保证期间为原合同约定的或者法律规定的期间。 ~~债权人与债务人协议变动主合同内容，但并未实际履行的，保证人仍应当承担保证责任。~~	**第六百九十五条**　债权人和债务人未经保证人**书面同意，协商变更主债权债务合同内容**，减轻债务的，保证人仍对变更后的债务承担保证责任；加重债务的，保证人对加重的部分不承担保证责任。 债权人和债务人**变更主债权债务合同的履行期限**，未经保证人书面同意的，保证期间不受影响。 释义　本条是关于主债权债务合同变更对保证人保证责任影响的规定。 本条源自《担保法》第24条和《担保法司法解释》第30条。相较于上述规定，本条除文字表述上的调整外，主要的变动为：其一，删除主合同变动发生于保证期间的限制；其二，删除保证人另有约定从其约定的规定；其三，删除债权人与债务人协议变动主合同内容但并未实际履行时保证人仍应当承担保证责任的规定。

相关法律、司法解释规定	民法典
《担保法》 **第二十二条**　保证期间，债权人依法将主债权转让给第三人的，保证人在原保证担保的范围内继续承担保证责任。保证合同另有约定的，按照约定。 **《担保法司法解释》** **第二十八条**　保证期间，债权人依法将主债权转让给第三人的，保证债权同时转让，保证人在原保证担保的范围内对受让人承担保证责任。但是保证人与债权人事先约定仅对特定的债权人承担保证责任或者禁止债权转让的，保证人不再承担保证责任。	**第六百九十六条　债权人转让全部或者部分债权，未通知保证人的，该转让对保证人不发生效力。** **保证人与债权人约定禁止债权转让，债权人未经保证人书面同意转让债权的，保证人对受让人不再承担保证责任。** 释义　本条是关于债权转让对保证责任影响的规定。 本条是在《担保法》第22条和《担保法司法解释》第28条的基础上修改而成。本条第1款将保证人是否继续承担保证责任系于主债权转让的事实是否通知保证人；本条第2款与《担保法司法解释》第28条后句相当。
《担保法》 **第二十三条**　~~保证期间，~~债权人许可债务人转让债务~~的~~，~~应当取得保证人书面同意，~~保证人对未经其同意转让的债务~~，~~不再承担保证责任。 **《担保法司法解释》** **第二十九条**　保证期间，债权人许可债务人转让部分债务未经保证人书面同意的，保证人对未经其同意转让部分的债务，不再承担保证责任。但是，保证人仍应当对未转让部分的债务承担保证责任。	**第六百九十七条　债权人未经保证人书面同意，**允许债务人**转移全部或者部分**债务，保证人对未经其同意转移的债务不再承担保证责任，**但是债权人和保证人另有约定的除外。** **第三人加入债务的，保证人的保证责任不受影响。** 释义　本条是关于债务承担对保证责任影响的规定。 本条第1款源于《担保法》第23条与《担保法司法解释》第29条。除了表述上的调整外，内容上的变化主要是删除了债务转移发生于保证期间的限定，增加了但书规定，即“债权人和保证人另有约定的除外”。本条第2款增设了债务加入对保证责任的影响的规定，因为本法第552条增加规定了债务加入。

相关法律、司法解释规定	民法典
《担保法司法解释》 **第二十四条** 一般保证的保证人在~~主债权~~履行期间届满后，向债权人提供~~了~~债务人可供执行财产的真实情况~~的~~，债权人放弃或者怠于行使权利致使该财产不能被执行，保证人~~可以请求人民法院~~在其提供可供执行财产的~~实际~~价值范围内免除保证责任。	**第六百九十八条** 一般保证的保证人在**主债务**履行期限届满后，向债权人提供债务人可供执行财产的真实情况，债权人放弃或者怠于行使权利致使该财产不能被执行的，保证人在其提供可供执行财产的价值范围内不再承担保证责任。 释义 本条是关于保证人免责的相关规定。
《担保法》 **第十二条** 同一债务有两个以上保证人的，保证人应当按照保证合同约定的保证份额，承担保证责任。没有约定保证份额的，~~保证人承担连带责任，~~债权人可以要求任何一个保证人承担~~全部~~保证责任~~，保证人都负有担保全部债权实现的义务。已经承担保证责任的保证人，有权向债务人追偿，或者要求承担连带责任的其他保证人清偿其应当承担的份额~~。 《担保法司法解释》 **第十九条** 两个以上保证人对同一债务同时或者分别提供保证时，各保证人与债权人没有约定保证份额的，应当认定为连带共同保证。 连带共同保证的保证人以其相互之间约定各自承担的份额对抗债权人的，人民法院不予支持。 **第二十条** 连带共同保证的债务人在主合同规定的债务履行期届满没有履行债务的，债权人可以要求债务人履行债务，也可以要求任何一个保证人承担全部保证责任。	**第六百九十九条** 同一债务有两个以上保证人的，保证人应当按照保证合同约定的保证份额，承担保证责任；没有约定保证份额的，债权人可以请求任何一个保证人**在其保证范围内**承担保证责任。 释义 本条是关于共同保证的规定。 本条是在《担保法》第12条和《担保法司法解释》第19—22条的基础上修改而成。本条改变了《担保法》和《担保法司法解释》按份共同保证和连带共同保证非此即彼的区分，当事人之间没有约定各保证人承担保证责任的份额的，不再推定为连带共同保证。同时，本条删去了《担保法》第12条后句"已经承担保证责任的保证人，有权向债务人追偿，或者要求承担连带责任的其他保证人清偿其应当承担的份额"，留待本法下一条规定。

相关法律、司法解释规定	民法典
连带共同保证的保证人承担保证责任后，向债务人不能追偿的部分，由各连带保证人按其内部约定的比例分担。没有约定的，平均分担。 **第二十一条**　按份共同保证的保证人按照保证合同约定的保证份额承担保证责任后，在其履行保证责任的范围内对债务人行使追偿权。 **第二十二条**　第三人单方以书面形式向债权人出具担保书，债权人接受且未提出异议的，保证合同成立。 主合同中虽然没有保证条款，但是，保证人在主合同上以保证人的身份签字或者盖章的，保证合同成立。	
《担保法》 **第三十一条**　保证人承担保证责任后，有权向债务人追偿。	**第七百条**　保证人承担保证责任后，**除当事人另有约定外，**有权**在其承担保证责任的范围内**向债务人追偿，**享有债权人对债务人的权利，但是不得损害债权人的利益。** 释义　本条是关于保证人对债务人追偿权及相关权利的规定。 相较于《担保法》，本条主要的变动为：一是明确规定保证人追偿权的行使以承担保证责任的范围为限，并允许当事人以特约排除追偿权；二是增加规定保证人的代位权。
《担保法》 **第二十条**　~~一般保证和连带责任保证的~~保证人享有债务人的抗辩~~权~~。债务人放弃~~对债务的~~抗辩~~权~~的，保证人仍有权抗辩。 ~~抗辩权是指债权人行使债权时，~~	**第七百零一条**　保证人可以主张债务人**对债权人**的抗辩。债务人放弃抗辩的，保证人仍有权**向债权人主张**抗辩。 释义　本条是关于保证人享有债务人对债权人抗辩权的规定。

相关法律、司法解释规定	民法典
~~债务人根据法定事由，对抗债权人行使请求权的权利。~~	相较于《担保法》，本条主要的修改体现于以下两点：一是将“抗辩权”修改为“抗辩”；二是删除了抗辩权的定义。
	第七百零二条　债务人对债权人享有抵销权或者撤销权的，保证人可以在相应范围内拒绝承担保证责任。 释义　本条为新增条款，是关于保证人享有债务人对债权人的抵销权或撤销权的相关规定。 债务人享有对债权人的抵销权或者撤销权，保证人也可以在相应范围内免责，这是保证人所享有的权利之一。本条应与本法第701条作体系解释，都是对保证人权利的具体规定。
	第十四章　租赁合同
《合同法》 **第二百一十二条**　租赁合同是出租人将租赁物交付承租人使用、收益，承租人支付租金的合同。	**第七百零三条**　租赁合同是出租人将租赁物交付承租人使用、收益，承租人支付租金的合同。 释义　本条是关于租赁合同的概念的规定。
《合同法》 **第二百一十三条**　租赁合同的内容包括租赁物的名称、数量、用途、租赁期限、租金及其支付期限和方式、租赁物维修等条款。	**第七百零四条**　租赁合同的内容**一般**包括租赁物的名称、数量、用途、租赁期限、租金及其支付期限和方式、租赁物维修等条款。 释义　本条是关于租赁合同的主要内容的规定。 相较于《合同法》，本条增加“一般”二字，使法条的用词更为严谨恰当，体现了立法的科学性。

相关法律、司法解释规定	民法典
《合同法》 **第二百一十四条** 租赁期限不得超过二十年。超过二十年的，超过部分无效。 租赁期间届满，当事人可以续订租赁合同，但约定的租赁期限自续订之日起不得超过二十年。	**第七百零五条** 租赁期限不得超过二十年。超过二十年的，超过部分无效。 租赁期限届满，当事人可以续订租赁合同；但是，约定的租赁期限自续订之日起不得超过二十年。 释义 本条是关于租赁期限的最高限制的规定。 20年实际上并不是一个绝对的最高限，当20年的租赁合同期满时，如租赁合同双方当事人仍想保留租赁关系，可采取两种方式：一是“法定更新”，即并不终止原租赁合同，承租人仍然使用租赁物，出租人也不提出任何异议，此时租赁关系转为不定期租赁。二是“约定更新”，双方当事人再续签一份租赁合同。
《城镇房屋租赁合同司法解释》① **第四条第一款** 当事人~~以房屋租赁合同~~未按照法律、行政法规规定办理登记备案手续~~为由~~，请求确认合同无效的，人民法院不予支持。	**第七百零六条** 当事人未依照法律、行政法规规定办理**租赁合同**登记备案手续的，不影响合同的效力。 释义 本条是关于租赁合同登记对合同效力影响的规定。 本条吸收了《城镇房屋租赁合同司法解释》第4条的相关规定，并将范围扩大至租赁合同，不再仅限于房屋租赁。此外，本条规定中的“法律、行政法规”是指全国人大及其常委会制定的法律和国务院制定的行政法规。

① 《最高人民法院关于审理城镇房屋租赁合同纠纷案件具体应用法律若干问题的解释》简称《城镇房屋租赁合同司法解释》。

相关法律、司法解释规定	民法典
《合同法》 **第二百一十五条** 租赁期限六个月以上的，应当采用书面形式。当事人未采用书面形式的，视为不定期租赁。	**第七百零七条** 租赁期限六个月以上的，应当采用书面形式。当事人未采用书面形式，**无法确定租赁期限的，**视为不定期租赁。 释义 本条是关于租赁合同形式的规定。 相较于《合同法》，本条增补了“无法确定租赁期限的”的表述。整体来看，《民法典》对于6个月以上未采取书面形式的租赁合同不再采用以往的“一刀切”方式，即全部视为不定期租赁，而是给了合同双方当事人协商或者单独证明租赁期限的机会，避免仅仅因为形式问题损害当事人利益。
《合同法》 **第二百一十六条** 出租人应当按照约定将租赁物交付承租人，并在租赁期间保持租赁物符合约定的用途。	**第七百零八条** 出租人应当按照约定将租赁物交付承租人，并在租赁期限内保持租赁物符合约定的用途。 释义 本条是关于出租人交付租赁物的义务和对租赁物的瑕疵担保责任。
《合同法》 **第二百一十七条** 承租人应当按照约定的方法使用租赁物。对租赁物的使用方法没有约定或者约定不明确，依照本法第六十一条的规定仍不能确定的，应当按照租赁物的性质使用。	**第七百零九条** 承租人应当按照约定的方法使用租赁物。对租赁物的使用方法没有约定或者约定不明确，依据本法第五百一十条的规定仍不能确定的，应当根据租赁物的性质使用。 释义 本条是关于承租人对租赁物进行使用的义务性规定。
《合同法》 **第二百一十八条** 承租人按照约定的方法或者租赁物的性质使用租赁物，致使租赁物受到损耗的，不承担损害赔偿责任。	**第七百一十条** 承租人按照约定的方法或者**根据**租赁物的性质使用租赁物，致使租赁物受到损耗的，不承担赔偿责任。 释义 本条是关于前条承租人义务的

相关法律、司法解释规定	民法典
	延伸规定。 租赁合同中订立了租赁物的使用方法，就意味着出租人认可了租赁物的正常损耗，并且实际上，出租人已把这种折旧的价值计入了租金中。因此，只要承租人按照约定的方法使用租赁物，对租赁物的正常损耗、价值的减少是不承担责任的。
《合同法》 **第二百一十九条**　承租人未按照约定的方法或者租赁物的性质使用租赁物，致使租赁物受到损失的，出租人可以解除合同并要求赔偿损失。	**第七百一十一条**　承租人未按照约定的方法或者**未根据**租赁物的性质使用租赁物，致使租赁物受到损失的，出租人可以解除合同并请求赔偿损失。 释义　本条是关于承租人没有履行按约定方法使用租赁物的义务的法律后果的规定。
《合同法》 **第二百二十条**　出租人应当履行租赁物的维修义务，但当事人另有约定的除外。	**第七百一十二条**　出租人应当履行租赁物的维修义务，但是当事人另有约定的除外。 释义　本条是关于出租人的维修义务的规定。 原则上由出租人承担维修义务，主要是因为出租人负有使租赁物在租赁期限内保持其约定用途的主给付义务。
《合同法》 **第二百二十一条**　承租人在租赁物需要维修时可以要求出租人在合理期限内维修。出租人未履行维修义务的，承租人可以自行维修，维修费用由出租人负担。因维修租赁物影响承租人使用的，应当相应减少租金或者延长租期。	**第七百一十三条**　承租人在租赁物需要维修时可以请求出租人在合理期限内维修。出租人未履行维修义务的，承租人可以自行维修，维修费用由出租人负担。因维修租赁物影响承租人使用的，应当相应减少租金或者延长租期。 **因承租人的过错致使租赁物需要**

相关法律、司法解释规定	民法典
	维修的，出租人不承担前款规定的维修义务。 **释义** 本条是关于出租人维修义务的补充规定。 本条第2款为新增规定，因承租人过错导致租赁物毁损时，排除了出租人的维修义务。
《合同法》 **第二百二十二条** 承租人应当妥善保管租赁物，因保管不善造成租赁物毁损、灭失的，应当承担~~损害~~赔偿责任。	**第七百一十四条** 承租人应当妥善保管租赁物，因保管不善造成租赁物毁损、灭失的，应当承担赔偿责任。 **释义** 本条是关于承租人妥善保管租赁物的义务的规定。
《合同法》 **第二百二十三条** 承租人经出租人同意，可以对租赁物进行改善或者增设他物。 承租人未经出租人同意，对租赁物进行改善或者增设他物的，出租人可以要求承租人恢复原状或者赔偿损失。	**第七百一十五条** 承租人经出租人同意，可以对租赁物进行改善或者增设他物。 承租人未经出租人同意，对租赁物进行改善或者增设他物的，出租人可以请求承租人恢复原状或者赔偿损失。 **释义** 本条是关于承租人对租赁物进行改善或增设他物的规定。
《合同法》 **第二百二十四条** 承租人经出租人同意，可以将租赁物转租给第三人。承租人转租的，承租人与出租人之间的租赁合同继续有效，第三人对租赁物造成损失的，承租人应当赔偿损失。 承租人未经出租人同意转租的，出租人可以解除合同。	**第七百一十六条** 承租人经出租人同意，可以将租赁物转租给第三人。承租人转租的，承租人与出租人之间的租赁合同继续有效；第三人造成租赁物损失的，承租人应当赔偿损失。 承租人未经出租人同意转租的，出租人可以解除合同。 **释义** 本条是关于承租人对租赁物的转租的规定。

相关法律、司法解释规定	民法典
《城镇房屋租赁合同司法解释》 **第十五条** 承租人经出租人同意将~~租赁房屋~~转租给第三人~~时~~，转租期限超过承租人剩余租赁期限的，~~人民法院应当认定~~超过部分的约定无效。但出租人与承租人另有约定的除外。	**第七百一十七条** 承租人经出租人同意将**租赁物**转租给第三人，转租期限超过承租人剩余租赁期限的，超过部分的约定对出租人不具有法律约束力，但是出租人与承租人另有约定的除外。 释义 本条属于新增规定，其内容源自《城镇房屋租赁合同司法解释》第15条的规定，是关于转租期限的规定。
《城镇房屋租赁合同司法解释》 **第十六条第一款** 出租人知道或者应当知道承租人转租，但在六个月内未提出异议，其以承租人未经同意为由请求解除合同或者认定转租合同无效的，人民法院不予支持。	**第七百一十八条** 出租人知道或者应当知道承租人转租，但是在六个月内未提出异议**的**，视为出租人同意转租。 释义 本条属于新增规定，其内容源自《城镇房屋租赁合同司法解释》第16条规定，是关于出租人以沉默的意思表示同意转租的规定。
《城镇房屋租赁合同司法解释》 **第十七条** ~~因~~承租人拖欠租金，~~出租人请求解除合同时，~~次承租人请求代承租人支付欠付的租金和违约金~~以抗辩出租人合同解除权的，人民法院应予支持~~。但转租合同无效的除外。 次承租人代为支付的租金和违约金超出其应付的租金数额，可以折抵租金或者向承租人追偿。	**第七百一十九条** 承租人拖欠租金**的**，次承租人可以代承租人支付**其**欠付的租金和违约金，但是转租合同对出租人不具有法律约束力的除外。 次承租人代为支付的租金和违约金，可以充抵次承租人应当向承租人支付的租金；超出其应付的租金数额的，可以向承租人追偿。 释义 本条在吸收《城镇房屋租赁合同司法解释》第17条的基础上，作出了次承租人代为清偿权的规定。
《合同法》 **第二百二十五条** 在租赁期间因占有、使用租赁物获得的收益，归承租人所有，但当事人另有约定的除外。	**第七百二十条** 在租赁期限**内**因占有、使用租赁物获得的收益，归承租人所有，但是当事人另有约定的除外。 释义 本条是关于租赁物的收益归属的规定。

相关法律、司法解释规定	民法典
《合同法》 **第二百二十六条** 承租人应当按照约定的期限支付租金。对支付期限没有约定或者约定不明确，依照本法第六十一条的规定仍不能确定，租赁期间不满一年的，应当在租赁期间届满时支付；租赁期间一年以上的，应当在每届满一年时支付，剩余期间不满一年的，应当在租赁期间届满时支付。	**第七百二十一条** 承租人应当按照约定的期限支付租金。对支付**租金的**期限没有约定或者约定不明确，依据本法第五百一十条的规定仍不能确定，租赁期限不满一年的，应当在租赁期限届满时支付；租赁期限一年以上的，应当在每届满一年时支付，剩余期限不满一年的，应当在租赁期限届满时支付。 释义 本条是关于租金支付期限的规定。
《合同法》 **第二百二十七条** 承租人无正当理由未支付或者迟延支付租金的，出租人可以要求承租人在合理期限内支付。承租人逾期不支付的，出租人可以解除合同。	**第七百二十二条** 承租人无正当理由未支付或者迟延支付租金的，出租人可以请求承租人在合理期限内支付；承租人逾期不支付的，出租人可以解除合同。 释义 本条是关于承租人违反支付租金义务的法律后果的规定。
《合同法》 **第二百二十八条** 因第三人主张权利，致使承租人不能对租赁物使用、收益的，承租人可以要求减少租金或者不支付租金。 第三人主张权利的，承租人应当及时通知出租人。	**第七百二十三条** 因第三人主张权利，致使承租人不能对租赁物使用、收益的，承租人可以请求减少租金或者不支付租金。 第三人主张权利的，承租人应当及时通知出租人。 释义 本条是关于出租人的权利瑕疵担保责任的规定。
《城镇房屋租赁合同司法解释》 **第八条** 因下列情形之一，导致~~租赁房屋~~无法使用，承租人请求解除合同~~的，人民法院应予支持~~： （一）~~租赁房屋~~被司法机关或者行政机关依法查封~~的~~；	**第七百二十四条** 有下列情形之一，**非因承租人原因**致使**租赁物**无法使用的，承租人可以解除合同： （一）**租赁物**被司法机关或者行政机关依法查封、**扣押**； （二）**租赁物**权属有争议；

相关法律、司法解释规定	民法典
（二）租赁房屋权属有争议的； （三）租赁房屋具有违反法律、行政法规关于房屋使用条件强制性规定情况的。	（三）**租赁物**具有违反法律、行政法规关于使用条件**的**强制性规定情形。 释义　本条属于新增规定，其内容来源于《城镇房屋租赁合同司法解释》第8条，是关于非因承租人原因致使租赁物无法使用时承租人的法定解除权的规定。
《合同法》 **第二百二十九条**　租赁物在租赁期间发生所有权变动的，不影响租赁合同的效力。	**第七百二十五条**　租赁物在承租人按照租赁合同占有期限内发生所有权变动的，不影响租赁合同的效力。 释义　本条是关于买卖不破租赁的规定。 《合同法》第229条规定引发的一个问题是租赁合同的真实签订时间难以确定，司法实践中出现了大量的倒签租赁合同去损害房屋买受人（所有权人）利益的情形。为了解决这一问题，本条作出修改，使买卖不破租赁规则中租赁的时间点显形化，必须是一个有对外公示可能性的时间点。这一改动实际上也间接对房屋买受人提出了一个新的要求，即在签订买卖合同之前实地调查房屋的实际占有使用状况，否则其权利就有可能被在先占有适用的租赁期所限制。
《合同法》 **第二百三十条**　出租人出卖租赁房屋的，应当在出卖之前的合理期限内通知承租人，承租人享有以同等条件优先购买的权利。	**第七百二十六条**　出租人出卖租赁房屋的，应当在出卖之前的合理期限内通知承租人，承租人享有以同等条件优先购买的权利；**但是，房屋按份共有人行使优先购买权或者出租人将房屋出卖给近亲属的除外。**

相关法律、司法解释规定	民法典
《城镇房屋租赁合同司法解释》 **第二十四条** 具有下列情形之一，承租人主张优先购买房屋的，人民法院不予支持： （一）房屋共有人行使优先购买权的； （二）出租人将房屋出卖给近亲属，包括配偶、父母、子女、兄弟姐妹、祖父母、外祖父母、孙子女、外孙子女的； （三）出租人履行通知义务后，承租人在十五日内未明确表示购买的； （四）第三人善意购买租赁房屋并已经办理登记手续的。	**出租人履行通知义务后，承租人在十五日内未明确表示购买的，视为承租人放弃优先购买权。** 释义 本条是关于房屋租赁的承租人对租赁的房屋行使优先购买权的规定。 本条第1款前段继承了《合同法》第230条的规定，第1款后段和第2款属于对《城镇房屋租赁合同司法解释》第24条规定的吸收和改造。
《城镇房屋租赁合同司法解释》 **第二十三条** 出租人委托拍卖人拍卖租赁房屋，应当在拍卖5日前通知承租人。承租人未参加拍卖的，~~人民法院应当认定承租人~~放弃优先购买权。	**第七百二十七条** 出租人委托拍卖人拍卖租赁房屋的，应当在拍卖五日前通知承租人。承租人未参加拍卖的，视为放弃优先购买权。 释义 本条属于新增规定，其内容源于《城镇房屋租赁合同司法解释》第23条，是关于承租人优先购买权程序性保障的规定。本条既保障承租人在房屋拍卖的情况下正常行使优先购买权，同时又通过对承租人优先购买权的限制以避免因承租人怠于行使优先购买权而降低房屋交易的效率。
《城镇房屋租赁合同司法解释》 **第二十一条** 出租人出卖租赁房屋未在合理期限内通知承租人或者存在其他侵害承租人优先购买权情形，承租人请求出租人承担赔偿责任的，人民法院应予支持。但请求确认出租	**第七百二十八条** 出租人未通知承租人或者有其他妨害承租人行使优先购买权情形的，承租人可以请求出租人承担赔偿责任。但是，出租人与第三人订立的房屋买卖合同的效力不受影响。

相关法律、司法解释规定	民法典
人与第三人签订的房屋买卖合同无效的，人民法院不予支持。	释义　本条属于新增规定，其内容来自《城镇房屋租赁合同司法解释》第21条，是关于出租人妨害承租人行使优先购买权的法律后果的规定。
《合同法》 **第二百三十一条**　因不可归责于承租人的事由，致使租赁物部分或者全部毁损、灭失的，承租人可以要求减少租金或者不支付租金；因租赁物部分或者全部毁损、灭失，致使不能实现合同目的的，承租人可以解除合同。	**第七百二十九条**　因不可归责于承租人的事由，致使租赁物部分或者全部毁损、灭失的，承租人可以请求减少租金或者不支付租金；因租赁物部分或者全部毁损、灭失，致使不能实现合同目的的，承租人可以解除合同。 释义　本条是关于租赁物发生毁损、灭失时承租人的请求权的规定。
《合同法》 **第二百三十二条**　当事人对租赁期限没有约定或者约定不明确，依照本法第六十一条的规定仍不能确定的，视为不定期租赁。当事人可以随时解除合同，但~~出租人解除合同~~应当在合理期限之前通知承租人。	**第七百三十条**　当事人对租赁期限没有约定或者约定不明确，依据本法第五百一十条的规定仍不能确定的，视为不定期租赁；当事人可以随时解除合同，但是应当在合理期限之前通知对方。 释义　本条是关于租赁期限没有约定或者约定不明确时的法律后果的规定。
《合同法》 **第二百三十三条**　租赁物危及承租人的安全或者健康的，即使承租人订立合同时明知该租赁物质量不合格，承租人仍然可以随时解除合同。	**第七百三十一条**　租赁物危及承租人的安全或者健康的，即使承租人订立合同时明知该租赁物质量不合格，承租人仍然可以随时解除合同。 释义　本条是关于租赁物质量不合格时承租人的解除权的规定。
《合同法》 **第二百三十四条**　承租人在房屋租赁期间死亡的，与其生前共同居住的人可以按照原租赁合同租赁该房屋。	**第七百三十二条**　承租人在房屋租赁期限**内**死亡的，与其生前共同居住的人**或者共同经营人**可以按照原租赁合同租赁该房屋。

相关法律、司法解释规定	民法典
《城镇房屋租赁合同司法解释》 **第十九条** 承租人租赁房屋用于以个体工商户或者个人合伙方式从事经营活动，承租人在租赁期间死亡、宣告失踪或者宣告死亡，其共同经营人或者其他合伙人请求按照原租赁合同租赁该房屋的，人民法院应予支持。	释义 本条在承继《合同法》第234条规定之时吸收了《城镇房屋租赁合同司法解释》第19条的规定，规定了关于房屋承租人死亡时的法律后果。
《合同法》 **第二百三十五条** 租赁期间届满，承租人应当返还租赁物。返还的租赁物应当符合按照约定或者租赁物的性质使用后的状态。	**第七百三十三条** 租赁期限届满，承租人应当返还租赁物。返还的租赁物应当符合按照约定或者**根据**租赁物的性质使用后的状态。 释义 本条是关于租赁期限届满承租人返还租赁物的规定。
《合同法》 **第二百三十六条** 租赁期间届满，承租人继续使用租赁物，出租人没有提出异议的，原租赁合同继续有效，但租赁期限为不定期。	**第七百三十四条** 租赁期限届满，承租人继续使用租赁物，出租人没有提出异议的，原租赁合同继续有效，但是租赁期限为不定期。 **租赁期限届满，房屋承租人享有以同等条件优先承租的权利。** 释义 本条是关于租赁期限届满承租人继续使用租赁物以及优先承租权的相关规定。 优先承租权是指承租人依法或者依约享有的，在租赁期届满后的同等条件下优先承租原租赁物的权利。优先承租权的确立，对承租人的权益进行了一定程度的保护，防止出租人随意变更租赁关系从而影响承租人的生活、经营，有效防范纠纷的产生。长远来看，优先承租权制度对于社会市场秩序的稳定发展具有一定积极意义。

相关法律、司法解释规定	民法典
	第十五章 融资租赁合同
《合同法》 **第二百三十七条** 融资租赁合同是出租人根据承租人对出卖人、租赁物的选择，向出卖人购买租赁物，提供给承租人使用，承租人支付租金的合同。	**第七百三十五条** 融资租赁合同是出租人根据承租人对出卖人、租赁物的选择，向出卖人购买租赁物，提供给承租人使用，承租人支付租金的合同。 释义 本条是关于融资租赁合同概念的规定。
《合同法》 **第二百三十八条** 融资租赁合同的内容包括租赁物名称、数量、规格、技术性能、检验方法、租赁期限、租金构成及其支付期限和方式、币种、租赁期间届满租赁物的归属等条款。 融资租赁合同应当采用书面形式。	**第七百三十六条** 融资租赁合同的内容**一般**包括租赁物**的**名称、数量、规格、技术性能、检验方法，租赁期限，租金构成及其支付期限和方式、币种，租赁期限届满租赁物的归属等条款。 融资租赁合同应当采用书面形式。 释义 本条是关于融资租赁合同内容的规定。
	第七百三十七条 当事人以虚构租赁物方式订立的融资租赁合同无效。 释义 本条为新增条款，是关于融资租赁通谋虚伪表示的规定。 本条是总则编第146条通谋虚伪表示规定的具体化。
《融资租赁合同司法解释》① **第三条** 根据法律、行政法规规定，~~承租人~~对于租赁物的经营使用应当取得行政许可的，人民法院不应仅以出租人未取得行政许可为由认定融资租赁合同无效。	**第七百三十八条** 依照法律、行政法规**的**规定，对于租赁物的经营使用应当取得行政许可的，出租人未取得行政许可不影响融资租赁合同的效力。

① 《最高人民法院关于审理融资租赁合同纠纷案件适用法律问题的解释》简称《融资租赁合同司法解释》。

相关法律、司法解释规定	民法典
	释义 本条是关于融资租赁承租人取得行政许可的规定。 本条内容来源于《融资租赁合同司法解释》第3条的规定，相较于司法解释原条文，本条仅该改变了条文的表述方法。在融资租赁中，租赁物的所有权和使用权几乎是永久性地分离。出租人实质上是为承租人购买租赁物提供资金，真正的经营使用者是承租人，因此，法律法规限制租赁物的经营使用活动的主体应该是承租人，承租人对于租赁物的经营使用应当依法获得行政许可，出租人只需要具备相应的融资租赁资质即可。
《合同法》 **第二百三十九条** 出租人根据承租人对出卖人、租赁物的选择订立的买卖合同，出卖人应当按照约定向承租人交付标的物，承租人享有与受领标的物有关的买受人的权利。	**第七百三十九条** 出租人根据承租人对出卖人、租赁物的选择订立的买卖合同，出卖人应当按照约定向承租人交付标的物，承租人享有与受领标的物有关的买受人的权利。 **释义** 本条是关于融资租赁标的物交付的规定。 在传统租赁中，出租人是将自己现有的物或者根据自己的意愿购买的物出租给承租人，承租人与出卖人之间不存在任何法律关系，出租人对租赁物负有瑕疵担保责任。而在融资租赁中，融资租赁合同的租赁物即是买卖合同的标的物。买卖合同是出租人根据承租人对出卖人和租赁物的选择订立的，作为买受人的出租人只负有支付货款的义务，而承租人是租赁物的占有、使用、收益人，且了解租赁物。出租人实质上是为承租人购买租

相关法律、司法解释规定	民法典
	赁物提供资金，真正的买卖双方是承租人和出卖人。因此，出卖人应直接向承租人交付标的物。
《融资租赁合同司法解释》 **第五条** 出卖人违反~~合同约定的~~向承租人交付标的物的义务，承租人因下列情形之一拒绝受领租赁物~~的，人民法院应予支持~~： （一）租赁物严重不符合约定~~的~~； （二）~~出卖人~~未在约定的交付期间或者合理期间内交付租赁物，经承租人或者出租人催告~~，在催告期满后~~仍未交付~~的~~。 承租人拒绝受领租赁物，~~未及时通知出租人，或者无正当理由拒绝受领租赁物，造成出租人损失，出租人向承租人主张损害赔偿的，人民法院应予支持~~。	**第七百四十条** 出卖人违反向承租人交付标的物的义务，有下列情形之一的，承租人**可以**拒绝受领**出卖人向其交付的**标的物： （一）标的物严重不符合约定； （二）未按照约定交付标的物，经承租人或者出租人催告**后在合理期限内**仍未交付。 承租人拒绝受领标的物**的，应当及时通知出租人。** 释义 本条是关于承租人的拒绝受领权的规定。 相较于《融资租赁合同司法解释》第5条，本条第1款第2项删去了“出卖人”这一主语，避免与第1款首句相重复，也与第1项的处理方法相一致；将“经承租人或者出租人催告，在催告期满后仍未交付”修改为“经承租人或者出租人催告后在合理期限内仍未交付”，以使语言表达更为严谨。本条第2款改变了原条文中的表述方式，将“及时通知出租人”明定为承租人的义务，未作实质性修改。这一修改并不表明，在承租人未及时通知出租人，或者无正当理由拒绝受领租赁物，造成出租人损失之时，出租人就没有损害赔偿请求权。在将通知义务定为明文的情形下，违之自当承担违约责任，但请求权基础不在本条，而在第577条、第582条、第584条等相关法条。

相关法律、司法解释规定	民法典
《合同法》 **第二百四十条**　出租人、出卖人、承租人可以约定，出卖人不履行买卖合同义务的，由承租人行使索赔的权利。承租人行使索赔权利的，出租人应当协助。	**第七百四十一条**　出租人、出卖人、承租人可以约定，出卖人不履行买卖合同义务的，由承租人行使索赔的权利。承租人行使索赔权利的，出租人应当协助。 释义　本条是关于行使索赔权的规定。
《融资租赁合同司法解释》 **第六条**　承租人对出卖人行使索赔权，不影响其履行~~融资租赁合同项下~~支付租金的义务，但承租人~~以~~依赖出租人的技能确定租赁物或者出租人干预选择租赁物~~为由~~，主张减轻或者免除相应租金支付义务的除外。	**第七百四十二条**　承租人对出卖人行使索赔权利，不影响其履行支付租金的义务。但是，承租人依赖出租人的技能确定租赁物或者出租人干预选择租赁物的，承租人可以请求减免相应租金。 释义　本条是关于承租人行使索赔权利时租金支付义务的规定。 本条内容来自《融资租赁合同司法解释》第6条，仅作了部分文字调整，以使语言表达更为简洁。
《融资租赁合同司法解释》 **第十八条**　出租人有下列情形之一，导致承租人对出卖人~~索赔逾期或者~~索赔失败，承租人要求出租人承担相应责任~~的，人民法院应予支持~~： （一）明知租赁物有质量瑕疵而不告知承租人~~的~~； （二）承租人行使索赔权时，未及时提供必要协助~~的~~； ~~（三）~~怠于行使~~融资租赁合同中约定的~~只能由出租人行使对出卖人的索赔权的； （四）怠于行使~~买卖合同中约定~~的只能由出租人行使对出卖人的索赔权的。	**第七百四十三条**　出租人有下列情形之一，致使承租人对出卖人行使索赔权利失败的，承租人有权请求出租人承担相应的责任： （一）明知租赁物有质量瑕疵而不告知承租人； （二）承租人行使索赔权利时，未及时提供必要协助。 **出租人**怠于行使只能由其对出卖人行使的索赔权利，**造成承租人损失的，承租人有权请求出租人承担赔偿责任。** 释义　本条是关于出租人影响承租人行使索赔权时承担相应责任的规定。 在融资租赁合同中，双方都负有

相关法律、司法解释规定	民法典
	依诚信原则所产生的附随义务。在索赔权转让之后，出租人在承租人索赔过程中，应当依据诚信原则负担告知、协助等义务。本法第741条明确规定在承租人享有索赔权的情况下，出租人负担协助的附随义务。本条进一步将明知租赁物有质量瑕疵时的告知义务纳入出租人的附随义务范围。
《合同法》 **第二百四十一条** 出租人根据承租人对出卖人、租赁物的选择订立的买卖合同，未经承租人同意，出租人不得变更与承租人有关的合同内容。	**第七百四十四条** 出租人根据承租人对出卖人、租赁物的选择订立的买卖合同，未经承租人同意，出租人不得变更与承租人有关的合同内容。 **释义** 本条是关于出租人不得擅自变更买卖合同内容的规定。 融资租赁合同中，虽然其中的买卖合同是在出租人与出卖人之间签订的，承租人并不是买卖合同的当事人，但在租赁物是依据承租人对出卖人、租赁物的选择而购买之时，订立买卖合同最终是为了履行融资租赁合同。因此，未经承租人同意，出租人不得变更与承租人有关的合同内容。出租人虽然不能擅自变更与承租人相关的内容，但就买卖合同中与承租人不相关的内容，出租人仍有权变更。所以，本条还是给出租人保留了买卖合同中最基本的变更权利。
《合同法》 **第二百四十二条** 出租人享有租赁物的所有权~~。承租人破产的，租赁物不属于破产财产~~。	**第七百四十五条** 出租人对租赁物享有的所有权，**未经登记，不得对抗善意第三人。** **释义** 本条是关于出租人对租赁物所有权的规定。

相关法律、司法解释规定	民法典
	本条删除了《合同法》第242条中“承租人破产的，租赁物不属于破产财产”的规定，是一项重大修改。 整个民法典编纂所期望实现的目标之一是消灭隐形担保。融资租赁合同表面上是一个有关租赁的合同，但实际上承担着担保的功能。出租人对租赁物享有的所有权并不对外公示，但却可以行使真正所有权人的权利，甚至在破产中享有取回权。这种做法使得这种没有公示的权利取得了一个最强大的效力，有违现代担保交易的基本原理，必然会给交易安全造成巨大的影响，因此本条予以修改。
《合同法》 **第二百四十三条** 融资租赁合同的租金，除当事人另有约定的以外，应当根据购买租赁物的大部分或者全部成本以及出租人的合理利润确定。	**第七百四十六条** 融资租赁合同的租金，除当事人另有约定外，应当根据购买租赁物的大部分或者全部成本以及出租人的合理利润确定。 **释义** 本条是关于融资租赁合同租金构成的规定。
《合同法》 **第二百四十四条** 租赁物不符合约定或者不符合使用目的的，出租人不承担责任，但承租人依赖出租人的技能确定租赁物或者出租人干预选择租赁物的除外。	**第七百四十七条** 租赁物不符合约定或者不符合使用目的的，出租人不承担责任。但是，承租人依赖出租人的技能确定租赁物或者出租人干预选择租赁物的除外。 **释义** 本条是关于租赁物质量瑕疵担保责任的规定。
《合同法》 **第二百四十五条** 出租人应当保证承租人对租赁物的占有和使用。 **《融资租赁合同司法解释》** **第十七条** 出租人有下列情形之	**第七百四十八条** 出租人应当保证承租人对租赁物的占有和使用。 出租人有下列情形之一的，承租人有权请求其赔偿损失： （一）无正当理由收回租赁物；

相关法律、司法解释规定	民法典
一，~~影响承租人对租赁物的占有和使用，~~承租人~~依照合同法第二百四十五条的规定，~~要求出租人赔偿相应损失~~的，人民法院应予支持~~： （一）无正当理由收回租赁物； （二）无正当理由妨碍、干扰承租人对租赁物的占有和使用； （三）因出租人的原因导致第三人对租赁物主张权利； （四）不当影响承租人对租赁物占有、使用的其他情形。	（二）无正当理由妨碍、干扰承租人对租赁物的占有和使用； （三）因出租人的原因致使第三人对租赁物主张权利； （四）不当影响承租人对租赁物占有和使用的其他情形。 **释义** 本条是关于出租人保证承租人占有和使用租赁物的规定，整合、修改了《合同法》第245条和《融资租赁合同司法解释》第17条的规定。
《合同法》 **第二百四十六条** 承租人占有租赁物期间，租赁物造成第三人~~的~~人身伤害或者财产损害的，出租人不承担责任。	**第七百四十九条** 承租人占有租赁物期间，租赁物造成第三人人身损害或者财产损失的，出租人不承担责任。 **释义** 本条是关于出租人不负租赁物使用对第三人侵权责任的规定。
《合同法》 **第二百四十七条** 承租人应当妥善保管、使用租赁物。 承租人应当履行占有租赁物期间的维修义务。	**第七百五十条** 承租人应当妥善保管、使用租赁物。 承租人应当履行占有租赁物期间的维修义务。 **释义** 本条是关于承租人对租赁物所负保管、维修义务的规定。
《融资租赁合同司法解释》 **第七条** 承租人占有租赁物期间，租赁物毁损、灭失的~~风险由承租人承担~~，出租人要求承租人继续支付租金~~的，人民法院应予支持。~~但当事人另有约定或者法律另有规定的除外。	**第七百五十一条** 承租人占有租赁物期间，租赁物毁损、灭失的，出租人**有权**请求承租人继续支付租金，但是法律另有规定或者当事人另有约定的除外。 **释义** 本条是关于融资租赁中的风险负担规则的规定。

相关法律、司法解释规定	民法典
《合同法》 **第二百四十八条** 承租人应当按照约定支付租金。承租人经催告后在合理期限内仍不支付租金的，出租人可以要求支付全部租金；也可以解除合同，收回租赁物。	**第七百五十二条** 承租人应当按照约定支付租金。承租人经催告后在合理期限内仍不支付租金的，出租人可以请求支付全部租金；也可以解除合同，收回租赁物。 释义 本条是关于承租人支付租金义务的规定。 全部租金，是指融资租赁合同中所规定的全部已到期而承租人未支付的租金，以及其他依约定未到期的租金。在融资租赁合同中，租赁物是为了承租人的特殊需要，由承租人选定、出租人出资购买的，此类租赁物专用性较强，在承租人不支付租金时，出租人即使收回租赁物，也难以通过重新转让或出租收回所投资金。因此，在承租人违约不支付租金时，出租人有权要求承租人支付全部租金，这有利于保护出租人的利益。
《融资租赁合同司法解释》 **第十二条第一项** ~~有下列情形之一，~~出租人请求解除融资租赁合同的，人民法院应予支持： ~~（一）~~承租人未经出租人同意，将租赁物转让、~~转租、~~抵押、质押、投资入股或者以其他方式处分~~租赁物~~的~~；~~	**第七百五十三条** 承租人未经出租人同意，将租赁物转让、抵押、质押、投资入股或者以其他方式处分的，出租人可以解除融资租赁合同。 释义 本条是关于承租人违约出租人可以解除融资租赁合同的规定。 本条规定出租人一方可以解除融资租赁合同的情形，以承租人违约作为解约的前提条件，针对承租人擅自处分租赁物的行为，这类行为对出租人的租赁物所有权和租金债权的实现均构成严重威胁，属于承租人的严重违约。

相关法律、司法解释规定	民法典
《融资租赁合同司法解释》 **第十一条** 有下列情形之一，出租人或者承租人~~请求~~解除融资租赁合同~~的，人民法院应予支持~~： （一）出租人与出卖人订立的买卖合同解除、被确认无效或者被撤销，且~~双方~~未能重新订立买卖合同~~的~~； （二）租赁物因不可归责于双方的原因~~意外~~毁损、灭失，且不能修复或者确定替代物~~的~~； （三）因出卖人的原因致使融资租赁合同的目的不能实现~~的~~。	**第七百五十四条** 有下列情形之一**的**，出租人或者承租人**可以**解除融资租赁合同： （一）出租人与出卖人订立的买卖合同解除、被确认无效或者被撤销，且未能重新订立买卖合同； （二）租赁物因不可归责于当事人的原因毁损、灭失，且不能修复或者确定替代物； （三）因出卖人的原因致使融资租赁合同的目的不能实现。 释义 本条是关于出租人和承租人均可解除融资租赁合同的情形的规定。 本法第562条和第563条分别规定了合同约定解除和合同法定解除的一般情形，本条是基于第563条法定解除的情形针对融资租赁合同作出的特别规定。
《融资租赁合同司法解释》 **第十六条** 融资租赁合同因买卖合同~~被~~解除、被确认无效或者被撤销而解除，~~出租人根据融资租赁合同约定，或者以融资租赁合同虽未约定或约定不明，但~~出卖人及租赁物系由承租人选择~~为由，主张~~承租人赔偿相应损失~~的，人民法院应予支持~~。 出租人的损失已经在买卖合同~~被~~解除、被确认无效或者被撤销时获得赔偿的，应当免除承租人相应的赔偿责任。	**第七百五十五条** 融资租赁合同因买卖合同解除、被确认无效或者被撤销而解除，出卖人、租赁物系由承租人选择的，**出租人有权请求**承租人赔偿相应损失；**但是，因出租人原因致使买卖合同解除、被确认无效或者被撤销的除外**。 出租人的损失已经在买卖合同解除、被确认无效或者被撤销时获得赔偿的，承租人不再承担相应的赔偿责任。 释义 本条是对融资租赁合同因买卖合同解除、被确认无效或者被撤销而解除后的损失赔偿问题的规定。

相关法律、司法解释规定	民法典
	本条是在《融资租赁合同司法解释》第16条规定的基础上修改而成，仅对文字作了相应调整，使其文义更加明确。
《融资租赁合同司法解释》 **第十五条** 融资租赁合同因租赁物交付承租人后意外毁损、灭失等不可归责于当事人的原因~~而~~解除，出租人要求承租人按照租赁物折旧情况给予补偿~~的，人民法院应予支持~~。	**第七百五十六条** 融资租赁合同因租赁物交付承租人后意外毁损、灭失等不可归责于当事人的原因解除的，出租人**可以**请求承租人按照租赁物折旧情况给予补偿。 释义 本条规定了因租赁物意外毁损、灭失导致融资租赁合同解除时的法律后果。 当租赁物意外毁损、灭失，融资租赁合同可以解除时，法律赋予当事人可以自由选择的两种处理方式：如果当事人不行使解除权，则按风险负担规则处理，承租人应当继续支付租金，实际上是承担了租金的风险，但却可以避免合同解除后一次性补偿出租人的资金压力，从而获得分期支付的期限利益；如果当事人行使解除权，则适用合同解除制度，承租人应承担返还租赁物的义务，并承担返还不能时的代物清偿义务，即按租赁物的价值对出租人给予补偿。
《合同法》 **第二百五十条** 出租人和承租人可以约定租赁期间届满租赁物的归属。对租赁物的归属没有约定或者约定不明确，依照本法第六十一条的规定仍不能确定的，租赁物的所有权归出租人。	**第七百五十七条** 出租人和承租人可以约定租赁期限届满租赁物的归属；对租赁物的归属没有约定或者约定不明确，依据本法第五百一十条的规定仍不能确定的，租赁物的所有权归出租人。 释义 本条是关于租赁期限届满租赁

相关法律、司法解释规定	民法典
	物归属的一般规定。 融资租赁中，租赁期限届满，承租人一般可以有三种选择权：留购、续租或退租。
《合同法》 **第二百四十九条** 当事人约定租赁期间届满租赁物归承租人所有，承租人已经支付大部分租金，但无力支付剩余租金，出租人因此解除合同收回租赁物的，收回的租赁物的价值超过承租人欠付的租金以及其他费用的，承租人可以要求部分返还。 **《融资租赁合同司法解释》** **第十条** 当事人约定租赁期间届满后租赁物归出租人的，因租赁物毁损、灭失或者附合、混同于他物导致承租人不能返还，出租人要求其给予合理补偿的，人民法院应予支持。	**第七百五十八条** 当事人约定租赁期限届满租赁物归承租人所有，承租人已经支付大部分租金，但是无力支付剩余租金，出租人因此解除合同收回租赁物，收回的租赁物的价值超过承租人欠付的租金以及其他费用的，承租人可以请求相应返还。 当事人约定租赁期限届满租赁物归出租人所有，因租赁物毁损、灭失或者附合、混合于他物致使承租人不能返还的，出租人有权请求承租人给予合理补偿。 释义 本条是关于承租人请求部分返还租赁物价值的规定。 本条是在《合同法》第249条和《融资租赁合同司法解释》第10条的基础上整合而成，仅作了文字调整。
	第七百五十九条 当事人约定租赁期限届满，承租人仅需向出租人支付象征性价款的，视为约定的租金义务履行完毕后租赁物的所有权归承租人。 释义 本条为新增内容，是关于支付象征性价款时租赁物归属的规定。
《融资租赁合同司法解释》 **第四条** 融资租赁合同~~被认定~~无效，当事人就合同无效情形下租赁物归属有约定的，从其约定；未约定或	**第七百六十条** 融资租赁合同无效，当事人就该情形下租赁物的归属有约定的，按照其约定；没有约定或者约定不明确的，租赁物应当返还出

相关法律、司法解释规定	民法典
者约定不明，且当事人协商不成的，租赁物应当返还出租人。但因承租人原因导致合同无效，出租人不要求返还租赁物，或者租赁物正在使用，返还出租人后会显著降低租赁物价值和效用的，人民法院可以判决租赁物所有权归承租人，并根据合同履行情况和租金支付情况，由承租人就租赁物进行折价补偿。	租人。但是，因承租人原因致使合同无效，出租人不请求返还或者返还后会显著降低租赁物效用的，租赁物的所有权归承租人，由承租人**给予出租人合理**补偿。 释义　本条是关于融资租赁合同无效时租赁物归属的规定。 本条内容来自《融资租赁合同司法解释》第4条，仅作了文字上的调整。
	第十六章　保理合同 释义　保理合同是应收账款的债权人将应收账款转让给保理人，保理人提供资金支持以及应收账款管理、催收、付款担保等服务的合同。 本章内容属于《民法典》新增规定。
	第七百六十一条　保理合同是应收账款债权人将现有的或者将有的应收账款转让给保理人，保理人提供资金融通、应收账款管理或者催收、应收账款债务人付款担保等服务的合同。 释义　本条是关于保理合同概念的规定。 保理法律关系，涉及保理商与债权人、保理商与债务人之间不同的法律关系，债权人与债务人之间的基础交易合同是成立保理的前提，而债权人与保理商之间的应收账款债权转让则是保理关系的核心。
	第七百六十二条　保理合同的内容一般包括业务类型、服务范围、服务期限、基础交易合同情况、应收账

相关法律、司法解释规定	民法典
	款信息、保理融资款或者服务报酬及其支付方式等条款。 **保理合同应当采用书面形式。** 释义　本条是关于保理合同内容和形式的规定。 保理合同的具体内容由保理人和应收账款债权人具体约定，本条第1款仅仅是倡导性的规定，仅是对保理合同通常所包含内容的总结。
	第七百六十三条　应收账款债权人与债务人虚构应收账款作为转让标的，与保理人订立保理合同的，应收账款债务人不得以应收账款不存在为由对抗保理人，但是保理人明知虚构的除外。 释义　本条是关于保理中虚构应收账款的规定。 本条适用的前提有三个：(1) 作为转让标的的应收账款不存在。所谓应收账款不存在，包括应收账款全部不存在，也包括应收账款存在但与真实债权数额不符，即部分不存在。(2) 应收账款不存在是因为应收账款债权人与债务人虚构。(3) 保理人因此对应收账款存在产生了合理的信赖，从而签订了保理合同。 本条适用的法律后果是，应收账款债务人不得以应收账款不存在为由对抗保理人。这意味着，在债务人虚构或者确认债权的范围内，保理人仍有权请求债务人履行如同债权存在时相对应的债务，债务人不得以应收账款实际上不存在为由对保理人提出抗辩。

相关法律、司法解释规定	民法典
	第七百六十四条　保理人向应收账款债务人发出应收账款转让通知的，应当表明保理人身份并附有必要凭证。 释义　本条是关于保理人发出转让通知的规定。 依据本法第 546 条第 1 款，在一般的债权转让中，发出转让通知的主体原则上应当仅限于让与人。但在保理合同实践中，为了避免债务人在转让发生后仍向债权人履行债务，保理人更有动力主动发出通知。为了避免增加债务人审核负担，本条结合具体实践，规定保理人向应收账款债务人发出应收账款转让通知的，应当表明保理人身份并附有必要凭证。
	第七百六十五条　应收账款债务人接到应收账款转让通知后，应收账款债权人与债务人无正当理由协商变更或者终止基础交易合同，对保理人产生不利影响的，对保理人不发生效力。 释义　本条是关于基础交易合同协商变更或者终止对保理人的效力的规定。 本条的法律后果是，条文中规定的民事法律行为对保理人不发生效力。这意味着，保理人仍然可以根据该民事法律行为成立之前的债权状况请求债务人履行支付应收账款的债务。当然，该规定的目的是保护保理人利益，保理人自然可以放弃此种保护，而选择依法解除保理合同并请求债权人承担违约责任。

相关法律、司法解释规定	民法典
	第七百六十六条　当事人约定有追索权保理的，保理人可以向应收账款债权人主张返还保理融资款本息或者回购应收账款债权，也可以向应收账款债务人主张应收账款债权。保理人向应收账款债务人主张应收账款债权，在扣除保理融资款本息和相关费用后有剩余的，剩余部分应当返还给应收账款债权人。 释义　本条是关于有追索权保理的规定。 按照保理人在债务人破产、无理拖欠或无法偿付应收账款时，是否可以向债权人反转让应收账款，或者要求债权人回购应收账款或归还融资，可以区分为有追索权保理和无追索权保理。有追索权保理，是指保理人不承担为债务人核定信用额度和提供坏账担保的义务，仅提供包括融资在内的其他金融服务，在应收账款到期无法从债务人处收回时，保理人可以向债权人反转让应收账款，或要求债权人回购应收账款或归还融资，又称为回购型保理。
	第七百六十七条　当事人约定无追索权保理的，保理人应当向应收账款债务人主张应收账款债权，保理人取得超过保理融资款本息和相关费用的部分，无需向应收账款债权人返还。 释义　本条是关于无追索权保理的规定。

相关法律、司法解释规定	民法典
	无追索权保理，指保理人根据债权人提供的债务人核准信用额度，在信用额度内承购债权人对债务人的应收账款并提供坏账担保责任，债务人因发生信用风险未按基础合同约定按时足额支付应收账款时，保理人不能向债权人追索，又称为买断型保理。无追索权保理在性质上属于应收账款债权买卖，保理人受让债权并享有债权的全部清偿利益、负担债权不能受偿的风险，作为债权转让对价的融资款实际上是通过买卖取得债权的价款。
	第七百六十八条　应收账款债权人就同一应收账款订立多个保理合同，致使多个保理人主张权利的，已经登记的先于未登记的取得应收账款；均已经登记的，按照登记时间的先后顺序取得应收账款；均未登记的，由最先到达应收账款债务人的转让通知中载明的保理人取得应收账款；既未登记也未通知的，按照保理融资款或者服务报酬的比例取得应收账款。 释义　本条是关于保理中应收账款债权重复转让的规定。 在实践中，经常会出现应收账款债权人就同一应收账款订立多个保理合同，致使多个保理人主张应收账款债权的情形。本条首先采取了登记在先的方式确定多个保理人之间的优先顺位，其次采取了通知在先的顺位确定方式，既未登记也未通知的，按照保理融资款或者服务报酬的比例取得应收账款。

相关法律、司法解释规定	民法典
	第七百六十九条　本章没有规定的，适用本编第六章债权转让的有关规定。 释义　本条是关于保理适用债权转让规则的规定。 本章对保理合同作出明确规定，提供清晰的交易规则和司法裁判规则，一方面针对保理合同的特殊问题予以规定，另一方面补充债权转让的一般性规则。但保理的核心是应收账款债权的转让，因此本条规定，本章没有规定的，应当适用债权转让的一般性规则。
	第十七章　承揽合同
《合同法》 **第二百五十一条**　承揽合同是承揽人按照定作人的要求完成工作，交付工作成果，定作人给付报酬的合同。 承揽包括加工、定作、修理、复制、测试、检验等工作。	**第七百七十条**　承揽合同是承揽人按照定作人的要求完成工作，交付工作成果，定作人支付报酬的合同。 承揽包括加工、定作、修理、复制、测试、检验等工作。 释义　本条规定了承揽合同的定义和承揽合同的主要种类。 需要注意，承揽合同作为一种广义上的劳务合同，其范围并不限于本条第 2 款所列举的几类，任何符合本条第 1 款所定义的合同行为，如印刷、洗染、打字、翻译、拍照、冲卷扩印、广告制作、测绘、鉴定等都属于本章所调整的承揽。
《合同法》 **第二百五十二条**　承揽合同的内容包括承揽的标的、数量、质量、报酬、承揽方式、材料的提供、履行期限、验收标准和方法等条款。	**第七百七十一条**　承揽合同的内容一般包括承揽的标的、数量、质量、报酬，承揽方式，材料的提供，履行期限，验收标准和方法等条款。 释义　本条规定了承揽合同一般包含的主要条款。

相关法律、司法解释规定	民法典
《合同法》 **第二百五十三条** 承揽人应当以自己的设备、技术和劳力，完成主要工作，但当事人另有约定的除外。 承揽人将其承揽的主要工作交由第三人完成的，应当就该第三人完成的工作成果向定作人负责；未经定作人同意的，定作人也可以解除合同。	**第七百七十二条** 承揽人应当以自己的设备、技术和劳力，完成主要工作，但是当事人另有约定的除外。 承揽人将其承揽的主要工作交由第三人完成的，应当就该第三人完成的工作成果向定作人负责；未经定作人同意的，定作人也可以解除合同。 **释义** 本条是关于承揽人独立完成主要工作的规定。 “主要工作”一般是指对工作成果的质量起决定性作用的工作，也可以说是技术要求高的那部分工作，主要工作之外的工作就可以理解为辅助性工作。
《合同法》 **第二百五十四条** 承揽人可以将其承揽的辅助工作交由第三人完成。承揽人将其承揽的辅助工作交由第三人完成的，应当就该第三人完成的工作成果向定作人负责。	**第七百七十三条** 承揽人可以将其承揽的辅助工作交由第三人完成。承揽人将其承揽的辅助工作交由第三人完成的，应当就该第三人完成的工作成果向定作人负责。 **释义** 本条是关于承揽人对辅助工作的责任。 本法第772条规定，承揽人将承揽工作的主要部分交由第三人完成的，必须经过定作人的同意，否则，承揽人应承担违约责任。根据本条规定，承揽人可以将承揽的辅助工作交由第三人完成，并且可以不经定作人同意。
《合同法》 **第二百五十五条** 承揽人提供材料的，~~承揽人~~应当按照约定选用材料，并接受定作人检验。	**第七百七十四条** 承揽人提供材料的，应当按照约定选用材料，并接受定作人检验。 **释义** 本条规定了承揽人提供材料时的主要义务。

相关法律、司法解释规定	民法典
《合同法》 **第二百五十六条**　定作人提供材料的，~~定作人~~应当按照约定提供材料。承揽人对定作人提供的材料~~，~~应当及时检验，发现不符合约定时，应当及时通知定作人更换、补齐或者采取其他补救措施。 承揽人不得擅自更换定作人提供的材料，不得更换不需要修理的零部件。	**第七百七十五条**　定作人提供材料的，应当按照约定提供材料。承揽人对定作人提供的材料应当及时检验，发现不符合约定时，应当及时通知定作人更换、补齐或者采取其他补救措施。 承揽人不得擅自更换定作人提供的材料，不得更换不需要修理的零部件。 **释义**　本条规定了由定作人提供材料时双方当事人的义务。
《合同法》 **第二百五十七条**　承揽人发现定作人提供的图纸或者技术要求不合理的，应当及时通知定作人。因定作人怠于答复等原因造成承揽人损失的，应当赔偿损失。	**第七百七十六条**　承揽人发现定作人提供的图纸或者技术要求不合理的，应当及时通知定作人。因定作人怠于答复等原因造成承揽人损失的，应当赔偿损失。 **释义**　本条规定了定作人要求不合理时双方当事人的义务。
《合同法》 **第二百五十八条**　定作人中途变更承揽工作的要求，造成承揽人损失的，应当赔偿损失。	**第七百七十七条**　定作人中途变更承揽工作的要求，造成承揽人损失的，应当赔偿损失。 **释义**　本条规定了定作人中途变更工作要求的法律责任。 理解本条，需要注意以下两点：(1) 承揽合同的特点决定了定作人可以在合同履行过程中变更承揽工作要求，但从鼓励资源节约、物尽其用的角度，不鼓励随意、无意义的变更。(2) 定作人提出变更合同的要求应在承揽人履行合同过程中提出，如果承揽人的承揽工作已经完成，只是尚未交付，原则上定作人不能再提出针对承揽工作的变更要求。

相关法律、司法解释规定	民法典
《合同法》 **第二百五十九条** 承揽工作需要定作人协助的，定作人有协助的义务。 定作人不履行协助义务致使承揽工作不能完成的，承揽人可以催告定作人在合理期限内履行义务，并可以顺延履行期限；定作人逾期不履行的，承揽人可以解除合同。	**第七百七十八条** 承揽工作需要定作人协助的，定作人有协助的义务。定作人不履行协助义务致使承揽工作不能完成的，承揽人可以催告定作人在合理期限内履行义务，并可以顺延履行期限；定作人逾期不履行的，承揽人可以解除合同。 释义 本条是关于定作人协助义务的规定。 理解本条，需要注意以下两点：(1) 定作人不履行协助义务，无论有无过错，只要是经催告仍未在合理期限内履行的，客观上致使承揽工作无法完成的，承揽人就可以解除合同。(2) 如果定作人的不协助并不导致无法实现合同目的，承揽人不能解除合同，而只能要求定作人赔偿损失；如果因此导致工作成果交付的期限拖延，定作人应当承担迟延履行的责任。
《合同法》 **第二百六十条** 承揽人在工作期间，应当接受定作人必要的监督检验。定作人不得因监督检验妨碍承揽人的正常工作。	**第七百七十九条** 承揽人在工作期间，应当接受定作人必要的监督检验。定作人不得因监督检验妨碍承揽人的正常工作。 释义 本条是关于定作人监督检验承揽工作的规定。
《合同法》 **第二百六十一条** 承揽人完成工作的，应当向定作人交付工作成果，并提交必要的技术资料和有关质量证明。定作人应当验收该工作成果。	**第七百八十条** 承揽人完成工作的，应当向定作人交付工作成果，并提交必要的技术资料和有关质量证明。定作人应当验收该工作成果。 释义 本条是关于工作成果交付的规定。

相关法律、司法解释规定	民法典
《合同法》 **第二百六十二条**　承揽人交付的工作成果不符合质量要求的，定作人可以要求承揽人承担修理、重作、减少报酬、赔偿损失等违约责任。	**第七百八十一条**　承揽人交付的工作成果不符合质量要求的，定作人可以**合理选择**请求承揽人承担修理、重作、减少报酬、赔偿损失等违约责任。 释义　本条是关于承揽人因工作成果质量不符合要求所承担违约责任的规定。
《合同法》 **第二百六十三条**　定作人应当按照约定的期限支付报酬。对支付报酬的期限没有约定或者约定不明确，依照本法第六十一条的规定仍不能确定的，定作人应当在承揽人交付工作成果时支付；工作成果部分交付的，定作人应当相应支付。	**第七百八十二条**　定作人应当按照约定的期限支付报酬。对支付报酬的期限没有约定或者约定不明确，依据本法第五百一十条的规定仍不能确定的，定作人应当在承揽人交付工作成果时支付；工作成果部分交付的，定作人应当相应支付。 释义　本条是关于定作人支付报酬期限的规定。
《合同法》 **第二百六十四条**　定作人未向承揽人支付报酬或者材料费等价款的，承揽人对完成的工作成果享有留置权，但当事人另有约定的除外。	**第七百八十三条**　定作人未向承揽人支付报酬或者材料费等价款的，承揽人对完成的工作成果享有留置权**或者有权拒绝交付**，但是当事人另有约定的除外。 释义　本条是关于承揽人留置权及同时履行抗辩权的规定。 相较于《合同法》，本条增加了承揽人对完成的工作成果“有权拒绝交付”的规定，主要是基于两点考虑：(1) 在承揽人提供所有工作材料完成工作成果的情况下，由于工作材料及在此基础上完成的工作成果在交付前很难作为“定作人的动产”由承揽人占有，此种情况下，严格来说并

相关法律、司法解释规定	民法典
	不符合行使留置权的条件。此时，为保证承揽人的合法权益，本条新增加此规定。(2) 承揽人享有拒绝交付工作成果的权利，是同时履行抗辩权在承揽合同中的体现。
第二百六十五条 承揽人应当妥善保管定作人提供的材料以及完成的工作成果，因保管不善造成毁损、灭失的，应当承担~~损害~~赔偿责任。	**第七百八十四条** 承揽人应当妥善保管定作人提供的材料以及完成的工作成果，因保管不善造成毁损、灭失的，应当承担赔偿责任。 **释义** 本条是关于承揽人对材料和工作成果保管责任的规定。 “妥善保管”，是指承揽人在没有特别约定的情况下，须按照本行业的一般要求，根据物品的性质选择合理的场地、采用适当的保管方式加以保管，防止物品毁损和灭失。
《合同法》 **第二百六十六条** 承揽人应当按照定作人的要求保守秘密，未经定作人许可，不得留存复制品或者技术资料。	**第七百八十五条** 承揽人应当按照定作人的要求保守秘密，未经定作人许可，不得留存复制品或者技术资料。 **释义** 本条是关于承揽人保密的规定。
《合同法》 **第二百六十七条** 共同承揽人对定作人承担连带责任，<u>但</u>当事人另有约定的除外。	**第七百八十六条** 共同承揽人对定作人承担连带责任，<u>但是</u>当事人另有约定的除外。 **释义** 本条是关于共同承揽人连带责任的规定。 共同承揽是指由两个或者两个以上的人共同完成承揽工作的合同。共同完成承揽工作的人称共同承揽人。
《合同法》 **第二百六十八条** 定作人可以随时解除~~承揽~~合同，造成承揽人损失的，应当赔偿损失。	**第七百八十七条** 定作人**在承揽人完成工作前**可以随时解除合同，造成承揽人损失的，应当赔偿损失。

相关法律、司法解释规定	民法典
	释义　本条是关于定作人任意解除权的规定。 相较于《合同法》，本条对于定作人的任意解除权增加了“在承揽人完成工作前”的限制。增加此规定，主要是因为承揽合同具有较强的专属性，如果允许定作人在承揽人完成工作以后解除合同，则很可能由于定作成果的专属性而造成浪费，这与《民法典》所倡导的绿色原则、充分发挥物的效用的理念都不相符。因此，本条增加相应限制，可以在定作人的任意解除权与避免资源浪费、践行绿色原则之间取得平衡。
	第十八章　建设工程合同
《合同法》 **第二百六十九条**　建设工程合同是承包人进行工程建设，发包人支付价款的合同。 建设工程合同包括工程勘察、设计、施工合同。	**第七百八十八条**　建设工程合同是承包人进行工程建设，发包人支付价款的合同。 建设工程合同包括工程勘察、设计、施工合同。 释义　本条是关于建设工程合同定义和种类的规定。 建设工程合同的客体是工程。建设工程的主体是发包人和承包人。发包人，一般为建设工程的建设单位，即投资建设该项工程的单位，通常也称作“业主”。建设工程的承包人，即实施建设工程的勘察、设计、施工等业务的单位，包括对建设工程实行总承包的单位、勘察承包单位、设计承包单位、施工承包单位和承包分包工程的单位。

相关法律、司法解释规定	民法典
《合同法》 **第二百七十条** 建设工程合同应当采用书面形式。	**第七百八十九条** 建设工程合同应当采用书面形式。 释义 本条是关于建设工程合同形式的规定。 建设工程合同一般具有合同标的额大、合同内容复杂、履行期较长等特点，为慎重起见，应当采用书面形式。此外，建设工程的质量涉及社会上不特定第三人的人身和财产安全，采用书面形式，也便于建设工程相关监督管理工作的开展。
《合同法》 **第二百七十一条** 建设工程的招标投标活动，应当依照有关法律的规定公开、公平、公正进行。	**第七百九十条** 建设工程的招标投标活动，应当依照有关法律的规定公开、公平、公正进行。 释义 本条是关于工程招标投标要求的规定。 我国《建筑法》规定建筑工程应当依法实行招标发包，对不适合招标发包的才可以直接发包。
《合同法》 **第二百七十二条** 发包人可以与总承包人订立建设工程合同，也可以分别与勘察人、设计人、施工人订立勘察、设计、施工承包合同。发包人不得将应当由一个承包人完成的建设工程肢解成若干部分发包给几个承包人。 总承包人或者勘察、设计、施工承包人经发包人同意，可以将自己承包的部分工作交由第三人完成。第三人就其完成的工作成果与总承包人或者勘察、设计、施工承包人向发包人	**第七百九十一条** 发包人可以与总承包人订立建设工程合同，也可以分别与勘察人、设计人、施工人订立勘察、设计、施工承包合同。发包人不得将应当由一个承包人完成的建设工程支解成若干部分发包给数个承包人。 总承包人或者勘察、设计、施工承包人经发包人同意，可以将自己承包的部分工作交由第三人完成。第三人就其完成的工作成果与总承包人或者勘察、设计、施工承包人向发包人承担连带责任。承包人不得将其承包

相关法律、司法解释规定	民法典
承担连带责任。承包人不得将其承包的全部建设工程转包给第三人或者将其承包的全部建设工程肢解以后以分包的名义分别转包给第三人。 禁止承包人将工程分包给不具备相应资质条件的单位。禁止分包单位将其承包的工程再分包。建设工程主体结构的施工必须由承包人自行完成。	的全部建设工程转包给第三人或者将其承包的全部建设工程支解以后以分包的名义分别转包给第三人。 禁止承包人将工程分包给不具备相应资质条件的单位。禁止分包单位将其承包的工程再分包。建设工程主体结构的施工必须由承包人自行完成。 释义　本条是关于建设工程合同发包、承包和分包的规定。 建设工程合同根据承包人承包的工作内容，可以分为直接承包和分包两大类。直接承包，是指发包人直接将工程承包给承包人，包括工程总承包和单项工程承包两种方式。建设工程的发包是采取总承包方式还是单项工程承包方式可以由发包人根据实际情况自行确定。但是不论发包人采取何种方式与承包人签订合同，都应当遵守本条的规定，为了保证建设工程质量，不得将建设工程支解发包，即不得将应当由一个承包人完成的建设工程支解成若干部分发包给数个承包人。
《合同法》 **第二百七十三条**　国家重大建设工程合同，应当按照国家规定的程序和国家批准的投资计划、可行性研究报告等文件订立。	**第七百九十二条**　国家重大建设工程合同，应当按照国家规定的程序和国家批准的投资计划、可行性研究报告等文件订立。 释义　本条是关于国家重大建设工程合同订立程序的规定。 为了规范国家重大工程的建设，保证国家投资计划得以实现，保证质量，避免资源浪费，保证投资效益，减少投资风险，本条对国家重大建设工程合同的订立提出了更严格的依据。

相关法律、司法解释规定	民法典
《建设工程合同纠纷解释》① **第二条**　建设工程施工合同无效，但建设工程经~~竣工~~验收合格，承包人请求参照合同约定支付工程价款的，应予支持。 **第三条**　建设工程施工合同无效，且建设工程经~~竣工~~验收不合格的，按照以下情形~~分别~~处理： （一）修复后的建设工程经~~竣工~~验收合格，发包人请求承包人承担修复费用~~的，应予支持~~； （二）修复后的建设工程经~~竣工~~验收不合格，承包人请求支付工程价款的，不予支持。 因建设工程不合格造成的损失，~~发包人~~有过错的，~~也~~应承担相应的民事责任。	**第七百九十三条**　建设工程施工合同无效，但是建设工程经验收合格的，可以参照合同关于工程价款的约定折价补偿承包人。 建设工程施工合同无效，且建设工程经验收不合格的，按照以下情形处理： （一）修复后的建设工程经验收合格的，发包人**可以**请求承包人承担修复费用； （二）修复后的建设工程经验收不合格的，承包人无权请求参照合同关于工程价款的约定折价补偿。 **发包人对**因建设工程不合格造成的损失有过错的，应当承担相应的责任。 **释义**　本条是关于建设工程施工合同无效时对承包人进行补偿的相关规定。 建设工程施工合同具有投资数额大、建设周期长、建设完工后不宜轻易恢复原状等特点，特定情形下还涉及农民工等弱势群体利益保护。本条在一般合同无效的处理规则之外，对建设工程施工合同无效时的特殊处理规则进行细化规定。 需要注意，折价补偿的前提是建设工程本身具有价值。关于折价的标准，司法实践中一般认为，建设工程施工合同无效，建设工程经竣工验收合格，承包人可以请求参照合同约定支付工程款。

① 《最高人民法院关于审理建设工程施工合同纠纷案件适用法律问题的解释》简称《建设工程合同纠纷解释》。

相关法律、司法解释规定	民法典
《合同法》 **第二百七十四条** 勘察、设计合同的内容包括提交有关基础资料和文件（包括概预算）的期限、质量要求、费用以及其他协作条件等条款。	**第七百九十四条** 勘察、设计合同的内容**一般**包括提交有关基础资料和概预算等文件的期限、质量要求、费用以及其他协作条件等条款。 释义 本条是关于勘察、设计合同主要内容的规定。 勘察、设计合同是指勘察人、设计人完成工程勘察、设计任务，发包人支付勘察、设计费的协议。勘察、设计合同明确了发包人与勘察人、设计人之间的权利义务关系。
《合同法》 **第二百七十五条** 施工合同的内容包括工程范围、建设工期、中间交工工程的开工和竣工时间、工程质量、工程造价、技术资料交付时间、材料和设备供应责任、拨款和结算、竣工验收、质量保修范围和质量保证期、~~双方~~相互协作等条款。	**第七百九十五条** 施工合同的内容**一般**包括工程范围、建设工期、中间交工工程的开工和竣工时间、工程质量、工程造价、技术资料交付时间、材料和设备供应责任、拨款和结算、竣工验收、质量保修范围和质量保证期、相互协作等条款。 释义 本条是关于施工合同主要内容的规定。 施工主要是指工程的建筑与安装。施工合同主要是指施工人完成工程的建筑、安装工作，发包人验收后，接受该工程并支付价款的合同。本条为了规范施工合同，根据工程施工的一般特点，规定了施工合同的主要内容。
《合同法》 **第二百七十六条** 建设工程实行监理的，发包人应当与监理人采用书面形式订立委托监理合同。发包人与监理人的权利和义务以及法律责任，	**第七百九十六条** 建设工程实行监理的，发包人应当与监理人采用书面形式订立委托监理合同。发包人与监理人的权利和义务以及法律责任，应当依照本编委托合同以及其他有关

相关法律、司法解释规定	民法典
应当依照本法委托合同以及其他有关法律、行政法规的规定。	法律、行政法规的规定。 **释义** 本条是关于建设工程监理的规定。 建设工程监理，是指由具有法定资质条件的工程监理单位，根据发包人的委托，依照法律、行政法规以及有关的建设工程技术标准、设计文件和建设工程合同，代表发包人对工程建设过程实施监督的专门活动。工程监理单位通常需要代表发包人对承包人在施工质量、建设工期和建设资金使用等方面进行监督。
《合同法》 **第二百七十七条** 发包人在不妨碍承包人正常作业的情况下，可以随时对作业进度、质量进行检查。	**第七百九十七条** 发包人在不妨碍承包人正常作业的情况下，可以随时对作业进度、质量进行检查。 **释义** 本条是关于发包人检查权的规定。 发包人对工程作业的检查一般通过两种方式。一种是委派具体管理人员作为工地代表；另一种是发包人委托监理人实施对工程建设过程的检查。国家规定强制监理的工程，发包人应当委托监理人对工程实施监理。
《合同法》 **第二百七十八条** 隐蔽工程在隐蔽以前，承包人应当通知发包人检查。发包人没有及时检查的，承包人可以顺延工程日期，并有权要求赔偿停工、窝工等损失。	**第七百九十八条** 隐蔽工程在隐蔽以前，承包人应当通知发包人检查。发包人没有及时检查的，承包人可以顺延工程日期，并有权请求赔偿停工、窝工等损失。 **释义** 本条是关于隐蔽工程的规定。 隐蔽工程在隐蔽后，如果发生质量问题，还得重新覆盖和掩盖，会造成返工等非常大的损失，为了避免资

相关法律、司法解释规定	民法典
	源的浪费和当事人双方的损失，保证工程的质量和工程顺利完成，本条作此规定。
《合同法》 **第二百七十九条** 建设工程竣工后，发包人应当根据施工图纸及说明书、国家颁发的施工验收规范和质量检验标准及时进行验收。验收合格的，发包人应当按照约定支付价款，并接收该建设工程。 建设工程竣工经验收合格后，方可交付使用；未经验收或者验收不合格的，不得交付使用。	**第七百九十九条** 建设工程竣工后，发包人应当根据施工图纸及说明书、国家颁发的施工验收规范和质量检验标准及时进行验收。验收合格的，发包人应当按照约定支付价款，并接收该建设工程。 建设工程竣工经验收合格后，方可交付使用；未经验收或者验收不合格的，不得交付使用。 释义 本条是关于竣工验收的规定。 工程验收的内容主要是：第一，工程是否符合规定的建设工程质量标准。第二，承包人是否提供了完整的工程技术经济资料。第三，承包人是否有建设工程质量检验书等凭证。第四，工程是否具备国家规定的其他竣工条件。例如，按照国务院建设行政主管部门的规定，城市住宅小区竣工综合验收，还应做到住宅及公共配套设施等。
《合同法》 **第二百八十条** 勘察、设计的质量不符合要求或者未按照期限提交勘察、设计文件拖延工期，造成发包人损失的，勘察人、设计人应当继续完善勘察、设计，减收或者免收勘察、设计费并赔偿损失。	**第八百条** 勘察、设计的质量不符合要求或者未按照期限提交勘察、设计文件拖延工期，造成发包人损失的，勘察人、设计人应当继续完善勘察、设计，减收或者免收勘察、设计费并赔偿损失。 释义 本条是关于勘察人、设计人对勘察、设计质量责任的规定。 勘察、设计的质量是整个建设工

相关法律、司法解释规定	民法典
	程质量的基础，如果勘察、设计的质量存在问题，整个建设工程质量也就没有保障。因此，工程的勘察、设计必须符合质量要求。
《合同法》 **第二百八十一条** 因施工人的原因致使建设工程质量不符合约定的，发包人有权要求施工人在合理期限内无偿修理或者返工、改建。经过修理或者返工、改建后，造成逾期交付的，施工人应当承担违约责任。	**第八百零一条** 因施工人的原因致使建设工程质量不符合约定的，发包人有权请求施工人在合理期限内无偿修理或者返工、改建。经过修理或者返工、改建后，造成逾期交付的，施工人应当承担违约责任。 释义 本条是关于施工人建设工程质量责任的规定。
《合同法》 **第二百八十二条** 因承包人的原因致使建设工程在合理使用期限内造成人身和财产损害的，承包人应当承担~~损害~~赔偿责任。	**第八百零二条** 因承包人的原因致使建设工程在合理使用期限内造成人身**损害**和财产损失的，承包人应当承担赔偿责任。 释义 本条是关于承包人在建设工程合理使用期限内承担质量保证责任的规定。
《合同法》 **第二百八十三条** 发包人未按照约定的时间和要求提供原材料、设备、场地、资金、技术资料的，承包人可以顺延工程日期，并有权要求赔偿停工、窝工等损失。	**第八百零三条** 发包人未按照约定的时间和要求提供原材料、设备、场地、资金、技术资料的，承包人可以顺延工程日期，并有权请求赔偿停工、窝工等损失。 释义 本条是关于发包人未按约定的时间和要求提供原材料、设备、场地、资金、技术资料的违约责任的规定。 基于建设工程合同的特殊性，承包人工作的正常进行往往依赖于发包人的配合和一定条件的提供，发包人不提供相应工作条件或者配合，承包

相关法律、司法解释规定	民法典
	人便无法正常开展工作，为了确保工程建设的顺利进行，本条对发包人未提供相关工作条件的违约责任进行了规定。
《合同法》 **第二百八十四条** 因发包人的原因致使工程中途停建、缓建的，发包人应当采取措施弥补或者减少损失，赔偿承包人因此造成的停工、窝工、倒运、机械设备调迁、材料和构件积压等损失和实际费用。	**第八百零四条** 因发包人的原因致使工程中途停建、缓建的，发包人应当采取措施弥补或者减少损失，赔偿承包人因此造成的停工、窝工、倒运、机械设备调迁、材料和构件积压等损失和实际费用。 释义 本条是关于因发包人原因造成工程停建、缓建所应承担的责任的规定。 本条中“因为发包人的原因”在实践中一般指下列情况：(1) 发包人变更工程量；(2) 发包人提供的设计文件等技术资料有错误或者因发包人原因变更设计文件；(3) 发包人未能按照约定及时提供建设材料、设备或者工程进度款；(4) 发包人未能及时进行中间工程和隐蔽工程条件的验收并办理有关交工手续；(5) 发包人不能按照合同的约定保障建设工作所需的工作条件致使建设工作无法正常进行等。
《合同法》 **第二百八十五条** 因发包人变更计划，提供的资料不准确，或者未按照期限提供必需的勘察、设计工作条件而造成勘察、设计的返工、停工或者修改设计，发包人应当按照勘察人、设计人实际消耗的工作量增付费用。	**第八百零五条** 因发包人变更计划，提供的资料不准确，或者未按照期限提供必需的勘察、设计工作条件而造成勘察、设计的返工、停工或者修改设计，发包人应当按照勘察人、设计人实际消耗的工作量增付费用。 释义 本条是关于因发包人原因造成

相关法律、司法解释规定	民法典
	勘察、设计的返工、停工或者修改设计的责任的规定。 发包人的要求是开展勘察、设计工作的重要依据，发包人提供必要的资料和工作条件是勘察人、设计人正常开展工作的前提，发包人变更计划或者不按照合同目的提供资料、条件必然影响勘察人、设计人的正常工作，因此，本条作此规定。
《建设工程合同纠纷解释》 **第八条** 承包人具有下列情形之一，发包人请求解除建设工程施工合同的，应予支持： （一）明确表示或者以行为表明不履行合同主要义务的； （二）合同约定的期限内没有完工，且在发包人催告的合理期限内仍未完工的； （三）已经完成的建设工程质量不合格，并拒绝修复的； （四）将承包的建设工程非法转包、违法分包的。 **第九条** 发包人具有下列情形之一，致使承包人无法施工，且在催告的合理期限内仍未履行相应义务，承包人请求解除建设工程施工合同的，应予支持： （一）未按约定支付工程价款的； （二）提供的主要建筑材料、建筑构配件和设备不符合强制性标准的； （三）不履行合同约定的协助义务的。	**第八百零六条 承包人将建设工程转包、违法分包的，发包人可以解除合同。** **发包人提供的主要建筑材料、建筑构配件和设备不符合强制性标准或者不履行协助义务，致使承包人无法施工，经催告后在合理期限内仍未履行相应义务的，承包人可以解除合同。** **合同解除后，已经完成的建设工程质量合格的，发包人应当按照约定支付相应的工程价款；已经完成的建设工程质量不合格的，参照本法第七百九十三条的规定处理。** 释义 本条是关于建设工程合同法定解除的规定。 本条内容吸收了《建设工程合同纠纷解释》第 8 条、第 9 条和第 10 条的规定。建设工程合同一般具有标的额大、交易安排复杂、权利义务关系复杂等特点，甚至还会涉及建筑工人等弱势群体权利的保护，维护交易的稳定性显得更为重要。因此，本条对特定情况下建设工程合同的法定解

相关法律、司法解释规定	民法典
第十条 建设工程施工合同解除后，已经完成的建设工程质量合格的，发包人应当按照约定支付相应的工程价款；已经完成的建设工程质量不合格的，参照本解释第三条规定处理。 因一方违约导致合同解除的，违约方应当赔偿因此而给对方造成的损失。	除进行了细化规定，以期在给予建设工程合同守约方当事人必要救济，赋予当事人必要的合同解除权的同时，尽力维护建设工程合同法律关系的稳定性。
《合同法》 **第二百八十六条** 发包人未按照约定支付价款的，承包人可以催告发包人在合理期限内支付价款。发包人逾期不支付的，除按照建设工程的性质不宜折价、拍卖的以外，承包人可以与发包人协议将该工程折价，也可以申请人民法院将该工程依法拍卖。建设工程的价款就该工程折价或者拍卖的价款优先受偿。	**第八百零七条** 发包人未按照约定支付价款的，承包人可以催告发包人在合理期限内支付价款。发包人逾期不支付的，除根据建设工程的性质不宜折价、拍卖外，承包人可以与发包人协议将该工程折价，也可以请求人民法院将该工程依法拍卖。建设工程的价款就该工程折价或者拍卖的价款优先受偿。 **释义** 本条是关于发包人未支付工程价款的责任的规定。
第二百八十七条 本章没有规定的，适用承揽合同的有关规定。	**第八百零八条** 本章没有规定的，适用承揽合同的有关规定。 **释义** 本条是关于适用承揽合同的规定。 建设工程合同原为承揽合同中的一种，属于承揽完成不动产工程项目的合同，也具有一些与一般承揽合同相同的特征：如都是诺成合同、双务合同、有偿合同，都以完成一定工作为目的，标的都具有特定性。因此，本条作此规定。

相关法律、司法解释规定	民法典
	第十九章　运输合同
	第一节　一般规定
《合同法》 **第二百八十八条**　运输合同是承运人将旅客或者货物从起运地点运输到约定地点，旅客、托运人或者收货人支付票款或者运输费用的合同。	**第八百零九条**　运输合同是承运人将旅客或者货物从起运地点运输到约定地点，旅客、托运人或者收货人支付票款或者运输费用的合同。 **释义**　本条是关于运输合同定义的规定。
《合同法》 **第二百八十九条**　从事公共运输的承运人不得拒绝旅客、托运人通常、合理的运输要求。	**第八百一十条**　从事公共运输的承运人不得拒绝旅客、托运人通常、合理的运输要求。 **释义**　本条是关于从事公共运输的承运人强制缔约义务的规定。 合同自由是合同法上的基本原则，本来不允许强制缔约，但是，由于公共运输的特殊性，本条规定明确了从事公共运输的承运人的强制缔约义务。
《合同法》 **第二百九十条**　承运人应当在约定期间或者合理期间内将旅客、货物安全运输到约定地点。	**第八百一十一条**　承运人应当在约定期限或者合理期限内将旅客、货物安全运输到约定地点。 **释义**　本条是关于承运人及时安全送达义务的规定。
《合同法》 **第二百九十一条**　承运人应当按照约定的或者通常的运输路线将旅客、货物运输到约定地点。	**第八百一十二条**　承运人应当按照约定的或者通常的运输路线将旅客、货物运输到约定地点。 **释义**　本条是关于承运人按照约定或者通常运输路线运输的义务的规定。

相关法律、司法解释规定	民法典
《合同法》 **第二百九十二条** 旅客、托运人或者收货人应当支付票款或者运输费用。承运人未按照约定路线或者通常路线运输增加票款或者运输费用的，旅客、托运人或者收货人可以拒绝支付增加部分的票款或者运输费用。	**第八百一十三条** 旅客、托运人或者收货人应当支付票款或者运输费用。承运人未按照约定路线或者通常路线运输增加票款或者运输费用的，旅客、托运人或者收货人可以拒绝支付增加部分的票款或者运输费用。 释义 本条是关于旅客、托运人或者收货人支付票款或者运输费用的义务的规定。
	第二节 客运合同
《合同法》 **第二百九十三条** 客运合同自承运人向旅客交付客票时成立，但当事人另有约定或者另有交易习惯的除外。	**第八百一十四条** 客运合同自承运人向旅客出具客票时成立，但是当事人另有约定或者另有交易习惯的除外。 释义 本条是关于客运合同成立时间的规定。 客运合同是指将旅客送达目的地，旅客支付票款的合同。客运合同和货运合同是运输合同最主要的分类，两者之间的区别主要在于运输对象的不同。
《合同法》 **第二百九十四条** 旅客应当持有效客票乘运。旅客无票乘运、超程乘运、越级乘运或者持~~失效~~客票乘运的，应当补交票款，承运人可以按照规定加收票款。旅客不交付票款的，承运人可以拒绝运输。	**第八百一十五条** 旅客应当按照有效客票**记载的时间、班次和座位号**乘坐。旅客无票乘坐、超程乘坐、越级乘坐或者持**不符合减价条件的优惠**客票乘坐的，应当补交票款，承运人可以按照规定加收票款；旅客不支付票款的，承运人可以拒绝运输。 **实名制客运合同的旅客丢失客票的，可以请求承运人挂失补办，承运人不得再次收取票款和其他不合理费用。**

相关法律、司法解释规定	民法典
	释义　本条是关于旅客按有效客票记载内容乘坐义务的规定。 针对近年频频在媒体曝光的旅客“霸座”事件，本条第1款专门规定：“旅客应当按照有效客票记载的时间、班次和座位号乘坐”。此外，本条新增第2款，规定了挂失补票的相关内容。
《合同法》 **第二百九十五条**　旅客因自己的原因不能按照客票记载的时间乘坐的，应当在约定的时间内办理退票或者变更手续。逾期办理的，承运人可以不退票款，并不再承担运输义务。	**第八百一十六条**　旅客因自己的原因不能按照客票记载的时间乘坐的，应当在约定的期限内办理退票或者变更手续；逾期办理的，承运人可以不退票款，并不再承担运输义务。 释义　本条是关于旅客办理退票或者变更乘运手续的规定。
《合同法》 **第二百九十六条**　旅客在运输中应当按照约定的限量携带行李。超过限量携带行李的，应当办理托运手续。	**第八百一十七条**　旅客随身携带行李应当符合约定的限量和品类要求；超过限量**或者违反品类要求**携带行李的，应当办理托运手续。 释义　本条是关于旅客携带行李的规定。 相较于《合同法》，本条增加了“品类要求”，以更好地保障运输安全和秩序。
《合同法》 **第二百九十七条**　旅客不得随身携带或者在行李中夹带易燃、易爆、有毒、有腐蚀性、有放射性以及有可能危及运输工具上人身和财产安全的危险物品或者其他违禁物品。 旅客违反前款规定的，承运人可以将违禁物品卸下、销毁或者送交有	**第八百一十八条**　旅客不得随身携带或者在行李中夹带易燃、易爆、有毒、有腐蚀性、有放射性以及可能危及运输工具上人身和财产安全的危险物品或者违禁物品。 旅客违反前款规定的，承运人可以将**危险物品或者**违禁物品卸下、销毁或者送交有关部门。旅客坚持携带

相关法律、司法解释规定	民法典
关部门。旅客坚持携带或者夹带违禁物品的，承运人应当拒绝运输。	或者夹带**危险物品或者**违禁物品的，承运人应当拒绝运输。 释义 本条是关于旅客不得携带危险物品或者违禁物品的规定。 相较于《合同法》，本条文字和内容略有修改。在旅客运送过程中，承运人对于旅客的生命财产安全负有义务；同时，旅客在旅行过程中自身亦负有安全注意义务。
《合同法》 **第二百九十八条** 承运人应当~~向旅客~~及时告知~~有关不能正常运输的重要事由和~~安全运输应当注意的事项。	**第八百一十九条** 承运人应当**严格履行安全运输义务，**及时告知**旅客**安全运输应当注意的事项。**旅客对承运人为安全运输所作的合理安排应当积极协助和配合。** 释义 本条是关于承运人告知义务和旅客协助配合义务的规定。 本条对《合同法》第298条规定的文字和内容进行了较大修改。近年来客运合同领域出现不少新问题，一方面不时发生旅客因不配合承运人采取安全运输措施而严重干扰运输秩序和危害运输安全的恶劣行为；另一方面也时常存在因承运人履行安全运输义务不到位导致发生安全事故的情形。为了维护正常的运输秩序，保护旅客在运输过程中的人身、财产安全，本条明确承运人应当严格履行安全运输义务，及时告知旅客安全运输应当注意的事项，同时规定旅客对承运人为安全运输所作的合理安排应当积极协助和配合。

相关法律、司法解释规定	民法典
《合同法》 **第二百九十九条** 承运人应当按照客票载明的时间和班次运输旅客。承运人迟延运输的，应当根据旅客的要求安排改乘其他班次或者退票。	**第八百二十条** 承运人应当按照**有效**客票记载的时间、班次**和座位号**运输旅客。承运人迟延运输**或者有其他不能正常运输情形**的，应当**及时告知和提醒旅客，采取必要的安置措施，并**根据旅客的要求安排改乘其他班次或者退票；**由此造成旅客损失的，承运人应当承担赔偿责任，但是不可归责于承运人的除外**。 释义 本条是关于承运人迟延运输或者有其他不能正常运输情形的规定。 在迟延运输或者有其他不能正常运输的情形下，承运人的义务有二：一是告知和提醒旅客不能正常运输的特殊情形和重要事由并采取必要的安置措施的义务；二是根据旅客的要求协助、安排旅客改乘其他班次或者退票的义务。
《合同法》 **第三百条** 承运人擅自~~变更运输工具而~~降低服务标准的，应当根据旅客的要求退票或者减收票款；提高服务标准的，不应当加收票款。	**第八百二十一条** 承运人擅自降低服务标准的，应当根据旅客的请求退票或者减收票款；提高服务标准的，不得加收票款。 释义 本条是关于承运人变更服务标准的规定。 相较于《合同法》第300条，本条文字和内容略作修改。删除“变更运输工具”表明，虽然运输工具往往标志着承运人向旅客提供的运输服务的质量和水平，但是承运人擅自降低服务标准的情形不仅包括承运人擅自变更运输工具，而且包括导致服务标准降低的其他情形。

相关法律、司法解释规定	民法典
《合同法》 **第三百零一条**　承运人在运输过程中，应当尽力救助患有急病、分娩、遇险的旅客。	**第八百二十二条**　承运人在运输过程中，应当尽力救助患有急病、分娩、遇险的旅客。 **释义**　本条是关于承运人尽力救助义务的规定。 "尽力"，是指承运人尽到自己最大的努力，采取各种合理措施，以帮助照顾旅客或者对旅客进行救援等。承运人的救助义务并不是无限的，而是在自己的最大能力范围内救助旅客，超出承运人能力范围的，承运人可以免责。
《合同法》 **第三百零二条**　承运人应当对运输过程中旅客的伤亡承担~~损害~~赔偿责任，但伤亡是旅客自身健康原因造成的或者承运人证明伤亡是旅客故意、重大过失造成的除外。 前款规定适用于按照规定免票、持优待票或者经承运人许可搭乘的无票旅客。	**第八百二十三条**　承运人应当对运输过程中旅客的伤亡承担赔偿责任；但是，伤亡是旅客自身健康原因造成的或者承运人证明伤亡是旅客故意、重大过失造成的除外。 前款规定适用于按照规定免票、持优待票或者经承运人许可搭乘的无票旅客。 **释义**　本条是关于承运人对旅客伤亡的赔偿责任的规定。 要特别注意的是，由于运输方式的不同，风险的程度也不一样，所以各专门法对旅客运输中承运人的免责事由的规定有所不同。根据特别法优于普通法的原则，《民用航空法》《海商法》等特别法有不同的规定时，应当适用特别法的规定。
《合同法》 **第三百零三条**　在运输过程中旅客自带物品毁损、灭失，承运人有过错的，应当承担~~损害~~赔偿责任。	**第八百二十四条**　在运输过程中旅客随身携带物品毁损、灭失，承运人有过错的，应当承担赔偿责任。 旅客托运的行李毁损、灭失的，

相关法律、司法解释规定	民法典
旅客托运的行李毁损、灭失的，适用货物运输的有关规定。	适用货物运输的有关规定。 释义　本条是关于承运人对旅客随身携带物品和托运的行李毁损、灭失的赔偿责任的规定。
	第三节　货运合同
《合同法》 **第三百零四条**　托运人办理货物运输，应当向承运人准确表明收货人的名称或者姓名或者凭指示的收货人，货物的名称、性质、重量、数量，收货地点等有关货物运输的必要情况。 因托运人申报不实或者遗漏重要情况，造成承运人损失的，托运人应当承担~~损害~~赔偿责任。	**第八百二十五条**　托运人办理货物运输，应当向承运人准确表明收货人的姓名、名称或者凭指示的收货人，货物的名称、性质、重量、数量，收货地点等有关货物运输的必要情况。 因托运人申报不实或者遗漏重要情况，造成承运人损失的，托运人应当承担赔偿责任。 释义　本条是关于托运人如实申报情况义务的规定。
《合同法》 **第三百零五条**　货物运输需要办理审批、检验等手续的，托运人应当将办理完有关手续的文件提交承运人。	**第八百二十六条**　货物运输需要办理审批、检验等手续的，托运人应当将办理完有关手续的文件提交承运人。 释义　本条是关于托运人办理审批、检验等手续的义务的规定。
《合同法》 **第三百零六条**　托运人应当按照约定的方式包装货物。对包装方式没有约定或者约定不明确的，适用本法第一百五十六条的规定。 托运人违反前款规定的，承运人可以拒绝运输。	**第八百二十七条**　托运人应当按照约定的方式包装货物。对包装方式没有约定或者约定不明确的，适用本法第六百一十九条的规定。 托运人违反前款规定的，承运人可以拒绝运输。 释义　本条是关于托运人包装货物义务的规定。

相关法律、司法解释规定	民法典
《合同法》 **第三百零七条** 托运人托运易燃、易爆、有毒、有腐蚀性、有放射性等危险物品的，应当按照国家有关危险物品运输的规定对危险物品妥善包装，作出危险物标志和标签，并将有关危险物品的名称、性质和防范措施的书面材料提交承运人。 托运人违反前款规定的，承运人可以拒绝运输，也可以采取相应措施以避免损失的发生，因此产生的费用由托运人承担。	**第八百二十八条** 托运人托运易燃、易爆、有毒、有腐蚀性、有放射性等危险物品的，应当按照国家有关危险物品运输的规定对危险物品妥善包装，做出危险物品标志和标签，并将有关危险物品的名称、性质和防范措施的书面材料提交承运人。 托运人违反前款规定的，承运人可以拒绝运输，也可以采取相应措施以避免损失的发生，因此产生的费用由托运人负担。 释义 本条是关于托运人托运危险物品应履行义务的规定。 《海商法》《铁路法》《民用航空法》等专门运输法对危险物品的运输基本上都作了特别规定，适用本条时应参照特别法的相关规定。
《合同法》 **第三百零八条** 在承运人将货物交付收货人之前，托运人可以要求承运人中止运输、返还货物、变更到达地或者将货物交给其他收货人，但应当赔偿承运人因此受到的损失。	**第八百二十九条** 在承运人将货物交付收货人之前，托运人可以要求承运人中止运输、返还货物、变更到达地或者将货物交给其他收货人，但是应当赔偿承运人因此受到的损失。 释义 本条是关于托运人变更或者解除运输合同权利的规定。 托运人的变更或者解除权，就是货物运输合同成立后，托运人有权变更或者解除合同，这种变更或者解除可以不经过承运人同意，承运人也无权过问相对方变更和解除合同的原因，只要托运人提出变更或者解除合同，均应予以变更或者解除。

相关法律、司法解释规定	民法典
《合同法》 **第三百零九条** 货物运输到达后，承运人知道收货人的，应当及时通知收货人，收货人应当及时提货。收货人逾期提货的，应当向承运人支付保管费等费用。	**第八百三十条** 货物运输到达后，承运人知道收货人的，应当及时通知收货人，收货人应当及时提货。收货人逾期提货的，应当向承运人支付保管费等费用。 释义 本条是关于提货的规定。 承运人将货物安全运到目的地后，并没有完成所有的运输义务，其还应当按照约定将货物交付于收货人。这是承运人的一项主要义务。
《合同法》 **第三百一十条** 收货人提货时应当按照约定的期限检验货物。对检验货物的期限没有约定或者约定不明确，依照本法第六十一条的规定仍不能确定的，应当在合理期限内检验货物。收货人在约定的期限或者合理期限内对货物的数量、毁损等未提出异议的，视为承运人已经按照运输单证的记载交付的初步证据。	**第八百三十一条** 收货人提货时应当按照约定的期限检验货物。对检验货物的期限没有约定或者约定不明确，依据本法第五百一十条的规定仍不能确定的，应当在合理期限内检验货物。收货人在约定的期限或者合理期限内对货物的数量、毁损等未提出异议的，视为承运人已经按照运输单证的记载交付的初步证据。 释义 本条是关于收货人检验货物的规定。 货物经过运输后，其质量和数量很有可能发生变化，对货物进行检验密切关系着收货人的利益。同时，对货物进行检验，可以尽快确定货物的质量状况和数量情况，明确责任，及时解决纠纷，有利于加速商品的流转。
《合同法》 **第三百一十一条** 承运人对运输过程中货物的毁损、灭失承担~~损害~~赔偿责任，但承运人证明货物的毁损、灭失是因不可抗力、货物本身的自然	**第八百三十二条** 承运人对运输过程中货物的毁损、灭失承担赔偿责任。但是，承运人证明货物的毁损、灭失是因不可抗力、货物本身的自然性质或者合理损耗以及托运人、收货

相关法律、司法解释规定	民法典
性质或者合理损耗以及托运人、收货人的过错造成的，不承担~~损害~~赔偿责任。	人的过错造成的，不承担赔偿责任。 **释义**　本条是关于承运人对于货损的赔偿责任的规定。 承运人可以免除赔偿责任的三种情况是：不可抗力；货物本身的自然性质或者合理损耗；托运人、收货人的过错，如托运人对货物的包装存在缺陷，收货人负责卸货造成的损失等。
《合同法》 **第三百一十二条**　货物的毁损、灭失的赔偿额，当事人有约定的，按照其约定；没有约定或者约定不明确，依照本法第六十一条的规定仍不能确定的，按照交付或者应当交付时货物到达地的市场价格计算。法律、行政法规对赔偿额的计算方法和赔偿限额另有规定的，依照其规定。	**第八百三十三条**　货物的毁损、灭失的赔偿额，当事人有约定的，按照其约定；没有约定或者约定不明确，依据本法第五百一十条的规定仍不能确定的，按照交付或者应当交付时货物到达地的市场价格计算。法律、行政法规对赔偿额的计算方法和赔偿限额另有规定的，依照其规定。 **释义**　本条是关于确定货物赔偿额的规定。 需要注意，如果托运人在托运货物时自愿办理了货物运输保险的，在发生货物的毁损、灭失等保险事故时，得根据保险合同向保险人索赔。但保险人给付保险赔偿金后取得对承运人的赔偿金的代位求偿权。
《合同法》 **第三百一十三条**　两个以上承运人以同一运输方式联运的，与托运人订立合同的承运人应当对全程运输承担责任。损失发生在某一运输区段的，与托运人订立合同的承运人和该区段的承运人承担连带责任。	**第八百三十四条**　两个以上承运人以同一运输方式联运的，与托运人订立合同的承运人应当对全程运输承担责任；损失发生在某一运输区段的，与托运人订立合同的承运人和该区段的承运人承担连带责任。 **释义**　本条是关于相继运输责任承担的规定。

相关法律、司法解释规定	民法典
	相继运输，又称“连续运输”，就是多个承运人以同一种运输方式共同完成货物运输的一种运输方式。在运输活动中，普遍存在的转车、转机、转船就是典型的相继运输，其主要特征就是“一票到底”，利用人只要与第一承运人签订运输合同，就可以享受全程所有区段的运输。
《合同法》 **第三百一十四条** 货物在运输过程中因不可抗力灭失，未收取运费的，承运人不得要求支付运费；已收取运费的，托运人可以要求返还。	**第八百三十五条** 货物在运输过程中因不可抗力灭失，未收取运费的，承运人不得请求支付运费；已经收取运费的，托运人可以请求返还。**法律另有规定的，依照其规定。** 释义 本条是关于货物因不可抗力而灭失时运费处理的规定。 根据本条规定，运费的风险应当由承运人负担。托运人已经因货物的灭失而遭受了极大的损失，如果其还要负担运费，就意味着要承担双重损失，从公平和诚实信用的角度来讲，理应对运输途中的相关风险合理分担。 为了避免与国际法发生冲突，本条增加“法律另有规定的，依照其规定”，是将特殊情况留给诸如《海商法》《民用航空法》等特别法进行规范，以确保《民法典》的权威性和准确性。
《合同法》 **第三百一十五条** 托运人或者收货人不支付运费、保管费以及其他运输费用的，承运人对相应的运输货物享有留置权，但当事人另有约定的除外。	**第八百三十六条** 托运人或者收货人不支付运费、保管费或者其他费用的，承运人对相应的运输货物享有留置权，但是当事人另有约定的除外。 释义 本条是关于承运人留置权的规定。

相关法律、司法解释规定	民法典
《合同法》 **第三百一十六条** 收货人不明或者收货人无正当理由拒绝受领货物的，~~依照本法第一百零一条的规定，~~承运人可以提存货物。	**第八百三十七条** 收货人不明或者收货人无正当理由拒绝受领货物的，承运人**依法**可以提存货物。 释义 本条是关于货物提存的规定。
	第四节 多式联运合同
《合同法》 **第三百一十七条** 多式联运经营人负责履行或者组织履行多式联运合同，对全程运输享有承运人的权利，承担承运人的义务。	**第八百三十八条** 多式联运经营人负责履行或者组织履行多式联运合同，对全程运输享有承运人的权利，承担承运人的义务。 释义 本条是关于多式联运经营人应当负责履行或者组织履行合同的规定。 多式联运合同，是指多式联运经营人以两种以上的不同运输方式，负责将货物从接收地运至目的地交付收货人，并收取全程运费的合同。以两种以上的不同运输方式进行运输是多式联运合同区别于传统运输合同的最大特征。
《合同法》 **第三百一十八条** 多式联运经营人可以与参加多式联运的各区段承运人就多式联运合同的各区段运输约定相互之间的责任，但该约定不影响多式联运经营人对全程运输承担的义务。	**第八百三十九条** 多式联运经营人可以与参加多式联运的各区段承运人就多式联运合同的各区段运输约定相互之间的责任；但是，该约定不影响多式联运经营人对全程运输承担的义务。 释义 本条是关于多式联运经营人责任承担的规定。
《合同法》 **第三百一十九条** 多式联运经营人收到托运人交付的货物时，应当签发多式联运单据。按照托运人的要求，	**第八百四十条** 多式联运经营人收到托运人交付的货物时，应当签发多式联运单据。按照托运人的要求，多式联运单据可以是可转让单据，也

相关法律、司法解释规定	民法典
多式联运单据可以是可转让单据，也可以是不可转让单据。	可以是不可转让单据。 **释义** 本条是关于多式联运单据的规定。 多式联运单据依托运人的要求，可以是可转让的单据，也可以是不可转让的单据。在实践中，只有单据的签发人（即多式联运经营人）承担全程责任时，多式联运单据才有可能作成可转让的单据。此时，多式联运单据具有物权凭证的性质和作用。
《合同法》 **第三百二十条** 因托运人托运货物时的过错造成多式联运经营人损失的，即使托运人已经转让多式联运单据，托运人仍然应当承担~~损害~~赔偿责任。	**第八百四十一条** 因托运人托运货物时的过错造成多式联运经营人损失的，即使托运人已经转让多式联运单据，托运人仍然应当承担赔偿责任。 **释义** 本条是关于托运人应当向承运人承担过错责任的规定。 托运人赔偿多式联运经营人的损失不受多式联运单据是否转让的影响，只要因托运人的过错给多式联运经营人造成损失，不管多式联运单据在谁手中，多式联运经营人都可向托运人要求赔偿，而不能向持票人或者收货人要求赔偿。
《合同法》 **第三百二十一条** 货物的毁损、灭失发生于多式联运的某一运输区段的，多式联运经营人的赔偿责任和责任限额，适用调整该区段运输方式的有关法律规定。货物毁损、灭失发生的运输区段不能确定的，依照本章规定承担~~损害~~赔偿责任。	**第八百四十二条** 货物的毁损、灭失发生于多式联运的某一运输区段的，多式联运经营人的赔偿责任和责任限额，适用调整该区段运输方式的有关法律规定；货物毁损、灭失发生的运输区段不能确定的，依照本章规定承担赔偿责任。 **释义** 本条是关于多式联运经营人承

相关法律、司法解释规定	民法典
	担赔偿责任所适用法律的规定。 多式联运最大的特点就是用不同的运输方式进行运输，我国的各专门运输法或者行政法规对不同的运输方式中的赔偿责任和赔偿限额的规定是不相同的，一旦货物发生毁损、灭失，多式联运经营人根据不同法律或者行政法规承担赔偿责任和赔偿限额。
	第二十章　技术合同
	第一节　一般规定
《合同法》 **第三百二十二条**　技术合同是当事人就技术开发、转让、咨询或者服务订立的确立相互之间权利和义务的合同。	**第八百四十三条**　技术合同是当事人就技术开发、转让、**许可**、咨询或者服务订立的确立相互之间权利和义务的合同。 释义　本条是关于技术合同定义的规定。 与《合同法》第322条相比，本条的主要变动为新增“许可”这一技术交易形式，在《合同法》规定的技术开发合同、技术转让合同、技术咨询合同和技术服务合同之外，增加了“技术许可合同”。现实生活中，对技术的使用不仅仅是开发、转让、咨询或者提供技术服务，更多的是许可他人使用技术，《专利法》《著作权法》《商标法》等亦有权利许可的相关规定，因此本条作此修改。
《合同法》 **第三百二十三条**　订立技术合同，应当有利于科学技术的进步，加速科学技术成果的转化、应用和推广。	**第八百四十四条**　订立技术合同，应当有利于**知识产权的保护和**科学技术的进步，促进科学技术成果的**研发**、转化、应用和推广。

相关法律、司法解释规定	民法典
	释义　本条是关于订立技术合同应当遵循的原则的规定。 相较于《合同法》，本条变动有二：一是适应加强知识产权保护的需要，在“有利于”的目的项中增加“知识产权的保护”，与“科学技术的进步”并列；二是将“加速科学技术成果的转化、应用和推广”改为“促进科学技术成果的研发、转化、应用和推广”，以更贴近技术合同的实际功用。
《合同法》 **第三百二十四条**　技术合同的内容~~由当事人约定，~~一般包括~~以下条款：~~ ~~（一）~~项目名称； ~~（二）~~标的的内容、范围和要求； ~~（三）~~履行的计划、~~进度、期限、~~地点~~、地域~~和方式； ~~（四）~~技术情报和资料的保密； ~~（五）风险责任的承担；~~ ~~（六）~~技术成果的归属和收益的分成办法； ~~（七）~~验收标准和方法； ~~（八）价款、报酬或者使用费及其支付方式；~~ ~~（九）违约金或者损失赔偿的计算方法；~~ ~~（十）解决争议的方法；~~ ~~（十一）~~名词和术语的解释。 与履行合同有关的技术背景资料、可行性论证和技术评价报告、项目任务书和计划书、技术标准、技术规范、原始设计和工艺文件，以及其	**第八百四十五条**　技术合同的内容一般包括项目的名称，标的的内容、范围和要求，履行的计划、地点和方式，技术信息和资料的保密，技术成果的归属和收益的分配办法，验收标准和方法，名词和术语的解释等条款。 与履行合同有关的技术背景资料、可行性论证和技术评价报告、项目任务书和计划书、技术标准、技术规范、原始设计和工艺文件，以及其他技术文档，按照当事人的约定可以作为合同的组成部分。 技术合同涉及专利的，应当注明发明创造的名称、专利申请人和专利权人、申请日期、申请号、专利号以及专利权的有效期限。 释义　本条是关于技术合同条款的内容的规定。 相较于《合同法》第 324 条，本条的修改集中于第 1 款，共涉及五个方面：一是改变《合同法》第 324 条第 1 款逐项列举技术合同主要条款的

相关法律、司法解释规定	民法典
他技术文档，按照当事人的约定可以作为合同的组成部分。 技术合同涉及专利的，应当注明发明创造的名称、专利申请人和专利权人、申请日期、申请号、专利号以及专利权的有效期限。	表现方式，将技术合同的内容概括合并为一段，与第2款、第3款的表述方式一致。二是删除与本法合同编"通则"内容重复的部分。由于本法第470条已经规定了"合同的内容由当事人约定"以及合同的"价款或者报酬、违约责任、解决争议的办法"，技术合同对此无须赘述，故删除了"技术合同的内容由当事人约定"以及第8项、第9项和第10项。三是去掉冗词，将与"计划、地点、方式"语义重复的"进度、期限、地域"删除。四是删除"（五）风险责任的承担"，因为并非所有的技术合同都存在风险责任。五是采用法言法语，将"技术情报"修改为"技术信息"，将"收益的分成办法"改为"收益的分配办法"，提高了法条表述的准确性。
《合同法》 **第三百二十五条**　技术合同价款、报酬或者使用费的支付方式由当事人约定，可以采取一次总算、一次总付或者一次总算、分期支付，也可以采取提成支付或者提成支付附加预付入门费的方式。 约定提成支付的，可以按照产品价格、实施专利和使用技术秘密后新增的产值、利润或者产品销售额的一定比例提成，也可以按照约定的其他方式计算。提成支付的比例可以采取固定比例、逐年递增比例或者逐年递减比例。	**第八百四十六条**　技术合同价款、报酬或者使用费的支付方式由当事人约定，可以采取一次总算、一次总付或者一次总算、分期支付，也可以采取提成支付或者提成支付附加预付入门费的方式。 约定提成支付的，可以按照产品价格、实施专利和使用技术秘密后新增的产值、利润或者产品销售额的一定比例提成，也可以按照约定的其他方式计算。提成支付的比例可以采取固定比例、逐年递增比例或者逐年递减比例。

相关法律、司法解释规定	民法典
约定提成支付的，当事人应当~~在合同中~~约定查阅有关会计帐目的办法。	约定提成支付的，当事人可以约定查阅有关会计账目的办法。 **释义** 本条是关于技术合同价款、报酬和使用费支付方式的规定。 相较于《合同法》，本条略作修改，使条文更加精炼、准确。第 2 款中，将“应该”改为“可以”，是考虑约定查阅有关会计账目的办法并无强行法的意义；将“帐目”改为“账目”，符合现代汉语的标准用法。
《合同法》 **第三百二十六条** 职务技术成果的使用权、转让权属于法人或者其他组织的，法人或者其他组织可以就该项职务技术成果订立技术合同。~~法人或者其他组织应当从使用和转让该项职务技术成果所取得的收益中提取一定比例，对完成该项职务技术成果的个人给予奖励或者报酬。~~法人或者其他组织订立技术合同转让职务技术成果时，职务技术成果的完成人享有以同等条件优先受让的权利。 职务技术成果是执行法人或者其他组织的工作任务，或者主要是利用法人或者其他组织的物质技术条件所完成的技术成果。	**第八百四十七条** 职务技术成果的使用权、转让权属于法人或者非法人组织的，法人或者非法人组织可以就该项职务技术成果订立技术合同。法人或者非法人组织订立技术合同转让职务技术成果时，职务技术成果的完成人享有以同等条件优先受让的权利。 职务技术成果是执行法人或者非法人组织的工作任务，或者主要是利用法人或者非法人组织的物质技术条件所完成的技术成果。 **释义** 本条是关于职务技术成果及职务技术成果财产权归属的规定。 相较于《合同法》第 326 条，本条主要有两处改动：一是基于民事主体规定的改变，将“其他组织”都替换为“非法人组织”。二是删除第 1 款对职务技术成果完成人给予奖励或报酬的内容。一方面，其他科技立法对此已有明确规定，从体系化的角度而言无需重复；另一方面，合同是规范合同当事人之间的权利义务关系，不宜涉入当事人一方或者双方的内部劳动关系。

相关法律、司法解释规定	民法典
《合同法》 **第三百二十七条** 非职务技术成果的使用权、转让权属于完成技术成果的个人，完成技术成果的个人可以就该项非职务技术成果订立技术合同。	**第八百四十八条** 非职务技术成果的使用权、转让权属于完成技术成果的个人，完成技术成果的个人可以就该项非职务技术成果订立技术合同。 **释义** 本条是关于非职务技术成果财产权归属的规定。
《合同法》 **第三百二十八条** 完成技术成果的个人<u>有</u>在有关技术成果文件上写明自己是技术成果完成者的权利和取得荣誉证书、奖励的权利。	**第八百四十九条** 完成技术成果的个人<u>享有</u>在有关技术成果文件上写明自己是技术成果完成者的权利和取得荣誉证书、奖励的权利。 **释义** 本条是关于技术成果人身权的规定。
《合同法》 **第三百二十九条** 非法垄断技术~~、妨碍技术进步~~或者侵害他人技术成果的技术合同无效。	**第八百五十条** 非法垄断技术或者侵害他人技术成果的技术合同无效。 **释义** 本条是关于技术合同无效情形的规定。 本法在总则编第六章民事法律行为第三节对民事法律行为的效力和合同编第三章对合同的效力都作了详细规定，当事人在订立技术合同时当然也应当遵守这些规定，以避免所签订的技术合同无效。除此之外，本条根据技术合同的特点明确了技术合同无效的两种情形，即非法垄断技术或者侵害他人技术成果的技术合同无效。
	第二节 技术开发合同
《合同法》 **第三百三十条** 技术开发合同是指当事人之间就新技术、新产品、新工艺或者新材料及其系统的研究开发	**第八百五十一条** 技术开发合同是当事人之间就新技术、新产品、新工艺、**新品种**或者新材料及其系统的研究开发所订立的合同。

相关法律、司法解释规定	民法典
所订立的合同。 技术开发合同包括委托开发合同和合作开发合同。 技术开发合同应当采用书面形式。 当事人之间就具有产业应用价值的科技成果实施转化订立的合同，参照技术开发合同的规定。	技术开发合同包括委托开发合同和合作开发合同。 技术开发合同应当采用书面形式。 当事人之间就具有实用价值的科技成果实施转化订立的合同，参照**适用**技术开发合同的**有关**规定。 释义　本条是关于技术开发合同定义和种类的规定。 相较于《合同法》，本条第1款增加了“新品种”，与《植物新品种保护条例》相衔接；第4款用“实用价值”替换了“产业应用价值”，拓宽了研究开发和实施转化的科技成果范围。
《合同法》 **第三百三十一条**　委托开发合同的委托人应当按照约定支付研究开发经费和报酬；提供技术资料、~~原始数据；~~完成协作事项；接受研究开发成果。	**第八百五十二条**　委托开发合同的委托人应当按照约定支付研究开发经费和报酬，提供技术资料，**提出研究开发要求**，完成协作事项，接受研究开发成果。 释义　本条是关于委托开发合同的委托人主要义务的规定。 委托开发合同，是委托人有研发新技术、新产品、新工艺、新品种、新材料的要求，委托给开发人进行研究开发。开发人必须按照委托人的要求，开展研究开发工作，只有这样完成的开发工作成果才能符合委托人的预期。因此，委托开发合同的委托人应当明确具体地提出研究开发要求。委托人提出的研究开发要求要有可操作性。

相关法律、司法解释规定	民法典
《合同法》 **第三百三十二条** 委托开发合同的研究开发人应当按照约定制定和实施研究开发计划；合理使用研究开发经费；按期完成研究开发工作，交付研究开发成果，提供有关的技术资料和必要的技术指导，帮助委托人掌握研究开发成果。	**第八百五十三条** 委托开发合同的研究开发人应当按照约定制定和实施研究开发计划，合理使用研究开发经费，按期完成研究开发工作，交付研究开发成果，提供有关的技术资料和必要的技术指导，帮助委托人掌握研究开发成果。 **释义** 本条是关于委托开发合同的研究开发人的主要义务的规定。
《合同法》 **第三百三十三条** 委托人违反约定造成研究开发工作停滞、延误或者失败的，应当承担违约责任。 **第三百三十四条** 研究开发人违反约定造成研究开发工作停滞、延误或者失败的，应当承担违约责任。	**第八百五十四条** 委托开发合同的当事人违反约定造成研究开发工作停滞、延误或者失败的，应当承担违约责任。 **释义** 本条是关于委托开发合同的当事人违约责任的规定。 本条合并了《合同法》第333条、第334条规定，将其中的“委托人”“研究开发人”统一替换为“当事人”，保留了关于违约责任的内容。这一修改既是对立法条文的精简，同时也是对过去立法经验的汲取，《技术合同法》第29条就是合并规定委托开发合同中委托方和研究开发人的违约责任。
《合同法》 **第三百三十五条** 合作开发合同的当事人应当按照约定进行投资，包括以技术进行投资；分工参与研究开发工作；协作配合研究开发工作。	**第八百五十五条** 合作开发合同的当事人应当按照约定进行投资，包括以技术进行投资，分工参与研究开发工作，协作配合研究开发工作。 **释义** 本条是关于合作开发合同当事人主要义务的规定。

相关法律、司法解释规定	民法典
《合同法》 **第三百三十六条**　合作开发合同的当事人违反约定造成研究开发工作停滞、延误或者失败的，应当承担违约责任。	**第八百五十六条**　合作开发合同的当事人违反约定造成研究开发工作停滞、延误或者失败的，应当承担违约责任。 **释义**　本条是关于合作开发合同当事人违约责任的规定。
第三百三十七条　因作为技术开发合同标的的技术已经由他人公开，致使技术开发合同的履行没有意义的，当事人可以解除合同。	**第八百五十七条**　作为技术开发合同标的的技术已经由他人公开，致使技术开发合同的履行没有意义的，当事人可以解除合同。 **释义**　本条是关于解除技术开发合同条件的规定。
《合同法》 **第三百三十八条**　在技术开发合同履行过程中，因出现无法克服的技术困难，致使研究开发失败或者部分失败的，该风险~~责任~~由当事人约定。没有约定或者约定不明确，依照本法第六十一条的规定仍不能确定的，风险~~责任~~由当事人合理分担。 当事人一方发现前款规定的可能致使研究开发失败或者部分失败的情形时，应当及时通知另一方并采取适当措施减少损失。没有及时通知并采取适当措施，致使损失扩大的，应当就扩大的损失承担责任。	**第八百五十八条**　技术开发合同履行过程中，因出现无法克服的技术困难，致使研究开发失败或者部分失败的，该风险由当事人约定；没有约定或者约定不明确，依据本法第五百一十条的规定仍不能确定的，风险由当事人合理分担。 当事人一方发现前款规定的可能致使研究开发失败或者部分失败的情形时，应当及时通知另一方并采取适当措施减少损失；没有及时通知并采取适当措施，致使损失扩大的，应当就扩大的损失承担责任。 **释义**　本条是关于技术开发合同风险责任的规定。 认定一项技术开发的失败或者部分失败属于风险，应当具备以下各项条件：（1）课题本身在国际和国内现有技术水平下具有足够的难度；（2）研究开发方尽了主观努力；（3）该领域专家认为研究开发失败属于合理的失败。

相关法律、司法解释规定	民法典
《合同法》 **第三百三十九条**　委托开发完成的发明创造，除当事人另有约定的以外，申请专利的权利属于研究开发人。研究开发人取得专利权的，委托人可以免费实施该专利。 研究开发人转让专利申请权的，委托人享有以同等条件优先受让的权利。	**第八百五十九条**　委托开发完成的发明创造，除**法律另有规定或者**当事人另有约定外，申请专利的权利属于研究开发人。研究开发人取得专利权的，委托人可以依法实施该专利。 研究开发人转让专利申请权的，委托人享有以同等条件优先受让的权利。 **释义**　本条是关于履行委托开发合同完成的发明创造的归属和分享的规定。 法律另有规定的，专利申请权依照法律规定履行。比如，《专利法》第6条第3款规定，利用本单位的物质技术条件所完成的发明创造，单位与发明人或者设计人订有合同，对申请专利的权利和专利权的归属作出约定的，从其约定。
《合同法》 **第三百四十条**　合作开发完成的发明创造，~~除当事人另有约定的以外，~~申请专利的权利属于合作开发的当事人共有。当事人一方转让其共有的专利申请权的，其他各方享有以同等条件优先受让的权利。 合作开发的当事人一方声明放弃其共有的专利申请权的，可以由另一方单独申请或者由其他各方共同申请。申请人取得专利权的，放弃专利申请权的一方可以免费实施该专利。 合作开发的当事人一方不同意申请专利的，另一方或者其他各方不得申请专利。	**第八百六十条**　合作开发完成的发明创造，申请专利的权利属于合作开发的当事人共有；当事人一方转让其共有的专利申请权的，其他各方享有以同等条件优先受让的权利。**但是，当事人另有约定的除外。** 合作开发的当事人一方声明放弃其共有的专利申请权的，**除当事人另有约定外**，可以由另一方单独申请或者由其他各方共同申请。申请人取得专利权的，放弃专利申请权的一方可以免费实施该专利。 合作开发的当事人一方不同意申请专利的，另一方或者其他各方不得申请专利。

相关法律、司法解释规定	民法典
	释义　本条是关于履行合作开发合同完成的发明创造专利申请权的归属和分享的规定。
第三百四十一条　委托开发或者合作开发完成的技术秘密成果的使用权、转让权以及利益的分配办法，由当事人约定。没有约定或者约定不明确，依照本法第六十一条的规定仍不能确定的，当事人均有使用和转让的权利，但委托开发的研究开发人不得在向委托人交付研究开发成果之前，将研究开发成果转让给第三人。	**第八百六十一条**　委托开发或者合作开发完成的技术秘密成果的使用权、转让权以及收益的分配办法，由当事人约定；没有约定或者约定不明确，依据本法第五百一十条的规定仍不能确定的，**在没有相同技术方案被授予专利权前**，当事人均有使用和转让的权利。但是，委托开发的研究开发人不得在向委托人交付研究开发成果之前，将研究开发成果转让给第三人。 释义　本条是关于技术秘密成果的使用权、转让权以及利益分配办法的规定。 本条规定适用于“委托开发”和“合作开发”所完成的技术秘密。这里的技术秘密，是指当事人不愿意公开的不为公众所知悉、能为权利人带来经济利益、具有实用性并经权利人采取保密措施的技术信息。
	第三节　技术转让合同和技术许可合同
	第八百六十二条　技术转让合同是合法拥有技术的权利人，将现有特定的专利、专利申请、技术秘密的相关权利让与他人所订立的合同。 **技术许可合同是合法拥有技术的权利人，将现有特定的专利、技术秘密的相关权利许可他人实施、使用所订立的合同。**

相关法律、司法解释规定	民法典
	技术转让合同和技术许可合同中关于提供实施技术的专用设备、原材料或者提供有关的技术咨询、技术服务的约定，属于合同的组成部分。 释义　本条为新增规定，是关于技术转让合同和技术许可合同定义的规定。
《合同法》 **第三百四十二条**　技术转让合同包括专利权转让、专利申请权转让、技术秘密转让~~、专利实施许可合同~~。 技术转让合同应当采用书面形式。	**第八百六十三条**　技术转让合同包括专利权转让、专利申请权转让、技术秘密转让**等**合同。 **技术许可合同包括专利实施许可、技术秘密使用许可等合同。** 技术转让合同**和技术许可合同**应当采用书面形式。 释义　本条是关于技术转让合同与技术许可合同种类及合同要件的规定。 《民法典》将《合同法》原有的技术转让区分为技术转让合同与技术许可合同两种，本条在此基础上分别列举了技术转让合同与技术许可合同的几种类型。 值得注意的细节性修改是，本条在规定技术转让合同与技术许可合同的种类时采取了不完全列举的立法方法，从而避免造成技术转让合同、技术许可合同的名称无法涵盖所有类型的技术转让或许可类合同，使法条表述更为严谨。
《合同法》 **第三百四十三条**　技术转让合同可以约定~~让与人和受让人~~实施专利或者使用技术秘密的范围，但不得限制技术竞争和技术发展。	**第八百六十四条**　技术转让合同**和技术许可合同**可以约定实施专利或者使用技术秘密的范围，但是不得限制技术竞争和技术发展。 释义　本条是关于技术转让合同和技术许可合同限制性条款的规定，仅

相关法律、司法解释规定	民法典
	在《合同法》第343条规定的基础之上增加了技术许可合同的类型。
《合同法》 **第三百四十四条** 专利实施许可合同只在该专利权的存续期间内有效。专利权有效期限届满或者专利权被宣布无效的，专利权人不得就该专利与他人订立专利实施许可合同。	**第八百六十五条** 专利实施许可合同仅在该专利权的存续期限内有效。专利权有效期限届满或者专利权被宣告无效的，专利权人不得就该专利与他人订立专利实施许可合同。 释义 本条是关于专利实施许可合同有效期限的规定。 根据《专利法》的规定，发明专利权的期限为二十年，实用新型专利权和外观设计专利权的期限为十年，均自申请之日起计算。在专利权有效期限终止或者专利权宣布无效后，专利权人不得就该项专利与他人订立专利实施许可合同。
《合同法》 **第三百四十五条** 专利实施许可合同的让与人应当按照约定许可受让人实施专利，交付实施专利有关的技术资料，提供必要的技术指导。	**第八百六十六条** 专利实施许可合同的许可人应当按照约定许可被许可人实施专利，交付实施专利有关的技术资料，提供必要的技术指导。 释义 本条是关于专利实施许可合同许可人主要义务的规定。 相较于《合同法》，本条将“让与人”修改为“许可人”，将“受让人”修改为“被许可人”，与本法合同编中关于“专利实施许可合同”的主体用语保持了一致。
《合同法》 **第三百四十六条** 专利实施许可合同的受让人应当按照约定实施专利，不得许可约定以外的第三人实施该专利；并按照约定支付使用费。	**第八百六十七条** 专利实施许可合同的被许可人应当按照约定实施专利，不得许可约定以外的第三人实施该专利，并按照约定支付使用费。

相关法律、司法解释规定	民法典
	释义　本条是关于专利实施许可合同被许可人主要义务的规定。
《合同法》 **第三百四十七条**　技术秘密转让合同的让与人应当按照约定提供技术资料，进行技术指导，保证技术的实用性、可靠性，承担保密义务。 **《技术合同司法解释》** **第二十九条第一款**　合同法第三百四十七条规定技术秘密转让合同让与人承担的“保密义务”，不限制其申请专利，但当事人约定让与人不得申请专利的除外。	**第八百六十八条**　技术秘密转让合同的让与人**和技术秘密使用许可合同的许可人**应当按照约定提供技术资料，进行技术指导，保证技术的实用性、可靠性，承担保密义务。 **前款规定的保密义务，不限制许可人申请专利，但是当事人另有约定的除外。** 释义　本条是关于技术秘密让与人和许可人主要义务的规定。 本条源自《合同法》第347条的规定，修改之处有二：一是增加了技术秘密使用许可合同许可人的主要义务的规定。二是为了鼓励技术秘密转让合同的让与人和技术秘密使用许可合同的许可人申请专利，本条第2款借鉴了《技术合同司法解释》第29条规定第1款，作为新增规定。
《合同法》 **第三百四十八条**　技术秘密转让合同的受让人应当按照约定使用技术，支付使用费，承担保密义务。	**第八百六十九条**　技术秘密转让合同的受让人**和技术秘密使用许可合同的被许可人**应当按照约定使用技术，支付**转让费、**使用费，承担保密义务。 释义　本条是关于技术秘密转让合同受让人和技术秘密使用许可合同的被许可人主要义务的规定。 本条源自《合同法》第348条的规定，主要修改之处有二：一是增加了技术秘密使用许可合同的被许可人主要义务的规定；二是把支付“转让

相关法律、司法解释规定	民法典
	费"增补为一项义务内容，使得"技术秘密转让合同"与"转让费"，"技术秘密使用许可合同"与"使用费"的概念相互对应起来。
《合同法》 **第三百四十九条** 技术转让合同的让与人应当保证自己是所提供的技术的合法拥有者，并保证所提供的技术完整、无误、有效，能够达到约定的目标。	**第八百七十条** 技术转让合同的让与人**和技术许可合同的许可人**应当保证自己是所提供的技术的合法拥有者，并保证所提供的技术完整、无误、有效，能够达到约定的目标。 释义 本条是关于技术转让合同让与人和技术许可合同的许可人保证义务的规定。 技术许可合同许可人的保证义务与技术转让合同让与人的保证义务是一致的，故本条在《合同法》第349条规定的基础上增加了技术许可合同许可人保证义务的规定。
《合同法》 **第三百五十条** 技术转让合同的受让人应当按照约定的范围和期限，对让与人提供的技术中尚未公开的秘密部分，承担保密义务。	**第八百七十一条** 技术转让合同的受让人**和技术许可合同的被许可人**应当按照约定的范围和期限，对让与人、**许可人**提供的技术中尚未公开的秘密部分，承担保密义务。 释义 本条是关于技术转让合同的受让人和技术许可合同的被许可人负有保密义务的规定。 技术许可合同的被许可人的保密义务与技术转让合同的让与人的保密义务是一致的，故本条在《合同法》第350条规定的基础上增加了技术许可合同被许可人保密义务的规定。

相关法律、司法解释规定	民法典
《合同法》 **第三百五十一条** ~~让与人~~未按照约定~~转让~~技术的，应当返还部分或者全部使用费，并应当承担违约责任；实施专利或者使用技术秘密超越约定的范围的，违反约定擅自许可第三人实施该项专利或者使用该项技术秘密的，应当停止违约行为，承担违约责任；违反约定的保密义务的，应当承担违约责任。	**第八百七十二条　许可人**未按照约定**许可**技术的，应当返还部分或者全部使用费，并应当承担违约责任；实施专利或者使用技术秘密超越约定的范围的，违反约定擅自许可第三人实施该项专利或者使用该项技术秘密的，应当停止违约行为，承担违约责任；违反约定的保密义务的，应当承担违约责任。 **让与人承担违约责任，参照适用前款规定。** 释义　本条是关于技术许可合同的许可人与技术转让合同的让与人违约责任的规定。
《合同法》 **第三百五十二条** ~~受让人~~未按照约定支付使用费的，应当补交使用费并按照约定支付违约金；不补交使用费或者支付违约金的，应当停止实施专利或者使用技术秘密，交还技术资料，承担违约责任；实施专利或者使用技术秘密超越约定的范围的，未经~~让与人~~同意擅自许可第三人实施该专利或者使用该技术秘密的，应当停止违约行为，承担违约责任；违反约定的保密义务的，应当承担违约责任。	**第八百七十三条　被许可人**未按照约定支付使用费的，应当补交使用费并按照约定支付违约金；不补交使用费或者支付违约金的，应当停止实施专利或者使用技术秘密，交还技术资料，承担违约责任；实施专利或者使用技术秘密超越约定的范围的，未经**许可人**同意擅自许可第三人实施该专利或者使用该技术秘密的，应当停止违约行为，承担违约责任；违反约定的保密义务的，应当承担违约责任。 **受让人承担违约责任，参照适用前款规定。** 释义　本条是关于技术许可合同的被许可人和技术转让合同的受让人违约责任的规定。

相关法律、司法解释规定	民法典
《合同法》 **第三百五十三条** 受让人按照约定实施专利、使用技术秘密侵害他人合法权益的，由让与人承担责任，但当事人另有约定的除外。	**第八百七十四条** 受让人**或者被许可人**按照约定实施专利、使用技术秘密侵害他人合法权益的，由让与人**或者许可人**承担责任，但是当事人另有约定的除外。 释义 本条是关于实施专利、使用技术秘密侵害他人合法权益责任承担的规定。
《合同法》 **第三百五十四条** 当事人可以按照互利的原则，在~~技术转让~~合同中约定实施专利、使用技术秘密后续改进的技术成果的分享办法。没有约定或者约定不明确，依照本法第六十一条的规定仍不能确定的，一方后续改进的技术成果，其他各方无权分享。	**第八百七十五条** 当事人可以按照互利的原则，在合同中约定实施专利、使用技术秘密后续改进的技术成果的分享办法；没有约定或者约定不明确，依据本法第五百一十条的规定仍不能确定的，一方后续改进的技术成果，其他各方无权分享。 释义 本条是关于技术转让合同、技术许可合同中后续改进技术成果分享办法的规定。
	第八百七十六条 集成电路布图设计专有权、植物新品种权、计算机软件著作权等其他知识产权的转让和许可，参照适用本节的有关规定。 释义 本条是关于其他知识产权的转让和许可的规定。 本条为新增条文，专门对集成电路布图设计专有权、植物新品种权、计算机软件著作权等其他知识产权的转让和许可的法律适用作了明确规定。
《合同法》 **第三百五十五条** 法律、行政法规对技术进出口合同或者专利、专利申请合同另有规定的，依照其规定。	**第八百七十七条** 法律、行政法规对技术进出口合同或者专利、专利申请合同另有规定的，依照其规定。

相关法律、司法解释规定	民法典
	释义　本条是关于技术进出口合同或者专利、专利申请合同的特殊规定。
	第四节　技术咨询合同和技术服务合同
第三百五十六条　技术咨询合同包括就特定技术项目提供可行性论证、技术预测、专题技术调查、分析评价报告等合同。 技术服务合同是指当事人一方以技术知识为另一方解决特定技术问题所订立的合同，不包括建设工程合同和承揽合同。	**第八百七十八条**　技术咨询合同**是当事人一方以技术知识为对方**就特定技术项目提供可行性论证、技术预测、专题技术调查、分析评价报告等**所订立**的合同。 技术服务合同是当事人一方以技术知识为对方解决特定技术问题所订立的合同，不包括承揽合同和建设工程合同。 释义　本条是关于技术咨询合同和技术服务合同定义的规定。 技术咨询合同和技术服务合同是比较常见的两种合同类型，特设专节规定。
《合同法》 **第三百五十七条**　技术咨询合同的委托人应当按照约定阐明咨询的问题，提供技术背景材料及有关技术资料、数据；接受受托人的工作成果，支付报酬。	**第八百七十九条**　技术咨询合同的委托人应当按照约定阐明咨询的问题，提供技术背景材料及有关技术资料，接受受托人的工作成果，支付报酬。 释义　本条是关于技术咨询合同的委托人主要义务的规定。
《合同法》 **第三百五十八条**　技术咨询合同的受托人应当按照约定的期限完成咨询报告或者解答问题；提出的咨询报告应当达到约定的要求。	**第八百八十条**　技术咨询合同的受托人应当按照约定的期限完成咨询报告或者解答问题，提出的咨询报告应当达到约定的要求。 释义　本条是关于技术咨询合同的受托人主要义务的规定。

相关法律、司法解释规定	民法典
《合同法》 **第三百五十九条** 技术咨询合同的委托人未按照约定提供必要的资料~~和数据~~，影响工作进度和质量，不接受或者逾期接受工作成果的，支付的报酬不得追回，未支付的报酬应当支付。 技术咨询合同的受托人未按期提出咨询报告或者提出的咨询报告不符合约定的，应当承担减收或者免收报酬等违约责任。 技术咨询合同的委托人按照受托人符合约定要求的咨询报告和意见作出决策所造成的损失，由委托人承担，但当事人另有约定的除外。	**第八百八十一条** 技术咨询合同的委托人未按照约定提供必要的资料，影响工作进度和质量，不接受或者逾期接受工作成果的，支付的报酬不得追回，未支付的报酬应当支付。 技术咨询合同的受托人未按期提出咨询报告或者提出的咨询报告不符合约定的，应当承担减收或者免收报酬等违约责任。 技术咨询合同的委托人按照受托人符合约定要求的咨询报告和意见作出决策所造成的损失，由委托人承担，但是当事人另有约定的除外。 **释义** 本条是关于技术咨询合同当事人违约责任和涉及决策风险责任的规定。 “数据”和“资料”于范畴上确有重复，本条在《合同法》基础上删除“数据”二字，使得表达更为规范。
《合同法》 **第三百六十条** 技术服务合同的委托人应当按照约定提供工作条件，完成配合事项；接受工作成果并支付报酬。	**第八百八十二条** 技术服务合同的委托人应当按照约定提供工作条件，完成配合事项，接受工作成果并支付报酬。 **释义** 本条是关于技术服务合同的委托人主要义务的规定。
《合同法》 **第三百六十一条** 技术服务合同的受托人应当按照约定完成服务项目，解决技术问题，保证工作质量，并传授解决技术问题的知识。	**第八百八十三条** 技术服务合同的受托人应当按照约定完成服务项目，解决技术问题，保证工作质量，并传授解决技术问题的知识。 **释义** 本条是关于技术服务合同的受托人主要义务的规定。

相关法律、司法解释规定	民法典
《合同法》 **第三百六十二条** 技术服务合同的委托人不履行合同义务或者履行合同义务不符合约定，影响工作进度和质量，不接受或者逾期接受工作成果的，支付的报酬不得追回，未支付的报酬应当支付。 技术服务合同的受托人未按照合同约定完成服务工作的，应当承担免收报酬等违约责任。	**第八百八十四条** 技术服务合同的委托人不履行合同义务或者履行合同义务不符合约定，影响工作进度和质量，不接受或者逾期接受工作成果的，支付的报酬不得追回，未支付的报酬应当支付。 技术服务合同的受托人未按照约定完成服务工作的，应当承担免收报酬等违约责任。 释义 本条是关于技术服务合同的当事人违约责任的规定。 技术服务合同的当事人违反合同约定，应当依照合同约定的违约条款以及本法合同编有关违约责任的规定，承担违约责任。
《合同法》 **第三百六十三条** 在技术咨询合同、技术服务合同履行过程中，受托人利用委托人提供的技术资料和工作条件完成的新的技术成果，属于受托人。委托人利用受托人的工作成果完成的新的技术成果，属于委托人。当事人另有约定的，按照其约定。	**第八百八十五条** 技术咨询合同、技术服务合同履行过程中，受托人利用委托人提供的技术资料和工作条件完成的新的技术成果，属于受托人。委托人利用受托人的工作成果完成的新的技术成果，属于委托人。当事人另有约定的，按照其约定。 释义 本条是关于技术咨询、技术服务合同履行过程中产生的技术成果的归属和分享的规定。 新的技术成果，是指技术咨询合同或者技术服务合同的当事人在履行合同义务之外派生完成的或者后续发展的技术成果。处理这类技术成果的归属和分享的基本原则是：第一，谁完成谁拥有；第二，允许当事人作特别约定。

相关法律、司法解释规定	民法典
《技术合同司法解释》[①] **第三十一条第一款** 当事人对技术咨询合同受托人进行调查研究、分析论证、试验测定等所需费用的负担没有约定或者约定不明确的，由受托人承担。 **第三十五条第一款** 当事人对技术服务合同受托人提供服务所需费用的负担没有约定或者约定不明确的，由受托人承担。	**第八百八十六条 技术咨询合同和技术服务合同对受托人正常开展工作所需费用的负担没有约定或者约定不明确的，由受托人负担。** 释义 本条是对技术咨询合同和技术服务合同中受托人履行合同费用负担的规定。 本条为新增条文，吸收借鉴了《技术合同司法解释》的相关规定。
《合同法》 **第三百六十四条** 法律、行政法规对技术中介合同、技术培训合同另有规定的，依照其规定。	**第八百八十七条** 法律、行政法规对技术中介合同、技术培训合同另有规定的，依照其规定。 释义 本条是关于技术中介合同和技术培训合同法律适用的规定。
	第二十一章 保管合同
《合同法》 **第三百六十五条** 保管合同是保管人保管寄存人交付的保管物，并返还该物的合同。	**第八百八十八条** 保管合同是保管人保管寄存人交付的保管物，并返还该物的合同。 **寄存人到保管人处从事购物、就餐、住宿等活动，将物品存放在指定场所的，视为保管，但是当事人另有约定或者另有交易习惯的除外。** 释义 本条是关于保管合同定义的规定。 本条第2款属于新增条款，本款规定的视为保管的情形需要具备两个条件：一是需要到购物中心、饭店、宾馆等场所从事购物、就餐、住宿等活动；二是需要将物品存放在指定的场所。

① 《最高人民法院关于审理技术合同纠纷案件适用法律若干问题的解释》简称《技术合同司法解释》。

相关法律、司法解释规定	民法典
《合同法》 **第三百六十六条** 寄存人应当按照约定向保管人支付保管费。 当事人对保管费没有约定或者约定不明确，依照本法第六十一条的规定仍不能确定的，保管是无偿的。	**第八百八十九条** 寄存人应当按照约定向保管人支付保管费。 当事人对保管费没有约定或者约定不明确，依据本法第五百一十条的规定仍不能确定的，视为无偿保管。 释义 本条是关于保管合同的报酬的规定。 相较于《合同法》，本条第 2 款将“保管是无偿的”修改为“视为无偿保管”，使条文的表述更为科学、恰当。
《合同法》 **第三百六十七条** 保管合同自保管物交付时成立，但当事人另有约定的除外。	**第八百九十条** 保管合同自保管物交付时成立，但是当事人另有约定的除外。 释义 本条是关于保管合同何时成立的规定。 保管合同原则上是实践合同，其成立既要有双方为保管的要约和承诺，还要求寄存人有实际交付保管物的行为。
《合同法》 **第三百六十八条** 寄存人向保管人交付保管物的，保管人应当给付保管凭证，但另有交易习惯的除外。	**第八百九十一条** 寄存人向保管人交付保管物的，保管人应当出具保管凭证，但是另有交易习惯的除外。 释义 本条是关于保管人向寄存人出具保管凭证的义务的规定。 保管合同为不要式合同，多数情况下只有口头形式，因此保管凭证对确定保管人与寄存人、保管物的性质和数量、保管的时间和地点等具有重要作用。一旦双方发生纠纷，保管凭证将是最重要的证据。

相关法律、司法解释规定	民法典
《合同法》 **第三百六十九条**　保管人应当妥善保管保管物。 当事人可以约定保管场所或者方法。除紧急情况或者为了维护寄存人利益的以外，不得擅自改变保管场所或者方法。	**第八百九十二条**　保管人应当妥善保管保管物。 当事人可以约定保管场所或者方法。除紧急情况或者为维护寄存人利益外，不得擅自改变保管场所或者方法。 释义　本条是关于保管人对保管物应尽妥善保管义务的规定。
《合同法》 **第三百七十条**　寄存人交付的保管物有瑕疵或者按照保管物的性质需要采取特殊保管措施的，寄存人应当将有关情况告知保管人。寄存人未告知，致使保管物受损失的，保管人不承担损害赔偿责任；保管人因此受损失的，除保管人知道或者应当知道并且未采取补救措施的以外，寄存人应当承担损害赔偿责任。	**第八百九十三条**　寄存人交付的保管物有瑕疵或者根据保管物的性质需要采取特殊保管措施的，寄存人应当将有关情况告知保管人。寄存人未告知，致使保管物受损失的，保管人不承担赔偿责任；保管人因此受损失的，除保管人知道或者应当知道且未采取补救措施外，寄存人应当承担赔偿责任。 释义　本条是关于寄存人的告知义务的规定。 所谓“保管物的性质”，如保管物属于易燃、易爆、有毒、有腐蚀性、有放射性等危险物品或者易变质物品。
《合同法》 **第三百七十一条**　保管人不得将保管物转交第三人保管，但当事人另有约定的除外。 保管人违反前款规定，将保管物转交第三人保管，对保管物造成损失的，应当承担损害赔偿责任。	**第八百九十四条**　保管人不得将保管物转交第三人保管，但是当事人另有约定的除外。 保管人违反前款规定，将保管物转交第三人保管，造成保管物损失的，应当承担赔偿责任。 释义　本条是关于保管人负有亲自保管保管物的义务的规定。 本条第2款规定赔偿责任的根据

相关法律、司法解释规定	民法典
	主要是违约，即没有取得寄存人的同意而进行转保管，应当由保管人承担违约责任。本条规定并未要求保管人或者次保管人在承担责任时必须具有过错。不论保管人是否经寄存人同意而进行转保管，亦不论保管人或者次保管人是否具有过错，只要没有实现合同之目的而出现违约，保管人都要承担相应的赔偿责任。
《合同法》 **第三百七十二条**　保管人不得使用或者许可第三人使用保管物，但当事人另有约定的除外。	**第八百九十五条**　保管人不得使用或者许可第三人使用保管物，但是当事人另有约定的除外。 释义　本条是关于保管人不得使用或者许可第三人使用保管物义务的规定。
《合同法》 **第三百七十三条**　第三人对保管物主张权利的，除依法对保管物采取保全或者执行的以外，保管人应当履行向寄存人返还保管物的义务。 第三人对保管人提起诉讼或者对保管物申请扣押的，保管人应当及时通知寄存人。	**第八百九十六条**　第三人对保管物主张权利的，除依法对保管物采取保全或者执行**措施**外，保管人应当履行向寄存人返还保管物的义务。 第三人对保管人提起诉讼或者对保管物申请扣押的，保管人应当及时通知寄存人。 释义　本条是关于保管人返还保管物的义务及危险通知义务的规定。 法律之所以规定保管人的危险通知义务，主要是因为：一方面，保管人的危险通知义务是与其返还义务相关的，因为危险的发生可能会导致保管人不能返还保管物。另一方面，要求保管人进行危险通知，也有利于维护寄存人的利益。

相关法律、司法解释规定	民法典
《合同法》 **第三百七十四条** 保管期间，因保管人保管不善造成保管物毁损、灭失的，保管人应当承担~~损害~~赔偿责任，但保管是无偿的，保管人证明自己没有重大过失的，不承担~~损害~~赔偿责任。	**第八百九十七条** 保管期内，因保管人保管不善造成保管物毁损、灭失的，保管人应当承担赔偿责任。但是，无偿保管人证明自己没有**故意或者**重大过失的，不承担赔偿责任。 **释义** 本条是关于保管物在毁损、灭失的情况下保管人责任的规定。 无偿保管与有偿保管的区别是：在有偿的情况下，无论保管人是故意还是过失，保管人都应对保管物的毁损、灭失负责；在无偿的情况下，保管人只对故意或者重大过失造成保管物毁损、灭失的后果负责，一般轻微过失无需负责。二者的相同点是：凡是因不可归责于保管人的事由造成保管物毁损、灭失的，保管人都不承担赔偿责任。
《合同法》 **第三百七十五条** 寄存人寄存货币、有价证券或者其他贵重物品的，应当向保管人声明，由保管人验收或者封存。寄存人未声明的，该物品毁损、灭失后，保管人可以按照一般物品予以赔偿。	**第八百九十八条** 寄存人寄存货币、有价证券或者其他贵重物品的，应当向保管人声明，由保管人验收或者封存；寄存人未声明的，该物品毁损、灭失后，保管人可以按照一般物品予以赔偿。 **释义** 本条是关于寄存人寄存贵重物品的声明义务的规定。 “一般物品”，应当结合具体案情进行考虑，如考虑当事人的实际情况、保管的场所等因素。
《合同法》 **第三百七十六条** 寄存人可以随时领取保管物。 当事人对保管期间没有约定或者	**第八百九十九条** 寄存人可以随时领取保管物。 当事人对保管期限没有约定或者约定不明确的，保管人可以随时请求

相关法律、司法解释规定	民法典
约定不明确的，保管人可以随时要求寄存人领取保管物；约定保管期间的，保管人无特别事由，不得要求寄存人提前领取保管物。	寄存人领取保管物；约定保管期限的，保管人无特别事由，不得请求寄存人提前领取保管物。 释义 本条是关于寄存人领取保管物的规定。
《合同法》 **第三百七十七条** 保管期间届满或者寄存人提前领取保管物的，保管人应当将原物及其孳息归还寄存人。	**第九百条** 保管期限届满或者寄存人提前领取保管物的，保管人应当将原物及其孳息归还寄存人。 释义 本条是关于保管人返还保管物及其孳息的规定。
《合同法》 **第三百七十八条** 保管人保管货币的，可以返还相同种类、数量的货币。保管其他可替代物的，可以按照约定返还相同种类、品质、数量的物品。	**第九百零一条** 保管人保管货币的，可以返还相同种类、数量的货币；保管其他可替代物的，可以按照约定返还相同种类、品质、数量的物品。 释义 本条是关于消费保管的规定。 消费保管也称为不规则保管，是一种特殊保管，是指保管物为可替代物时，如约定将保管物的所有权移转于保管人，保管期间届满由保管人返还相同数量的种类物。
《合同法》 **第三百七十九条** 有偿的保管合同，寄存人应当按照约定的期限向保管人支付保管费。 当事人对支付期限没有约定或者约定不明确，依照本法第六十一条的规定仍不能确定的，应当在领取保管物的同时支付。	**第九百零二条** 有偿的保管合同，寄存人应当按照约定的期限向保管人支付保管费。 当事人对支付期限没有约定或者约定不明确，依据本法第五百一十条的规定仍不能确定的，应当在领取保管物的同时支付。 释义 本条是关于保管费支付期限的规定。
《合同法》 **第三百八十条** 寄存人未按照约定支付保管费以及其他费用的，保管	**第九百零三条** 寄存人未按照约定支付保管费或者其他费用的，保管人对保管物享有留置权，但是当事人

相关法律、司法解释规定	民法典
人对保管物享有留置权，但当事人另有约定的除外。	另有约定的除外。 释义　本条是关于保管人留置权的规定。 本条规定的“其他费用”，是指保管人为保管保管物而实际支出的必要费用。必要费用，是保管人为了实现物的保管目的维持保管物之原状而支出的费用，如电费、场地费用、交通运输费用等。 需要注意，保管人行使留置权时，应符合本法物权编关于留置权的规定，保管人在留置保管物后，应当与债务人约定留置财产后债务履行期限，没有约定或者约定不明确的，应当给予寄存人不少于两个月的期限履行债务，鲜活易腐等不易保管的动产除外。留置期间，保管人仍负有妥善保管留置物的义务，如果保管不善致使留置物毁损、灭失的，保管人应当承担相应的民事责任。
	第二十二章　仓储合同
《合同法》 **第三百八十一条**　仓储合同是保管人储存存货人交付的仓储物，存货人支付仓储费的合同。	**第九百零四条**　仓储合同是保管人储存存货人交付的仓储物，存货人支付仓储费的合同。 释义　本条是关于仓储合同定义的规定。 仓储合同与保管合同的本质一样，即都是为他人保管财物。但是仓储合同与一般的保管合同相比又具有很多特殊性，因此是一种独立的有名合同。仓储合同具有以下特征：(1) 保管人必须是具有仓库营业资质的人；

相关法律、司法解释规定	民法典
	(2) 仓储合同的对象仅为动产，不动产不可能成为仓储合同的对象；(3) 仓储合同为诺成、不要式、双务有偿合同；(4) 仓单是仓储合同的重要特征。
《合同法》 **第三百八十二条**　仓储合同自~~成立时生效~~。	**第九百零五条　仓储合同自保管人和存货人意思表示一致时成立。** 释义　本条是关于仓储合同何时成立的规定。 相较于《合同法》，本条的主要变动是将规定仓储合同的生效时间改为规定仓储合同的成立时间。 仓储合同为诺成合同，一方面，保管人在仓储合同签订后，可以安心地为履约开展各种准备工作，以保证能够提供足够的储存场所，提供相应的保管条件，无需担心存货人届时不交付货物。另一方面，存货人也无需担心在合同签订后、交付货物前，保管人是否做好充分准备，是否有能力对其货物进行妥善保管。
《合同法》 **第三百八十三条**　储存易燃、易爆、有毒、有腐蚀性、有放射性等危险物品或者易变质物品，存货人应当说明该物品的性质，提供有关资料。 存货人违反前款规定的，保管人可以拒收仓储物，也可以采取相应措施以避免损失的发生，因此产生的费用由存货人承担。 保管人储存易燃、易爆、有毒、有腐蚀性、有放射性等危险物品的，应当具备相应的保管条件。	**第九百零六条**　储存易燃、易爆、有毒、有腐蚀性、有放射性等危险物品或者易变质物品**的**，存货人应当说明该物品的性质，提供有关资料。 存货人违反前款规定的，保管人可以拒收仓储物，也可以采取相应措施以避免损失的发生，因此产生的费用由存货人负担。 保管人储存易燃、易爆、有毒、有腐蚀性、有放射性等危险物品的，应当具备相应的保管条件。

相关法律、司法解释规定	民法典
	释义　本条是关于储存危险物品和易变质物品的规定。 所谓“说明”，应当是在合同订立时予以说明，并在合同中注明。这是诚实信用原则的必然要求。如果存货人在订立合同后或者在交付仓储物时才予以说明，那么保管人根据自身的保管条件和技术能力，如果不能保管的，则可以拒收仓储物或者解除合同。无论当事人是否在合同中约定，存货人都负有这种说明义务。
《合同法》 **第三百八十四条**　保管人应当按照约定对入库仓储物进行验收。保管人验收时发现入库仓储物与约定不符合的，应当及时通知存货人。保管人验收后，发生仓储物的品种、数量、质量不符合约定的，保管人应当承担损害赔偿责任。	**第九百零七条**　保管人应当按照约定对入库仓储物进行验收。保管人验收时发现入库仓储物与约定不符合的，应当及时通知存货人。保管人验收后，发生仓储物的品种、数量、质量不符合约定的，保管人应当承担赔偿责任。 释义　本条是关于仓储物验收的规定。
《合同法》 **第三百八十五条**　存货人交付仓储物的，保管人应当给付仓单。	**第九百零八条**　存货人交付仓储物的，保管人应当出具仓单、入库单等凭证。 释义　本条是关于保管人出具仓单、入库单等凭证的义务的规定。 相较于《合同法》，本条主要有两处修改：一是将“仓单”扩张为“仓单、入库单等凭证”，主要是考虑到商事活动中交易习惯等复杂因素以及赋予当事人较大的意思自治空间，不限于采取仓单凭证的方式。但是，仓单以外的凭证作为非标准化权利凭证，后者不具有流转等功能，只能作

相关法律、司法解释规定	民法典
	为权利证明的证书。二是将“给付”改为“出具”，这主要是考虑到仓单本身是一种有价证券，突出了仓单依赖类似于票据法上出票行为的保管人签章生效等特征，通过该出具仓单的行为使得仓单本身产生代表仓储物权利的有价证券的效力，而不再单纯强调合同义务履行的给付特性，也因此必然要求对于出具仓单的行为提出较高的要求，如必要事项的记载以及履行必要验收义务等，使得仓单所代表的仓储物具有相当的确定性。
第三百八十六条　保管人应当在仓单上签字或者盖章。仓单包括下列事项： （一）存货人的名称或者姓名和住所； （二）仓储物的品种、数量、质量、包装、件数和标记； （三）仓储物的损耗标准； （四）储存场所； （五）储存期间； （六）仓储费； （七）仓储物已经办理保险的，其保险金额、期间以及保险人的名称； （八）填发人、填发地和填发日期。	**第九百零九条**　保管人应当在仓单上签名或者盖章。仓单包括下列事项： （一）存货人的姓名或者名称和住所； （二）仓储物的品种、数量、质量、包装**及其**件数和标记； （三）仓储物的损耗标准； （四）储存场所； （五）储存期限； （六）仓储费； （七）仓储物已经办理保险的，其保险金额、期间以及保险人的名称； （八）填发人、填发地和填发日期。 **释义**　本条是关于仓单应记载事项的规定。 相较于《合同法》，本条仅作了文字性修改。仓单是收取仓储物和提取仓储物的凭证，还可以通过背书转让或出质，因此仓单应当具备一定的形式。

相关法律、司法解释规定	民法典
《合同法》 **第三百八十七条** 仓单是提取仓储物的凭证。存货人或者仓单持有人在仓单上背书并经保管人签字或者盖章的，可以转让提取仓储物的权利。	**第九百一十条** 仓单是提取仓储物的凭证。存货人或者仓单持有人在仓单上背书并经保管人签名或者盖章的，可以转让提取仓储物的权利。 释义 本条是关于仓单转让和出质的规定。
《合同法》 **第三百八十八条** 保管人根据存货人或者仓单持有人的要求，应当同意其检查仓储物或者提取样品。	**第九百一十一条** 保管人根据存货人或者仓单持有人的要求，应当同意其检查仓储物或者提取样品。 释义 本条是关于存货人或者仓单持有人有权检查仓储物或者提取样品的规定。
《合同法》 **第三百八十九条** 保管人~~对~~入库仓储物~~发现~~有变质或者其他损坏的，应当及时通知存货人或者仓单持有人。	**第九百一十二条** 保管人**发现**入库仓储物有变质或者其他损坏的，应当及时通知存货人或者仓单持有人。 释义 本条是关于保管人在仓储物变质或者其他损坏情况下的通知义务的规定。 保管人对仓储物有妥善保管的义务，应当按照保管合同中约定的保管条件和保管要求妥善进行保管。保管人因保管不善造成仓储物变质或者其他损坏的，应当承担赔偿责任。
《合同法》 **第三百九十条** 保管人~~对~~入库仓储物~~发现~~有变质或者其他损坏，危及其他仓储物的安全和正常保管的，应当催告存货人或者仓单持有人作出必要的处置。因情况紧急，保管人可以作出必要的处置，但事后应当将该情况及时通知存货人或者仓单持有人。	**第九百一十三条** 保管人**发现**入库仓储物有变质或者其他损坏，危及其他仓储物的安全和正常保管的，应当催告存货人或者仓单持有人作出必要的处置。因情况紧急，保管人可以作出必要的处置；但是，事后应当将该情况及时通知存货人或者仓单持有人。

相关法律、司法解释规定	民法典
	释义 本条是关于保管人的危险催告义务和紧急处置权的规定。 保管人承担催告义务的条件，一是保管人发现入库仓储物有变质或者其他损坏；二是仓储物的变质或者其他损坏已经危及其他仓储物的安全和正常保管。所谓情况紧急，一般是指保管人无法通知存货人或者仓单持有人，或者保管人必须立即采取措施，以避免其他仓储物受到损害。
《合同法》 **第三百九十一条** 当事人对储存期间没有约定或者约定不明确的，存货人或者仓单持有人可以随时提取仓储物，保管人也可以随时要求存货人或者仓单持有人提取仓储物，但应当给予必要的准备时间。	**第九百一十四条** 当事人对储存期限没有约定或者约定不明确的，存货人或者仓单持有人可以随时提取仓储物，保管人也可以随时请求存货人或者仓单持有人提取仓储物，但是应当给予必要的准备时间。 **释义** 本条是关于储存期间不明确时如何提取仓储物的规定。 “给予必要的准备时间”，是指保管人预先通知提货，然后确定一个合理的期限，给存货人或者仓单持有人留出必要的准备时间，在期限届至前提货即可，并不是在通知的当时就必须提取仓储物。
《合同法》 **第三百九十二条** 储存期间届满，存货人或者仓单持有人应当凭仓单提取仓储物。存货人或者仓单持有人逾期提取的，应当加收仓储费；提前提取的，不减收仓储费。	**第九百一十五条** 储存期限届满，存货人或者仓单持有人应当凭仓单、**入库单等**提取仓储物。存货人或者仓单持有人逾期提取的，应当加收仓储费；提前提取的，不减收仓储费。 **释义** 本条是关于储存期限有明确约定时如何提取仓储物，以及逾期提取仓储物或者提前提取仓储物时如何收取仓储费的规定。

相关法律、司法解释规定	民法典
《合同法》 **第三百九十三条** 储存期间届满，存货人或者仓单持有人不提取仓储物的，保管人可以催告其在合理期限内提取，逾期不提取的，保管人可以提存仓储物。	**第九百一十六条** 储存期限届满，存货人或者仓单持有人不提取仓储物的，保管人可以催告其在合理期限内提取；逾期不提取的，保管人可以提存仓储物。 **释义** 本条是关于存货人或者仓单持有人不提取仓储物时如何处理的规定。 保管人将仓储物提存应当具备较为严格的条件：一是储存期限届满；二是在储存期间届满时存货人或者仓单持有人不提取仓储物；三是保管人催告存货人或者仓单持有人在一定期限内提取；四是在催告的期限届满后存货人或者仓单持有人仍不提取仓储物。
《合同法》 **第三百九十四条** 储存期间，因保管人保管不善造成仓储物毁损、灭失的，保管人应当承担~~损害~~赔偿责任。 因仓储物的性质、包装不符合约定或者超过有效储存期造成仓储物变质、损坏的，保管人不承担~~损害~~赔偿责任。	**第九百一十七条** 储存期内，因保管不善造成仓储物毁损、灭失的，保管人应当承担赔偿责任。因仓储物**本身的自然**性质、包装不符合约定或者超过有效储存期造成仓储物变质、损坏的，保管人不承担赔偿责任。 **释义** 本条是关于保管人赔偿责任的规定。相较于《合同法》，本条主要为文字性修改，使表述更加精确。 保管人对仓储物有妥善保管的义务，应当按照有关规定和保管合同中约定的保管条件和保管要求进行妥善保管。保管人因保管不善造成仓储物变质或者其他损坏的，应当承担赔偿责任。所谓“保管不善”，是指保管人没有尽到上述妥善保管义务，没有按照有关规定和当事人约定，提供相应的保管条件和设备，没有采取相应的保管措施，没有尽到善良管理人的义务。

相关法律、司法解释规定	民法典
《合同法》 **第三百九十五条** 本章没有规定的，适用保管合同的有关规定。	**第九百一十八条** 本章没有规定的，适用保管合同的有关规定。 释义 本条是关于适用保管合同的规定。 尽管仓储合同与保管合同有几项重要区别，但仓储合同与保管合同的本质是一样的，即都是为他人保管财物，故本条规定，本章没有规定的，适用保管合同的有关规定。例如，仓储合同的保管人负有亲自保管的义务、保管人不得将仓储物转交第三人保管、保管人不得使用或者许可第三人使用仓储物等。
	第二十三章 委托合同
《合同法》 **第三百九十六条** 委托合同是委托人和受托人约定，由受托人处理委托人事务的合同。	**第九百一十九条** 委托合同是委托人和受托人约定，由受托人处理委托人事务的合同。 释义 本条是关于委托合同概念的规定。 合同的客体是受托人处理委托事务的行为。委托合同是诺成、非要式合同；可以是有偿的，也可以是无偿的；可以是双务合同，也可以是单务合同。
《合同法》 **第三百九十七条** 委托人可以特别委托受托人处理一项或者数项事务，也可以概括委托受托人处理一切事务。	**第九百二十条** 委托人可以特别委托受托人处理一项或者数项事务，也可以概括委托受托人处理一切事务。 释义 本条是关于委托权限的规定。 以受托人处理委托事务的范围为标准把委托划分为两大类，即特别委托和概括委托，前者是指仅将一项或

相关法律、司法解释规定	民法典
	者数项事务委托给受托人，后者则指将所有事务一并委托给受托人来处理。 区分特别委托与概括委托的意义在于，使受托人能够明确自己可以从事哪些活动，也使第三人知道受托人的身份和权限，使之有目的、有选择地订立民事合同，以防止因委托权限不明确而引起不必要的纠纷。
《合同法》 **第三百九十八条** 委托人应当预付处理委托事务的费用。受托人为处理委托事务垫付的必要费用，委托人应当偿还该费用~~及其~~利息。	**第九百二十一条** 委托人应当预付处理委托事务的费用。受托人为处理委托事务垫付的必要费用，委托人应当偿还该费用**并支付**利息。 释义 本条是关于委托人应当预付费用及偿还费用、支付利息的规定。 受托人在处理事务的过程中往往需要花费一定的费用，如交通费、通讯费等，无论委托合同是否有偿，委托人都有义务事先提供处理委托事务的费用和补偿受托人为处理委托事务所垫付的必要费用。
《合同法》 **第三百九十九条** 受托人应当按照委托人的指示处理委托事务。需要变更委托人指示的，应当经委托人同意；因情况紧急，难以和委托人取得联系的，受托人应当妥善处理委托事务，但事后应当将该情况及时报告委托人。	**第九百二十二条** 受托人应当按照委托人的指示处理委托事务。需要变更委托人指示的，应当经委托人同意；因情况紧急，难以和委托人取得联系的，受托人应当妥善处理委托事务，但是事后应当将该情况及时报告委托人。 释义 本条是关于受托人应当按照委托人的指示处理委托事务的规定。

相关法律、司法解释规定	民法典
《合同法》 **第四百条** 受托人应当亲自处理委托事务。经委托人同意，受托人可以转委托。转委托经同意的，委托人可以就委托事务直接指示转委托的第三人，受托人仅就第三人的选任及其对第三人的指示承担责任。转委托未经同意的，受托人应当对转委托的第三人的行为承担责任，但在紧急情况下受托人为维护委托人的利益需要转委托的除外。	**第九百二十三条** 受托人应当亲自处理委托事务。经委托人同意，受托人可以转委托。转委托经同意**或者追认**的，委托人可以就委托事务直接指示转委托的第三人，受托人仅就第三人的选任及其对第三人的指示承担责任。转委托未经同意**或者追认**的，受托人应当对转委托的第三人的行为承担责任；但是，在紧急情况下受托人为**了**维护委托人的利益需要转委托**第三人**的除外。 释义 本条是关于受托人有义务亲自处理委托事务的规定。 受托人将委托事务转委托是否经过委托人的同意或者追认，其法律效果以及受托人所负担的义务和承担的责任是不一样的。转委托经委托人同意或者追认的，受托人只要就第三人的选任及其对第三人的指示承担责任。转委托未经委托人同意或者追认的，受托人应当对转委托的第三人的行为承担责任。
《合同法》 **第四百零一条** 受托人应当按照委托人的要求，报告委托事务的处理情况。委托合同终止时，受托人应当报告委托事务的结果。	**第九百二十四条** 受托人应当按照委托人的要求，报告委托事务的处理情况。委托合同终止时，受托人应当报告委托事务的结果。 释义 本条是关于受托人负有报告义务的规定。
《合同法》 **第四百零二条** 受托人以自己的名义，在委托人的授权范围内与第三人订立的合同，第三人在订立合同时	**第九百二十五条** 受托人以自己的名义，在委托人的授权范围内与第三人订立的合同，第三人在订立合同时知道受托人与委托人之间的代理关

相关法律、司法解释规定	民法典
知道受托人与委托人之间的代理关系的，该合同直接约束委托人和第三人，但有确切证据证明该合同只约束受托人和第三人的除外。	系的，该合同直接约束委托人和第三人；但是，有确切证据证明该合同只约束受托人和第三人的除外。 **释义** 本条是关于受托人以自己的名义和第三人订立合同，第三人知道代理关系的，该合同直接约束委托人与第三人的规定。
《合同法》 **第四百零三条** 受托人以自己的名义与第三人订立合同时，第三人不知道受托人与委托人之间的代理关系的，受托人因第三人的原因对委托人不履行义务，受托人应当向委托人披露第三人，委托人因此可以行使受托人对第三人的权利，但第三人与受托人订立合同时如果知道该委托人就不会订立合同的除外。 受托人因委托人的原因对第三人不履行义务，受托人应当向第三人披露委托人，第三人因此可以选择受托人或者委托人作为相对人主张其权利，但第三人不得变更选定的相对人。 委托人行使受托人对第三人的权利的，第三人可以向委托人主张其对受托人的抗辩。第三人选定委托人作为其相对人的，委托人可以向第三人主张其对受托人的抗辩以及受托人对第三人的抗辩。	**第九百二十六条** 受托人以自己的名义与第三人订立合同时，第三人不知道受托人与委托人之间的代理关系的，受托人因第三人的原因对委托人不履行义务，受托人应当向委托人披露第三人，委托人因此可以行使受托人对第三人的权利。但是，第三人与受托人订立合同时如果知道该委托人就不会订立合同的除外。 受托人因委托人的原因对第三人不履行义务，受托人应当向第三人披露委托人，第三人因此可以选择受托人或者委托人作为相对人主张其权利，但是第三人不得变更选定的相对人。 委托人行使受托人对第三人的权利的，第三人可以向委托人主张其对受托人的抗辩。第三人选定委托人作为其相对人的，委托人可以向第三人主张其对受托人的抗辩以及受托人对第三人的抗辩。 **释义** 本条是关于委托人的介入权、第三人的选择权的规定。 受托人以自己的名义与第三人订立合同，第三人可能知道受托人与委托人之间存在代理关系，也有可能不

相关法律、司法解释规定	民法典
	知道该关系。受托人因第三人的原因对委托人不履行义务时，委托人可以行使介入权；受托人因委托人的原因对第三人不履行义务时，第三人可以行使选择权。
《合同法》 **第四百零四条** 受托人处理委托事务取得的财产，应当转交给委托人。	**第九百二十七条** 受托人处理委托事务取得的财产，应当转交给委托人。 释义 本条是关于受托人转移利益的规定。 “取得的财产”，包括取得的金钱、实物、金钱与实物所生的孳息，以及其他财产权利。
《合同法》 **第四百零五条** 受托人完成委托事务的，委托人应当向其支付报酬。因不可归责于受托人的事由，委托合同解除或者委托事务不能完成的，委托人应当向受托人支付相应的报酬。当事人另有约定的，按照其约定。	**第九百二十八条** 受托人完成委托事务的，委托人应当**按照约定**向其支付报酬。 因不可归责于受托人的事由，委托合同解除或者委托事务不能完成的，委托人应当向受托人支付相应的报酬。当事人另有约定的，按照其约定。 释义 本条是关于委托人支付报酬的规定。 委托合同可以是有偿合同，也可以是无偿合同。如果当事人在合同中约定了处理委托事务的报酬，在委托事务完成后，委托人应当按照约定向受托人支付报酬。即使委托合同中并没有约定报酬，但依据习惯或者依据委托事务的性质应该由委托人给付报酬的，委托人仍然有支付受托人报酬的义务。

相关法律、司法解释规定	民法典
《合同法》 **第四百零六条** 有偿的委托合同，因受托人的过错给委托人造成损失的，委托人可以要求赔偿损失。无偿的委托合同，因受托人的故意或者重大过失给委托人造成损失的，委托人可以要求赔偿损失。 受托人超越权限给委托人造成损失的，应当赔偿损失。	**第九百二十九条** 有偿的委托合同，因受托人的过错造成委托人损失的，委托人可以请求赔偿损失。无偿的委托合同，因受托人的故意或者重大过失造成委托人损失的，委托人可以请求赔偿损失。 受托人超越权限造成委托人损失的，应当赔偿损失。 释义 本条是关于受托人过错导致委托人损失的责任的规定。相较于《合同法》，本条仅作了文字性修改。 "超越权限"，包括没有相应的权限、超出委托人的授权以及权限终止后继续处理委托事务。受托人超越权限给委托人造成损失的，无论委托合同是否有偿，都应当赔偿损失。
《合同法》 **第四百零七条** 受托人处理委托事务时，因不可归责于自己的事由受到损失的，可以向委托人要求赔偿损失。	**第九百三十条** 受托人处理委托事务时，因不可归责于自己的事由受到损失的，可以向委托人请求赔偿损失。 释义 本条是关于委托人对受托人的损失承担责任的规定。
《合同法》 **第四百零八条** 委托人经受托人同意，可以在受托人之外委托第三人处理委托事务。因此给受托人造成损失的，受托人可以向委托人要求赔偿损失。	**第九百三十一条** 委托人经受托人同意，可以在受托人之外委托第三人处理委托事务。因此造成受托人损失的，受托人可以向委托人请求赔偿损失。 释义 本条是关于委托人另行委托他人处理事务的规定。
《合同法》 **第四百零九条** 两个以上的受托人共同处理委托事务的，对委托人承担连带责任。	**第九百三十二条** 两个以上的受托人共同处理委托事务的，对委托人承担连带责任。 释义 本条是关于共同委托的规定。

相关法律、司法解释规定	民法典
	共同委托是指委托人委托两个以上的受托人共同处理委托事务。有的委托事务，一个受托人可能无法处理或者不能较好地完成，为了提高委托事务的处理效率，提高委托事务的完成质量，有时就需要委托给两个以上的受托人。
《合同法》 **第四百一十条** 委托人或者受托人可以随时解除委托合同。因解除合同给对方造成损失的，除不可归责于该当事人的事由以外，应当赔偿损失。	**第九百三十三条** 委托人或者受托人可以随时解除委托合同。因解除合同造成对方损失的，除不可归责于该当事人的事由外，**无偿委托合同的解除方**应当赔偿**因解除时间不当造成的直接损失，有偿委托合同的解除方应当赔偿对方的直接损失和合同履行后可以获得的利益**。 释义 本条规定了委托人和受托人对委托合同的任意解除权，以及因解除合同给对方造成损失的责任承担。 相较于《合同法》第410条，本条修改体现在区分无偿委托合同与有偿委托合同，对因解除委托合同给对方造成损失的赔偿范围作出不同的规定。在无偿委托中，解除方的责任范围仅限于直接损失，而在有偿委托中，解除方的责任范围不仅包括直接损失，还包括间接损失，即可以获得的利益。一般来说，可以获得的利益，不得超过解除方可以预见到或者应当预见到的因解除合同可能造成的损失。

相关法律、司法解释规定	民法典
《合同法》 **第四百一十一条**　委托人或者受托人死亡、丧失民事行为能力~~或者破产~~的，委托合同终止，但当事人另有约定或者根据委托事务的性质不宜终止的除外。	**第九百三十四条**　委托人死亡、**终止**或者受托人死亡、丧失民事行为能力、**终止**的，委托合同终止；但是，当事人另有约定或者根据委托事务的性质不宜终止的除外。 释义　本条是关于委托合同终止的规定。 相较于《合同法》第411条，本条主要有两处修改：一是对于委托合同终止的原因，区分规定委托人方面的原因和受托人方面的原因，原因在于，委托人丧失行为能力不导致委托合同终止；二是将“破产”改为“终止”，原因在于，法人在被宣告破产后还须经过清算程序才终止，破产人仍可承受合同的权利义务关系，故委托合同并非当然终止。
《合同法》 **第四百一十二条**　因委托人死亡~~、丧失民事行为能力~~或者破产，致使委托合同终止将损害委托人利益的，在委托人的继承人、~~法定代理人~~或者清算组织承受委托事务之前，受托人应当继续处理委托事务。	**第九百三十五条**　因委托人死亡或者**被宣告**破产、**解散**，致使委托合同终止将损害委托人利益的，在委托人的继承人、**遗产管理人**或者清算人承受委托事务之前，受托人应当继续处理委托事务。 释义　本条是关于委托人死亡或者被宣告破产、解散致使委托合同终止，受托人负有继续处理委托义务的规定。 相较于《合同法》第412条，本条作了三处修改。一是将“因委托人死亡、丧失民事行为能力或者破产”改为“因委托人死亡或者被宣告破产、解散”。原因在于，委托人丧失民事行为能力不会导致委托合同终止，所以应删除委托人丧失民事行为

相关法律、司法解释规定	民法典
	能力的情形；破产和解散均是法人终止的原因，所以应增加委托人解散的情形。二是由于删除委托人丧失民事行为能力的情形，所以应删除“法定代理人”，增加“遗产管理人”。委托人死亡后，可能先由遗产管理人暂时承受被继承人的权利义务。三是将“清算组织”改为“清算人”。
《合同法》 **第四百一十三条**　因受托人死亡、丧失民事行为能力或者破产，致使委托合同终止的，受托人的继承人、法定代理人或者<u>清算组织</u>应当及时通知委托人。因委托合同终止将损害委托人利益的，在委托人作出善后处理之前，受托人的继承人、法定代理人或者<u>清算组织</u>应当采取必要措施。	**第九百三十六条**　因受托人死亡、丧失民事行为能力或者**被宣告**破产、**解散**，致使委托合同终止的，受托人的继承人、**遗产管理人**、法定代理人或者<u>清算人</u>应当及时通知委托人。因委托合同终止将损害委托人利益的，在委托人作出善后处理之前，受托人的继承人、**遗产管理人**、法定代理人或者<u>清算人</u>应当采取必要措施。 释义　本条是关于受托人死亡等原因致使委托合同终止，其继承人等负有通知和采取必要措施义务的规定。 本条修改主要对应了本法第935条对《合同法》第412条所作的修改。
	第二十四章　物业服务合同 释义　相比《合同法》，本章是新增的一章。近年来，我国城市建设和房地产业高速发展，物业服务行业也迅速发展壮大。为规范物业服务行业的健康发展，指导司法实践对物业服务纠纷进行处理，本法将物业服务合同规定为一章。相较于其他国家和地区立法，设立专章规定物业服务合同是我国《民法典》的创新之举。

相关法律、司法解释规定	民法典
	第九百三十七条　物业服务合同是物业服务人在物业服务区域内，为业主提供建筑物及其附属设施的维修养护、环境卫生和相关秩序的管理维护等物业服务，业主支付物业费的合同。 **物业服务人包括物业服务企业和其他管理人。** 释义　本条是关于物业服务合同的定义和主体的规定。 物业服务合同是平等主体间签订的双务、有偿、要式、继续性合同。
《物业管理条例》 **第三十四条**　~~业主委员会应当与业主大会选聘的物业服务企业订立~~书面的物业服务合同。 物业服务合同~~应当对~~物业管理事项、服务质量、服务费用、~~双方的权利义务、专项~~维修资金的~~管理与~~使用、~~物业管理~~用房、~~合同期限、违约责任~~等~~内容进行约定。~~ **《物业服务纠纷司法解释》**① **第三条第二款**　物业服务企业公开作出的服务承诺及制定的服务细则，应当认定为物业服务合同的组成部分。	**第九百三十八条　物业服务合同的内容一般包括**服务事项、服务质量、服务费用**的标准和收取办法、**维修资金的使用、**服务用房的管理和使用、服务期限、服务交接等条款。** **物业服务人公开作出的有利于业主的服务承诺，为物业服务合同的组成部分。** 物业服务合同应当采用书面形式。 释义　本条是关于物业服务合同的内容和形式的规定。 本条是根据《物业管理条例》和最高人民法院司法解释的相关规定修改而成。物业服务承诺，是指物业服务人为保证物业服务的质量和效益，向全体业主公开作出的有关物业服务内容和标准的单方意思表示。将物业

① 《最高人民法院关于审理物业服务纠纷案件具体应用法律若干问题的解释》简称《物业服务纠纷司法解释》。

相关法律、司法解释规定	民法典
	服务承诺加入物业服务合同，是对物业服务人义务范围的合理扩充，对实践中处理好此类纠纷案件具有重要的指导意义。
《物业服务纠纷司法解释》 **第一条** 建设单位依法与物业服务企业签订的前期物业服务合同，以及业主委员会与业主大会依法选聘的物业服务企业签订的物业服务合同，对业主具有约束力。~~业主以其并非合同当事人为由提出抗辩的，人民法院不予支持。~~	**第九百三十九条** 建设单位依法与物业服务人订立的前期物业服务合同，以及业主委员会与业主大会依法选聘的物业服务人订立的物业服务合同，对业主具有**法律**约束力。 释义 本条是关于建设单位与物业服务人订立的前期物业服务合同、业主委员会与物业服务人订立的物业服务合同对业主具有法律约束力的规定。 本条规范内容基本沿袭了《物业服务纠纷司法解释》第1条第1句的规定，只是在个别表述上作了调整，如将物业服务合同一方缔约主体由“物业服务企业”改为“物业服务人”以使表达更加规范严谨。
《物业管理条例》 **第二十六条** 前期物业服务合同~~可以~~约定期限~~；但是，~~期限未满、业主委员会与物业服务企业签订的物业服务合同生效的，前期物业服务合同终止。	**第九百四十条 建设单位依法与物业服务人订立的**前期物业服务合同约定**的服务**期限届满前，业主委员会**或者业主**与**新**物业服务人订立的物业服务合同生效的，前期物业服务合同终止。 释义 本条是关于前期物业服务合同因物业服务合同生效而终止的规定。 为了便于物业服务企业统筹安排工作，降低交易成本，防范经营风险，维护物业管理秩序，前期物业服务合同可以约定期限。但是，前期物业服务合同具有过渡性质，一般来说约定的服务期限较短。

相关法律、司法解释规定	民法典
《物业管理条例》 第三十九条　物业服务企业~~可以~~将物业管理区域内的专项服务业务委托给专业性服务企业，但不得将该区域内的全部物业管理一并委托给他人。	**第九百四十一条　物业服务人将物业服务区域内的部分专项服务事项委托给专业性服务组织或者其他第三人的，应当就该部分专项服务事项向业主负责。** **物业服务人不得将其应当提供的全部物业服务转委托给第三人，或者将全部物业服务支解后分别转委托给第三人。** 释义　本条是关于物业服务转委托的规定。 相较于《物业管理条例》第39条，本条主要有两处修改：第一，明确物业服务人就已被委托的事项对业主负责，并将受委托方由“专业性服务企业”扩展至“其他第三人”。扩大被委托进行专项服务的主体类型，是为了更全面地覆盖物业服务人将区域内服务事项委托给他人的情形，不再将之仅限于具有相应资质的专业性服务组织。第二，增加对“支解后分别转委托”行为的禁止，该行为属间接将全部物业服务转委托给他人的行为，同直接将全部服务转委托并无本质上区别。
《物业管理条例》 第四十五条　对物业管理区域内违反有关治安、环保、物业装饰装修和使用等方面法律、法规规定的行为，物业服务企业应当制止，并及时向有关行政管理部门报告。 ~~有关行政管理部门在接到物业服~~	**第九百四十二条　物业服务人应当按照约定和物业的使用性质，妥善维修、养护、清洁、绿化和经营管理物业服务区域内的业主共有部分，维护物业服务区域内的基本秩序，采取合理措施保护业主的人身、财产安全。**

相关法律、司法解释规定	民法典
~~务企业的报告后，应当依法对违法行为予以制止或者依法处理。~~	对物业服务区域内违反有关治安、环保、消防等法律法规的行为，物业服务人应当及时采取合理措施制止、向有关行政主管部门报告并协助处理。 释义　本条是关于物业服务人主要义务的规定。 物业服务合同是双务、有偿合同，业主的主要义务是支付物业费，而物业服务人的主要义务，则是按照合同的约定、法律法规的规定和物业的使用性质，为业主提供物业服务。
	第九百四十三条　物业服务人应当定期将服务的事项、负责人员、质量要求、收费项目、收费标准、履行情况，以及维修资金使用情况、业主共有部分的经营与收益情况等以合理方式向业主公开并向业主大会、业主委员会报告。 释义　本条是关于物业服务人对于重要事项的公开及报告义务的规定。 规定物业服务人的报告义务，主要有三个理由：一是有利于保障业主的知情权。二是实现业主对物业服务人的监督权的需要。三是通过业主对物业服务人的监督，提高其服务质量，业主能获得更好的服务，提高生活品质，从而实现物业服务合同的目的。
《物业管理条例》 **第六十四条**　违反物业服务合同约定，业主逾期不交纳物业服务费用的，业主委员会应当督促其限期交纳；逾期仍不交纳的，物业服务企业	**第九百四十四条**　业主应当按照约定向物业服务人支付物业费。物业服务人已经按照约定和有关规定提供服务的，业主不得以未接受或者无需接受相关物业服务为由拒绝支付物业费。

相关法律、司法解释规定	民法典
可以向人民法院起诉。 **《物业服务纠纷司法解释》** **第六条**　经书面催交，业主无正当理由拒绝交纳或者在催告的合理期限内仍未交纳物业费，物业服务企业请求业主支付物业费的，人民法院应予支持。物业服务企业已经按照合同约定以及相关规定提供服务，业主仅以未享受或者无需接受相关物业服务为抗辩理由的，人民法院不予支持。	业主违反约定逾期不支付物业费的，物业服务人可以催告其在合理期限内支付；合理期限届满仍不支付的，物业服务人可以提起诉讼或者申请仲裁。 **物业服务人不得采取停止供电、供水、供热、供燃气等方式催交物业费。** 释义　本条是关于业主支付物业费的义务的规定。 本条前两款规定主要承袭《物业管理条例》第64条以及《物业服务纠纷司法解释》第6条，本条第3款为新增规定。相对于上述行政法规和司法解释的规定，本条前两款作了三处修改：（1）删除了将业主委员会督促支付作为物业服务人起诉前提的规定。因为业主委员会并非物业服务合同当事人，将业主委员会督促义务的履行作为起诉前提，不当限制了物业服务人的诉权。（2）删除对催告的“书面”限定，不再限制催告的形式。（3）在已经催告的情形下，不再将“业主无正当理由拒绝交纳”作为物业服务人提起诉讼的条件，只要业主逾期仍未支付，物业服务人即可起诉。上述改动旨在消除对物业服务人债权行使的不当限制。只要业主违反约定逾期不支付物业费，物业服务人即可行使债权或寻求司法救济。

相关法律、司法解释规定	民法典
《物业管理条例》 **第五十二条** 业主~~需要~~装饰装修房屋的，应当事先告知物业服务企业。 ~~物业服务企业应当将房屋装饰装修中的禁止行为和注意事项告知业主。~~	**第九百四十五条** 业主装饰装修房屋的，应当事先告知物业服务人，**遵守物业服务人提示的合理注意事项，并配合其进行必要的现场检查。** **业主转让、出租物业专有部分、设立居住权或者依法改变共有部分用途的，应当及时将相关情况告知物业服务人。** 释义 本条是关于业主负有就有关重要事项告知物业服务人的义务的规定。 本条修改主要是对业主行为进行规范，以使物业服务人更好履行维护小区公共安全、公共秩序的义务，便于其及时掌握物业服务区域内的情况，做好对小区的服务和管理工作，维护全体业主的共同利益。
《物业服务纠纷司法解释》 **第八条第一款** 业主大会按照物权法第七十六条规定的程序作出解聘物业服务企业的决定后，业主委员会请求解除物业服务合同的，人民法院应予支持。	**第九百四十六条 业主依照法定程序共同决定解聘物业服务人的，可以解除物业服务合同。决定解聘的，应当提前六十日书面通知物业服务人，但是合同对通知期限另有约定的除外。** **依据前款规定解除合同造成物业服务人损失的，除不可归责于业主的事由外，业主应当赔偿损失。** 释义 本条是关于业主可以依法共同决定解除物业服务合同的规定。 本条赋予业主对物业服务合同的任意解除权，将业主订立合同的目的以及对物业服务人的主观信赖置于优先于合同约束力的地位，旨在为业主利益的实现提供保障，并通过提前通知义务与损害赔偿责任的设置，平衡对物业服务人的利益保护。

相关法律、司法解释规定	民法典
	第九百四十七条　物业服务期限届满前，业主依法共同决定续聘的，应当与原物业服务人在合同期限届满前续订物业服务合同。 **物业服务期限届满前，物业服务人不同意续聘的，应当在合同期限届满前九十日书面通知业主或者业主委员会，但是合同对通知期限另有约定的除外。** 释义　本条为新增条款，是关于业主续聘物业服务人的规定。 需要注意，续聘物业服务合同应当由业主依法共同决定，即根据本法第278条的规定，由专有部分面积占比三分之二以上的业主且人数占比三分之二以上的业主参与表决，还应当经参与表决专有部分面积过半数的业主且参与表决人数过半数的业主同意。
	第九百四十八条　物业服务期限届满后，业主没有依法作出续聘或者另聘物业服务人的决定，物业服务人继续提供物业服务的，原物业服务合同继续有效，但是服务期限为不定期。 **当事人可以随时解除不定期物业服务合同，但是应当提前六十日书面通知对方。** 释义　本条为新增条款，是关于物业服务期限届满后，业主没有依法作出续聘或者另聘物业服务人的决定，物业服务人继续提供物业服务的，原物业服务合同继续有效的规定。

<table>
<tr><th>相关法律、司法解释规定</th><th>民法典</th></tr>
<tr><td>《物业管理条例》

第三十八条　物业服务合同终止时，物业服务企业应当将物业管理用房和本条例第二十九条第一款规定的资料交还给业主委员会。

物业服务合同终止时，业主大会选聘了新的物业服务企业的，物业服务企业之间应当做好交接工作。

《物业服务纠纷司法解释》

第十条　物业服务合同的权利义务终止后，业主委员会请求物业服务企业退出物业服务区域、移交物业服务用房和相关设施，以及物业服务所必需的相关资料和由其代管的专项维修资金的，人民法院应予支持。

物业服务企业拒绝退出、移交，并以存在事实上的物业服务关系为由，请求业主支付物业服务合同权利义务终止后的物业费的，人民法院不予支持。</td><td>第九百四十九条　物业服务合同终止的，原物业服务人应当在约定期限或者合理期限内退出物业服务区域，将物业服务用房、相关设施、物业服务所必需的相关资料等交还给业主委员会、决定自行管理的业主或者其指定的人，配合新物业服务人做好交接工作，并如实告知物业的使用和管理状况。

原物业服务人违反前款规定的，不得请求业主支付物业服务合同终止后的物业费；造成业主损失的，应当赔偿损失。

释义　本条是关于物业服务合同终止后物业服务人负有退出物业服务区域等义务的规定。

本条是整合、补充、修改《物业管理条例》及最高人民法院的司法解释的结果，修改主要体现在以下三个方面：(1) 扩大了交接对象，除业主委员会外，自管业主及其所指定的人也可请求原物业服务人履行移交义务。这一调整更加符合物业管理方式多元化的现实状况。(2) 增加规定原物业服务人违反返还与移交义务造成业主损失的，承担赔偿损失责任。(3) 增加了对物业服务人退出时间的限制规定，即原物业服务人应当在约定期限或者合理期限内退出。</td></tr>
<tr><td></td><td>第九百五十条　物业服务合同终止后，在业主或者业主大会选聘的新物业服务人或者决定自行管理的业主接管之前，原物业服务人应当继续处</td></tr>
</table>

相关法律、司法解释规定	民法典
	理物业服务事项，并可以请求业主支付该期间的物业费。 释义　本条为新增条款，是关于物业服务合同终止后、他人接管物业前，原物业服务人应当继续提供物业服务并可以请求业主支付相应物业费的规定。
	第二十五章　行纪合同
《合同法》 **第四百一十四条**　行纪合同是行纪人以自己的名义为委托人从事贸易活动，委托人支付报酬的合同。	**第九百五十一条**　行纪合同是行纪人以自己的名义为委托人从事贸易活动，委托人支付报酬的合同。 释义　本条是关于行纪合同概念的规定。 行纪合同是指行纪人接受委托人的委托，以自己的名义，为委托人从事贸易活动，委托人支付报酬的合同。接受委托的一方为行纪人，另一方则为委托人。 行纪合同与委托合同不同，两者的区别在于：(1) 适用范围不同。行纪合同适用范围较窄，仅限于代销等贸易行为；委托合同的适用范围宽，可以适用于除法律规定禁止委托或者依性质不得委托的事务以外的各种事务。(2) 行纪合同的受托人只能以自己的名义处理委托事务，委托人与第三人之间不发生直接的法律关系；委托合同的受托人处理事务既可以用委托人名义，也可以用自己的名义，第三人知道该代理关系时，法律关系直接约束委托人和第三人。(3) 行纪人一般是专门经营为他人从事贸易活动的人，应当取得从事某种行纪行为的

相关法律、司法解释规定	民法典
	特定资质，其开业和经营需要经过国家有关部门的审批或者登记；委托合同的当事人不必专门从事贸易活动，可以是一般的自然人，也可以是法人或者非法人组织。(4) 行纪合同是双务、有偿合同；委托合同既可以是双务、有偿合同，也可以是单务、无偿合同。(5) 处理委托事务的费用负担不同。行纪合同中，如无特别约定，行纪人处理委托事务支出的费用由其自行负担；委托合同中，受托人处理委托事务的费用则由委托人负担，委托人还应当预付受托人处理委托事务的费用。
《合同法》 **第四百一十五条** 行纪人处理委托事务支出的费用，由行纪人负担，但当事人另有约定的除外。	**第九百五十二条** 行纪人处理委托事务支出的费用，由行纪人负担，但是当事人另有约定的除外。 释义 本条是关于行纪人费用负担的义务的规定。
《合同法》 **第四百一十六条** 行纪人占有委托物的，应当妥善保管委托物。	**第九百五十三条** 行纪人占有委托物的，应当妥善保管委托物。 释义 本条是关于行纪人保管义务的规定。 本条中“委托物”不仅包括一般意义上的物，还应当包括委托人交付给行纪人的金钱和权利凭证等。
《合同法》 **第四百一十七条** 委托物交付给行纪人时有瑕疵或者容易腐烂、变质的，经委托人同意，行纪人可以处分该物；**和**委托人~~不能~~及时取得联系的，行纪人可以合理处分。	**第九百五十四条** 委托物交付给行纪人时有瑕疵或者容易腐烂、变质的，经委托人同意，行纪人可以处分该物；**不能与**委托人及时取得联系的，行纪人可以合理处分。 释义 本条是关于行纪人处置委托物义务的规定。

相关法律、司法解释规定	民法典
	本条中的"合理"，应以善良管理人的标准来衡量，根据委托物的实际情况决定处分的价格和方式等，尽量减少委托人的损失，维护委托人的利益，而不能随意处分。
第四百一十八条 行纪人低于委托人指定的价格卖出或者高于委托人指定的价格买入的，应当经委托人同意。未经委托人同意，行纪人补偿其差额的，该买卖对委托人发生效力。 行纪人高于委托人指定的价格卖出或者低于委托人指定的价格买入的，可以按照约定增加报酬。没有约定或者约定不明确，依照本法第六十一条的规定仍不能确定的，该利益属于委托人。 委托人对价格有特别指示的，行纪人不得违背该指示卖出或者买入。	**第九百五十五条** 行纪人低于委托人指定的价格卖出或者高于委托人指定的价格买入的，应当经委托人同意；未经委托人同意，行纪人补偿其差额的，该买卖对委托人发生效力。 行纪人高于委托人指定的价格卖出或者低于委托人指定的价格买入的，可以按照约定增加报酬；没有约定或者约定不明确，依据本法第五百一十条的规定仍不能确定的，该利益属于委托人。 委托人对价格有特别指示的，行纪人不得违背该指示卖出或者买入。 释义 本条是关于行纪人按照委托人指定的价格买卖的规定。
《合同法》 **第四百一十九条** 行纪人卖出或者买入具有市场定价的商品，除委托人有相反的意思表示的以外，行纪人自己可以作为买受人或者出卖人。 行纪人有前款规定情形的，仍然可以要求委托人支付报酬。	**第九百五十六条** 行纪人卖出或者买入具有市场定价的商品，除委托人有相反的意思表示外，行纪人自己可以作为买受人或者出卖人。 行纪人有前款规定情形的，仍然可以请求委托人支付报酬。 释义 本条是关于行纪人介入权的规定。 行纪人行使介入权，实际上就是行纪人自己作为买受人或出卖人与委托人之间直接订立买卖合同，此时存在两个独立的合同关系。

相关法律、司法解释规定	民法典
《合同法》 **第四百二十条** 行纪人按照约定买入委托物，委托人应当及时受领。经行纪人催告，委托人无正当理由拒绝受领的，行纪人~~依照本法第一百零一条的规定~~可以提存委托物。 委托物不能卖出或者委托人撤回出卖，经行纪人催告，委托人不取回或者不处分该物的，行纪人~~依照本法第一百零一条的规定~~可以提存委托物。	**第九百五十七条** 行纪人按照约定买入委托物，委托人应当及时受领。经行纪人催告，委托人无正当理由拒绝受领的，行纪人**依法**可以提存委托物。 委托物不能卖出或者委托人撤回出卖，经行纪人催告，委托人不取回或者不处分该物的，行纪人**依法**可以提存委托物。 释义 本条是关于委托人受领、取回义务和行纪人提存的规定。 “依法”提存买入物，主要是按照本法合同编通则中关于提存的规定行使提存权。
第四百二十一条 行纪人与第三人订立合同的，行纪人对该合同直接享有权利、承担义务。 第三人不履行义务致使委托人受到损害的，行纪人应当承担~~损害~~赔偿责任，但行纪人与委托人另有约定的除外。	**第九百五十八条** 行纪人与第三人订立合同的，行纪人对该合同直接享有权利、承担义务。 第三人不履行义务致使委托人受到损害的，行纪人应当承担赔偿责任，但是行纪人与委托人另有约定的除外。 释义 本条是关于行纪人直接履行义务的规定。
《合同法》 **第四百二十二条** 行纪人完成或者部分完成委托事务的，委托人应当向其支付相应的报酬。委托人逾期不支付报酬的，行纪人对委托物享有留置权，但当事人另有约定的除外。	**第九百五十九条** 行纪人完成或者部分完成委托事务的，委托人应当向其支付相应的报酬。委托人逾期不支付报酬的，行纪人对委托物享有留置权，但是当事人另有约定的除外。 释义 本条是关于委托人支付报酬的义务以及行纪人对委托物享有留置权的规定。

相关法律、司法解释规定	民法典
《合同法》 **第四百二十三条** 本章没有规定的，适用委托合同的有关规定。	**第九百六十条** 本章没有规定的，**参照**适用委托合同的有关规定。 释义 本条是关于参照适用委托合同的规定。
	第二十六章 中介合同 释义 为便于人民群众理解，本法合同编将《合同法》中的“居间合同”改为“中介合同”。
《合同法》 **第四百二十四条** 居间合同是居间人向委托人报告订立合同的机会或者提供订立合同的媒介服务，委托人支付报酬的合同。	**第九百六十一条** 中介合同是中介人向委托人报告订立合同的机会或者提供订立合同的媒介服务，委托人支付报酬的合同。 释义 本条是关于中介合同概念的规定。 中介合同，传统理论一般将其称为居间合同，是指当事人双方约定一方接受他方的委托，并按照他方的指示要求，为他方报告订立合同的机会或者为订约提供媒介服务，委托人给付报酬的合同。中介合同有如下法律特征：(1) 中介合同以促成委托人与第三人订立合同为目的。(2) 中介人在合同关系中处于介绍人的地位，无论何种中介，中介人都不是委托人的代理人或当事人一方。(3) 中介合同具有诺成性、双务性和不要式性。(4) 中介合同具有有偿性。
《合同法》 **第四百二十五条** 居间人应当就有关订立合同的事项向委托人如实报告。 居间人故意隐瞒与订立合同有关	**第九百六十二条** 中介人应当就有关订立合同的事项向委托人如实报告。 中介人故意隐瞒与订立合同有关的重要事实或者提供虚假情况，损害

相关法律、司法解释规定	民法典
的重要事实或者提供虚假情况，损害委托人利益的，不得要求支付报酬并应当承担~~损害~~赔偿责任。	委托人利益的，不得请求支付报酬并应当承担赔偿责任。 **释义** 本条是关于中介人如实报告义务的规定。 本条第2款规定应当从以下几个方面理解：(1) 中介人主观上具有故意。(2) 中介人客观上没有将与订立合同有关的重要事实向委托人报告，或者提供了虚假的情况。“重要事实”，就是能够直接影响委托人作出是否订立合同之决定的事实，这种事实因订立合同类型的不同而不同。(3) 中介人隐瞒重要事实或者提供虚假情况的行为损害了委托人的利益，给委托人造成了损失。(4) 中介人违反如实报告义务，损害委托人利益的，会产生两个法律后果，一是中介人丧失中介的报酬请求权，二是中介人应当就委托人的损失承担相应的赔偿责任。
《合同法》 **第四百二十六条** 居间人促成合同成立的，委托人应当按照约定支付报酬。对居间人的报酬没有约定或者约定不明确，依照本法第六十一条的规定仍不能确定的，根据居间人的劳务合理确定。因居间人提供订立合同的媒介服务而促成合同成立的，由该合同的当事人平均负担居间人的报酬。 居间人促成合同成立的，居间活动的费用，由居间人负担。	**第九百六十三条** 中介人促成合同成立的，委托人应当按照约定支付报酬。对中介人的报酬没有约定或者约定不明确，依据本法第五百一十条的规定仍不能确定的，根据中介人的劳务合理确定。因中介人提供订立合同的媒介服务而促成合同成立的，由该合同的当事人平均负担中介人的报酬。 中介人促成合同成立的，中介活动的费用，由中介人负担。 **释义** 本条是关于中介人的报酬的规定。

相关法律、司法解释规定	民法典
	中介人取得报酬必须具备三个要件：（1）所介绍的合同必须成立。（2）合同的成立与中介人的介绍有因果关系，是由中介人的中介活动促成的。（3）中介人促成的契约必须与中介合同中的约定具有同一性。
《合同法》 **第四百二十七条** 居间人未促成合同成立的，不得要求支付报酬，但可以要求委托人支付从事居间活动支出的必要费用。	**第九百六十四条** 中介人未促成合同成立的，不得请求支付报酬；但是，可以按照约定请求委托人支付从事中介活动支出的必要费用。 释义 本条是关于中介人的中介费用的规定。 相较于《合同法》第427条，本条规定增加了“按照约定”。所谓“按照约定”，也就是在合同未成立的情况下，中介人向委托人请求支付从事中介活动的必要费用，须以中介人和委托人之间存在合同未成立时中介人亦享有费用请求权的约定为前提。
	第九百六十五条 委托人在接受中介人的服务后，利用中介人提供的交易机会或者媒介服务，绕开中介人直接订立合同的，应当向中介人支付报酬。 释义 本条是新增条款，是关于委托人接受中介人的服务后，绕开中介人直接订立合同应当向中介人支付报酬的规定。 本条规定的是委托人实施“跳单”行为须承担向中介人支付报酬的法律后果。最高人民法院2011年12月20日发布的第一批指导案例1号即

相关法律、司法解释规定	民法典
	“上海中原物业顾问有限公司诉陶德华居间合同纠纷案”。该指导案例的核心要义就是衡量委托人是否“跳单”违约的关键，在于委托人是否利用了中介人提供的信息、机会等条件。
	第九百六十六条　本章没有规定的，参照适用委托合同的有关规定。 释义　本条是关于参照适用委托合同的规定。
	第二十七章　合伙合同 释义　本章为新增的一章，将合伙合同作为一种典型合同纳入《民法典》合同编中。
《民法通则》 **第三十条**　个人合伙是指两个以上公民按照协议，各自提供资金、实物、技术等，合伙经营、共同劳动。 **第三十一条**　合伙人应当对出资数额、盈余分配、债务承担、入伙、退伙、合伙终止等事项，订立书面协议。	**第九百六十七条　合伙合同是两个以上合伙人为了共同的事业目的，订立的共享利益、共担风险的协议。** 释义　本条是关于合伙合同的定义的规定。 合伙合同，是以共同出资为基础，以共同事业为目的，以共享利益、共担风险为本质的协议。合伙合同主要有以下几个特征：(1) 对合伙人有所限制。合伙合同的主体为两个以上的合伙人。国有独资公司、国有企业、上市公司以及公益性的事业单位、社会团体不得成为普通合伙人。(2) 订立合伙合同的目的是共同目的或者共同利益，此为合伙合同最重要的特征。(3) 全体合伙人共享利益、共担风险。(4) 合伙具有较强的人合性和一定的组织性。(5) 合伙合同为不要式合同、继续性合同。

相关法律、司法解释规定	民法典
	第九百六十八条　合伙人应当按照约定的出资方式、数额和缴付期限，履行出资义务。 释义　本条是关于合伙人应当按照约定履行出资义务的规定。 出资义务是合伙人的根本义务，也是合伙得以成立的前提。合伙人的出资可以是货币形式，也可以是非货币形式。非货币形式包括除货币外的各种有形财产和无形财产，如实物、股权、土地使用权、知识产权等，还可以包括劳务等。当然，这类出资应当经过评估以货币计价，有关权利应可以转让并符合法律的限制性要求。
《民法通则》 **第三十二条**　合伙人投入的财产，由合伙人统一管理和使用。 合伙经营积累的财产，归合伙人共有。	**第九百六十九条　合伙人的出资、因合伙事务依法取得的收益和其他财产，属于合伙财产。** **合伙合同终止前，合伙人不得请求分割合伙财产。** 释义　本条是对合伙财产的定义的规定。 合伙财产是合伙得以成立和存续、发展的重要条件，因此必须保证合伙财产的稳定性。合伙人在合伙合同终止前分割合伙财产，往往会影响合伙的正常经营，甚至可能导致共同目的的落空。为避免这种现象的发生，维护合伙的正常经营和全体合伙人的利益，本条第2款规定，合伙合同终止前，合伙人不得请求分割合伙财产。

相关法律、司法解释规定	民法典
《民法通则》 **第三十四条** 个人合伙的经营活动，由合伙人共同决定，合伙人有执行和监督的权利。 合伙人可以推举负责人。合伙负责人和其他人员的经营活动，由全体合伙人承担民事责任。	**第九百七十条 合伙人就合伙事务作出决定的，除合伙合同另有约定外，应当经全体合伙人一致同意。** **合伙事务由全体合伙人共同执行。按照合伙合同的约定或者全体合伙人的决定，可以委托一个或者数个合伙人执行合伙事务；其他合伙人不再执行合伙事务，但是有权监督执行情况。** **合伙人分别执行合伙事务的，执行事务合伙人可以对其他合伙人执行的事务提出异议；提出异议后，其他合伙人应当暂停该项事务的执行。** 释义 本条是关于合伙事务的决定和执行，以及合伙人的监督权和异议权的规定。
	第九百七十一条 合伙人不得因执行合伙事务而请求支付报酬，但是合伙合同另有约定的除外。 释义 本条是关于合伙人执行合伙事务不得请求支付报酬的规定。 合伙人执行合伙事务也就是在处理自己的事务。因此，原则上合伙人不得以执行合伙事务为由请求支付报酬。
《民法通则》 **第三十五条第一款** 合伙的债务，由合伙人按照出资比例或者协议的约定，以各自的财产承担清偿责任。	**第九百七十二条 合伙的利润分配和亏损分担，按照合伙合同的约定办理；合伙合同没有约定或者约定不明确的，由合伙人协商决定；协商不成的，由合伙人按照实缴出资比例分配、分担；无法确定出资比例的，由合伙人平均分配、分担。**

相关法律、司法解释规定	民法典
	释义　本条是对合伙的利润分配与亏损分担的规定。 合伙的利润分配与亏损分担方法：合伙合同>合伙人协商决定>合伙人实缴出资比例确定>平均分配、分担
《民法通则》 **第三十五条第二款**　合伙人对合伙的债务承担连带责任~~，法律另有规定的除外~~。偿还合伙债务超过自己应当承担数额的合伙人，有权向其他合伙人追偿。	**第九百七十三条**　合伙人对合伙债务承担连带责任。清偿合伙债务超过自己应当承担份额的合伙人，有权向其他合伙人追偿。 释义　本条是关于合伙人对合伙债务承担连带责任，合伙人承担的责任超过应承担的份额后有权向其他合伙人进行追偿的规定。
	第九百七十四条　除合伙合同另有约定外，合伙人向合伙人以外的人转让其全部或者部分财产份额的，须经其他合伙人一致同意。 释义　本条是对合伙人转让其财产份额的规定。 合伙具有很强的人合性，合伙财产属于全体合伙人共同共有，对合伙财产的处分应当按照合伙合同约定，或者经过全体合伙人同意。
	第九百七十五条　合伙人的债权人不得代位行使合伙人依照本章规定和合伙合同享有的权利，但是合伙人享有的利益分配请求权除外。 释义　本条是关于合伙人债权人代位行使权利的限制的规定。 合伙人在合伙以外以自己的名义，为自己的目的所从事的经营或交

相关法律、司法解释规定	民法典
	易等民事活动产生的有关债务，属于其个人债务，与合伙无关，应由合伙人自行偿还。
	第九百七十六条　合伙人对合伙期限没有约定或者约定不明确，依据本法第五百一十条的规定仍不能确定的，视为不定期合伙。 **合伙期限届满，合伙人继续执行合伙事务，其他合伙人没有提出异议的，原合伙合同继续有效，但是合伙期限为不定期。** **合伙人可以随时解除不定期合伙合同，但是应当在合理期限之前通知其他合伙人。** 释义　本条是对合伙协议未约定合伙期限时合伙人自愿退伙情形的规定。 本章规定的契约型合伙，属于松散型的合伙，如果是不定期合伙，应当允许合伙人行使任意解除权解除合伙合同。但是，合伙人解除合同，应当尽量不损害合伙及其他合伙人的利益，给予其他合伙人必要的准备时间，以便对合伙事务及时作出安排和调整。
	第九百七十七条　合伙人死亡、丧失民事行为能力或者终止的，合伙合同终止；但是，合伙合同另有约定或者根据合伙事务的性质不宜终止的除外。 释义　本条是关于因合伙人死亡、丧失民事行为能力或者终止时合伙合同效力的规定。

相关法律、司法解释规定	民法典
	合伙合同的终止原因，除合伙人死亡、丧失民事行为能力或者终止以外，还包括以下几种原因：一是合伙期限届满。二是合伙合同约定的终止事由发生。三是全体合伙人的同意。四是合伙人依法解除合伙合同。五是合伙的共同事业目的已经实现或者不可能实现。
《民通意见》 55. 合伙终止时，对合伙财产的处理，有书面协议的，按协议处理；没有书面协议，又协商不成的，如果合伙人出资额相等，应当考虑多数人意见酌情处理；合伙人出资额不等的，可以按出资额占全部合伙额多的合伙人的意见处理，但要保护其他合伙人的利益。	**第九百七十八条　合伙合同终止后，合伙财产在支付因终止而产生的费用以及清偿合伙债务后有剩余的，依据本法第九百七十二条的规定进行分配。** 释义　本条是对合伙财产支付因终止而产生的费用和清偿合伙债务后剩余财产分配的规定。 合伙合同因各种原因终止后，应当对合伙财产以及因合伙产生的所有债权债务按下列顺序进行处理：一是支付因终止产生的费用，如评估、保管、诉讼费等。二是清偿合伙债务。三是清偿上述费用和债务后，有剩余财产可分配给全体合伙人；而如果合伙财产不足以清偿有关费用和合伙债务，合伙人应当对不足部分承担连带责任，以所有合伙人的个人财产进行清偿。
	第三分编　准　合　同 释义　本法在编纂过程中，考虑到不设置单独的债编，又要解决无因管理和不当得利之债的具体规则问题，因此借鉴国外的立法例，特在合同编中设置了单独的准合同分编，规定无

相关法律、司法解释规定	民法典
	因管理和不当得利制度的具体规则。将无因管理和不当得利作为准合同对待有两个原因：一是基于立法技术的考虑，二是因为无因管理和不当得利制度都与合同制度具有密切联系。
	第二十八章　无因管理
《民法通则》 **第九十三条**　没有法定的或者约定的义务，为避免他人利益受损失~~进行~~管理~~或者服务~~的，有权要求受益人偿付由此而支付的必要费用。	**第九百七十九条　管理人**没有法定的或者约定的义务，为避免他人利益受损失**而**管理**他人事务**的，可以请求受益人偿还因管理事务而支出的必要费用；**管理人因管理事务受到损失的，可以请求受益人给予适当补偿。** **管理事务不符合受益人真实意思的，管理人不享有前款规定的权利；但是，受益人的真实意思违反法律或者违背公序良俗的除外。** 释义　本条是关于无因管理构成要件及管理人主要权利的规定。 本条承继了《民法通则》第93条及相关司法解释规定。本章中的“管理他人事务”既包括对他人事项的管理，也包括为了他人利益为其提供服务的管理。管理事务的当事人被称为管理人，事务被管理的一方当事人被称为本人，因本人一般从管理事务中受益，所以本章中本人又被称为受益人。
	第九百八十条　管理人管理事务不属于前条规定的情形，但是受益人享有管理利益的，受益人应当在其获得的利益范围内向管理人承担前条第一款规定的义务。 释义　本条为新增条款，是关于不适

相关法律、司法解释规定	民法典
	当无因管理制度的规定。 根据管理人的管理行为是否符合本人的真实意愿，无因管理可以分为适当的无因管理和不适当的无因管理两类。本法第979条规定的是适当的无因管理，本条为不适当的无因管理。所谓不适当的无因管理，就是管理人没有法定的或者约定的义务，为避免他人利益受损失而管理他人事务，但不符合受益人真实意思的管理行为。
	第九百八十一条　管理人管理他人事务，应当采取有利于受益人的方法。中断管理对受益人不利的，无正当理由不得中断。 释义　本条为新增条款，是关于管理人在管理事务中履行善意或者适当管理义务的规定。 管理人在管理他人事务时，应按照善良管理人的注意义务管理他人事务，这主要体现在两个方面：一是管理人依本人明示的或者可推知的意思进行管理。实践中，通常是依平常人或者一般人的经验得以推知本人的意思。二是管理人应当以有利于本人的方法进行管理，是否有利于本人应当以客观上能否避免本人利益受损为标准。
	第九百八十二条　管理人管理他人事务，能够通知受益人的，应当及时通知受益人。管理的事务不需要紧急处理的，应当等待受益人的指示。

相关法律、司法解释规定	民法典
	释义　本条为新增条款，是关于管理人在管理事务时履行通知义务的规定。 本条之所以规定管理人的通知义务，有两个原因：一是考虑到管理人如果不将管理的事实通知本人，有可能漠视本人的存在，对履行善良管理人的义务不利。二是考虑到如果管理人不通知本人，本人就很有可能不知道自己的事务被管理人管理的事实，也就很有可能造成管理人管理事务不符合本人的本意。为了促使管理人更好地履行管理中的义务，更好地保护本人的利益，本条作此规定。
	第九百八十三条　管理结束后，管理人应当向受益人报告管理事务的情况。管理人管理事务取得的财产，应当及时转交给受益人。 释义　本条为新增条款，是关于管理人履行报告及移交财产义务的规定。 无因管理制度的设立目的就是鼓励民事主体为他人利益而从事管理事务，因此，管理人不得因无因管理而获取利益，而应将因管理事务而获得的利益返还给他人。
	第九百八十四条　管理人管理事务经受益人事后追认的，从管理事务开始时起，适用委托合同的有关规定，但是管理人另有意思表示的除外。 释义　本条为新增条款，是关于本人对管理事务进行追认的规定。 管理人管理事务开始后，一旦本人追认，管理人与本人之间的权利义

相关法律、司法解释规定	民法典
	务法律关系就由无因管理制度调整为由委托合同制度来调整。本人的追认具有溯及既往的效力。当然，受托人履行的注意义务程度要高于无因管理制度中管理人的注意义务程度，本条还规定，管理人另有意思表示的除外。
	第二十九章　不当得利
《民法通则》 **第九十二条**　没有合法根据，取得不当利益，造成他人损失的，应当将取得的不当利益返还受损失的人。	**第九百八十五条　得利人没有法律根据取得不当利益的，受损失的人可以请求得利人返还取得的利益，但是有下列情形之一的除外：** **（一）为履行道德义务进行的给付；** **（二）债务到期之前的清偿；** **（三）明知无给付义务而进行的债务清偿。** 释义　本条是关于不当得利效力及不得请求返还的不当得利的规定。 本条在《民法通则》基础上调整了相关文字表述，并吸收域外法律经验，增加三项请求权排除事由。
	第九百八十六条　得利人不知道且不应当知道取得的利益没有法律根据，取得的利益已经不存在的，不承担返还该利益的义务。 释义　本条为新增条款，是关于善意得利人的返还责任的规定。 本条之所以如此规定，是因为法律使善意受领人的财产状态不致因发生不当得利而受不利的影响。这里的“善意”，是指受领人非因过失不知（不知且不应知）没有法律根据（无法律上的原因）。

相关法律、司法解释规定	民法典
	第九百八十七条　得利人知道或者应当知道取得的利益没有法律根据的，受损失的人可以请求得利人返还其取得的利益并依法赔偿损失。 释义　本条为新增条款，是关于恶意得利人的返还责任的规定。 恶意，是指受领人明知没有法律根据（无法律上的原因），包括受领时明知和其后明知，以及因过失而不知晓的情形。由于认定是否知道或者应当知道有没有法律根据（欠缺法律原因的认识）较为困难，受领人依其对事实的认识和法律上的判断知晓或者应当知晓其欠缺保有所获利益的正当根据（依据常识判断即可）时就足够了，不以确实了解或者应当了解整个法律关系为必要。
	第九百八十八条　得利人已经将取得的利益无偿转让给第三人的，受损失的人可以请求第三人在相应范围内承担返还义务。 释义　本条为新增条款，是关于第三人的返还义务的规定。 理解“无偿转让给第三人”时应该注意：(1) 须为无偿转让，如赠与或遗赠。只要是有偿转让，不论是否支付合理对价，都不能够要求第三人承担返还义务。(2) 须为原受领人所应返还的赠与物，包括所受利益以及基于该利益更有所得者。

相关法律、司法解释规定	民法典
	第四编　人　格　权 释义　本编为新增规定，坚持以人民为中心，顺应人民群众对人格权保护的迫切需求，在现行有关法律法规和司法解释的基础上，对人格权的一般规定以及各种具体人格权作了较为详细的规定，为人格权保护奠定和提供充分的规范基础。
	第一章　一般规定
	第九百八十九条　本编调整因人格权的享有和保护产生的民事关系。 释义　本条是关于人格权编调整范围的规定。 应当注意的是，本编调整范围所涉及的是人格权而非人格。人格，指的是民事主体享有民事权利、承担民事义务的法律资格。与"人格"相对应的概念是民事权利能力，而人格权是民事权利的一种。
	第九百九十条　人格权是民事主体享有的生命权、身体权、健康权、姓名权、名称权、肖像权、名誉权、荣誉权、隐私权等权利。 **除前款规定的人格权外，自然人享有基于人身自由、人格尊严产生的其他人格权益。** 释义　本条是关于人格权类型的规定。 需要注意的是，本条第 1 款列举了人格权的具体类型，第 2 款规定了人格权益的一般条款，所以，本法人格权编第一章关于人格权的一般规定

相关法律、司法解释规定	民法典
	中出现的"人格权"，一般既包括法律所明确列举的人格权，也包括自然人所享有的除明确列举的人格权之外的，基于人身自由、人格尊严产生的其他人格权益。
	第九百九十一条　民事主体的人格权受法律保护，任何组织或者个人不得侵害。 释义　本条是关于人格权受法律保护的规定。
	第九百九十二条　人格权不得放弃、转让或者继承。 释义　本条是关于人格权不得放弃、转让或者继承的规定。 人格权具有人身专属性，只能为特定的权利人所享有，与权利主体不可分离。
	第九百九十三条　民事主体可以将自己的姓名、名称、肖像等许可他人使用，但是依照法律规定或者根据其性质不得许可的除外。 释义　本条是关于姓名、名称、肖像等的许可使用的规定。 本条基于人格尊严保护的要求，规定了对姓名、肖像等许可使用的限制：（1）依照法律规定不得许可使用。例如，《人类辅助生殖技术管理办法》第3条第2款规定了医疗机构和医务人员不得实施任何形式的代孕技术。（2）根据其性质不得许可使用，主要指的是人格尊严以及公序良俗的限制。

相关法律、司法解释规定	民法典
《精神损害赔偿司法解释》 **第三条** 自然人死亡后，其近亲属因下列侵权行为遭受精神痛苦，向人民法院起诉请求赔偿精神损害的，人民法院应当依法予以受理： （一）以侮辱、诽谤、贬损、丑化或者违反社会公共利益、社会公德的其他方式，侵害死者姓名、肖像、名誉、荣誉； （二）非法披露、利用死者隐私，或者以违反社会公共利益、社会公德的其他方式侵害死者隐私； （三）非法利用、损害遗体、遗骨，或者以违反社会公共利益、社会公德的其他方式侵害遗体、遗骨。	**第九百九十四条 死者的姓名、肖像、名誉、荣誉、隐私、遗体等受到侵害的，其配偶、子女、父母有权依法请求行为人承担民事责任；死者没有配偶、子女且父母已经死亡的，其他近亲属有权依法请求行为人承担民事责任。** 释义 本条借鉴既有的司法经验，参酌比较法，对死者的人格利益保护进行了明确规定。
《民法通则》 **第一百二十条** 公民的姓名权、肖像权、名誉权、荣誉权受到侵害的，有权要求停止侵害，恢复名誉，消除影响，赔礼道歉，并可以要求赔偿损失。 法人的名称权、名誉权、荣誉权受到侵害的，适用前款规定。	**第九百九十五条 人格权受到侵害的，受害人有权依照本法和其他法律的规定请求行为人承担民事责任。受害人的停止侵害、排除妨碍、消除危险、消除影响、恢复名誉、赔礼道歉请求权，不适用诉讼时效的规定。** 释义 本条是关于人格权保护和损害赔偿请求权之外的其他请求权不适用诉讼时效的规定。
	第九百九十六条 因当事人一方的违约行为，损害对方人格权并造成严重精神损害，受损害方选择请求其承担违约责任的，不影响受损害方请求精神损害赔偿。 释义 本条是关于损害人格权责任竞合情形下精神损害赔偿的规定。 在违约责任与侵权责任存在竞合

相关法律、司法解释规定	民法典
	的情形中，允许受损害方请求行为人承担违约责任的同时主张精神损害赔偿，有利于为受害人提供不同救济渠道的选择，拓展在此类情形下精神损害的救济方法，符合加强人格权保护的比较法发展趋势，是一个重要的进步。
	第九百九十七条　民事主体有证据证明行为人正在实施或者即将实施侵害其人格权的违法行为，不及时制止将使其合法权益受到难以弥补的损害的，有权依法向人民法院申请采取责令行为人停止有关行为的措施。 释义　本条是关于申请人民法院责令行为人停止有关行为的规定。 本条适用的前提有三个：一是行为人正在实施或者即将实施侵害其人格权的违法行为。二是不及时制止将使权利人的合法权益受到难以弥补的损害。三是民事主体必须提出相关的证据，证明已经具备了申请责令停止有关行为的上述两个前提条件。
	第九百九十八条　认定行为人承担侵害除生命权、身体权和健康权外的人格权的民事责任，应当考虑行为人和受害人的职业、影响范围、过错程度，以及行为的目的、方式、后果等因素。 释义　本条是关于认定行为人承担责任时的考量因素的规定。 保护人格权是宪法尊重和保护人格尊严的要求，人格权保护的价值并

相关法律、司法解释规定	民法典
	非在所有情形中，总是一般性地、抽象地高于其他价值。生命权、身体权和健康权是自然人赖以生存的最基本的人格权，应该予以最高程度的特殊保护。其他人格权，则必须在个案和具体情形中对所有相关价值进行综合权衡。
	第九百九十九条　为公共利益实施新闻报道、舆论监督等行为的，可以合理使用民事主体的姓名、名称、肖像、个人信息等；使用不合理侵害民事主体人格权的，应当依法承担民事责任。 释义　本条是关于实施新闻报道、舆论监督等行为时使用民事主体特定人格利益的规定。
《最高人民法院审理利用信息网络侵害人身权益民事纠纷案件适用法律若干问题的规定》 第十六条　~~人民法院判决侵权人~~承担赔礼道歉、消除影响或者恢复名誉等责任形式的，应当与侵权的具体方式和所造成的影响范围相当。侵权人拒不履行的，人民法院可以采取在网络上发布公告或者公布裁判文书等~~合理的~~方式执行，~~由此~~产生的费用由侵权人承担。	**第一千条　行为人因侵害人格权承担消除影响、恢复名誉、赔礼道歉等民事责任的，应当与行为的具体方式和造成的影响范围相当。** **行为人拒不承担前款规定的民事责任的，人民法院可以采取在报刊、网络等媒体上发布公告或者公布生效裁判文书等方式执行，产生的费用由行为人负担。** 释义　本条是关于消除影响、恢复名誉、赔礼道歉责任方式的规定。 需要注意，行为人拒不承担消除影响、恢复名誉、赔礼道歉的民事责任，人民法院采取强制执行措施是“可以”而非“应当”，鉴于侵害人格权的情形较为复杂，有时发布公告

相关法律、司法解释规定	民法典
	或者公布裁判文书可能会导致后续的损害，因此赋予人民法院根据情况加以酌定处理成为必要。
	第一千零一条　对自然人因婚姻家庭关系等产生的身份权利的保护，适用本法第一编、第五编和其他法律的相关规定；没有规定的，可以根据其性质参照适用本编人格权保护的有关规定。 释义　本条是关于身份权利保护参照适用人格权保护规则的规定。 身份权利和人格权利虽然不同，但是两者存在密切的关系。建立和维持与他人之间的身份关系，本身就是人格发展的必要条件，保护身份权利往往同时就是保护个人利益。两种权利都不可转让，具有极强的道德性等相似的属性。据此，为完善身份权利的保护，体现民法典编纂的体系性，本条作此规定。
	第二章　生命权、身体权和健康权
《民法通则》 **第九十八条**　公民享有生命健康权。	**第一千零二条**　自然人享有生命权。**自然人的生命安全和生命尊严受法律保护。任何组织或者个人不得侵害他人的生命权。** 释义　本条是关于生命权的规定。 《民法通则》第98条规定，公民享有生命健康权。但是，因为生命权和健康权在权利内容上存在区别，并且生命的丧失不可逆转，因此《侵权责任法》第2条第2款已经将生命权和健康权区分为两种不同的民事权利予以规定。本条延续了《侵权责任法》的规定，区分生命权和健康权。

相关法律、司法解释规定	民法典
	第一千零三条　自然人享有身体权。自然人的身体完整和行动自由受法律保护。任何组织或者个人不得侵害他人的身体权。 释义　本条是关于身体权的规定。 身体权，是指自然人享有的以身体完整和行动自由受法律保护为内容的权利。需要注意，当他人侵害自然人的身体，但未侵害自然人的组织和功能正常时，侵害的仅是自然人的身体权，而非健康权。例如，未经同意剪掉别人的长发、眉毛等。当他人侵害自然人的身体已经达到使自然人的组织和功能不正常时，则侵害的是自然人的健康权。
《民法通则》 **第九十八条**　公民享有~~生命~~健康权。	**第一千零四条**　自然人享有健康权。**自然人的身心健康受法律保护。任何组织或者个人不得侵害他人的健康权。** 释义　本条是关于健康权的规定。 健康权是自然人享有的以身心健康受法律保护为内容的权利。
	第一千零五条　自然人的生命权、身体权、健康权受到侵害或者处于其他危难情形的，负有法定救助义务的组织或者个人应当及时施救。 释义　本条是关于法定救助义务的规定。 本条适用的法律效果是，负有法定救助义务的组织或者个人应当及时施救。首先，应当及时施救，不得以未付费等为由拒绝或者拖延救助。其

相关法律、司法解释规定	民法典
	次，施救的措施包括亲自救助或者通过联系国家机关、急救机构等方式。
《人体器官移植条例》 **第七条** ~~人体器官捐献应当遵循自愿、无偿的原则。~~ ~~公民享有捐献或者不捐献其人体器官的权利；~~任何组织或者个人不得强迫、欺骗或者利诱他人捐献~~人体器官~~。 **第八条** 捐献人体器官的公民应当具有完全民事行为能力。公民捐献其人体器官应当有书面形式的捐献意愿~~，对已经表示捐献其人体器官的意愿，有权予以撤销~~。 ~~公民生前表示不同意捐献其人体器官的，任何组织或者个人不得捐献、摘取该公民的人体器官；~~公民生前未表示不同意捐献~~其人体器官~~的，该公民死亡后，其配偶、成年子女、父母可以以书面形式共同表示同意捐献该公民人体器官的意愿。	**第一千零六条 完全民事行为能力人有权依法自主决定无偿捐献其人体细胞、人体组织、人体器官、遗体。**任何组织或者个人不得强迫、欺骗、利诱其捐献。 完全民事行为能力人依据前款规定同意捐献的，应当采用书面形式，**也可以订立遗嘱**。 自然人生前未表示不同意捐献的，该自然人死亡后，其配偶、成年子女、父母可以共同决定捐献，决定捐献应当采用书面形式。 **释义** 本条是关于人体捐献的规定。 遗体捐献有利于医学研究和救治他人，为了给人体捐献和移植提供一个有序的、符合伦理标准并且可接受的框架，规范人体捐献，保证医疗质量，保障人体健康，有利于移植临床救治和医学的发展等，本条吸收了国务院《人体器官移植条例》的相关内容，借鉴比较立法例，对人体捐献予以规定，并设定了严格的条件。
《人体器官移植条例》 **第三条** ~~任何组织或者个人不得~~以任何形式买卖人体器官~~，不得从事与买卖人体器官有关的活动~~。	**第一千零七条 禁止**以任何形式买卖**人体细胞、人体组织、**人体器官、**遗体**。 **违反前款规定的买卖行为无效。** **释义** 本条是关于禁止买卖人体细胞、人体组织、人体器官、遗体的规定。

相关法律、司法解释规定	民法典
	根据本条规定，人体捐赠只能是无偿的。但应将人体买卖和依据法律规定对捐赠人或者其近亲属的补偿或者救助、各种成本的补偿区分开。
	第一千零八条　为研制新药、医疗器械或者发展新的预防和治疗方法，需要进行临床试验的，应当依法经相关主管部门批准并经伦理委员会审查同意，向受试者或者受试者的监护人告知试验目的、用途和可能产生的风险等详细情况，并经其书面同意。 **进行临床试验的，不得向受试者收取试验费用。** 释义　本条是关于人体临床试验的规定。 人体临床试验，又称为人体试验，是指在病人或健康志愿者等受试者的人体上进行系统性研究，以了解新药、医疗器械或者发展新的预防和治疗方法的疗效与安全性。人体试验的伦理原则是公正、尊重人格、力求使受试者最大程度受益和尽可能避免伤害，具体包括知情同意、控制风险、免费和补偿、保护隐私、依法赔偿、特殊保护等，而其中的基础和首要前提是受试者的知情同意，体现了受试者对人体试验的自决权。
	第一千零九条　从事与人体基因、人体胚胎等有关的医学和科研活动，应当遵守法律、行政法规和国家有关规定，不得危害人体健康，不得违背伦理道德，不得损害公共利益。

相关法律、司法解释规定	民法典
	释义　本条是关于与人体基因、人体胚胎等有关的医学科研活动的规定。 本条规定了从事与人体基因、人体胚胎等有关的医学和科研活动的法律底线。
	第一千零一十条　违背他人意愿，以言语、文字、图像、肢体行为等方式对他人实施性骚扰的，受害人有权依法请求行为人承担民事责任。 **机关、企业、学校等单位应当采取合理的预防、受理投诉、调查处置等措施，防止和制止利用职权、从属关系等实施性骚扰。** 释义　本条是关于性骚扰的规定。 《妇女权益保障法》第40条、《女职工劳动保护特别规定》第11条均对性骚扰作了规定，最高人民法院也在2018年将“性骚扰责任纠纷”作为新增加的民事案件案由。本条在总结既有立法和司法实践经验的基础上，对性骚扰问题予以回应，明确了性骚扰的认定标准，并规定了相应的行为义务。
	第一千零一十一条　以非法拘禁等方式剥夺、限制他人的行动自由，或者非法搜查他人身体的，受害人有权依法请求行为人承担民事责任。 释义　本条是关于非法剥夺、限制他人行动自由和非法搜查他人身体的规定。

相关法律、司法解释规定	民法典
	第三章　姓名权和名称权
《民法通则》 **第九十九条第一款**　公民享有姓名权，有权决定、使用和依照规定改变自己的姓名~~，禁止他人干涉、盗用、假冒~~。	**第一千零一十二条**　自然人享有姓名权，有权**依法**决定、使用、**变更或者许可他人使用**自己的姓名**，但是不得违背公序良俗**。 释义　本条是关于姓名权内容的规定。 相较于《民法通则》，本条新增了自然人可以许可他人使用姓名的规定。需要注意两点，一是姓名权的主体只能是自然人，任何一个自然人都平等地享有姓名权。二是自然人决定、使用、变更者许可他人使用姓名时不得违反公序良俗。
《民法通则》 **第九十九条第二款**　法人、个体工商户、个人合伙享有名称权。~~企业法人、个体工商户、个人合伙~~有权使用、~~依法~~转让自己的名称。	**第一千零一十三条**　法人、非法人组织享有名称权，有权**依法决定、**使用、**变更、**转让**或者许可他人使用**自己的名称。 释义　本条是关于法人、非法人组织名称权内容的规定。 相较于《民法通则》，本条增加了法人、非法人组织变更、许可他人使用自己名称的规定。
	第一千零一十四条　任何组织或者个人不得以干涉、盗用、假冒等方式侵害他人的姓名权或者名称权。 释义　本条是关于禁止以干涉、盗用、假冒等方式侵害他人的姓名权或者名称权的规定。 本条在干涉、盗用、假冒外加了个“等”字，是因为这三种侵害姓名或名称的行为较为典型，但是侵害姓

相关法律、司法解释规定	民法典
	名或者名称的行为不仅限于这三种，如将他人的姓名作为商品名称或者某一动物的名称等不正当使用姓名的行为。
《全国人民代表大会常务委员会关于〈中华人民共和国民法通则〉第九十九条第一款、〈中华人民共和国婚姻法〉第二十二条的解释》 ~~公民依法享有姓名权。公民行使姓名权，还应当尊重社会公德，不得损害社会公共利益。~~ 公民~~原则上~~应当随父姓或者母姓。有下列情形之一的，可以在父姓和母姓之外选取姓氏： （一）选取其他直系长辈血亲的姓氏； （二）因由法定扶养人以外的人扶养而选取扶养人姓氏； （三）有不违反公序良俗的其他正当理由。 少数民族公民的姓氏可以从本民族的文化传统和风俗习惯。	**第一千零一十五条** 自然人应当随父姓或者母姓，但是有下列情形之一的，可以在父姓和母姓之外选取姓氏： （一）选取其他直系长辈血亲的姓氏； （二）因由法定扶养人以外的人扶养而选取扶养人姓氏； （三）有不违背公序良俗的其他正当理由。 少数民族自然人的姓氏可以遵从本民族的文化传统和风俗习惯。 释义　本条是关于自然人姓氏选取规则的规定。
	第一千零一十六条　自然人决定、变更姓名，或者法人、非法人组织决定、变更、转让名称的，应当依法向有关机关办理登记手续，但是法律另有规定的除外。 **民事主体变更姓名、名称的，变更前实施的民事法律行为对其具有法律约束力。** 释义　本条是关于民事主体决定、变更姓名、名称或者转让自己名称应

相关法律、司法解释规定	民法典
	当遵守的法定程序以及产生的法律效力。 自然人变更自己的姓名，法人、非法人变更自己的名称，都是其外在标识改变，其实质并没有发生改变，其权利义务的归属也不应发生改变，因此，本条第2款特别规定，民事主体变更姓名、名称的，变更前实施的民事法律行为对其具有法律约束力。
	第一千零一十七条　具有一定社会知名度，被他人使用足以造成公众混淆的笔名、艺名、网名、译名、字号、姓名和名称的简称等，参照适用姓名权和名称权保护的有关规定。 释义　本条是关于保护笔名、艺名、网名、译名、字号等的规定。 笔名、艺名、网名、译名、字号等毕竟不是登记的正式姓名或者名称，对其保护时应满足以下条件：一是具有一定社会知名度或者为相关公众所知悉；二是被他人使用足以致使公众混淆。
	第四章　肖像权
《民法通则》 **第一百条**　公民享有肖像权，~~未经本人同意，不得以营利为目的使用公民的肖像~~。	**第一千零一十八条　自然人享有肖像权，有权依法制作、使用、公开或者许可他人使用自己的肖像。** **肖像是通过影像、雕塑、绘画等方式在一定载体上所反映的特定自然人可以被识别的外部形象。** 释义　本条是关于肖像权的权能和肖像概念的规定。 肖像由自然人外部形象、外部形

相关法律、司法解释规定	民法典
	象载体和可识别性三个要件构成。首先，肖像的范围不限于自然人的面部特征，任何足以反映或者可以识别特定自然人的外部形象都可纳入肖像权保护的范畴。其次，肖像是指通过一定载体所能够客观真实地反映出的自然人外部形象，如艺术作品、照片等。最后，肖像应当具有较为清晰的可识别性。
	第一千零一十九条　任何组织或者个人不得以丑化、污损，或者利用信息技术手段伪造等方式侵害他人的肖像权。未经肖像权人同意，不得制作、使用、公开肖像权人的肖像，但是法律另有规定的除外。 **未经肖像权人同意，肖像作品权利人不得以发表、复制、发行、出租、展览等方式使用或者公开肖像权人的肖像。** 释义　本条是关于禁止任何组织或个人侵犯他人肖像权的规定。 "利用信息技术手段伪造"是指利用信息技术手段编造或者捏造他人肖像，以假乱真，以达到利用不存在的事物来谋取非法利益，如现在的AI换脸侵犯他人肖像权等。
	第一千零二十条　合理实施下列行为的，可以不经肖像权人同意： **（一）为个人学习、艺术欣赏、课堂教学或者科学研究，在必要范围内使用肖像权人已经公开的肖像；** **（二）为实施新闻报道，不可避**

相关法律、司法解释规定	民法典
	免地制作、使用、公开肖像权人的肖像； （三）为依法履行职责，国家机关在必要范围内制作、使用、公开肖像权人的肖像； （四）为展示特定公共环境，不可避免地制作、使用、公开肖像权人的肖像； （五）为维护公共利益或者肖像权人合法权益，制作、使用、公开肖像权人的肖像的其他行为。 释义　本条是关于合理使用肖像的情形的规定。 本法在强调加强对肖像权保护的同时，也设置了肖像权保护的例外情形。
	第一千零二十一条　当事人对肖像许可使用合同中关于肖像使用条款的理解有争议的，应当作出有利于肖像权人的解释。
	第一千零二十二条　当事人对肖像许可使用期限没有约定或者约定不明确的，任何一方当事人可以随时解除肖像许可使用合同，但是应当在合理期限之前通知对方。 当事人对肖像许可使用期限有明确约定，肖像权人有正当理由的，可以解除肖像许可使用合同，但是应当在合理期限之前通知对方。因解除合同造成对方损失的，除不可归责于肖像权人的事由外，应当赔偿损失。 释义　本法第1021条和1022条是关

相关法律、司法解释规定	民法典
	于肖像许可使用合同的规定。 肖像许可使用合同，是指肖像权人与他人通过签订合同的方式约定他人在特定期限、特定范围以特定方式使用自己的肖像。与其他合同相比，肖像许可使用合同涉及肖像权人的人格利益，在许可使用时有其特殊规则，本两条即作出相应规定。
	第一千零二十三条　对姓名等的许可使用，参照适用肖像许可使用的有关规定。 **对自然人声音的保护，参照适用肖像权保护的有关规定。** 释义　本条是关于姓名的许可使用和对声音保护的规定。 对自然人的声音应当加以保护，但受到保护的声音应当足以识别到特定自然人，且考虑到声音毕竟还不能构成一种具体人格权，所以只能参照适用肖像的保护规则，不能完全适用肖像保护的规则。
	第五章　名誉权和荣誉权
《民法通则》 **第一百零一条**　公民、法人享有名誉权，公民的人格尊严受法律保护，禁止用侮辱、诽谤等方式损害公民、法人的名誉。	**第一千零二十四条**　民事主体享有名誉权。**任何组织或者个人**不得以侮辱、诽谤等方式侵害他人的名誉权。 **名誉是对民事主体的品德、声望、才能、信用等的社会评价。** 释义　本条是关于名誉权的内容及名誉定义的规定。 确定名誉的内涵是保护名誉权的前提和基础，本条第2款新增了名誉的定义性规定。

相关法律、司法解释规定	民法典
	第一千零二十五条　行为人为公共利益实施新闻报道、舆论监督等行为，影响他人名誉的，不承担民事责任，但是有下列情形之一的除外： **（一）捏造、歪曲事实；** **（二）对他人提供的严重失实内容未尽到合理核实义务；** **（三）使用侮辱性言辞等贬损他人名誉。** 释义　本条是关于如何处理好实施新闻报道、舆论监督等行为与保护名誉权关系问题的规定。 新闻报道涉及社会利益与公众利益，关系到党和国家新闻事业、新闻媒体社会责任以及新闻工作者的权利，关系到言论自由等宪法权利，还关系到人民的知情权，因此对新闻报道、舆论监督侵害名誉权案件，不能按照一般的侵权案件处理。
	第一千零二十六条　认定行为人是否尽到前条第二项规定的合理核实义务，应当考虑下列因素： **（一）内容来源的可信度；** **（二）对明显可能引发争议的内容是否进行了必要的调查；** **（三）内容的时限性；** **（四）内容与公序良俗的关联性；** **（五）受害人名誉受贬损的可能性；** **（六）核实能力和核实成本。** 释义　本条是关于如何判断行为人是否履行了合理核实义务的规定。

相关法律、司法解释规定	民法典
	本条规定的判定是否履行“合理核实义务”的因素是较为抽象的，需要在个案中结合具体情况进行判断，同时，本条规定的六项因素也为实践中的案例类型化和司法实践提炼更具体的规则提供了依据和基础。
《最高人民法院关于审理名誉权案件若干问题的解答》 ~~九、问：因文学作品引起的名誉权纠纷，应如何认定是否构成侵权？~~ ~~答：撰写、~~发表文学作品~~，~~不是以~~生活中~~特定~~的~~人为描写对象，仅是作品的情节与生活中某人的情况相似，不应认定为侵害他人名誉权。 ~~描写真人真事的文学作品，对特定人进行侮辱、诽谤或者披露隐私损害其名誉的；或者虽未写明真实姓名和住址，但事实是以特定人或者特定人的特定事实为描写对象，文中有侮辱、诽谤或者披露隐私的内容，致其名誉受到损害的，应认定为侵害他人名誉权。~~ ~~编辑出版单位在作品已被认定为侵害他人名誉权或者被告知明显属于侵害他人名誉权后，应刊登声明消除影响或者采取其他补救措施；拒不刊登声明，不采取其他补救措施，或者继续刊登、出版侵权作品的，应认定为侵权。~~	**第一千零二十七条　行为人发表的文学、艺术作品以真人真事或者特定人为描述对象，含有侮辱、诽谤内容，侵害他人名誉权的，受害人有权依法请求该行为人承担民事责任。** **行为人发表的**文学、**艺术**作品不以特定人为描述对象，仅其中的情节与该特定人的情况相似的，不承担民事责任。 释义　本条是关于文学艺术作品创作可能产生的名誉侵权问题的规定。 判断某一作品是否不以特定人为描述对象，关键不在于该作品是否指名道姓，而要从实质上认定该作品所描述的对象是否合理地指向现实中的真实人物。
	第一千零二十八条　民事主体有证据证明报刊、网络等媒体报道的内容失实，侵害其名誉权的，有权请求该媒体及时采取更正或者删除等必要措施。

相关法律、司法解释规定	民法典
	释义 本条是关于名誉权人所享有的更正权的规定。
《征信业管理条例》 **第十七条** 信息主体可以向征信机构查询自身信息。个人信息主体有权每年两次免费获取本人的信用报告。 **第二十五条** 信息主体认为征信机构采集、保存、提供的信息存在错误、遗漏的，有权向征信机构或者信息提供者提出异议，要求更正。 征信机构或者信息提供者收到异议，应当按照国务院征信业监督管理部门的规定对相关信息作出存在异议的标注，自收到异议之日起 20 日内进行核查和处理，并将结果书面答复异议人。 经核查，确认相关信息确有错误、遗漏的，信息提供者、征信机构应当予以更正；确认不存在错误、遗漏的，应当取消异议标注；经核查仍不能确认的，对核查情况和异议内容应当予以记载。	**第一千零二十九条　民事主体可以依法查询自己的信用评价；发现信用评价不当的，有权提出异议并请求采取更正、删除等必要措施。信用评价人应当及时核查，经核查属实的，应当及时采取必要措施。** **释义** 本条是关于信用评价的规定。 信用是指对一个民事主体履行义务能力，特别是经济能力的一种社会评价，根据本法第 1024 条的规定，信用是名誉的重要组成部分。
	第一千零三十条　民事主体与征信机构等信用信息处理者之间的关系，适用本编有关个人信息保护的规定和其他法律、行政法规的有关规定。 **释义** 本条是关于处理信用信息所应遵循的规则的规定。 信用信息属于民事主体的个人信息。考虑到个人信息在现代社会对于

相关法律、司法解释规定	民法典
	个人的重要性和易受侵害性，我国加强了对个人信息的保护，本编第六章和《个人信息保护法》《网络安全法》《消费者权益保护法》《电子商务法》《征信业管理条例》等多部法律法规都对个人信息的保护问题作了规定。征信机构等信用信息处理者在处理信用信息时，也应当遵守这些规则。
《民法通则》 **第一百零二条**　公民、法人享有荣誉权，禁止非法剥夺公民、法人的荣誉称号。	**第一千零三十一条**　民事主体享有荣誉权。**任何组织或者个人**不得非法剥夺他人的荣誉称号，**不得诋毁、贬损他人的荣誉。** **获得的荣誉称号应当记载而没有记载的，民事主体可以请求记载；获得的荣誉称号记载错误的，民事主体可以请求更正。** 释义　本条是关于荣誉权的规定。 荣誉是国家和社会对在社会生产生活中作出突出贡献或者有突出表现的民事主体所给予的积极的正式评价。实践中，民事主体的荣誉称号常有没有被记载的情形发生，这实际上变相剥夺了民事主体的荣誉称号；也会发生荣誉称号被记载错误的情形，对荣誉权人的荣誉造成贬损，这都损害了民事主体的名誉权。因此，本条第 2 款作出相应规定，更好保护民事主体的名誉权。
	第六章　隐私权和个人信息保护
	第一千零三十二条　**自然人享有隐私权。任何组织或者个人不得以刺探、侵扰、泄露、公开等方式侵害他**

相关法律、司法解释规定	民法典
	的隐私权。 **隐私是自然人的私人生活安宁和不愿为他人知晓的私密空间、私密活动、私密信息。** 释义　本条是关于隐私权内容以及隐私定义的规定。 本条第2款对隐私的定义进行了界定。隐私是自然人的私人生活安宁和不愿为他人知晓的私密空间、私密活动、私密信息。实践中，判断自然人的某一具体事物或者事务是否为隐私，一般可以从三个方面进行判断：一是私人性，不属于自然人私人的事物或者状态不属于隐私。二是主客观相结合性。隐私是一种客观状态，不以他人意志、评价等为转移。同时，隐私又具有主观感受性，即自然人内心不愿为他人所知或干扰。三是发展性，即隐私的范围和内容并非一成不变，它是随着社会的变迁而不断发展变化的。
	第一千零三十三条　除法律另有规定或者权利人明确同意外，任何组织或者个人不得实施下列行为： **（一）以电话、短信、即时通讯工具、电子邮件、传单等方式侵扰他人的私人生活安宁；** **（二）进入、拍摄、窥视他人的住宅、宾馆房间等私密空间；** **（三）拍摄、窥视、窃听、公开他人的私密活动；** **（四）拍摄、窥视他人身体的私密部位；**

相关法律、司法解释规定	民法典
	（五）处理他人的私密信息； **（六）以其他方式侵害他人的隐私权。** 释义　本条是关于禁止从事的侵害他人隐私权的主要行为的规定。
《网络安全法》 **第七十六条第五项**　~~本法下列用语的含义：~~ ~~（五）~~个人信息~~，~~是~~指~~以电子或者其他方式记录的能够单独或者与其他信息结合识别自然人~~个人身份~~的各种信息，包括~~但不限于~~自然人的姓名、出生日期、身份证件号码、~~个人~~生物识别信息、住址、电话号码等。	**第一千零三十四条　自然人的个人信息受法律保护。** 个人信息是以电子或者其他方式记录的能够单独或者与其他信息结合识别**特定**自然人的各种信息，包括自然人的姓名、出生日期、身份证件号码、生物识别信息、住址、电话号码、**电子邮箱、健康信息、行踪信息**等。 **个人信息中的私密信息，适用有关隐私权的规定；没有规定的，适用有关个人信息保护的规定。** 释义　本条明确了个人信息的定义以及隐私与个人信息的关系。
《网络安全法》 **第四十一条**　网络运营者收集、使用个人信息，应当遵循合法、正当、必要的原则，公开收集、使用规则，明示收集、使用信息的目的、方式和范围，并经被收集者同意。 网络运营者不得收集与其提供的服务无关的个人信息，不得违反法律、行政法规的规定和双方的约定收集、使用个人信息，并应当依照法律、行政法规的规定和与用户的约定，处理其保存的个人信息。	**第一千零三十五条　处理个人信息的，应当遵循合法、正当、必要原则，不得过度处理，并符合下列条件：** **（一）征得该自然人或者其监护人同意，但是法律、行政法规另有规定的除外；** **（二）公开处理信息的规则；** **（三）明示处理信息的目的、方式和范围；** **（四）不违反法律、行政法规的规定和双方的约定。** **个人信息的处理包括个人信息的收集、存储、使用、加工、传输、提供、公开等。**

相关法律、司法解释规定	民法典
	释义　本条是关于处理个人信息应当遵循合法、正当、必要的原则以及需要符合其他条件的规定。
	第一千零三十六条　处理个人信息，有下列情形之一的，行为人不承担民事责任： **（一）在该自然人或者其监护人同意的范围内合理实施的行为；** **（二）合理处理该自然人自行公开的或者其他已经合法公开的信息，但是该自然人明确拒绝或者处理该信息侵害其重大利益的除外；** **（三）为维护公共利益或者该自然人合法权益，合理实施的其他行为。** 释义　本条是关于处理个人信息可以免责情形的规定。 为了处理好个人信息保护与信息自由流通这二者之间的关系，本条明确规定了行为人处理个人信息不承担民事责任的三种情形。
《网络安全法》 **第四十三条**　个人发现网络运营者违反法律、行政法规的规定或者双方的约定收集、使用其个人信息的，有权要求网络运营者删除其个人信息；发现网络运营者收集、存储的其个人信息有错误的，有权要求网络运营者予以更正。网络运营者应当采取措施予以删除或者更正。	**第一千零三十七条　自然人可以依法向信息处理者查阅或者复制其个人信息；发现信息有错误的，有权提出异议并请求及时采取更正等必要措施。** **自然人发现信息处理者违反法律、行政法规的规定或者双方的约定处理其个人信息的，有权请求信息处理者及时删除。** 释义　本条是关于信息主体查阅、复制和更正、删除权的规定。

相关法律、司法解释规定	民法典
《网络安全法》 **第四十二条** 网络运营者不得泄露、篡改、~~毁损~~其收集的个人信息；未经被收集者同意，不得向他人提供个人信息。但是，经过处理无法识别特定个人且不能复原的除外。 网络运营者应当采取技术措施和其他必要措施，确保其收集的个人信息安全，防止信息泄露、~~毁损~~、丢失。在发生或者可能发生个人信息泄露、~~毁损~~、丢失的~~情况时~~，应当立即采取补救措施，按照规定~~及时~~告知用户并向有关主管部门报告。	**第一千零三十八条** 信息处理者不得泄露或者篡改其收集、**存储**的个人信息；未经自然人同意，不得向他人**非法**提供**其**个人信息，但是经过加工无法识别特定个人且不能复原的除外。 信息处理者应当采取技术措施和其他必要措施，确保其收集、**存储**的个人信息安全，防止信息泄露、**篡改**、丢失；发生或者可能发生个人信息泄露、**篡改**、丢失的，应当及时采取补救措施，按照规定告知自然人并向有关主管部门报告。 **释义** 本条是关于信息处理者对个人信息安全保护义务的规定。 我国现行的《个人信息保护法》《网络安全法》《电子商务法》《消费者权益保护法》等法律和多部行政法规均对个人信息的安全保护义务作了规定。为了更好地保护个人信息，本条专门对信息处理者的安全保护义务作了规定。
	第一千零三十九条 国家机关、承担行政职能的法定机构及其工作人员对于履行职责过程中知悉的自然人的隐私和个人信息，应当予以保密，不得泄露或者向他人非法提供。 **释义** 本条是关于国家机关、承担行政职能的法定机构及其工作人员对个人信息的保密义务的规定。 若国家机关、承担行政职能的法定机构及其工作人员在履行职责过程中违反保密义务，侵害了自然人的权

相关法律、司法解释规定	民法典
	益，权利人可以根据《国家赔偿法》或者其他相关法律的规定要求国家机关、承担行政职能的法定机构及其工作人员承担法律责任。
	第五编　婚姻家庭
	第一章　一般规定
《婚姻法》 **第一条**　本法是婚姻家庭~~关系的基本准则~~。	**第一千零四十条**　**本编调整因婚姻家庭产生的民事关系。** 释义　本条是关于婚姻家庭编调整范围的规定。 婚姻家庭编主要吸收了《婚姻法》《收养法》及相关司法解释的内容。
《婚姻法》 **第二条**　实行婚姻自由、一夫一妻、男女平等的婚姻制度。 保护妇女、儿童和老人的合法权益。 ~~实行计划生育~~。	**第一千零四十一条**　婚姻家庭受国家保护。 实行婚姻自由、一夫一妻、男女平等的婚姻制度。 保护妇女、未成年人、老年人、**残疾人**的合法权益。 释义　本条是关于婚姻家庭关系基本原则的规定。 相较于《婚姻法》，本条主要有如下修改：（1）将“儿童”改为“未成年人”，将“老人”改为“老年人”，使得法律用语更加规范、严谨，也与《未成年人保护法》《老年人权益保障法》的用词相统一。（2）特别增加了规定保护残疾人的原则。保护残疾人婚姻家庭权益，能够促进家庭和谐安定，也体现了公平和正义。（3）根据现实国情需要，删除“实行计划生育”的规定。

相关法律、司法解释规定	民法典
《婚姻法》 **第三条**　禁止包办、买卖婚姻和其他干涉婚姻自由的行为。禁止借婚姻索取财物。 禁止重婚。禁止有配偶者与他人同居。禁止家庭暴力。禁止家庭成员间的虐待和遗弃。	**第一千零四十二条**　禁止包办、买卖婚姻和其他干涉婚姻自由的行为。禁止借婚姻索取财物。 禁止重婚。禁止有配偶者与他人同居。 禁止家庭暴力。禁止家庭成员间的虐待和遗弃。 **释义**　本条是关于禁止的婚姻家庭行为的规定。
《婚姻法》 **第四条**　夫妻应当互相忠实，互相尊重；家庭成员~~间~~应当敬老爱幼，互相帮助，维护平等、和睦、文明的婚姻家庭关系。	**第一千零四十三条**　**家庭应当树立优良家风，弘扬家庭美德，重视家庭文明建设。** 夫妻应当互相忠实，互相尊重，**互相关爱**；家庭成员应当敬老爱幼，互相帮助，维护平等、和睦、文明的婚姻家庭关系。 **释义**　本条是关于婚姻家庭道德规范的规定。 相较于《婚姻法》，本条主要有两处修改：(1) 第 1 款增加优良家风、家庭美德等内容，是社会主义核心价值观在婚姻家庭编的具体体现。(2) 第 2 款在表述中增加“互相关爱”，是考虑到夫妻之间除应互相忠实、互相尊重外，还应当互相关爱。
《收养法》 **第二条**　收养应当有利于被收养的未成年人的抚养、成长，保障被收养人和收养人的合法权益~~，遵循平等自愿的原则，并不得违背社会公德~~。 **第二十条**　严禁~~买卖儿童或者~~借收养名义买卖儿童。	**第一千零四十四条**　收养应当遵循最有利于被收养人的原则，保障被收养人和收养人的合法权益。 禁止借收养名义买卖未成年人。 **释义**　本条是关于收养原则的规定。 本条将《收养法》第 2 条和第 20 条规定合并修改为一条，并作了相

相关法律、司法解释规定	民法典
	应修改。“最有利于被收养人的原则”的根据是《儿童权利公约》的儿童利益最大化原则，我国是公约参加国，应当贯彻公约规定的原则。《收养法》规定的“平等自愿原则”“不得违背社会公德”，本法总则编有规定，这里不再重复规定。“买卖儿童”的问题由其他有关法律规定，这里也不再重复规定。
《民通意见》 12. 民法通则中规定的近亲属，包括配偶、父母、子女、兄弟姐妹、祖父母、外祖父母、孙子女、外孙子女。	**第一千零四十五条　亲属包括配偶、血亲和姻亲。** 配偶、父母、子女、兄弟姐妹、祖父母、外祖父母、孙子女、外孙子女为近亲属。 **配偶、父母、子女和其他共同生活的近亲属为家庭成员。** 释义　本条是关于亲属、近亲属与家庭成员的规定。 亲属、近亲属与家庭成员是婚姻家庭法律中的基本概念，《民法典》之前的法律对此没有作出专门规定，为便于司法实践适用，本条作了规定。
	第二章　结　婚
《婚姻法》 **第五条**　结婚必须男女双方完全自愿，不许任何一方对他方加以强迫或任何第三者加以干涉。	**第一千零四十六条**　结婚应当男女双方完全自愿，禁止任何一方对另一方加以强迫，**禁止任何**组织或者个人加以干涉。 释义　本条是关于结婚自愿的规定。 相较于《婚姻法》，本条仅作了文字性修改，使法律术语的表达更为严谨和明确。

相关法律、司法解释规定	民法典
《婚姻法》 **第六条** 结婚年龄，男不得早于二十二周岁，女不得早于二十周岁。~~晚婚晚育应予鼓励。~~	**第一千零四十七条** 结婚年龄，男不得早于二十二周岁，女不得早于二十周岁。 **释义** 本条是关于法定结婚年龄的规定。 进入21世纪后，我国老龄化速度加快，为更好适应国情需要，本条删除晚婚晚育的相关规定。
《婚姻法》 **第七条** ~~有下列情形之一的，~~禁止结婚： ~~（一）~~直系血亲和三代以内的旁系血亲~~；~~ ~~（二）患有医学上认为不应当结婚的疾病。~~	**第一千零四十八条** 直系血亲或者三代以内的旁系血亲禁止结婚。 **释义** 本条是关于禁止结婚的情形的规定。 相较于《婚姻法》，本条删除了禁止结婚疾病的规定，更加强调民法的私法性质。当然，法律不再规定禁止患有某些疾病的人结婚，并不意味着法律对此不予干预，任由当事人作为。本法第1053条可撤销婚姻中作了专门规定。
《婚姻法》 **第八条** 要求结婚的男女双方必须亲自到婚姻登记机关进行结婚登记。符合本法规定的，予以登记，发给结婚证。取得结婚证，即确立夫妻关系。未办理结婚登记的，应当补办登记。	**第一千零四十九条** 要求结婚的男女双方应当亲自到婚姻登记机关申请结婚登记。符合本法规定的，予以登记，发给结婚证。完成结婚登记，即确立婚姻关系。未办理结婚登记的，应当补办登记。 **释义** 本条是关于结婚程序的规定。 结婚登记是国家对婚姻关系的建立进行监督和管理的制度。本条将婚姻关系的确立时间由“取得结婚证”改为“完成结婚登记”，强化了结婚登记的公示公信效力。

相关法律、司法解释规定	民法典
《婚姻法》 **第九条** 登记结婚后，根据男女双方约定，女方可以成为男方家庭的成员，男方可以成为女方家庭的成员。	**第一千零五十条** 登记结婚后，按照男女双方约定，女方可以成为男方家庭的成员，男方可以成为女方家庭的成员。 **释义** 本条是关于男女双方互为家庭成员的规定。
《婚姻法》 **第十条** 有下列情形之一的，婚姻无效： （一）重婚的； （二）有禁止结婚的亲属关系的； ~~（三）婚前患有医学上认为不应当结婚的疾病，婚后尚未治愈的；~~ （四）未到法定婚龄的。	**第一千零五十一条** 有下列情形之一的，婚姻无效： （一）重婚； （二）有禁止结婚的亲属关系； （三）未到法定婚龄。 **释义** 本条是关于无效婚姻的规定。 本条将医学上不认为应当结婚的疾病从婚姻无效的情形中删除，与第1048条禁止结婚疾病删除理由保持一致。
《婚姻法》 **第十一条** 因胁迫结婚的，受胁迫的一方可以向~~婚姻登记机关或~~人民法院请求撤销~~该~~婚姻。受胁迫的一方撤销婚姻的请求，应当自~~结婚登记~~之日起一年内提出。被非法限制人身自由的当事人请求撤销婚姻的，应当自恢复人身自由之日起一年内提出。	**第一千零五十二条** 因胁迫结婚的，受胁迫的一方可以向人民法院请求撤销婚姻。 请求撤销婚姻的，应当自**胁迫行为终止**之日起一年内提出。 被非法限制人身自由的当事人请求撤销婚姻的，应当自恢复人身自由之日起一年内提出。 **释义** 本条是关于受胁迫的可撤销婚姻的规定。 本条将《婚姻法》中的“自结婚登记之日起一年内提出”修改为“自胁迫行为终止之日起一年内提出”，是考虑到胁迫行为可能延续到结婚登记后一年之后，作此修改更为合理。

相关法律、司法解释规定	民法典
	第一千零五十三条　一方患有重大疾病的，应当在结婚登记前如实告知另一方；不如实告知的，另一方可以向人民法院请求撤销婚姻。 **请求撤销婚姻的，应当自知道或者应当知道撤销事由之日起一年内提出。** 释义　本条是关于因隐瞒重大疾病的可撤销婚姻的规定。 本条为新增条款。鉴于民法的私法性质和医学技术的快速发展，本法删除了禁婚疾病的内容。本法坚持婚姻自由原则，有无重大疾病不影响婚姻的缔结。但是，患病一方负有婚前向对方如实告知的义务，如不告知，可能构成婚姻欺诈，对方有权请求人民法院撤销其婚姻。
《婚姻法》 **第十二条**　无效或被撤销的婚姻，自始无效。当事人不具有夫妻的权利和义务。同居期间所得的财产，由当事人协议处理；协议不成时，由人民法院根据照顾无过错方的原则判决。对重婚导致的婚姻无效的财产处理，不得侵害合法婚姻当事人的财产权益。当事人所生的子女，适用本法有关父母子女的规定。	**第一千零五十四条**　无效的或者被撤销的婚姻自始没有法律约束力，当事人不具有夫妻的权利和义务。同居期间所得的财产，由当事人协议处理；协议不成的，由人民法院根据照顾无过错方的原则判决。对重婚导致的无效婚姻的财产处理，不得侵害合法婚姻当事人的财产权益。当事人所生的子女，适用本法关于父母子女的规定。 **婚姻无效或者被撤销的，无过错方有权请求损害赔偿。** 释义　本条是关于婚姻无效或者被撤销的法律后果的规定。 本条第2款增加婚姻无效或被撤销时无过错方的损害赔偿请求权，是

相关法律、司法解释规定	民法典
	因为无效婚姻和可撤销婚姻给无过错的当事人带来极大伤害，仅规定根据照顾无过错方的原则分配财产远远不够。受到伤害就应有权请求赔偿，赋予无过错方请求损害赔偿的权利，更有利于保护无过错方的权益。
	第三章　家庭关系
	第一节　夫妻关系
《婚姻法》 **第十三条**　夫妻在家庭中地位平等。	**第一千零五十五条**　夫妻在婚姻家庭中地位平等。 **释义**　本条是关于夫妻地位平等的规定。 本条将“家庭”改为“婚姻家庭”，用语更为准确、规范，法条的实质含义并未发生改变。
《婚姻法》 **第十四条**　夫妻双方都有各用自己姓名的权利。	**第一千零五十六条**　夫妻双方都有各自使用自己姓名的权利。 **释义**　本条是关于夫妻姓名权的规定。
《婚姻法》 **第十五条**　夫妻双方都有参加生产、工作、学习和社会活动的自由，一方不得对他方加以限制或干涉。	**第一千零五十七条**　夫妻双方都有参加生产、工作、学习和社会活动的自由，一方不得对另一方加以限制或者干涉。 **释义**　本条是关于夫妻人身自由权的规定。
《婚姻法》 **第二十一条第一款**　父母对子女有抚养教育的义务~~；子女对父母有赡养扶助的义务~~。	**第一千零五十八条**　**夫妻双方平等享有对未成年子女抚养、教育和保护的权利，共同承担**对未成年子女抚养、教育和保护的义务。 **释义**　本条是关于夫妻双方平等享有和共同承担对未成年子女抚养、教

相关法律、司法解释规定	民法典
	育和保护的权利和义务的规定。 本条修改对夫妻共同亲权原则作了进一步的明确和强调，该原则实际上是男女平等原则的体现。父母对子女的抚养、教育和保护的权利和义务，由父母双方平等享有、共同承担。
《婚姻法》 **第二十条**　夫妻有互相扶养的义务。 一方不履行扶养义务时，需要扶养的一方，有要求对方付给扶养费的权利。	**第一千零五十九条**　夫妻有相互扶养的义务。 需要扶养的一方，在另一方不履行扶养义务时，有要求其给付扶养费的权利。 释义　本条是关于夫妻相互扶养义务的规定。 相较于《婚姻法》，本条仅在语言顺序上进行调整，不构成对条文实质性内容的变更。
《婚姻法司法解释（一）》 **第十七条**　婚姻法第十七条关于“夫妻对夫妻共同所有的财产，有平等的处理权”的规定，应当理解为： （一）夫或妻在处理夫妻共同财产上的权利是平等的。因日常生活需要而处理夫妻共同财产的，任何一方均有权决定。 （二）夫或妻非因日常生活需要对夫妻共同财产做重要处理决定，夫妻双方应当平等协商，取得一致意见。他人有理由相信其为夫妻双方共同意思表示的，另一方不得以不同意或不知道为由对抗善意第三人。	**第一千零六十条　夫妻一方因家庭日常生活需要而实施的民事法律行为，对夫妻双方发生效力，但是夫妻一方与相对人另有约定的除外。** **夫妻之间对一方可以实施的民事法律行为范围的限制，不得对抗善意相对人。** 释义　本条为新增条款，是关于夫妻日常家事代理权的规定。 夫妻日常家事代理权，是指夫妻一方因家庭日常生活需要而与第三方为一定民事法律行为时互为代理的权利。夫妻一方在日常家庭事务范围内，与第三方所实施的一定民事法律行为，视为依夫妻双方的意思表示所为的民事法律行为，另一方也应承担因此而产生的法律后果。

相关法律、司法解释规定	民法典
《婚姻法》 **第二十四条第一款**　夫妻有相互继承遗产的权利。	**第一千零六十一条**　夫妻有相互继承遗产的权利。 **释义**　本条是关于夫妻相互遗产继承权的规定。
《婚姻法》 **第十七条**　夫妻在婚姻关系存续期间所得的下列财产，归夫妻共同所有： （一）工资、奖金； （二）生产、经营的收益； （三）知识产权的收益； （四）继承<u>或赠与所得</u>的财产，<u>但</u>本法<u>第十八条</u>第三项规定的除外； （五）其他应当归共同所有的财产。 夫妻对共同~~所有的~~财产，有平等的处理权。	**第一千零六十二条**　夫妻在婚姻关系存续期间所得的下列财产，**为夫妻的共同财产**，归夫妻共同所有： （一）工资、奖金、**劳务报酬**； （二）生产、经营、**投资**的收益； （三）知识产权的收益； （四）继承<u>或者受赠</u>的财产，<u>但是</u>本法<u>第一千零六十三条</u>第三项规定的除外； （五）其他应当归共同所有的财产。 夫妻对共同财产，有平等的处理权。 **释义**　本条是关于夫妻共同财产的规定。 本条以《婚姻法》第17条为蓝本，同时吸收了《婚姻法司法解释（二）》的有关规定。(1)本条增加“为夫妻共同财产”的表述，与本法第1063条相照应，更加严谨科学。(2)第1款第1项中增加“劳务报酬”作为兜底性表述，原因是其他劳务报酬与工资、奖金具有同一性质，都是夫妻一方经过劳动而所得到的财产。(3)第1款第2项增加了“投资的收益”，吸收了《婚姻法司法解释（二）》第11条的规定。

相关法律、司法解释规定	民法典
《婚姻法》 **第十八条** 有下列~~情形之一的，~~为夫妻一方的财产： （一）一方的婚前财产； （二）一方因身体受到伤害获得的医疗费、残疾人生活补助费等费用； （三）遗嘱或赠与合同中确定只归~~夫或妻~~一方的财产； （四）一方专用的生活用品； （五）其他应当归一方的财产。	**第一千零六十三条** 下列**财产**为夫妻一方的**个人**财产： （一）一方的婚前财产； （二）一方因受到人身损害获得的赔偿或者补偿； （三）遗嘱或者赠与合同中确定只归一方的财产； （四）一方专用的生活用品； （五）其他应当归一方的财产。 **释义** 本条是关于夫妻个人财产的规定。 本条修改主要有两个方面：（1）从“身体受到伤害”扩展到“人身损害”，将身体之外的人身权受损害一并纳入。这是由于其他人格权和身份权具有与身体权受损害相类似的法益，应作同等处理。（2）将“医疗费、残疾人生活补助费等费用”扩展为“赔偿或补偿”。这是由于费用并不能够涵盖人身权受损所取得的赔偿或补偿的全部形态。例如，本法第1179条规定的侵权损害赔偿，范围不仅包括合理费用，还可能包括因误工减少的收入、残疾赔偿金等其他内容。
《最高人民法院关于审理涉及夫妻债务纠纷案件适用法律有关问题的解释》 **第一条** 夫妻双方共同签字或者夫妻一方事后追认等共同意思表示所负的债务~~，应当认定为夫妻共同债务~~。 **第二条** 夫妻一方在婚姻关系存续期间以个人名义为家庭日常生活需要所负的债务，债权人以属于夫妻共	**第一千零六十四条** 夫妻双方共同签名或者夫妻一方事后追认等共同意思表示所负的债务，**以及**夫妻一方在婚姻关系存续期间以个人名义为家庭日常生活需要所负的债务，属于夫妻共同债务。 夫妻一方在婚姻关系存续期间以个人名义超出家庭日常生活需要所负的债务，不属于夫妻共同债务；但是，

相关法律、司法解释规定	民法典
同债务为由主张权利的，人民法院应予支持。 **第三条** 夫妻一方在婚姻关系存续期间以个人名义超出家庭日常生活需要所负的债务，债权人以属于夫妻共同债务为由主张权利的，人民法院不予支持，但债权人能够证明该债务用于夫妻共同生活、共同生产经营或者基于夫妻双方共同意思表示的除外。	债权人能够证明该债务用于夫妻共同生活、共同生产经营或者基于夫妻双方共同意思表示的除外。 释义 本条是关于夫妻共同债务的规定。 本条源自《最高人民法院关于审理涉及夫妻债务纠纷案件适用法律有关问题的解释》第1条至第3条，主要有两处修改：(1) 本条第1款将该司法解释第1条与第2条的规定结合在一起，规定属于夫妻共同债务的三种情形，合并规定更加简洁明确。(2) 本条第2款是对该司法解释第3条的文字表述性修改，无实质变化。
《婚姻法》 **第十九条** 夫妻可以约定婚姻关系存续期间所得的财产以及婚前财产归各自所有、共同所有或部分各自所有、部分共同所有。约定应当采用书面形式。没有约定或约定不明确的，适用本法第十七条、第十八条的规定。 夫妻对婚姻关系存续期间所得的财产以及婚前财产的约定，对双方具有约束力。 夫妻对婚姻关系存续期间所得的财产约定归各自所有的，夫或妻一方对外所负的债务，第三人知道该约定的，以夫或妻一方所有的财产清偿。	**第一千零六十五条** 男女双方可以约定婚姻关系存续期间所得的财产以及婚前财产归各自所有、共同所有或者部分各自所有、部分共同所有。约定应当采用书面形式。没有约定或者约定不明确的，适用本法第一千零六十二条、第一千零六十三条的规定。 夫妻对婚姻关系存续期间所得的财产以及婚前财产的约定，对双方具有**法律**约束力。 夫妻对婚姻关系存续期间所得的财产约定归各自所有，夫或者妻一方对外所负的债务，相对人知道该约定的，以夫或者妻一方的个人财产清偿。 释义 本条是关于夫妻约定财产制的规定。

相关法律、司法解释规定	民法典
《婚姻法司法解释（三）》 **第四条** 婚姻关系存续期间，夫妻一方请求分割共同财产的，人民法院不予支持，但有下列重大理由且不损害债权人利益的除外： （一）一方有隐藏、转移、变卖、毁损、挥霍夫妻共同财产或者伪造夫妻共同债务等严重损害夫妻共同财产利益行为的； （二）一方负有法定扶养义务的人患重大疾病需要医治，另一方不同意支付相关医疗费用的。	**第一千零六十六条** 婚姻关系存续期间，有下列情形之一的，夫妻一方可以向人民法院请求分割共同财产： （一）一方有隐藏、转移、变卖、毁损、挥霍夫妻共同财产或者伪造夫妻共同债务等严重损害夫妻共同财产利益的行为； （二）一方负有法定扶养义务的人患重大疾病需要医治，另一方不同意支付相关医疗费用。 释义　本条是关于婚姻关系存续期间分割夫妻共同财产的规定。
	第二节　父母子女关系和其他近亲属关系
《婚姻法》 **第二十一条** 父母对子女有抚养教育的义务；子女对父母有赡养扶助的义务。 父母不履行抚养义务时，未成年的或不能独立生活的子女，有要求父母付给抚养费的权利。 子女不履行赡养义务时，无劳动能力的或生活困难的父母，有要求子女付给赡养费的权利。 禁止溺婴、弃婴和其他残害婴儿的行为。	**第一千零六十七条** 父母不履行抚养义务的，未成年**子女**或者不能独立生活的**成年**子女，有要求父母给付抚养费的权利。 **成年**子女不履行赡养义务的，缺乏劳动能力或者生活困难的父母，有要求**成年**子女给付赡养费的权利。 释义　本条是关于父母与子女之间抚养和赡养义务的规定。 本法总则编第26条对父母子女之间法律义务作了一般性规定，本条规定就是对第26条中有关父母与子女之间抚养和赡养义务的细化规定。
《婚姻法》 **第二十三条** 父母有保护和教育未成年子女的权利和义务。在未成年子女对国家、集体或他人造成损害时，父母有承担民事责任的义务。	**第一千零六十八条** 父母有教育、保护未成年子女的权利和义务。未成年子女造成他人损害的，父母**应当依法**承担民事责任。

相关法律、司法解释规定	民法典
	释义　本条是关于父母教育、保护未成年子女的权利和义务的规定。
《婚姻法》 **第三十条**　子女应当尊重父母的婚姻权利，不得干涉父母再婚以及婚后的生活。子女对父母的赡养义务，不因父母的婚姻关系变化而终止。	**第一千零六十九条**　子女应当尊重父母的婚姻权利，不得干涉父母**离婚**、再婚以及婚后的生活。子女对父母的赡养义务，不因父母的婚姻关系变化而终止。 释义　本条是关于子女尊重父母的婚姻权利和赡养义务的规定。 本条规定是“婚姻自由原则”在保障老年人婚姻问题上的具体体现。离婚也是婚姻自由权利的内容，本条增加了子女不得干涉父母“离婚”的权利。
《婚姻法》 **第二十四条第二款**　父母和子女有相互继承遗产的权利。	**第一千零七十条**　父母和子女有相互继承遗产的权利。 释义　本条是关于父母子女之间相互遗产继承权的规定。
《婚姻法》 **第二十五条**　非婚生子女享有与婚生子女同等的权利，任何人不得加以危害和歧视。 不直接抚养非婚生子女的生父或生母，应当负担子女的~~生活费和教育费，直至子女能独立生活为止~~。	**第一千零七十一条**　非婚生子女享有与婚生子女同等的权利，任何组织或者个人不得加以危害和歧视。 不直接抚养非婚生子女的生父或者生母，应当负担**未成年子女或者不能独立生活的成年子女**的**抚养费**。 释义　本条是关于非婚生子女权利的规定。 本条第2款的修改，使得表述与本法第1067条第1款的表述相一致。
《婚姻法》 **第二十七条**　继父母与继子女间，不得虐待或歧视。	**第一千零七十二条**　继父母与继子女间，不得虐待或者歧视。 继父或者继母和受其抚养教育的

相关法律、司法解释规定	民法典
继父或继母和受其抚养教育的继子女间的权利和义务，适用本法对父母子女关系的有关规定。	继子女间的权利义务关系，适用本法关于父母子女关系的规定。 释义　本条是关于继父母子女之间权利义务的规定。
	第一千零七十三条　对亲子关系有异议且有正当理由的，父或者母可以向人民法院提起诉讼，请求确认或者否认亲子关系。 **对亲子关系有异议且有正当理由的，成年子女可以向人民法院提起诉讼，请求确认亲子关系。** 释义　本条为新增条款，是关于亲子关系异议之诉的规定。 根据提起诉讼主体的不同，本条分别规定了父或者母作为提起诉讼主体的亲子关系之诉和成年子女作为提起诉讼主体的亲子关系之诉。需要注意，父或母可以提出“确认或者否认亲子关系”之诉，成年子女仅可提出“确认亲子关系”之诉，这是因为允许成年子女提起亲子关系否认之诉，可能会导致其逃避对父母的赡养义务，与社会主义核心价值观相悖，因此作此限制。
《婚姻法》 **第二十八条**　有负担能力的祖父母、外祖父母，对于父母已经死亡或父母无力抚养的未成年的孙子女、外孙子女，有抚养的义务。有负担能力的孙子女、外孙子女，对于子女已经死亡或子女无力赡养的祖父母、外祖父母，有赡养的义务。	**第一千零七十四条**　有负担能力的祖父母、外祖父母，对于父母已经死亡或者父母无力抚养的未成年孙子女、外孙子女，有抚养的义务。 有负担能力的孙子女、外孙子女，对于子女已经死亡或者子女无力赡养的祖父母、外祖父母，有赡养的义务。

相关法律、司法解释规定	民法典
	释义　本条是关于祖父母、外祖父母与孙子女、外孙子女之间抚养和赡养义务的规定。
《婚姻法》 **第二十九条**　有负担能力的兄、姐，对于父母已经死亡或父母无力抚养的未成年~~的~~弟、妹，有扶养的义务。由兄、姐扶养长大的有负担能力的弟、妹，对于缺乏劳动能力又缺乏生活来源的兄、姐，有扶养的义务。	**第一千零七十五条**　有负担能力的兄、姐，对于父母已经死亡或者父母无力抚养的未成年弟、妹，有扶养的义务。 由兄、姐扶养长大的有负担能力的弟、妹，对于缺乏劳动能力又缺乏生活来源的兄、姐，有扶养的义务。 释义　本条是关于兄弟姐妹间扶养义务的规定。
	第四章　离　　婚
《婚姻法》 **第三十一条**　男女双方自愿离婚的，~~准予离婚。双方必须~~到婚姻登记机关申请离婚。~~婚姻登记机关查明双方确实是自愿并对子女和财产问题已有适当处理时，发给离婚证。~~	**第一千零七十六条**　夫妻双方自愿离婚的，**应当签订书面离婚协议，并亲自**到婚姻登记机关申请离婚**登记**。 **离婚协议应当载明双方自愿离婚的意思表示和对子女抚养、财产以及债务处理等事项协商一致的意见。** 释义　本条是关于协议离婚的规定。 相较于《婚姻法》，本条有两处修改：一是强调协议离婚须由双方当事人订立书面离婚协议；二是对双方书面离婚协议的具体内容作了明确要求。
	第一千零七十七条　自婚姻登记机关收到离婚登记申请之日起三十日内，任何一方不愿意离婚的，可以向婚姻登记机关撤回离婚登记申请。 **前款规定期限届满后三十日内，双方应当亲自到婚姻登记机关申请发给离婚证；未申请的，视为撤回离婚登记申请。**

相关法律、司法解释规定	民法典
	释义　本条为新增条款，是关于离婚冷静期的规定。 实践中，由于离婚登记手续过于简便，轻率离婚的现象增多，不利于家庭稳定，为此本条新增离婚冷静期的规定。需要注意，本条规定仅适用于协议离婚。
《婚姻法》 **第三十一条**　~~男女双方自愿离婚的，准予离婚。双方必须到婚姻登记机关申请离婚。~~婚姻登记机关查明双方确实是自愿并对子女和财产~~问题已有适当处理时，~~发给离婚证。	**第一千零七十八条**　婚姻登记机关查明双方确实是自愿**离婚，**并**已经**对子女**抚养、**财产**以及债务处理等事项协商一致的，予以登记，**发给离婚证。 释义　本条是关于婚姻登记机关对协议离婚查明的规定。 本条规定的目的是使登记机构在自己的职权范围内，充分履行职责，尽可能地保证如实、准确、认真、负责地查明各有关事项，避免登记错误。
《婚姻法》 **第三十二条**　男女一方要求离婚的，可由有关部门进行调解或直接向人民法院提出离婚诉讼。 人民法院审理离婚案件，应当进行调解；如感情确已破裂，调解无效，应准予离婚。 有下列情形之一，调解无效的，应准予离婚： （一）重婚或~~有配偶者~~与他人同居~~的~~； （二）实施家庭暴力或虐待、遗弃家庭成员~~的~~； （三）有赌博、吸毒等恶习屡教	**第一千零七十九条**　夫妻一方要求离婚的，可以由有关组织进行调解或者直接向人民法院提起离婚诉讼。 人民法院审理离婚案件，应当进行调解；如果感情确已破裂，调解无效的，应当准予离婚。 有下列情形之一，调解无效的，应当准予离婚： （一）重婚或者与他人同居； （二）实施家庭暴力或者虐待、遗弃家庭成员； （三）有赌博、吸毒等恶习屡教不改； （四）因感情不和分居满二年；

相关法律、司法解释规定	民法典
不改的； （四）因感情不和分居满二年的； （五）其他导致夫妻感情破裂的情形。 一方被宣告失踪，另一方提出离婚诉讼的，应准予离婚。	（五）其他导致夫妻感情破裂的情形。 一方被宣告失踪，另一方提起离婚诉讼的，应当准予离婚。 **经人民法院判决不准离婚后，双方又分居满一年，一方再次提起离婚诉讼的，应当准予离婚。** 释义　本条是关于诉讼离婚的规定。 本条第5款吸收了《最高人民法院关于人民法院审理离婚案件如何认定夫妻感情确已破裂的若干具体意见》第7条后半部分，将"经人民法院判决不准离婚后，双方又分居满一年，一方再次提起离婚诉讼"作为判决离婚的法定事由。
	第一千零八十条　完成离婚登记，或者离婚判决书、调解书生效，即解除婚姻关系。 释义　本条为新增条款，是关于婚姻关系解除时间的规定。 本条规定的意义在于明确离婚在夫妻双方人身和财产方面的效力，有助于双方当事人依据法律规定，处理离婚后的人身关系和财产关系，进而维护当事人的合法权益。
《婚姻法》 **第三十三条**　现役军人的配偶要求离婚，须得军人同意，但军人一方有重大过错的除外。	**第一千零八十一条**　现役军人的配偶要求离婚，应当征得军人同意，但是军人一方有重大过错的除外。 释义　本条是关于现役军人离婚的特别规定。

相关法律、司法解释规定	民法典
《婚姻法》 **第三十四条**　女方在怀孕期间、分娩后一年内或中止妊娠后六个月内，男方不得提出离婚。女方提出离婚的，或人民法院认为确有必要受理男方离婚请求的，不在此限。	**第一千零八十二条**　女方在怀孕期间、分娩后一年内或者终止妊娠后六个月内，男方不得提出离婚；**但是，**女方提出离婚或者人民法院认为确有必要受理男方离婚请求的除外。 释义　本条是关于男方提出离婚的限制情形的规定。 “确有必要”，一般是指比本条特别保护利益更为重要的利益需要关注的情形。“确有必要”受理男方离婚请求的案例是非常少的，哪些情形“确有必要”受理，由人民法院认定。
《婚姻法》 **第三十五条**　离婚后，男女双方自愿恢复夫妻关系的，必须到婚姻登记机关进行~~复婚~~登记。	**第一千零八十三条**　离婚后，男女双方自愿恢复婚姻关系的，应当到婚姻登记机关**重新**进行**结婚**登记。 释义　本条是关于复婚的规定。
《婚姻法》 **第三十六条**　父母与子女间的关系，不因父母离婚而消除。离婚后，子女无论由父或母直接抚养，仍是父母双方的子女。 离婚后，父母对于子女仍有抚养和教育的权利和义务。 离婚后，~~哺乳期内的子女，以随哺乳的母亲抚养为原则。哺乳期后的子女，如双方因抚养问题发生争执不能达成协议时，由人民法院根据子女的权益和双方的具体情况~~判决。	**第一千零八十四条**　父母与子女间的关系，不因父母离婚而消除。离婚后，子女无论由父或者母直接抚养，仍是父母双方的子女。 离婚后，父母对于子女仍有抚养、教育、**保护**的权利和义务。 离婚后，**不满两周岁的子女，以由母亲直接抚养为原则。已满两周岁的子女，父母双方对抚养问题协议不成的，由人民法院根据双方的具体情况，按照最有利于未成年子女的原则**判决。**子女已满八周岁的，应当尊重其真实意愿。** 释义　本条是关于离婚对父母子女关系的影响及离婚后的子女抚养的规定。

相关法律、司法解释规定	民法典
	相较于《婚姻法》，本条修改主要体现在第2款和第3款。本条第2款增加了保护的权利和义务；第3款将“哺乳期内的子女”，替换为“不满两周岁的子女”，将“根据子女的权益”改为“最有利于未成年子女的原则”。“哺乳期”的表述具有不确定性，个体差异较大，“不满两周岁”的表述更加明确，也更有利于保护儿童和妇女的身心健康。
《婚姻法》 **第三十七条**　离婚后，一方抚养的子女，另一方应负担~~必要的生活费和教育费的一部或~~全部，负担费用的多少和期限的长短，由双方协议；协议不成时，由人民法院判决。 关于子女生活费和教育费的协议或判决，不妨碍子女在必要时向父母任何一方提出超过协议或判决原定数额的合理要求。	**第一千零八十五条**　离婚后，子女由一方直接抚养的，另一方应当负担**部分或者**全部**抚养费**。负担费用的多少和期限的长短，由双方协议；协议不成的，由人民法院判决。 前款规定的协议或者判决，不妨碍子女在必要时向父母任何一方提出超过协议或者判决原定数额的合理要求。 释义　本条是关于离婚后子女抚养费负担的规定。 本法婚姻家庭编相关条文用“抚养费”代替“生活费和教育费”，是为了适应社会发展带来的其他费用需要。根据《民法典婚姻家庭解释(一)》第42条规定，“抚养费”包括子女生活费、教育费、医疗费等费用。
《婚姻法》 **第三十八条**　离婚后，不直接抚养子女的父或母，有探望子女的权利，另一方有协助的义务。 行使探望权利的方式、时间由当	**第一千零八十六条**　离婚后，不直接抚养子女的父或者母，有探望子女的权利，另一方有协助的义务。 行使探望权利的方式、时间由当事人协议；协议不成的，由人民法院

相关法律、司法解释规定	民法典
事人协议；协议不成时，由人民法院判决。 父或母探望子女，不利于子女身心健康的，由人民法院依法中止探望~~的权利~~；中止的事由消失后，应当恢复探望~~的权利。~~	判决。 父或者母探望子女，不利于子女身心健康的，由人民法院依法中止探望；中止的事由消失后，应当恢复探望。 释义　本条是关于离婚后不直接抚养子女的父母一方探望子女权利的规定。 本条将“中止探望的权利”“恢复探望的权利”改为“中止探望”“恢复探望”，以表明权利仍然存在，中止和恢复的只是权利的行使。
《婚姻法》 **第三十九条**　离婚时，夫妻的共同财产由双方协议处理；协议不成时，由人民法院根据财产的具体情况，照顾子女和女方权益的原则判决。 夫或妻在家庭土地承包经营中享有的权益等，应当依法予以保护。	**第一千零八十七条**　离婚时，夫妻的共同财产由双方协议处理；协议不成的，由人民法院根据财产的具体情况，**按照**照顾子女、女方**和无过错方**权益的原则判决。 **对**夫或者妻在家庭土地承包经营中享有的权益等，应当依法予以保护。 释义　本条是有关离婚时对夫妻共同财产处理的规定。 本条在离婚判决中分割夫妻共同财产时，增加了照顾无过错方的权益的规定。
《婚姻法》 **第四十条**　~~夫妻书面约定婚姻关系存续期间所得的财产归各自所有，~~一方因抚育子女、照料老人、协助另一方工作等付出较多义务的，离婚时有权向另一方请求补偿，另一方应当予以补偿。	**第一千零八十八条　夫妻**一方因抚育子女、照料老年人、协助另一方工作等负担较多义务的，离婚时有权向另一方请求补偿，另一方应当给予补偿。**具体办法由双方协议；协议不成的，由人民法院判决。** 释义　本条是对承担较多家务劳动的一方在离婚时享有经济补偿权利的规定。

相关法律、司法解释规定	民法典
	相较于《婚姻法》，本条最重要的修改体现在适用前提上，即不再要求“夫妻书面约定婚姻关系存续期间所得的财产归各自所有”。因此，不论夫妻双方采用分别财产制还是共同财产制，均可适用本条。
《婚姻法》 **第四十一条** 离婚时，~~原为夫妻共同生活所负的债务，~~应当共同偿还。共同财产不足清偿~~的~~，或财产归各自所有的，由双方协议清偿；协议不成时，由人民法院判决。	**第一千零八十九条** 离婚时，**夫妻共同债务**应当共同偿还。共同财产不足清偿或者财产归各自所有的，由双方协议清偿；协议不成的，由人民法院判决。 释义 本条是有关离婚时夫妻共同债务清偿的规定。 相较于《婚姻法》，本条将“原为夫妻共同生活所负的债务”改为“夫妻共同债务”，主要是考虑到，按照本法第1064条规定，夫妻共同债务的类型不再限于为夫妻共同生活负担的夫妻共同债务。
《婚姻法》 **第四十二条** 离婚时，如一方生活困难，另一方应~~从其住房等个人财产中~~给予适当帮助。具体办法由双方协议；协议不成时，由人民法院判决。	**第一千零九十条** 离婚时，如果一方生活困难，**有负担能力的**另一方应当给予适当帮助。具体办法由双方协议；协议不成的，由人民法院判决。 释义 本条是关于离婚时，一方对生活困难的另一方给予适当经济帮助的规定。 本条增加“有负担能力”的规定，表明离婚经济帮助以另一方有负担能力为前提，且不再强调帮助的具体形式。

相关法律、司法解释规定	民法典
《婚姻法》 **第四十六条** 有下列情形之一，导致离婚的，无过错方有权请求损害赔偿： （一）重婚的； （二）~~有配偶者~~与他人同居~~的~~； （三）实施家庭暴力~~的~~； （四）虐待、遗弃家庭成员~~的。~~	**第一千零九十一条** 有下列情形之一，导致离婚的，无过错方有权请求损害赔偿： （一）重婚； （二）与他人同居； （三）实施家庭暴力； （四）虐待、遗弃家庭成员； **（五）有其他重大过错。** 释义 本条是关于离婚损害赔偿的规定。 本条有两处修改：一是增加了离婚损害赔偿的兜底情形；二是将本条第2项从“有配偶者与他人同居”改为“与他人同居”，因为夫妻皆为有配偶者，所以删掉“有配偶者”避免重复。
《婚姻法》 **第四十七条** ~~离婚时，~~一方隐藏、转移、变卖、毁损夫妻共同财产，或伪造债务企图侵占另一方财产的，分割夫妻共同财产时，对隐藏、转移、变卖、毁损夫妻共同财产或伪造债务的一方，可以少分或不分。离婚后，另一方发现有上述行为的，可以向人民法院提起诉讼，请求再次分割夫妻共同财产。 ~~人民法院对前款规定的妨害民事诉讼的行为，依照民事诉讼法的规定予以制裁。~~	**第一千零九十二条** **夫妻**一方隐藏、转移、变卖、毁损、**挥霍**夫妻共同财产，或者伪造**夫妻共同**债务企图侵占另一方财产的，**在离婚**分割夫妻共同财产时，对该方可以少分或者不分。离婚后，另一方发现有上述行为的，可以向人民法院提起诉讼，请求再次分割夫妻共同财产。 释义 本条是对夫妻一方擅自处分共同财产或伪造债务侵占另一方财产的处理规则的规定。 本条的修改主要体现为以下几个方面：（1）删除《婚姻法》第47条第2款，对妨害民事诉讼的行为采取强制措施，不是实体法调整规范的内容，应当由程序法予以规范；（2）删除“离婚时”这一时间限制，不再要

相关法律、司法解释规定	民法典
	求隐藏、转移、变卖、毁损、挥霍夫妻共同财产，或者伪造夫妻共同债务企图侵占另一方财产的行为必须在离婚时实施；(3) 增加挥霍夫妻共同财产作为少分或不分的事由；(4) 将伪造债务明确为伪造夫妻共同债务。
	第五章　收　　养
	第一节　收养关系的成立
《收养法》 **第四条**　下列~~不满十四周岁的~~未成年人可以被收养： （一）丧失父母的孤儿； （二）查找不到生父母的弃婴和儿童； （三）生父母有特殊困难无力抚养的子女。	**第一千零九十三条**　下列未成年人，可以被收养： （一）丧失父母的孤儿； （二）查找不到生父母的未成年人； （三）生父母有特殊困难无力抚养的子女。 **释义**　本条是关于被收养人条件的规定。 相较于《收养法》，本条将被收养人的年龄限制由十四周岁放宽到十八周岁，即符合相关条件的未成年人都可以作为被收养人，以便更好地实现收养目的，有利于扩大未成年人的保护范围。
《收养法》 **第五条**　下列公民、组织可以作送养人： （一）孤儿的监护人； （二）社会福利机构； （三）有特殊困难无力抚养子女的生父母。	**第一千零九十四条**　下列个人、组织可以作送养人： （一）孤儿的监护人； （二）儿童福利机构； （三）有特殊困难无力抚养子女的生父母。 **释义**　本条是关于送养人条件的规定。

相关法律、司法解释规定	民法典
	本条有两处修改：(1) 将"公民"调整为"个人"，较之以前更加能够体现《民法典》框架下收养法律制度的私法属性。(2) 将"社会福利机构"修改为"儿童福利机构"，一方面表述更为准确，即体现出送养人是国家设立的从事有关儿童（未成年人）的福利机构；另一方面也与修改后的《未成年人保护法》《残疾人保障法》中"儿童福利机构"的表述保持协调一致。
《收养法》 **第十二条**　未成年人的父母均不具备完全民事行为能力的，该未成年人的监护人~~不得将其送养，但父母对该未成年人有严重危害可能的除外~~。	**第一千零九十五条**　未成年人的父母均不具备完全民事行为能力**且可能严重危害该未成年人**的，该未成年人的监护人**可以将其送养**。 **释义**　本条是关于未成年人的监护人可以送养的规定。
《收养法》 **第十三条**　监护人送养~~未成年~~孤儿的，须征得有抚养义务的人同意。有抚养义务的人不同意送养、监护人不愿意继续履行监护职责的，应当依照《中华人民共和国民法通则》的规定变更监护人。	**第一千零九十六条**　监护人送养孤儿的，应当征得有抚养义务的人同意。有抚养义务的人不同意送养、监护人不愿意继续履行监护职责的，应当依照本法第一编的规定另行确定监护人。 **释义**　本条是关于监护人送养孤儿的限制以及变更监护人的规定。
《收养法》 **第十条第一款**　生父母送养子女，须双方共同送养。生父母一方不明或者查找不到的可以单方送养。	**第一千零九十七条**　生父母送养子女，应当双方共同送养。生父母一方不明或者查找不到的**，**可以单方送养。 **释义**　本条是关于生父母送养子女的原则要求与例外规定。

相关法律、司法解释规定	民法典
《收养法》 **第六条** 收养人应当同时具备下列条件： （一）无子女； （二）有抚养教育被收养人的能力； （三）未患有在医学上认为不应当收养子女的疾病； （四）年满三十周岁。	**第一千零九十八条** 收养人应当同时具备下列条件： （一）无子女**或者只有一名子女**； （二）有抚养、教育**和保护**被收养人的能力； （三）未患有在医学上认为不应当收养子女的疾病； **（四）无不利于被收养人健康成长的违法犯罪记录；** （五）年满三十周岁。 释义 本条是关于收养人条件的规定。 相较于《收养法》，本条将“无子女”修改为“无子女或者只有一名子女”，符合我国对计划生育政策的调整；增加规定“无不利于被收养人健康成长的违法犯罪记录”，以更好保护被收养人的权益。
《收养法》 **第七条** 收养三代以内同辈旁系血亲的子女，可以不受本法第四条第三项、第五条第三项、第九条和被收养人不满十四周岁的限制。 华侨收养三代以内同辈旁系血亲的子女，还可以不受~~收养人无子女~~的限制。	**第一千零九十九条** 收养三代以内旁系同辈血亲的子女，可以不受本法第一千零九十三条第三项、第一千零九十四条第三项和第一千一百零二条**规定**的限制。 华侨收养三代以内旁系同辈血亲的子女，还可以不受**本法第一千零九十八条第一项规定**的限制。 释义 本条是对收养三代以内旁系同辈血亲的子女以及华侨收养三代以内旁系同辈血亲的子女的条件的放宽规定。
《收养法》 **第八条** ~~收养人只能收养一名子女。~~ 收养孤儿、残疾~~儿童~~或者社会福	**第一千一百条 无子女的收养人可以收养两名子女；有子女的收养人只能收养一名子女。** 收养孤儿、残疾**未成年人**或者儿

相关法律、司法解释规定	民法典
利机构抚养的查找不到生父母的~~弃婴和儿童~~，可以不受~~收养人无子女和收养一名~~的限制。	童福利机构抚养的查找不到生父母的**未成年人**，可以不受**前款和本法第一千零九十八条第一项规定**的限制。 释义　本条是关于收养人收养子女数量的规定。 本条规定与《收养法》的规定相比，在收养子女数量方面，作了重大修改。一是增加规定无子女的收养人可以收养两名子女；二是对特殊群体被收养人的收养数量放宽。这两处修改能够体现在收养方面的倾斜保护，有助于此类群体权益的保护，更好地发挥收养制度的功能。
《收养法》 **第十条第二款**　有配偶者收养子女，须夫妻共同收养。	**第一千一百零一条**　有配偶者收养子女，应当夫妻共同收养。 释义　本条是关于有配偶者收养子女应当共同收养的规定。
《收养法》 **第九条**　~~无配偶的男性收养女性的~~，收养人与被收养人的年龄应当相差四十周岁以上。	**第一千一百零二条　无配偶者收养异性子女的**，收养人与被收养人的年龄应当相差四十周岁以上。 释义　本条是关于无配偶者收养异性子女应当具备一定年龄差的规定。 基于男女平等原则，本条对收养法作出修改，将四十周岁以上年龄差的限制扩展规定到一切无配偶者收养异性子女的情况。
《收养法》 **第十四条**　继父或者继母经继子女的生父母同意，可以收养继子女，并可以不受本法第四条第三项、第五条第三项、第六条和被收养人不满十四周岁以及收养一名的限制。	**第一千一百零三条**　继父或者继母经继子女的生父母同意，可以收养继子女，并可以不受本法第一千零九十三条第三项、第一千零九十四条第三项、第一千零九十八条和第一千一百条第一款**规定**的限制。

相关法律、司法解释规定	民法典
	释义　本条是关于继父或者继母与继子女收养条件的规定。
《收养法》 **第十一条**　收养人收养与送养人送养，须双方自愿。收养~~年满~~十周岁以上未成年人的，应当征得被收养人的同意。	**第一千一百零四条**　收养人收养与送养人送养，应当双方自愿。收养八周岁以上未成年人的，应当征得被收养人的同意。 释义　本条是关于收养自愿以及须征得一定年龄被收养人同意的规定。 本条将“十周岁”修改为“八周岁”，以适应总则编，对限制民事行为能力人年龄基准的修改。
《收养法》 **第十五条**　收养应当向县级以上人民政府民政部门登记。收养关系自登记之日起成立。 收养查找不到生父母的~~弃婴和儿~~童的，办理登记的民政部门应当在登记前予以公告。 收养关系当事人愿意订立收养协议的，可以订立收养协议。 收养关系当事人各方或者一方要求办理收养公证的，应当办理收养公证。	**第一千一百零五条**　收养应当向县级以上人民政府民政部门登记。收养关系自登记之日起成立。 收养查找不到生父母的**未成年人**的，办理登记的民政部门应当在登记前予以公告。 收养关系当事人愿意签订收养协议的，可以签订收养协议。 收养关系当事人各方或者一方要求办理收养公证的，应当办理收养公证。 **县级以上人民政府民政部门应当依法进行收养评估。** 释义　本条是关于收养登记、收养协议、收养公证以及收养评估的规定。 本条第5款新增加“收养评估”程序，通过收养评估，能够更加准确、客观地确定收养人所具备的抚养教育被收养人的能力，使更符合条件、更具备能力的主体成为收养人，能够从程序和实体两方面保障被收养人的利益，体现最有利于被收养人的收养原则。

相关法律、司法解释规定	民法典
《收养法》 **第十六条**　收养关系成立后，公安部门应当依照国家有关规定为被收养人办理户口登记。	**第一千一百零六条**　收养关系成立后，公安机关应当按照国家有关规定为被收养人办理户口登记。 **释义**　本条是关于为被收养人办理户口登记的规定。
《收养法》 **第十七条**　孤儿或者生父母无力抚养的子女，可以由生父母的亲属、朋友抚养。 抚养人与被抚养人的关系不适用收养关系。	**第一千一百零七条**　孤儿或者生父母无力抚养的子女，可以由生父母的亲属、朋友抚养；抚养人与被抚养人的关系不适用本章规定。 **释义**　本条是关于生父母的亲属或者朋友抚养其子女不适用收养的规定。
《收养法》 **第十八条**　配偶一方死亡，另一方送养未成年子女的，死亡一方的父母有优先抚养的权利。	**第一千一百零八条**　配偶一方死亡，另一方送养未成年子女的，死亡一方的父母有优先抚养的权利。 **释义**　本条是关于祖父母、外祖父母优先抚养权的规定。
《收养法》 **第二十一条**　外国人依~~照本~~法可以在中华人民共和国收养子女。 外国人在中华人民共和国收养子女，应当经其所在国主管机关依照该国法律审查同意。收养人应当提供由其所在国有权机构出具的有关收养人的年龄、婚姻、职业、财产、健康、有无受过刑事处罚等状况的证明材料~~，该~~证明材料应当经其所在国外交机关或者外交机关授权的机构认证，并经中华人民共和国驻该国使领馆认证。该收养人应当与送养人订立书面协议，亲自向省级人民政府民政部门登记。	**第一千一百零九条**　外国人依法可以在中华人民共和国收养子女。 外国人在中华人民共和国收养子女，应当经其所在国主管机关依照该国法律审查同意。收养人应当提供由其所在国有权机构出具的有关其年龄、婚姻、职业、财产、健康、有无受过刑事处罚等状况的证明材料，**并**与送养人签订书面协议，亲自向省、自治区、直辖市人民政府民政部门登记。 **前款规定的**证明材料应当经收养人所在国外交机关或者外交机关授权的机构认证，并经中华人民共和国驻该国使领馆认证，**但是国家另有规定的除外**。

相关法律、司法解释规定	民法典
~~收养关系当事人各方或者一方要求办理收养公证的，应当到国务院司法行政部门认定的具有办理涉外公证资格的公证机构办理收养公证。~~	释义　本条是关于外国人在中国收养子女的规定。
《收养法》 **第二十二条**　收养人、送养人要求保守收养秘密的，其他人应当尊重其意愿，不得泄露。	**第一千一百一十条**　收养人、送养人要求保守收养秘密的，其他人应当尊重其意愿，不得泄露。 释义　本条是关于保守收养秘密的规定。
	第二节　收养的效力
《婚姻法》 **第二十六条**　国家保护合法的收养关系。养父母和养子女间的权利和义务，适用本法对父母子女关系的有关规定。 养子女和生父母间的权利和义务，因收养关系的成立而消除。 《收养法》 **第二十三条**　自收养关系成立之日起，养父母与养子女间的权利义务关系，适用~~法律~~关于父母子女关系的规定；养子女与养父母的近亲属间的权利义务关系，适用~~法律~~关于子女与父母的近亲属关系的规定。 养子女与生父母及其他近亲属间的权利义务关系，因收养关系的成立而消除。	**第一千一百一十一条**　自收养关系成立之日起，养父母与养子女间的权利义务关系，适用**本法**关于父母子女关系的规定；养子女与养父母的近亲属间的权利义务关系，适用**本法**关于子女与父母的近亲属关系的规定。 养子女与生父母以及其他近亲属间的权利义务关系，因收养关系的成立而消除。 释义　本条是关于收养拟制效力的规定。
《收养法》 **第二十四条**　养子女可以随养父或者养母的姓，经当事人协商一致，也可以保留原姓。	**第一千一百一十二条**　养子女可以随养父或者养母的姓氏，经当事人协商一致，也可以保留原姓氏。 释义　本条是关于养子女姓氏选取的规定。

相关法律、司法解释规定	民法典
《收养法》 **第二十五条** ~~违反《中华人民共和国民法通则》第五十五条和本法~~规定的收养行为无法律效力。 收养行为被人民法院确认无效的，从行为开始时起就没有法律效力。	**第一千一百一十三条 有本法第一编关于民事法律行为无效规定情形或者违反本编**规定的收养行为无效。 无效的收养行为自始没有法律约束力。 **释义** 本条是关于收养行为无效的规定。
	第三节 收养关系的解除
《收养法》 **第二十六条** 收养人在被收养人成年以前，不得解除收养关系，但收养人、送养人双方协议解除的除外，养子女~~年满~~十周岁以上的，应当征得本人同意。 收养人不履行抚养义务，有虐待、遗弃等侵害未成年养子女合法权益行为的，送养人有权要求解除养父母与养子女间的收养关系。送养人、收养人不能达成解除收养关系协议的，可以向人民法院起诉。	**第一千一百一十四条** 收养人在被收养人成年以前，不得解除收养关系，但是收养人、送养人双方协议解除的除外。养子女八周岁以上的，应当征得本人同意。 收养人不履行抚养义务，有虐待、遗弃等侵害未成年养子女合法权益行为的，送养人有权要求解除养父母与养子女间的收养关系。送养人、收养人不能达成解除收养关系协议的，可以向人民法院提起诉讼。 **释义** 本条是关于收养人、送养人协议解除及诉讼解除收养关系的规定。 本条将“十周岁”改为“八周岁”，既是限制民事行为能力人年龄基准的修改，亦是呼应本法第1104条收养应征得八周岁以上未成年被收养人同意的规定。
《收养法》 **第二十七条** 养父母与成年养子女关系恶化、无法共同生活的，可以协议解除收养关系。不能达成协议的，可以向人民法院起诉。	**第一千一百一十五条** 养父母与成年养子女关系恶化、无法共同生活的，可以协议解除收养关系。不能达成协议的，可以向人民法院提起诉讼。 **释义** 本条是关于养父母与成年养子女解除收养关系的规定。

相关法律、司法解释规定	民法典
《收养法》 **第二十八条** 当事人协议解除收养关系的，应当到民政部门办理解除收养关系~~的~~登记。	**第一千一百一十六条** 当事人协议解除收养关系的，应当到民政部门办理解除收养关系登记。 释义 本条是关于解除收养关系登记的规定。
《收养法》 **第二十九条** 收养关系解除后，养子女与养父母<u>及</u>其他近亲属间的权利义务关系即行消除，与生父母<u>及</u>其他近亲属间的权利义务关系自行恢复<u>，但</u>成年养子女与生父母<u>及</u>其他近亲属间的权利义务关系是否恢复，可以协商确定。	**第一千一百一十七条** 收养关系解除后，养子女与养父母<u>以及</u>其他近亲属间的权利义务关系即行消除，与生父母<u>以及</u>其他近亲属间的权利义务关系自行恢复<u>。但是，</u>成年养子女与生父母<u>以及</u>其他近亲属间的权利义务关系是否恢复，可以协商确定。 释义 本条是关于收养关系解除法律后果的规定。
《收养法》 **第三十条** 收养关系解除后，经养父母抚养的成年养子女，对缺乏劳动能力又缺乏生活来源的养父母，应当给付生活费。因养子女成年后虐待、遗弃养父母而解除收养关系的，养父母可以要求养子女补偿收养期间支出的~~生活费和教育费~~。 生父母要求解除收养关系的，养父母可以要求生父母适当补偿收养期间支出的~~生活费和教育费~~<u>，但</u>因养父母虐待、遗弃养子女而解除收养关系的除外。	**第一千一百一十八条** 收养关系解除后，经养父母抚养的成年养子女，对缺乏劳动能力又缺乏生活来源的养父母，应当给付生活费。因养子女成年后虐待、遗弃养父母而解除收养关系的，养父母可以要求养子女补偿收养期间支出的**抚养费**。 生父母要求解除收养关系的，养父母可以要求生父母适当补偿收养期间支出的**抚养费**<u>；但是，</u>因养父母虐待、遗弃养子女而解除收养关系的除外。 释义 本条是关于收养关系解除后生活费、抚养费支付的规定。

相关法律、司法解释规定	民法典
	第六编　继　　承
	第一章　一 般 规 定
《继承法》 **第一条**　根据《中华人民共和国宪法》规定，为保护公民的私有财产的继承权，制定本法。	**第一千一百一十九条　本编调整因继承产生的民事关系。** 释义　本条为新增条文，是关于继承编调整范围的规定。 继承法律关系包括三个方面的内容：一是继承法律关系的主体，即依法享有继承权利、承担相应义务的人，主要包括被继承人和继承人、受遗赠人。二是继承法律关系的客体，即遗产。三是继承法律关系的内容，即继承法律关系当事人之间的权利义务关系。
《继承法》 **第一条**　~~根据《中华人民共和国宪法》规定，为~~保护公民~~的私有财产~~的继承权，~~制定本法~~。	**第一千一百二十条　国家保护自然人的继承权。** 释义　本条是关于保护继承权的规定。 需要注意的是，总则编第124条是从权利享有的角度规定继承权，而本条重点突出继承权的保护，二者的立法目标不同。
《继承法》 **第二条**　继承从被继承人死亡时开始。 **《继承法意见》** 2. 相互有继承关系的几个人在同一事件中死亡，如不能确定死亡先后时间的，推定没有继承人的人先死亡。~~死亡人各自~~都有继承人~~的~~，~~如几个死亡人~~辈分不同，推定长辈先死亡；~~几个死亡人~~辈分相同，推定同时	**第一千一百二十一条**　继承从被继承人死亡时开始。 相互有继承关系的数人在同一事件中死亡，难以确定死亡时间的，推定没有**其他**继承人的人先死亡。都有**其他**继承人，辈份不同**的**，推定长辈先死亡；辈份相同**的**，推定同时死亡，相互不发生继承。 释义　本条是关于继承开始时间和死亡时间推定的规定。

相关法律、司法解释规定	民法典
死亡，彼此不发生继承~~，由他们各自的继承人分别继承~~。	本条第1款承袭《继承法》第2条，未作任何调整。本条第2款承袭《继承法意见》第2条，在规范内容上未作实质性修改，但在表述上更为严谨和简约。
《继承法》 **第三条**　遗产是公民死亡时遗留的个人合法财产~~，包括：~~ ~~（一）公民的收入；~~ ~~（二）公民的房屋、储蓄和生活用品；~~ ~~（三）公民的林木、牲畜和家禽；~~ ~~（四）公民的文物、图书资料；~~ ~~（五）法律允许公民所有的生产资料；~~ ~~（六）公民的著作权、专利权中的财产权利；~~ ~~（七）公民的其他合法财产~~。	**第一千一百二十二条**　遗产是自然人死亡时遗留的个人合法财产。 **依照法律规定或者根据其性质不得继承的遗产，不得继承。** 释义　本条是关于遗产范围的规定。 相较于《继承法》，本条在遗产范围的界定方式上进行了较大调整，从列举式改为“一般规定＋除外规则”的概括式，以更好地适应因经济发展、技术进步以及法律制度调整而不断涌现的新型财产类型，使被继承人的遗产范围能够得到更为全面的涵盖。
《继承法》 **第五条**　继承开始后，按照法定继承办理；有遗嘱的，按照遗嘱继承或者遗赠办理；有遗赠扶养协议的，按照协议办理。	**第一千一百二十三条**　继承开始后，按照法定继承办理；有遗嘱的，按照遗嘱继承或者遗赠办理；有遗赠扶养协议的，按照协议办理。 释义　本条是关于法定继承、遗嘱继承和遗赠、遗赠扶养协议间效力的规定。
《继承法》 **第二十五条**　继承开始后，继承人放弃继承的，应当在遗产处理前，作出放弃继承的表示。没有表示的，视为接受继承。 受遗赠人应当在知道受遗赠后两个月内，作出接受或者放弃受遗赠的表示。到期没有表示的，视为放弃受遗赠。	**第一千一百二十四条**　继承开始后，继承人放弃继承的，应当在遗产处理前，**以书面形式**作出放弃继承的表示；没有表示的，视为接受继承。 受遗赠人应当在知道受遗赠后六十日内，作出接受或者放弃受遗赠的表示；到期没有表示的，视为放弃受遗赠。

相关法律、司法解释规定	民法典
《继承法意见》 47. 继承人放弃继承应当以书面形式向其他继承人表示。用口头方式表示放弃继承，本人承认，或有其它充分证据证明的，也应当认定其有效。	释义　本条是关于继承、受遗赠的接受与放弃的规定。 本条主要有三处修改：(1) 本条从《继承法》第四章“遗产的处理”提到了继承编第一章“一般规定”，与其条文规定内容更为契合。因为本条不仅涉及遗产的处理，还涉及继承人和受遗赠人范围的确定。(2) 部分采纳了《继承法意见》第 47 条的规定，明确继承人放弃继承的意思表示，应当以书面形式作出。(3) 将受遗赠人表示接受或者放弃继承的期限，从“两个月内”改为“六十日内”以配合总则编中对于期间计算规则的调整。
第七条　继承人有下列行为之一的，丧失继承权： （一）故意杀害被继承人~~的~~； （二）为争夺遗产而杀害其他继承人~~的~~； （三）遗弃被继承人~~的~~，或者虐待被继承人情节严重~~的~~； （四）伪造、篡改或者销毁遗嘱，情节严重~~的。~~ **《继承法意见》** 13. 继承人虐待被继承人情节严重的，或者遗弃被继承人的，如以后确有悔改表现，而且被虐待人、被遗弃人生前又表示宽恕，可不确认其丧失继承权。	**第一千一百二十五条**　继承人有下列行为之一的，丧失继承权： （一）故意杀害被继承人； （二）为争夺遗产而杀害其他继承人； （三）遗弃被继承人，或者虐待被继承人情节严重； （四）伪造、篡改、**隐匿**或者销毁遗嘱，情节严重； **（五）以欺诈、胁迫手段迫使或者妨碍被继承人设立、变更或者撤回遗嘱，情节严重。** **继承人有前款第三项至第五项行为，确有悔改表现，被继承人表示宽恕或者事后在遗嘱中将其列为继承人的，该继承人不丧失继承权。** **受遗赠人有本条第一款规定行为的，丧失受遗赠权。**

相关法律、司法解释规定	民法典
	释义　本条是关于继承权丧失的规定。 相较于《继承法》，本条在第1款第4项中增加了“隐匿”遗嘱的情形，并新增了第5项丧失继承权的情形。同时，在《继承法意见》第13条的基础上，确立了继承宽宥制度，并将其适用范围扩大至除“故意杀害被继承人”和“为争夺遗产杀害其他继承人”以外的所有继承权丧失情形，体现了对被继承人自主意愿的尊重。此外，本条第3款还新增了受遗赠人丧失受遗赠权的规定。
	第二章　法定继承
《继承法》 **第九条**　继承权男女平等。	**第一千一百二十六条**　继承权男女平等。 释义　本条是关于继承权男女平等原则的规定。
《继承法》 **第十条**　遗产按照下列顺序继承： 第一顺序：配偶、子女、父母。 第二顺序：兄弟姐妹、祖父母、外祖父母。 继承开始后，由第一顺序继承人继承，第二顺序继承人不继承。没有第一顺序继承人继承的，由第二顺序继承人继承。 本法所说的子女，包括婚生子女、非婚生子女、养子女和有扶养关系的继子女。 本法所说的父母，包括生父母、	**第一千一百二十七条**　遗产按照下列顺序继承： （一）第一顺序：配偶、子女、父母； （二）第二顺序：兄弟姐妹、祖父母、外祖父母。 继承开始后，由第一顺序继承人继承，第二顺序继承人不继承；没有第一顺序继承人继承的，由第二顺序继承人继承。 本编所称子女，包括婚生子女、非婚生子女、养子女和有扶养关系的继子女。 本编所称父母，包括生父母、养

相关法律、司法解释规定	民法典
养父母和有扶养关系的继父母。 本法所说的兄弟姐妹，包括同父母的兄弟姐妹、同父异母或者同母异父的兄弟姐妹、养兄弟姐妹、有扶养关系的继兄弟姐妹。	父母和有扶养关系的继父母。 本编所称兄弟姐妹，包括同父母的兄弟姐妹、同父异母或者同母异父的兄弟姐妹、养兄弟姐妹、有扶养关系的继兄弟姐妹。 释义　本条是关于法定继承人范围及继承顺序的规定。
《继承法》 **第十一条**　被继承人的子女先于被继承人死亡的，由被继承人的子女的晚辈直系血亲代位继承。代位继承人一般只能继承~~他的父亲或者母亲~~有权继承的遗产份额。	**第一千一百二十八条**　被继承人的子女先于被继承人死亡的，由被继承人的子女的直系晚辈血亲代位继承。 **被继承人的兄弟姐妹先于被继承人死亡的，由被继承人的兄弟姐妹的子女代位继承。** 代位继承人一般只能继承**被代位继承人**有权继承的遗产份额。 释义　本条是关于代位继承的规定。 相较于《继承法》，本条第2款是新增内容，它将被继承人的兄弟姐妹纳入被代位人范围，并将其子女纳入代位继承人范围，体现了尽量使遗产在被继承人家族内部进行传承的立法理念，有利于避免出现遗产无人继承的情况。
《继承法》 **第十二条**　丧偶儿媳对公、婆，丧偶女婿对岳父、岳母，尽了主要赡养义务的，作为第一顺序继承人。	**第一千一百二十九条**　丧偶儿媳对公婆，丧偶女婿对岳父母，尽了主要赡养义务的，作为第一顺序继承人。 释义　本条是关于尽了主要赡养义务的丧偶儿媳、丧偶女婿的继承地位的规定。

相关法律、司法解释规定	民法典
《继承法》 **第十三条** 同一顺序继承人继承遗产的份额，一般应当均等。 对生活有特殊困难的缺乏劳动能力的继承人，分配遗产时，应当予以照顾。 对被继承人尽了主要扶养义务或者与被继承人共同生活的继承人，分配遗产时，可以多分。 有扶养能力和有扶养条件的继承人，不尽扶养义务的，分配遗产时，应当不分或者少分。 继承人协商同意的，也可以不均等。	**第一千一百三十条** 同一顺序继承人继承遗产的份额，一般应当均等。 对生活有特殊困难又缺乏劳动能力的继承人，分配遗产时，应当予以照顾。 对被继承人尽了主要扶养义务或者与被继承人共同生活的继承人，分配遗产时，可以多分。 有扶养能力和有扶养条件的继承人，不尽扶养义务的，分配遗产时，应当不分或者少分。 继承人协商同意的，也可以不均等。 **释义** 本条是关于法定继承中遗产份额的分配原则的规定。
《继承法》 **第十四条** 对继承人以外的依靠被继承人扶养~~的缺乏劳动能力又没有生活来源~~的人，或者继承人以外的对被继承人扶养较多的人，可以分给~~他们~~适当的遗产。	**第一千一百三十一条** 对继承人以外的依靠被继承人扶养的人，或者继承人以外的对被继承人扶养较多的人，可以分给适当的遗产。 **释义** 本条是关于对继承人以外的与被继承人之间具有扶养关系的人分给适当遗产的规定。 本条删除“缺乏劳动能力又没有生活来源”的前置条件，在一定程度上降低了被扶养人享有酌给请求权的门槛。
《继承法》 **第十五条** 继承人应当本着互谅互让、和睦团结的精神，协商处理继承问题。遗产分割的时间、办法和份额，由继承人协商确定。协商不成的，	**第一千一百三十二条** 继承人应当本着互谅互让、和睦团结的精神，协商处理继承问题。遗产分割的时间、办法和份额，由继承人协商确定；协商不成的，可以由人民调解委

相关法律、司法解释规定	民法典
可以由人民调解委员会调解或者向人民法院提起诉讼。	员会调解或者向人民法院提起诉讼。 释义　本条是关于处理继承问题的精神和遗产分割方式的规定。
	第三章　遗嘱继承和遗赠
《继承法》 **第十六条**　公民可以依照本法规定立遗嘱处分个人财产，并可以指定遗嘱执行人。 公民可以立遗嘱将个人财产指定由法定继承人的一人或者数人继承。 公民可以立遗嘱将个人财产赠给国家、集体或者法定继承人以外的人。	**第一千一百三十三条**　自然人可以依照本法规定立遗嘱处分个人财产，并可以指定遗嘱执行人。 自然人可以立遗嘱将个人财产指定由法定继承人**中**的一人或者数人继承。 自然人可以立遗嘱将个人财产赠与国家、集体或者法定继承人以外的**组织、**个人。 **自然人可以依法设立遗嘱信托。** 释义　本条是关于自然人可以依法立遗嘱处分个人财产以及遗嘱继承和遗赠含义的规定。 本条主要有三处修改：（1）将“公民”修改为“自然人”，更符合继承法律规定的民法私法属性；（2）将“国家、集体或者法定继承人以外的人”修改为“国家、集体或者法定继承人以外的组织、个人”，扩大了受遗赠人的范围；(3) 新增了遗嘱信托。
《继承法》 **第十七条第二款**　自书遗嘱由遗嘱人亲笔书写，签名，注明年、月、日。	**第一千一百三十四条**　自书遗嘱由遗嘱人亲笔书写，签名，注明年、月、日。 释义　本条是关于自书遗嘱的规定。
《继承法》 **第十七条第三款**　代书遗嘱应当有两个以上见证人在场见证，由其中一人代书，注明年、月、日，并由代书人、其他见证人和遗嘱人签名。	**第一千一百三十五条**　代书遗嘱应当有两个以上见证人在场见证，由其中一人代书，并由遗嘱人、代书人和其他见证人签名，注明年、月、日。

相关法律、司法解释规定	民法典
	释义　本条是关于代书遗嘱的规定。 本条主要有三处修改：（1）将《继承法》一个条文中的一款修改为独立条文，更加符合本编对于遗嘱形式规定的整体编排；(2) 将“注明年、月、日”调整至签名人范围之后，更符合语言文法要求中先签名后签署日期的习惯；(3) 签名人的范围中，将原置于最后的“遗嘱人”调整至最前，不仅更符合日常行为习惯，也更能体现遗嘱是遗嘱人处分身后财产的意思表达。
	第一千一百三十六条　打印遗嘱应当有两个以上见证人在场见证。遗嘱人和见证人应当在遗嘱每一页签名，注明年、月、日。 释义　本条是关于打印遗嘱的规定。
《继承法》 **第十七条第四款**　以录音形式立的遗嘱，应当有两个以上见证人在场见证。	**第一千一百三十七条**　以录音录像形式立的遗嘱，应当有两个以上见证人在场见证。**遗嘱人和见证人应当在录音录像中记录其姓名或者肖像，以及年、月、日。** 释义　本条是关于录音录像遗嘱的规定。 本条主要有三处修改：(1) 将《继承法》一个条文中的一款修改为独立条文，更加符合本编对于遗嘱形式规定的整体编排；(2) 将原来的“录音形式”修改为“录音录像形式”，实质上是增加了录像遗嘱这一新的遗嘱形式，是对现代社会影像技术普及和方便自然人制作遗嘱的要求的回应；(3) 增加了对于录音录像形式遗嘱的形式要求。

相关法律、司法解释规定	民法典
《继承法》 **第十七条第五款** 遗嘱人在危急情况下，可以立口头遗嘱。口头遗嘱应当有两个以上见证人在场见证。危急情况解除后，遗嘱人能够用书面或者录音形式立遗嘱的，所立的口头遗嘱无效。	**第一千一百三十八条** 遗嘱人在危急情况下，可以立口头遗嘱。口头遗嘱应当有两个以上见证人在场见证。危急情况消除后，遗嘱人能够以书面或者录音**录像**形式立遗嘱的，所立的口头遗嘱无效。 释义 本条是关于口头遗嘱的规定。
《继承法》 **第十七条第一款** 公证遗嘱由遗嘱人经公证机关办理。	**第一千一百三十九条** 公证遗嘱由遗嘱人经公证机构办理。 释义 本条是关于公证遗嘱的规定。
《继承法》 **第十八条** 下列人员不能作为遗嘱见证人： （一）无行为能力人、限制行为能力人； （二）继承人、受遗赠人； （三）与继承人、受遗赠人有利害关系的人。	**第一千一百四十条** 下列人员不能作为遗嘱见证人： （一）无**民事**行为能力人、限制**民事**行为能力人**以及其他不具有见证能力的人**； （二）继承人、受遗赠人； （三）与继承人、受遗赠人有利害关系的人。 释义 本条是关于不能作为遗嘱见证人的人员的规定。 相较于《继承法》，本条一是修改了部分用词，使法律用语更加精准；二是增加了不能作为遗嘱见证人的范围：在第1项中增加了“以及其他不具有见证能力的人”，提高了司法适用的灵活性。
《继承法》 **第十九条** 遗嘱应当对缺乏劳动能力又没有生活来源的继承人保留必要的遗产份额。	**第一千一百四十一条** 遗嘱应当为缺乏劳动能力又没有生活来源的继承人保留必要的遗产份额。 释义 本条是关于必留份的规定。

相关法律、司法解释规定	民法典
《继承法》 **第二十条** 遗嘱人可以撤销、变更自己所立的遗嘱。 立有数份遗嘱，内容相抵触的，以最后的遗嘱为准。 ~~自书、代书、录音、口头遗嘱，不得撤销、变更公证遗嘱。~~ **《继承法意见》** 39. 遗嘱人生前的行为与遗嘱的意思表示相反，而使遗嘱处分的财产在继承开始前灭失，部分灭失或所有权转移、部分转移的，遗嘱视为被撤销或部分被撤销。 42. 遗嘱人以不同形式立有数份内容相抵触的遗嘱，其中有公证遗嘱的，以最后所立公证遗嘱为准；没有公证遗嘱的，以最后所立的遗嘱为准。	**第一千一百四十二条** 遗嘱人可以撤回、变更自己所立的遗嘱。 **立遗嘱后，遗嘱人实施与遗嘱内容相反的民事法律行为的，视为对遗嘱相关内容的撤回。** 立有数份遗嘱，内容相抵触的，以最后的遗嘱为准。 **释义** 本条是关于遗嘱的撤回和变更的规定。 本条是对《继承法》第20条及《继承法意见》第39条、第42条整合与修改而成，主要作了如下修改：(1) 将“撤销”修改为“撤回”。鉴于撤销的对象应该是已经生效的法律行为，而遗嘱是被继承人死亡时才生效的死因法律行为，一旦生效就没有撤销的可能，故用“撤回”表达更严谨。(2) 删除《继承法》第20条第3款内容，不再赋予公证遗嘱以优先效力。
《继承法》 **第二十二条** 无行为能力人或者限制行为能力人所立的遗嘱无效。 遗嘱必须表示遗嘱人的真实意思，受胁迫、欺骗所立的遗嘱无效。 伪造的遗嘱无效。 遗嘱被篡改的，篡改的内容无效。	**第一千一百四十三条** 无民事行为能力人或者限制民事行为能力人所立的遗嘱无效。 遗嘱必须表示遗嘱人的真实意思，受欺诈、胁迫所立的遗嘱无效。 伪造的遗嘱无效。 遗嘱被篡改的，篡改的内容无效。 **释义** 本条是关于遗嘱无效的规定。 需要注意，本法规定受欺诈、胁迫所立的遗嘱无效，区别于一般的因受欺诈、胁迫而实施的民事法律行为的效力，是因为撤销权针对的是已经生效的民事法律行为，但是遗嘱自被

相关法律、司法解释规定	民法典
	继承人死亡时生效，已经死亡的遗嘱人无法撤销其有瑕疵的意思表示。为此本法规定受欺诈、胁迫所立的遗嘱无效。
《继承法》 **第二十一条** 遗嘱继承或者遗赠附有义务的，继承人或者受遗赠人应当履行义务。没有正当理由不履行义务的，经有关单位或者个人请求，人民法院可以取消他接受遗产的权利。	**第一千一百四十四条** 遗嘱继承或者遗赠附有义务的，继承人或者受遗赠人应当履行义务。没有正当理由不履行义务的，经利害关系人或者有关组织请求，人民法院可以取消其接受附义务部分遗产的权利。 释义 本条是关于附有义务的遗嘱继承或者遗赠的规定。 《继承法》规定法院可以取消不履行义务的继承人或者受遗赠人“接受遗产的权利”，本法将其修改为“接受附义务部分遗产的权利”，将可以取消接受的遗产范围界定得更为明确。
	第四章 遗产的处理
	第一千一百四十五条 继承开始后，遗嘱执行人为遗产管理人；没有遗嘱执行人的，继承人应当及时推选遗产管理人；继承人未推选的，由继承人共同担任遗产管理人；没有继承人或者继承人均放弃继承的，由被继承人生前住所地的民政部门或者村民委员会担任遗产管理人。 释义 本条为新增条款，是关于遗产管理人选任的规定。 遗产管理人是在继承开始后遗产分割前，负责处理涉及遗产有关事务的人。随着我国经济的快速发展，人民群众的财富不断增加，自然人死亡

相关法律、司法解释规定	民法典
	后，留下的遗产也往往很多，很多被继承人在留下巨额遗产的同时，还有很多债务需要偿还，因此，建立遗产管理人制度显得越来越有必要。
	第一千一百四十六条　对遗产管理人的确定有争议的，利害关系人可以向人民法院申请指定遗产管理人。 释义　本条为新增条款，是关于法院指定遗产管理人的规定。
	第一千一百四十七条　遗产管理人应当履行下列职责： **（一）清理遗产并制作遗产清单；** **（二）向继承人报告遗产情况；** **（三）采取必要措施防止遗产毁损、灭失；** **（四）处理被继承人的债权债务；** **（五）按照遗嘱或者依照法律规定分割遗产；** **（六）实施与管理遗产有关的其他必要行为。** 释义　本条为新增条款，是关于遗产管理人职责的规定。
	第一千一百四十八条　遗产管理人应当依法履行职责，因故意或者重大过失造成继承人、受遗赠人、债权人损害的，应当承担民事责任。 释义　本条为新增条款，是关于遗产管理人责任的规定。
	第一千一百四十九条　遗产管理人可以依照法律规定或者按照约定获得报酬。

相关法律、司法解释规定	民法典
	释义　本条为新增条款，是关于遗产管理人获得报酬的规定。 遗产管理人不仅要履行法律规定的职责，还需要承担因过错造成利害关系人损失的责任。权利应当与义务相匹配，赋予遗产管理人获得报酬的权利是有必要的，也是合理的。
《继承法》 **第二十三条**　继承开始后，知道被继承人死亡的继承人应当及时通知其他继承人和遗嘱执行人。继承人中无人知道被继承人死亡或者知道被继承人死亡而不能通知的，由被继承人生前所在单位或者住所地的居民委员会、村民委员会负责通知。	**第一千一百五十条**　继承开始后，知道被继承人死亡的继承人应当及时通知其他继承人和遗嘱执行人。继承人中无人知道被继承人死亡或者知道被继承人死亡而不能通知的，由被继承人生前所在单位或者住所地的居民委员会、村民委员会负责通知。 释义　本条是关于继承开始通知的规定。
《继承法》 **第二十四条**　存有遗产的人，应当妥善保管遗产，任何人不得侵吞或者争抢。	**第一千一百五十一条**　存有遗产的人，应当妥善保管遗产，任何**组织或者**个人不得侵吞或者争抢。 释义　本条是关于遗产保管的规定。
《继承法意见》 52. 继承开始后，继承人没有表示放弃继承，并于遗产分割前死亡的，其继承遗产的权利转移给他的合法继承人。	**第一千一百五十二条**　继承开始后，继承人于遗产分割前死亡，并没有放弃继承的，该继承人应当继承的遗产转给其继承人，**但是遗嘱另有安排的除外**。 释义　本条是关于转继承的规定。 本条是在吸收司法解释的基础上修改而成，具体有两点变化：一是用"该继承人应当继承的遗产转给其继承人"的表述，取代了"其继承遗产的权利转移给他的合法继承人"的表述，源于对转继承性质及转继承客体

相关法律、司法解释规定	民法典
	的不同理解和重新定位；二是增加了"遗嘱另有安排的除外"的规定，在解释上为遗嘱人指定后位继承人等更加灵活的遗嘱安排预留了空间。
《继承法》 **第二十六条**　夫妻~~在婚姻关系存续期间所得的~~共同所有的财产，除有约定的以外，如果分割遗产，应当先将共同所有的财产的一半分出为配偶所有，其余的为被继承人的遗产。 遗产在家庭共有财产之中的，遗产分割时，应当先分出他人的财产。	**第一千一百五十三条**　夫妻共同所有的财产，除有约定的外，遗产分割时，应当先将共同所有的财产的一半分出为配偶所有，其余的为被继承人的遗产。 遗产在家庭共有财产之中的，遗产分割时，应当先分出他人的财产。 **释义**　本条是关于遗产确定的规定。 本条为文字性修改，无实质意义变化。其中，"夫妻在婚姻关系存续期间所得的共同所有的财产"修改为"夫妻共同所有的财产"，这一表述与本法婚姻家庭编施行的夫妻财产制相吻合。
《继承法》 **第二十七条**　有下列情形之一的，遗产中的有关部分按照法定继承办理： （一）遗嘱继承人放弃继承或者受遗赠人放弃受遗赠~~的~~； （二）遗嘱继承人丧失继承权~~的~~； （三）遗嘱继承人、受遗赠人先于遗嘱人死亡~~的~~； （四）遗嘱无效部分所涉及的遗产； （五）遗嘱未处分的遗产。	**第一千一百五十四条**　有下列情形之一的，遗产中的有关部分按照法定继承办理： （一）遗嘱继承人放弃继承或者受遗赠人放弃受遗赠； （二）遗嘱继承人丧失继承权**或者受遗赠人丧失受遗赠权**； （三）遗嘱继承人、受遗赠人先于遗嘱人死亡**或者终止**； （四）遗嘱无效部分所涉及的遗产； （五）遗嘱未处分的遗产。 **释义**　本条是关于按法定继承办理的规定。

相关法律、司法解释规定	民法典
《继承法》 **第二十八条** 遗产分割时，应当保留胎儿的继承份额。胎儿出生时是死体的，保留的份额按照法定继承办理。	**第一千一百五十五条** 遗产分割时，应当保留胎儿的继承份额。胎儿娩出时是死体的，保留的份额按照法定继承办理。 释义 本条是关于保留胎儿继承份额的规定。 本条将“出生”调整为“娩出”，主要是为了与本法第16条的规定保持一致。
《继承法》 **第二十九条** 遗产分割应当有利于生产和生活需要，不损害遗产的效用。 不宜分割的遗产，可以采取折价、适当补偿或者共有等方法处理。	**第一千一百五十六条** 遗产分割应当有利于生产和生活需要，不损害遗产的效用。 不宜分割的遗产，可以采取折价、适当补偿或者共有等方法处理。 释义 本条是关于遗产分割的规定。
《继承法》 **第三十条** 夫妻一方死亡后另一方再婚的，有权处分所继承的财产，任何人不得干涉。	**第一千一百五十七条** 夫妻一方死亡后另一方再婚的，有权处分所继承的财产，任何**组织或者个**人不得干涉。 释义 本条是关于配偶再婚时有权处分继承财产的规定。
《继承法》 **第三十一条** 公民可以与扶养人签订遗赠扶养协议。按照协议，扶养人承担该公民生养死葬的义务，享有受遗赠的权利。 ~~公民可以与集体所有制组织签订遗赠扶养协议。按照协议，集体所有制组织承担该公民生养死葬的义务，享有受遗赠的权利。~~	**第一千一百五十八条** 自然人可以与继承人以外的组织或者个人签订遗赠扶养协议。按照协议，该组织或者个人承担该自然人生养死葬的义务，享有受遗赠的权利。 释义 本条是关于遗赠扶养协议的规定。 本条主要有两处修改：一是删除了《继承法》第2款规定；二是将“扶养人”修改为“继承人以外的组织或者个人”，更进一步地明确了“扶养人”的范围和主体类型。

相关法律、司法解释规定	民法典
《继承法意见》 61. ~~继承人中有~~缺乏劳动能力又没有生活来源的~~人，即使遗产不足清偿债务，也应为其~~保留适当遗产~~，然后再按继承法第三十三条和民事诉讼法第一百八十条的规定清偿债务~~。	**第一千一百五十九条　分割遗产，应当清偿被继承人依法应当缴纳的税款和债务；但是，应当为**缺乏劳动能力又没有生活来源的**继承人**保留必要的遗产。 释义　本条为新增条款，是关于分割遗产应当缴纳税款、保留必要遗产的规定。
《继承法》 **第三十二条**　无人继承又无人受遗赠的遗产，归国家所有；死者生前是集体所有制组织成员的，归所在集体所有制组织所有。	**第一千一百六十条**　无人继承又无人受遗赠的遗产，归国家所有，**用于公益事业**；死者生前是集体所有制组织成员的，归所在集体所有制组织所有。 释义　本条是关于无人继承遗产的规定。 相较于《继承法》第32条，本条增加了“用于公益事业”的表述。无人继承遗产由国家无偿取得，为了充分发挥这部分财产的价值，更好地体现“取之于民用之于民”的宗旨，故明确必须用于公益事业。这里的公益事业可以是教育事业、医疗事业、慈善事业等。
《继承法》 **第三十三条**　~~继承遗产应当~~清偿被继承人依法应当缴纳的税款和债务~~，缴纳税款和清偿债务以他的遗产实际价值为限~~。超过遗产实际价值部分，继承人自愿偿还的不在此限。 继承人放弃继承的，对被继承人依法应当缴纳的税款和债务可以不负偿还责任。	**第一千一百六十一条　继承人以所得遗产实际价值为限**清偿被继承人依法应当缴纳的税款和债务。超过遗产实际价值部分，继承人自愿偿还的不在此限。 继承人放弃继承的，对被继承人依法应当缴纳的税款和债务可以不负清偿责任。 释义　本条是关于继承人对遗产债务的清偿责任的规定。

相关法律、司法解释规定	民法典
《继承法》 **第三十四条** 执行遗赠不得妨碍清偿遗赠人依法应当缴纳的税款和债务。	**第一千一百六十二条** 执行遗赠不得妨碍清偿遗赠人依法应当缴纳的税款和债务。 释义 本条是关于遗赠与遗产债务清偿的规定。
《继承法意见》 62. ~~遗产已被分割而未清偿债务时，~~如有法定继承又有遗嘱继承和遗赠的，~~首先~~由法定继承人~~用其所得遗产~~清偿债务；不足清偿时，~~剩余的债务~~由遗嘱继承人和受遗赠人按比例用所得遗产偿还~~；如果只有遗嘱继承和遗赠的，由遗嘱继承人和受遗赠人按比例用所得遗产偿还~~。	**第一千一百六十三条** 既有法定继承又有遗嘱继承、遗赠的，由法定继承人清偿**被继承人依法应当缴纳的税款和**债务；超过法定继承遗产实际价值部分，由遗嘱继承人和受遗赠人按比例以所得遗产清偿。 释义 本条吸收借鉴了《继承法意见》第62条的内容，是关于既有法定继承又有遗嘱继承、遗赠时债务清偿的规定。
	第七编 侵权责任
	第一章 一般规定
《侵权责任法》 **第二条第一款** 侵害民事权益，应当依照本法承担侵权责任。	**第一千一百六十四条 本编调整因侵害民事权益产生的民事关系。** 释义 本条是关于侵权责任编调整范围的规定。 《侵权责任法》中没有明确规定调整范围的条文，其第2条第1款规定与本条表述上虽有差异，但实质上也具有类似功能。
《侵权责任法》 **第六条** 行为人因过错侵害他人民事权益，应当承担侵权责任。 根据法律规定推定行为人有过错，行为人不能证明自己没有过错的，应当承担侵权责任。	**第一千一百六十五条** 行为人因过错侵害他人民事权益**造成损害的**，应当承担侵权责任。 依照法律规定推定行为人有过错，其不能证明自己没有过错的，应当承担侵权责任。

相关法律、司法解释规定	民法典
	释义 本条是关于过错责任和过错推定责任归责原则的规定。 相较于《侵权责任法》第6条，本条主要有两处修改：一是增加"造成损害的"。《侵权责任法》对过错责任的规定，在构成要件上不完整，因此本条增加了关于行为后果的表述。二是将第二个"行为人"改为"其"，使语言更加精炼。
《侵权责任法》 **第七条** 行为人损害他人民事权益，不论行为人有无过错，法律规定应当承担侵权责任的，依照其规定。	**第一千一百六十六条** 行为人造成他人民事权益损害，不论行为人有无过错，法律规定应当承担侵权责任的，依照其规定。 释义 本条是关于无过错责任归责原则的规定。 根据本条规定，无过错责任的构成要件有四个：一是行为；二是受害人的损害；三是行为与损害之间具有因果关系；四是法律规定应当承担侵权责任，即不存在法定的免除责任的情形。 需要注意，设立无过错责任原则的主要政策目的，不是要使"没有过错"的人承担侵权责任，而主要是免除受害人证明行为人过错的举证责任，使受害人易于获得损害赔偿，使行为人不能逃脱侵权责任。
《侵权责任法》 **第二十一条** 侵权行为危及他人人身、财产安全的，被侵权人可以请求侵权人承担停止侵害、排除妨碍、消除危险等侵权责任。	**第一千一百六十七条** 侵权行为危及他人人身、财产安全的，被侵权人有权请求侵权人承担停止侵害、排除妨碍、消除危险等侵权责任。 释义 本条是关于危及他人人身、财产安全责任承担方式的规定。

相关法律、司法解释规定	民法典
	本条规定来源于《侵权责任法》第21条。因为本条也是对责任构成要件的规定，将本条移至“一般规定”中，体系上更为科学。
《侵权责任法》 **第八条** 二人以上共同实施侵权行为，造成他人损害的，应当承担连带责任。	**第一千一百六十八条** 二人以上共同实施侵权行为，造成他人损害的，应当承担连带责任。 释义 本条是关于共同侵权制度的规定。
《侵权责任法》 **第九条** 教唆、帮助他人实施侵权行为的，应当与行为人承担连带责任。 教唆、帮助无民事行为能力人、限制民事行为能力人实施侵权行为的，应当承担侵权责任；该无民事行为能力人、限制民事行为能力人的监护人未尽到监护责任的，应当承担相应的责任。	**第一千一百六十九条** 教唆、帮助他人实施侵权行为的，应当与行为人承担连带责任。 教唆、帮助无民事行为能力人、限制民事行为能力人实施侵权行为的，应当承担侵权责任；该无民事行为能力人、限制民事行为能力人的监护人未尽到监护职责的，应当承担相应的责任。 释义 本条是关于教唆侵权和帮助侵权的规定。 本条第1款中的“他人”指的是完全民事行为能力人，与第2款教唆、帮助无民事行为能力人、限制民事行为能力人的法律后果相区分。
《侵权责任法》 **第十条** 二人以上实施危及他人人身、财产安全的行为，其中一人或者数人的行为造成他人损害，能够确定具体侵权人的，由侵权人承担责任；不能确定具体侵权人的，行为人承担连带责任。	**第一千一百七十条** 二人以上实施危及他人人身、财产安全的行为，其中一人或者数人的行为造成他人损害，能够确定具体侵权人的，由侵权人承担责任；不能确定具体侵权人的，行为人承担连带责任。 释义 本条是关于共同危险行为的规定。

相关法律、司法解释规定	民法典
	共同危险行为，是指数人的危险行为对他人的合法权益造成了某种危险，但是对于实际造成的损害无法查明具体是由何人所为，法律为保护被侵权人的利益，数个行为人被视为侵权行为人。共同危险行为的构成要件有三个：一是二人以上实施危及他人人身、财产安全的行为。行为主体为复数。二是其中一人或者数人的行为造成他人损害。三是不能确定具体加害人。 适用共同危险行为制度的法律后果是，数个行为对受害人承担连带责任。共同危险行为不仅在一般过错责任中适用，在过错推定责任、无过错责任中也有适用余地。
《侵权责任法》 **第十一条** 二人以上分别实施侵权行为造成同一损害，每个人的侵权行为都足以造成全部损害的，行为人承担连带责任。	**第一千一百七十一条** 二人以上分别实施侵权行为造成同一损害，每个人的侵权行为都足以造成全部损害的，行为人承担连带责任。 释义 本条是关于无意思联络分别实施侵权行为，但是都能造成全部损害时，承担连带责任的规定。 适用本条规定需要符合以下构成要件：一是二人以上分别实施侵权行为。相比本法第1168条规定的共同侵权行为，本条要求数个侵权行为之间相互独立。二是造成同一损害后果。“同一损害”指数个侵权行为所造成的损害的性质是相同的，都是身体伤害或者财产损失，并且损害内容具有关联性。三是每个人的侵权行为都足以造成全部损害。“足以”并不是

相关法律、司法解释规定	民法典
	指每个侵权行为都实际上造成了全部损害，而是指在没有其他侵权行为共同作用的情况下，独立的单个侵权行为也有可能造成全部损害。
《侵权责任法》 **第十二条** 二人以上分别实施侵权行为造成同一损害，能够确定责任大小的，各自承担相应的责任；难以确定责任大小的，平均承担~~赔偿~~责任。	**第一千一百七十二条** 二人以上分别实施侵权行为造成同一损害，能够确定责任大小的，各自承担相应的责任；难以确定责任大小的，平均承担责任。 **释义** 本条是关于无意思联络的分别侵权行为承担按份责任的规定。 相较于《侵权责任法》，本条将“平均承担赔偿责任”的表述修改为“平均承担责任”，删除了“赔偿”一词，使得本条适用的范围更广，在公平责任中亦可适用。 理解本条需要注意与本法第1168条和第1171条的关系。一是本条与第1168条共同侵权的规定在适用范围上呈现互补关系。第1168条要求数个行为人共同实施侵权行为，而本条要求数个行为人分别实施侵权行为。二是在处理数人实施侵权行为的具体案件时，首先看是否满足第1168条共同侵权制度规定的构成要件；不符合的，看其是否满足第1171条的构成要件；还不符合的，再看能否适用本条规定。
《侵权责任法》 **第二十六条** 被侵权人对损害的发生~~也~~有过错的，可以减轻侵权人的责任。	**第一千一百七十三条** 被侵权人对**同一**损害的发生**或者扩大**有过错的，可以减轻侵权人的责任。 **释义** 本条是关于与有过错制度的

相关法律、司法解释规定	民法典
《人身损害赔偿司法解释》① **第二条** 受害人对同一损害的发生或者扩大有故意、过失的，依照民法通则第一百三十一条的规定，可以减轻或者免除赔偿义务人的赔偿责任。但侵权人因故意或者重大过失致人损害，受害人只有一般过失的，不减轻赔偿义务人的赔偿责任。 适用民法通则第一百零六条第三款规定确定赔偿义务人的赔偿责任时，受害人有重大过失的，可以减轻赔偿义务人的赔偿责任。	规定。 “与有过错”中的“与”指的是侵权人与被侵权人双方，该制度解决双方均有过错的情况下如何承担责任问题。 相较于《侵权责任法》第26条，本条有两处修改：一是侵权责任编对损害作了限定，必须是“同一”损害才能适用本条。“同一”指对一个性质相同的损害结果的发生，侵权人与被侵权人均有责任。二是增加了损害的“扩大”。发生是包含扩大的含义的，但是考虑到损害发生后，其范围并非立即确定。从损害发生到损害范围扩大的全部阶段，都有可能发生受害人违反对自己的不真正义务，故受害人过错制度适用的范围，不限于损害的发生，也应包括损害的扩大。因此，本条将“扩大”从“损害的发生”中独立出来。
《侵权责任法》 **第二十七条** 损害是因受害人故意造成的，行为人不承担责任。	**第一千一百七十四条** 损害是因受害人故意造成的，行为人不承担责任。 **释义** 本条是关于受害人故意造成损害，行为人免责的规定。
第二十八条 损害是因第三人造成的，第三人应当承担侵权责任。	**第一千一百七十五条** 损害是因第三人造成的，第三人应当承担侵权责任。 **释义** 本条是关于第三人过错的规定。

① 《最高人民法院关于审理人身损害赔偿案件适用法律若干问题的解释》简称《人身损害赔偿司法解释》。

相关法律、司法解释规定	民法典
	第一千一百七十六条　自愿参加具有一定风险的文体活动，因其他参加者的行为受到损害的，受害人不得请求其他参加者承担侵权责任；但是，其他参加者对损害的发生有故意或者重大过失的除外。 **活动组织者的责任适用本法第一千一百九十八条至第一千二百零一条的规定。** 释义　本条为新增条款，是关于自甘风险制度的规定。 自甘风险又称自愿承受危险，是指受害人自愿承担可能性的损害而将自己置于危险环境或场合，造成损害，行为人不承担责任。本条适用时要注意把握四点：一是受害人必须意识到所参加的文体活动的风险。“具有一定风险”，应当理解为风险性较高、对自身条件有一定要求、对抗性较强等的文体活动。二是在正常情况下，因为其他参加者的行为受到损害的，其他参加者不承担侵权责任。三是活动组织者的责任承担上，法律规定适用安全保障义务的规定。四是适用本条需要结合具体情况，审慎确定文体活动是否具有一定的风险性，当事人双方、活动组织者是否有过错以及过错程度等。
	第一千一百七十七条　合法权益受到侵害，情况紧迫且不能及时获得国家机关保护，不立即采取措施将使其合法权益受到难以弥补的损害的，受害人可以在保护自己合法权益的必

相关法律、司法解释规定	民法典
	要范围内采取扣留侵权人的财物等合理措施；但是，应当立即请求有关国家机关处理。 **受害人采取的措施不当造成他人损害的，应当承担侵权责任。** 释义　本条为新增条款，是关于自力救济制度的规定。 自力救济，主要指在民事法律关系中，权利人在特殊情况下不借助国家机关的公力，而以自己的力量来保护自己或他人权利的行为。自力救济制度赋予了公民在一定条件下的自我保护权利，是对国家权力在维护社会秩序和保护公民权益不及时情况下的有益补充。法律明确规定这种制度，对保护公民人身、财产权益安全具有重要的现实意义，也有利于对这种自力救济行为进行规范。
	第一千一百七十八条　本法和其他法律对不承担责任或者减轻责任的情形另有规定的，依照其规定。 释义　本条是关于《民法典》和其他法律在责任承担上衔接的规定。
	第二章　损 害 赔 偿
《侵权责任法》 **第十六条**　侵害他人造成人身损害的，应当赔偿医疗费、护理费、交通费等为治疗和康复支出的合理费用，以及因误工减少的收入。造成残疾的，还应当赔偿~~残疾生活~~辅助具费和残疾赔偿金。造成死亡的，还应当赔偿丧葬费和死亡赔偿金。	**第一千一百七十九条**　侵害他人造成人身损害的，应当赔偿医疗费、护理费、交通费、**营养费、住院伙食补助费**等为治疗和康复支出的合理费用，以及因误工减少的收入。造成残疾的，还应当赔偿辅助**器**具费和残疾赔偿金；造成死亡的，还应当赔偿丧葬费和死亡赔偿金。

相关法律、司法解释规定	民法典
	释义 本条是关于人身损害赔偿范围的规定。 本条在《侵权责任法》的基础上，吸收最高人民法院司法解释，增加了“营养费”“住院伙食补助费”这两项赔偿项目。为了与《残疾人保障法》的表述一致，将“残疾生活辅助具”修改为“辅助器具”。需要强调的是，本条所列举的一般赔偿范围内的赔偿项目仅是几种比较典型的费用支出，实践中并不仅限于这些赔偿项目。只要是因为治疗和康复所支出的所有合理费用，都可以纳入一般赔偿的范围。
第十七条 因同一侵权行为造成多人死亡的，可以以相同数额确定死亡赔偿金。	**第一千一百八十条** 因同一侵权行为造成多人死亡的，可以以相同数额确定死亡赔偿金。 **释义** 本条是关于以相同数额确定死亡赔偿金的规定。 需要注意，对因同一侵权行为造成多人死亡的，只是“可以”以相同数额确定死亡赔偿金，而不是任何因同一侵权行为造成多人死亡的案件都“必须”或者“应当”以相同数额确定死亡赔偿金。实践中需要法院根据具体情况，综合多种因素确定。
《侵权责任法》 **第十八条** 被侵权人死亡的，其近亲属有权请求侵权人承担侵权责任。被侵权人为单位，该单位分立、合并的，承继权利的单位有权请求侵权人承担侵权责任。 被侵权人死亡的，支付被侵权人	**第一千一百八十一条** 被侵权人死亡的，其近亲属有权请求侵权人承担侵权责任。被侵权人为组织，该组织分立、合并的，承继权利的组织有权请求侵权人承担侵权责任。 被侵权人死亡的，支付被侵权人医疗费、丧葬费等合理费用的人有权

相关法律、司法解释规定	民法典
医疗费、丧葬费等合理费用的人有权请求侵权人赔偿费用，但侵权人已支付该费用的除外。	请求侵权人赔偿费用，但是侵权人已经支付该费用的除外。 释义　本条是关于被侵权人死亡后，谁可以成为请求权主体的规定。 本条第 1 款将原条文中的“单位”修订为“组织”，以与本法总则编民事主体的法定表述相一致。
《侵权责任法》 **第二十条**　侵害他人人身权益造成财产损失的，按照被侵权人因此受到的损失赔偿；被侵权人的损失难以确定，~~侵权人因此获得利益的，按照其获得的利益赔偿；侵权人因此获得的利益难以确定，~~被侵权人和侵权人就赔偿数额协商不一致，向人民法院提起诉讼的，由人民法院根据实际情况确定赔偿数额。	**第一千一百八十二条**　侵害他人人身权益造成财产损失的，按照被侵权人因此受到的损失**或者侵权人因此获得的利益**赔偿；被侵权人**因此受到**的损失**以及侵权人因此获得的利益**难以确定，被侵权人和侵权人就赔偿数额协商不一致，向人民法院提起诉讼的，由人民法院根据实际情况确定赔偿数额。 释义　本条是关于侵害他人人身权益造成财产损失赔偿的规定。 相较于《侵权责任法》第 20 条，本条对赔偿方法采取并列选择式规定，赋予被侵权人最有利于弥补自身损失的选择权，对于侵害他人人身权益如何计算财产损失作了较为具体的规定，加强了对被侵权人的保护力度。
《侵权责任法》 **第二十二条**　侵害他人人身权益，造成~~他人~~严重精神损害的，被侵权人可以请求精神损害赔偿。	**第一千一百八十三条**　侵害自然人人身权益造成严重精神损害的，被侵权人有权请求精神损害赔偿。 **因故意或者重大过失侵害自然人具有人身意义的特定物造成严重精神损害的，被侵权人有权请求精神损害赔偿。**

相关法律、司法解释规定	民法典
	释义　本条是关于精神损害赔偿的规定。 精神损害赔偿是受害人因人格利益或身份利益受到损害或者遭受精神痛苦而获得的金钱赔偿。相较于《侵权责任法》第22条，本条主要有三处修改：一是将“他人”修改为“自然人”，明确我国精神损害赔偿的主体只能是自然人。二是将“可以”修改为“有权”，在侵权责任编中统一规范请求权术语的表达。三是扩大精神损害赔偿的适用范围，增加第2款，规定了因故意或者重大过失侵害自然人具有人身意义的特定物的精神损害赔偿。
《侵权责任法》 **第十九条**　侵害他人财产的，财产损失按照损失发生时的市场价格或者其他方式计算。	**第一千一百八十四条**　侵害他人财产的，财产损失按照损失发生时的市场价格或者其他**合理**方式计算。 释义　本条是关于侵犯财产权损害赔偿金计算方式（标准）的规定。 本条规定了以“其他合理方式计算”确定损失的方法，是考虑到社会不断发展，实践极其复杂，当价格波动较大时，为了使被侵权人获得充分的救济，法律不限定“其他合理方式”的范围，由法官结合具体案情自由裁量。
	第一千一百八十五条　故意侵害他人知识产权，情节严重的，被侵权人有权请求相应的惩罚性赔偿。 释义　本条为新增条款，是关于故意侵害他人知识产权惩罚性赔偿的规定。

相关法律、司法解释规定	民法典
	惩罚性赔偿也称惩戒性赔偿，是侵权人给付给被侵权人超过其实际受损害数额的一种金钱赔偿。惩罚性赔偿作为一种集补偿、制裁、遏制等功能于一身的制度，在本条中予以规定，加强了对知识产权的保护，提高了侵犯知识产权的违法成本，把法律的威慑作用充分发挥出来。
《侵权责任法》 **第二十四条**　受害人和行为人对损害的发生都没有过错的，<u>可以根据实际情况</u>~~，~~由双方分担损失。	**第一千一百八十六条**　受害人和行为人对损害的发生都没有过错的，<u>依照法律的规定</u>由双方分担损失。 释义　本条是关于公平分担损失的规定。 《侵权责任法》第24条中“可以根据实际情况”的规定过于宽泛，导致司法实践中部分法官在自由裁量的过程中，出现了认定过于随意、标准失之宽松的情况，公平分担损失原则存在滥用情形。因此，本条将原来授权法院自由裁量的规则修改为严格依法适用的法定规则。
《侵权责任法》 **第二十五条**　损害发生后，当事人可以协商赔偿费用的支付方式。协商不一致的，赔偿费用应当一次性支付；一次性支付确有困难的，可以分期支付，<u>但~~应当~~</u>提供相应的担保。	**第一千一百八十七条**　损害发生后，当事人可以协商赔偿费用的支付方式。协商不一致的，赔偿费用应当一次性支付；一次性支付确有困难的，可以分期支付，<u>但是**被侵权人有权请求**</u>提供相应的担保。 释义　本条是关于赔偿费用支付方式的规定。

相关法律、司法解释规定	民法典
	第三章　责任主体的特殊规定
《侵权责任法》 **第三十二条**　无民事行为能力人、限制民事行为能力人造成他人损害的，由监护人承担侵权责任。监护人尽到监护<u>责任</u>的，可以减轻其侵权责任。 有财产的无民事行为能力人、限制民事行为能力人造成他人损害的，从本人财产中支付赔偿费用<u>。</u>不足部分，由监护人赔偿。	**第一千一百八十八条**　无民事行为能力人、限制民事行为能力人造成他人损害的，由监护人承担侵权责任。监护人尽到监护<u>职责</u>的，可以减轻其侵权责任。 有财产的无民事行为能力人、限制民事行为能力人造成他人损害的，从本人财产中支付赔偿费用<u>；</u>不足部分，由监护人赔偿。 释义　本条是关于监护人责任的规定。
《民通意见》 22. 监护人可以将监护职责部分或者全部委托给他人。因被监护人的侵权行为需要承担民事责任的，应当由监护人承担，但另有约定的除外；被委托人确有过错的，负连带责任。	**第一千一百八十九条　无民事行为能力人、限制民事行为能力人造成他人损害，监护人将监护职责委托给他人的，监护人应当承担侵权责任；受托人有过错的，承担相应的责任。** 释义　本条是关于委托监护时监护人责任的规定。 本条是从《民通意见》第22条修改而来，主要有两处变化：一是删除“另有约定的除外”，避免监护人为规避监护人责任寻找借口，有利于监护人责任的承担。同时，该“约定”具有对内性，不能对抗被侵权人的损害赔偿请求，保留无意义。二是将受托人有过错时应承担责任的方式由“连带责任”改为“相应的责任”。考虑到委托监护大量存在于亲朋好友之间，且基本是无偿的，“连带责任”过分强调了对被侵权人的保护而没有平衡委托人与受托人的利益，使监护的权利与义务失衡。

相关法律、司法解释规定	民法典
第三十三条 完全民事行为能力人对自己的行为暂时没有意识或者失去控制造成他人损害有过错的，应当承担侵权责任；没有过错的，根据行为人的经济状况对受害人适当补偿。 完全民事行为能力人因醉酒、滥用麻醉药品或者精神药品对自己的行为暂时没有意识或者失去控制造成他人损害的，应当承担侵权责任。	**第一千一百九十条** 完全民事行为能力人对自己的行为暂时没有意识或者失去控制造成他人损害有过错的，应当承担侵权责任；没有过错的，根据行为人的经济状况对受害人适当补偿。 完全民事行为能力人因醉酒、滥用麻醉药品或者精神药品对自己的行为暂时没有意识或者失去控制造成他人损害的，应当承担侵权责任。 释义 本条是关于完全民事行为能力人暂时丧失意识后侵权责任的规定。
《侵权责任法》 **第三十四条** 用人单位的工作人员因执行工作任务造成他人损害的，由用人单位承担侵权责任。 劳务派遣期间，被派遣的工作人员因执行工作任务造成他人损害的，由接受劳务派遣的用工单位承担侵权责任；劳务派遣单位有过错的，承担相应的~~补充~~责任。 **《人身损害赔偿司法解释》** **第九条** 雇员在从事雇佣活动中致人损害的，雇主应当承担赔偿责任；雇员因故意或者重大过失致人损害的，应当与雇主承担连带赔偿责任。雇主承担连带赔偿责任的，可以向雇员追偿。 前款所称“从事雇佣活动”，是指从事雇主授权或者指示范围内的生产经营活动或者其他劳务活动。雇员的行为超出授权范围，但其表现形式是履行职务或者与履行职务有内在联系的，应当认定为“从事雇佣活动”。	**第一千一百九十一条** 用人单位的工作人员因执行工作任务造成他人损害的，由用人单位承担侵权责任。**用人单位承担侵权责任后，可以向有故意或者重大过失的工作人员追偿。** 劳务派遣期间，被派遣的工作人员因执行工作任务造成他人损害的，由接受劳务派遣的用工单位承担侵权责任；劳务派遣单位有过错的，承担相应的责任。 释义 本条是关于用人单位责任、劳务派遣单位和劳务用工单位责任的规定。 本条吸收了《人身损害赔偿司法解释》第9条规定，增加规定用人单位的追偿权，并以重大过失作为责任承担与否的分界线，不仅可以合理地强化工作人员的注意义务，也会促进工作人员在工作时认真负责，从而有利于减少工作人员在工作中造成损失的情形，也有利于在用人单位与工作人员之间公平分配责任。

相关法律、司法解释规定	民法典
《侵权责任法》 **第三十五条** 个人之间形成劳务关系，提供劳务一方因劳务造成他人损害的，由接受劳务一方承担侵权责任。提供劳务一方因劳务~~自己~~受到损害的，根据双方各自的过错承担相应的责任。 **《人身损害赔偿司法解释》** **第十一条第一款** ~~雇员在从事雇佣活动中遭受人身损害，雇主应当承担赔偿责任。~~雇佣关系以外的第三人造成雇员人身损害的，赔偿权利人可以请求第三人承担赔偿责任，也可以请求雇主承担赔偿责任。雇主承担赔偿责任后，可以向第三人追偿。	**第一千一百九十二条** 个人之间形成劳务关系，提供劳务一方因劳务造成他人损害的，由接受劳务一方承担侵权责任。**接受劳务一方承担侵权责任后，可以向有故意或者重大过失的提供劳务一方追偿。**提供劳务一方因劳务受到损害的，根据双方各自的过错承担相应的责任。 **提供劳务期间，因第三人的行为造成提供劳务一方损害的，提供劳务一方有权请求第三人承担侵权责任，也有权请求接受劳务一方给予补偿。接受劳务一方补偿后，可以向第三人追偿。** **释义** 本条是关于个人之间因提供劳务造成他人损害和自己损害的责任的规定。 劳务关系，是指提供劳务一方为接受劳务一方提供劳务服务，由接受劳务一方按照约定支付报酬而建立的一种民事权利义务关系。本条中“接受劳务一方”仅指自然人，个体工商户、合伙的雇员因工作发生的纠纷，按照本法用人单位的规定处理。 本条第1款在《侵权责任法》的基础上，增加了接受劳务一方承担侵权责任后的追偿权，但仅限于可以向有故意或者重大过失的提供劳务的一方追偿。第2款规定了因第三人的行为造成提供劳务一方损害的，提供劳务一方享有选择权；接受劳务一方承担“补偿”责任，且可向第三人追偿。

相关法律、司法解释规定	民法典
《人身损害赔偿司法解释》 **第十条**　承揽人在完成工作过程中对第三人造成损害或者造成自身损害的，定作人不承担~~赔偿~~责任。但定作人对定作、指示或者选任有过失的，应当承担相应的~~赔偿~~责任。	**第一千一百九十三条**　承揽人在完成工作过程中造成第三人损害或者自己损害的，定作人不承担**侵权**责任。但是，定作人对定作、指示或者选任有过错的，应当承担相应的责任。 释义　本条是关于承揽关系中的侵权责任的规定。 本条吸收了司法解释的规定，明确了承揽人对第三人造成损害或者自身遭受损害的侵权责任的承担规则。需要注意，本法第1192条个人之间形成劳务关系，个人之间因提供劳务造成他人损害和自己损害的责任的规定，不适用本条因承揽关系产生的纠纷。
《侵权责任法》 **第三十六条第一款**　网络用户、网络服务提供者利用网络侵害他人民事权益的，应当承担侵权责任。	**第一千一百九十四条**　网络用户、网络服务提供者利用网络侵害他人民事权益的，应当承担侵权责任。**法律另有规定的，依照其规定。** 释义　本条是关于网络侵权的一般规定。 本条在《侵权责任法》第36条第1款的基础上增加“法律另有规定的，依照其规定”，是为了与《著作权法》《专利法》《商标法》《电子商务法》等法律衔接，根据侵害客体的不同，适用不同的法律规定和归责原则。
《侵权责任法》 **第三十六条第二款**　网络用户利用网络服务实施侵权行为的，被侵权人有权通知网络服务提供者采取删除、屏蔽、断开链接等必要措施。网络服务提供者接到通知后未及时采取	**第一千一百九十五条**　网络用户利用网络服务实施侵权行为的，权利人有权通知网络服务提供者采取删除、屏蔽、断开链接等必要措施。**通知应当包括构成侵权的初步证据及权利人的真实身份信息。**

相关法律、司法解释规定	民法典
必要措施的，对损害的扩大部分与该网络用户承担连带责任。	网络服务提供者接到通知后，**应当及时将该通知转送相关网络用户，并根据构成侵权的初步证据和服务类型采取必要措施**；未及时采取必要措施的，对损害的扩大部分与该网络用户承担连带责任。 **权利人因错误通知造成网络用户或者网络服务提供者损害的，应当承担侵权责任。法律另有规定的，依照其规定。** 释义　本条是关于“通知与取下”制度的规定。 相较于《侵权责任法》，本条主要有三处修改：一是第1款修改完善了网络侵权的通知规定，以减少或者避免恶意通知损害网络用户正当利益的情况。二是第2款增加网络服务提供者将通知转送相关网络用户以及根据构成侵权的初步证据和服务类型采取必要措施的规定，进一步完善“通知与取下”程序。三是新增第3款，遏制现实中滥用“通知—删除”程序进行不正当竞争的情形，对网络服务提供者的合法权益加以保护。
《电子商务法》 **第四十三条**　平台内经营者接到转送的通知后，可以向电子商务平台经营者提交不存在侵权行为的声明。声明应当包括不存在侵权行为的初步证据。 电子商务平台经营者接到声明后，应当将该声明转送发出通知的~~知识产权~~权利人，并告知其可以向有关	**第一千一百九十六条**　网络用户接到转送的通知后，可以向网络服务提供者提交不存在侵权行为的声明。声明应当包括不存在侵权行为的初步证据**及网络用户的真实身份信息**。 网络服务提供者接到声明后，应当将该声明转送发出通知的权利人，并告知其可以向有关部门投诉或者向人民法院提起诉讼。网络服务提供者

相关法律、司法解释规定	民法典
主管部门投诉或者向人民法院起诉。电子商务平台经营者在转送声明到达知识产权权利人后十五日内，未收到权利人已经投诉或者起诉通知的，应当及时终止所采取的措施。	在转送声明到达权利人后的合理期限内，未收到权利人已经投诉或者提起诉讼通知的，应当及时终止所采取的措施。 释义　本条是关于“反通知”制度的规定。 《侵权责任法》未规定反通知程序，本条吸收借鉴了《电子商务法》的规定，增加反通知程序，并对权利人行使权利作出时间要求。
《侵权责任法》 第三十六条第三款　网络服务提供者知道网络用户利用其网络服务侵害他人民事权益，未采取必要措施的，与该网络用户承担连带责任。 《消费者权益保护法》 第十八条第二款　宾馆、商场、餐馆、银行、机场、车站、港口、影剧院等经营场所的经营者，应当对消费者尽到安全保障义务。	第一千一百九十七条　网络服务提供者知道或者应当知道网络用户利用其网络服务侵害他人民事权益，未采取必要措施的，与该网络用户承担连带责任。 释义　本条是关于网络服务提供者与网络用户承担连带责任的规定。 本条将《侵权责任法》第36条中的“知道”修改为“知道或者应当知道”。从解释上，“知道”包括“明知”和“应知”两种主观状态，多年来，法院在审判实践中也是这样操作的。本条作此修改，内涵没有变化，但条文更加清楚明了，也保持了不同法律之间用语的统一。
《侵权责任法》 第三十七条　宾馆、商场、银行、车站、娱乐场所等公共场所的管理人或者群众性活动的组织者，未尽到安全保障义务，造成他人损害的，应当承担侵权责任。 因第三人的行为造成他人损害的，	第一千一百九十八条　宾馆、商场、银行、车站、机场、体育场馆、娱乐场所等经营场所、公共场所的经营者、管理者或者群众性活动的组织者，未尽到安全保障义务，造成他人损害的，应当承担侵权责任。 因第三人的行为造成他人损害的，

相关法律、司法解释规定	民法典
由第三人承担侵权责任；管理人或者组织者未尽到安全保障义务的，承担相应的补充责任。	由第三人承担侵权责任；**经营者、**管理者或者组织者未尽到安全保障义务的，承担相应的补充责任。**经营者、管理者或者组织者承担补充责任后，可以向第三人追偿。** 释义　本条是关于经营场所、公共场所的经营者、管理者或者群众性活动的组织者未尽到安全保障义务的侵权责任的规定。 本条在《侵权责任法》的基础上，吸收了《消费者权益保护法》等新法规定，安全保障义务人范围增加了“经营者”，并增加规定了经营者、管理者或者组织者承担补充责任后的追偿权。
《侵权责任法》 **第三十八条**　无民事行为能力人在幼儿园、学校或者其他教育机构学习、生活期间受到人身损害的，幼儿园、学校或者其他教育机构应当承担责任，但能够证明尽到教育、管理职责的，不承担责任。	**第一千一百九十九条**　无民事行为能力人在幼儿园、学校或者其他教育机构学习、生活期间受到人身损害的，幼儿园、学校或者其他教育机构应当承担**侵权**责任；但是，能够证明尽到教育、管理职责的，不承担**侵权**责任。 释义　本条是关于无民事行为能力人受到人身损害时，幼儿园、学校或者其他教育机构的侵权责任的规定。 本条根据《民法典》的立法技术统一了“承担侵权责任”的术语，条文内涵无实质变化。
《侵权责任法》 **第三十九条**　限制民事行为能力人在学校或者其他教育机构学习、生活期间受到人身损害，学校或者其他教育机构未尽到教育、管理职责的，应当承担责任。	**第一千二百条**　限制民事行为能力人在学校或者其他教育机构学习、生活期间受到人身损害，学校或者其他教育机构未尽到教育、管理职责的，应当承担**侵权**责任。

相关法律、司法解释规定	民法典
	释义 本条是关于限制民事行为能力人受到人身损害时，学校或者其他教育机构的侵权责任的规定。
《侵权责任法》 **第四十条** 无民事行为能力人或者限制民事行为能力人在幼儿园、学校或者其他教育机构学习、生活期间，受到幼儿园、学校或者其他教育机构以外的人员人身损害的，由侵权人承担侵权责任；幼儿园、学校或者其他教育机构未尽到管理职责的，承担相应的补充责任。	**第一千二百零一条** 无民事行为能力人或者限制民事行为能力人在幼儿园、学校或者其他教育机构学习、生活期间，受到幼儿园、学校或者其他教育机构以外的第三人人身损害的，由第三人承担侵权责任；幼儿园、学校或者其他教育机构未尽到管理职责的，承担相应的补充责任。**幼儿园、学校或者其他教育机构承担补充责任后，可以向第三人追偿。** **释义** 本条是关于无民事行为能力人或者限制民事行为能力人受到校外人员人身损害时的责任分担的规定。 本条增加了幼儿园、学校或者其他教育机构承担补充责任后，可以向第三人追偿的规定。
	第四章 产 品 责 任
《侵权责任法》 **第四十一条** 因产品存在缺陷造成他人损害的，生产者应当承担侵权责任。	**第一千二百零二条** 因产品存在缺陷造成他人损害的，生产者应当承担侵权责任。 **释义** 本条是关于产品生产者侵权责任的规定。 依据本条的规定，构成产品责任须具备三个要件：一是产品具有缺陷；二是须有缺陷产品造成受害人损害的事实；三是缺陷产品与损害事实之间存在因果关系。

相关法律、司法解释规定	民法典
《侵权责任法》 **第四十三条** 因产品存在缺陷造成损害的，被侵权人可以向产品的生产者请求赔偿，也可以向产品的销售者请求赔偿。 产品缺陷由生产者造成的，销售者赔偿后，有权向生产者追偿。 因销售者的过错使产品存在缺陷的，生产者赔偿后，有权向销售者追偿。	**第一千二百零三条** 因产品存在缺陷造成**他人**损害的，被侵权人可以向产品的生产者请求赔偿，也可以向产品的销售者请求赔偿。 产品缺陷由生产者造成的，销售者赔偿后，有权向生产者追偿。因销售者的过错使产品存在缺陷的，生产者赔偿后，有权向销售者追偿。 释义 本条是关于被侵权人要求损害赔偿的途径和先行赔偿人追偿权的规定。
《侵权责任法》 **第四十四条** 因运输者、仓储者等第三人的过错使产品存在缺陷，造成他人损害的，产品的生产者、销售者赔偿后，有权向第三人追偿。	**第一千二百零四条** 因运输者、仓储者等第三人的过错使产品存在缺陷，造成他人损害的，产品的生产者、销售者赔偿后，有权向第三人追偿。 释义 本条是关于第三人过错致使产品存在缺陷造成他人损害的侵权责任及生产者、销售者先行赔偿后追偿权的规定。
《侵权责任法》 **第四十五条** 因产品缺陷危及他人人身、财产安全的，被侵权人有权请求生产者、销售者承担排除妨碍、消除危险等侵权责任。	**第一千二百零五条** 因产品缺陷危及他人人身、财产安全的，被侵权人有权请求生产者、销售者承担**停止侵害、**排除妨碍、消除危险等侵权责任。 释义 本条是关于因产品缺陷危及他人人身、财产安全的侵权责任的规定。 产品存在缺陷对他人可能产生两种影响：一是损害已经发生，是现实存在的，被侵权人有权请求生产者、销售者承担停止侵害、排除妨碍等侵权责任；二是对他人人身、财产安全

相关法律、司法解释规定	民法典
	产生一种危险，是一种尚未发生、非现实存在的损害，被侵权人有权要求生产者、销售者承担排除妨碍、消除危险等侵权责任。
《侵权责任法》 **第四十六条** 产品投入流通后发现存在缺陷的，生产者、销售者应当及时采取警示、召回等补救措施。未及时采取补救措施或者补救措施不力造成损害的，应当承担侵权责任。	**第一千二百零六条** 产品投入流通后发现存在缺陷的，生产者、销售者应当及时采取**停止销售**、警示、召回等补救措施；未及时采取补救措施或者补救措施不力造成损害**扩大**的，**对扩大的损害也**应当承担侵权责任。 **依据前款规定采取召回措施的，生产者、销售者应当负担被侵权人因此支出的必要费用。** 释义 本条是关于生产者、销售者应当采取补救措施及费用承担的规定。 相较于《侵权责任法》，本条第1款第1句增加了“停止销售”这一补救措施，第2句将责任限定为损害扩大的情形，同时增加了第2款，明确了召回费用的承担，借鉴了《消费者权益保护法》的相关规定。 停止销售是对正在销售的产品采取下架、封存等不再出售的措施。停止销售可以避免侵权行为的扩大化，最大限度做到减少新产生损失。
《侵权责任法》 **第四十七条** 明知产品存在缺陷仍然生产、销售，造成他人死亡或者健康严重损害的，被侵权人有权请求相应的惩罚性赔偿。	**第一千二百零七条** 明知产品存在缺陷仍然生产、销售，**或者没有依据前条规定采取有效补救措施**，造成他人死亡或者健康严重损害的，被侵权人有权请求相应的惩罚性赔偿。 释义 本条是关于产品责任中惩罚性赔偿的规定。

相关法律、司法解释规定	民法典
	本条在惩罚性赔偿的适用情形中增加了未采取有效补救措施的规定。实践中，有些企业、销售者置他人的生命财产安全于不顾，置法律规定于不顾，主观恶性极大，应当对此类行为予以严惩，规定惩罚性赔偿。 惩罚性赔偿的主要目的不在于弥补被侵权人的损害，而在于惩罚有主观故意的侵权行为，并遏制这种侵权行为的发生。从赔偿功能上讲，其主要作用在于威慑，其次才是补偿。
	第五章　机动车交通事故责任
《侵权责任法》 **第四十八条**　机动车发生交通事故造成损害的，依照道路交通安全法的有关规定承担赔偿责任。	**第一千二百零八条**　机动车发生交通事故造成损害的，依照道路交通安全法**律和本法**的有关规定承担赔偿责任。 释义　本条是关于机动车发生交通事故造成损害承担赔偿责任的原则规定。 本条将“道路交通安全法”改为“道路交通安全法律”，并增加了依照“本法”的规定。大大扩展了引致条款的指向范围，使机动车交通事故责任这一特殊侵权责任与道路安全相关法律及《民法典》的相关制度有机关联起来。
《侵权责任法》 **第四十九条**　因租赁、借用等情形机动车所有人与使用人不是同一人时，发生交通事故后属于该机动车一方责任的，~~由保险公司在机动车强制保险责任限额范围内予以赔偿。不足部分，~~由机动车使用人承担赔偿责任；	**第一千二百零九条**　因租赁、借用等情形机动车所有人、**管理人**与使用人不是同一人时，发生交通事故**造成损害**，属于该机动车一方责任的，由机动车使用人承担赔偿责任；机动车所有人、**管理人**对损害的发生有过错的，承担相应的赔偿责任。

相关法律、司法解释规定	民法典
机动车所有人对损害的发生有过错的，承担相应的赔偿责任。	**释义**　本条是关于租赁、借用等情形下机动车所有人、管理人与使用人不是同一人时，发生交通事故后如何承担赔偿责任的规定。 相较于《侵权责任法》第 49 条，本条主要有两处变化：一是在机动车所有人与使用人之外，增加了“管理人”这一主体；二是将“由保险公司在机动车强制保险责任限额范围内予以赔偿”删除。《道路交通安全法》第 76 条已经规定了机动车第三者强制责任保险公司的赔付责任，为了使条文表述简练，避免重复，本条予以删除。但是，具体适用上不受影响，本法第 1213 条明确规定了保险公司责任的承担规则。
《侵权责任法》 **第五十条**　当事人之间已经以买卖等方式转让并交付机动车但未办理~~所有权转移~~登记，发生交通事故后属于该机动车一方责任的，~~由保险公司在机动车强制保险责任限额范围内予以赔偿。不足部分，~~由受让人承担赔偿责任。	**第一千二百一十条**　当事人之间已经以买卖或者其他方式转让并交付机动车但是未办理登记，发生交通事故**造成损害**，属于该机动车一方责任的，由受让人承担赔偿责任。 **释义**　本条是关于已经转让并交付但未办理登记的机动车发生交通事故，承担责任主体的规定。 本条修改与第 1209 条类似，是条文表述更加简练。
《道路交通事故司法解释》① **第三条**　以挂靠形式从事道路运输经营活动的机动车发生交通事故造	**第一千二百一十一条**　以挂靠形式从事道路运输经营活动的机动车，发生交通事故造成损害，属于该机动

① 《最高人民法院关于审理道路交通事故损害赔偿案件适用法律若干问题的解释》简称《道路交通事故司法解释》。

相关法律、司法解释规定	民法典
成损害，属于该机动车一方责任，当事人请求由挂靠人和被挂靠人承担连带责任的，人民法院应予支持。	车一方责任的，由挂靠人和被挂靠人承担连带责任。 **释义**　本条是关于挂靠车辆引发交通事故时的责任主体的规定。
《道路交通事故司法解释》 **第二条**　未经允许驾驶他人机动车发生交通事故造成损害，~~当事人依照侵权责任法第四十九条的规定请求由机动车驾驶人承担赔偿责任的，人民法院应予支持。~~机动车所有人或者管理人有过错的，承担相应的赔偿责任，但~~具有侵权责任法第五十二条规定情形~~的除外。	**第一千二百一十二条**　未经允许驾驶他人机动车，发生交通事故造成损害，**属于该机动车一方责任的，由机动车使用人承担赔偿责任；**机动车所有人、管理人**对损害的发生**有过错的，承担相应的赔偿责任，但是**本章另有规定**的除外。 **释义**　本条是关于未经允许驾驶他人机动车，发生交通事故造成损害时责任主体的确定。 本条吸收了司法解释的相关规定，主要变化体现在以下三处：一是本条取消了准用《侵权责任法》第49条之规定的描述，本法第1209条互相独立。二是“驾驶人”修改为“使用人”，保证了用词上的统一。三是“但书”的范围得以扩大，涵盖了《民法典》本章的其他规定，即不限于《民法典》第1215条的规定。
《道路交通事故司法解释》 **第十六条**　同时投保机动车第三者责任强制保险（以下简称“交强险”）和第三者责任商业保险（以下简称“商业三者险”）的机动车发生交通事故造成损害，当事人同时起诉侵权人和保险公司的，人民法院应当按照下列规则确定赔偿责任： （一）先由承保交强险的保险公	**第一千二百一十三条　机动车发生交通事故造成损害，属于该机动车一方责任的，先由承保机动车强制保险的保险人在强制保险责任限额范围内予以赔偿；不足部分，由承保机动车商业保险的保险人按照保险合同的约定予以赔偿；仍然不足或者没有投保机动车商业保险的，由侵权人赔偿。**

相关法律、司法解释规定	民法典
司在责任限额范围内予以赔偿； （二）不足部分，由承保商业三者险的保险公司根据保险合同予以赔偿； （三）仍有不足的，依照道路交通安全法和侵权责任法的相关规定由侵权人予以赔偿。 被侵权人或者其近亲属请求承保交强险的保险公司优先赔偿精神损害的，人民法院应予支持。	释义　本条是关于机动车发生交通事故造成损害赔偿顺序的规定。
《侵权责任法》 **第五十一条**　以买卖等方式转让拼装或者已达到报废标准的机动车，发生交通事故造成损害的，由转让人和受让人承担连带责任。	**第一千二百一十四条**　以买卖或者其他方式转让拼装或者已经达到报废标准的机动车，发生交通事故造成损害的，由转让人和受让人承担连带责任。 释义　本条是关于以买卖或者其他方式转让拼装的或者已经达到报废标准的机动车，发生交通事故造成损害如何承担责任的规定。
《侵权责任法》 **第五十二条**　盗窃、抢劫或者抢夺的机动车发生交通事故造成损害的，由盗窃人、抢劫人或者抢夺人承担赔偿责任。保险公司在机动车强制保险责任限额范围内垫付抢救费用的，有权向交通事故责任人追偿。	**第一千二百一十五条**　盗窃、抢劫或者抢夺的机动车发生交通事故造成损害的，由盗窃人、抢劫人或者抢夺人承担赔偿责任。**盗窃人、抢劫人或者抢夺人与机动车使用人不是同一人，发生交通事故造成损害，属于该机动车一方责任的，由盗窃人、抢劫人或者抢夺人与机动车使用人承担连带责任。** 保险人在机动车强制保险责任限额范围内垫付抢救费用的，有权向交通事故责任人追偿。 释义　本条是关于盗抢的机动车发生

相关法律、司法解释规定	民法典
	交通事故造成损害的赔偿责任主体，以及垫付抢救费用后追偿权的规定。 相较于《侵权责任法》，本条增加了“盗窃人、抢劫人或者抢夺人与机动车使用人不是同一人”情形下的责任分担规则。尽管盗抢人可能因租赁、借用等情形，将机动车交由机动车使用人使用，丧失了运行利益与运行支配，但基于对该违法犯罪行为的否定性评价，本条明定两者应就“机动车一方”责任承担连带责任。
《侵权责任法》 **第五十三条** 机动车驾驶人发生交通事故后逃逸，该机动车参加强制保险的，由保险公司在机动车强制保险责任限额范围内予以赔偿；机动车不明或者该机动车未参加强制保险，需要支付被侵权人人身伤亡的抢救、丧葬等费用的，由道路交通事故社会救助基金垫付。道路交通事故社会救助基金垫付后，其管理机构有权向交通事故责任人追偿。	**第一千二百一十六条** 机动车驾驶人发生交通事故后逃逸，该机动车参加强制保险的，由保险人在机动车强制保险责任限额范围内予以赔偿；机动车不明、该机动车未参加强制保险**或者抢救费用超过机动车强制保险责任限额**，需要支付被侵权人人身伤亡的抢救、丧葬等费用的，由道路交通事故社会救助基金垫付。道路交通事故社会救助基金垫付后，其管理机构有权向交通事故责任人追偿。 释义 本条是关于机动车驾驶人发生交通事故后逃逸的，对受害人的救济、道路交通事故社会救助基金追偿权的规定。 本条承继了《侵权责任法》第53条规定，除将抢救费用超过机动车交通事故责任强制保险责任限额增加为道路交通事故社会救助基金需要进行垫付的情形之一外，没有实质变化。

相关法律、司法解释规定	民法典
	第一千二百一十七条　非营运机动车发生交通事故造成无偿搭乘人损害，属于该机动车一方责任的，应当减轻其赔偿责任，但是机动车使用人有故意或者重大过失的除外。 释义　本条为新增条款，是关于好意同乘情形下的责任承担的规定。 好意同乘主要是指非营运机动车的驾驶人基于亲情或者友情在上下班、出游途中无偿搭载自己的亲朋好友、邻居同事的情形，生活中，老百姓称之为“搭便车”。好意同乘可以缓解交通压力、实现资源最大化利用、节约资源等。需要注意，在判定是否属于营运车辆时，应根据车辆的营运状态而非营运性质确定，即“非营运机动车”包括“处于非营运状态的营运机动车”这一情形。
	第六章　医疗损害责任
《侵权责任法》 **第五十四条**　患者在诊疗活动中受到损害，医疗机构及其医务人员有过错的，由医疗机构承担赔偿责任。	**第一千二百一十八条**　患者在诊疗活动中受到损害，医疗机构或者其医务人员有过错的，由医疗机构承担赔偿责任。 释义　本条是关于医疗损害责任归责原则的规定。 需要注意，患者在诊疗活动中受到损害，除了医疗机构及其医务人员有过错的条件外，医疗机构或者其医务人员的过错还要与患者的损害具有因果关系，医疗机构才承担赔偿责任。

相关法律、司法解释规定	民法典
《侵权责任法》 **第五十五条**　医务人员在诊疗活动中应当向患者说明病情和医疗措施。需要实施手术、特殊检查、特殊治疗的，医务人员应当及时向患者说明医疗风险、替代医疗方案等情况，并取得其~~书面~~同意；不宜向患者说明的，应当向患者的近亲属说明，并取得其~~书面~~同意。 医务人员未尽到前款义务，造成患者损害的，医疗机构应当承担赔偿责任。	**第一千二百一十九条**　医务人员在诊疗活动中应当向患者说明病情和医疗措施。需要实施手术、特殊检查、特殊治疗的，医务人员应当及时向患者**具体**说明医疗风险、替代医疗方案等情况，并取得其**明确**同意；**不能或者**不宜向患者说明的，应当向患者的近亲属说明，并取得其**明确**同意。 医务人员未尽到前款义务，造成患者损害的，医疗机构应当承担赔偿责任。 释义　本条是关于医疗机构的说明义务和患者知情同意权的规定。 本条是在《侵权责任法》第55条的基础上修改完善而来，主要有三处修改：一是增加医务人员说明病情和医疗措施时“具体”的要求，以便患者能够作出决定。二是将“书面同意”修改为“明确同意”。法律、法规要求“书面”同意的主要目的是要求医患双方对病情和医疗措施严肃对待、谨慎决策，对各自的行为负责。然而实践中出现许多追求“书面”形式而延误治疗的案例，造成了严重医患矛盾，舍本逐末，因此本条作此修改。三是增加“不能”向患者说明的情形，符合患者昏迷或者由于生理、精神状态无法作出有效判断时的医疗实际情况。
《侵权责任法》 **第五十六条**　因抢救生命垂危的患者等紧急情况，不能取得患者或者其近亲属意见的，经医疗机构负责人或者授权的负责人批准，可以立即实	**第一千二百二十条**　因抢救生命垂危的患者等紧急情况，不能取得患者或者其近亲属意见的，经医疗机构负责人或者授权的负责人批准，可以立即实施相应的医疗措施。

相关法律、司法解释规定	民法典
施相应的医疗措施。	释义　本条是关于紧急情况下实施医疗措施的规定。
《侵权责任法》 **第五十七条**　医务人员在诊疗活动中未尽到与当时的医疗水平相应的诊疗义务，造成患者损害的，医疗机构应当承担赔偿责任。	**第一千二百二十一条**　医务人员在诊疗活动中未尽到与当时的医疗水平相应的诊疗义务，造成患者损害的，医疗机构应当承担赔偿责任。 释义　本条是关于医务人员过错造成损害由医疗机构赔偿的规定。
第五十八条　患者有损害，因下列情形之一的，推定医疗机构有过错： （一）违反法律、行政法规、规章以及其他有关诊疗规范的规定； （二）隐匿或者拒绝提供与纠纷有关的病历资料； （三）伪造、篡改或者销毁病历资料。	**第一千二百二十二条**　患者在诊疗活动中受到损害，有下列情形之一的，推定医疗机构有过错： （一）违反法律、行政法规、规章以及其他有关诊疗规范的规定； （二）隐匿或者拒绝提供与纠纷有关的病历资料； （三）**遗失**、伪造、篡改或者**违法**销毁病历资料。 释义　本条是关于推定医疗机构有过错的情形的规定。 相较于《侵权责任法》，本条主要有两处修改：一是将“患者有损害”修改为“患者在诊疗活动中受到损害”，与第1218条表述统一。二是将“销毁病历资料”修改为“违法销毁病例资料”，并增加“遗失”的情形。病例资料的保管是有期限的，医疗机构不按照规定保管病例，或者谎称病例已经遗失而拒不提供的，才应推定为医疗机构有过错。

相关法律、司法解释规定	民法典
《侵权责任法》 **第五十九条** 因药品、消毒药剂、医疗器械的缺陷，或者输入不合格的血液造成患者损害的，患者可以向生产者或者血液提供机构请求赔偿，也可以向医疗机构请求赔偿。患者向医疗机构请求赔偿的，医疗机构赔偿后，有权向负有责任的生产者或者血液提供机构追偿。	**第一千二百二十三条** 因药品、消毒产品、医疗器械的缺陷，或者输入不合格的血液造成患者损害的，患者可以向**药品上市许可持有人、**生产者、血液提供机构请求赔偿，也可以向医疗机构请求赔偿。患者向医疗机构请求赔偿的，医疗机构赔偿后，有权向负有责任的**药品上市许可持有人、**生产者、血液提供机构追偿。 释义 本条是关于因药品、消毒产品、医疗器械的缺陷输入不合格的血液造成患者损害的损害赔偿请求权的规定。 本法承继了《侵权责任法》的规定，结合《药品管理法》对药品上市许可持有人的规定，作了必要的补充完善。
《侵权责任法》 **第六十条** 患者有损害，因下列情形之一的，医疗机构不承担赔偿责任： （一）患者或者其近亲属不配合医疗机构进行符合诊疗规范的诊疗； （二）医务人员在抢救生命垂危的患者等紧急情况下已经尽到合理诊疗义务； （三）限于当时的医疗水平难以诊疗。 前款第一项情形中，医疗机构及其医务人员也有过错的，应当承担相应的赔偿责任。	**第一千二百二十四条** 患者在诊疗活动中受到损害，有下列情形之一的，医疗机构不承担赔偿责任： （一）患者或者其近亲属不配合医疗机构进行符合诊疗规范的诊疗； （二）医务人员在抢救生命垂危的患者等紧急情况下已经尽到合理诊疗义务； （三）限于当时的医疗水平难以诊疗。 前款第一项情形中，医疗机构或者其医务人员也有过错的，应当承担相应的赔偿责任。 释义 本条是关于医疗机构不承担赔偿责任的情形的规定。

相关法律、司法解释规定	民法典
《侵权责任法》 **第六十一条** 医疗机构及其医务人员应当按照规定填写并妥善保管住院志、医嘱单、检验报告、手术及麻醉记录、病理资料、护理记录~~、医疗费用~~等病历资料。 患者要求查阅、复制前款规定的病历资料的，医疗机构应当提供。	**第一千二百二十五条** 医疗机构及其医务人员应当按照规定填写并妥善保管住院志、医嘱单、检验报告、手术及麻醉记录、病理资料、护理记录等病历资料。 患者要求查阅、复制前款规定的病历资料的，医疗机构应当**及时**提供。 释义 本条是关于医疗机构对病历的义务及患者对病历的权利的规定。 相较于《侵权责任法》，本条主要有两处修改：一是与《医疗机构病历管理规定》（2013 年版）第 19 条规定相统一，将“医疗费用”从病历资料中删除。二是提出医疗机构提供病例资料应当“及时”的原则性规定。强调医疗机构履行提供病例资料义务的时限是必要的，但是究竟规定多长时间合适，还要考虑病例资料数量的多少、形成时间、病情等情况，以及相关诊疗规范、不同医疗机构习惯做法的差别，因此本条仅作了原则性规定。
《侵权责任法》 **第六十二条** 医疗机构及其医务人员应当对患者的隐私保密。泄露患者隐私或者未经患者同意公开其病历资料，~~造成患者损害的，~~应当承担侵权责任。	**第一千二百二十六条** 医疗机构及其医务人员应当对患者的隐私**和个人信息**保密。泄露患者**的隐私和个人信息**，或者未经患者同意公开其病历资料**的**，应当承担侵权责任。 释义 本条是关于患者隐私和个人信息保护的规定。 相较于《侵权责任法》，本条主要有两处修改：一是增加“个人信息”保护的规定。本法总则编第五章民事权利和人格权编第六章均规定了

相关法律、司法解释规定	民法典
	隐私权和个人信息保护的内容。基于医患关系的特殊性以及医患纠纷中的现实矛盾，本条对医疗领域的隐私和个人信息保护作了专门规定。二是删除“造成患者损害”才承担侵权责任的规定。医疗机构及其医务人员泄露患者的隐私和个人信息，或者未经患者同意公开其病历资料是一种较为严重的侵权行为，有可能对患者的生活、工作和学习造成重大影响。为遏制这种行为，加强对诊疗活动中自然人隐私和个人信息的保护，本条作此修改。
《侵权责任法》 **第六十三条** 医疗机构及其医务人员不得违反诊疗规范实施不必要的检查。	**第一千二百二十七条** 医疗机构及其医务人员不得违反诊疗规范实施不必要的检查。 释义 本条是关于医疗机构及其医务人员不得违反诊疗规范实施不必要检查的规定。 过度检查一般是指由医疗机构提供的超出患者个体和社会保健实践需求的医疗检查服务，医学伦理学界把它称为“过度检查”。
第六十四条 医疗机构及其医务人员的合法权益受法律保护。干扰医疗秩序，妨害医务人员工作、生活的，应当依法承担法律责任。	**第一千二百二十八条** 医疗机构及其医务人员的合法权益受法律保护。 干扰医疗秩序，妨碍医务人员工作、生活，**侵害医务人员合法权益的**，应当依法承担法律责任。 释义 本条是关于维护医疗机构及其医务人员合法权益的规定。 本法对医疗机构及其医务人员的合法权益的保护作了规范。考虑到当

相关法律、司法解释规定	民法典
	前医患矛盾较为突出的现状，尤其是屡有发生的“医闹”“伤医”事件，本条作出法律上的指引，符合侵权责任编“预防和制裁侵权行为”的立法目的。
	第七章　环境污染和生态破坏责任
《侵权责任法》 **第六十五条**　因污染环境造成损害的，污染者应当承担侵权责任。	**第一千二百二十九条**　因污染环境、**破坏生态**造成他人损害的，侵权人应当承担侵权责任。 释义　本条是关于环境污染和生态破坏侵权责任的一般规定。 本条将原“污染环境”修改为“污染环境、破坏生态”，是考虑到《环境保护法》和中央发布的《生态环境损害赔偿制度改革方案》中均“环境”与“生态”并列使用，为保持法律规定以及与中央文件表述的一致性，本条作此修改。“污染环境”指对生活环境的污染，“破坏生态”指对生态环境的破坏。
第六十六条　因污染环境发生纠纷，污染者应当就法律规定的不承担责任或者减轻责任的情形及其行为与损害之间不存在因果关系承担举证责任。	**第一千二百三十条**　因污染环境、**破坏生态**发生纠纷，行为人应当就法律规定的不承担责任或者减轻责任的情形及其行为与损害之间不存在因果关系承担举证责任。 释义　本条是关于环境污染和生态破坏侵权举证责任的规定。
《侵权责任法》 **第六十七条**　两个以上污染者污染环境，~~污染者~~承担责任的大小，根据污染物的种类、排放量等因素确定。	**第一千二百三十一条**　两个以上侵权人污染环境、**破坏生态的**，承担责任的大小，根据污染物的种类、**浓度**、排放量，**破坏生态的方式、范围、程度，以及行为对损害后果所起的作用**等因素确定。

相关法律、司法解释规定	民法典
	释义　本条是关于多人侵权在环境污染或生态破坏责任情况下的特殊规定。 本条修改主要是对污染环境、破坏生态责任大小的考量因素作了更为具体的规定。
	第一千二百三十二条　侵权人违反法律规定故意污染环境、破坏生态造成严重后果的，被侵权人有权请求相应的惩罚性赔偿。 释义　本条是关于侵权人承担惩罚性赔偿的规定。 本条为新增条文，首次在法律中对污染环境、破坏生态情况下的惩罚性赔偿作出规定，从而更有利于充分救济受害人，惩罚恶意侵权人，警示他人不得实施类似行为。
《侵权责任法》 **第六十八条**　因第三人的过错污染环境~~造成损害~~的，被侵权人可以向污染者请求赔偿，也可以向第三人请求赔偿。污染者赔偿后，有权向第三人追偿。	**第一千二百三十三条**　因第三人的过错污染环境、**破坏生态**的，被侵权人可以向侵权人请求赔偿，也可以向第三人请求赔偿。侵权人赔偿后，有权向第三人追偿。 释义　本条是关于因第三人的过错污染环境和破坏生态责任的规定。
《最高人民法院关于审理环境侵权责任纠纷案件适用法律若干问题的解释》 **第十四条**　被侵权人请求恢复原状的，人民法院可以依法裁判污染者承担环境修复责任，并同时确定被告不履行环境修复义务时应当承担的环境修复费用。	**第一千二百三十四条　违反国家规定造成生态环境损害，生态环境能够修复的，国家规定的机关或者法律规定的组织有权请求侵权人在合理期限内承担修复责任。侵权人在期限内未修复的，国家规定的机关或者法律规定的组织可以自行或者委托他人进行修复，所需费用由侵权人负担。**

相关法律、司法解释规定	民法典
污染者在生效裁判确定的期限内未履行环境修复义务的，人民法院可以委托其他人进行环境修复，所需费用由污染者承担。	释义　本条是关于生态环境损害赔偿制度和民事生态环境修复制度的规定。
	第一千二百三十五条　违反国家规定造成生态环境损害的，国家规定的机关或者法律规定的组织有权请求侵权人赔偿下列损失和费用： **（一）生态环境受到损害至修复完成期间服务功能丧失导致的损失；** **（二）生态环境功能永久性损害造成的损失；** **（三）生态环境损害调查、鉴定评估等费用；** **（四）清除污染、修复生态环境费用；** **（五）防止损害的发生和扩大所支出的合理费用。** 释义　本条为新增条文，是关于生态环境损害赔偿范围的规定。
	第八章　高度危险责任
《侵权责任法》 **第六十九条**　从事高度危险作业造成他人损害的，应当承担侵权责任。	**第一千二百三十六条　从事高度**危险作业造成他人损害的，应当承担侵权责任。 释义　本条是关于高度危险责任的一般规定。 "高度危险作业"，既包括使用民用核设施、高速轨道运输工具和从事高压、高空、地下采掘等高度危险活动，也包括占有、使用易燃、易爆、剧毒和放射性等高度危险物的行为。

相关法律、司法解释规定	民法典
《侵权责任法》 **第七十条** 民用核设施发生核事故造成他人损害的，民用核设施的经营者应当承担侵权责任，但能够证明损害是因战争等情形或者受害人故意造成的，不承担责任。	**第一千二百三十七条** 民用核设施**或者运入运出核设施的核材料**发生核事故造成他人损害的，民用核设施的营运单位应当承担侵权责任；但是，能够证明损害是因战争、**武装冲突、暴乱**等情形或者受害人故意造成的，不承担责任。 **释义** 本条是关于民用核设施致害责任的规定。 本条修改丰富了民用核设施致害责任构成和不可抗力部分的描述。
《侵权责任法》 **第七十一条** 民用航空器造成他人损害的，民用航空器的经营者应当承担侵权责任，但能够证明损害是因受害人故意造成的，不承担责任。	**第一千二百三十八条** 民用航空器造成他人损害的，民用航空器的经营者应当承担侵权责任；但是，能够证明损害是因受害人故意造成的，不承担责任。 **释义** 本条是关于民用航空器致害责任的规定。
第七十二条 占有或者使用易燃、易爆、剧毒、放射性等高度危险物造成他人损害的，占有人或者使用人应当承担侵权责任，但能够证明损害是因受害人故意或者不可抗力造成的，不承担责任。被侵权人对损害的发生有重大过失的，可以减轻占有人或者使用人的责任。	**第一千二百三十九条** 占有或者使用易燃、易爆、剧毒、**高**放射性、**强腐蚀性、高致病性**等高度危险物造成他人损害的，占有人或者使用人应当承担侵权责任；但是，能够证明损害是因受害人故意或者不可抗力造成的，不承担责任。被侵权人对损害的发生有重大过失的，可以减轻占有人或者使用人的责任。 **释义** 本条是关于高度危险物致害责任的规定。 本条在《侵权责任法》的基础上，加强高度危险物和生物安全管理，完善高度危险责任，将“放射性”

相关法律、司法解释规定	民法典
	修改为“高放射性”，并增加“强腐蚀性”“高致病性”的列举。
《侵权责任法》 **第七十三条** 从事高空、高压、地下挖掘活动或者使用高速轨道运输工具造成他人损害的，经营者应当承担侵权责任，但能够证明损害是因受害人故意或者不可抗力造成的，不承担责任。被侵权人对损害的发生有过失的，可以减轻经营者的责任。	**第一千二百四十条** 从事高空、高压、地下挖掘活动或者使用高速轨道运输工具造成他人损害的，经营者应当承担侵权责任；但是，能够证明损害是因受害人故意或者不可抗力造成的，不承担责任。被侵权人对损害的发生有**重大**过失的，可以减轻经营者的责任。 释义 本条是关于从事高空、高压、地下挖掘活动或者使用高速轨道运输工具致害责任的规定。 相较于《侵权责任法》，本条将“过失”修改为“重大过失”，是考虑到本条规定的是高度危险活动造成他人损害，第1239条规定的是高度危险物造成他人损害，二者危险程度差不多，因被侵权过失免责上亦应保持一致。
《侵权责任法》 **第七十四条** 遗失、抛弃高度危险物造成他人损害的，由所有人承担侵权责任。所有人将高度危险物交由他人管理的，由管理人承担侵权责任；所有人有过错的，与管理人承担连带责任。	**第一千二百四十一条** 遗失、抛弃高度危险物造成他人损害的，由所有人承担侵权责任。所有人将高度危险物交由他人管理的，由管理人承担侵权责任；所有人有过错的，与管理人承担连带责任。 释义 本条是关于遗失、抛弃高度危险物造成他人损害的侵权责任的规定。
《侵权责任法》 **第七十五条** 非法占有高度危险物造成他人损害的，由非法占有人承担侵权责任。所有人、管理人不能证明对防止~~他人~~非法占有尽到高度注意义务的，与非法占有人承担连带责任。	**第一千二百四十二条** 非法占有高度危险物造成他人损害的，由非法占有人承担侵权责任。所有人、管理人不能证明对防止非法占有尽到高度注意义务的，与非法占有人承担连带责任。

相关法律、司法解释规定	民法典
	释义 本条是关于非法占有高度危险物造成他人损害的侵权责任的规定。
《侵权责任法》 **第七十六条** 未经许可进入高度危险活动区域或者高度危险物存放区域受到损害，管理人已经采取安全措施并尽到警示义务的，可以减轻或者不承担责任。	**第一千二百四十三条** 未经许可进入高度危险活动区域或者高度危险物存放区域受到损害，管理人**能够证明**已经采取**足够**安全措施并尽到**充分**警示义务的，可以减轻或者不承担责任。 **释义** 本条是关于未经许可进入高度危险活动区域或者高度危险物存放区域致害责任承担的规定。 相较于《侵权责任法》，本条主要有两处修改：一是将"管理人已经采取"修改为"管理人能够证明已经采取"，未改变法律内涵，只是更加明确了举证责任。二是将"采取安全措施"修改为"采取足够安全措施"，将"尽到警示义务"修改为"尽到充分警示义务"，更加突出行为的高度危险性，提高高度危险活动区域或者高度危险物存放区域的管理人的义务。
《侵权责任法》 **第七十七条** 承担高度危险责任，法律规定赔偿限额的，依照其规定。	**第一千二百四十四条** 承担高度危险责任，法律规定赔偿限额的，依照其规定，**但是行为人有故意或者重大过失的除外。** **释义** 本条是关于高度危险责任赔偿限额的规定。 本条在《侵权责任法》第76条的基础上增加了高度危险责任赔偿限额的例外规定。有限度地突破限额赔偿制度，能使受害人权益之保护愈加完善，同时也能有效督促危险责任保有人尽安全注意义务，努力避免损害之发生。

相关法律、司法解释规定	民法典
	第九章　饲养动物损害责任
《侵权责任法》 **第七十八条**　饲养的动物造成他人损害的，动物饲养人或者管理人应当承担侵权责任，但能够证明损害是因被侵权人故意或者重大过失造成的，可以不承担或者减轻责任。	**第一千二百四十五条**　饲养的动物造成他人损害的，动物饲养人或者管理人应当承担侵权责任；但是，能够证明损害是因被侵权人故意或者重大过失造成的，可以不承担或者减轻责任。 释义　本条是关于饲养的动物致人损害的一般规定。
《侵权责任法》 **第七十九条**　违反管理规定，未对动物采取安全措施造成他人损害的，动物饲养人或者管理人应当承担侵权责任。	**第一千二百四十六条**　违反管理规定，未对动物采取安全措施造成他人损害的，动物饲养人或者管理人应当承担侵权责任；**但是，能够证明损害是因被侵权人故意造成的，可以减轻责任。** 释义　本条是关于未对动物采取安全措施造成他人损害的责任承担的规定。 相较于《侵权责任法》，本条增加了被侵权人故意时减轻动物饲养人或管理人责任的规定，以更好督促被侵权人正确认识自己的行为及可能产生的后果，符合一般人的价值观，在规范体系方面也更加科学。
《侵权责任法》 **第八十条**　禁止饲养的烈性犬等危险动物造成他人损害的，动物饲养人或者管理人应当承担侵权责任。	**第一千二百四十七条**　禁止饲养的烈性犬等危险动物造成他人损害的，动物饲养人或者管理人应当承担侵权责任。 释义　本条是关于对禁止饲养的烈性犬等危险动物致人损害的责任规定。

相关法律、司法解释规定	民法典
《侵权责任法》 **第八十一条** 动物园的动物造成他人损害的，动物园应当承担侵权责任，但能够证明尽到管理职责的，不承担责任。	**第一千二百四十八条** 动物园的动物造成他人损害的，动物园应当承担侵权责任；但是，能够证明尽到管理职责的，不承担**侵权**责任。 释义 本条是关于动物园的动物致人损害责任承担的规定。
《侵权责任法》 **第八十二条** 遗弃、逃逸的动物在遗弃、逃逸期间造成他人损害的，由原动物饲养人或者管理人承担侵权责任。	**第一千二百四十九条** 遗弃、逃逸的动物在遗弃、逃逸期间造成他人损害的，由动物原饲养人或者管理人承担侵权责任。 释义 本条是关于遗弃、逃逸的动物在遗弃、逃逸期间造成他人损害的责任规定。
《侵权责任法》 **第八十三条** 因第三人的过错致使动物造成他人损害的，被侵权人可以向动物饲养人或者管理人请求赔偿，也可以向第三人请求赔偿。动物饲养人或者管理人赔偿后，有权向第三人追偿。	**第一千二百五十条** 因第三人的过错致使动物造成他人损害的，被侵权人可以向动物饲养人或者管理人请求赔偿，也可以向第三人请求赔偿。动物饲养人或者管理人赔偿后，有权向第三人追偿。 释义 本条是关于因第三人的过错致使动物造成他人损害责任承担的规定。
《侵权责任法》 **第八十四条** 饲养动物应当遵守法律，尊重社会公德，不得妨害他人生活。	**第一千二百五十一条** 饲养动物应当遵守法律**法规**，尊重社会公德，不得妨碍他人生活。 释义 本条是关于饲养动物应当遵守法律的规定。 本条增加“法规”的表述，是考虑到有关饲养动物遵纪守法、不妨碍他人的规定多出现在各地方性法规中。本条规范目的是针对饲养动物（尤其是养犬）伤人案件日益增多，警示动物饲养人须意识到自己担负着

相关法律、司法解释规定	民法典
	遵守社会公德和保护公共环境双重社会责任，不能放任宠物侵扰他人的正常生活，倡导养犬人依法养犬、文明养犬。
	第十章　建筑物和物件损害责任
《侵权责任法》 **第八十六条**　建筑物、构筑物或者其他设施倒塌造成他人损害的，由建设单位与施工单位承担连带责任。建设单位、施工单位赔偿后，有其他责任人的，有权向其他责任人追偿。 因~~其他责任人~~的原因，建筑物、构筑物或者其他设施倒塌造成他人损害的，由~~其他责任人~~承担侵权责任。	**第一千二百五十二条**　建筑物、构筑物或者其他设施倒塌、**塌陷**造成他人损害的，由建设单位与施工单位承担连带责任，**但是建设单位与施工单位能够证明不存在质量缺陷的除外**。建设单位、施工单位赔偿后，有其他责任人的，有权向其他责任人追偿。 因**所有人、管理人、使用人或者第三人**的原因，建筑物、构筑物或者其他设施倒塌、**塌陷**造成他人损害的，由**所有人、管理人、使用人或者第三人**承担侵权责任。 释义　本条是关于建筑物、构筑物或者其他设施倒塌、塌陷造成他人损害责任的规定。 本条主要作了三处修改：一是增设了建设单位和施工单位不承担侵权责任的事由。本条第1款的目的在于严惩近些年多次曝光的“豆腐渣工程”，如果不存在质量缺陷，建设单位与施工单位即无承担侵权责任的基础。二是增设了“塌陷”这一加害行为，扩大了本条的适用范围。三是将“其他责任人”修改为“所有人、管理人、使用人或者第三人”，明确了责任主体。

相关法律、司法解释规定	民法典
第八十五条 建筑物、构筑物或者其他设施及其搁置物、悬挂物发生脱落、坠落造成他人损害，所有人、管理人或者使用人不能证明自己没有过错的，应当承担侵权责任。所有人、管理人或者使用人赔偿后，有其他责任人的，有权向其他责任人追偿。	**第一千二百五十三条** 建筑物、构筑物或者其他设施及其搁置物、悬挂物发生脱落、坠落造成他人损害，所有人、管理人或者使用人不能证明自己没有过错的，应当承担侵权责任。所有人、管理人或者使用人赔偿后，有其他责任人的，有权向其他责任人追偿。 释义 本条是关于建筑物、构筑物或者其他设施及其搁置物、悬挂物发生脱落、坠落造成他人损害责任的规定。
《侵权责任法》 **第八十七条** 从建筑物中抛掷物品或者从建筑物上坠落的物品造成他人损害，难以确定具体侵权人的，除能够证明自己不是侵权人的外，由可能加害的建筑物使用人给予补偿。	**第一千二百五十四条 禁止从建筑物中抛掷物品。**从建筑物中抛掷物品或者从建筑物上坠落的物品造成他人损害的，**由侵权人依法承担侵权责任；经调查**难以确定具体侵权人的，除能够证明自己不是侵权人的外，由可能加害的建筑物使用人给予补偿。**可能加害的建筑物使用人补偿后，有权向侵权人追偿。** **物业服务企业等建筑物管理人应当采取必要的安全保障措施防止前款规定情形的发生；未采取必要的安全保障措施的，应当依法承担未履行安全保障义务的侵权责任。** **发生本条第一款规定的情形的，公安等机关应当依法及时调查，查清责任人。** 释义 本条是关于从建筑物中抛掷物品或者从建筑物上坠落的物品造成他人损害责任的规定。 从建筑物上抛掷物、坠落物致人损害的情形时有发生，“头顶上的安全”

相关法律、司法解释规定	民法典
	引起社会的广泛关注。相较于《侵权责任法》第 87 条，本条主要有六处修改：一是增加“禁止从建筑物中抛掷物品”的指引性规定。二是增加规定侵权主体可以明确时，侵权人承担侵权责任。三是“有关机关应当依法及时调查、查清责任人”，明确“经调查难以确定具体侵权人”的，才适用由可能加害的建筑物使用人给予补偿的规定。四是确立可能加害的建筑物使用人对真正侵权人享有追偿权。五是增设物业服务企业等建筑物管理人违反安全保障义务时的侵权责任。六是增设公安等机关的及时调查义务。本条的上述六项立法修改，体现了立法者对于抛掷物或坠落物致损责任架构的重视与完善，也体现了对高空抛掷物致害问题采取依法治理、综合治理、源头治理的整体思路。
《侵权责任法》 **第八十八条**　堆放物倒塌造成他人损害，堆放人不能证明自己没有过错的，应当承担侵权责任。 《人身损害赔偿司法解释》 **第十六条第一款**　下列情形，适用民法通则第一百二十六条的规定，由所有人或者管理人承担赔偿责任，但能够证明自己没有过错的除外： …… （二）堆放物品滚落、滑落或者堆放物倒塌致人损害的； ……	**第一千二百五十五条**　堆放物倒塌、**滚落或者滑落**造成他人损害，堆放人不能证明自己没有过错的，应当承担侵权责任。 释义　本条是关于堆放物造成他人损害责任的规定。 本条在继承《侵权责任法》第 88 条的基础上，总结《人身损害赔偿司法解释》第 16 条第 1 款第 2 项的经验，增加列举了“滚落或者滑落”两种情形。

相关法律、司法解释规定	民法典
《侵权责任法》 **第八十九条** 在公共道路上堆放、倾倒、遗撒妨碍通行的物品造成他人损害的，~~有关单位或者个人应当~~承担侵权责任。 **《道路交通事故司法解释》** **第十条** 因在道路上堆放、倾倒、遗撒物品等妨碍通行的行为，导致交通事故造成损害，当事人请求行为人承担赔偿责任的，人民法院应予支持。道路管理者不能证明已按照法律、法规、规章、国家标准、行业标准或者地方标准尽到清理、防护、警示等义务的，应当承担相应的赔偿责任。	**第一千二百五十六条** 在公共道路上堆放、倾倒、遗撒妨碍通行的物品造成他人损害的，**由行为人承担侵**权责任。**公共道路管理人不能证明已经尽到清理、防护、警示等义务的，应当承担相应的责任。** **释义** 本条是关于在公共道路上堆放、倾倒、遗撒妨碍通行的物品造成他人损害责任的规定。 本条在《侵权责任法》第 89 条的基础上，区分了直接侵权人和公共道路管理人两种情况，作了进一步的细分和完善，公共道路管理人承担的是过错推定责任。
《侵权责任法》 **第九十条** 因林木折断造成他人损害，林木的所有人或者管理人不能证明自己没有过错的，应当承担侵权责任。 **《人身损害赔偿司法解释》** **第十六条第一款** 下列情形，适用民法通则第一百二十六条的规定，由所有人或者管理人承担赔偿责任，但能够证明自己没有过错的除外： …… （三）树木倾倒、折断或者果实坠落致人损害的。	**第一千二百五十七条** 因林木折断**、倾倒或者果实坠落等**造成他人损害，林木的所有人或者管理人不能证明自己没有过错的，应当承担侵权责任。 **释义** 本条是关于林木造成他人损害责任的规定。 本条在吸收《侵权责任法》和相关司法解释的基础上，增加列举了“倾倒或者果实坠落等”的情形。
《侵权责任法》 **第九十一条** 在公共场所或者道路上挖坑、修缮安装地下设施等，~~没有~~设置明显标志和采取安全措施造成他人损害的，~~施工人~~应当承担侵权责任。 窨井等地下设施造成他人损害，	**第一千二百五十八条** 在公共场所或者道路上挖掘、修缮安装地下设施等造成他人损害，**施工人不能证明已经**设置明显标志和采取安全措施的，应当承担侵权责任。 窨井等地下设施造成他人损害，

相关法律、司法解释规定	民法典
管理人不能证明尽到管理职责的，应当承担侵权责任。	管理人不能证明尽到管理职责的，应当承担侵权责任。 释义 本条是关于在公共场所或者道路上挖坑、修缮安装地下设施等造成他人损害责任，以及窨井等地下设施造成他人损害责任的规定。 本条在《侵权责任法》的基础上，作了一定的完善：一是调整了语序，明确了“造成他人损害”是“在公共场所或者道路上挖坑、修缮安装地下设施等”的后果，使本条表述更加清晰。二是将“没有设置”修改为“施工人不能证明已经设置”，使得过错推定归责原则的表述与本章其他条文的表述保持一致。
	附　　则
《民法通则》 **第一百五十五条** 民法所称的“以上”、“以下”、“以内”、“届满”，包括本数；所称的“不满”、“以外”，不包括本数。	**第一千二百五十九条** 民法所称的“以上”、“以下”、“以内”、“届满”，包括本数；所称的“不满”、**“超过”**、“以外”，不包括本数。 释义 本条是关于法律术语含义的规定。
《民法通则》 **第一百五十六条** 本法自1987年1月1日起施行。	**第一千二百六十条** 本法自2021年1月1日起施行。**《中华人民共和国婚姻法》、《中华人民共和国继承法》、《中华人民共和国民法通则》、《中华人民共和国收养法》、《中华人民共和国担保法》、《中华人民共和国合同法》、《中华人民共和国物权法》、《中华人民共和国侵权责任法》、《中华人民共和国民法总则》同时废止。** 释义 本条是关于《民法典》的施行日期和此前颁布的各单行民法废止的规定。

民法典配套司法解释
与相关规定新旧对照

《最高人民法院关于适用〈中华人民共和国民法典〉总则编若干问题的解释》与相关规定对照表①

相关规定	《民法典总则编司法解释》
	为正确审理民事案件，依法保护民事主体的合法权益，维护社会和经济秩序，根据《中华人民共和国民法典》《中华人民共和国民事诉讼法》等相关法律规定，结合审判实践，制定本解释。
	一、一般规定
	第一条 民法典第二编至第七编对民事关系有规定的，人民法院直接适用该规定；民法典第二编至第七编没有规定的，适用民法典第一编的规定，但是根据其性质不能适用的除外。 就同一民事关系，其他民事法律的规定属于对民法典相应规定的细化的，应当适用该民事法律的规定。民

① 《最高人民法院关于适用〈中华人民共和国民法典〉总则编若干问题的解释》简称《民法典总则编司法解释》。

《最高人民法院关于贯彻执行〈中华人民共和国民法通则〉若干问题的意见（试行）》简称《民通意见》。

《最高人民法院关于适用〈中华人民共和国合同法〉若干问题的解释（二）》简称《合同法司法解释（二）》。

《民法典总则编司法解释》与相关规定对比，多数条文为新增内容，故此表中不加黑条文变化内容。

相关规定	《民法典总则编司法解释》
	法典规定适用其他法律的，适用该法律的规定。 民法典及其他法律对民事关系没有具体规定的，可以遵循民法典关于基本原则的规定。
《合同法司法解释（二）》 **第七条**　下列情形，不违反法律、行政法规强制性规定的，人民法院可以认定为合同法所称“交易习惯”： （一）在交易行为当地或者某一领域、某一行业通常采用并为交易对方订立合同时所知道或者应当知道的做法； （二）当事人双方经常使用的习惯做法。 对于交易习惯，由提出主张的一方当事人承担举证责任。	**第二条**　在一定地域、行业范围内长期为一般人从事民事活动时普遍遵守的民间习俗、惯常做法等，可以认定为民法典第十条规定的习惯。 当事人主张适用习惯的，应当就习惯及其具体内容提供相应证据；必要时，人民法院可以依职权查明。 适用习惯，不得违背社会主义核心价值观，不得违背公序良俗。
	第三条　对于民法典第一百三十二条所称的滥用民事权利，人民法院可以根据权利行使的对象、目的、时间、方式、造成当事人之间利益失衡的程度等因素作出认定。 行为人以损害国家利益、社会公共利益、他人合法权益为主要目的行使民事权利的，人民法院应当认定构成滥用民事权利。 构成滥用民事权利的，人民法院应当认定该滥用行为不发生相应的法律效力。滥用民事权利造成损害的，依照民法典第七编等有关规定处理。

相关规定	《民法典总则编司法解释》
	二、民事权利能力和民事行为能力
《继承法》 **第二十八条** 遗产分割时，应当保留胎儿的继承份额。胎儿出生时是死体的，保留的份额按照法定继承办理。	**第四条** 涉及遗产继承、接受赠与等胎儿利益保护，父母在胎儿娩出前作为法定代理人主张相应权利的，人民法院依法予以支持。
《民通意见》 3. 10周岁以上的未成年人进行的民事活动是否与其年龄、智力状况相适应，可以从行为与本人生活相关联的程度、本人的智力能否理解其行为，并预见相应的行为后果，以及行为标的数额等方面认定。 4. 不能完全辨认自己行为的精神病人进行的民事活动，是否与其精神健康状态相适应，可以从行为与本人生活相关联的程度、本人的精神状态能否理解其行为，并预见相应的行为后果，以及行为标的数额等方面认定。	**第五条** 限制民事行为能力人实施的民事法律行为是否与其年龄、智力、精神健康状况相适应，人民法院可以从行为与本人生活相关联的程度，本人的智力、精神健康状况能否理解其行为并预见相应的后果，以及标的、数量、价款或者报酬等方面认定。
	三、监护
《民通意见》 11. 认定监护人的监护能力，应当根据监护人的身体健康状况、经济条件，以及与被监护人在生活上的联系状况等因素确定。	**第六条** 人民法院认定自然人的监护能力，应当根据其年龄、身心健康状况、经济条件等因素确定；认定有关组织的监护能力，应当根据其资质、信用、财产状况等因素确定。
《民通意见》 14. 人民法院指定监护人时，可以将民法通则第十六条第二款中的（一）、（二）、（三）项或第十七条第一款中的（一）、（二）、（三）、（四）、	**第七条** 担任监护人的被监护人父母通过遗嘱指定监护人，遗嘱生效时被指定的人不同意担任监护人的，人民法院应当适用民法典第二十七条、第二十八条的规定确定监护人。

相关规定	《民法典总则编司法解释》
（五）项规定视为指定监护人的顺序。前一顺序有监护资格的人无监护能力或者对被监护人明显不利的，人民法院可以根据对被监护人有利的原则，从后一顺序有监护资格的人中择优确定。被监护人有识别能力的，应视情况征求被监护人的意见。 监护人可以是一人，也可以是同一顺序中的数人。 16. 对于担任监护人有争议的，应当按照民法通则第十六条第三款或者第十七条第二款的规定，由有关组织予以指定。未经指定而向人民法院起诉的，人民法院不予受理。 **《民法通则》** **第十六条** 未成年人的父母是未成年人的监护人。 未成年人的父母已经死亡或者没有监护能力的，由下列人员中有监护能力的人担任监护人： （一）祖父母、外祖父母； （二）兄、姐； （三）关系密切的其他亲属、朋友愿意承担监护责任，经未成年人的父、母的所在单位或者未成年人住所地的居民委员会、村民委员会同意的。 对担任监护人有争议的，由未成年人的父、母的所在单位或者未成年人住所地的居民委员会、村民委员会在近亲属中指定。对指定不服提起诉讼的，由人民法院裁决。 没有第一款、第二款规定的监护	未成年人由父母担任监护人，父母中的一方通过遗嘱指定监护人，另一方在遗嘱生效时有监护能力，有关当事人对监护人的确定有争议的，人民法院应当适用民法典第二十七条第一款的规定确定监护人。

相关规定	《民法典总则编司法解释》
人的，由未成年人的父、母的所在单位或者未成年人住所地的居民委员会、村民委员会或者民政部门担任监护人。 第十七条　无民事行为能力或者限制民事行为能力的精神病人，由下列人员担任监护人： （一）配偶； （二）父母； （三）成年子女； （四）其他近亲属； （五）关系密切的其他亲属、朋友愿意承担监护责任，经精神病人的所在单位或者住所地的居民委员会、村民委员会同意的。 对担任监护人有争议的，由精神病人的所在单位或者住所地的居民委员会、村民委员会在近亲属中指定。对指定不服提起诉讼的，由人民法院裁决。 没有第一款规定的监护人的，由精神病人的所在单位或者住所地的居民委员会、村民委员会或者民政部门担任监护人。	
《民通意见》 15. 有监护资格的人之间协议确定监护人的，应当由协议确定的监护人对被监护人承担监护责任。	**第八条**　未成年人的父母与其他依法具有监护资格的人订立协议，约定免除具有监护能力的父母的监护职责的，人民法院不予支持。协议约定在未成年人的父母丧失监护能力时由该具有监护资格的人担任监护人的，人民法院依法予以支持。 依法具有监护资格的人之间依据民法典第三十条的规定，约定由民法

相关规定	《民法典总则编司法解释》
	典第二十七条第二款、第二十八条规定的不同顺序的人共同担任监护人，或者由顺序在后的人担任监护人的，人民法院依法予以支持。
《民通意见》 14. 人民法院指定监护人时，可以将民法通则第十六条第二款中的（一）、（二）、（三）项或第十七条第一款中的（一）、（二）、（三）、（四）、（五）项规定视为指定监护人的顺序。前一顺序有监护资格的人无监护能力或者对被监护人明显不利的，人民法院可以根据对被监护人有利的原则，从后一顺序有监护资格的人中择优确定。被监护人有识别能力的，应视情况征求被监护人的意见。 监护人可以是一人，也可以是同一顺序中的数人。	**第九条**　人民法院依据民法典第三十一条第二款、第三十六条第一款的规定指定监护人时，应当尊重被监护人的真实意愿，按照最有利于被监护人的原则指定，具体参考以下因素： （一）与被监护人生活、情感联系的密切程度； （二）依法具有监护资格的人的监护顺序； （三）是否有不利于履行监护职责的违法犯罪等情形； （四）依法具有监护资格的人的监护能力、意愿、品行等。 人民法院依法指定的监护人一般应当是一人，由数人共同担任监护人更有利于保护被监护人利益的，也可以是数人。
《民通意见》 16. 对于担任监护人有争议的，应当按照民法通则第十六条第三款或者第十七条第二款的规定，由有关组织予以指定。未经指定而向人民法院起诉的，人民法院不予受理。 17. 有关组织依照民法通则规定指定监护人，以书面或者口头通知了被指定人的，应当认定指定成立。被指定人不服的，应当在接到通知的次	**第十条**　有关当事人不服居民委员会、村民委员会或者民政部门的指定，在接到指定通知之日起三十日内向人民法院申请指定监护人的，人民法院经审理认为指定并无不当，依法裁定驳回申请；认为指定不当，依法判决撤销指定并另行指定监护人。 有关当事人在接到指定通知之日起三十日后提出申请的，人民法院应当按照变更监护关系处理。

相关规定	《民法典总则编司法解释》
日起30日内向人民法院起诉。逾期起诉的，按变更监护关系处理。 19. 被指定人对指定不服提起诉讼的，人民法院应当根据本意见第十四条的规定，作出维持或者撤销指定监护人的判决。如果判决是撤销原指定的，可以同时另行指定监护人。此类案件，比照民事诉讼法（试行）规定的特别程序进行审理。 在人民法院作出判决前的监护责任，一般应当按照指定监护人的顺序，由有监护资格的人承担。	
	第十一条 具有完全民事行为能力的成年人与他人依据民法典第三十三条的规定订立书面协议事先确定自己的监护人后，协议的任何一方在该成年人丧失或者部分丧失民事行为能力前请求解除协议的，人民法院依法予以支持。该成年人丧失或者部分丧失民事行为能力后，协议确定的监护人无正当理由请求解除协议的，人民法院不予支持。 该成年人丧失或者部分丧失民事行为能力后，协议确定的监护人有民法典第三十六条第一款规定的情形之一，该条第二款规定的有关个人、组织申请撤销其监护人资格的，人民法院依法予以支持。
	第十二条 监护人、其他依法具有监护资格的人之间就监护人是否有民法典第三十九条第一款第二项、第四项规定的应当终止监护关系的情形

相关规定	《民法典总则编司法解释》
	发生争议，申请变更监护人的，人民法院应当依法受理。经审理认为理由成立的，人民法院依法予以支持。 被依法指定的监护人与其他具有监护资格的人之间协议变更监护人的，人民法院应当尊重被监护人的真实意愿，按照最有利于被监护人的原则作出裁判。
《民通意见》 22. 监护人可以将监护职责部分或者全部委托给他人。因被监护人的侵权行为需要承担民事责任的，应当由监护人承担，但另有约定的除外；被委托人确有过错的，负连带责任。	**第十三条** 监护人因患病、外出务工等原因在一定期限内不能完全履行监护职责，将全部或者部分监护职责委托给他人，当事人主张受托人因此成为监护人的，人民法院不予支持。
	四、宣告失踪和宣告死亡
《民通意见》 24. 申请宣告失踪的利害关系人，包括被申请宣告失踪人的配偶、父母、子女、兄弟姐妹、祖父母、外祖父母、孙子女、外孙子女以及其他与被申请人有民事权利义务关系的人。 26. 下落不明是指公民离开最后居住地后没有音讯的状况。对于在台湾或者在国外，无法正常通讯联系的，不得以下落不明宣告死亡。	**第十四条** 人民法院审理宣告失踪案件时，下列人员应当认定为民法典第四十条规定的利害关系人： （一）被申请人的近亲属； （二）依据民法典第一千一百二十八条、第一千一百二十九条规定对被申请人有继承权的亲属； （三）债权人、债务人、合伙人等与被申请人有民事权利义务关系的民事主体，但是不申请宣告失踪不影响其权利行使、义务履行的除外。
《民通意见》 32. 失踪人的财产代管人拒绝支付失踪人所欠的税款、债务和其他费用，债权人提起诉讼的，人民法院应当将代管人列为被告。	**第十五条** 失踪人的财产代管人向失踪人的债务人请求偿还债务的，人民法院应当将财产代管人列为原告。 债权人提起诉讼，请求失踪人的财产代管人支付失踪人所欠的债务和

相关规定	《民法典总则编司法解释》
失踪人的财产代管人向失踪人的债务人要求偿还债务的，可以作为原告提起诉讼。	其他费用的，人民法院应当将财产代管人列为被告。经审理认为债权人的诉讼请求成立的，人民法院应当判决财产代管人从失踪人的财产中支付失踪人所欠的债务和其他费用。
《民通意见》 25. 申请宣告死亡的利害关系人的顺序是： （一）配偶； （二）父母、子女； （三）兄弟姐妹、祖父母、外祖父母、孙子女、外孙子女； （四）其他有民事权利义务关系的人。 申请撤销死亡宣告不受上列顺序限制。	**第十六条**　人民法院审理宣告死亡案件时，被申请人的配偶、父母、子女，以及依据民法典第一千一百二十九条规定对被申请人有继承权的亲属应当认定为民法典第四十六条规定的利害关系人。 符合下列情形之一的，被申请人的其他近亲属，以及依据民法典第一千一百二十八条规定对被申请人有继承权的亲属应当认定为民法典第四十六条规定的利害关系人： （一）被申请人的配偶、父母、子女均已死亡或者下落不明的； （二）不申请宣告死亡不能保护其相应合法权益的。 被申请人的债权人、债务人、合伙人等民事主体不能认定为民法典第四十六条规定的利害关系人，但是不申请宣告死亡不能保护其相应合法权益的除外。
《民通意见》 27. 战争期间下落不明的，申请宣告死亡的期间适用民法通则第二十三条第一款第一项的规定。	**第十七条**　自然人在战争期间下落不明的，利害关系人申请宣告死亡的期间适用民法典第四十六条第一款第一项的规定，自战争结束之日或者有关机关确定的下落不明之日起计算。
	五、民事法律行为
《民通意见》 66. 一方当事人向对方当事人提出	**第十八条**　当事人未采用书面形式或者口头形式，但是实施的行为本

相关规定	《民法典总则编司法解释》
民事权利的要求，对方未用语言或者文字明确表示意见，但其行为表明已接受的，可以认定为默示。不作为的默示只有在法律有规定或者当事人双方有约定的情况下，才可以视为意思表示。	身表明已经作出相应意思表示，并符合民事法律行为成立条件的，人民法院可以认定为民法典第一百三十五条规定的采用其他形式实施的民事法律行为。
《民通意见》 71. 行为人因对行为的性质、对方当事人、标的物的品种、质量、规格和数量等的错误认识，使行为的后果与自己的意思相悖，并造成较大损失的，可以认定为重大误解。 73. 对于重大误解或者显失公平的民事行为，当事人请求变更的，人民法院应当予以变更；当事人请求撤销的，人民法院可以酌情予以变更或者撤销。 可变更或者可撤销的民事行为，自行为成立时起超过 1 年当事人才请求变更或者撤销的，人民法院不予保护。	**第十九条** 行为人对行为的性质、对方当事人或者标的物的品种、质量、规格、价格、数量等产生错误认识，按照通常理解如果不发生该错误认识行为人就不会作出相应意思表示的，人民法院可以认定为民法典第一百四十七条规定的重大误解。 行为人能够证明自己实施民事法律行为时存在重大误解，并请求撤销该民事法律行为的，人民法院依法予以支持；但是，根据交易习惯等认定行为人无权请求撤销的除外。
《民通意见》 77. 意思表示由第三人义务转达，而第三人由于过失转达错误或者没有转达，使他人造成损失的，一般可由意思表示人负赔偿责任。但法律另有规定或者双方另有约定的除外。	**第二十条** 行为人以其意思表示存在第三人转达错误为由请求撤销民事法律行为的，适用本解释第十九条的规定。
《民通意见》 68. 一方当事人故意告知对方虚假情况，或者故意隐瞒真实情况，诱使对方当事人作出错误意思表示的，可以认定为欺诈行为。	**第二十一条** 故意告知虚假情况，或者负有告知义务的人故意隐瞒真实情况，致使当事人基于错误认识作出意思表示的，人民法院可以认定为民法典第一百四十八条、第一百四十九条规定的欺诈。

相关规定	《民法典总则编司法解释》
《民通意见》 69. 以给公民及其亲友的生命健康、荣誉、名誉、财产等造成损害，或者以给法人的荣誉、名誉、财产等造成损害为要挟，迫使对方作出违背真实的意思表示的，可以认定为胁迫行为。	**第二十二条** 以给自然人及其近亲属等的人身权利、财产权利以及其他合法权益造成损害或者以给法人、非法人组织的名誉、荣誉、财产权益等造成损害为要挟，迫使其基于恐惧心理作出意思表示的，人民法院可以认定为民法典第一百五十条规定的胁迫。
	第二十三条 民事法律行为不成立，当事人请求返还财产、折价补偿或者赔偿损失的，参照适用民法典第一百五十七条的规定。
《民通意见》 75. 附条件的民事行为，如果所附的条件是违背法律规定或者不可能发生的，应当认定该民事行为无效。	**第二十四条** 民事法律行为所附条件不可能发生，当事人约定为生效条件的，人民法院应当认定民事法律行为不发生效力；当事人约定为解除条件的，应当认定未附条件，民事法律行为是否失效，依照民法典和相关法律、行政法规的规定认定。
	六、代理
《民通意见》 79. 数个委托代理人共同行使代理权的，如果其中一人或者数人未与其他委托代理人协商，所实施的行为侵害被代理人权益的，由实施行为的委托代理人承担民事责任。 被代理人为数人时，其中一人或者数人未经其他被代理人同意而提出解除代理关系，因此造成损害的，由提出解除代理关系的被代理人承担。	**第二十五条** 数个委托代理人共同行使代理权，其中一人或者数人未与其他委托代理人协商，擅自行使代理权的，依据民法典第一百七十一条、第一百七十二条等规定处理。
《民通意见》 80. 由于急病、通讯联络中断等特殊原因，委托代理人自己不能办理	**第二十六条** 由于急病、通讯联络中断、疫情防控等特殊原因，委托代理人自己不能办理代理事项，又不

相关规定	《民法典总则编司法解释》
代理事项，又不能与被代理人及时取得联系，如不及时转托他人代理，会给被代理人的利益造成损失或者扩大损失的，属于民法通则第六十八条中的“紧急情况”。	能与被代理人及时取得联系，如不及时转委托第三人代理，会给被代理人的利益造成损失或者扩大损失的，人民法院应当认定为民法典第一百六十九条规定的紧急情况。
	第二十七条 无权代理行为未被追认，相对人请求行为人履行债务或者赔偿损失的，由行为人就相对人知道或者应当知道行为人无权代理承担举证责任。行为人不能证明的，人民法院依法支持相对人的相应诉讼请求；行为人能够证明的，人民法院应当按照各自的过错认定行为人与相对人的责任。
《最高人民法院关于当前形势下审理民商事合同纠纷案件若干问题的指导意见》 13. 合同法第四十九条规定的表见代理制度不仅要求代理人的无权代理行为在客观上形成具有代理权的表象，而且要求相对人在主观上善意且无过失地相信行为人有代理权。合同相对人主张构成表见代理的，应当承担举证责任，不仅应当举证证明代理行为存在诸如合同书、公章、印鉴等有权代理的客观表象形式要素，而且应当证明其善意且无过失地相信行为人具有代理权。 14. 人民法院在判断合同相对人主观上是否属于善意且无过失时，应当结合合同缔结与履行过程中的各种因素综合判断合同相对人是否尽到合	**第二十八条** 同时符合下列条件的，人民法院可以认定为民法典第一百七十二条规定的相对人有理由相信行为人有代理权： （一）存在代理权的外观； （二）相对人不知道行为人行为时没有代理权，且无过失。 因是否构成表见代理发生争议的，相对人应当就无权代理符合前款第一项规定的条件承担举证责任；被代理人应当就相对人不符合前款第二项规定的条件承担举证责任。

相关规定	《民法典总则编司法解释》
理注意义务，此外还要考虑合同的缔结时间、以谁的名义签字、是否盖有相关印章及印章真伪、标的物的交付方式与地点、购买的材料、租赁的器材、所借款项的用途、建筑单位是否知道项目经理的行为、是否参与合同履行等各种因素，作出综合分析判断。	
	第二十九条 法定代理人、被代理人依据民法典第一百四十五条、第一百七十一条的规定向相对人作出追认的意思表示的，人民法院应当依据民法典第一百三十七条的规定确认其追认意思表示的生效时间。
	七、民事责任
	第三十条 为了使国家利益、社会公共利益、本人或者他人的人身权利、财产权利以及其他合法权益免受正在进行的不法侵害，而针对实施侵害行为的人采取的制止不法侵害的行为，应当认定为民法典第一百八十一条规定的正当防卫。
	第三十一条 对于正当防卫是否超过必要的限度，人民法院应当综合不法侵害的性质、手段、强度、危害程度和防卫的时机、手段、强度、损害后果等因素判断。 经审理，正当防卫没有超过必要限度的，人民法院应当认定正当防卫人不承担责任。正当防卫超过必要限度的，人民法院应当认定正当防卫人在造成不应有的损害范围内承担部分责任；实施侵害行为的人请求正当防

相关规定	《民法典总则编司法解释》
	卫人承担全部责任的，人民法院不予支持。 实施侵害行为的人不能证明防卫行为造成不应有的损害，仅以正当防卫人采取的反击方式和强度与不法侵害不相当为由主张防卫过当的，人民法院不予支持。
	第三十二条 为了使国家利益、社会公共利益、本人或者他人的人身权利、财产权利以及其他合法权益免受正在发生的急迫危险，不得已而采取紧急措施的，应当认定为民法典第一百八十二条规定的紧急避险。
《民通意见》 156. 因紧急避险造成他人损失的，如果险情是由自然原因引起，行为人采取的措施又无不当，则行为人不承担民事责任。受害人要求补偿的，可以责令受益人适当补偿。	**第三十三条** 对于紧急避险是否采取措施不当或者超过必要的限度，人民法院应当综合危险的性质、急迫程度、避险行为所保护的权益以及造成的损害后果等因素判断。 经审理，紧急避险采取措施并无不当且没有超过必要限度的，人民法院应当认定紧急避险人不承担责任。紧急避险采取措施不当或者超过必要限度的，人民法院应当根据紧急避险人的过错程度、避险措施造成不应有的损害的原因力大小、紧急避险人是否为受益人等因素认定紧急避险人在造成的不应有的损害范围内承担相应的责任。
《民通意见》 142. 为维护国家、集体或者他人合法权益而使自己受到损害，在侵害人无力赔偿或者没有侵害人的情况下，	**第三十四条** 因保护他人民事权益使自己受到损害，受害人依据民法典第一百八十三条的规定请求受益人适当补偿的，人民法院可以根据受害

相关规定	《民法典总则编司法解释》
如果受害人提出请求的，人民法院可以根据受益人受益的多少及其经济状况，责令受益人给予适当补偿。	人所受损失和已获赔偿的情况、受益人受益的多少及其经济条件等因素确定受益人承担的补偿数额。
	八、诉讼时效
《民通意见》 167. 民法通则实施后，属于民法通则第一百三十五条规定的 2 年诉讼时效期间，权利人自权利被侵害时起的第 18 年后至第 20 年期间才知道自己的权利被侵害的，或者属于民法通则第一百三十六条规定的 1 年诉讼时效期间，权利人自权利被侵害时起的第 19 年后至第 20 年期间才知道自己的权利被侵害的，提起诉讼请求的权利，应当在权利被侵害之日起的 20 年内行使；超过 20 年的，不予保护。 175. 民法通则第一百三十五条、第一百三十六条规定的诉讼时效期间，可以适用民法通则有关中止、中断和延长的规定。 民法通则第一百三十七条规定的“20 年”诉讼时效期间，可以适用民法通则有关延长的规定，不适用中止、中断的规定。	**第三十五条** 民法典第一百八十八条第一款规定的三年诉讼时效期间，可以适用民法典有关诉讼时效中止、中断的规定，不适用延长的规定。该条第二款规定的二十年期间不适用中止、中断的规定。
	第三十六条 无民事行为能力人或者限制民事行为能力人的权利受到损害的，诉讼时效期间自其法定代理人知道或者应当知道权利受到损害以及义务人之日起计算，但是法律另有规定的除外。

相关规定	《民法典总则编司法解释》
	第三十七条 无民事行为能力人、限制民事行为能力人的权利受到原法定代理人损害，且在取得、恢复完全民事行为能力或者在原法定代理终止并确定新的法定代理人后，相应民事主体才知道或者应当知道权利受到损害的，有关请求权诉讼时效期间的计算适用民法典第一百八十八条第二款、本解释第三十六条的规定。
《民通意见》 173. 诉讼时效因权利人主张权利或者义务人同意履行义务而中断后，权利人在新的诉讼时效期间内，再次主张权利或者义务人再次同意履行义务的，可以认定为诉讼时效再次中断。 权利人向债务保证人、债务人的代理人或者财产代管人主张权利的，可以认定诉讼时效中断。	**第三十八条** 诉讼时效依据民法典第一百九十五条的规定中断后，在新的诉讼时效期间内，再次出现第一百九十五条规定的中断事由，可以认定为诉讼时效再次中断。 权利人向义务人的代理人、财产代管人或者遗产管理人等提出履行请求的，可以认定为民法典第一百九十五条规定的诉讼时效中断。
	九、附则
《民通意见》 196. 1987 年 1 月 1 日以后受理的案件，如果民事行为发生在 1987 年以前，适用民事行为发生时的法律、政策；当时的法律、政策没有具体规定的，可以比照民法通则处理。	**第三十九条** 本解释自 2022 年 3 月 1 日起施行。 民法典施行后的法律事实引起的民事案件，本解释施行后尚未终审的，适用本解释；本解释施行前已经终审，当事人申请再审或者按照审判监督程序决定再审的，不适用本解释。

《最高人民法院关于适用〈中华人民共和国民法典〉时间效力的若干规定》条文解读

《民法典时间效力规定》①	释义
一、一般规定	
第一条 民法典施行后的法律事实引起的民事纠纷案件，适用民法典的规定。 民法典施行前的法律事实引起的民事纠纷案件，适用当时的法律、司法解释的规定，但是法律、司法解释另有规定的除外。 民法典施行前的法律事实持续至民法典施行后，该法律事实引起的民事纠纷案件，适用民法典的规定，但是法律、司法解释另有规定的除外。	释义 本条对《民法典》施行前后的法律适用作出了规定。第 1 款体现了“法不溯及既往”原则。第 2 款体现了“从旧”原则。第 3 款跨新旧法的法律事实，原则上适用《民法典》，但作了例外规定。
第二条 民法典施行前的法律事实引起的民事纠纷案件，当时的法律、司法解释有规定，适用当时的法律、司法解释的规定，但是适用民法典的规定更有利于保护民事主体合法权益，更有利于维护社会和经济秩序，更有利于弘扬社会主义核心价值观的除外。	释义 针对《民法典》施行前的法律事实引起的纠纷，旧法有规定原则上适用旧法，但适用《民法典》更符合“有利”原则的，适用《民法典》。
第三条 民法典施行前的法律事实引起的民事纠纷案件，当时的法律、司法解释没有规定而民法典有规定的，可以适用民法典的规定，但是	释义 针对《民法典》施行前的法律事实引起的纠纷，旧法无规定原则上可溯及既往，但适用《民法典》不利于当事人的则不适用。

① 《最高人民法院关于适用〈中华人民共和国民法典〉时间效力的若干规定》简称《民法典时间效力规定》。

《民法典时间效力规定》	释义
明显减损当事人合法权益、增加当事人法定义务或者背离当事人合理预期的除外。	
第四条 民法典施行前的法律事实引起的民事纠纷案件，当时的法律、司法解释仅有原则性规定而民法典有具体规定的，适用当时的法律、司法解释的规定，但是可以依据民法典具体规定进行裁判说理。	释义 针对《民法典》施行前的法律事实引起的纠纷，旧法仅有原则性规定，《民法典》有具体规定的，适用旧法，但可依据《民法典》的具体规定进行裁判说理。
第五条 民法典施行前已经终审的案件，当事人申请再审或者按照审判监督程序决定再审的，不适用民法典的规定。	释义 《民法典》施行前已终审案件的再审不适用《民法典》。
二、溯及适用的具体规定	
第六条 《中华人民共和国民法总则》施行前，侵害英雄烈士等的姓名、肖像、名誉、荣誉，损害社会公共利益引起的民事纠纷案件，适用民法典第一百八十五条的规定。	释义 体现有利溯及原则，《民法总则》施行前即2017年10月1日前，“侵害英雄烈士人格的行为”，适用《民法典》规定。
第七条 民法典施行前，当事人在债务履行期限届满前约定债务人不履行到期债务时抵押财产或者质押财产归债权人所有的，适用民法典第四百零一条和第四百二十八条的规定。	释义 体现有利溯及原则，流押、流质条款适用《民法典》。
第八条 民法典施行前成立的合同，适用当时的法律、司法解释的规定合同无效而适用民法典的规定合同有效的，适用民法典的相关规定。	释义 体现有利溯及原则，针对《民法典》施行前成立的合同，适用原规定无效，而适用《民法典》有效的，适用《民法典》。

《民法典时间效力规定》	释义
第九条 民法典施行前订立的合同，提供格式条款一方未履行提示或者说明义务，涉及格式条款效力认定的，适用民法典第四百九十六条的规定。	释义 体现有利溯及原则，格式条款效力认定适用《民法典》。提供方对格式条款未履行提示说明义务，相对方可直接主张格式条款不成为合同内容，更有利于保护相对方的权益。 法条链接 **《民法典》** **第四百九十六条** 格式条款是当事人为了重复使用而预先拟定，并在订立合同时未与对方协商的条款。 采用格式条款订立合同的，提供格式条款的一方应当遵循公平原则确定当事人之间的权利和义务，并采取合理的方式提示对方注意免除或者减轻其责任等与对方有重大利害关系的条款，按照对方的要求，对该条款予以说明。提供格式条款的一方未履行提示或者说明义务，致使对方没有注意或者理解与其有重大利害关系的条款的，对方可以主张该条款不成为合同的内容。
第十条 民法典施行前，当事人一方未通知对方而直接以提起诉讼方式依法主张解除合同的，适用民法典第五百六十五条第二款的规定。	释义 《民法典》施行前，以诉讼方式解除合同，合同自起诉状副本送达对方时解除，明确回应了司法实践中的争议。 法条链接 **《民法典》** **第五百六十五条第二款** 当事人一方未通知对方，直接以提起诉讼或者申请仲裁的方式依法主张解除合同，人民法院或者仲裁机构确认该主张的，合同自起诉状副本或者仲裁申请书副本送达对方时解除。

《民法典时间效力规定》	释义
第十一条 民法典施行前成立的合同，当事人一方不履行非金钱债务或者履行非金钱债务不符合约定，对方可以请求履行，但是有民法典第580条第1款第一项、第二项、第三项除外情形之一，致使不能实现合同目的，当事人请求终止合同权利义务关系的，适用民法典第五百八十条第二款的规定。	释义 《民法典》施行前，有《民法典》第580条第1款所列三种除外情形之一，致使不能实现合同目的的，人民法院或仲裁机构可以根据当事人的请求终止合同权利义务关系。 法条链接 **《民法典》** **第五百八十条** 当事人一方不履行非金钱债务或者履行非金钱债务不符合约定的，对方可以请求履行，但是有下列情形之一的除外： （一）法律上或者事实上不能履行； （二）债务的标的不适于强制履行或者履行费用过高； （三）债权人在合理期限内未请求履行。 有前款规定的除外情形之一，致使不能实现合同目的的，人民法院或者仲裁机构可以根据当事人的请求终止合同权利义务关系，但是不影响违约责任的承担。
第十二条 民法典施行前订立的保理合同发生争议的，适用民法典第三编第十六章的规定。	释义 填补规定溯及，《民法典》施行前订立的保理合同适用《民法典》新规定。
第十三条 民法典施行前，继承人有民法典第一千一百二十五条第一款第四项和第五项规定行为之一，对该继承人是否丧失继承权发生争议的，适用民法典第一千一百二十五条第一款和第二款的规定。 民法典施行前，受遗赠人有民法典第一千一百二十五条第一款规定行	释义 填补规定溯及，丧失继承权与宽恕继承适用《民法典》。 法条链接 **《民法典》** **第一千一百二十五条** 继承人有下列行为之一的，丧失继承权： （一）故意杀害被继承人； （二）为争夺遗产而杀害其他继承人；

《民法典时间效力规定》	释义
为之一，对受遗赠人是否丧失受遗赠权发生争议的，适用民法典第一千一百二十五条第一款和第三款的规定。	（三）遗弃被继承人，或者虐待被继承人情节严重； （四）伪造、篡改、隐匿或者销毁遗嘱，情节严重； （五）以欺诈、胁迫手段迫使或者妨碍被继承人设立、变更或者撤回遗嘱，情节严重。 继承人有前款第三项至第五项行为，确有悔改表现，被继承人表示宽恕或者事后在遗嘱中将其列为继承人的，该继承人不丧失继承权。 受遗赠人有本条第一款规定行为的，丧失受遗赠权。
第十四条 被继承人在民法典施行前死亡，遗产无人继承又无人受遗赠，其兄弟姐妹的子女请求代位继承的，适用民法典第一千一百二十八条第二款和第三款的规定，但是遗产已经在民法典施行前处理完毕的除外。	释义 填补规定溯及，被继承人在《民法典》施行前死亡的，适用《民法典》关于“代位继承”的规定，并将代位继承范围扩大至“被继承人的兄弟姐妹的子女”。 法条链接 **《民法典》** **第一千一百二十八条** 被继承人的子女先于被继承人死亡的，由被继承人的子女的直系晚辈血亲代位继承。 被继承人的兄弟姐妹先于被继承人死亡的，由被继承人的兄弟姐妹的子女代位继承。 代位继承人一般只能继承被代位继承人有权继承的遗产份额。
第十五条 民法典施行前，遗嘱人以打印方式立的遗嘱，当事人对该遗嘱效力发生争议的，适用民法典第一千一百三十六条的规定，但是遗产已经在民法典施行前处理完毕的除外。	释义 填补规定溯及，《民法典》新增“打印遗嘱”的规定，《民法典》施行前的打印遗嘱效力适用该规定。 法条链接 **《民法典》** **第一千一百三十六条** 打印遗嘱

《民法典时间效力规定》	释义
	应当有两个以上见证人在场见证。遗嘱人和见证人应当在遗嘱每一页签名，注明年、月、日。
第十六条 民法典施行前，受害人自愿参加具有一定风险的文体活动受到损害引起的民事纠纷案件，适用民法典第一千一百七十六条的规定。	释义 填补规定溯及，《民法典》新增“自甘风险”规定，《民法典》施行前的自甘风险行为适用该规定。 法条链接 **《民法典》** **第一千一百七十六条** 自愿参加具有一定风险的文体活动，因其他参加者的行为受到损害的，受害人不得请求其他参加者承担侵权责任；但是，其他参加者对损害的发生有故意或者重大过失的除外。 活动组织者的责任适用本法第一千一百九十八条至第一千二百零一条的规定。
第十七条 民法典施行前，受害人为保护自己合法权益采取扣留侵权人的财物等措施引起的民事纠纷案件，适用民法典第一千一百七十七条的规定。	释义 填补规定溯及，《民法典》新增“自力救济”规定，《民法典》施行前的自助行为适用该规定。 法条链接 **《民法典》** **第一千一百七十七条** 合法权益受到侵害，情况紧迫且不能及时获得国家机关保护，不立即采取措施将使其合法权益受到难以弥补的损害的，受害人可以在保护自己合法权益的必要范围内采取扣留侵权人的财物等合理措施；但是，应当立即请求有关国家机关处理。 受害人采取的措施不当造成他人损害的，应当承担侵权责任。

《民法典时间效力规定》	释义
第十八条 民法典施行前，因非营运机动车发生交通事故造成无偿搭乘人损害引起的民事纠纷案件，适用民法典第一千二百一十七条的规定。	释义 填补规定溯及，《民法典》新增“好意同乘”规定，《民法典》施行前的无偿搭乘适用该规定。 法条链接 **《民法典》** **第一千二百一十七条** 非营运机动车发生交通事故造成无偿搭乘人损害，属于该机动车一方责任的，应当减轻其赔偿责任，但是机动车使用人有故意或者重大过失的除外。
第十九条 民法典施行前，从建筑物中抛掷物品或者从建筑物上坠落的物品造成他人损害引起的民事纠纷案件，适用民法典第一千二百五十四条的规定。	释义 体现有利溯及原则，《民法典》施行前的高空抛物、高空坠物适用《民法典》新规定。 法条链接 **《民法典》** **第一千二百五十四条** 禁止从建筑物中抛掷物品。从建筑物中抛掷物品或者从建筑物上坠落的物品造成他人损害的，由侵权人依法承担侵权责任；经调查难以确定具体侵权人的，除能够证明自己不是侵权人的外，由可能加害的建筑物使用人给予补偿。可能加害的建筑物使用人补偿后，有权向侵权人追偿。 物业服务企业等建筑物管理人应当采取必要的安全保障措施防止前款规定情形的发生；未采取必要的安全保障措施的，应当依法承担未履行安全保障义务的侵权责任。 发生本条第一款规定的情形的，公安等机关应当依法及时调查，查清责任人。

《民法典时间效力规定》	释义
三、衔接适用的具体规定	
第二十条 民法典施行前成立的合同，依照法律规定或者当事人约定该合同的履行持续至民法典施行后，因民法典施行前履行合同发生争议的，适用当时的法律、司法解释的规定；因民法典施行后履行合同发生争议的，适用民法典第三编第四章和第五章的相关规定。	释义 《民法典》施行前成立的合同，履行持续至《民法典》施行后，按照争议发生的时点确定适用新法或者旧法。
第二十一条 民法典施行前租赁期限届满，当事人主张适用民法典第七百三十四条第二款规定的，人民法院不予支持；租赁期限在民法典施行后届满，当事人主张适用民法典第七百三十四条第二款规定的，人民法院依法予以支持。	释义 房屋承租人优先承租权的新规定，适用于《民法典》施行后租赁期限届满的情形。租赁期限在《民法典》施行前届满的不适用。 法条链接 **《民法典》** **第七百三十四条** 租赁期限届满，承租人继续使用租赁物，出租人没有提出异议的，原租赁合同继续有效，但是租赁期限为不定期。 租赁期限届满，房屋承租人享有以同等条件优先承租的权利。
第二十二条 民法典施行前，经人民法院判决不准离婚后，双方又分居满一年，一方再次提起离婚诉讼的，适用民法典第一千零七十九条第五款的规定。	释义 《民法典》关于离婚诉讼后，分居满一年，准予离婚的规定，可溯及《民法典》施行前。 法条链接 **《民法典》** **第一千零七十九条第五款** 经人民法院判决不准离婚后，双方又分居满一年，一方再次提起离婚诉讼的，应当准予离婚。
第二十三条 被继承人在民法典施行前立有公证遗嘱，民法典施行后又立有新遗嘱，其死亡后，因该数份	释义 《民法典》关于多份遗嘱的效力确定的规定，属断续发生的法律事实，以法律事实最后发生的时间即

《民法典时间效力规定》	释义
遗嘱内容相抵触发生争议的，适用民法典第一千一百四十二条第三款的规定。	最后一份遗嘱订立的时间作为适用法律的依据。 法条链接 《民法典》 **第一千一百四十二条** 遗嘱人可以撤回、变更自己所立的遗嘱。 立遗嘱后，遗嘱人实施与遗嘱内容相反的民事法律行为的，视为对遗嘱相关内容的撤回。 立有数份遗嘱，内容相抵触的，以最后的遗嘱为准。
第二十四条 侵权行为发生在民法典施行前，但是损害后果出现在民法典施行后的民事纠纷案件，适用民法典的规定。	释义 断续发生的法律事实，以法律事实最后发生的时间即损害后果出现的时间作为适用法律的依据。
第二十五条 民法典施行前成立的合同，当时的法律、司法解释没有规定且当事人没有约定解除权行使期限，对方当事人也未催告的，解除权人在民法典施行前知道或者应当知道解除事由，自民法典施行之日起一年内不行使的，人民法院应当依法认定该解除权消灭；解除权人在民法典施行后知道或者应当知道解除事由的，适用民法典第五百六十四条第二款关于解除权行使期限的规定。	释义 《民法典》施行前成立的合同关于解除权的行使期限无法律规定、约定或者当事人催告的，如在施行前得知解除事由，行使期限为《民法典》施行之日起一年内；如在施行后才得知解除事由的，则适用新规定，行使期限从得知解除事由之日起计算一年或者经对方催告后的合理期限内。 法条链接 《民法典》 **第五百六十四条** 法律规定或者当事人约定解除权行使期限，期限届满当事人不行使的，该权利消灭。 法律没有规定或者当事人没有约定解除权行使期限，自解除权人知道或者应当知道解除事由之日起一年内不行使，或者经对方催告后在合理期限内不行使的，该权利消灭。

《民法典时间效力规定》	释义
第二十六条 当事人以民法典施行前受胁迫结婚为由请求人民法院撤销婚姻的，撤销权的行使期限适用民法典第一千零五十二条第二款的规定。	释义 受胁迫婚姻的撤销一律适用新法，撤销期限为自胁迫行为终止之日或恢复人身自由之日起一年。之前的规定为“结婚登记之日起一年”。 法条链接 **《民法典》** **第一千零五十二条** 因胁迫结婚的，受胁迫的一方可以向人民法院请求撤销婚姻。 请求撤销婚姻的，应当自胁迫行为终止之日起一年内提出。 被非法限制人身自由的当事人请求撤销婚姻的，应当自恢复人身自由之日起一年内提出。
第二十七条 民法典施行前成立的保证合同，当事人对保证期间约定不明确，主债务履行期限届满至民法典施行之日不满二年，当事人主张保证期间为主债务履行期限届满之日起二年的，人民法院依法予以支持；当事人对保证期间没有约定，主债务履行期限届满至民法典施行之日不满六个月，当事人主张保证期间为主债务履行期限届满之日起六个月的，人民法院依法予以支持。	释义 保证期间“约定不明”或“没有约定”的，根据原有法律规定，保证期间分别为主债务履行期限届满之日起的2年或主债务履行期限届满之日起6个月，《民法典》将前述“约定不明”或“没有约定”的保证期间统一为6个月。根据该条规定，如截至《民法典》施行之日，根据原规定保证期间未届满的，仍适用原有旧规定。
四、附则	
第二十八条 本规定自2021年1月1日起施行。 本规定施行后，人民法院尚未审结的一审、二审案件适用本规定。	释义 本规定施行时间与《民法典》施行时间一致。未审结的一审、二审案件适用本规定。

《最高人民法院关于适用〈中华人民共和国民法典〉有关担保制度的解释》与相关规定对照表①

（黑体部分为条文变化内容）

担保相关规定	《民法典担保制度司法解释》
	为正确适用《中华人民共和国民法典》有关担保制度的规定，结合民事审判实践，制定本解释。
	一、关于一般规定
《担保法》 第二条　在借贷、买卖、货物运输、加工承揽等经济活动中，债权人需要以担保方式保障其债权实现的，可以依照本法规定设定担保。 本法规定的担保方式为保证、抵押、质押、留置和定金。	**第一条　因抵押、质押、留置、保证等担保发生的纠纷，适用本解释。所有权保留买卖、融资租赁、保理等涉及担保功能发生的纠纷，适用本解释的有关规定。** 释义　本条是关于《民法典担保制度司法解释》适用范围的规定。 与《担保法》及其司法解释相比，《民法典担保制度司法解释》首次明确所有权保留买卖、融资租赁、保理等涉及担保功能发生的纠纷，可适用本解释的相关规定，显然扩张了其适用范围。需要注意的是，所有权保留买卖、融资租赁、保理等合同，并非一概适用本解释的所有规定，只有在因涉及担保功能发生纠纷时，才适用本解释的有关规定。

① 《最高人民法院关于适用〈中华人民共和国民法典〉有关担保制度的解释》简称《民法典担保制度司法解释》。

《全国法院民商事审判工作会议纪要》简称《九民纪要》。纪要不是司法解释，不能作为裁判依据进行援引。

担保相关规定	《民法典担保制度司法解释》
《九民纪要》 54. 从属性是担保的基本属性，但由银行或者非银行金融机构开立的独立保函除外。独立保函纠纷案件依据《最高人民法院关于审理独立保函纠纷案件若干问题的规定》处理。需要进一步明确的是：**凡是由银行或者非银行金融机构开立的符合该司法解释第1条、第3条规定情形的保函，无论是用于国际商事交易还是用于国内商事交易，均不影响保函的效力。银行或者非银行金融机构之外的当事人开立的独立保函，以及当事人有关排除担保从属性的约定，应当认定无效。**但是，根据“无效法律行为的转换”原理，在否定其独立担保效力的同时，应当将其认定为从属性担保。此时，如果**主合同有效，则担保合同有效，担保人与主债务人承担连带保证责任。主合同无效，则该所谓的独立担保也随之无效，担保人无过错的，不承担责任；担保人有过错的，其承担民事责任的部分，不应超过债务人不能清偿部分的三分之一。** 《担保法》 **第五条第一款**　担保合同是主合同的从合同，主合同无效，担保合同无效。担保合同另有约定的，按照约定。	**第二条　当事人在担保合同中约定担保合同的效力独立于主合同，或者约定担保人对主合同无效的法律后果承担担保责任，该有关担保独立性的约定无效。主合同有效的，有关担保独立性的约定无效不影响担保合同的效力；主合同无效的，人民法院应当认定担保合同无效，但是法律另有规定的除外。** 因金融机构开立的独立保函发生的纠纷，适用《最高人民法院关于审理独立保函纠纷案件若干问题的规定》。 **释义**　本条是关于担保合同效力从属性的规定。 《民法典》《物权法》《担保法》《九民纪要》等都强调从属性是担保合同的基本属性。本条亦强调了担保合同效力的从属性，具体包含三层含义：一是有关担保独立性的约定无效；二是有关担保独立性的约定无效，不影响担保合同的效力，人民法院仍应根据主合同的效力来认定担保合同的效力；三是强调因金融机构开立的独立保函发生的纠纷，适用《独立保函规定》[1]。

① 《最高人民法院关于审理独立保函纠纷案件若干问题的规定》简称《独立保函规定》。

担保相关规定	《民法典担保制度司法解释》
《担保法司法解释》 第四十三条　保证人自行履行保证责任时，其实际清偿额大于主债权范围的，**保证人只能在主债权范围内对债务人行使追偿权。** 《九民纪要》 55. **担保人承担的担保责任范围不应当大于主债务**，是担保从属性的必然要求。当事人约定的担保责任的范围大于主债务的，如针对担保责任约定专门的违约责任、担保责任的数额高于主债务、担保责任约定的利息高于主债务利息、担保责任的履行期先于主债务履行期届满，等等，**均应当认定大于主债务部分的约定无效，**从而使担保责任缩减至主债务的范围。	**第三条　当事人对担保责任的承担约定专门的违约责任，或者约定的担保责任范围超出债务人应当承担的责任范围，担保人主张仅在债务人应当承担的责任范围内承担责任的，人民法院应予支持。** **担保人承担的责任超出债务人应当承担的责任范围，担保人向债务人追偿，债务人主张仅在其应当承担的责任范围内承担责任的，人民法院应予支持；担保人请求债权人返还超出部分的，人民法院依法予以支持。** 释义　本条是关于担保范围从属性的规定。 本条吸收了《担保法司法解释》第43条、《九民纪要》第55条的规定，明确规定：一是担保人承担的担保责任范围不得超过债务人所应承担的责任范围。二是担保人实际承担的担保责任超出债务人应当承担的责任范围的，可以基于不当得利请求债权人返还超出部分，但原则上不能向债务人追偿，否则债务人将承担超出其应承担的责任范围。
《全国法院审理债券纠纷案件座谈会纪要》 18. **登记在受托管理人名下的担保物权行使。根据《最高人民法院关于〈国土资源部办公厅关于征求为公司债券持有人办理国有土地使用权抵押登记意见函〉的答复》精神，为债券设定的担保物权可登记在受托管理**	**第四条　有下列情形之一，当事人将担保物权登记在他人名下，债务人不履行到期债务或者发生当事人约定的实现担保物权的情形，债权人或者其受托人主张就该财产优先受偿的，人民法院依法予以支持：** **（一）为债券持有人提供的担保物权登记在债券受托管理人名下；**

担保相关规定	《民法典担保制度司法解释》
人名下，受托管理人根据民事诉讼法第一百九十六条、第一百九十七条的规定或者通过普通程序主张担保物权的，人民法院应当予以支持，但应在裁判文书主文中明确由此所得权益归属于全体债券持有人。受托管理人仅代表部分债券持有人提起诉讼的，人民法院还应当根据其所代表的债券持有人份额占当期发行债券的比例明确其相应的份额。	**（二）为委托贷款人提供的担保物权登记在受托人名下；** **（三）担保人知道债权人与他人之间存在委托关系的其他情形。** 释义　本条是关于因债权人与他人之间存在委托关系，导致登记的担保物权人与实际的担保物权人不一致时，如何确定担保物权的归属并由谁来行使权利的规定。 在权利归属问题上，本条确定债权人而非登记的名义权利人为真正的担保物权人，并规定原则上只能由债权人来行使权利。但考虑到实践中可能存在众多债权人从而难以由个别债权人一一行使权利的情形，本条例外规定受托人也可以行使担保物权，但其是否行使以及行使的后果应当归于授权其行使的全体债权人。
《担保法》 **第八条　国家机关**不得为保证人，但经国务院批准为使用外国政府或者国际经济组织贷款进行转贷的除外。 **《担保法司法解释》** **第三条　国家机关和以公益为目的的事业单位、社会团体**违反法律规定提供担保的，担保合同无效。因此给债权人造成损失的，应当根据担保法第五条第二款的规定处理。	**第五条　机关法人**提供担保的，人民法院应当认定担保合同无效，但是经国务院批准为使用外国政府或者国际经济组织贷款进行转贷的除外。 **居民委员会、村民委员会提供担保的，人民法院应当认定担保合同无效，但是依法代行村集体经济组织职能的村民委员会，依照村民委员会组织法规定的讨论决定程序对外提供担保的除外。** 释义　本条是关于机关法人以及居民委员会、村民委员会等特别法人的担保资格的规定。

担保相关规定	《民法典担保制度司法解释》
	本条第1款是对《民法典》第683条规定的再次明确，规定机关法人所提供的担保因不具有担保资格而无效，并作了除外规定。第2款是关于居民委员会、村民委员会提供担保的规定。其中，居民委员会并无独立的责任财产，因而其对外提供的担保无效；村民委员会对外提供的担保原则上无效，但有除外规定。
《担保法》 **第九条** 学校、幼儿园、**医院**等以公益为目的的事业单位、社会团体不得为保证人。 **《担保法司法解释》** **第五十三条** 学校、幼儿园、医院等以公益为目的的事业单位、社会团体，以其教育设施、医疗卫生设施和其他社会公益设施以外的财产为自身债务设定抵押的，人民法院可以认定抵押有效。	**第六条** 以公益为目的的**非营利性**学校、幼儿园、**医疗机构、养老机构**等提供担保的，人民法院应当认定担保合同无效，但是有下列情形之一的除外： **（一）在购入或者以融资租赁方式承租教育设施、医疗卫生设施、养老服务设施和其他公益设施时，出卖人、出租人为担保价款或者租金实现而在该公益设施上保留所有权；** （二）以教育设施、医疗卫生设施、**养老服务设施**和其他公益设施以外的**不动产、动产或者财产权利**设立**担保物权**。 **登记为营利法人的学校、幼儿园、医疗机构、养老机构等提供担保，当事人以其不具有担保资格为由主张担保合同无效的，人民法院不予支持。** 释义　本条是关于学校、幼儿园、医疗机构、养老机构等以公益为目的的非营利法人或者非法人组织提供担保的规定。

担保相关规定	《民法典担保制度司法解释》
	对于以公益为目的的非营利性学校、幼儿园、医疗机构、养老机构等法人，原则上不能提供担保，但有两个例外：一是在购入或者以融资租赁方式承租公益设施时，为担保价款或者租金的实现，可以在该公益设施上保留所有权；二是可以前述公益设施以外的其他财产设定抵押等担保物权。此外，对于登记为营利法人的学校、幼儿园、医疗机构、养老机构等提供担保，一般性地认可其具有担保资格。
《担保法司法解释》 **第四条　董事、经理**违反**《中华人民共和国公司法》第六十条的规定，以公司资产为本公司的股东或者其他个人债务提供担保的，**担保合同无效。**除债权人知道或者应当知道的外，债务人、担保人应当对债权人的损失承担连带赔偿责任。** **第十一条**　法人或者其他组织的法定代表人、**负责人**超越权限订立的担保合同，除相对人知道或者应当知道其超越权限的以外，该代表行为有效。 **《九民纪要》** 17. 为防止法定代表人随意代表公司为他人提供担保给公司造成损失，损害中小股东利益，《公司法》第16条对法定代表人的代表权进行了限制。根据该条规定，担保行为不是法定代表人所能单独决定的事项，而必须以公司股东（大）会、董事会	**第七条**　公司的**法定代表人**违反**公司法关于公司对外担保决议程序的规定，超越权限代表公司与相对人订立担保合同，**人民法院应当依照民法典第六十一条和第五百零四条等规定处理： **（一）相对人善意的，担保合同对公司发生效力；相对人请求公司承担担保责任的，人民法院应予支持。** **（二）相对人非善意的，担保合同对公司不发生效力；相对人请求公司承担赔偿责任的，参照适用本解释第十七条的有关规定。** **法定代表人超越权限提供担保造成公司损失，公司请求法定代表人承担赔偿责任的，人民法院应予支持。** 第一款所称善意，**是指相对人在订立担保合同时不知道且不应当知道法定代表人超越权限。相对人有证据证明已对公司决议进行了合理审查，人民法院应当认定其构成善意，但是公**

担保相关规定	《民法典担保制度司法解释》
等公司机关的决议作为授权的基础和来源。法定代表人未经授权擅自为他人提供担保的，构成越权代表，人民法院应当根据《合同法》第50条关于法定代表人越权代表的规定，区分订立合同时债权人是否善意分别认定合同效力：债权人善意的，合同有效；反之，合同无效。 18. 前条所称的善意，是指债权人不知道或者不应当知道法定代表人超越权限订立担保合同。《公司法》第16条对关联担保和非关联担保的决议机关作出了区别规定，相应地，在善意的判断标准上也应当有所区别。一种情形是，为公司股东或者实际控制人提供关联担保，《公司法》第16条明确规定必须由股东（大）会决议，未经股东（大）会决议，构成越权代表。在此情况下，债权人主张担保合同有效，应当提供证据证明其在订立合同时对股东（大）会决议进行了审查，决议的表决程序符合《公司法》第16条的规定，即在排除被担保股东表决权的情况下，该项表决由出席会议的其他股东所持表决权的过半数通过，签字人员也符合公司章程的规定。另一种情形是，公司为公司股东或者实际控制人以外的人提供非关联担保，根据《公司法》第16条的规定，此时由公司章程规定是由董事会决议还是股东（大）会决议。无论章程是否对决议机关作出规定，也无论章程规定决议机关为董事	**司有证据证明相对人知道或者应当知道决议系伪造、变造的除外。** 释义　本条是关于公司的法定代表人超越权限为他人提供担保的效力的规定。 本条基本沿袭了《九民纪要》关于公司对外担保制度的相关规定，但在善意认定标准上，则并未简单沿袭，而是进一步强化相对人的审查义务，规定其要尽合理审查义务。 关于法定代表人越权提供担保的效力，要视相对人是否为善意来确定：相对人为善意的，构成表见代表，效果等同于有效担保；相对人为非善意的，担保行为不对公司发生效力，公司不承担基于有效担保产生的担保责任，但要承担缔约过失责任。

担保相关规定	《民法典担保制度司法解释》
会还是股东（大）会，根据《民法总则》第61条第3款关于“法人章程或者法人权力机构对法定代表人代表权的限制，不得对抗善意相对人”的规定，只要债权人能够证明其在订立担保合同时对董事会决议或者股东（大）会决议进行了审查，同意决议的人数及签字人员符合公司章程的规定，就应当认定其构成善意，但公司能够证明债权人明知公司章程对决议机关有明确规定的除外。 债权人对公司机关决议内容的审查一般限于形式审查，只要求尽到必要的注意义务即可，标准不宜太过严苛。公司以机关决议系法定代表人伪造或者变造、决议程序违法、签章（名）不实、担保金额超过法定限额等事由抗辩债权人非善意的，人民法院一般不予支持。但是，公司有证据证明债权人明知决议系伪造或者变造的除外。	
《九民纪要》 19. 存在下列情形的，即便债权人知道或者应当知道没有公司机关决议，也应当认定担保合同符合公司的真实意思表示，合同有效： （1）公司是**以为他人提供担保为主营业务的**担保公司，或者是**开展保函业务的**银行或者非银行金融机构； （2）公司为其**直接或者间接控制的**公司开展经营活动向债权人提供担保；	**第八条**　有下列情形之一，公司以其未依照公司法关于公司对外担保的规定作出决议为由主张不承担担保责任的，人民法院不予支持： （一）金融机构开立保函或者担保公司提供担保； （二）公司为其**全资子**公司开展经营活动提供担保； （三）担保合同系由单独或者共同持有公司三分之二以上**对担保事项**有表决权的股东签字同意。

担保相关规定	《民法典担保制度司法解释》
（3）公司与主债务人之间存在相互担保等商业合作关系； （4）担保合同系由单独或者共同持有公司三分之二以上有表决权的股东签字同意。	**上市公司对外提供担保，不适用前款第二项、第三项的规定。** 释义　本条是关于公司对外担保时，无需机关决议的例外情形的规定。 本条在沿袭《九民纪要》第19条规定的基础上，作了如下修改：一是与《九民纪要》第19条第1项相比，本条第1款第1项只是在表述上略有变化，实质内容不变。二是删除《九民纪要》第19条第3项有关互联互保无须决议的规定，主要是考虑到互联互保极容易造成一家企业出事全体参保企业跟着遭殃的不良社会后果。三是将《九民纪要》第19条第2项的“公司为其直接或者间接控制的公司开展经营活动向债权人提供担保”改成“公司为其全资子公司开展经营活动提供担保”，进一步限制例外情形的适用。四是明确上市公司对外提供担保不适用本条第1款第2项、第3项的规定。
《九民纪要》 22. **债权人**根据上市公司公开披露的关于担保事项已经董事会或者股东大会决议通过的信息订立的担保合同，人民法院应当认定有效。 **《公司法》** **第六十三条**　一人有限责任公司的股东不能证明公司财产独立于股东自己的财产的，应当对公司债务承担连带责任。	**第九条　相对人**根据上市公司公开披露的关于担保事项已经董事会或者股东大会决议通过的信息，与上市公司订立担保合同，相对人主张担保合同对上市公司发生效力，并由上市公司承担担保责任的，人民法院应予支持。 **相对人未根据上市公司公开披露的关于担保事项已经董事会或者股东大会决议通过的信息，与上市公司订立担保合同，上市公司主张担保合同**

担保相关规定	《民法典担保制度司法解释》
	对其不发生效力，且不承担担保责任或者赔偿责任的，人民法院应予支持。 **相对人与上市公司已公开披露的控股子公司订立的担保合同，或者相对人与股票在国务院批准的其他全国性证券交易场所交易的公司订立的担保合同，适用前两款规定。** 释义　本条是关于境内上市公司对外提供担保的规定。 本条第1款根据《九民纪要》第22条转化而来，第2款是对第1款规定的补充。上市公司牵涉众多中小投资者利益，我国法律明确规定上市公司有信息披露的义务，其中担保事项也是必须披露的内容。本条对上市公司对外提供担保进行了特别规定：一方面，境内上市公司对外担保，不仅须依据《公司法》第16条由董事会或股东大会决议，而且还要对决议公开披露，但如果债权人仅仅是根据披露的信息与上市公司签订担保合同，则担保合同有效，境内上市公司应承担担保责任。另一方面，即使上市公司已根据《公司法》第16条由董事会或股东大会对担保事项进行决议，但如果债权人不是根据上市公司公开披露的对外担保的信息签订担保合同，则担保合同对上市公司不发生效力，此时公司既不承担担保责任，也不承担其他赔偿责任。

担保相关规定	《民法典担保制度司法解释》
《公司法》 第十六条　公司向其他企业投资或者为他人提供担保，依照公司章程的规定，由董事会或者股东会、股东大会决议；公司章程对投资或者担保的总额及单项投资或者担保的数额有限额规定的，不得超过规定的限额。 公司为公司股东或者实际控制人提供担保的，必须经股东会或者股东大会决议。 前款规定的股东或者受前款规定的实际控制人支配的股东，不得参加前款规定事项的表决。该项表决由出席会议的其他股东所持表决权的过半数通过。	第十条　一人有限责任公司为其股东提供担保，公司以违反公司法关于公司对外担保决议程序的规定为由主张不承担担保责任的，人民法院不予支持。公司因承担担保责任导致无法清偿其他债务，提供担保时的股东不能证明公司财产独立于自己的财产，其他债权人请求该股东承担连带责任的，人民法院应予支持。 释义　本条是关于一人公司为其股东提供担保的效力及后果的规定。 本条明确规定一人公司可以为股东提供担保，将有助于增进小微企业的融资能力。同时，为了遏制一人公司滥用法人资格，平衡公司债权人的利益，本条规定，一人公司因承担担保责任导致无法清偿其他债务的，其他债权人有权要求股东承担连带责任。 依据《公司法》，公司为股东提供担保要由公司股东会审议，且需要其他股东的过半数表决权通过。在一人公司的情况下，就存在适用难题，一人公司仅有一个股东，回避以后就无人表决。本条出于平衡担保债权人和其他债权人的利益，一方面认可了担保合同的有效性；另一方面，对于构成法人人格否认的情形，允许其他债权人主张股东的连带责任。
《担保法》 第十条　企业法人的分支机构、职能部门不得为保证人。	第十一条　公司的分支机构未经公司股东（大）会或者董事会决议以自己的名义对外提供担保，相对人请

担保相关规定	《民法典担保制度司法解释》
企业法人的分支机构有法人书面授权的，可以在授权范围内提供保证。 《担保法司法解释》 第十七条　企业法人的分支机构未经法人书面授权提供保证的，保证合同无效。因此给债权人造成损失的，应当根据担保法第五条第二款的规定处理。 企业法人的分支机构经法人书面授权提供保证的，如果法人的书面授权范围不明，法人的分支机构应当对保证合同约定的全部债务承担保证责任。 企业法人的分支机构经营管理的财产不足以承担保证责任的，由企业法人承担民事责任。 企业法人的分支机构提供的保证无效后应当承担赔偿责任的，由分支机构经营管理的财产承担。企业法人有过错的，按照担保法第二十九条的规定处理。 第十八条　企业法人的职能部门提供保证的，保证合同无效。债权人知道或者应当知道保证人为企业法人的职能部门的，因此造成的损失由债权人自行承担。 债权人不知保证人为企业法人的职能部门，因此造成的损失，可以参照担保法第五条第二款的规定和第二十九条的规定处理。	求公司或者其分支机构承担担保责任的，人民法院不予支持，但是相对人不知道且不应当知道分支机构对外提供担保未经公司决议程序的除外。 金融机构的分支机构在其营业执照记载的经营范围内开立保函，或者经有权从事担保业务的上级机构授权开立保函，金融机构或者其分支机构以违反公司法关于公司对外担保决议程序的规定为由主张不承担担保责任的，人民法院不予支持。金融机构的分支机构未经金融机构授权提供保函之外的担保，金融机构或者其分支机构主张不承担担保责任的，人民法院应予支持，但是相对人不知道且不应当知道分支机构对外提供担保未经金融机构授权的除外。 担保公司的分支机构未经担保公司授权对外提供担保，担保公司或者其分支机构主张不承担担保责任的，人民法院应予支持，但是相对人不知道且不应当知道分支机构对外提供担保未经担保公司授权的除外。 公司的分支机构对外提供担保，相对人非善意，请求公司承担赔偿责任的，参照本解释第十七条的有关规定处理。 释义　本条是关于公司的分支机构对外提供担保之效力的规定。 出于保护交易安全目的，相比《担保法》第10条，本条不再禁止公司的分支机构对外提供担保，但必须经过公司相关决议程序。相对人为善

担保相关规定	《民法典担保制度司法解释》
	意时，出于保护相对人利益考虑，认可担保的效力。 同时，有两种特殊情形：第一种，金融机构开立的保函只要属于其经营范围或经有权从事担保业务的上级机构授权，金融机构或分支机构即不得否认其效力，无论是否通过相关决议；当然，金融机构分支机构对外提供保函之外的担保时，不适用该规则，以防分支机构随意代表金融机构对外提供担保给其带来风险。第二种，担保公司的分支机构对外提供担保是否有效，须看分支机构是否取得担保公司授权，不以通过相关决议为必须，因为担保公司本身对外提供担保无需公司决议。 本条未提及公司的职能部门，不过由于职能部门不像分支机构具备的一定的独立经营权和财产，其对外担保应属于禁止之列。
《九民纪要》 23. **法定代表人以公司名义与债务人约定**加入债务**并通知债权人或者向债权人表示愿意加入债务**，该约定的效力问题，参照本纪要关于公司为他人提供担保的有关规则处理。 **《民法典》** **第五百五十二条**　第三人与债务人约定加入债务并通知债权人，或者第三人向债权人表示愿意加入债务，债权人未在合理期限内明确拒绝的，债权人可以请求第三人在其愿意承担的债务范围内和债务人承担连带债务。	**第十二条**　**法定代表人依照民法典第五百五十二条的规定**以公司名义加入债务的，人民法院在认定该行为的效力时，可以参照本解释关于公司为他人提供担保的有关规则处理。 释义　本条是关于债务加入可以参照适用本解释关于公司为他人提供担保的有关规则处理的规定。 本条承继了《九民纪要》第23条的规定。债务加入人不享有连带责任保证人的保证期间利益，与原债务无主从关系，在承担责任时要远远重于连带责任保证人承担的责任。举轻

担保相关规定	《民法典担保制度司法解释》
	以明重，既然为他人提供担保都要按照《公司法》第16条的规定经过公司有权机关决议通过，那么债务加入人如果是公司，其加入债务，亦应按此规定。
《担保法》 第十二条　同一债务有两个以上保证人的，保证人应当按照保证合同约定的保证份额，承担保证责任。没有约定保证份额的，保证人承担连带责任，债权人可以要求任何一个保证人承担全部保证责任，保证人都负有担保全部债权实现的义务。已经承担保证责任的保证人，有权向债务人追偿，或者要求承担连带责任的其他保证人清偿其应当承担的份额。 第十九条　当事人对保证方式没有约定或者约定不明确的，按照连带责任保证承担保证责任。 《担保法司法解释》 第十九条　两个以上保证人对同一债务同时或者分别提供保证时，各保证人与债权人没有约定保证份额的，应当认定为连带共同保证。 连带共同保证的保证人以其相互之间约定各自承担的份额对抗债权人的，人民法院不予支持。 第二十条　连带共同保证的债务人在主合同规定的债务履行期届满没有履行债务的，债权人可以要求债务人履行债务，也可以要求任何一个保证人承担全部保证责任。	第十三条　同一债务有两个以上第三人提供担保，担保人之间约定相互追偿及分担份额，承担了担保责任的担保人请求其他担保人按照约定分担份额的，人民法院应予支持；担保人之间约定承担连带共同担保，或者约定相互追偿但是未约定分担份额的，各担保人按照比例分担向债务人不能追偿的部分。 同一债务有两个以上第三人提供担保，担保人之间未对相互追偿作出约定且未约定承担连带共同担保，但是各担保人在同一份合同书上签字、盖章或者按指印，承担了担保责任的担保人请求其他担保人按照比例分担向债务人不能追偿部分的，人民法院应予支持。 除前两款规定的情形外，承担了担保责任的担保人请求其他担保人分担向债务人不能追偿部分的，人民法院不予支持。 释义　本条是关于共同担保情形下，承担了担保责任的担保人能否要求其他担保人分担的规定。 本条明确了共同担保情形下，担保人之间原则上并不能相互追偿，但下列情形则可以：

担保相关规定	《民法典担保制度司法解释》
连带共同保证的保证人承担保证责任后，向债务人不能追偿的部分，由各连带保证人按其内部约定的比例分担。没有约定的，平均分担。 第二十一条　按份共同保证的保证人按照保证合同约定的保证份额承担保证责任后，在其履行保证责任的范围内对债务人行使追偿权。 第三十八条　同一债权既有保证又有第三人提供物的担保的，债权人可以请求保证人或者物的担保人承担担保责任。当事人对保证担保的范围或者物的担保的范围没有约定或者约定不明的，承担了担保责任的担保人，可以向债务人追偿，也可以要求其他担保人清偿其应当分担的份额。 同一债权既有保证又有物的担保的，物的担保合同被确认无效或者被撤销，或者担保物因不可抗力的原因灭失而没有代位物的，保证人仍应当按合同的约定或者法律的规定承担保证责任。 债权人在主合同履行期届满后怠于行使担保物权，致使担保物的价值减少或者毁损、灭失的，视为债权人放弃部分或者全部物的担保。保证人在债权人放弃权利的范围内减轻或者免除保证责任。	(1) 担保人之间就担保责任分担及其份额作出明确约定的，则共同担保人之间的相互追偿问题，从其约定。 (2) 如共同担保人之间约定承担连带共同担保，或者约定相互追偿但未约定分担份额的，则视为份额相同，担保人按比例分担向债务人不能追偿的部分，承担担保责任的担保人有权向其他担保人追偿。 (3) 担保人并未就相互分担问题作出明确约定，但其在同一份合同书上签字、盖章或者按指印，从平衡当事人利益角度出发，应推定担保人之间具有相互分担责任的意思表示。 关于已经承担担保责任的担保人是否应先向主债务人追偿的问题，如果当事人对于追偿问题有明确约定，按照其约定处理；未约定的，应当先向主债务人追偿，只有主债务人不能清偿的部分才能在担保人之间分担。
	第十四条　同一债务有两个以上第三人提供担保，担保人受让债权的，人民法院应当认定该行为系承担担保责任。受让债权的担保人作为债权人请求其他担保人承担担保责任的，

担保相关规定	《民法典担保制度司法解释》
	人民法院不予支持；该担保人请求其他担保人分担相应份额的，依照本解释第十三条的规定处理。 释义　本条为新增条文，是关于担保人受让债权的性质和法律后果的规定。 本条产生的法律效果为原债权债务关系消灭，其上的担保也随之消灭，其他担保人则可在受让债权的范围内主张免除担保责任，而担保人之间的相互追偿问题依照本解释第13条的规定处理。
《担保法》 第十四条　保证人与债权人可以就单个主合同分别订立保证合同，也可以协议在最高债权额限度内就一定期间连续发生的借款合同或者某项商品交易合同订立一个保证合同。 第五十九条　本法所称最高额抵押，是指抵押人与抵押权人协议，在最高债权额限度内，以抵押物对一定期间内连续发生的债权作担保。 《担保法司法解释》 第二十三条　最高额保证合同的不特定债权确定后，保证人应当对在最高债权额限度内就一定期间连续发生的债权余额承担保证责任。 第八十一条　最高额抵押权所担保的债权范围，不包括抵押物因财产保全或者执行程序被查封后或债务人、抵押人破产后发生的债权。 第八十二条　当事人对最高额抵押合同的最高限额、最高额抵押期间	**第十五条　最高额担保中的最高债权额，是指包括主债权及其利息、违约金、损害赔偿金、保管担保财产的费用、实现债权或者实现担保物权的费用等在内的全部债权，但是当事人另有约定的除外。** **登记的最高债权额与当事人约定的最高债权额不一致的，人民法院应当依据登记的最高债权额确定债权人优先受偿的范围。** 释义　本条是关于最高额担保中如何确定最高债权额限度的规定。 本条进一步明确了最高额担保的最高债权额范围，延续了《担保法》《物权法》的规定，并采取登记优先主义，以保护公示的公信力。当然，基于意思自治的原则，当事人也可以约定最高债权额限度为本金最高限额。

担保相关规定	《民法典担保制度司法解释》
进行变更，以其变更对抗顺序在后的抵押权人的，人民法院不予支持。 **第八十三条　最高额抵押权所担保的不特定债权，在特定后，债权已届清偿期的，最高额抵押权人可以根据普通抵押权的规定行使其抵押权。** **抵押权人实现最高额抵押权时，如果实际发生的债权余额高于最高限额的，以最高限额为限，超过部分不具有优先受偿的效力；如果实际发生的债权余额低于最高限额的，以实际发生的债权余额为限对抵押物优先受偿。**	
《担保法司法解释》 **第三十九条**　主合同当事人**双方**协议以新贷偿还旧贷，除保证人知道或者应当知道的外，保证人不承担民事责任。 新贷与旧贷系同一保证人的，不适用前款的规定。 **《九民纪要》** 57. 贷款到期后，借款人与贷款人订立新的借款合同，将新贷用于归还旧贷，旧贷因清偿而消灭，为旧贷设立的担保物权也随之消灭。贷款人以旧贷上的担保物权尚未进行涂销登记为由，主张对新贷行使担保物权的，人民法院不予支持，但当事人约定继续为新贷提供担保的除外。	**第十六条**　主合同当事人协议以新贷偿还旧贷，债权人请求旧贷的担保人承担担保责任的，人民法院不予支持；**债权人请求新贷的担保人承担担保责任的，按照下列情形处理：** （一）新贷与旧贷的担保人相同的，人民法院应予支持； （二）新贷与旧贷的担保人不同，或者旧贷无担保新贷有担保的，人民法院不予支持，但是债权人有证据证明新贷的担保人提供担保时对以新贷偿还旧贷的事实知道或者应当知道的除外。 主合同当事人协议以新贷偿还旧贷，旧贷的物的担保人在登记尚未注销的情形下同意继续为新贷提供担保，**在订立新的贷款合同前又以该担保财产为其他债权人设立担保物权，其他债权人主张其担保物权顺位优先于新贷债权人的，人民法院不予支持。**

担保相关规定	《民法典担保制度司法解释》
	释义 本条是关于借新还旧情况下担保人如何承担责任的规定。 本条吸收了《担保法司法解释》第39条和《九民纪要》第57条的内容。以新贷偿还旧贷，旧贷消灭，其上的担保也随之消灭，旧贷担保人不再承担担保责任。但是新贷的担保人是否应当承担责任，应当区分新贷担保人和旧贷担保人是否相同分别处理。相同，则新贷担保人承担责任；不同，则区分新贷担保人是否知道或者应当知道借新还旧的事实，知道则承担责任，不知道则不承担。 此外，当事人约定借新还旧时，新贷合同尚未订立且旧贷上担保物权尚未进行涂销登记的情况下，物上担保人为他人提供担保并办理登记手续，新贷债权人的担保物权应优先于其他债权人。
《担保法司法解释》 **第七条** 主合同有效而担保合同无效，债权人无过错的，担保人与债务人对主合同债权人的经济损失，承担连带赔偿责任；债权人、担保人有过错的，担保人承担民事责任的部分，不应超过债务人不能清偿部分的1/2。 **第八条** 主合同无效而导致担保合同无效，**担保人**无过错的，担保人不承担**民事**责任；担保人有过错的，**担保人**承担**民事**责任**的部分**，不应超过债务人不能清偿部分的1/3。	**第十七条** 主合同有效而**第三人提供的**担保合同无效，人民法院应当区分不同情形确定担保人的赔偿责任： （一）债权人与担保人均有过错的，担保人承担的赔偿责任不应超过债务人不能清偿部分的二分之一； （二）担保人有过错**而债权人无过错的，担保人对债务人不能清偿的部分承担赔偿责任；** （三）债权人有过错而担保人无过错的，担保人不承担赔偿责任。 主合同无效导致**第三人提供的**担

担保相关规定	《民法典担保制度司法解释》
第十条 主合同解除后，担保人对债务人应当承担的民事责任仍应承担担保责任。但是，担保合同另有约定的除外。	保合同无效，担保人无过错的，不承担赔偿责任；担保人有过错的，其承担的赔偿责任不应超过债务人不能清偿部分的三分之一。 释义 本条是关于担保合同无效的情形下担保人承担责任的规定。 相较于原有司法解释，本条第1款更加强调责任与过错之间的关系，对责任分配作了较大的调整。本条第2款仅是对原司法解释字词的调整。
《担保法司法解释》 **第九条** 担保人因无效担保合同向债权人承担赔偿责任后，可以向债务人追偿，或者在承担赔偿责任的范围内，要求有过错的反担保人承担赔偿责任。 担保人可以根据承担赔偿责任的事实对债务人或者反担保人另行提起诉讼。 **《物权法》** **第一百七十六条** 被担保的债权既有物的担保又有人的担保的，债务人不履行到期债务或者发生当事人约定的实现担保物权的情形，债权人应当按照约定实现债权；没有约定或者约定不明确，债务人自己提供物的担保的，债权人应当先就该物的担保实现债权；第三人提供物的担保的，债权人可以就物的担保实现债权，也可以要求保证人承担保证责任。提供担保的第三人承担担保责任后，有权向债务人追偿。	**第十八条 承担了担保责任或者赔偿责任的担保人，在其承担责任的范围内向债务人追偿的，人民法院应予支持。** 同一债权既有债务人自己提供的物的担保，又有第三人提供的担保，承担了担保责任或者赔偿责任的第三人，**主张行使债权人对债务人享有的担保物权的，人民法院应予支持。** 释义 本条是关于承担担保责任或者赔偿责任的担保人向债务人追偿的规定。 《民法典》第392条承继了《物权法》第176条的规定，债务人的物保和第三人提供的担保并存时，债权人应先就该物的担保实现债权。如果债权人直接就第三人的担保实现了债权，则承担了担保责任的第三人在责任范围内承受债权人的权利属于债权的法定转移，其效力与债权让与类似，所以不仅本债权，而且从属于本债权的对债务人财产的抵押权等担保物权一并转移给担保人。

担保相关规定	《民法典担保制度司法解释》
《担保法司法解释》 **第九条** 担保人因无效担保合同向债权人承担赔偿责任后，可以向债务人追偿，或者在承担赔偿责任的范围内，要求**有过错的**反担保人承担赔偿责任。 **担保人可以根据承担赔偿责任的事实对债务人或者反担保人另行提起诉讼。**	**第十九条** 担保合同无效，承担了赔偿责任的担保人按照反担保合同的约定，在其承担赔偿责任的范围内请求反担保人承担担保责任的，人民法院应予支持。 **反担保合同无效的，依照本解释第十七条的有关规定处理。当事人仅以担保合同无效为由主张反担保合同无效的，人民法院不予支持。** 释义 本条是关于担保合同无效情况下，反担保合同的效力认定以及反担保人责任承担的规定。 担保的对象是担保人向债务人的追偿权。担保合同并非反担保合同的主合同，担保合同无效不必然导致反担保合同无效。担保人承担赔偿责任后，应当根据反担保合同的效力确定反担保人承担责任的类型和范围：如果反担保合同有效则反担保人应当按照反担保合同的约定承担担保责任；如果反担保合同无效，反担保人无过错的不承担赔偿责任，反担保人有过错的，则应当根据担保人和反担保人的过错确定反担保人赔偿责任的范围。
	第二十条 人民法院在审理第三人提供的物的担保纠纷案件时，可以适用民法典第六百九十五条第一款、第六百九十六条第一款、第六百九十七条第二款、第六百九十九条、第七百条、第七百零一条、第七百零二条等关于保证合同的规定。 释义 本条为新增条文，是关于第三

担保相关规定	《民法典担保制度司法解释》
	人提供物的担保纠纷案件可以适用《民法典》保证合同一章有关条款的规定。
《仲裁法》 第五条　当事人达成仲裁协议，一方向人民法院起诉的，人民法院不予受理，但仲裁协议无效的除外。 《担保法司法解释》 第一百二十九条　主合同和担保合同发生纠纷提起诉讼的，应当根据主合同确定案件管辖。**担保人承担连带责任的担保合同发生纠纷，债权人向担保人主张权利的，应当由担保人住所地的法院管辖。** **主合同和担保合同选择管辖的法院不一致的，应当根据主合同确定案件管辖。**	**第二十一条**　主合同或者担保合同约定了仲裁条款的，人民法院对约定仲裁条款的合同当事人之间的纠纷无管辖权。 债权人一并起诉债务人和担保人的，应当根据主合同确定管辖法院。 **债权人依法可以单独起诉担保人且仅起诉担保人的，应当根据担保合同确定管辖法院。** 释义　本条是关于担保纠纷案件主管和管辖的规定。
《担保法司法解释》 第四十四条　**保证期间，人民法院受理债务人破产案件的，债权人既可以向人民法院申报债权，也可以向保证人主张权利。** **债权人申报债权后在破产程序中未受清偿的部分，保证人仍应当承担保证责任。债权人要求保证人承担保证责任的，应当在破产程序终结后6个月内提出。** 《企业破产法》 第四十六条　**未到期的债权，在破产申请受理时视为到期。** **附利息的债权自破产申请受理时起停止计息。**	**第二十二条　人民法院受理债务人破产案件后，债权人请求担保人承担担保责任，担保人主张担保债务自人民法院受理破产申请之日起停止计息的，人民法院对担保人的主张应予支持。** 释义　本条是关于担保债务在债务人破产程序中停止计息规则的规定。 相较于主债务，担保债务具有从属性，且担保的责任范围不应超过主债务的范围，担保债务的利息范围亦应以主债权利息为限。担保债务适用债务人破产程序中停止计息的规则，也确保了担保债务的范围不会超过主债务的范围。

担保相关规定	《民法典担保制度司法解释》
《担保法司法解释》 **第四十四条** 保证期间，人民法院受理债务人破产案件的，债权人既可以向人民法院申报债权，也可以向保证人主张权利。 债权人申报债权后在破产程序中未受清偿的部分，保证人仍应当承担保证责任。债权人要求保证人承担保证责任的，应当在破产程序终结后六个月内提出。 《民法典》 **第七百条** 保证人承担保证责任后，除当事人另有约定外，有权在其承担保证责任的范围内向债务人追偿，享有债权人对债务人的权利，但是不得损害债权人的利益。 《企业破产法》 **第五十一条** 债务人的保证人或者其他连带债务人已经代替债务人清偿债务的，**以其对债务人的求偿权申报债权。** 债务人的保证人或者其他连带债务人尚未代替债务人清偿债务的，以其对债务人的将来求偿权申报债权。但是，债权人已经向管理人申报全部债权的除外。 **第九十四条** 按照重整计划减免的债务，自重整计划执行完毕时起，债务人不再承担清偿责任。 **第一百零六条** 按照和解协议减免的债务，自和解协议执行完毕时起，债务人不再承担清偿责任。 **第一百二十四条** 破产财产的分	**第二十三条 人民法院受理债务人破产案件，债权人在破产程序中申报债权后又向人民法院提起诉讼，请求担保人承担担保责任的，人民法院依法予以支持。** 担保人清偿债权人的全部债权后，**可以代替债权人在破产程序中受偿**；在债权人的债权未获全部清偿前，担保人不得代替债权人在破产程序中受偿，**但是有权就债权人通过破产分配和实现担保债权等方式获得清偿总额中超出债权的部分，在其承担担保责任的范围内请求债权人返还。** 债权人在债务人破产程序中未获全部清偿，请求担保人继续承担担保责任的，人民法院应予支持；担保人承担担保责任后，向和解协议或者重整计划执行完毕后的债务人追偿的，人民法院不予支持。 **释义** 本条是关于债务人破产程序与担保人承担担保责任如何衔接，以及担保人行使追偿权相关问题的规定。 本条第1款在《担保法司法解释》第44条第1款的基础上，进一步明确了债权人可同时向债务人和担保人行使相应的权利。 本条第2款是在第1款的前提下，如果债权人先从担保人处获得全部清偿，根据《民法典》第700条、《企业破产法》第51条规定的精神，担保人可以通过请求转付债权人在债务人破产程序中可获清偿相应金额的方式进行追偿。但是，如果担保人仅

担保相关规定	《民法典担保制度司法解释》
配应当以货币分配方式进行。但是，债权人会议另有决议的除外。 **《全国法院破产审判工作会议纪要》** 31. 保证人的清偿责任和求偿权的限制。破产程序终结前，已向债权人承担了保证责任的保证人，可以要求债务人向其转付已申报债权的债权人在破产程序中应得清偿部分。破产程序终结后，债权人就破产程序中未受清偿部分要求保证人承担保证责任的，应在破产程序终结后六个月内提出。保证人承担保证责任后，不得再向和解或重整后的债务人行使求偿权。	部分清偿债务，基于《民法典》第700条规定的行使追偿权不得损害债权人利益的原则，本款亦对此时担保人的追偿权予以限制。 本条第3款仍以本条第1款为前提，并在《担保法司法解释》第44条第2款规定的基础上，吸收了《全国法院破产审判工作会议纪要》第31条的规定，明确如果债权人先从债务人破产程序中获得清偿的，可依据《企业破产法》相关规定，要求担保人就未能受偿部分继续承担担保责任。但是，基于破产程序中同类债权平等受偿的原则，本款情况下担保人不得对重整或者和解后的债务人行使追偿权，避免债务人对同一笔债权重复清偿的情形。
《担保法》 **第三十二条**　人民法院受理债务人破产案件后，债权人未申报债权的，保证人可以参加破产财产分配，预先行使追偿权。 **《担保法司法解释》** **第四十五条**　债权人知道或者应当知道债务人破产，既未申报债权也未通知**保证人**，致使**保证人**不能预先行使追偿权的，**保证人在**该债权在破产程序中可能受偿的范围内免除**保证**责任。 **第四十六条**　人民法院受理债务人破产案件后，债权人未申报债权的，各连带共同保证的保证人应当作为一个主体申报债权，预先行使追偿权。	**第二十四条**　债权人知道或者应当知道债务人破产，既未申报债权也未通知**担保人**，致使**担保人**不能预先行使追偿权的，**担保人就**该债权在破产程序中可能受偿的范围内免除**担保**责任，**但是担保人因自身过错未行使追偿权的除外。** 释义　本条是关于债权人未及时履行通知义务，导致担保人在债务人破产时未能行使预先追偿权的后果的规定。 本条延续了《担保法司法解释》第45条的精神，并增加了“担保人因自身过错未行使追偿权的除外”的规定。

担保相关规定	《民法典担保制度司法解释》
	二、关于保证合同
《担保法》 **第十七条第一款**　当事人在保证合同中约定，债务人不能履行债务时，由保证人承担保证责任的，为一般保证。 **第十八条第一款**　当事人在保证合同中约定**保证人与债务人对债务承担连带责任的，**为连带责任保证。	**第二十五条**　当事人在保证合同中约定了保证人在债务人不能履行债务或者无力偿还债务时才承担保证责任等类似内容，**具有债务人应当先承担责任的意思表示的，人民法院应当将其认定**为一般保证。 当事人在保证合同中约定了**保证人在债务人不履行债务或者未偿还债务时即承担保证责任、无条件承担保证责任等类似内容，不具有债务人应当先承担责任的意思表示的，人民法院应当将其认定**为连带责任保证。 释义　本条是关于保证类型识别的规定。 《民法典》将当事人没有约定或者约定不明时的保证类型从《担保法》规定的推定为连带责任保证修改为推定为一般保证，实践中可能存在保证合同没有写明"连带责任保证"字样就应认定为一般保证的问题。根据本条规定，并不要求当事人在保证合同中明确约定为一般保证还是连带责任保证，而是探究当事人之间的意思表示，以是否具有应当先承担责任的内容来区分。
《担保法》 第十七条　当事人在保证合同中约定，债务人不能履行债务时，由保证人承担保证责任的，为一般保证。 一般保证的保证人在主合同纠纷未经审判或者仲裁，并就债务人财产	**第二十六条　一般保证中，债权人以债务人为被告提起诉讼的，人民法院应予受理。债权人未就主合同纠纷提起诉讼或者申请仲裁，仅起诉一般保证人的，人民法院应当驳回起诉。**

担保相关规定	《民法典担保制度司法解释》
依法强制执行仍不能履行债务前，对债权人可以拒绝承担保证责任。 有下列情形之一的，保证人不得行使前款规定的权利： （一）债务人住所变更，致使债权人要求其履行债务发生重大困难的； （二）人民法院受理债务人破产案件，中止执行程序的； （三）保证人以书面形式放弃前款规定的权利的。 《担保法司法解释》 第二十五条　担保法第十七条第三款第（一）项规定的债权人要求债务人履行债务发生的重大困难情形，包括债务人下落不明、移居境外，且无财产可供执行。	一般保证中，债权人一并起诉债务人和保证人的，人民法院可以受理，但是在作出判决时，除有民法典第六百八十七条第二款但书规定的情形外，应当在判决书主文中明确，保证人仅对债务人财产依法强制执行后仍不能履行的部分承担保证责任。 债权人未对债务人的财产申请保全，或者保全的债务人的财产足以清偿债务，债权人申请对一般保证人的财产进行保全的，人民法院不予准许。 释义　本条是关于一般保证的诉讼当事人的规定。 一般保证人的先诉抗辩权主要体现在以下三个方面：一是在诉讼阶段，债权人不能单独对保证人提起诉讼。二是在执行阶段，保证人仅对债务人不能清偿部分承担保证责任。虽出于诉讼效率考虑，债权人可一并起诉债务人和保证人，但法院判决时应予以明确，除有《民法典》第687条第2款但书规定的情形外，保证人仅对债务人财产依法强制执行后仍不能履行的部分承担保证责任。三是在财产保全中，如果债权人未对债务人的财产申请保全，或者保全的债务人的财产足以清偿债务，对一般保证人财产保全的申请得不到法院支持。
《公证法》 第三十七条第一款　对经公证的以给付为内容并载明债务人愿意接受强制执行承诺的债权文书，债务人不履行或者履行不适当的，债权人可以	第二十七条　一般保证的债权人取得对债务人赋予强制执行效力的公证债权文书后，在保证期间内向人民法院申请强制执行，保证人以债权人未在保证期间内对债务人提起诉讼或

担保相关规定	《民法典担保制度司法解释》
依法向有管辖权的人民法院申请执行。	**者申请仲裁为由主张不承担保证责任的，人民法院不予支持。** 释义 本条是关于先诉抗辩权内涵填补的规定。 本条协调了《民法典》第687条与《公证法》第37条之间的适用，主债务属于赋予强制执行力的公证文书的，无须经过诉讼或仲裁阶段即可向法院申请强制执行。债权人取得此类文书经申请执行仍不能履行的，有权要求保证人承担保证责任。
《担保法司法解释》 **第三十四条** 一般保证的债权人在保证期间届满前对债务人提起诉讼或者申请仲裁的，**从判决或者仲裁裁决生效之日起，开始计算保证合同的诉讼时效。** 连带责任保证的债权人在保证期间届满前要求保证人承担保证责任的，**从债权人要求保证人承担保证责任之日起，开始计算保证合同的诉讼时效。** 连带责任保证的债权人在保证期间届满前要求保证人承担保证责任的，**从债权人要求保证人承担保证责任之日起，开始计算保证合同的诉讼时效。** **第三十六条** 一般保证中，主债务诉讼时效中断，保证债务诉讼时效中断；连带责任保证中，主债务诉讼时效中断，保证债务诉讼时效不中断。	**第二十八条** 一般保证中，债权人依据生效法律文书对债务人的财产依法申请强制执行，保证债务诉讼时效的起算时间按照下列规则确定： **（一）人民法院作出终结本次执行程序裁定，或者依照民事诉讼法第二百五十七条第三项、第五项的规定作出终结执行裁定的，自裁定送达债权人之日起开始计算；** **（二）人民法院自收到申请执行书之日起一年内未作出前项裁定的，自人民法院收到申请执行书满一年之日起开始计算，但是保证人有证据证明债务人仍有财产可供执行的除外。** **一般保证的债权人在保证期间届满前对债务人提起诉讼或者申请仲裁，债权人举证证明存在民法典第六百八十七条第二款但书规定情形的，保证债务的诉讼时效自债权人知道或者应当知道该情形之日起开始计算。**

担保相关规定	《民法典担保制度司法解释》
一般保证和连带责任保证中，主债务诉讼时效中止的，保证债务的诉讼时效同时中止。	释义　本条是关于一般保证诉讼时效的解释。 本条改变了《担保法司法解释》关于一般保证中保证合同诉讼时效的起算点，并与执行程序挂钩，更符合一般保证的原理和精神。一般保证下，债权人要求保证人承担保证责任的前提是主合同纠纷经审判或者仲裁，且就债务人财产依法强制执行仍不能履行债务。本条充分考虑这一前提条件，以执行终结或人民法院收到执行申请一年内未作出裁定，以满一年之日起计算诉讼时效，当然保证人有证据证明债务人仍有财产可供执行的除外。此外，一般保证的债权人在保证期间对债务人提起诉讼或仲裁，若存在法定的特殊情形，保证人的先诉抗辩权已消灭，自债权人知道或应当知道该情形之日起就得开始计算诉讼时效。
《担保法》 **第十二条**　同一债务有两个以上保证人的，保证人应当按照保证合同约定的保证份额，承担保证责任。没有约定保证份额的，保证人承担连带责任，债权人可以要求任何一个保证人承担全部保证责任，保证人都负有担保全部债权实现的义务。已经承担保证责任的保证人，有权向债务人追偿，或者要求承担连带责任的其他保证人清偿其应当承担的份额。	**第二十九条**　同一债务有两个以上保证人，**债权人以其已经在保证期间内依法向部分保证人行使权利为由，主张已经在保证期间内向其他保证人行使权利的，人民法院不予支持。** 同一债务有两个以上保证人，保证人之间相互有追偿权，**债权人未在保证期间内依法向部分保证人行使权利，导致其他保证人在承担保证责任后丧失追偿权，其他保证人主张在其不能追偿的范围内免除保证责任的，人民法院应予支持。**

担保相关规定	《民法典担保制度司法解释》
《最高人民法院关于已承担保证责任的保证人向其他保证人行使追偿权问题的批复》 根据《中华人民共和国担保法》第十二条的规定，承担连带责任保证的保证人一人或者数人承担保证责任后，有权要求其他保证人清偿应当承担的份额，**不受债权人是否在保证期间内向未承担保证责任的保证人主张过保证责任的影响。**	释义　本条是关于债权人向部分保证人依法行使权利的行为对其他保证人是否发生效力，以及债权人未在保证期间内依法向部分有追偿权的保证人行使权利的后果的规定。 本条第1款要求债权人应在保证期间内向各保证人单独主张权利，向某一保证人的权利主张效力不及于其他保证人。 本条第2款与第1款紧密相关，改变了过往的司法解释，未在保证期间主张权利，该保证人责任免除，理应不受事后追偿。
《担保法》 **第二十七条　保证人依照本法第十四条规定就连续发生的债权作保证，未约定保证期间的，保证人可以随时书面通知债权人终止保证合同，但保证人对于通知到债权人前所发生的债权，承担保证责任。** **《担保法司法解释》** **第三十七条**　最高额保证合同对保证期间没有约定或者约定不明的，**如最高额保证合同约定有保证人清偿债务期限的，保证期间为清偿期限届满之日起6个月。没有约定债务清偿期限的，保证期间自最高额保证终止之日或自债权人收到保证人终止保证合同的书面通知到达之日起6个月。**	**第三十条**　最高额保证合同对保证期间的计算方式、起算时间等有约定的，按照其约定。 最高额保证合同对保证期间**的计算方式、起算时间等**没有约定或者约定不明，**被担保债权的履行期限均已届满的，保证期间自债权确定之日起开始计算；被担保债权的履行期限尚未届满的，保证期间自最后到期债权的履行期限届满之日起开始计算。** **前款所称债权确定之日，依照民法典第四百二十三条的规定认定。** 释义　本条是关于最高额保证的保证期间起算日认定的规定。 最高额保证保证期间的起算点，应视债权确定时被担保债权的履行期限是否已经届满来确定。

担保相关规定	《民法典担保制度司法解释》
《民事案件诉讼时效规定》① **第十条** 当事人一方向人民法院提交起诉状或者口头起诉的，诉讼时效从提交起诉状或者口头起诉之日起中断。 《海商法》 **第二百六十七条第一款** 时效因请求人提起诉讼、提交仲裁或者被请求人同意履行义务而中断。但是，请求人撤回起诉、撤回仲裁或者起诉被裁定驳回的，时效不中断。	**第三十一条** 一般保证的债权人在保证期间内对债务人提起诉讼或者申请仲裁后，又撤回起诉或者仲裁申请，债权人在保证期间届满前未再行提起诉讼或者申请仲裁，保证人主张不再承担保证责任的，人民法院应予支持。 连带责任保证的债权人在保证期间内对保证人提起诉讼或者申请仲裁后，又撤回起诉或者仲裁申请，起诉状副本或者仲裁申请书副本已经送达保证人的，人民法院应当认定债权人已经在保证期间内向保证人行使了权利。 释义 本条是关于债权人撤诉或者撤回仲裁申请，保证人的权利是否受到影响的规定。 一般保证中，保证人享有先诉抗辩权，债权人必须让债务人先承担责任。当事人撤诉或者撤回仲裁申请本质上意味着其并无让债务人先承担责任的意思表示，因此，保证人就不应再承担保证责任。 连带责任保证要求保证人承担保证责任不以诉讼或仲裁为必要，而是向保证人主张权利的意思表示达到保证人即可。
《担保法司法解释》 **第三十二条第二款** 保证合同约定保证人承担保证责任直至主债务本息还清时为止等类似内容的，视为约定不明，保证期间为主债务履行期届	**第三十二条** 保证合同约定保证人承担保证责任直至主债务本息还清时为止等类似内容的，视为约定不明，保证期间为主债务履行期限届满之日起六个月。

① 《最高人民法院关于审理民事案件适用诉讼时效制度若干问题的规定》以下简称《民事案件诉讼时效规定》。

担保相关规定	《民法典担保制度司法解释》
满之日起2年。	释义　本条是关于承担保证责任直至主债务本息还清为止等类似约定的性质的规定。 本条沿用了《担保法司法解释》第32条第2款的相关表述，但根据《民法典》规定，将保证期间由两年缩短为六个月。
	第三十三条　保证合同无效，债权人未在约定或者法定的保证期间内依法行使权利，保证人主张不承担赔偿责任的，人民法院应予支持。 释义　本条是关于保证合同无效时能否适用保证期间制度的规定。 一方面，债权人未在保证期间内依法向保证人主张保证责任，通常可以理解为债权人不再要求保证人承担保证责任。另一方面，保证合同无效时，保证人无法受到保证期间的保护，可能导致保证人在保证合同无效或者被撤销时的责任较之保证合同有效时更重。保证合同有效时，保证人因债权人未在保证期间内行使权利而无需承担任何责任，但在保证合同无效时，保证人反倒可能要承担赔偿责任，这显然不公平，因此本条作此规定。
《最高人民法院关于人民法院应当如何认定保证人在保证期间届满后又在催款通知书上签字问题的批复》 **根据《中华人民共和国担保法》的规定，保证期间届满债权人未依法向保证人主张保证责任的，保证责任消灭。保证责任消灭后，债权人书面**	**第三十四条　人民法院在审理保证合同纠纷案件时，应当将保证期间是否届满、债权人是否在保证期间内依法行使权利等事实作为案件基本事实予以查明。** **债权人在保证期间内未依法行使权利的，保证责任消灭。保证责任消**

担保相关规定	《民法典担保制度司法解释》
通知保证人要求承担保证责任或者清偿债务，保证人在催款通知书上签字的，人民法院不得认定保证人继续承担保证责任。但是，该催款通知书内容符合合同法和担保法有关担保合同成立的规定，并经保证人签字认可，能够认定成立新的保证合同的，人民法院应当认定保证人按照新保证合同承担责任。	灭后，债权人书面通知保证人要求承担保证责任，保证人在通知书上签字、盖章或者按指印，债权人请求保证人继续承担保证责任的，人民法院不予支持，但是债权人有证据证明成立了新的保证合同的除外。 释义　本条是关于与保证期间有关的案件基本事实的查明以及保证责任消灭后，债权人书面通知保证人要求其承担保证责任如何处理的规定。 保证期间是除斥期间，保证期间届满消灭的是实体权利，对当事人的权利义务影响很大，因此人民法院对与保证期间有关的事实进行审理时应当在向当事人释明的基础上查明与保证期间有关的基本事实。此外，基于上述实体权利消灭的理由，保证人仅仅在催款通知书上签字、盖章或者按指印，不足以认定保证人有重新为债务提供担保的意思表示，因此，债权人向保证人请求继续承担保证责任的，法院不予支持。
《担保法司法解释》 **第三十五条**　保证人对已经超过诉讼时效期间的债务承担保证责任或者提供保证的，又以超过诉讼时效为由抗辩的，人民法院不予支持。 《民事案件诉讼时效规定》 **第十八条**　主债务诉讼时效期间届满，保证人享有主债务人的诉讼时效抗辩权。保证人未主张前述诉讼时效抗辩权，承担保证责任后向主债务	**第三十五条**　保证人知道或者应当知道主债权诉讼时效期间届满仍然提供保证或者承担保证责任，又以诉讼时效期间届满为由拒绝承担保证责任或者请求返还财产的，人民法院不予支持；保证人承担保证责任后向债务人追偿的，人民法院不予支持，但是债务人放弃诉讼时效抗辩的除外。 释义　本条是关于保证人对超过诉讼时效的债务提供保证或者承担保证

担保相关规定	《民法典担保制度司法解释》
人行使追偿权的，人民法院不予支持，**但主债务人同意给付的情形除外。** **第十九条第一款　诉讼时效期间届满，当事人一方向对方当事人作出同意履行义务的意思表示或者自愿履行义务后，又以诉讼时效期间届满为由进行抗辩的，人民法院不予支持。**	责任，如何处理的规定。 本条承袭了原有司法解释的内容，并作了进一步完善。一是增加"知道或者应当知道"，明确了保证人在主债权诉讼时效届满时，提供保证或者承担保证责任有法律效力的前提是具有真实意思表示，不存在误解或受欺诈的情况。二是增加"债务人放弃诉讼时效抗辩"的规定，因为在债务人放弃诉讼时效抗辩的情况下，支持保证人对债务人的追偿权，不损害债务人的利益。
《九民纪要》 91. 信托合同之外的当事人提供第三方差额补足、**代为履行到期回购义务**、流动性支持等类似承诺文件作为增信措施，**其内容符合法律关于保证的规定的**，人民法院应当认定当事人之间成立保证合同关系。**其内容不符合法律关于保证的规定的，依据承诺文件的具体内容确定相应的权利义务关系，并根据案件事实情况确定相应的民事责任。**	**第三十六条**　第三人向债权人提供差额补足、流动性支持等类似承诺文件作为增信措施，**具有提供担保的意思表示**，债权人请求第三人承担保证责任的，人民法院应当依照保证的有关规定处理。 第三人向债权人提供的承诺文件，**具有加入债务或者与债务人共同承担债务等意思表示的，人民法院应当认定为民法典第五百五十二条规定的债务加入。** **前两款中第三人提供的承诺文件难以确定是保证还是债务加入的，人民法院应当将其认定为保证。** **第三人向债权人提供的承诺文件不符合前三款规定的情形，债权人请求第三人承担保证责任或者连带责任的，人民法院不予支持，但是不影响其依据承诺文件请求第三人履行约定的义务或者承担相应的民事责任。**

担保相关规定	《民法典担保制度司法解释》
	释义　本条是关于第三人向债权人提供差额补足、流动性支持等类似承诺文件法律性质认定的规定。 本条结合《民法典》相关规定并参考《九民纪要》第9条的规定，明确第三人提供的相关承诺文件在法律性质上应根据其内容进行解释，可区分为三种情形：一是探究第三人是否具有提供担保的意思表示。确定有提供担保意思表示后，是承担一般保证的保证责任还是承担连带责任保证的保证责任，须根据本司法解释第25条规定的解释规则进行认定，在无法依解释规则得出结论时，应推定为一般保证。二是难以确定第三人是保证还是债务加入的，人民法院应当将其认定为保证，以平衡保护债权人与担保人的利益。三是即使不构成保证或债务加入，该文件依然有效的，依据文件内容确定相应义务或责任。
	三、关于担保物权
	（一）担保合同与担保物权的效力
《担保法》 **第三十七条**　下列财产不得抵押： …… （四）所有权、使用权不明或者有争议的财产； （五）依法被查封、扣押、监管的财产； （六）依法不得抵押的其他财产。	**第三十七条**　当事人以所有权、使用权不明或者有争议的财产抵押，**经审查构成无权处分的**，人民法院应当依照民法典第三百一十一条的规定处理。 **当事人以依法被查封或者扣押的财产抵押，抵押权人请求行使抵押权，经审查查封或者扣押措施已经解除的，人民法院应予支持。抵押人以抵押权设立时财产被查封或者扣押为**

担保相关规定	《民法典担保制度司法解释》
《担保法司法解释》 **第五条** 以法律、法规禁止流通的财产或者不可转让的财产设定担保的，担保合同无效。 以法律、法规限制流通的财产设定担保的，在实现债权时，人民法院应当按照有关法律、法规的规定对该财产进行处理。 **第五十五条 已经设定抵押的财产被采取查封、扣押等财产保全或者执行措施的，不影响抵押权的效力。** 《物权法》 **第一百八十四条** 下列财产不得抵押： …… （四）所有权、使用权不明或者有争议的财产； （五）依法被查封、扣押、监管的财产； （六）法律、行政法规规定不得抵押的其他财产。 《海关法》 **第三十七条第一款** 海关监管货物，未经海关许可，不得开拆、提取、交付、发运、调换、改装、抵押、质押、留置、转让、更换标记、移作他用或者进行其他处置。	**由主张抵押合同无效的，人民法院不予支持。** **以依法被监管的财产抵押的，适用前款规定。** 释义 本条是关于当事人违反《民法典》第399条第4项、第5项规定所订抵押合同之效力的规定。 《民法典》第399条第4项、第5项在规范性质上属于警示性规范，旨在提醒当事人行为所可能带来的不利后果，不能作为认定合同无效的依据。第一，违反第4项的法律后果，应在审查当事人的行为是否构成无权处分的基础上进行确定，如构成无权处分，则担保合同有效，但债权人能否取得担保物权，取决于其是否满足善意取得要件。第二，担保合同亦不因违反第5项规定而无效，但在相关强制措施或者监管措施解除前，债权人行使担保物权不得影响已申请人民法院采取强制措施的其他权利人的利益，也不得对抗监管机构采取的监管措施。
《担保法司法解释》 **第七十一条** 主债权未受全部清偿的，抵押权人可以就抵押物的全部行使其抵押权。 抵押物被分割或者部分转让的，抵押权人可以就分割或者转让后的抵	**第三十八条** 主债权未受全部清偿，担保物权人主张就担保财产的全部行使担保物权的，人民法院应予支持，**但是留置权人行使留置权的，应当依照民法典第四百五十条的规定处理。**

担保相关规定	《民法典担保制度司法解释》
押物行使抵押权。 **第九十六条** 本解释第五十七条、第六十二条、第六十四条、第七十一条、第七十二条、第七十三条、第七十四条、第八十条之规定，适用于动产质押。	担保财产被分割或者部分转让，担保物权人主张就分割或者转让后的担保财产行使担保物权的，人民法院应予支持，**但是法律或者司法解释另有规定的除外。** 释义 本条是关于从担保财产担保全部债权实现的角度对担保物权的不可分性所作的规定。 本条整合了《担保法司法解释》的规定，体现的是抵押权和质权的不可分性。留置权是法定担保物权，基础法律关系和留置之间须存在同一性，当然商事担保除外，受制于留置财产的价值应当相当于债务的金额。
《担保法司法解释》 **第七十二条** 主债权被分割或者部分转让**的**，各债权人可以就其享有的债权份额行使抵押权。 主债务被分割或者部分**转让**的，抵押人仍以其抵押物担保数个债务人履行债务。但是，第三人提供**抵押**的，债权人许可债务人转让债务未经抵押人书面同意的，抵押人对未经其同意转让的债务，不再承担担保责任。	**第三十九条** 主债权被分割或者部分转让，各债权人主张就其享有的债权份额行使担保物权的，人民法院应予支持，**但是法律另有规定或者当事人另有约定的除外。** 主债务被分割或者部分**转移**，债务人自己提供物的担保，债权人请求以该担保财产担保全部债务履行的，人民法院应予支持；第三人提供**物的担保**，主张对未经其书面同意转移的债务不再承担担保责任的，人民法院应予支持。 释义 本条对《担保法司法解释》第72条进行了细化和完善，是关于债权的各个部分均受担保物权的担保这一担保物权不可分性的规定。

担保相关规定	《民法典担保制度司法解释》
《担保法司法解释》 **第六十三条** 抵押权设定前为抵押物的从物的，抵押权的效力及于抵押物的从物。但是，抵押物与其从物为两个以上的人分别所有时，抵押权的效力不及于抵押物的从物。	**第四十条** 从物产生于抵押权依法设立前，抵押权人主张抵押权的效力及于从物的，人民法院应予支持，**但是当事人另有约定的除外。** **从物产生于抵押权依法设立后，抵押权人主张抵押权的效力及于从物的，人民法院不予支持，但是在抵押权实现时可以一并处分。** 释义 本条是关于抵押权在标的物上的效力及于从物的规定。 本条承袭并完善了《担保法司法解释》第63条的规定，在当事人没有特别约定时，抵押权的效力及于抵押权设定时抵押人已经取得的从物，不仅有利于贯彻物尽其用的原则，也有利于保障债权人的交易安全。在抵押权设定后取得从物的情况下，为最大限度实现标的物的价值，在拍卖、变卖主物时，也可一并处理从物，但抵押权人对从物的价值无优先受偿权。
《担保法司法解释》 **第六十二条** 抵押物因附合、混合或者加工使抵押物的所有权为第三人所有的，抵押权的效力及于补偿金；抵押物所有人为附合物、混合物或者加工物的所有人的，抵押权的效力及于附合物、混合物或者加工物；第三人与抵押物所有人为附合物、混合物或者加工物的共有人的，抵押权的效力及于抵押人对共有物享有的份额。	**第四十一条** 抵押权依法设立后，抵押财产被添附，添附物归第三人所有，抵押权人主张抵押权效力及于补偿金的，人民法院应予支持。 抵押权依法设立后，抵押财产被添附，抵押人对添附物享有所有权，抵押权人主张抵押权的效力及于添附物的，人民法院应予支持，但是**添附导致抵押财产价值增加的，抵押权的效力不及于增加的价值部分。** 抵押权依法设立后，抵押人与第三人因添附成为添附物的共有人，抵押权人主张抵押权的效力及于抵押人

担保相关规定	《民法典担保制度司法解释》
	对共有物享有的份额的，人民法院应予支持。 本条所称添附，包括附合、混合与加工。 释义　本条是关于抵押财产发生添附时抵押权效力范围的规定。 本条承袭了《担保法司法解释》第62条的规定，但对“抵押权依法设立后，抵押财产被添附，抵押人对添附物享有所有权，抵押权人主张抵押权的效力及于添附物”这种情形加以限制，即添附导致抵押财产价值增加的，抵押权的效力不及于增加的价值部分，目的在于保障因添附而丧失权利的当事人的补偿请求权能够得到实现。
《担保法司法解释》 **第八十条**　在抵押物灭失、毁损或者被征用的情况下，抵押权人可以就该抵押物的保险金、赔偿金或者补偿金优先受偿。 **抵押物灭失、毁损或者被征用的情况下，抵押权所担保的债权未届清偿期的，抵押权人可以请求人民法院对保险金、赔偿金或补偿金等采取保全措施。** 《担保法》 **第五十八条**　抵押权因抵押物灭失而消灭。因消灭所得的赔偿金，应当作为抵押财产。 《物权法》 **第一百七十四条**　担保期间，担保财产毁损、灭失或者被征收等，担	**第四十二条**　抵押权依法设立后，抵押财产毁损、灭失或者被征收等，抵押权人请求按照原抵押权的顺位就保险金、赔偿金或者补偿金等优先受偿的，人民法院应予支持。 **给付义务人已经向抵押人给付了保险金、赔偿金或者补偿金，抵押权人请求给付义务人向其给付保险金、赔偿金或者补偿金的，人民法院不予支持，但是给付义务人接到抵押权人要求向其给付的通知后仍然向抵押人给付的除外。** **抵押权人请求给付义务人向其给付保险金、赔偿金或者补偿金的，人民法院可以通知抵押人作为第三人参加诉讼。**

担保相关规定	《民法典担保制度司法解释》
保物权人可以就获得的保险金、赔偿金或者补偿金等优先受偿。被担保债权的履行期未届满的，也可以提存该保险金、赔偿金或者补偿金等。	**释义** 本条完善了《担保法司法解释》第80条的内容，是关于抵押权之物上代位效力及其适用的规定。
《担保法》 **第四十九条** 抵押期间，抵押人转让已办理登记的抵押物的，应当通知抵押权人并告知受让人转让物已经抵押的情况；**抵押人未通知抵押权人或者未告知受让人的，转让行为无效。** **转让抵押物的价款明显低于其价值的，抵押权人可以要求抵押人提供相应的担保；抵押人不提供的，不得转让抵押物。** **抵押人转让抵押物所得的价款，应当向抵押权人提前清偿所担保的债权或者向与抵押权人约定的第三人提存。超过债权数额的部分，归抵押人所有，不足部分由债务人清偿。** 《物权法》 **第一百九十一条** 抵押期间，抵押人经抵押权人同意转让抵押财产的，应当将转让所得的价款向抵押权人提前清偿债务或者提存。转让的价款超过债权数额的部分归抵押人所有，不足部分由债务人清偿。 抵押期间，抵押人未经抵押权人同意，不得转让抵押财产，但受让人代为清偿债务消灭抵押权的除外。	**第四十三条** 当事人约定禁止或者限制转让抵押财产但是未将约定登记，抵押人违反约定转让抵押财产，抵押权人请求确认转让合同无效的，人民法院不予支持；抵押财产已经交付或者登记，抵押权人请求确认转让不发生物权效力的，人民法院不予支持，但是抵押权人有证据证明受让人知道的除外；抵押权人请求抵押人承担违约责任的，人民法院依法予以支持。 当事人约定禁止或者限制转让抵押财产且已经将约定登记，抵押人违反约定转让抵押财产，**抵押权人请求确认转让合同无效的，人民法院不予支持；抵押财产已经交付或者登记，抵押权人主张转让不发生物权效力的，人民法院应予支持，**但是因受让人代替债务人清偿债务导致抵押权消灭的除外。 **释义** 本条是关于抵押财产转让的规定。 《民法典》第406条颠覆了《物权法》第191条的规定，在允许抵押人自由转让抵押财产的同时，规定“当事人另有约定的，按照其约定”。那么，在抵押人违反约定转让抵押财产的情形下，抵押人与买受人所订立的买卖合同效力如何认定，物权变动

担保相关规定	《民法典担保制度司法解释》
	是否有效？根据该条规定，当事人关于限制或者禁止抵押物转让的约定以是否办理登记而对效力进行区分：根据区分原则，无论约定是否登记，都不影响抵押财产转让合同的效力。但在约定已经登记的情形下，如果抵押人将抵押财产转让给他人且已经办理了过户登记，则抵押权人可主张抵押物所有权变动对自己不发生效力。
《担保法司法解释》 第十二条　当事人约定的或者登记部门要求登记的担保期间，对担保物权的存续不具有法律约束力。 担保物权所担保的债权的诉讼时效结束后，担保权人在诉讼时效结束后的2年内行使担保物权的，人民法院应当予以支持。 《物权法》 第二百零二条　抵押权人应当在主债权诉讼时效期间行使抵押权；未行使的，人民法院不予保护。	第四十四条　主债权诉讼时效期间届满后，抵押权人主张行使抵押权的，人民法院不予支持；抵押人以主债权诉讼时效期间届满为由，主张不承担担保责任的，人民法院应予支持。主债权诉讼时效期间届满前，债权人仅对债务人提起诉讼，经人民法院判决或者调解后未在民事诉讼法规定的申请执行时效期间内对债务人申请强制执行，其向抵押人主张行使抵押权的，人民法院不予支持。 主债权诉讼时效期间届满后，财产被留置的债务人或者对留置财产享有所有权的第三人请求债权人返还留置财产的，人民法院不予支持；债务人或者第三人请求拍卖、变卖留置财产并以所得价款清偿债务的，人民法院应予支持。 主债权诉讼时效期间届满的法律后果，以登记作为公示方式的权利质权，参照适用第一款的规定；动产质权、以交付权利凭证作为公示方式的权利质权，参照适用第二款的规定。

担保相关规定	《民法典担保制度司法解释》
	释义　本条是关于主债权诉讼时效期间届满对担保物权影响的规定。 《民法典》第419条承继了《物权法》第202条的规定，对抵押权的行使期间作出了规定，本条作了两点完善：一是补充了未在执行时效内申请强制执行，也不得行使抵押权；二是对立法关于质权和留置权行使期间的空白作出了回应。
	第四十五条　当事人约定当债务人不履行到期债务或者发生当事人约定的实现担保物权的情形，担保物权人有权将担保财产自行拍卖、变卖并就所得的价款优先受偿的，该约定有效。因担保人的原因导致担保物权人无法自行对担保财产进行拍卖、变卖，担保物权人请求担保人承担因此增加的费用的，人民法院应予支持。 **当事人依照民事诉讼法有关“实现担保物权案件”的规定，申请拍卖、变卖担保财产，被申请人以担保合同约定仲裁条款为由主张驳回申请的，人民法院经审查后，应当按照以下情形分别处理：** **（一）当事人对担保物权无实质性争议且实现担保物权条件已经成就的，应当裁定准许拍卖、变卖担保财产；** **（二）当事人对实现担保物权有部分实质性争议的，可以就无争议的部分裁定准许拍卖、变卖担保财产，并告知可以就有争议的部分申请仲裁；**

担保相关规定	《民法典担保制度司法解释》
	（三）当事人对实现担保物权有实质性争议的，裁定驳回申请，并告知可以向仲裁机构申请仲裁。 **债权人以诉讼方式行使担保物权的，应当以债务人和担保人作为共同被告。** 释义　本条为新增条款，是关于担保物权实现程序的规定。 担保物权的非诉执行是为了提高担保物权实现的效率，降低担保物权实现的成本，并非要解决当事人之间的实体争议。因此，即使当事人在担保合同中约定了仲裁条款，但如果当事人之间就涉及担保物权实现的事项不存在实质性争议，无需申请仲裁，可直接向人民法院申请非诉执行。当然，如有实质争议，则可依照本条规定区分情况处理。
	（二）不动产抵押
《物权法》 **第一百八十七条**　以本法第一百八十条第一款第一项至第三项规定的财产或者第五项规定的正在建造的建筑物抵押的，应当办理抵押登记。抵押权自登记时设立。 **《九民纪要》** 60. 不动产抵押合同依法成立，但未办理抵押登记手续，债权人请求抵押人办理抵押登记手续的，人民法院依法予以支持。**因抵押物灭失以及抵押物转让他人等原因不能办理抵押登记，债权人请求抵押人以抵押物的**	**第四十六条**　不动产抵押合同生效后未办理抵押登记手续，债权人请求抵押人办理抵押登记手续的，人民法院应予支持。 **抵押财产因不可归责于抵押人自身的原因灭失或者被征收等导致不能办理抵押登记，债权人请求抵押人在约定的担保范围内承担责任的，人民法院不予支持；但是抵押人已经获得保险金、赔偿金或者补偿金等，债权人请求抵押人在其所获金额范围内承担赔偿责任的，人民法院依法予以支持。**

担保相关规定	《民法典担保制度司法解释》
价值为限承担责任的，人民法院依法予以支持，但其范围不得超过抵押权有效设立时抵押人所应当承担的责任。	**因抵押人转让抵押财产或者其他可归责于抵押人自身的原因导致不能办理抵押登记，债权人请求抵押人在约定的担保范围内承担责任的，人民法院依法予以支持，但是不得超过抵押权能够设立时抵押人应当承担的责任范围。** 释义　本条是关于未办理不动产抵押登记时抵押人是否承担责任以及如何承担责任的规定。 根据区分原则，在不动产抵押中，如果当事人签订抵押合同但未办理抵押登记，仅是抵押权没有设立，抵押合同的效力不受影响。因此，债权人可以请求抵押人继续履行合同，以最终取得抵押权。但在实践中，抵押人不配合办理抵押登记的情形多有发生，此时抵押人应当承担的违约赔偿责任需要根据不同情形确定：在不可归责于抵押人的情形下，抵押人仅在取得的代位物范围内承担违约损害赔偿责任；在可归责于抵押人自身的情形下，抵押人应在约定的担保范围内承担违约赔偿责任，但不得超过抵押权能够设立时抵押人应当承担的责任范围。
《担保法司法解释》 **第六十一条　抵押物**登记记载的内容与抵押合同约定的内容不一致的，以登记记载的内容为准。 **《九民纪要》** 58. 以登记作为公示方式的不动	**第四十七条　不动产**登记**簿**就**抵押财产、被担保的债权范围等**所作的记载与抵押合同约定不一致的，人民法院应当根据登记**簿**的记载确定抵押财产、被担保的债权范围等事项。 释义　本条是关于抵押合同约定的抵

担保相关规定	《民法典担保制度司法解释》
产担保物权的担保范围，一般应当以登记的范围为准。但是，我国目前不动产担保物权登记，不同地区的系统设置及登记规则并不一致，人民法院在审理案件时应当充分注意制度设计上的差别，作出符合实际的判断：一是多数省区市的登记系统未设置“担保范围”栏目，仅有“被担保主债权数额（最高债权数额）”的表述，且只能填写固定数字。而当事人在合同中又往往约定担保物权的担保范围包括主债权及其利息、违约金等附属债权，致使合同约定的担保范围与登记不一致。显然，这种不一致是由于该地区登记系统设置及登记规则造成的该地区的普遍现象。人民法院以合同约定认定担保物权的担保范围，是符合实际的妥当选择。二是一些省区市不动产登记系统设置与登记规则比较规范，担保物权登记范围与合同约定一致在该地区是常态或者普遍现象，人民法院在审理案件时，应当以登记的担保范围为准。	押财产、被担保债权范围与登记簿记载不一致时应如何处理的规定。 本条与《九民纪要》第58条精神一致，维护登记的权威性和公信力。
《物权法》 **第二十一条　当事人提供虚假材料申请登记，给他人造成损害的，应当承担赔偿责任。** 因登记错误，给他人造成损害的，登记机构应当承担赔偿责任。**登记机构赔偿后，可以向造成登记错误的人追偿。**	**第四十八条**　当事人申请办理抵押登记手续时，因登记机构的过错致使其不能办理抵押登记，当事人请求登记机构承担赔偿责任的，人民法院依法予以支持。 释义　本条是关于抵押权人因登记机构的过错不能办理抵押登记，登记机构应当承担赔偿责任的规定。

担保相关规定	《民法典担保制度司法解释》
《担保法司法解释》 **第四十八条** 以法定程序确认为违法、违章的建筑物抵押的，抵押无效。	**第四十九条** 以违法的建筑物抵押的，抵押合同无效，**但是一审法庭辩论终结前已经办理合法手续的除外**。抵押合同无效的法律后果，依照本解释第十七条的有关规定处理。 **当事人以建设用地使用权依法设立抵押，抵押人以土地上存在违法的建筑物为由主张抵押合同无效的，人民法院不予支持。** 释义 本条是关于违法建筑物抵押合同无效及其效力补正的规定。 考虑到违法建筑物既可能是实质违法，也可能是形式违法或者程序违法。一方面，本条明确当事人以违法的建筑物抵押而签订的抵押合同无效；另一方面，也规定当事人在一审法庭辩论终结前已经办理合法手续的，不认定抵押合同无效。此外，土地上存在违法建筑的不影响以建设用地使用权设立抵押合同的效力。
《担保法》 **第五十六条** 拍卖划拨的国有土地使用权所得的价款，在依法缴纳相当于应缴纳的土地使用权出让金的款额后，抵押权人有优先受偿权。 《城市房地产管理法》（2019 年修正） **第五十一条** 设定房地产抵押权的土地使用权是以划拨方式取得的，依法拍卖该房地产后，应当从拍卖所得的价款中缴纳相当于应缴纳的土地使用权出让金的款额后，抵押权人方可优先受偿。	**第五十条** **抵押人以划拨建设用地上的建筑物抵押，当事人以该建设用地使用权不能抵押或者未办理批准手续为由主张抵押合同无效或者不生效的，人民法院不予支持。**抵押权依法实现时，拍卖、变卖建筑物所得的价款，应当优先用于补缴建设用地使用权出让金。 **当事人以划拨方式取得的建设用地使用权抵押，抵押人以未办理批准手续为由主张抵押合同无效或者不生效的，人民法院不予支持。已经依法办理抵押登记，抵押权人主张行使抵**

担保相关规定	《民法典担保制度司法解释》
	押权的，人民法院应予支持。抵押权依法实现时所得的价款，参照前款有关规定处理。 释义　本条是关于以划拨方式取得的建设用地使用权或者其上的建筑物作为抵押物的抵押合同的效力及抵押权实现要求的规定。 以划拨建设用地使用权抵押经历了从“需要经过审批”到“登记视同审批”再到“无需审批”三个阶段。当前国家政策允许当事人以划拨建设用地使用权依法依规设立抵押权。因此，本条明确抵押合同不因没有办理审批手续而无效或者不生效，但在依法实现抵押权时，拍卖、变卖建筑物所得的价款，应当优先用于补缴建设用地使用权出让金。
《九民纪要》 61. 根据《物权法》第182条之规定，仅以建筑物设定抵押的，抵押权的效力及于占用范围内的土地；仅以建设用地使用权抵押的，抵押权的效力亦及于其上的建筑物。在房地分别抵押，即建设用地使用权抵押给一个债权人，而其上的建筑物又抵押给另一个人的情况下，可能产生两个抵押权的冲突问题。基于“房地一体”规则，此时应当将建筑物和建设用地使用权视为同一财产，从而依照《物权法》第199条的规定确定清偿顺序：登记在先的先清偿；同时登记的，按照债权比例清偿。同一天登记的，视为同时登记。应予注意的是，	**第五十一条　当事人仅以建设用地使用权抵押，债权人主张抵押权的效力及于土地上已有的建筑物以及正在建造的建筑物已完成部分的，人民法院应予支持。债权人主张抵押权的效力及于正在建造的建筑物的续建部分以及新增建筑物的，人民法院不予支持。** **当事人以正在建造的建筑物抵押，抵押权的效力范围限于已办理抵押登记的部分。当事人按照担保合同的约定，主张抵押权的效力及于续建部分、新增建筑物以及规划中尚未建造的建筑物的，人民法院不予支持。** **抵押人将建设用地使用权、土地上的建筑物或者正在建造的建筑物分**

担保相关规定	《民法典担保制度司法解释》
根据《物权法》第200条的规定，建设用地使用权抵押后，该土地上新增的建筑物不属于抵押财产。	**别抵押给不同债权人的，人民法院应当根据抵押登记的时间先后确定清偿顺序。** 释义　本条是关于房地分别抵押时抵押权的效力范围和实现顺序等的规定。 本条是对《九民纪要》第61条规定的细化。基于“房地一体”规则，本条区分情形作出不同规定：第一，以建设用地使用权设立的抵押权在效力上及于已经建造的建筑物或者正在建造的建筑物已完成部分，不包括续建部分和新增建筑物。第二，仅约定以在建建筑物抵押的，抵押权的效力限于已办理抵押登记的部分，对于抵押登记后续建、新增及规划中尚未建造的建筑物，则不属于抵押财产。第三，房地分别抵押给不同债权人的，则抵押财产范围均包括建设用地使用权和建筑物，此时以抵押登记的先后顺序确定清偿顺序。
《企业破产法》 **第三十一条**　人民法院受理破产申请前一年内，涉及债务人财产的下列行为，管理人有权请求人民法院予以撤销： （一）无偿转让财产的； （二）以明显不合理的价格进行交易的； （三）对没有财产担保的债务提供财产担保的； （四）对未到期的债务提前清偿的； （五）放弃债权的。	**第五十二条　当事人办理抵押预告登记后，预告登记权利人请求就抵押财产优先受偿，经审查存在尚未办理建筑物所有权首次登记、预告登记的财产与办理建筑物所有权首次登记时的财产不一致、抵押预告登记已经失效等情形，导致不具备办理抵押登记条件的，人民法院不予支持；经审查已经办理建筑物所有权首次登记，且不存在预告登记失效等情形的，人民法院应予支持，并应当认定抵押权自预告登记之日起设立。** **当事人办理了抵押预告登记，抵**

担保相关规定	《民法典担保制度司法解释》
	押人破产，经审查抵押财产属于破产财产，预告登记权利人主张就抵押财产优先受偿的，人民法院应当在受理破产申请时抵押财产的价值范围内予以支持，但是在人民法院受理破产申请前一年内，债务人对没有财产担保的债务设立抵押预告登记的除外。 释义　本条为新增条款，是关于不动产抵押预告登记之效力的规定。 本条以是否已经办理首次登记为判断要件，将抵押预告登记的法律效果进行区分，即已办理首次登记，且不存在预告登记失效等情形的，则抵押预告登记即具有抵押权设立的效果，预告登记权利人可享有优先受偿的权利，且所获得的物权顺位是预告登记的时间，而非办理房屋抵押登记的时间，即抵押权设立的时点溯及预告登记之时。 同时，在抵押人破产的情况下，考虑到抵押预告登记权利人无法等到办理抵押登记的条件具备时再主张优先受偿权，故应参照《企业破产法》关于破产程序中债权加速到期的相关规定，赋予抵押预告登记具有抵押登记的效力，可主张就抵押财产优先受偿。
	（三）动产与权利担保
	第五十三条　当事人在动产和权利担保合同中对担保财产进行概括描述，该描述能够合理识别担保财产的，人民法院应当认定担保成立。

担保相关规定	《民法典担保制度司法解释》
	释义　本条为新增条款，是关于担保物特定化与担保成立的规定。 本条在规定担保合同可以对担保物采取概括性描述的同时，明确规定该描述必须达到能够合理识别担保财产的程度。
《担保法司法解释》 **第六十六条**　抵押人将已抵押的财产出租的，抵押权实现后，**租赁合同对受让人不具有约束力。** **抵押人将已抵押的财产出租时，如果抵押人未书面告知承租人该财产已抵押的，抵押人对出租抵押物造成承租人的损失承担赔偿责任；如果抵押人已书面告知承租人该财产已抵押的，抵押权实现造成承租人的损失，由承租人自己承担。** **《物权法》** **第一百八十八条**　以本法第一百八十条第一款第四项、第六项规定的财产或者第五项规定的正在建造的船舶、航空器抵押的，抵押权自抵押合同生效时设立；未经登记，不得对抗善意第三人。	**第五十四条**　动产抵押合同订立后未办理抵押登记，动产抵押权的效力按照下列情形分别处理： （一）抵押人转让抵押财产，受让人占有抵押财产后，抵押权人向受让人请求行使抵押权的，人民法院不予支持，但是抵押权人能够举证证明受让人知道或者应当知道已经订立抵押合同的除外； （二）抵押人将抵押财产出租给他人并移转占有，抵押权人行使抵押权的，**租赁关系不受影响，但是抵押权人能够举证证明承租人知道或者应当知道已经订立抵押合同的除外；** **（三）抵押人的其他债权人向人民法院申请保全或者执行抵押财产，人民法院已经作出财产保全裁定或者采取执行措施，抵押权人主张对抵押财产优先受偿的，人民法院不予支持；** **（四）抵押人破产，抵押权人主张对抵押财产优先受偿的，人民法院不予支持。** 释义　本条是关于未办理登记时动产抵押权之效力的规定。 动产抵押登记产生的是对抗善意第三人的效力。本条第 1 项和第 2 项情形属于不得对抗善意第三人的应有

担保相关规定	《民法典担保制度司法解释》
	之义，改变了过往司法解释的态度。本条第3项和第4项针对人民法院已经作出财产保全裁定、采取执行措施或者抵押人破产三种情形，为保护司法的权威性或债权人受偿的公平性，均否认了抵押权人的优先受偿权。
《九民纪要》 63. 在流动质押中，经常由债权人、出质人与监管人订立三方监管协议，此时应当查明监管人究竟是受债权人的委托还是受出质人的委托监管质物，确定质物是否已经交付债权人，从而判断质权是否有效设立。如果监管人系受债权人的委托监管质物，则其是债权人的直接占有人，应当认定完成了质物交付，质权有效设立。监管人违反**监管协议**约定，违规向出质人放货、因保管不善导致质物毁损灭失，债权人请求监管人承担违约责任的，人民法院依法予以支持。 如果监管人系受出质人委托监管质物，表明质物并未交付债权人，应当认定质权未有效设立。尽管监管协议约定监管人系受债权人的委托监管质物，但有证据证明其并未履行监管职责，质物实际上仍由出质人管领控制的，也应当认定质物并未实际交付，质权未有效设立。此时，债权人可以基于质押合同的约定请求质押人承担违约责任，但其范围不得超过质权有效设立时质押人所应当承担的责任。监管人未履行监管职责的，债权人也可以请求监管人承担**违约**责任。	**第五十五条** 债权人、出质人与监管人订立三方协议，出质人以通过一定数量、品种等概括描述能够确定范围的货物为债务的履行提供担保，当事人有证据证明监管人系受债权人的委托监管并实际控制该货物的，人民法院应当认定**质权于监管人实际控制货物之日起**设立。监管人违反约定向出质人**或者其他人**放货、因保管不善导致货物毁损灭失，债权人请求监管人承担违约责任的，人民法院依法予以支持。 在前款规定情形下，当事人有证据证明监管人系受出质人委托监管该货物，或者虽然受债权人委托但是未实际履行监管职责，导致货物仍由出质人实际控制的，人民法院应当认定质权未设立。债权人可以基于质押合同的约定请求出质人承担违约责任，但是不得超过质权有效设立时出质人应当承担的责任范围。监管人未履行监管职责，债权人请求监管人承担责任的，人民法院依法予以支持。 释义 本条基本承袭了《九民纪要》第63条规定，是关于流动质物由第三方监管的情况下，质押是否有效设立以及监管人如何承担责任的规定。

担保相关规定	《民法典担保制度司法解释》
	动产质押，只有在将质物交付质权人占有的情况下才能有效设立，而交付方式，可以为现实交付，也可以为指示交付等观念交付。因此，如果监管人是受债权人委托监管质物并实际控制，可以认为完成了指示交付，质权有效设立，且质权设立时间为监管人占有质押财产之日。如果监管人系受出质人委托，或监管协议约定监管人受质权人委托占有质物，但质物仍实际处于出质人的控制之下，此时，占有并未实际发生转移，因此质权未设立。 此外，在流动质押的委托监管关系中，监管人受质权人委托，实际占有质物并对质物负有妥善保管的义务。因此，当监管人未按照监管协议的约定有效监控货物导致质物出库或者因保管不善导致质物毁损灭失的，则监管人应按照监管协议的约定承担违约责任。
《物权法》 **第一百八十九条　企业、个体工商户、农业生产经营者以本法第一百八十一条规定的动产抵押的，应当向抵押人住所地的工商行政管理部门办理登记。抵押权自抵押合同生效时设立；未经登记，不得对抗善意第三人。** **依照本法第一百八十一条规定抵押的，不得对抗正常经营活动中已支付合理价款并取得抵押财产的买受人。**	**第五十六条　买受人在出卖人正常经营活动中通过支付合理对价取得已被设立担保物权的动产，担保物权人请求就该动产优先受偿的，人民法院不予支持，但是有下列情形之一的除外：** **（一）购买商品的数量明显超过一般买受人；** **（二）购买出卖人的生产设备；** **（三）订立买卖合同的目的在于担保出卖人或者第三人履行债务；** **（四）买受人与出卖人存在直接或**

担保相关规定	《民法典担保制度司法解释》
	者间接的控制关系； （五）买受人应当查询抵押登记而未查询的其他情形。 前款所称出卖人正常经营活动，是指出卖人的经营活动属于其营业执照明确记载的经营范围，且出卖人持续销售同类商品。前款所称担保物权人，是指已经办理登记的抵押权人、所有权保留买卖的出卖人、融资租赁合同的出租人。 释义　本条为新增条款，是关于在动产抵押中如何认定正常经营活动买受人的规定。 动产数量众多，且有的价值较低，如果用于抵押，不仅会给当事人带来大量登记成本，还会给交易中的第三人带来大量查询成本。因此，《民法典》在规定动产抵押制度的同时，也通过对正常经营活动中买受人的特别保护将该制度给第三人造成的交易成本降低至社会能否容忍的范围。《民法典》第404条所称正常经营活动既指出卖人的经营活动是在其营业执照明确记载的经营范围内且持续销售同类商品，也要求从买受人的角度看，交易本身没有异常性。
《九民纪要》 66. 当事人订立的具有担保功能的合同，不存在法定无效情形的，应当认定有效。虽然合同约定的权利义务关系不属于物权法规定的典型担保类型，但是其担保功能应予肯定。	**第五十七条　担保人在设立动产浮动抵押并办理抵押登记后又购入或者以融资租赁方式承租新的动产，下列权利人为担保价款债权或者租金的实现而订立担保合同，并在该动产交付后十日内办理登记，主张其权利优先于在先设立的浮动抵押权的，人民**

担保相关规定	《民法典担保制度司法解释》
	法院应予支持： （一）在该动产上设立抵押权或者保留所有权的出卖人； （二）为价款支付提供融资而在该动产上设立抵押权的债权人； （三）以融资租赁方式出租该动产的出租人。 **买受人取得动产但未付清价款或者承租人以融资租赁方式占有租赁物但是未付清全部租金，又以标的物为他人设立担保物权，前款所列权利人为担保价款债权或者租金的实现而订立担保合同，并在该动产交付后十日内办理登记，主张其权利优先于买受人为他人设立的担保物权的，人民法院应予支持。** **同一动产上存在多个价款优先权的，人民法院应当按照登记的时间先后确定清偿顺序。** 释义　本条是关于《民法典》第416条规定的价款超级优先权如何适用的规定。 本条在适用时区分两种情形：一是债务人在设定动产浮动抵押后又购入新的动产时，为担保价款的支付而在该动产上为出卖人设定抵押权；二是在动产买卖中，买受人通过赊销取得动产后立即为他人设定担保物权，出卖人为担保价款支付而在该动产上设定抵押权。 此外，考虑到实践中对价款支付进行担保的手段除了以标的物设定抵押权外，还存在所有权保留、融资租

担保相关规定	《民法典担保制度司法解释》
	赁等方式，因此，本条将上述两种情形下可以主张价款优先权的主体规定为如下三类当事人：一是在该动产上设立抵押权或者保留所有权的出卖人；二是为价款支付提供融资而在该动产上设立抵押权的债权人；三是以融资租赁方式出租该动产的出租人。
《担保法司法解释》 **第九十八条** 以汇票、支票、本票出质，出质人与质权人没有背书记载“质押”字样，以票据出质对抗善意第三人的，人民法院不予支持。 **《物权法》** **第二百二十四条** 以汇票、支票、本票、债券、存款单、仓单、提单出质的，当事人应当订立书面合同。质权自权利凭证交付质权人时设立；没有权利凭证的，质权自有关部门办理出质登记时设立。 **《票据法》** **第三十五条第二款** 汇票可以设定质押；质押时应当以背书记载“质押”字样。被背书人依法实现其质权时，可以行使汇票权利。	**第五十八条 以汇票出质，当事人以背书记载“质押”字样并在汇票上签章，汇票已经交付质权人的，人民法院应当认定质权自汇票交付质权人时设立。** 释义 本条是关于以汇票质押时质权设立条件的规定。 《民法典》第441条规定，以汇票出质的，质权自权利凭证交付质权人时设立，但是法律另有规定的，依照其规定。交付权利凭证仅是汇票质权设立的条件之一，并不意味着交付了权利凭证汇票质权就当然设立。根据《票据法》第35条的规定，汇票出质需要以背书记载“质押”字样同时交付汇票，才能有效设立质权。基于普通法与特别法对同一事项均有规定，优先适用特别法的规定，本条即承袭了《票据法》的规定。
《担保法司法解释》 **第一百零一条** 以票据、债券、存款单、仓单、提单出质的，质权人再转让或者质押的无效。 **第一百零二条** 以载明兑现或者提货日期的汇票、支票、本票、债券、	**第五十九条 存货人或者仓单持有人在仓单上以背书记载“质押”字样，并经保管人签章，仓单已经交付质权人的，人民法院应当认定质权自仓单交付质权人时设立。没有权利凭证的仓单，依法可以办理出质登记的，**

担保相关规定	《民法典担保制度司法解释》
存款单、仓单、提单出质的，其兑现或者提货日期后于债务履行期的，质权人只能在兑现或者提货日期届满时兑现款项或者提取货物。 《合同法》 第三百八十七条　仓单是提取仓储物的凭证。存货人或者仓单持有人在仓单上背书并经保管人签字或者盖章的，可以转让提取仓储物的权利。	仓单质权自办理出质登记时设立。 出质人既以仓单出质，又以仓储物设立担保，按照公示的先后确定清偿顺序；难以确定先后的，按照债权比例清偿。保管人为同一货物签发多份仓单，出质人在多份仓单上设立多个质权，按照公示的先后确定清偿顺序；难以确定先后的，按照债权比例受偿。 存在第二款、第三款规定的情形，债权人举证证明其损失系由出质人与保管人的共同行为所致，请求出质人与保管人承担连带赔偿责任的，人民法院应予支持。 释义　本条是关于仓单质押的规定。 本条包括三个层次的内容：一是明确仓单质押必须符合背书、签章以及交付三要素，并且规定仓单质押也可以将登记作为公示方法，从而引导当事人尽可能通过办理登记方式避免出现空单质押、重复质押等乱象。二是针对当前仓单领域存在的“单货同质”“一单多质”等乱象，明确了优先顺位规则，即能够按照公示的先后确定清偿顺序的，按照公示先后确定；难以确定先后的，按照债权比例受偿。三是为有效避免仓单乱象，加重保管人的责任，规定债权人举证证明其损失系由出质人与保管人的共同行为所致，请求出质人与保管人承担连带赔偿责任的，人民法院应予支持。

担保相关规定	《民法典担保制度司法解释》
	第六十条　在跟单信用证交易中，开证行与开证申请人之间约定以提单作为担保的，人民法院应当依照民法典关于质权的有关规定处理。 在跟单信用证交易中，开证行依据其与开证申请人之间的约定或者跟单信用证的惯例持有提单，开证申请人未按照约定付款赎单，开证行主张对提单项下货物优先受偿的，人民法院应予支持；开证行主张对提单项下货物享有所有权的，人民法院不予支持。 在跟单信用证交易中，开证行依据其与开证申请人之间的约定或者跟单信用证的惯例，通过转让提单或者提单项下货物取得价款，开证申请人请求返还超出债权部分的，人民法院应予支持。 前三款规定不影响合法持有提单的开证行以提单持有人身份主张运输合同项下的权利。 释义　本条为新增条款，是关于跟单信用证项下开证行基于提单享有的权利内容的规定。
《担保法司法解释》 第九十七条　以公路桥梁、公路隧道或者公路渡口等不动产收益权出质的，按照担保法第七十五条第（四）项的规定处理。 《物权法》 第二百二十三条　债务人或者第三人有权处分的下列权利可以出质： （一）汇票、支票、本票；	第六十一条　以现有的应收账款出质，应收账款债务人向质权人确认应收账款的真实性后，又以应收账款不存在或者已经消灭为由主张不承担责任的，人民法院不予支持。 以现有的应收账款出质，应收账款债务人未确认应收账款的真实性，质权人以应收账款债务人为被告，请求就应收账款优先受偿，能够举证证

担保相关规定	《民法典担保制度司法解释》
（二）债券、存款单； （三）仓单、提单； （四）可以转让的基金份额、股权； （五）可以转让的注册商标专用权、专利权、著作权等知识产权中的财产权； （六）应收账款； （七）法律、行政法规规定可以出质的其他财产权利。 第二百二十八条　以应收账款出质的，当事人应当订立书面合同。质权自信贷征信机构办理出质登记时设立。 应收账款出质后，不得转让，但经出质人与质权人协 商同意的除外。出质人转让应收账款所得的价款，应当向质权人提前清偿债务或者提存。	明办理出质登记时应收账款真实存在的，人民法院应予支持；质权人不能举证证明办理出质登记时应收账款真实存在，仅以已经办理出质登记为由，请求就应收账款优先受偿的，人民法院不予支持。 以现有的应收账款出质，应收账款债务人已经向应收账款债权人履行了债务，质权人请求应收账款债务人履行债务的，人民法院不予支持，但是应收账款债务人接到质权人要求向其履行的通知后，仍然向应收账款债权人履行的除外。 以基础设施和公用事业项目收益权、提供服务或者劳务产生的债权以及其他将有的应收账款出质，当事人为应收账款设立特定账户，发生法定或者约定的质权实现事由时，质权人请求就该特定账户内的款项优先受偿的，人民法院应予支持；特定账户内的款项不足以清偿债务或者未设立特定账户，质权人请求折价或者拍卖、变卖项目收益权等将有的应收账款，并以所得的价款优先受偿的，人民法院依法予以支持。 **释义**　本条是关于应收账款质押的规定。 本条分四款，前三款是对现有的应收账款质押作出的规定，第 4 款是对将有应收账款质押的规定。应收账款涉及第三人，其真实性事关重要。本条旨在平衡担保权人和第三人的利益，担保权人负有一定的谨慎义务。

担保相关规定	《民法典担保制度司法解释》
《担保法司法解释》 **第一百零八条** 债权人合法占有债务人交付的动产时，不知债务人无处分该动产的权利，债权人可以按照担保法第八十二条的规定行使留置权。 **《物权法》** **第二百三十一条** 债权人留置的动产，应当与债权属于同一法律关系，但企业之间留置的除外。	**第六十二条** 债务人不履行到期债务，债权人因同一法律关系留置合法占有的第三人的动产，并主张就该留置财产优先受偿的，人民法院应予支持。**第三人以该留置财产并非债务人的财产为由请求返还的，人民法院不予支持。** 企业之间留置的动产与债权并非同一法律关系，**债务人以该债权不属于企业持续经营中发生的债权为由请求债权人返还留置财产的，人民法院应予支持。** **企业之间留置的动产与债权并非同一法律关系，债权人留置第三人的财产，第三人请求债权人返还留置财产的，人民法院应予支持。** 释义 本条是关于留置权是否成立的规定。 债权人留置的财产既可以是债务人所有的财产，也可以是债务人合法占有的第三人的财产，但在企业间发生留置的情形下，如果留置财产与债权并非基于同一法律关系，则债权人只能留置属于债务人所有的财产，不能留置属于第三人所有的财产。此外，在企业间发生留置的情形下，尽管留置财产与债权可以不是同一法律关系，但该债权必须是企业持续经营中发生的债权，如果该债权的发生与企业的持续经营无关，则留置权不能成立。

担保相关规定	《民法典担保制度司法解释》
	四、关于非典型担保
《九民纪要》 66. 当事人订立的具有担保功能的合同，不存在法定无效情形的，应当认定有效。虽然合同约定的权利义务关系不属于物权法规定的典型担保类型，但是其担保功能应予肯定。	**第六十三条** 债权人与担保人订立担保合同，约定以法律、行政法规尚未规定可以担保的财产权利设立担保，当事人主张合同无效的，人民法院不予支持。**当事人未在法定的登记机构依法进行登记，主张该担保具有物权效力的，人民法院不予支持。** 释义 本条是关于新类型担保中担保合同效力与物权效力的规定。 本条承袭了《九民纪要》第66条的规定，认可非典型担保的合同效力。但若欠缺相关公示程序，基于物权法定原则，不发生物权效力。
	第六十四条 在所有权保留买卖中，出卖人依法有权取回标的物，但是与买受人协商不成，当事人请求参照民事诉讼法“实现担保物权案件”的有关规定，拍卖、变卖标的物的，人民法院应予准许。 **出卖人请求取回标的物，符合民法典第六百四十二条规定的，人民法院应予支持；买受人以抗辩或者反诉的方式主张拍卖、变卖标的物，并在扣除买受人未支付的价款以及必要费用后返还剩余款项的，人民法院应当一并处理。** 释义 本条为新增条款，是关于所有权保留买卖中出卖人的所有权及其实现问题的规定。 《民法典》第642条规定了所有权保留买卖合同中出卖人的取回权，

担保相关规定	《民法典担保制度司法解释》
	在当事人不能协商取回标的物时，《民法典》一方面允许当事人通过非讼程序的方式实现担保物权，另一方面也允许出卖人通过诉讼取回标的物。
	第六十五条　在融资租赁合同中，承租人未按照约定支付租金，经催告后在合理期限内仍不支付，出租人请求承租人支付全部剩余租金，并以拍卖、变卖租赁物所得的价款受偿的，人民法院应予支持；当事人请求参照民事诉讼法“实现担保物权案件”的有关规定，以拍卖、变卖租赁物所得价款支付租金的，人民法院应予准许。 **出租人请求解除融资租赁合同并收回租赁物，承租人以抗辩或者反诉的方式主张返还租赁物价值超过欠付租金以及其他费用的，人民法院应当一并处理。当事人对租赁物的价值有争议的，应当按照下列规则确定租赁物的价值：** **（一）融资租赁合同有约定的，按照其约定；** **（二）融资租赁合同未约定或者约定不明的，根据约定的租赁物折旧以及合同到期后租赁物的残值来确定；** **（三）根据前两项规定的方法仍然难以确定，或者当事人认为根据前两项规定的方法确定的价值严重偏离租赁物实际价值的，根据当事人的申请委托有资质的机构评估。**

担保相关规定	《民法典担保制度司法解释》
	释义　本条为新增条款，是关于融资租赁中出租人对租赁物享有的所有权及其实现程序的规定。
	第六十六条　同一应收账款同时存在保理、应收账款质押和债权转让，当事人主张参照民法典第七百六十八条的规定确定优先顺序的，人民法院应予支持。 **在有追索权的保理中，保理人以应收账款债权人或者应收账款债务人为被告提起诉讼，人民法院应予受理；保理人一并起诉应收账款债权人和应收账款债务人的，人民法院可以受理。** **应收账款债权人向保理人返还保理融资款本息或者回购应收账款债权后，请求应收账款债务人向其履行应收账款债务的，人民法院应予支持。** 释义　本条为新增条款，是关于同一应收账款同时存在保理、应收账款质押和债权转让，如何确定优先顺位、有关程序和实体问题，以及应收账款债权人向保理人返还保理融资款本息或回购应收账款债权后，能否请求应收账款债务人向其履行应收账款债务的规定。 《民法典》新增了“保理合同”这类有名合同，本条旨在回应保理合同优先顺序等相关问题。
	第六十七条　在所有权保留买卖、融资租赁等合同中，出卖人、出租人的所有权未经登记不得对抗的“善意第三人”的范围及其效力，参照本解释第五十四条的规定处理。

<table>
<tr><th>担保相关规定</th><th>《民法典担保制度司法解释》</th></tr>
<tr><td></td><td>释义　本条为新增条款，是关于所有权保留买卖、融资租赁等合同中，出卖人、出租人的所有权未经登记不得对抗的“善意第三人”的范围及其效力的规定。</td></tr>
<tr><td>《九民纪要》
71. 债务人或者第三人与债权人订立合同，约定将财产形式上转让至债权人名下，债务人到期清偿债务，债权人将该财产返还给债务人或第三人，债务人到期没有清偿债务，债权人可以对财产拍卖、变卖、折价偿还债权的，人民法院应当认定合同有效。合同如果约定债务人到期没有清偿债务，财产归债权人所有的，人民法院应当认定该部分约定无效，但不影响合同其他部分的效力。
当事人根据上述合同约定，已经完成财产权利变动的公示方式转让至债权人名下，债务人到期没有清偿债务，债权人请求确认财产归其所有的，人民法院不予支持，但债权人请求参照法律关于担保物权的规定对财产拍卖、变卖、折价优先偿还其债权的，人民法院依法予以支持。债务人因到期没有清偿债务，请求对该财产拍卖、变卖、折价偿还所欠债权人合同项下债务的，人民法院亦应依法予以支持。</td><td>第六十八条　债务人或者第三人与债权人约定将财产形式上转移至债权人名下，债务人不履行到期债务，债权人有权对财产折价或者以拍卖、变卖该财产所得价款偿还债务的，人民法院应当认定该约定有效。当事人已经完成财产权利变动的公示，债务人不履行到期债务，债权人请求参照民法典关于担保物权的有关规定就该财产优先受偿的，人民法院应予支持。
债务人或者第三人与债权人约定将财产形式上转移至债权人名下，债务人不履行到期债务，财产归债权人所有的，人民法院应当认定该约定无效，但是不影响当事人有关提供担保的意思表示的效力。当事人已经完成财产权利变动的公示，债务人不履行到期债务，债权人请求对该财产享有所有权的，人民法院不予支持；债权人请求参照民法典关于担保物权的规定对财产折价或者以拍卖、变卖该财产所得的价款优先受偿的，人民法院应予支持；债务人履行债务后请求返还财产，或者请求对财产折价或者以拍卖、变卖所得的价款清偿债务的，人民法院应予支持。</td></tr>
</table>

担保相关规定	《民法典担保制度司法解释》
	债务人与债权人约定将财产转移至债权人名下，在一定期间后再由债务人或者其指定的第三人以交易本金加上溢价款回购，债务人到期不履行回购义务，财产归债权人所有的，人民法院应当参照第二款规定处理。回购对象自始不存在的，人民法院应当依照民法典第一百四十六条第二款的规定，按照其实际构成的法律关系处理。 释义　本条是关于让与担保的认定及权利实现程序的规定。 本条吸收了《九民纪要》第71条让与担保的内容，并作了进一步完善：一是明确了让与担保的一般情形，即当事人签订合同约定将财产转移至债权人名下，债权人有权就财产折价或者拍卖、变卖所得价款偿还债务的，应认定此类约定合法有效，并视当事人是否已经完成财产权利的变动公示，赋予债权人就财产享有优先受偿权。二是明确了当事人约定债务人到期不履行债务财产归债权人所有的，应认定为无效，但不影响当事人提供担保意思表示的效力。三是明确了实践中经常出现的溢价回购情形，应当认定其具备让与担保的构成要件，在审查回购对象是否真实存在的情况下，按照不同的规则予以处理。
《最高人民法院关于适用〈中华人民共和国公司法〉若干问题的规定（三）》（2020年修正） **第十八条**　有限责任公司的股东未履行或者未全面履行出资义务即转	**第六十九条　股东以将其股权转移至债权人名下的方式为债务履行提供担保，公司或者公司的债权人以股东未履行或者未全面履行出资义务、抽逃出资等为由，请求作为名义股东**

担保相关规定	《民法典担保制度司法解释》
让股权，受让人对此知道或者应当知道，**公司请求该股东履行出资义务、受让人对此承担连带责任的，人民法院应予支持**；公司债权人依照本规定第十三条第二款向该股东提起诉讼，同时请求前述受让人对此承担连带责任的，人民法院应予支持。 受让人根据前款规定承担责任后，向该未履行或者未全面履行出资义务的股东追偿的，人民法院应予支持。但是，当事人另有约定的除外。	**的债权人与股东承担连带责任的，人民法院不予支持。** 释义　本条是关于构成股权让与担保的情况下作为名义股东的债权人责任认定的规定。 股东将其股权转移至债权人名下系为担保债务人履行债务，债权人仅仅是从名义上受让股权，并不具有股东身份，不享有与股东身份有关的表决、分红等权利，亦不负有出资义务和清算义务，对于公司的债务不承担法律责任。
《担保法司法解释》 **第八十五条**　债务人或者第三人将其金钱以特户、封金、保证金等形式特定化后，**移交债权人占有**作为债权的担保，债务人不履行债务时，债权人可以以该金钱优先受偿。 **第一百一十八条　当事人交付留置金、担保金、保证金、订约金、押金或者订金等，但没有约定定金性质的，当事人主张定金权利的，人民法院不予支持。**	**第七十条**　债务人或者第三人为担保债务的履行，设立专门的保证金账户并**由债权人实际控制，或者将其资金存入债权人设立的保证金账户，**债权人主张就账户内的款项优先受偿的，人民法院应予支持。**当事人以保证金账户内的款项浮动为由，主张实际控制该账户的债权人对账户内的款项不享有优先受偿权的，人民法院不予支持。** 在银行账户下设立的保证金分**户，参照前款规定处理。** **当事人约定的保证金并非为担保债务的履行设立，或者不符合前两款规定的情形，债权人主张就保证金优先受偿的，人民法院不予支持，但是不影响当事人依照法律的规定或者按照当事人的约定主张权利。** 释义　本条是关于保证金质押设立及债权人优先受偿的规定。

担保相关规定	《民法典担保制度司法解释》
	只要是设立了专门的保证金账户，并且债权人实际控制该账户，债权人即有权对账户内的资金享有优先受偿权。
	五、附则
	第七十一条　本解释自 2021 年 1 月 1 日起施行。 释义　本条是关于《民法典担保制度司法解释》时间效力的规定。 本司法解释施行时间与《民法典》施行时间一致。

《最高人民法院关于适用〈中华人民共和国民法典〉物权编的解释（一）》与相关规定对照表

（黑体部分为条文变化内容）

《物权法司法解释（一）》①	《民法典物权编司法解释（一）》②
为正确审理物权纠纷案件，根据《中华人民共和国物权法》的相关规定，结合民事审判实践，制定本解释。	为正确审理物权纠纷案件，根据《中华人民共和国民法典》等相关法律规定，结合审判实践，制定本解释。
第一条 因不动产物权的归属，以及作为不动产物权登记基础的买卖、赠与、抵押等产生争议，当事人提起民事诉讼的，应当依法受理。当事人已经在行政诉讼中申请一并解决上述民事争议，且人民法院一并审理的除外。	**第一条** 因不动产物权的归属，以及作为不动产物权登记基础的买卖、赠与、抵押等产生争议，当事人提起民事诉讼的，应当依法受理。当事人已经在行政诉讼中申请一并解决上述民事争议，且人民法院一并审理的除外。
第二条 当事人有证据证明不动产登记簿的记载与真实权利状态不符、其为该不动产物权的真实权利人，请求确认其享有物权的，应予支持。	**第二条** 当事人有证据证明不动产登记簿的记载与真实权利状态不符、其为该不动产物权的真实权利人，请求确认其享有物权的，应予支持。
第三条 异议登记因**物权法第十九条第二款**规定的事由失效后，当事人提起民事诉讼，请求确认物权归属的，应当依法受理。异议登记失效不影响人民法院对案件的实体审理。	**第三条** 异议登记因**民法典第二百二十条第二款**规定的事由失效后，当事人提起民事诉讼，请求确认物权归属的，应当依法受理。异议登记失效不影响人民法院对案件的实体审理。

① 《最高人民法院关于适用〈中华人民共和国物权法〉若干问题的解释（一）》简称《物权法司法解释（一）》。

② 《最高人民法院关于适用〈中华人民共和国民法典〉物权编的解释（一）》简称《民法典物权编司法解释（一）》。

《物权法司法解释（一）》	《民法典物权编司法解释（一）》
	释义　本条无实质变化，仅为文字性修改。
第四条　未经预告登记的权利人同意，**转移**不动产所有权，或者**设定**建设用地使用权、地役权、抵押权等其他物权的，应当依照**物权法第二十条第一款**的规定，认定其不发生物权效力。	**第四条**　未经预告登记的权利人同意，**转让**不动产所有权**等物权**，或者**设立**建设用地使用权、**居住权**、地役权、抵押权等其他物权的，应当依照**民法典第二百二十一条第一款**的规定，认定其不发生物权效力。 释义　本条在转让物权类型中增加了“居住权”这一类型，其他均为文字性修改。居住权制度是《民法典》新增加的一大亮点，居住权作为新增的用益物权，应当增加到本条中。
第五条　买卖不动产物权的协议被认定无效、被撤销**、被解除**，或者预告登记的权利人放弃债权的，应当认定为**物权法第二十条第二款**所称的“债权消灭”。	**第五条**　**预告登记的**买卖不动产物权的协议被认定无效、被撤销，或者预告登记的权利人放弃债权的，应当认定为**民法典第二百二十一条第二款**所称的“债权消灭”。 释义　本条主要有两处修改：一是增加“预告登记”。在“买卖不动产物权的协议”前增加限定词“预告登记”，避免了歧义。二是列举了“债权消灭”的情形，同时删减“被解除”的债权消灭情形。因“合同解除”导致债权消灭的情形在《民法典》第557条第2款中单独列出，本司法解释删除“被解除”情形更能工整对应《民法典》物权编的体例，并不影响债权消灭的认定。
第六条　转让人转移船舶、航空器和机动车等所有权，受让人已经支付**对价**并取得占有，虽未经登记，但	**第六条**　转让人转让船舶、航空器和机动车等所有权，受让人已经支付**合理价款**并取得占有，虽未经登记，

《物权法司法解释（一）》	《民法典物权编司法解释（一）》
转让人的债权人主张其为**物权法第二十四条**所称的“善意第三人”的，不予支持，法律另有规定的除外。	但转让人的债权人主张其为**民法典第二百二十五条**所称的“善意第三人”的，不予支持，法律另有规定的除外。 释义 本条将转让船舶、航空器和机动车的“对价”修改为“合理价款”，使表述更加准确，便于司法适用时对第三人能否“善意取得”作出准确判断。“对价”本身并不包含价格是否合理的意思，在以往的司法实践中，需要先解释对价的含义后再评价是否合理。而“合理价款”排除了转让人恶意转让的行为，赋予债权人救济的权利。如非以合理价款转让，债权人可以行使撤销权以维护其自身权益。
第七条 人民法院、仲裁**委员会**在分割共有不动产或者动产等案件中作出并依法生效的改变原有物权关系的判决书、裁决书、调解书，以及人民法院在执行程序中作出的拍卖成交裁定书、以物抵债裁定书，应当认定为**物权法第二十八条**所称导致物权设立、变更、转让或者消灭的人民法院、仲裁**委员会**的法律文书。	**第七条** 人民法院、仲裁**机构**在分割共有不动产或者动产等案件中作出并依法生效的改变原有物权关系的判决书、裁决书、调解书，以及人民法院在执行程序中作出的拍卖成交裁定书、**变卖成交裁定书**、以物抵债裁定书，应当认定为**民法典第二百二十九条**所称导致物权设立、变更、转让或者消灭的人民法院、**仲裁机构**的法律文书。 释义 本条新增文书类型“变卖成交裁定书”。
第八条 **依照物权法第二十八条至第三十条**规定享有物权，但尚未完成动产交付或者不动产登记的**物权人，根据物权法第三十四条至第三十七条**的规定，请求保护其物权的，应予支持。	**第八条** **依据民法典第二百二十九条至第二百三十一条**规定享有物权，但尚未完成动产交付或者不动产登记的**权利人，依据民法典第二百三十五条至第二百三十八条**的规定，请求保护其物权的，应予支持。

《物权法司法解释（一）》	《民法典物权编司法解释（一）》
	释义　本条主要是根据《民法典》的变化而有所变化。《民法典》第230条删除受遗赠开始时发生物权变动效力的规定，因此本条中受遗赠取得物权的物权保护被删除。
第九条　共有份额的权利主体因继承、遗赠等原因发生变化时，其他按份共有人主张优先购买的，不予支持，但按份共有人之间另有约定的除外。	**第九条**　共有份额的权利主体因继承、遗赠等原因发生变化时，其他按份共有人主张优先购买的，不予支持，但按份共有人之间另有约定的除外。
第十条　物权法第一百零一条所称的“同等条件”，应当综合共有份额的转让价格、价款履行方式及期限等因素确定。	**第十条　民法典第三百零五条**所称的“同等条件”，应当综合共有份额的转让价格、价款履行方式及期限等因素确定。 释义　本条无实质变化，仅为文字性修改。
第十一条　优先购买权的行使期间，按份共有人之间有约定的，按照约定处理；没有约定或者约定不明的，按照下列情形确定： （一）转让人向其他按份共有人发出的包含同等条件内容的通知中载明行使期间的，以该期间为准； （二）通知中未载明行使期间，或者载明的期间短于通知送达之日起十五日的，为十五日； （三）转让人未通知的，为其他按份共有人知道或者应当知道最终确定的同等条件之日起十五日； （四）转让人未通知，且无法确定其他按份共有人知道或者应当知道最终确定的同等条件的，为共有份额权属转移之日起六个月。	**第十一条**　优先购买权的行使期间，按份共有人之间有约定的，按照约定处理；没有约定或者约定不明的，按照下列情形确定： （一）转让人向其他按份共有人发出的包含同等条件内容的通知中载明行使期间的，以该期间为准； （二）通知中未载明行使期间，或者载明的期间短于通知送达之日起十五日的，为十五日； （三）转让人未通知的，为其他按份共有人知道或者应当知道最终确定的同等条件之日起十五日； （四）转让人未通知，且无法确定其他按份共有人知道或者应当知道最终确定的同等条件的，为共有份额权属转移之日起六个月。

《物权法司法解释（一）》	《民法典物权编司法解释（一）》
第十二条 按份共有人向共有人之外的人转让其份额，其他按份共有人根据法律、司法解释规定，请求按照同等条件购买该共有份额的，应予支持。 其他按份共有人的请求具有下列情形之一的，不予支持： （一）未在本解释第十一条规定的期间内主张优先购买，或者虽主张优先购买，但提出减少转让价款、增加转让人负担等实质性变更要求； （二）以其优先购买权受到侵害为由，仅请求撤销共有份额转让合同或者认定该合同无效。	**第十二条** 按份共有人向共有人之外的人转让其份额，其他按份共有人根据法律、司法解释规定，请求按照同等条件**优先**购买该共有份额的，应予支持。其他按份共有人的请求具有下列情形之一的，不予支持： （一）未在本解释第十一条规定的期间内主张优先购买，或者虽主张优先购买，但提出减少转让价款、增加转让人负担等实质性变更要求； （二）以其优先购买权受到侵害为由，仅请求撤销共有份额转让合同或者认定该合同无效。 释义 本条无实质变化，进一步明确了按份共有人同等条件下购买权的优先性。
第十三条 按份共有人之间转让共有份额，其他按份共有人主张**根据物权法第一百零一条**规定优先购买的，不予支持，但按份共有人之间另有约定的除外。	**第十三条** 按份共有人之间转让共有份额，其他按份共有人主张**依据民法典第三百零五条**规定优先购买的，不予支持，但按份共有人之间另有约定的除外。 释义 本条无实质变化，仅为文字性修改。
第十四条 两个以上按份共有人主张优先购买且协商不成时，请求按照转让时各自份额比例行使优先购买权的，应予支持。	释义 本条已删除，被《民法典》第306条第2款所吸收。
第十五条 受让人受让不动产或者动产时，不知道转让人无处分权，且无重大过失的，应当认定受让人为善意。 真实权利人主张受让人不构成善意的，应当承担举证证明责任。	**第十四条** 受让人受让不动产或者动产时，不知道转让人无处分权，且无重大过失的，应当认定受让人为善意。 真实权利人主张受让人不构成善意的，应当承担举证证明责任。

《物权法司法解释（一）》	《民法典物权编司法解释（一）》
第十六条 具有下列情形之一的，应当认定不动产受让人知道转让人无处分权： （一）登记簿上存在有效的异议登记； （二）预告登记有效期内，未经预告登记的权利人同意； （三）登记簿上已经记载司法机关或者行政机关依法裁定、决定查封或者以其他形式限制不动产权利的有关事项； （四）受让人知道登记簿上记载的权利主体错误； （五）受让人知道他人已经依法享有不动产物权。 真实权利人有证据证明不动产受让人应当知道转让人无处分权的，应当认定受让人具有重大过失。	**第十五条** 具有下列情形之一的，应当认定不动产受让人知道转让人无处分权： （一）登记簿上存在有效的异议登记； （二）预告登记有效期内，未经预告登记的权利人同意； （三）登记簿上已经记载司法机关或者行政机关依法裁定、决定查封或者以其他形式限制不动产权利的有关事项； （四）受让人知道登记簿上记载的权利主体错误； （五）受让人知道他人已经依法享有不动产物权。 真实权利人有证据证明不动产受让人应当知道转让人无处分权的，应当认定受让人具有重大过失。
第十七条 受让人受让动产时，交易的对象、场所或者时机等不符合交易习惯的，应当认定受让人具有重大过失。	**第十六条** 受让人受让动产时，交易的对象、场所或者时机等不符合交易习惯的，应当认定受让人具有重大过失。
第十八条 **物权法第一百零六条第一款第一项**所称的“受让人受让该不动产或者动产时”，是指依法完成不动产物权转移登记或者动产交付之时。 当事人以**物权法第二十五条**规定的方式交付动产的，转让动产法律行为生效时为动产交付之时；当事人以**物权法第二十六条**规定的方式交付动产的，转让人与受让人之间有关转让	**第十七条** **民法典第三百一十一条第一款第一项**所称的“受让人受让该不动产或者动产时”，是指依法完成不动产物权转移登记或者动产交付之时。 当事人以**民法典第二百二十六条**规定的方式交付动产的，转让动产民事法律行为生效时为动产交付之时；当事人以**民法典第二百二十七条**规定的方式交付动产的，转让人与受让人

《物权法司法解释（一）》	《民法典物权编司法解释（一）》
返还原物请求权的协议生效时为动产交付之时。 法律对不动产、动产物权的设立另有规定的，应当按照法律规定的时间认定权利人是否为善意。	之间有关转让返还原物请求权的协议生效时为动产交付之时。 法律对不动产、动产物权的设立另有规定的，应当按照法律规定的时间认定权利人是否为善意。 **释义** 本条无实质变化，仅为文字性修改。
第十九条 **物权法第一百零六条第一款第二项**所称“合理的价格”，应当根据转让标的物的性质、数量以及付款方式等具体情况，参考转让时交易地市场价格以及交易习惯等因素综合认定。	**第十八条** **民法典第三百一十一条第一款第二项**所称“合理的价格”，应当根据转让标的物的性质、数量以及付款方式等具体情况，参考转让时交易地市场价格以及交易习惯等因素综合认定。 **释义** 本条无实质变化，仅为文字性修改。
第二十条 转让人将**物权法第二十四条**规定的船舶、航空器和机动车等交付给受让人的，应当认定符合**物权法第一百零六条第一款第三项**规定的善意取得的条件。	**第十九条** 转让人将**民法典第二百二十五条**规定的船舶、航空器和机动车等交付给受让人的，应当认定符合**民法典第三百一十一条第一款第三项**规定的善意取得的条件。 **释义** 本条无实质变化，仅为文字性修改。
第二十一条 具有下列情形之一，受让人主张**根据物权法第一百零六条**规定取得所有权的，不予支持： （一）转让合同**因违反合同法第五十二条规定**被认定无效； （二）转让合同**因受让人存在欺诈、胁迫或者乘人之危等法定事由**被撤销。	**第二十条** 具有下列情形之一，受让人主张**依据民法典第三百一十一条**规定取得所有权的，不予支持： （一）转让合同被认定无效； （二）转让合同被撤销。 **释义** 本条无实质变化，仅为文字性修改。

《物权法司法解释（一）》	《民法典物权编司法解释（一）》
第二十二条　本解释自2016年3月1日起施行。 **本解释施行后人民法院新受理的一审案件，适用本解释。** **本解释施行前人民法院已经受理、施行后尚未审结的一审、二审案件，以及本解释施行前已经终审、施行后当事人申请再审或者按照审判监督程序决定再审的案件，不适用本解释。**	**第二十一条　本解释自2021年1月1日起施行。** 释义　本司法解释施行时间与《民法典》施行时间一致。

《最高人民法院关于审理建设工程施工合同纠纷案件适用法律问题的解释（一）》条文对比与解读

（黑体部分为条文变化内容）

建设工程合同纠纷解释①	2020年《建设工程合同纠纷解释》②
	为正确审理建设工程施工合同纠纷案件，依法保护当事人合法权益，维护建筑市场秩序，促进建筑市场健康发展，根据《中华人民共和国民法典》《中华人民共和国建筑法》《中华人民共和国招标投标法》《中华人民共和国民事诉讼法》等相关法律规定，结合审判实践，制定本解释。
《建设工程合同纠纷解释》 **第一条** 建设工程施工合同具有下列情形之一的，应当**根据合同法第五十二条第（五）项**的规定，认定无效： （一）承包人未取得建筑**施工**企业资质或者超越资质等级的； （二）没有资质的实际施工人借用有资质的建筑施工企业名义的； （三）建设工程必须进行招标而未招标或者中标无效的。	**第一条** 建设工程施工合同具有下列情形之一的，应当**依据民法典第一百五十三条第一款**的规定，认定无效： （一）承包人未取得建筑**业**企业资质或者超越资质等级的； （二）没有资质的实际施工人借用有资质的建筑施工企业名义的； （三）建设工程必须进行招标而未招标或者中标无效的。

① 《最高人民法院关于审理建设工程施工合同纠纷案件适用法律问题的解释》简称《建设工程合同纠纷解释》；《最高人民法院关于审理建设工程施工合同纠纷案件适用法律问题的解释（二）》简称《建设工程合同纠纷解释（二）》。

② 《最高人民法院关于审理建设工程施工合同纠纷案件适用法律问题的解释（一）》简称2020年《建设工程合同纠纷解释》。

建设工程合同纠纷解释	2020 年《建设工程合同纠纷解释》
第四条 承包人**非法**转包、违法分包建设工程**或者没有资质的实际施工人借用有资质的建筑施工企业名义与他人签订建设工程施工合同的行为无效。人民法院可以根据民法通则第一百三十四条规定，收缴当事人已经取得的非法所得。**	承包人**因**转包、违法分包建设工程**与他人签订的建设工程施工合同，应当依据民法典第一百五十三条第一款及第七百九十一条第二款、第三款的规定，认定无效。** 释义 本条在吸收《建设工程合同纠纷解释》第 1 条、第 4 条规定的基础上，删除收缴违法所得的规定，与《民法典》关于民事责任方式的修改保持一致。
《建设工程合同纠纷解释(二)》 **第一条** 招标人和中标人另行签订的建设工程施工合同约定的工程范围、建设工期、工程质量、工程价款等实质性内容，与中标合同不一致，一方当事人请求按照中标合同确定权利义务的，人民法院应予支持。 招标人和中标人在中标合同之外就明显高于市场价格购买承建房产、无偿建设住房配套设施、让利、向建设单位捐赠财物等另行签订合同，变相降低工程价款，一方当事人以该合同背离中标合同实质性内容为由请求确认无效的，人民法院应予支持。	**第二条** 招标人和中标人另行签订的建设工程施工合同约定的工程范围、建设工期、工程质量、工程价款等实质性内容，与中标合同不一致，一方当事人请求按照中标合同确定权利义务的，人民法院应予支持。 招标人和中标人在中标合同之外就明显高于市场价格购买承建房产、无偿建设住房配套设施、让利、向建设单位捐赠财物等另行签订合同，变相降低工程价款，一方当事人以该合同背离中标合同实质性内容为由请求确认无效的，人民法院应予支持。
《建设工程合同纠纷解释(二)》 **第二条** 当事人以发包人未取得建设工程规划许可证等规划审批手续为由，请求确认建设工程施工合同无效的，人民法院应予支持，但发包人在起诉前取得建设工程规划许可证等规划审批手续的除外。 发包人能够办理审批手续而未办	**第三条** 当事人以发包人未取得建设工程规划许可证等规划审批手续为由，请求确认建设工程施工合同无效的，人民法院应予支持，但发包人在起诉前取得建设工程规划许可证等规划审批手续的除外。 发包人能够办理审批手续而未办理，并以未办理审批手续为由请求确

建设工程合同纠纷解释	2020年《建设工程合同纠纷解释》
理，并以未办理审批手续为由请求确认建设工程施工合同无效的，人民法院不予支持。	认建设工程施工合同无效的，人民法院不予支持。
《建设工程合同纠纷解释》 **第五条** 承包人超越资质等级许可的业务范围签订建设工程施工合同，在建设工程竣工前取得相应资质等级，当事人请求按照无效合同处理的，不予支持。	**第四条** 承包人超越资质等级许可的业务范围签订建设工程施工合同，在建设工程竣工前取得相应资质等级，当事人请求按照无效合同处理的，人民法院不予支持。
《建设工程合同纠纷解释》 **第七条** 具有劳务作业法定资质的承包人与总承包人、分包人签订的劳务分包合同，当事人**以转包建设工程违反法律规定为由**请求确认无效的，不予支持。	**第五条** 具有劳务作业法定资质的承包人与总承包人、分包人签订的劳务分包合同，当事人请求确认无效的，人民法院依法不予支持。 释义 本条删除了“以转包建设工程违反法律规定为由”，条文意旨无实质变化。
《建设工程合同纠纷解释(二)》 **第三条** 建设工程施工合同无效，一方当事人请求对方赔偿损失的，应当就对方过错、损失大小、过错与损失之间的因果关系承担举证责任。 损失大小无法确定，一方当事人请求参照合同约定的质量标准、建设工期、工程价款支付时间等内容确定损失大小的，人民法院可以结合双方过错程度、过错与损失之间的因果关系等因素作出裁判。	**第六条** 建设工程施工合同无效，一方当事人请求对方赔偿损失的，应当就对方过错、损失大小、过错与损失之间的因果关系承担举证责任。 损失大小无法确定，一方当事人请求参照合同约定的质量标准、建设工期、工程价款支付时间等内容确定损失大小的，人民法院可以结合双方过错程度、过错与损失之间的因果关系等因素作出裁判。
《建设工程合同纠纷解释(二)》 **第四条** 缺乏资质的单位或者个人借用有资质的建筑施工企业名义签	**第七条** 缺乏资质的单位或者个人借用有资质的建筑施工企业名义签订建设工程施工合同，发包人请求出

建设工程合同纠纷解释	2020 年《建设工程合同纠纷解释》
订建设工程施工合同，发包人请求出借方与借用方对建设工程质量不合格等因出借资质造成的损失承担连带赔偿责任的，人民法院应予支持。	借方与借用方对建设工程质量不合格等因出借资质造成的损失承担连带赔偿责任的，人民法院应予支持。
《建设工程合同纠纷解释（二）》 **第五条** 当事人对建设工程开工日期有争议的，人民法院应当分别按照以下情形予以认定： （一）开工日期为发包人或者监理人发出的开工通知载明的开工日期；开工通知发出后，尚不具备开工条件的，以开工条件具备的时间为开工日期；因承包人原因导致开工时间推迟的，以开工通知载明的时间为开工日期。 （二）承包人经发包人同意已经实际进场施工的，以实际进场施工时间为开工日期。 （三）发包人或者监理人未发出开工通知，亦无相关证据证明实际开工日期的，应当综合考虑开工报告、合同、施工许可证、竣工验收报告或者竣工验收备案表等载明的时间，并结合是否具备开工条件的事实，认定开工日期。	**第八条** 当事人对建设工程开工日期有争议的，人民法院应当分别按照以下情形予以认定： （一）开工日期为发包人或者监理人发出的开工通知载明的开工日期；开工通知发出后，尚不具备开工条件的，以开工条件具备的时间为开工日期；因承包人原因导致开工时间推迟的，以开工通知载明的时间为开工日期。 （二）承包人经发包人同意已经实际进场施工的，以实际进场施工时间为开工日期。 （三）发包人或者监理人未发出开工通知，亦无相关证据证明实际开工日期的，应当综合考虑开工报告、合同、施工许可证、竣工验收报告或者竣工验收备案表等载明的时间，并结合是否具备开工条件的事实，认定开工日期。
《建设工程合同纠纷解释》 **第十四条** 当事人对建设工程实际竣工日期有争议的，按照以下情形**分别处理**： （一）建设工程经竣工验收合格的，以竣工验收合格之日为竣工日期；	**第九条** 当事人对建设工程实际竣工日期有争议的，**人民法院应当分别**按照以下情形**予以认定**： （一）建设工程经竣工验收合格的，以竣工验收合格之日为竣工日期； （二）承包人已经提交竣工验收

建设工程合同纠纷解释	2020 年《建设工程合同纠纷解释》
（二）承包人已经提交竣工验收报告，发包人拖延验收的，以承包人提交验收报告之日为竣工日期； （三）建设工程未经竣工验收，发包人擅自使用的，以转移占有建设工程之日为竣工日期。	报告，发包人拖延验收的，以承包人提交验收报告之日为竣工日期； （三）建设工程未经竣工验收，发包人擅自使用的，以转移占有建设工程之日为竣工日期。 **释义** 本条无实质变化，仅为文字性修改。
《建设工程合同纠纷解释（二）》 **第六条** 当事人约定顺延工期应当经发包人或者监理人签证等方式确认，承包人虽未取得工期顺延的确认，但能够证明在合同约定的期限内向发包人或者监理人申请过工期顺延且顺延事由符合合同约定，承包人以此为由主张工期顺延的，人民法院应予支持。 当事人约定承包人未在约定期限内提出工期顺延申请视为工期不顺延的，按照约定处理，但发包人在约定期限后同意工期顺延或者承包人提出合理抗辩的除外。	**第十条** 当事人约定顺延工期应当经发包人或者监理人签证等方式确认，承包人虽未取得工期顺延的确认，但能够证明在合同约定的期限内向发包人或者监理人申请过工期顺延且顺延事由符合合同约定，承包人以此为由主张工期顺延的，人民法院应予支持。 当事人约定承包人未在约定期限内提出工期顺延申请视为工期不顺延的，按照约定处理，但发包人在约定期限后同意工期顺延或者承包人提出合理抗辩的除外。
《建设工程合同纠纷解释》 **第十五条** 建设工程竣工前，当事人对工程质量发生争议，工程质量经鉴定合格的，鉴定期间为顺延工期期间。	**第十一条** 建设工程竣工前，当事人对工程质量发生争议，工程质量经鉴定合格的，鉴定期间为顺延工期期间。
《建设工程合同纠纷解释》 **第十一条** 因承包人的**过错**造成建设工程质量不符合约定，承包人拒绝修理、返工或者改建，发包人请求减少支付工程价款的，应予支持。	**第十二条** 因承包人的**原因**造成建设工程质量不符合约定，承包人拒绝修理、返工或者改建，发包人请求减少支付工程价款的，**人民法院**应予支持。

建设工程合同纠纷解释	2020年《建设工程合同纠纷解释》
	释义 本条仅有细微修改，将承包人的“过错”修改为“原因”，一定程度扩大了承包人的责任范围。
《建设工程合同纠纷解释》 **第十二条** 发包人具有下列情形之一，造成建设工程质量缺陷，应当承担过错责任： （一）提供的设计有缺陷； （二）提供或者指定购买的建筑材料、建筑构配件、设备不符合强制性标准； （三）直接指定分包人分包专业工程。 承包人有过错的，也应当承担相应的过错责任。	**第十三条** 发包人具有下列情形之一，造成建设工程质量缺陷，应当承担过错责任： （一）提供的设计有缺陷； （二）提供或者指定购买的建筑材料、建筑构配件、设备不符合强制性标准； （三）直接指定分包人分包专业工程。 承包人有过错的，也应当承担相应的过错责任。
《建设工程合同纠纷解释》 **第十三条** 建设工程未经竣工验收，发包人擅自使用后，又以使用部分质量不符合约定为由主张权利的，不予支持；但是承包人应当在建设工程的合理使用寿命内对地基基础工程和主体结构质量承担民事责任。	**第十四条** 建设工程未经竣工验收，发包人擅自使用后，又以使用部分质量不符合约定为由主张权利的，**人民法院**不予支持；但是承包人应当在建设工程的合理使用寿命内对地基基础工程和主体结构质量承担民事责任。 **释义** 本条无实质变化，仅为文字性修改。
《建设工程合同纠纷解释》 **第二十五条** 因建设工程质量发生争议的，发包人可以以总承包人、分包人和实际施工人为共同被告提起诉讼。	**第十五条** 因建设工程质量发生争议的，发包人可以以总承包人、分包人和实际施工人为共同被告提起诉讼。
《建设工程合同纠纷解释（二）》 **第七条** 发包人在承包人提起的建设工程施工合同纠纷案件中，以建设工程质量不符合合同约定或者法律	**第十六条** 发包人在承包人提起的建设工程施工合同纠纷案件中，以建设工程质量不符合合同约定或者法律规定为由，就承包人支付违约金或

建设工程合同纠纷解释	2020年《建设工程合同纠纷解释》
规定为由，就承包人支付违约金或者赔偿修理、返工、改建的合理费用等损失提出反诉的，人民法院可以合并审理。	者赔偿修理、返工、改建的合理费用等损失提出反诉的，人民法院可以合并审理。
《建设工程合同纠纷解释(二)》 **第八条** 有下列情形之一，承包人请求发包人返还工程质量保证金的，人民法院应予支持： （一）当事人约定的工程质量保证金返还期限届满。 （二）当事人未约定工程质量保证金返还期限的，自建设工程通过竣工验收之日起满二年。 （三）因发包人原因建设工程未按约定期限进行竣工验收的，自承包人提交工程竣工验收报告九十日后起当事人约定的工程质量保证金返还期限届满；当事人未约定工程质量保证金返还期限的，自承包人提交工程竣工验收报告九十日后起满二年。 发包人返还工程质量保证金后，不影响承包人根据合同约定或者法律规定履行工程保修义务。	**第十七条** 有下列情形之一，承包人请求发包人返还工程质量保证金的，人民法院应予支持： （一）当事人约定的工程质量保证金返还期限届满； （二）当事人未约定工程质量保证金返还期限的，自建设工程通过竣工验收之日起满二年； （三）因发包人原因建设工程未按约定期限进行竣工验收的，自承包人提交工程竣工验收报告九十日后当事人约定的工程质量保证金返还期限届满；当事人未约定工程质量保证金返还期限的，自承包人提交工程竣工验收报告九十日后起满二年。 发包人返还工程质量保证金后，不影响承包人根据合同约定或者法律规定履行工程保修义务。 **释义** 本条无实质变化，仅为文字性修改。
《建设工程合同纠纷解释》 **第二十七条** 因保修人未及时履行保修义务，导致建筑物毁损或者造成人身、财产损害的，保修人应当承担赔偿责任。 保修人与建筑物所有人或者发包人对建筑物毁损均有过错的，各自承担相应的责任。	**第十八条** 因保修人未及时履行保修义务，导致建筑物毁损或者造成人身损害、财产损失的，保修人应当承担赔偿责任。 保修人与建筑物所有人或者发包人对建筑物毁损均有过错的，各自承担相应的责任。 **释义** 本条无实质变化，仅为文字性修改。

建设工程合同纠纷解释	2020 年《建设工程合同纠纷解释》
《建设工程合同纠纷解释》 **第十六条** 当事人对建设工程的计价标准或者计价方法有约定的，按照约定结算工程价款。 因设计变更导致建设工程的工程量或者质量标准发生变化，当事人对该部分工程价款不能协商一致的，可以参照签订建设工程施工合同时当地建设行政主管部门发布的计价方法或者计价标准结算工程价款。 建设工程施工合同有效，但建设工程经竣工验收不合格的，**工程价款结算参照本解释第三条**规定处理。	**第十九条** 当事人对建设工程的计价标准或者计价方法有约定的，按照约定结算工程价款。 因设计变更导致建设工程的工程量或者质量标准发生变化，当事人对该部分工程价款不能协商一致的，可以参照签订建设工程施工合同时当地建设行政主管部门发布的计价方法或者计价标准结算工程价款。 建设工程施工合同有效，但建设工程经竣工验收不合格的，**依照民法典第五百七十七条**规定处理。 释义 《民法典》第 577 条规定："当事人一方不履行合同义务或者履行合同义务不符合约定的，应当承担继续履行、采取补救措施或者赔偿损失等违约责任。" 本条修改强调了建设工程施工合同有效，但工程竣工验收不合格的情形下，应当承担如"继续履行、采取补救措施或者赔偿损失"等违约责任。
《建设工程合同纠纷解释》 **第十九条** 当事人对工程量有争议的，按照施工过程中形成的签证等书面文件确认。承包人能够证明发包人同意其施工，但未能提供签证文件证明工程量发生的，可以按照当事人提供的其他证据确认实际发生的工程量。	**第二十条** 当事人对工程量有争议的，按照施工过程中形成的签证等书面文件确认。承包人能够证明发包人同意其施工，但未能提供签证文件证明工程量发生的，可以按照当事人提供的其他证据确认实际发生的工程量。
《建设工程合同纠纷解释》 **第二十条** 当事人约定，发包人收到竣工结算文件后，在约定期限内	**第二十一条** 当事人约定，发包人收到竣工结算文件后，在约定期限内不予答复，视为认可竣工结算文件

建设工程合同纠纷解释	2020年《建设工程合同纠纷解释》
不予答复，视为认可竣工结算文件的，按照约定处理。承包人请求按照竣工结算文件结算工程价款的，应予支持。	的，按照约定处理。承包人请求按照竣工结算文件结算工程价款的，**人民法院**应予支持。 释义　本条无实质变化，仅为文字性修改。
《建设工程合同纠纷解释（二）》 **第十条**　当事人签订的建设工程施工合同与招标文件、投标文件、中标通知书载明的工程范围、建设工期、工程质量、工程价款不一致，一方当事人请求将招标文件、投标文件、中标通知书作为结算工程价款的依据的，人民法院应予支持。	**第二十二条**　当事人签订的建设工程施工合同与招标文件、投标文件、中标通知书载明的工程范围、建设工期、工程质量、工程价款不一致，一方当事人请求将招标文件、投标文件、中标通知书作为结算工程价款的依据的，人民法院应予支持。
《建设工程合同纠纷解释（二）》 **第九条**　发包人将依法不属于必须招标的建设工程进行招标后，与承包人另行订立的建设工程施工合同背离中标合同的实质性内容，当事人请求以中标合同作为结算建设工程价款依据的，人民法院应予支持，但发包人与承包人因客观情况发生了在招标投标时难以预见的变化而另行订立建设工程施工合同的除外。	**第二十三条**　发包人将依法不属于必须招标的建设工程进行招标后，与承包人另行订立的建设工程施工合同背离中标合同的实质性内容，当事人请求以中标合同作为结算建设工程价款依据的，人民法院应予支持，但发包人与承包人因客观情况发生了在招标投标时难以预见的变化而另行订立建设工程施工合同的除外。
《建设工程合同纠纷解释（二）》 **第十一条**　当事人就同一建设工程订立的数份建设工程施工合同均无效，但建设工程质量合格，一方当事人请求参照实际履行的合同**结算建设工程价款**的，人民法院应予支持。 实际履行的合同难以确定，当事人请求参照最后签订的合同**结算建设工程价款**的，人民法院应予支持。	**第二十四条**　当事人就同一建设工程订立的数份建设工程施工合同均无效，但建设工程质量合格，一方当事人请求参照实际履行的合同**关于工程价款的约定折价补偿承包人**的，人民法院应予支持。 实际履行的合同难以确定，当事人请求参照最后签订的合同**关于工程价款的约定折价补偿承包人**的，人民

建设工程合同纠纷解释	2020 年《建设工程合同纠纷解释》
	法院应予支持。 释义　《民法典》第 793 条第 1 款规定，建设工程施工合同无效，但是建设工程经验收合格的，可以参照合同关于工程价款的约定折价补偿承包人。 本条与《民法典》关于合同无效折价补偿的规定保持一致。
《建设工程合同纠纷解释》 **第六条**　当事人对垫资和垫资利息有约定，承包人请求按照约定返还垫资及其利息的，应予支持，但是约定的利息计算标准高于**中国人民银行发布**的同期同类贷款利率的部分除外。 当事人对垫资没有约定的，按照工程欠款处理。 当事人对垫资利息没有约定，承包人请求支付利息的，不予支持。	**第二十五条**　当事人对垫资和垫资利息有约定，承包人请求按照约定返还垫资及其利息的，**人民法院**应予支持，但是约定的利息计算标准高于**垫资时**的同类贷款利率或者同期贷款**市场报价**利率的部分除外。 当事人对垫资没有约定的，按照工程欠款处理。 当事人对垫资利息没有约定，承包人请求支付利息的，**人民法院**不予支持。 释义　本条根据最新利率政策（LPR）修改了约定的利息计算标准过高的规定，其他部分为文字性修改。
《建设工程合同纠纷解释》 **第十七条**　当事人对欠付工程价款利息计付标准有约定的，按照约定处理；没有约定的，按照**中国人民银行发布的**同期同类贷款利率计息。	**第二十六条**　当事人对欠付工程价款利息计付标准有约定的，按照约定处理。没有约定的，按照同期同类贷款利率**或者同期贷款市场报价利率**计息。 释义　本条根据最新利率政策（LPR）修改了利息计算参照标准，将原来的“中国人民银行发布的同期同类贷款利率”修改为“同期同类贷款利率或者同期贷款市场报价利率”。

建设工程合同纠纷解释	2020 年《建设工程合同纠纷解释》
《建设工程合同纠纷解释》 **第十八条** 利息从应付工程价款之日计付。当事人对付款时间没有约定或者约定不明的，下列时间视为应付款时间： （一）建设工程已实际交付的，为交付之日； （二）建设工程没有交付的，为提交竣工结算文件之日； （三）建设工程未交付，工程价款也未结算的，为当事人起诉之日。	**第二十七条** 利息从应付工程价款之日**开始**计付。当事人对付款时间没有约定或者约定不明的，下列时间视为应付款时间： （一）建设工程已实际交付的，为交付之日； （二）建设工程没有交付的，为提交竣工结算文件之日； （三）建设工程未交付，工程价款也未结算的，为当事人起诉之日。 释义 本条无实质变化，仅为文字性修改。
《建设工程合同纠纷解释》 **第二十二条** 当事人约定按照固定价结算工程价款，一方当事人请求对建设工程造价进行鉴定的，不予支持。	**第二十八条** 当事人约定按照固定价结算工程价款，一方当事人请求对建设工程造价进行鉴定的，**人民法院**不予支持。 释义 本条无实质变化，仅为文字性修改。
《建设工程合同纠纷解释(二)》 **第十二条** 当事人在诉讼前已经对建设工程价款结算达成协议，诉讼中一方当事人申请对工程造价进行鉴定的，人民法院不予准许。	**第二十九条** 当事人在诉讼前已经对建设工程价款结算达成协议，诉讼中一方当事人申请对工程造价进行鉴定的，人民法院不予准许。
《建设工程合同纠纷解释(二)》 **第十三条** 当事人在诉讼前共同委托有关机构、人员对建设工程造价出具咨询意见，诉讼中一方当事人不认可该咨询意见申请鉴定的，人民法院应予准许，但双方当事人明确表示受该咨询意见约束的除外。	**第三十条** 当事人在诉讼前共同委托有关机构、人员对建设工程造价出具咨询意见，诉讼中一方当事人不认可该咨询意见申请鉴定的，人民法院应予准许，但双方当事人明确表示受该咨询意见约束的除外。

建设工程合同纠纷解释	2020 年《建设工程合同纠纷解释》
《建设工程合同纠纷解释》 **第二十三条** 当事人对部分案件事实有争议的，仅对有争议的事实进行鉴定，但争议事实范围不能确定，或者双方当事人请求对全部事实鉴定的除外。	**第三十一条** 当事人对部分案件事实有争议的，仅对有争议的事实进行鉴定，但争议事实范围不能确定，或者双方当事人请求对全部事实鉴定的除外。
《建设工程合同纠纷解释(二)》 **第十四条** 当事人对工程造价、质量、修复费用等专门性问题有争议，人民法院认为需要鉴定的，应当向负有举证责任的当事人释明。当事人经释明未申请鉴定，虽申请鉴定但未支付鉴定费用或者拒不提供相关材料的，应当承担举证不能的法律后果。 一审诉讼中负有举证责任的当事人未申请鉴定，虽申请鉴定但未支付鉴定费用或者拒不提供相关材料，二审诉讼中申请鉴定，人民法院认为确有必要的，应当依照民事诉讼法第一百七十条第一款第三项的规定处理。	**第三十二条** 当事人对工程造价、质量、修复费用等专门性问题有争议，人民法院认为需要鉴定的，应当向负有举证责任的当事人释明。当事人经释明未申请鉴定，虽申请鉴定但未支付鉴定费用或者拒不提供相关材料的，应当承担举证不能的法律后果。 一审诉讼中负有举证责任的当事人未申请鉴定，虽申请鉴定但未支付鉴定费用或者拒不提供相关材料，二审诉讼中申请鉴定，人民法院认为确有必要的，应当依照民事诉讼法第一百七十条第一款第三项的规定处理。
《建设工程合同纠纷解释(二)》 **第十五条** 人民法院准许当事人的鉴定申请后，应当根据当事人申请及查明案件事实的需要，确定委托鉴定的事项、范围、鉴定期限等，并组织双方当事人对争议的鉴定材料进行质证。	**第三十三条** 人民法院准许当事人的鉴定申请后，应当根据当事人申请及查明案件事实的需要，确定委托鉴定的事项、范围、鉴定期限等，并组织当事人对争议的鉴定材料进行质证。
《建设工程合同纠纷解释(二)》 **第十六条** 人民法院应当组织当事人对鉴定意见进行质证。鉴定人将当事人有争议且未经质证的材料作为	**第三十四条** 人民法院应当组织当事人对鉴定意见进行质证。鉴定人将当事人有争议且未经质证的材料作为鉴定依据的，人民法院应当组织当

建设工程合同纠纷解释	2020 年《建设工程合同纠纷解释》
鉴定依据的，人民法院应当组织当事人就该部分材料进行质证。经质证认为不能作为鉴定依据的，根据该材料作出的鉴定意见不得作为认定案件事实的依据。	事人就该部分材料进行质证。经质证认为不能作为鉴定依据的，根据该材料作出的鉴定意见不得作为认定案件事实的依据。
《建设工程合同纠纷解释(二)》 **第十七条** 与发包人订立建设工程施工合同的承包人，**根据合同法第二百八十六条**规定请求其承建工程的价款就工程折价或者拍卖的价款优先受偿的，人民法院应予支持。	**第三十五条** 与发包人订立建设工程施工合同的承包人，**依据民法典第八百零七条的**规定请求其承建工程的价款就工程折价或者拍卖的价款优先受偿的，人民法院应予支持。 释义 本条无实质变化，仅为文字性修改。
	第三十六条 承包人根据民法典第八百零七条规定享有的建设工程价款优先受偿权优于抵押权和其他债权。 释义 《民法典》第 807 条规定，建设工程的价款就该工程折价或者拍卖的价款优先受偿。 本条为新增条款，明确了承包人的建设工程价款优先受偿权优于抵押权和其他债权。
《建设工程合同纠纷解释(二)》 **第十八条** 装饰装修工程的承包人，请求装饰装修工程价款就该装饰装修工程折价或者拍卖的价款优先受偿的，人民法院应予支持，**但装饰装修工程的发包人不是该建筑物的所有权人的除外。**	**第三十七条 装饰装修工程具备折价或者拍卖条件，**装饰装修工程的承包人请求工程价款就该装饰装修工程折价或者拍卖的价款优先受偿的，人民法院应予支持。 释义 本条新增了优先受偿的前提条件“装修装饰工程具备折价或者拍卖条件”。同时删去了发包人不是所有权人的除外条款。

建设工程合同纠纷解释	2020 年《建设工程合同纠纷解释》
《建设工程合同纠纷解释(二)》 **第十九条** 建设工程质量合格，承包人请求其承建工程的价款就工程折价或者拍卖的价款优先受偿的，人民法院应予支持。	**第三十八条** 建设工程质量合格，承包人请求其承建工程的价款就工程折价或者拍卖的价款优先受偿的，人民法院应予支持。
《建设工程合同纠纷解释(二)》 **第二十条** 未竣工的建设工程质量合格，承包人请求其承建工程的价款就其承建工程部分折价或者拍卖的价款优先受偿的，人民法院应予支持。	**第三十九条** 未竣工的建设工程质量合格，承包人请求其承建工程的价款就其承建工程部分折价或者拍卖的价款优先受偿的，人民法院应予支持。
《建设工程合同纠纷解释(二)》 **第二十一条** 承包人建设工程价款优先受偿的范围依照国务院有关行政主管部门关于建设工程价款范围的规定确定。 承包人就逾期支付建设工程价款的利息、违约金、损害赔偿金等主张优先受偿的，人民法院不予支持。	**第四十条** 承包人建设工程价款优先受偿的范围依照国务院有关行政主管部门关于建设工程价款范围的规定确定。 承包人就逾期支付建设工程价款的利息、违约金、损害赔偿金等主张优先受偿的，人民法院不予支持。
《建设工程合同纠纷解释(二)》 **第二十二条** 承包人行使建设工程价款优先受偿权**的期限为六个月**，自发包人应当给付建设工程价款之日起算。	**第四十一条** 承包人**应当在合理期限内**行使建设工程价款优先受偿权，**但最长不得超过十八个月**，自发包人应当给付建设工程价款之日起算。 **释义** 本条修改了行使建设工程优先受偿权的期限，从原来的“六个月”修改为“合理期限”，并延长至“不得超过十八个月”。
《建设工程合同纠纷解释(二)》 **第二十三条** 发包人与承包人约定放弃或者限制建设工程价款优先受偿权，损害建筑工人利益，发包人根据该约定主张承包人不享有建设工程价款优先受偿权的，人民法院不予支持。	**第四十二条** 发包人与承包人约定放弃或者限制建设工程价款优先受偿权，损害建筑工人利益，发包人根据该约定主张承包人不享有建设工程价款优先受偿权的，人民法院不予支持。

建设工程合同纠纷解释	2020 年《建设工程合同纠纷解释》
《建设工程合同纠纷解释》 **第二十六条** 实际施工人以转包人、违法分包人为被告起诉的，人民法院应当依法受理。 **实际施工人以发包人为被告主张权利的，人民法院可以追加转包人或者违法分包人为本案当事人。发包人只在欠付工程价款范围内对实际施工人承担责任。** 《建设工程合同纠纷解释(二)》 **第二十四条** 实际施工人以发包人为被告主张权利的，人民法院应当追加转包人或者违法分包人为本案第三人，在查明发包人欠付转包人或者违法分包人建设工程价款的数额后，判决发包人在欠付建设工程价款范围内对实际施工人承担责任。	**第四十三条** 实际施工人以转包人、违法分包人为被告起诉的，人民法院应当依法受理。 实际施工人以发包人为被告主张权利的，人民法院应当追加转包人或者违法分包人为本案第三人，在查明发包人欠付转包人或者违法分包人建设工程价款的数额后，判决发包人在欠付建设工程价款范围内对实际施工人承担责任。 释义 本条将原两条司法解释内容合并，删去了《建设工程合同纠纷解释》第 26 条第 2 款。
《建设工程合同纠纷解释(二)》 **第二十五条** 实际施工人**根据合同法第七十三条**规定，以转包人或者违法分包人怠于向发包人行使到期债权，**对其造成损害为由**，提起代位权诉讼的，人民法院应予支持。	**第四十四条** 实际施工人**依据民法典第五百三十五条**规定，以转包人或者违法分包人怠于向发包人行使到期债权**或者与该债权有关的从权利，影响其到期债权实现**，提起代位权诉讼的，人民法院应予支持。 释义 《民法典》第 535 条第 1 款规定，因债务人怠于行使其债权或者与该债权有关的从权利，影响债权人的到期债权实现的，债权人可以向人民法院请求以自己的名义代位行使债务人对相对人的权利，但是该权利专属于债务人自身的除外。 本条将代位权行使的范围增加至到期债权相关的从权利，并将证明标

建设工程合同纠纷解释	2020 年《建设工程合同纠纷解释》
	准由“对其造成损害”降低为“影响其到期债权实现”。
	第四十五条　本解释自 2021 年 1 月 1 日起施行。 释义　本司法解释施行时间与《民法典》施行时间一致。

《最高人民法院关于适用〈中华人民共和国民法典〉婚姻家庭编的解释（一）》条文对比与解读

（黑体部分为条文变化内容）

婚姻法相关司法解释	《民法典婚姻家庭编司法解释（一）》①
	为正确审理婚姻家庭纠纷案件，根据《中华人民共和国民法典》《中华人民共和国民事诉讼法》等相关法律规定，结合审判实践，制定本解释。
	一、一般规定
《婚姻法司法解释（一）》② 第一条　婚姻法第三条、第三十二条、第四十三条、第四十五条、第四十六条所称的“家庭暴力”，是指行为人以殴打、捆绑、残害、强行限制人身自由或者其他手段，给其家庭成员的身体、精神等方面造成一定伤害后果的行为。持续性、经常性的家庭暴力，构成虐待。	**第一条**　持续性、经常性的家庭暴力，**可以认定为民法典第一千零四十二条、第一千零七十九条、第一千零九十一条所称的**“虐待”。 释义　本条删除了对“家庭暴力”的定义，仅保留对“虐待”的定义。原因是《反家庭暴力法》第2条已经从法律层面对“家庭暴力”作出明确规定，那么本条关于“家庭暴力”的定义已无保留必要。 《反家庭暴力法》第2条规定：“本法所称家庭暴力，是指家庭成员之间以殴打、捆绑、残害、限制人身

① 《最高人民法院关于适用〈中华人民共和国民法典〉婚姻家庭编的解释（一）》简称《民法典婚姻家庭编司法解释（一）》。

② 《最高人民法院关于适用〈中华人民共和国婚姻法〉若干问题的解释（一）》以下简称《婚姻法司法解释（一）》。

婚姻法相关司法解释	《民法典婚姻家庭编司法解释(一)》
	自由以及经常性谩骂、恐吓等方式实施的身体、精神等侵害行为。”
《婚姻法司法解释(一)》 **第二条** 婚姻法第三条、第三十二条、第四十六条规定的“**有配偶者**与他人同居”的情形，是指有配偶者与婚外异性，不以夫妻名义，持续、稳定地共同居住。	**第二条** **民法典第一千零四十二条、第一千零七十九条、第一千零九十一条**规定的“与他人同居”的情形，是指有配偶者与婚外异性，不以夫妻名义，持续、稳定地共同居住。 释义 本条无实质变化，仅为文字性修改。
《婚姻法司法解释(二)》① **第一条** 当事人**起诉**请求解除同居关系的，人民法院不予受理。**但当事人请求解除的同居关系，属于婚姻法第三条、第三十二条、第四十六条规定的“有配偶者与他人同居”的，人民法院应当受理并依法予以解除。** 当事人因同居期间财产分割或者子女抚养纠纷提起诉讼的，人民法院应当受理。	**第三条** 当事人**提起诉讼仅**请求解除同居关系的，人民法院不予受理；**已经受理的，裁定驳回起诉。** 当事人因同居期间财产分割或者子女抚养纠纷提起诉讼的，人民法院应当受理。 释义 本条删除了人民法院受理解除同居关系请求的规定，并增加“已经受理的，裁定驳回起诉”的规定。原因是同居性质决定了其只能从道德而非法律角度规范，故不管是否为有配偶者与他人同居，同居关系都不能从法律角度予以调整。
《婚姻法司法解释(一)》 **第三条** 当事人仅以**婚姻法第四条**为依据提起诉讼的，人民法院不予受理；已经受理的，裁定驳回起诉。	**第四条** 当事人仅以**民法典第一千零四十三条**为依据提起诉讼的，人民法院不予受理；已经受理的，裁定驳回起诉。 释义 本条无实质变化，仅为文字性修改。

① 《最高人民法院关于适用〈中华人民共和国婚姻法〉若干问题的解释（二）》以下简称《婚姻法司法解释（二）》。

婚姻法相关司法解释	《民法典婚姻家庭编司法解释(一)》
《婚姻法司法解释（二）》 **第十条**　当事人请求返还按照习俗给付的彩礼的，如果查明属于以下情形，人民法院应当予以支持： （一）双方未办理结婚登记手续的； （二）双方办理结婚登记手续但确未共同生活的； （三）婚前给付并导致给付人生活困难的。 适用前款第（二）、（三）项的规定，应当以双方离婚为条件。	**第五条**　当事人请求返还按照习俗给付的彩礼的，如果查明属于以下情形，人民法院应当予以支持： （一）双方未办理结婚登记手续； （二）双方办理结婚登记手续但确未共同生活； （三）婚前给付并导致给付人生活困难。 适用前款第二项、第三项的规定，应当以双方离婚为条件。 释义　本条无实质变化，仅为文字性修改。
	二、结婚
《婚姻法司法解释（一）》 **第四条**　男女双方根据**婚姻法第八条**规定补办结婚登记的，婚姻关系的效力从双方均符合**婚姻法**所规定的结婚的实质要件时起算。	**第六条**　男女双方依据**民法典第一千零四十九条**规定补办结婚登记的，婚姻关系的效力从双方均符合**民法典**所规定的结婚的实质要件时起算。 释义　本条无实质变化，仅为文字性修改。
《婚姻法司法解释（一）》 **第五条**　未**按婚姻法第八条**规定办理结婚登记而以夫妻名义共同生活的男女，**起诉到人民法院**要求离婚的，应当区别对待： （一）1994 年 2 月 1 日民政部《婚姻登记管理条例》公布实施以前，男女双方已经符合结婚实质要件的，按事实婚姻处理。 （二）1994 年 2 月 1 日民政部《婚姻登记管理条例》公布实施以后，男女双方符合结婚实质要件的，人民法院应当告知其**在案件受理前**补办结	**第七条**　未**依据民法典第一千零四十九条**规定办理结婚登记而以夫妻名义共同生活的男女，**提起诉讼**要求离婚的，应当区别对待： （一）1994 年 2 月 1 日民政部《婚姻登记管理条例》公布实施以前，男女双方已经符合结婚实质要件的，按事实婚姻处理。 （二）1994 年 2 月 1 日民政部《婚姻登记管理条例》公布实施以后，男女双方符合结婚实质要件的，人民法院应当告知其补办结婚登记。未补办结婚登记的，**依据本解释第三条规**

婚姻法相关司法解释	《民法典婚姻家庭编司法解释(一)》
婚登记；未补办结婚登记的，**按解除同居关系**处理。	**定**处理。 **释义** 本司法解释第3条已经规定，当事人提起诉讼仅请求解除同居关系的，人民法院不予受理，本处作出相应修改。
《婚姻法司法解释（一）》 **第六条** 未**按婚姻法第八条**规定办理结婚登记而以夫妻名义共同生活的男女，一方死亡，另一方以配偶身份主张享有继承权的，**按照**本解释**第五条**的原则处理。	**第八条** 未**依据民法典第一千零四十九条**规定办理结婚登记而以夫妻名义共同生活的男女，一方死亡，另一方以配偶身份主张享有继承权的，**依据**本解释**第七条**的原则处理。 **释义** 本条无实质变化，仅为文字性修改。
《婚姻法司法解释（一）》 **第七条** 有权依据**婚姻法第十条**规定向人民法院就已办理结婚登记的婚姻**申请宣告**婚姻无效的主体，包括婚姻当事人及利害关系人。利害关系人包括： （一）以重婚为由**申请宣告婚姻无效**的，为当事人的近亲属及基层组织。 （二）以未到法定婚龄为由**申请宣告婚姻无效**的，为未**达**法定婚龄者的近亲属。 （三）以有禁止结婚的亲属关系为由**申请宣告婚姻无效**的，为当事人的近亲属。 **（四）以婚前患有医学上认为不应当结婚的疾病，婚后尚未治愈为由申请宣告婚姻无效的，为与患病者共同生活的近亲属。**	**第九条** 有权依据**民法典第一千零五十一条**规定向人民法院就已办理结婚登记的婚姻**请求确认**婚姻无效的主体，包括婚姻当事人及利害关系人。**其中，**利害关系人包括： （一）以重婚为由的，为当事人的近亲属及基层组织； （二）以未到法定婚龄为由的，为未**到**法定婚龄者的近亲属； （三）以有禁止结婚的亲属关系为由的，为当事人的近亲属。 **释义** 本条主要有两处修改：一是"申请宣告"修改为"请求确认"，原因是婚姻无效案件适用普通程序，故表述上不宜使用特别程序中的"申请宣告"这类表述。本条前三项中，亦作了精简删除处理。二是《民法典》第1051条删除了医学上认为不应当结婚的疾病导致婚姻无效的情形，故本条第4项予以删除。

婚姻法相关司法解释	《民法典婚姻家庭编司法解释（一）》
《婚姻法司法解释（一）》 **第八条** 当事人依据**婚姻法第十条**规定向人民法院**申请宣告**婚姻无效的，**申请时**，法定的无效婚姻情形已经消失的，人民法院不予支持。	**第十条** 当事人依据**民法典第一千零五十一条**规定向人民法院**请求确认**婚姻无效，法定的无效婚姻情形**在提起诉讼时**已经消失的，人民法院不予支持。 释义　本条修改理由同上一条。
《婚姻法司法解释（一）》 **第九条** 人民法院**审理宣告**婚姻无效案件，对婚姻效力的审理不适用调解，应当依法作出判决；**有关婚姻效力的判决一经作出，即发生法律效力**。 涉及财产分割和子女抚养的，可以调解。调解达成协议的，另行制作调解书。**对财产分割和子女抚养问题的判决不服的，当事人可以上诉。** 《婚姻法司法解释（二）》 **第二条** 人民法院受理**申请宣告**婚姻无效案件后，**经审查确属无效婚姻的，应当依法作出宣告婚姻无效的判决**。原告申请撤诉的，不予准许。 **第四条 人民法院审理无效婚姻案件，涉及财产分割和子女抚养的，应当对婚姻效力的认定和其他纠纷的处理分别制作裁判文书。**	**第十一条** 人民法院**受理请求确认**婚姻无效案件**后**，原告申请撤诉的，不予准许。 对婚姻效力的审理不适用调解，应当依法作出判决。 涉及财产分割和子女抚养的，可以调解。调解达成协议的，另行制作调解书；**未达成调解协议的，应当一并作出判决**。 释义　本条主要有两处修改：一是删除了"有关婚姻效力的判决一经作出，即发生法律效力"的规定，表明确认婚姻无效案件不再适用一审终审，适用普通程序，可以上诉。二是上述内容已经确认婚姻无效案件适用普通程序，财产分割和子女抚养问题的审理亦适用普通程序，因此原条文中大多表述内容皆不用赘述，予以删除。
《婚姻法司法解释（二）》 **第三条** 人民法院受理离婚案件后，经审查确属无效婚姻的，应当将婚姻无效的情形告知当事人，并依法作出**宣告**婚姻无效的判决。	**第十二条** 人民法院受理离婚案件后，经审理确属无效婚姻的，应当将婚姻无效的情形告知当事人，并依法作出**确认**婚姻无效的判决。

婚姻法相关司法解释	《民法典婚姻家庭编司法解释(一)》
《婚姻法司法解释(二)》 **第七条** 人民法院就同一婚姻关系分别受理了离婚和**申请宣告**婚姻无效案件的，对于离婚案件的审理，应当待**申请宣告**婚姻无效案件作出判决后进行。 **前款所指的婚姻关系被宣告无效后，涉及财产分割和子女抚养的，应当继续审理。**	**第十三条** 人民法院就同一婚姻关系分别受理了离婚和**请求确认**婚姻无效案件的，对于离婚案件的审理，应当待**请求确认**婚姻无效案件作出判决后进行。 释义 本条删除了原司法解释的第2款规定，原因是婚姻无效案件适用普通程序，是否继续审理财产和子女抚养问题，取决于当事人是否提出相应诉讼请求。如果提出，则应当与婚姻无效的诉讼请求一并判决，而不是继续审理。
《婚姻法司法解释(二)》 **第五条** 夫妻一方或者双方死亡后**一年内**，生存一方或者利害关系人依据**婚姻法第十条**的规定**申请宣告**婚姻无效的，人民法院应当受理。	**第十四条** 夫妻一方或者双方死亡后，生存一方或者利害关系人依据**民法典第一千零五十一条**的规定**请求确认**婚姻无效的，人民法院应当受理。 释义 本条删除了请求确认婚姻无效"一年内"的时间限制，是考虑到法律关系无效是自始无效、永远无效，确认无效不应有时效限制，故作此删除。
《婚姻法司法解释(二)》 **第六条** 利害关系人依据**婚姻法第十条**的规定，**申请**人民法院**宣告**婚姻无效的，利害关系人为**申请人**，婚姻关系当事人双方为**被申请人**。 夫妻一方死亡的，生存一方为**被申请人**。 **夫妻双方均已死亡的，不列被申请人。**	**第十五条** 利害关系人依据**民法典第一千零五十一条**的规定，**请求**人民法院**确认**婚姻无效的，利害关系人为**原告**，婚姻关系当事人双方为**被告**。 夫妻一方死亡的，生存一方为**被告**。 释义 本条将"宣告""被申请人""申请人"等表述修改为"请求""确认""原告""被告"，是考虑到确认婚姻无效案件属于适用二审终审普通程序的案件，不宜使用特别程序常用的相关表述。

婚姻法相关司法解释	《民法典婚姻家庭编司法解释（一）》
《婚姻法司法解释（一）》 **第十六条** 人民法院审理重婚导致的无效婚姻案件时，涉及财产处理的，应当准许合法婚姻当事人作为有独立请求权的第三人参加诉讼。	**第十六条** 人民法院审理重婚导致的无效婚姻案件时，涉及财产处理的，应当准许合法婚姻当事人作为有独立请求权的第三人参加诉讼。
《婚姻法司法解释（三）》① **第一条** 当事人以**婚姻法第十条**规定以外的情形**申请宣告**婚姻无效的，人民法院应当判决驳回当事人的**申请**。 当事人以结婚登记程序存在瑕疵为由提起民事诉讼，主张撤销结婚登记的，告知其可以依法申请行政复议或者提起行政诉讼。	**第十七条** 当事人以**民法典第一千零五十一条**规定的**三种无效婚姻**以外的情形**请求确认**婚姻无效的，人民法院应当判决驳回当事人的**诉讼请求**。 当事人以结婚登记程序存在瑕疵为由提起民事诉讼，主张撤销结婚登记的，告知其可以依法申请行政复议或者提起行政诉讼。
《婚姻法司法解释（一）》 **第十条** **婚姻法第十一条**所称的“胁迫”，**是指**行为人以给另一方当事人或者其近亲属的生命、身体健康、名誉、财产等方面造成损害为要挟，迫使另一方当事人违背真实意愿结婚的**情况**。 因受胁迫而请求撤销婚姻的，只能是受胁迫一方的婚姻关系当事人本人。	**第十八条** 行为人以给另一方当事人或者其近亲属的生命、身体、健康、名誉、财产等方面造成损害为要挟，迫使另一方当事人违背真实意愿结婚的，**可以认定为民法典第一千零五十二条**所称的“胁迫”。 因受胁迫而请求撤销婚姻的，只能是受胁迫一方的婚姻关系当事人本人。 释义 本条无实质变化，仅为文字性修改。
《婚姻法司法解释（一）》 **第十二条** 婚姻法第十一条规定的“1年”，不适用诉讼时效中止、中断或者延长的规定。	**第十九条** **民法典第一千零五十二条**规定的“一年”，不适用诉讼时效中止、中断或者延长的规定。 **受胁迫或者被非法限制人身自由的当事人请求撤销婚姻的，不适用民法典第一百五十二条第二款的规定。**

① 《最高人民法院关于适用〈中华人民共和国婚姻法〉若干问题的解释（三）》以下简称《婚姻法司法解释（三）》。

婚姻法相关司法解释	《民法典婚姻家庭编司法解释(一)》
	释义 《民法典》第152条第2款规定，当事人自民事法律行为发生之日起五年内没有行使撤销权的，撤销权消灭。 本条新增第2款，规定受胁迫或者被非法限制人身自由的当事人请求撤销婚姻的，不适用5年撤销权消灭的规定，是考虑到如果出现当事人被胁迫或被限制人身自由的时间长达5年以上的情形，适用《民法典》第152条第2款会导致当事人的撤销权消灭，对其明显不公平。因此，从《民法典》婚姻家庭编与总则编特殊与一般的关系角度而言，应当体系解释为被胁迫、被非法限制人身自由的当事人请求撤销婚姻时，不受被胁迫、被非法限制人身自由行为发生之日起5年的限制。
《婚姻法司法解释（一）》 **第十三条　婚姻法第十二条**所规定的**自始无效**，是指无效或者可撤销婚姻在依法被**宣告**无效或被撤销时，才确定该婚姻自始不受法律保护。	**第二十条　民法典第一千零五十四条**所规定的**“自始没有法律约束力”**，是指无效婚姻或者可撤销婚姻在依法被**确认**无效或者被撤销时，才确定该婚姻自始不受法律保护。 释义 本条无实质变化，仅为文字性修改。
《婚姻法司法解释（一）》 **第十四条**　人民法院根据当事人的申请，依法**宣告**婚姻无效或者撤销婚姻的，应当收缴双方的结婚证书并将生效的判决书寄送当地婚姻登记管理机关。	**第二十一条**　人民法院根据当事人的请求，依法**确认**婚姻无效或者撤销婚姻的，应当收缴双方的结婚证书并将生效的判决书寄送当地婚姻登记管理机关。

婚姻法相关司法解释	《民法典婚姻家庭编司法解释(一)》
《婚姻法司法解释(一)》 **第十五条** 被宣告无效或被撤销的婚姻，当事人同居期间所得的财产，按共同共有处理。但有证据证明为当事人一方所有的除外。	**第二十二条** 被确认无效或者被撤销的婚姻，当事人同居期间所得的财产，除有证据证明为当事人一方所有的以外，按共同共有处理。
	三、夫妻关系
《婚姻法司法解释(三)》 **第九条** 夫以妻擅自中止妊娠侵犯其生育权为由请求损害赔偿的，人民法院不予支持；夫妻双方因是否生育发生纠纷，致使感情确已破裂，一方请求离婚的，人民法院经调解无效，应依照**婚姻法第三十二条第三款第(五)项**的规定处理。	**第二十三条** 夫以妻擅自中止妊娠侵犯其生育权为由请求损害赔偿的，人民法院不予支持；夫妻双方因是否生育发生纠纷，致使感情确已破裂，一方请求离婚的，人民法院经调解无效，应依照**民法典第一千零七十九条第三款第五项**的规定处理。 释义 本条无实质变化，仅为文字性修改。
《婚姻法司法解释(二)》 **第十二条** **婚姻法第十七条第三项**规定的"知识产权的收益"，是指婚姻关系存续期间，实际取得或者已经明确可以取得的财产性收益。	**第二十四条** **民法典第一千零六十二条第一款第三项**规定的"知识产权的收益"，是指婚姻关系存续期间，实际取得或者已经明确可以取得的财产性收益。 释义 本条无实质变化，仅为文字性修改。
《婚姻法司法解释(二)》 **第十一条** 婚姻关系存续期间，下列财产属于**婚姻法第十七条**规定的"其他应当归共同所有的财产"： (一)一方以个人财产投资取得的收益； (二)男女双方实际取得或者应当取得的住房补贴、住房公积金； (三)男女双方实际取得或者应当取得的**养老保险金**、破产安置补偿费。	**第二十五条** 婚姻关系存续期间，下列财产属于**民法典第一千零六十二条**规定的"其他应当归共同所有的财产"： (一)一方以个人财产投资取得的收益； (二)男女双方实际取得或者应当取得的住房补贴、住房公积金； (三)男女双方实际取得或者应当取得的**基本养老金**、破产安置补偿费。

婚姻法相关司法解释	《民法典婚姻家庭编司法解释(一)》
	释义　本条将"养老保险金"修改为"基本养老金"，与《社会保险法》的表述保持一致。
《婚姻法司法解释（三)》 **第五条**　夫妻一方个人财产在婚后产生的收益，除孳息和自然增值外，应认定为夫妻共同财产。	**第二十六条**　夫妻一方个人财产在婚后产生的收益，除孳息和自然增值外，应认定为夫妻共同财产。
《婚姻法司法解释（二)》 **第十九条**　由一方婚前承租、婚后用共同财产购买的房屋，**房屋权属证书**登记在一方名下的，应当认定为夫妻共同财产。	**第二十七条**　由一方婚前承租、婚后用共同财产购买的房屋，登记在一方名下的，应当认定为夫妻共同财产。 释义　本条删除了"房屋权属证书"的表述，是考虑到其不符合"不动产权证书"的现行规范表述，而且原文表述不符合语法逻辑，房屋权属证书本身是一个书面文件，不可能登记在一方名下，只能是房屋所有权被登记在一方名下。
《婚姻法司法解释（三)》 **第十一条**　一方未经另一方同意出售夫妻共同共有的房屋，第三人善意购买、支付合理对价并办理**产权**登记**手续**，另一方主张追回该房屋的，人民法院不予支持。 夫妻一方擅自处分共同共有的房屋造成另一方损失，离婚时另一方请求赔偿损失的，人民法院应予支持。	**第二十八条**　一方未经另一方同意出售夫妻共同所有的房屋，第三人善意购买、支付合理对价并**已**办理**不动产**登记，另一方主张追回该房屋的，人民法院不予支持。 夫妻一方擅自处分共同所有的房屋造成另一方损失，离婚时另一方请求赔偿损失的，人民法院应予支持。
《婚姻法司法解释（二)》 **第二十二条**　当事人结婚前，父母为双方购置房屋出资的，该出资应当认定为对自己子女的个人赠与，但	**第二十九条**　当事人结婚前，父母为双方购置房屋出资的，该出资应当认定为对自己子女个人的赠与，但父母明确表示赠与双方的除外。

婚姻法相关司法解释	《民法典婚姻家庭编司法解释（一）》
父母明确表示赠与双方的除外。 当事人结婚后，父母为双方购置房屋出资的，**该出资应当认定为对夫妻双方的赠与，但父母明确表示赠与一方的除外。**	当事人结婚后，父母为双方购置房屋出资的，**依照约定处理；没有约定或者约定不明确的，按照民法典第一千零六十二条第一款第四项规定的原则处理。** 释义　《民法典》第1062条第1款第4项规定："夫妻在婚姻关系存续期间所得的下列财产，为夫妻的共同财产，归夫妻共同所有：……（四）继承或者受赠的财产，但是本法第一千零六十三条第三项规定的除外；……"《民法典》第1063条第3项规定："下列财产为夫妻一方的个人财产：……（四）一方专用的生活用品；……" 《婚姻法司法解释（三）》第7条第1款规定："婚后由一方父母出资为子女购买的不动产，产权登记在出资人子女名下的，可按照婚姻法第十八条第（三）项的规定，视为只对自己子女一方的赠与，该不动产应认定为夫妻一方的个人财产。" 相较于原司法解释，本条增加了"有约定从约定"的规定。需要强调的是，本条看上去无太大改动，但与本条相关的《婚姻法司法解释（三）》第7条未被纳入新司法解释，需要持续关注后续的司法适用。
《婚姻法司法解释（二）》 **第十三条**　军人的伤亡保险金、伤残补助金、医药生活补助费属于个人财产。	**第三十条**　军人的伤亡保险金、伤残补助金、医药生活补助费属于个人财产。

婚姻法相关司法解释	《民法典婚姻家庭编司法解释(一)》
《婚姻法司法解释(一)》 **第十九条　婚姻法第十八条**规定为夫妻一方的**所有的**财产，不因婚姻关系的延续而转化为夫妻共同财产。但当事人另有约定的除外。	**第三十一条　民法典第一千零六十三条**规定为夫妻一方的**个人**财产，不因婚姻关系的延续而转化为夫妻共同财产。但当事人另有约定的除外。 释义　本条无实质变化，仅为文字性修改。
《婚姻法司法解释(三)》 **第六条**　婚前或者婚姻关系存续期间，当事人约定将一方所有的房产赠与另一方，赠与方在赠与房产变更登记之前撤销赠与，另一方请求判令继续履行的，人民法院可以按照**合同法第一百八十六条**的规定处理。	**第三十二条**　婚前或者婚姻关系存续期间，当事人约定将一方所有的房产赠与另一方**或者共有**，赠与方在赠与房产变更登记之前撤销赠与，另一方请求判令继续履行的，人民法院可以按照**民法典第六百五十八条**的规定处理。 释义　本条增加了一方将房产与另一方"共有"即"部分赠与"的情形。
《婚姻法司法解释(二)》 **第二十三条**　债权人就一方婚前所负个人债务向债务人的配偶主张权利的，人民法院不予支持。但债权人能够证明所负债务用于婚后家庭共同生活的除外。	**第三十三条**　债权人就一方婚前所负个人债务向债务人的配偶主张权利的，人民法院不予支持。但债权人能够证明所负债务用于婚后家庭共同生活的除外。
《婚姻法司法解释(二)》 **第二十四条　债权人就婚姻关系存续期间夫妻一方以个人名义所负债务主张权利的，应当按夫妻共同债务处理。但夫妻一方能够证明债权人与债务人明确约定为**个人债务，或者能够证明属于婚姻法第十九条第三款规定情形的除外。 夫妻一方与第三人串通，虚构债务，第三人主张**权利**的，人民法院不予支持。	**第三十四条**　夫妻一方与第三人串通，虚构债务，第三人主张**该债务为夫妻共同债务**的，人民法院不予支持。 夫妻一方在从事赌博、吸毒等违法犯罪活动中所负债务，第三人主张**该债务为夫妻共同债务**的，人民法院不予支持。 释义　原司法解释第1款已纳入《民法典》第1064条规定，因此本条将其删除。其他修改为文字性修改，使条文表述更加精确。

婚姻法相关司法解释	《民法典婚姻家庭编司法解释（一）》
夫妻一方在从事赌博、吸毒等违法犯罪活动中所负债务，第三人主张**权利**的，人民法院不予支持。	
《婚姻法司法解释（二）》 **第二十五条** 当事人的离婚协议或者人民法院**的**判决**书**、裁定**书**、调解书已经对夫妻财产分割问题作出处理的，债权人仍有权就夫妻共同债务向男女双方主张权利。 一方就共同债务承担**连带**清偿责任后，**基于**离婚协议或者人民法院的法律文书**向另一方主张追偿**的，人民法院应当支持。	**第三十五条** 当事人的离婚协议或者人民法院**生效**判决、裁定、调解书已经对夫妻财产分割问题作出处理的，债权人仍有权就夫妻共同债务向男女双方主张权利。 一方就**夫妻**共同债务承担清偿责任后，**主张由另一方按照**离婚协议或者人民法院的法律文书**承担相应债务**的，人民法院应予支持。 释义 本条删除了“连带”“追偿”等表述，可理解为夫妻共同债务属于共同债务而非连带债务。一般意义上，一方就夫妻共同债务承担清偿责任后，亦不享有追偿权。但不排除承担债务的夫妻一方基于协议约定或法院法律文书确定的财产分割比例要求另一方承担相应债务。
《婚姻法司法解释（二）》 **第二十六条** 夫**或**妻一方死亡的，生存一方应当对婚姻关系存续期间的共同债务承担**连带**清偿责任。	**第三十六条** 夫**或者**妻一方死亡的，生存一方应当对婚姻关系存续期间的**夫妻**共同债务承担清偿责任。 释义 本条删除“连带”的表述，表明夫妻一方对夫妻共同债务承担的不是连带责任，而是个人责任。
《婚姻法司法解释（一）》 **第十八条** **婚姻法第十九条**所称“**第三人**知道该约定的”，夫妻一方对此负有举证责任。	**第三十七条** **民法典第一千零六十五条第三款**所称“**相对人**知道该约定的”，夫妻一方对此负有举证责任。 释义 《民法典》第1065条中已将《婚姻法》第19条表述的“第三人”

婚姻法相关司法解释	《民法典婚姻家庭编司法解释(一)》
	改为“相对人”，本条修改与《民法典》表述一致。
《婚姻法司法解释（三）》 **第四条** 婚姻关系存续期间，夫妻一方请求分割共同财产的，人民法院不予支持，**但有下列重大理由且不损害债权人利益的除外：** **（一）一方有隐藏、转移、变卖、毁损、挥霍夫妻共同财产或者伪造夫妻共同债务等严重损害夫妻共同财产利益行为的；** **（二）一方负有法定扶养义务的人患重大疾病需要医治，另一方不同意支付相关医疗费用的。**	**第三十八条** 婚姻关系存续期间，**除民法典第一千零六十六条规定情形以外**，夫妻一方请求分割共同财产的，人民法院不予支持。 释义 《民法典》第1066条已将《婚姻法司法解释（三）》第4条纳入，作为《民法典》婚姻家庭编的司法解释，本条直接引用第1066条，而无需再列举。
	四、父母子女关系
《婚姻法司法解释（三）》 **第二条** **夫妻一方向人民法院起诉请求确认亲子关系不存在**，并已提供必要证据予以证明，另一方没有相反证据又拒绝做亲子鉴定的，人民法院可以**推定请求确认**亲子关系**不存在**一方的主张成立。 **当事人一方**起诉请求确认亲子关系，并提供必要证据予以证明，另一方没有相反证据又拒绝做亲子鉴定的，人民法院可以**推定请求**确认亲子关系一方的主张成立。	**第三十九条** **父或者母向人民法院起诉请求否认亲子关系**，并已提供必要证据予以证明，另一方没有相反证据又拒绝做亲子鉴定的，人民法院可以**认定否认**亲子关系一方的主张成立。 **父或者母以及成年子女**起诉请求确认亲子关系，并提供必要证据予以证明，另一方没有相反证据又拒绝做亲子鉴定的，人民法院可以**认定**确认亲子关系一方的主张成立。 释义 本条修改主要是和《民法典》第1073条规定保持统一。实务中，存在否定同居期间所生子女亲子关系的情形，改为“父或者母”比“夫妻一方”适用范围更大。

婚姻法相关司法解释	《民法典婚姻家庭编司法解释（一）》
《最高人民法院关于夫妻关系存续期间以人工授精所生子女的法律地位的函》 **在夫妻关系**存续期间，双方一致同意进行人工授精，所生子女应视为**夫妻双方的**婚生子女，父母子女之间权利义务关系适用**《婚姻法》**的有关规定。	**第四十条**　婚姻关系存续期间，**夫妻**双方一致同意进行人工授精，所生子女应视为婚生子女，父母子女**间**的权利义务关系适用**民法典**的有关规定。 释义　本条无实质变化，仅为文字性修改。
《婚姻法司法解释（一）》 **第二十条**　**婚姻法第二十一条**规定的“不能独立生活的子女”，**是指**尚在校接受高中及其以下学历教育，或者丧失**或未完全**丧失劳动能力等非因主观原因而无法维持正常生活的成年子女。	**第四十一条**　尚在校接受高中及其以下学历教育，或者丧失、**部分丧失**劳动能力等非因主观原因而无法维持正常生活的成年子女，**可以认定为民法典第一千零六十七条**规定的“不能独立生活的**成年**子女”。 释义　本条将“不能独立生活的子女”改为“不能独立生活的成年子女”，《民法典》第1067条已将《婚姻法》第21条中的“子女”改为“成年子女”，因为未成年子女一般默认为没有独立生活能力，没有必要特别强调，因此本条强调特指成年子女中没有独立生活能力的情形。
《婚姻法司法解释（一）》 **第二十一条**　**婚姻法第二十一条**所称“抚养费”，包括子女生活费、教育费、医疗费等费用。	**第四十二条**　**民法典第一千零六十七条**所称“抚养费”，包括子女生活费、教育费、医疗费等费用。 释义　本条无实质变化，仅为文字性修改。
《婚姻法司法解释（三）》 **第三条**　婚姻关系存续期间，父母双方或者一方拒不履行抚养子女义务，未成年或者不能独立生活的子女请求支付抚养费的，人民法院应予支持。	**第四十三条**　婚姻关系存续期间，父母双方或者一方拒不履行抚养子女义务，未成年**子女**或者不能独立生活的**成年**子女请求支付抚养费的，人民法院应予支持。

婚姻法相关司法解释	《民法典婚姻家庭编司法解释(一)》
	释义 本条无实质变化，仅为文字性修改。
《最高人民法院关于人民法院审理离婚案件处理子女抚养问题的若干具体意见》 1. 2 周岁以下的子女，一般随母方生活。母方有下列情形之一的，可随父方生活： (1) 患有久治不愈的传染性疾病或其他严重疾病，子女不宜与其共同生活的； (2) 有抚养条件不尽抚养义务，而父方要求子女随其生活的； (3) 因其他原因，子女确无法随母方生活的。	**第四十四条** 离婚案件涉及未成年子女抚养的，对不满两周岁的子女，按照民法典第一千零八十四条第三款规定的原则处理。母亲有下列情形之一，父亲请求直接抚养的，人民法院应予支持： (一) 患有久治不愈的传染性疾病或者其他严重疾病，子女不宜与其共同生活； (二) 有抚养条件不尽抚养义务，而父亲要求子女随其生活； (三) 因其他原因，子女确不宜随母亲生活。 释义 本条将“母方有下列情形之一的，可随父方生活”修改为“母亲有下列情形之一，父亲请求直接抚养的，人民法院应予支持”，明确了司法适用的情形。
《最高人民法院关于人民法院审理离婚案件处理子女抚养问题的若干具体意见》 2. 父母双方协议 2 周岁以下子女随父方生活，并对子女健康成长无不利影响的，可予准许。	**第四十五条** 父母双方协议不满两周岁子女由父亲直接抚养，并对子女健康成长无不利影响的，人民法院应予支持。 释义 本条将“可予准许”修改为“应予支持”，更尊重父母双方的协商结果，也更加明确了司法适用的情形。
《最高人民法院关于人民法院审理离婚案件处理子女抚养问题的若干具体意见》 3. 对两周岁以上未成年的子女，父方和母方均要求随其生活，一方有	**第四十六条** 对已满两周岁的未成年子女，父母均要求直接抚养，一方有下列情形之一的，可予优先考虑： (一) 已做绝育手术或者因其他

婚姻法相关司法解释	《民法典婚姻家庭编司法解释（一）》
下列情形之一的，可予优先考虑： （1）已做绝育手术或因其他原因丧失生育能力的； （2）子女随其生活时间较长，改变生活环境对子女健康成长明显不利的； （3）无其他子女，而另一方有其他子女的； （4）子女随其生活，对子女成长有利，而另一方患有久治不愈的传染性疾病或其他严重疾病，或者有其他不利于子女身心健康的情形，不宜与子女共同生活的。	原因丧失生育能力； （二）子女随其生活时间较长，改变生活环境对子女健康成长明显不利； （三）无其他子女，而另一方有其他子女； （四）子女随其生活，对子女成长有利，而另一方患有久治不愈的传染性疾病或者其他严重疾病，或者有其他不利于子女身心健康的情形，不宜与子女共同生活。 释义　本条无实质变化，仅为文字性修改。
《最高人民法院关于人民法院审理离婚案件处理子女抚养问题的若干具体意见》 4. **父方与母方**抚养子女的条件基本相同，双方均要求**子女与其共同生活**，但子女单独随祖父母或外祖父母共同生活多年，且祖父母或外祖父母要求并且有能力帮助子女照顾孙子女或外孙子女的，**可**作为**子女随父或母生活**的优先条件予以考虑。	**第四十七条　父母**抚养子女的条件基本相同，双方均要求**直接抚养子女**，但子女单独随祖父母**或者**外祖父母共同生活多年，且祖父母**或者**外祖父母要求并且有能力帮助子女照顾孙子女**或者**外孙子女的，**可以**作为**父或者母直接抚养子女**的优先条件予以考虑。 释义　本条无实质变化，仅为文字性修改。
《最高人民法院关于人民法院审理离婚案件处理子女抚养问题的若干具体意见》 6. 在有利于保护子女利益的前提下，父母双方协议轮流抚养子女的，**可予准许**。	**第四十八条**　在有利于保护子女利益的前提下，父母双方协议轮流**直接**抚养子女的，**人民法院应予支持**。

婚姻法相关司法解释	《民法典婚姻家庭编司法解释(一)》
《最高人民法院关于人民法院审理离婚案件处理子女抚养问题的若干具体意见》 7. **子女抚育费**的数额，**可**根据子女的实际需要、父母双方的负担能力和当地的实际生活水平确定。 有固定收入的，**抚育费**一般**可**按其月总收入的**20%**至**30%**的比例给付。负担两个以上子女**抚育费**的，比例**可**适当提高，但一般不得超过月总收入的**50%**。 无固定收入的，**抚育费**的数额**可**依据当年总收入**或**同行业平均收入，参照上述比例确定。 有特殊情况的，**可**适当提高**或**降低上述比例。	**第四十九条　抚养费**的数额，**可以**根据子女的实际需要、父母双方的负担能力和当地的实际生活水平确定。 有固定收入的，**抚养费**一般**可以**按其月总收入的**百分之二十至三十**的比例给付。负担两个以上子女**抚养费**的，比例**可以**适当提高，但一般不得超过月总收入的**百分之五十**。 无固定收入的，**抚养费**的数额**可以**依据当年总收入**或者**同行业平均收入，参照上述比例确定。 有特殊情况的，**可以**适当提高**或者**降低上述比例。 **释义**　本条无实质变化，仅为文字性修改。
《最高人民法院关于人民法院审理离婚案件处理子女抚养问题的若干具体意见》 8. **抚育费应**定期给付，有条件的**可**一次性给付。	**第五十条　抚养费应当**定期给付，有条件的**可以**一次性给付。 **释义**　本条无实质变化，仅为文字性修改。
《最高人民法院关于人民法院审理离婚案件处理子女抚养问题的若干具体意见》 9. **对**一方无经济收入或者下落不明的，**可**用其财物折抵子女**抚育费**。	**第五十一条　父母**一方无经济收入或者下落不明的，**可以**用其财物折抵**抚养费**。 **释义**　本条无实质变化，仅为文字性修改。
《最高人民法院关于人民法院审理离婚案件处理子女抚养问题的若干具体意见》 10. 父母双方可以协议**子女随一方生活并由抚养方负担子女全部抚育费。但经查实，**抚养方的抚养能力明	**第五十二条**　父母双方可以协议**由一方直接抚养子女并由直接抚养方负担子女全部抚养费。但是，直接**抚养方的抚养能力明显不能保障子女所需费用，影响子女健康成长的，**人民法院不予支持**。

婚姻法相关司法解释	《民法典婚姻家庭编司法解释（一）》
显不能保障子女所需费用，影响子女健康成长的，**不予准许**。	**释义** 本条无实质变化，仅为文字性修改。
《最高人民法院关于人民法院审理离婚案件处理子女抚养问题的若干具体意见》 11. **抚育费**的给付期限，一般至子女 **18** 周岁为止。 **16** 周岁以上不满 **18** 周岁，以其劳动收入为主要生活来源，并能维持当地一般生活水平的，父母可停止给付抚育费。	**第五十三条　抚养费**的给付期限，一般至子女**十八**周岁为止。 **十六**周岁以上不满**十八**周岁，以其劳动收入为主要生活来源，并能维持当地一般生活水平的，父母可以停止给付**抚养费**。 **释义** 本条无实质变化，仅为文字性修改。
《最高人民法院关于人民法院审理离婚案件处理子女抚养问题的若干具体意见》 13. 生父与继母**或**生母与继父离婚时，对曾受其抚养教育的继子女，继父**或**继母不同意继续抚养的，仍应由生父母抚养。	**第五十四条**　生父与继母**离婚或者**生母与继父离婚时，对曾受其抚养教育的继子女，继父**或者**继母不同意继续抚养的，仍应由生父**或者**生母抚养。 **释义** 本条无实质变化，仅为文字性修改。
《最高人民法院关于人民法院审理离婚案件处理子女抚养问题的若干具体意见》 15. 离婚后，一方要求变更子女抚养关系的，或者子女要求增加**抚育**费的，**应**另行**起诉**。	**第五十五条**　离婚后，**父母**一方要求变更子女抚养关系的，或者子女要求增加**抚养费**的，**应当**另行**提起诉讼**。 **释义** 本条无实质变化，仅为文字性修改。
《最高人民法院关于人民法院审理离婚案件处理子女抚养问题的若干具体意见》 16. 一方要求变更子女抚养关系**有**下列情形之一的，应予支持： （1）与子女共同生活的一方因患严重疾病或因伤残无力继续抚养子女**的**；	**第五十六条　具有**下列情形之一，**父母**一方要求变更子女抚养关系的，**人民法院**应予支持： （一）与子女共同生活的一方因患严重疾病或者因伤残无力继续抚养子女； （二）与子女共同生活的一方不尽抚养义务或有虐待子女行为，或者

婚姻法相关司法解释	《民法典婚姻家庭编司法解释(一)》
(2)与子女共同生活的一方不尽抚养义务或有虐待子女行为,或其与子女共同生活对子女身心健康确有不利影响的; (3)**10周岁以上未成年**子女,愿随另一方生活,该方又有抚养能力**的**; (4)有其他正当理由需要变更**的**。	其与子女共同生活对子女身心健康确有不利影响; (三)**已满八周岁的**子女,愿随另一方生活,该方又有抚养能力; (四)有其他正当理由需要变更。 **释义** 本条将"十周岁以上未成年子女"修改为"已满八周岁的子女",将一定程度上可自由达意志的年龄与《民法典》保持一致。
《最高人民法院关于人民法院审理离婚案件处理子女抚养问题的若干具体意见》 17. 父母双方协议变更子女抚养关系的,**应予准许**。	**第五十七条** 父母双方协议变更子女抚养关系的,**人民法院应予支持**。 **释义** 本条无实质变化,仅为文字性修改。
《最高人民法院关于人民法院审理离婚案件处理子女抚养问题的若干具体意见》 18. 子女要求增加**抚育费有**下列情形之一,**父或母有给付能力**的,应予支持: (1)原定**抚育费**数额不足以维持当地实际生活水平**的**; (2)因子女患病、上学,实际需要已超过原定数额**的**; (3)有其他正当理由应当增加**的**。	**第五十八条** 具有下列情形之一,子女要求**有负担能力的父或者母**增加**抚养费**的,**人民法院**应予支持: (一)原定**抚养费**数额不足以维持当地实际生活水平; (二)因子女患病、上学,实际需要已超过原定数额; (三)有其他正当理由应当增加。 **释义** 本条无实质变化,仅为文字性修改。
《最高人民法院关于人民法院审理离婚案件处理子女抚养问题的若干具体意见》 19. 父母不得因子女变更姓氏而拒付子女**抚育费**。父**或**母**一方**擅自将子女姓氏改为继母或继父姓氏而引起纠纷的,**应**责令恢复原姓氏。	**第五十九条** 父母不得因子女变更姓氏而拒付子女**抚养费**。父**或者**母擅自将子女姓氏改为继母或继父姓氏而引起纠纷的,**应当**责令恢复原姓氏。 **释义** 本条无实质变化,仅为文字性修改。

婚姻法相关司法解释	《民法典婚姻家庭编司法解释(一)》
《最高人民法院关于人民法院审理离婚案件处理子女抚养问题的若干具体意见》 20. 在离婚诉讼期间，双方均拒绝抚养子女的，**可**先行裁定暂由一方抚养。	**第六十条** 在离婚诉讼期间，双方均拒绝抚养子女的，**可以**先行裁定暂由一方抚养。 释义 本条无实质变化，仅为文字性修改。
《最高人民法院关于人民法院审理离婚案件处理子女抚养问题的若干具体意见》 21. 对拒不履行**或**妨害他人履行生效判决、裁定、调解中有关子女抚养义务的当事人或者其他人，人民法院可依照**《中华人民共和国民事诉讼法》第一百零二条**的规定采取强制措施。	**第六十一条** 对拒不履行**或者**妨害他人履行生效判决、裁定、调解**书**中有关子女抚养义务的当事人或者其他人，人民法院可依照**民事诉讼法第一百一十一条**的规定采取强制措施。 释义 本条无实质变化，仅为文字性修改。
	五、离婚
《婚姻法司法解释（三）》 **第八条** 无民事行为能力人的配偶有**虐待、遗弃等严重损害无民事行为能力一方的人身权利或者财产权益**行为，其他有监护资格的人可以**依照特别程序**要求**变更监护关系**；变更后的监护人代理无民事行为能力一方提起离婚诉讼的，人民法院应予受理。	**第六十二条** 无民事行为能力人的配偶有**民法典第三十六条第一款规定**行为，其他有监护资格的人可以要求**撤销其监护资格，并依法指定新的监护人**；变更后的监护人代理无民事行为能力一方提起离婚诉讼的，人民法院应予受理。 释义 本条将无民事行为能力人配偶的不法行为定位于《民法典》第36条第1款，比原司法解释更细致、准确，同时与《民法典》该条规定的“撤销其监护人”的法律后果相统一。
《婚姻法司法解释（一）》 **第二十二条** 人民法院审理离婚案件，符合**第三十二条第三款**规定“应准予离婚”情形的，不应当因当事人有过错而判决不准离婚。	**第六十三条** 人民法院审理离婚案件，符合**民法典第一千零七十九条第三款**规定“应当准予离婚”情形的，不应当因当事人有过错而判决不准离婚。

婚姻法相关司法解释	《民法典婚姻家庭编司法解释(一)》
	释义 本条无实质变化，仅为文字性修改。
《婚姻法司法解释（一）》 **第二十三条** **婚姻法第三十三条**所称的“军人一方有重大过错”，可以依据**婚姻法第三十二条第三款前三项**规定及军人有其他重大过错导致夫妻感情破裂的情形予以判断。	**第六十四条** **民法典第一千零八十一条**所称的“军人一方有重大过错”，可以依据**民法典第一千零七十九条第三款前三项**规定及军人有其他重大过错导致夫妻感情破裂的情形予以判断。 **释义** 本条无实质变化，仅为文字性修改。
《婚姻法司法解释（一）》 **第二十四条** 人民法院作出的生效的离婚判决中未涉及探望权，当事人就探望权问题单独提起诉讼的，人民法院应予受理。	**第六十五条** 人民法院作出的生效的离婚判决中未涉及探望权，当事人就探望权问题单独提起诉讼的，人民法院应予受理。
《婚姻法司法解释（一）》 **第二十五条** 当事人在履行生效判决、裁定或者调解书的过程中，请求中止**行使**探望**权**的，人民法院在征询双方当事人意见后，认为需要中止**行使**探望**权**的，依法作出裁定。中止探望的情形消失后，人民法院应当根据当事人的**申请**通知其恢复探望**权的行使**。	**第六十六条** 当事人在履行生效判决、裁定或者调解书的过程中，**一方**请求中止探望的，人民法院在征询双方当事人意见后，认为需要中止探望的，依法作出裁定；中止探望的情形消失后，人民法院应当根据当事人的**请求书面**通知其恢复探望。 **释义** 本条增加“书面”通知恢复探望的规定，是考虑到恢复探望权的行使，本质是恢复执行。故根据2008年《最高人民法院关于人民法院执行工作若干问题的规定（试行）》第104条（2020年修正后为第60条）“中止执行的情形消失后，执行法院可以根据当事人的申请或依职权恢复执行。恢复执行应当书面通知当事人”的规定作出修改。

婚姻法相关司法解释	《民法典婚姻家庭编司法解释(一)》
《婚姻法司法解释(一)》 **第二十六条** 未成年子女、直接抚养子女的父**或**母**及**其他对未成年子女负担抚养、教育义务的法定监护人,有权向人民法院提出中止探望**权**的请求。	**第六十七条** 未成年子女、直接抚养子女的父**或者**母**以及**其他对未成年子女负担抚养、教育、**保护**义务的法定监护人,有权向人民法院提出中止探望的请求。 **释义** 《民法典》第1058条规定:"夫妻双方平等享有对未成年子女抚养、教育和保护的权利,共同承担对未成年子女抚养、教育和保护的义务。" 本条增加"保护"二字,与《民法典》第1058条的表述保持统一。
《婚姻法司法解释(一)》 **第三十二条 婚姻法第四十八条关于对拒不执行有关探望子女等判决和裁定的,由人民法院依法强制执行的规定,是指对**拒不**履行**协助另一方行使探望权的有关个人**和单位**采取拘留、罚款等强制措施,不能对子女的人身、探望行为进行强制执行。	**第六十八条 对于**拒不协助另一方行使探望权的有关个人**或者组织,可以由人民法院依法**采取拘留、罚款等强制措施,**但是**不能对子女的人身、探望行为进行强制执行。 **释义** 《民法典》已用"组织"统一替代"单位"的表述,本条保持统一。其他均为文字性修改。
《婚姻法司法解释(三)》 **第十四条** 当事人达成的以**登记**离婚或者到人民法院**协议**离婚为条件的财产**分割**协议,如果双方**协议**离婚未成,一方在离婚诉讼中反悔的,人民法院应当认定该财产**分割**协议没有生效,并根据实际情况**依法对夫妻共同财产进行分割**。 《婚姻法司法解释(二)》 **第八条** 离婚协议中关于财产**分割的**条款**或者当事人因离婚就财产分割达成的协议**,对男女双方具有法律约束力。	**第六十九条** 当事人达成的以**协议**离婚或者到人民法院**调解**离婚为条件的财产**以及债务处理协议**,如果双方离婚未成,一方在离婚诉讼中反悔的,人民法院应当认定该财产**以及债务处理**协议没有生效,并根据实际情况**依照民法典第一千零八十七条和第一千零八十九条的规定判决**。 **当事人依照民法典第一千零七十六条签订的**离婚协议中关于财产**以及债务处理**的条款,对男女双方具有法律约束力。**登记离婚后**当事人因履行上述协议发生纠纷提起诉讼的,人民

婚姻法相关司法解释	《民法典婚姻家庭编司法解释(一)》
当事人因履行上述**财产分割**协议发生纠纷提起诉讼的，人民法院应当受理。	法院应当受理。 **释义** 本条将“财产分割协议”修改为“财产以及债务处理协议”，将债务处理协议内容纳入其中，是考虑到财产分割和债务承担条款都是当事人达成的协议，二者之间往往有牵连关系，无法割裂单独认定其效力，故应一并处理，同样对待。
《婚姻法司法解释（二）》 **第九条　男女**双方协议离婚后**一年内**就财产分割问题反悔，请求**变更或者**撤销财产分割协议的，人民法院应当受理。 人民法院审理后，未发现订立财产分割协议时存在欺诈、胁迫等情形的，应当依法驳回当事人的诉讼请求。	**第七十条　夫妻**双方协议离婚后就财产分割问题反悔，请求撤销财产分割协议的，人民法院应当受理。 人民法院审理后，未发现订立财产分割协议时存在欺诈、胁迫等情形的，应当依法驳回当事人的诉讼请求。 **释义** 本条删除了“一年内”的时间限制，请求撤销财产分割协议的时间限制变为三年，与《民法典》关于诉讼时效三年的规定保持一致。
《婚姻法司法解释（二）》 **第十四条**　人民法院审理离婚案件，涉及分割发放到军人名下的复员费、自主择业费等一次性费用的，以夫妻婚姻关系存续年限乘以年平均值，所得数额为夫妻共同财产。 前款所称年平均值，是指将发放到军人名下的上述费用总额按具体年限均分得出的数额。其具体年限为人均寿命七十岁与军人入伍时实际年龄的差额。	**第七十一条**　人民法院审理离婚案件，涉及分割发放到军人名下的复员费、自主择业费等一次性费用的，以夫妻婚姻关系存续年限乘以年平均值，所得数额为夫妻共同财产。 前款所称年平均值，是指将发放到军人名下的上述费用总额按具体年限均分得出的数额。其具体年限为人均寿命七十岁与军人入伍时实际年龄的差额。

婚姻法相关司法解释	《民法典婚姻家庭编司法解释（一）》
《婚姻法司法解释（二）》 **第十五条** 夫妻双方分割共同财产中的股票、债券、投资基金份额等有价证券以及未上市股份有限公司股份时，协商不成或者按市价分配有困难的，人民法院可以根据数量按比例分配。	**第七十二条** 夫妻双方分割共同财产中的股票、债券、投资基金份额等有价证券以及未上市股份有限公司股份时，协商不成或者按市价分配有困难的，人民法院可以根据数量按比例分配。
《婚姻法司法解释（二）》 **第十六条** 人民法院审理离婚案件，涉及分割夫妻共同财产中以一方名义在有限责任公司的出资额，另一方不是该公司股东的，按以下情形分别处理： （一）夫妻双方协商一致将出资额部分或者全部转让给该股东的配偶，过半数股东同意、其他股东明确表示放弃优先购买权的，该股东的配偶可以成为该公司股东； （二）夫妻双方就出资额转让份额和转让价格等事项协商一致后，**过半数股东**不同意转让，但愿意以同等**价格**购买该出资额的，人民法院可以对转让出资所得财产进行分割。**过半数股东**不同意转让，也不愿意以同等**价格**购买该出资额的，视为其同意转让，该股东的配偶可以成为该公司股东。 用于证明前款规定的**过半数**股东同意的证据，可以是**股东会决议**，也可以是当事人通过其他合法途径取得的股东的书面声明材料。	**第七十三条** 人民法院审理离婚案件，涉及分割夫妻共同财产中以一方名义在有限责任公司的出资额，另一方不是该公司股东的，按以下情形分别处理： （一）夫妻双方协商一致将出资额部分或者全部转让给该股东的配偶，**其他**股东过半数同意，**并且**其他股东**均**明确表示放弃优先购买权的，该股东的配偶可以成为该公司股东； （二）夫妻双方就出资额转让份额和转让价格等事项协商一致后，**其他股东半数以上**不同意转让，但愿意以同等**条件**购买该出资额的，人民法院可以对转让出资所得财产进行分割。**其他股东半数以上**不同意转让，也不愿意以同等**条件**购买该出资额的，视为其同意转让，该股东的配偶可以成为该公司股东。 **用于**证明前款规定的股东同意的证据，可以是**股东会议材料**，也可以是当事人通过其他合法途径取得的股东的书面声明材料。 **释义** 本条主要有两处修改：一是将“过半数股东”修改为“其他股东过半数”，将“同等价格”修改为

婚姻法相关司法解释	《民法典婚姻家庭编司法解释（一）》
	"同等条件"，以与《公司法》第71条的表述相统一。此外，《公司法司法解释（四）》第18条规定的同等条件的判断应当考虑转让股权的数量、价格、支付方式及期限等因素。二是将"股东会决议"修改为"股东会议材料"，是考虑到股东会决议指的是公司召开股东会，并就公司重大事项作出的决议，也即该决议只能以公司名义作出，内容也只与公司本身经营管理事务有关，而其他股东是否同意转让股权则属于股东个人事项，与公司无关，不存在通过股东会决议方式行使的问题，因此修改为"股东会议材料"。
《婚姻法司法解释（二）》 **第十七条** 人民法院审理离婚案件，涉及分割夫妻共同财产中以一方名义在合伙企业中的出资，另一方不是该企业合伙人的，当夫妻双方协商一致，将其合伙企业中的财产份额全部或者部分转让给对方时，按以下情形分别处理： （一）其他合伙人一致同意的，该配偶依法取得合伙人地位； （二）其他合伙人不同意转让，在同等条件下行使优先**受让权**的，可以对转让所得的财产进行分割； （三）其他合伙人不同意转让，也不行使优先**受让权**，但同意该合伙人退伙或者**退还**部分财产份额的，可以对**退还**的财产进行分割；	**第七十四条** 人民法院审理离婚案件，涉及分割夫妻共同财产中以一方名义在合伙企业中的出资，另一方不是该企业合伙人的，当夫妻双方协商一致，将其合伙企业中的财产份额全部或者部分转让给对方时，按以下情形分别处理： （一）其他合伙人一致同意的，该配偶依法取得合伙人地位； （二）其他合伙人不同意转让，在同等条件下行使优先**购买权**的，可以对转让所得的财产进行分割； （三）其他合伙人不同意转让，也不行使优先**购买权**，但同意该合伙人退伙或者**削减**部分财产份额的，可以对**结算后**的财产进行分割； （四）其他合伙人既不同意转让，

婚姻法相关司法解释	《民法典婚姻家庭编司法解释(一)》
(四)其他合伙人既不同意转让,也不行使优先**受让权**,又不同意该合伙人退伙或者**退还**部分财产份额的,视为全体合伙人同意转让,该配偶依法取得合伙人地位。	也不行使优先**购买权**,又不同意该合伙人退伙或者**削减**部分财产份额的,视为全体合伙人同意转让,该配偶依法取得合伙人地位。 释义 本条将"受让权"改为"购买权",将"退还"改为"削减"等,是与《合伙企业法》的表述相统一。事实上,财产份额也不存在退还的问题。
《婚姻法司法解释(二)》 **第十八条** 夫妻以一方名义投资设立独资企业的,人民法院分割夫妻在该独资企业中的共同财产时,应当按照以下情形分别处理: (一)一方主张经营该企业的,对企业资产进行评估后,由取得企业一方给予另一方相应的补偿; (二)双方均主张经营该企业的,在双方竞价基础上,由取得企业的一方给予另一方相应的补偿; (三)双方均不愿意经营该企业的,按照《中华人民共和国个人独资企业法》等有关规定办理。	**第七十五条** 夫妻以一方名义投资设立**个人**独资企业的,人民法院分割夫妻在该**个人**独资企业中的共同财产时,应当按照以下情形分别处理: (一)一方主张经营该企业的,对企业资产进行评估后,由取得企业**资产所有权**一方给予另一方相应的补偿; (二)双方均主张经营该企业的,在双方竞价基础上,由取得企业**资产所有权**的一方给予另一方相应的补偿; (三)双方均不愿意经营该企业的,按照《中华人民共和国个人独资企业法》等有关规定办理。 释义 本条增加"企业资产所有权"的表述,是因为个人独资企业本身是没有独立法人资格的法律拟制体,不存在企业作为物归谁所有的问题,能取得的只能是企业中资产的所有权。
《婚姻法司法解释(二)》 **第二十条** 双方对夫妻共同财产中的房屋价值及归属无法达成协议时,人民法院按以下情形分别处理: (一)双方均主张房屋所有权并且同意竞价取得的,应当准许;	**第七十六条** 双方对夫妻共同财产中的房屋价值及归属无法达成协议时,人民法院按以下情形分别处理: (一)双方均主张房屋所有权并且同意竞价取得的,应当准许; (二)一方主张房屋所有权的,由

婚姻法相关司法解释	《民法典婚姻家庭编司法解释(一)》
（二）一方主张房屋所有权的，由评估机构按市场价格对房屋作出评估，取得房屋所有权的一方应当给予另一方相应的补偿； （三）双方均不主张房屋所有权的，根据当事人的申请拍卖房屋，就所得价款进行分割。	评估机构按市场价格对房屋作出评估，取得房屋所有权的一方应当给予另一方相应的补偿； （三）双方均不主张房屋所有权的，根据当事人的申请拍卖、**变卖**房屋，就所得价款进行分割。 释义　司法实践中，双方均不主张不动产物权时，除了拍卖还有折价变卖等处理方式，本条一并予以明确。
《婚姻法司法解释（二）》 **第二十一条**　离婚时双方对尚未取得所有权或者尚未取得完全所有权的房屋有争议且协商不成的，人民法院不宜判决房屋所有权的归属，应当根据实际情况判决由当事人使用。 当事人就前款规定的房屋取得完全所有权后，有争议的，可以另行向人民法院提起诉讼。	**第七十七条**　离婚时双方对尚未取得所有权或者尚未取得完全所有权的房屋有争议且协商不成的，人民法院不宜判决房屋所有权的归属，应当根据实际情况判决由当事人使用。 当事人就前款规定的房屋取得完全所有权后，有争议的，可以另行向人民法院提起诉讼。
《婚姻法司法解释（三）》 **第十条**　夫妻一方婚前签订不动产买卖合同，以个人财产支付首付款并在银行贷款，婚后用夫妻共同财产还贷，不动产登记于首付款支付方名下的，离婚时该不动产由双方协议处理。 依前款规定不能达成协议的，人民法院可以判决该不动产归产权登记一方，尚未归还的贷款为**产权**登记一方的个人债务。双方婚后共同还贷支付的款项及其相对应财产增值部分，离婚时应根据**婚姻法第三十九条第一款**规定的原则，由**产权**登记一方对另一方进行补偿。	**第七十八条**　夫妻一方婚前签订不动产买卖合同，以个人财产支付首付款并在银行贷款，婚后用夫妻共同财产还贷，不动产登记于首付款支付方名下的，离婚时该不动产由双方协议处理。 依前款规定不能达成协议的，人民法院可以判决该不动产归登记一方，尚未归还的贷款为**不动产**登记一方的个人债务。双方婚后共同还贷支付的款项及其相对应财产增值部分，离婚时应根据**民法典第一千零八十七条第一款**规定的原则，由**不动产**登记一方对另一方进行补偿。

婚姻法相关司法解释	《民法典婚姻家庭编司法解释（一）》
	释义 本条无实质变化，仅为文字性修改。
《婚姻法司法解释（三）》 **第十二条** 婚姻关系存续期间，双方用夫妻共同财产出资购买以一方父母名义参加房改的房屋，**产权**登记在一方父母名下，离婚时另一方主张按照夫妻共同财产对该房屋进行分割的，人民法院不予支持。购买该房屋时的出资，可以作为债权处理。	**第七十九条** 婚姻关系存续期间，双方用夫妻共同财产出资购买以一方父母名义参加房改的房屋，登记在一方父母名下，离婚时另一方主张按照夫妻共同财产对该房屋进行分割的，人民法院不予支持。购买该房屋时的出资，可以作为债权处理。 **释义** 本条无实质变化，仅为文字性修改。
《婚姻法司法解释（三）》 **第十三条** 离婚时夫妻一方尚未退休、不符合领取**养老保险金**条件，另一方请求按照夫妻共同财产分割**养老保险金**的，人民法院不予支持；婚后以夫妻共同财产**缴付**养老保险费，离婚时一方主张将养老金账户中婚姻关系存续期间个人实际**缴付**部分作为夫妻共同财产分割的，人民法院应予支持。	**第八十条** 离婚时夫妻一方尚未退休、不符合领取**基本养老金**条件，另一方请求按照夫妻共同财产分割**基本养老金**的，人民法院不予支持；婚后以夫妻共同财产**缴纳基本**养老保险费，离婚时一方主张将养老金账户中婚姻关系存续期间个人实际**缴纳**部分**及利息**作为夫妻共同财产分割的，人民法院应予支持。 **释义** 本条主要有两处修改：一是将“养老保险金”改为“基本养老金”，以与《社会保险法》的表述相统一。二是分割夫妻共同财产时，实际缴纳部分增加“利息”收入，与《社会保险法》第14条规定衔接统一。
《婚姻法司法解释（三）》 **第十五条** 婚姻关系存续期间，夫妻一方作为继承人依法可以继承的遗产，在继承人之间尚未实际分割，起诉离婚时另一方请求分割的，人民法院应当告知当事人在继承人之间实际分割遗产后另行起诉。	**第八十一条** 婚姻关系存续期间，夫妻一方作为继承人依法可以继承的遗产，在继承人之间尚未实际分割，起诉离婚时另一方请求分割的，人民法院应当告知当事人在继承人之间实际分割遗产后另行起诉。

婚姻法相关司法解释	《民法典婚姻家庭编司法解释(一)》
《婚姻法司法解释（三)》 **第十六条**　夫妻之间订立借款协议，以夫妻共同财产出借给一方从事个人经营活动**或**用于其他个人事务的，应视为双方约定处分夫妻共同财产的行为，离婚时可按照借款协议的约定处理。	**第八十二条**　夫妻之间订立借款协议，以夫妻共同财产出借给一方从事个人经营活动**或者**用于其他个人事务的，应视为双方约定处分夫妻共同财产的行为，离婚时可以按照借款协议的约定处理。 释义　本条无实质变化，仅为文字性修改。
《婚姻法司法解释（三)》 **第十八条**　离婚后，一方以尚有夫妻共同财产未处理为由向人民法院起诉请求分割的，经审查该财产确属离婚时未涉及的夫妻共同财产，人民法院应当依法予以分割。	**第八十三条**　离婚后，一方以尚有夫妻共同财产未处理为由向人民法院起诉请求分割的，经审查该财产确属离婚时未涉及的夫妻共同财产，人民法院应当依法予以分割。
《婚姻法司法解释（一)》 **第三十一条**　当事人依据**婚姻法第四十七条**的规定向人民法院提起诉讼，请求再次分割夫妻共同财产的诉讼时效为**两年**，从当事人发现**之次日**起计算。	**第八十四条**　当事人依据**民法典第一千零九十二条**的规定向人民法院提起诉讼，请求再次分割夫妻共同财产的诉讼时效**期间**为**三年**，从当事人发现**之日**起计算。 释义　本条将两年的诉讼时效修改为三年，与现行诉讼时效期限接轨。
《婚姻法司法解释（二)》 **第二十八条**　夫妻一方申请对配偶的个人财产或者夫妻共同财产采取保全措施的，人民法院可以在采取保全措施可能造成损失的范围内，根据实际情况，确定合理的财产担保数额。	**第八十五条**　夫妻一方申请对配偶的个人财产或者夫妻共同财产采取保全措施的，人民法院可以在采取保全措施可能造成损失的范围内，根据实际情况，确定合理的财产担保数额。
《婚姻法司法解释（一)》 **第二十八条**　**婚姻法第四十六条**规定的“损害赔偿”，包括物质损害赔偿和精神损害赔偿。涉及精神损害	**第八十六条**　**民法典第一千零九十一条**规定的“损害赔偿”，包括物质损害赔偿和精神损害赔偿。涉及精神损害赔偿的，适用《最高人民法院

婚姻法相关司法解释	《民法典婚姻家庭编司法解释(一)》
赔偿的，适用最高人民法院《关于确定民事侵权精神损害赔偿责任若干问题的解释》的有关规定。	关于确定民事侵权精神损害赔偿责任若干问题的解释》的有关规定。 **释义** 本条无实质变化，仅为文字性修改。
《婚姻法司法解释（一）》 **第二十九条** 承担**婚姻法第四十六条**规定的损害赔偿责任的主体，为离婚诉讼当事人中无过错方的配偶。 人民法院判决不准离婚的案件，对于当事人基于**婚姻法第四十六条**提出的损害赔偿请求，不予支持。 在婚姻关系存续期间，当事人不起诉离婚而单独依据**该条规定**提起损害赔偿请求的，人民法院不予受理。	**第八十七条** 承担**民法典第一千零九十一条**规定的损害赔偿责任的主体，为离婚诉讼当事人中无过错方的配偶。 人民法院判决不准离婚的案件，对于当事人基于**民法典第一千零九十一条**提出的损害赔偿请求，不予支持。 在婚姻关系存续期间，当事人不起诉离婚而单独依据**民法典第一千零九十一条**提起损害赔偿请求的，人民法院不予受理。 **释义** 本条无实质变化，仅为文字性修改。
《婚姻法司法解释（一）》 **第三十条** 人民法院受理离婚案件时，应当将**婚姻法第四十六条**等规定中当事人的有关权利义务，书面告知当事人。在适用**婚姻法第四十六条**时，应当区分以下不同情况： （一）符合**婚姻法第四十六条**规定的无过错方作为原告基于该条规定向人民法院提起损害赔偿请求的，必须在离婚诉讼的同时提出。 （二）符合**婚姻法第四十六条**规定的无过错方作为被告的离婚诉讼案件，如果被告不同意离婚也不基于该条规定提起损害赔偿请求的，可以**在离婚后1年内**就此单独提起诉讼。	**第八十八条** 人民法院受理离婚案件时，应当将**民法典第一千零九十一条**等规定中当事人的有关权利义务，书面告知当事人。在适用**民法典第一千零九十一条**时，应当区分以下不同情况： （一）符合**民法典第一千零九十一条**规定的无过错方作为原告基于该条规定向人民法院提起损害赔偿请求的，必须在离婚诉讼的同时提出。 （二）符合**民法典第一千零九十一条**规定的无过错方作为被告的离婚诉讼案件，如果被告不同意离婚也不基于该条规定提起损害赔偿请求的，可以就此单独提起诉讼。

婚姻法相关司法解释	《民法典婚姻家庭编司法解释(一)》
（三）无过错方作为被告的离婚诉讼案件，一审时被告未基于**婚姻法第四十六条**规定提出损害赔偿请求，二审期间提出的，人民法院应当进行调解，调解不成的，告知当事人**在离婚后1年内**另行起诉。	（三）无过错方作为被告的离婚诉讼案件，一审时被告未基于**民法典第一千零九十一条**规定提出损害赔偿请求，二审期间提出的，人民法院应当进行调解；调解不成的，告知当事人另行起诉。**双方当事人同意由第二审人民法院一并审理的，第二审人民法院可以一并裁判。** 释义　本条主要有两处修改：一是删除“离婚后一年内”的表述，是因为离婚损害赔偿本质上为侵权之诉，应适用3年普通诉讼时效期间的规定。二是增加“双方当事人同意由第二审人民法院一并审理的，第二审人民法院可以一并裁判”的规定，因为《最高人民法院关于适用〈中华人民共和国民事诉讼法〉的解释》第328条第2款规定，双方当事人同意由第二审人民法院一并审理的，第二审人民法院可以一并裁判。
《婚姻法司法解释（二）》 **第二十七条**　当事人在婚姻登记机关办理离婚登记手续后，以**婚姻法第四十六条**规定为由向人民法院提出损害赔偿请求的，人民法院应当受理。但当事人在协议离婚时已经明确表示放弃该项请求，**或者在办理离婚登记手续一年后提出**的，不予支持。	**第八十九条**　当事人在婚姻登记机关办理离婚登记手续后，以**民法典第一千零九十一条**规定为由向人民法院提出损害赔偿请求的，人民法院应当受理。但当事人在协议离婚时已经明确表示放弃该项请求的，**人民法院**不予支持。 释义　本条删除“在办理离婚登记手续一年后提出的”内容，是因为离婚损害赔偿本质上为侵权之诉，应适用3年普通诉讼时效期间的规定。

婚姻法相关司法解释	《民法典婚姻家庭编司法解释(一)》
《婚姻法司法解释（三)》 **第十七条**　夫妻双方均有**婚姻法第四十六条**规定的过错情形，一方或者双方向对方提出离婚损害赔偿请求的，人民法院不予支持。	**第九十条**　夫妻双方均有**民法典第一千零九十一条**规定的过错情形，一方或者双方向对方提出离婚损害赔偿请求的，人民法院不予支持。 释义　本条无实质变化，仅为文字性修改。
	六、附则
	第九十一条　本解释自2021年1月1日起施行。 释义　本司法解释施行时间与《民法典》施行时间一致。

《最高人民法院关于适用〈中华人民共和国民法典〉继承编的解释（一）》条文对比与解读

（黑体部分为条文变化内容）

《继承法意见》①	《民法典继承编司法解释（一）》②
	为正确审理继承纠纷案件，根据《中华人民共和国民法典》等相关法律规定，结合审判实践，制定本解释。
	一、一般规定
1. 继承从被继承人生理死亡**或**被宣告死亡时开始。 **失踪人被**宣告死亡的，**以法院判决中**确定的**失踪人的**死亡日期，为继承开始的时间。	**第一条** 继承从被继承人生理死亡**或者**被宣告死亡时开始。 宣告死亡的，**根据民法典第四十八条规定**确定的死亡日期，为继承开始的时间。 释义 本条无实质变化，仅为文字性修改。
4. 承包人死亡时尚未取得承包收益的，可把死者生前对承包所投入的资金和所付出的劳动及其增值和孳息，由发包单位或者接续承包合同的人合理折价、补偿，其价额作为遗产。	**第二条** 承包人死亡时尚未取得承包收益的，可以将死者生前对承包所投入的资金和所付出的劳动及其增值和孳息，由发包单位或者接续承包合同的人合理折价、补偿。其价额作为遗产。

① 《最高人民法院关于贯彻执行〈中华人民共和国继承法〉若干问题的意见》简称《继承法意见》。

② 《最高人民法院关于适用〈中华人民共和国民法典〉继承编的解释（一）》简称《民法典继承编司法解释（一）》。

《继承法意见》	《民法典继承编司法解释（一）》
5. 被继承人生前与他人订有遗赠扶养协议，同时又立有遗嘱的，继承开始后，如果遗赠扶养协议与遗嘱没有抵触，遗产分别按协议和遗嘱处理；如果有抵触，按协议处理，与协议抵触的遗嘱全部或部分无效。	**第三条** 被继承人生前与他人订有遗赠扶养协议，同时又立有遗嘱的，继承开始后，如果遗赠扶养协议与遗嘱没有抵触，遗产分别按协议和遗嘱处理；如果有抵触，按协议处理，与协议抵触的遗嘱全部或者部分无效。
6. 遗嘱继承人依遗嘱取得遗产后，仍有权**依继承法第十三条**的规定取得遗嘱未处分的遗产。	**第四条** 遗嘱继承人依遗嘱取得遗产后，仍有权**依照民法典第一千一百三十条**的规定取得遗嘱未处分的遗产。 释义 本条无实质变化，仅为文字性修改。
9. 在遗产继承中，继承人之间因是否丧失继承权发生纠纷，**诉讼到**人民法院的，由人民法院**根据继承法第七条**的规定，判决确认其是否丧失继承权。	**第五条** 在遗产继承中，继承人之间因是否丧失继承权发生纠纷，**向**人民法院**提起诉讼**的，由人民法院**依据民法典第一千一百二十五条**的规定，判决确认其是否丧失继承权。 释义 本条无实质变化，仅为文字性修改。
10. 继承人虐待被继承人情节**是否**严重，可以从实施虐待行为的时间、手段、后果和社会影响等方面认定。 虐待被继承人情节严重的，不论是否追究刑事责任，均可确认其丧失继承权。	**第六条** **继承人是否符合民法典第一千一百二十五条第一款第三项规定的**“虐待被继承人情节严重”，可以从实施虐待行为的时间、手段、后果和社会影响等方面认定。 虐待被继承人情节严重的，不论是否追究刑事责任，均可确认其丧失继承权。 释义 本条无实质变化，仅为文字性修改。

《继承法意见》	《民法典继承编司法解释（一）》
11. 继承人故意杀害被继承人的，不论是既遂还是未遂，均**应**确认其丧失继承权。	**第七条** 继承人故意杀害被继承人的，不论是既遂还是未遂，均**应当**确认其丧失继承权。 释义 本条无实质变化，仅为文字性修改。
12. 继承人有**继承法第七条第（一）项或第（二）项**所列之行为，而被继承人以遗嘱将遗产指定由该继承人继承的，**可**确认遗嘱无效，并**按继承法第七条的规定处理**。	**第八条** 继承人有**民法典第一千一百二十五条第一款第一项或者第二项**所列之行为，而被继承人以遗嘱将遗产指定由该继承人继承的，**可以**确认遗嘱无效，并**确认该继承人丧失继承权**。 释义 本条无实质变化，仅为文字性修改。
14. 继承人伪造、篡改或者销毁遗嘱，侵害了缺乏劳动能力又无生活来源的继承人的利益，并造成其生活困难的，**应**认定**其行为**情节严重。	**第九条** 继承人伪造、篡改、**隐匿**或者销毁遗嘱，侵害了缺乏劳动能力又无生活来源的继承人的利益，并造成其生活困难的，**应当**认定**为民法典第一千一百二十五条第一款第四项规定的**“情节严重”。 释义 《民法典》第1125条第1款第4项增加了“隐匿”遗嘱的情形，本条亦增加此情形与《民法典》保持统一。
	二、法定继承
19. 被收养人对养父母尽了赡养义务，同时又对生父母扶养较多的，除**可依继承法第十条**的规定继承养父母的遗产外，还**可依继承法第十四条**的规定分得生父母**的**适当的遗产。	**第十条** 被收养人对养父母尽了赡养义务，同时又对生父母扶养较多的，除**可以依照民法典第一千一百二十七条**的规定继承养父母的遗产外，还**可以依照民法典第一千一百三十一条**的规定分得生父母适当的遗产。 释义 本条无实质变化，仅为文字性修改。

《继承法意见》	《民法典继承编司法解释（一）》
21. 继子女继承了继父母遗产的，不影响其继承生父母的遗产。 继父母继承了继子女遗产的，不影响其继承生子女的遗产。	**第十一条** 继子女继承了继父母遗产的，不影响其继承生父母的遗产。 继父母继承了继子女遗产的，不影响其继承生子女的遗产。
23. 养子女与生子女之间、养子女与养子女之间，系养兄弟姐妹，**可**互为第二顺序继承人。 被收养人与其亲兄弟姐妹之间的权利义务关系，因收养关系的成立而消除，不能互为第二顺序继承人。	**第十二条** 养子女与生子女之间、养子女与养子女之间，系养兄弟姐妹，**可以**互为第二顺序继承人。 被收养人与其亲兄弟姐妹之间的权利义务关系，因收养关系的成立而消除，不能互为第二顺序继承人。 释义 本条无实质变化，仅为文字性修改。
24. 继兄弟姐妹之间的继承权，因继兄弟姐妹之间的扶养关系而发生。没有扶养关系的，不能互为第二顺序继承人。 继兄弟姐妹之间相互继承了遗产的，不影响其继承亲兄弟姐妹的遗产。	**第十三条** 继兄弟姐妹之间的继承权，因继兄弟姐妹之间的扶养关系而发生。没有扶养关系的，不能互为第二顺序继承人。 继兄弟姐妹之间相互继承了遗产的，不影响其继承亲兄弟姐妹的遗产。
25. 被继承人的孙子女、外孙子女、曾孙子女、外曾孙子女都可以代位继承，代位继承人不受辈数的限制。	**第十四条** 被继承人的孙子女、外孙子女、曾孙子女、外曾孙子女都可以代位继承，代位继承人不受辈数的限制。
26. 被继承人的养子女、已形成扶养关系的继子女的生子女**可**代位继承；被继承人亲生子女的养子女**可**代位继承；被继承人养子女的养子女**可**代位继承；与被继承人已形成扶养关系的继子女的养子女也可以代位继承。	**第十五条** 被继承人的养子女、已形成扶养关系的继子女的生子女**可以**代位继承；被继承人亲生子女的养子女**可以**代位继承；被继承人养子女的养子女**可以**代位继承；与被继承人已形成扶养关系的继子女的养子女也可以代位继承。 释义 本条无实质变化，仅为文字性修改。

《继承法意见》	《民法典继承编司法解释（一）》
27. 代位继承人缺乏劳动能力又没有生活来源，或者对被继承人尽过主要赡养义务的，分配遗产时，可以多分。	**第十六条** 代位继承人缺乏劳动能力又没有生活来源，或者对被继承人尽过主要赡养义务的，分配遗产时，可以多分。
28. 继承人丧失继承权的，其晚辈直系血亲不得代位继承。如该代位继承人缺乏劳动能力又没有生活来源，**或**对被继承人尽赡养义务较多的，可适当分给遗产。	**第十七条** 继承人丧失继承权的，其晚辈直系血亲不得代位继承。如该代位继承人缺乏劳动能力又没有生活来源，**或者**对被继承人尽赡养义务较多的，可以适当分给遗产。 **释义** 本条无实质变化，仅为文字性修改。
29. 丧偶儿媳对公婆、丧偶女婿对岳父、岳母，无论其是否再婚，**依继承法第十二条**规定作为第一顺序继承人时，不影响其子女代位继承。	**第十八条** 丧偶儿媳对公婆、丧偶女婿对岳父母，无论其是否再婚，**依照民法典第一千一百二十九条**规定作为第一顺序继承人时，不影响其子女代位继承。 **释义** 本条无实质变化，仅为文字性修改。
30. 对被继承人生活提供了主要经济来源，**或**在劳务等方面给予了主要扶助的，应当认定其尽了主要赡养义务或主要扶养义务。	**第十九条** 对被继承人生活提供了主要经济来源，**或者**在劳务等方面给予了主要扶助的，应当认定其尽了主要赡养义务或主要扶养义务。 **释义** 本条无实质变化，仅为文字性修改。
31. **依继承法第十四条**规定可以分给适当遗产的人，分给他们遗产时，按具体情况**可**多于**或**少于继承人。	**第二十条** **依照民法典第一千一百三十一条**规定可以分给适当遗产的人，分给他们遗产时，按具体情况**可以**多于**或者**少于继承人。 **释义** 本条无实质变化，仅为文字性修改。

《继承法意见》	《民法典继承编司法解释（一）》
32. **依继承法第十四条**规定可以分给适当遗产的人，在其依法取得被继承人遗产的权利受到侵犯时，本人有权以独立的诉讼主体的资格向人民法院提起诉讼。**但在遗产分割时，明知而未提出请求的，一般不予受理；不知而未提出请求，在2年以内起诉的，应予受理。**	**第二十一条　依照民法典第一千一百三十一条**规定可以分给适当遗产的人，在其依法取得被继承人遗产的权利受到侵犯时，本人有权以独立的诉讼主体资格向人民法院提起诉讼。 释义　本条删除了“但在遗产分割时，明知而未提出请求的，一般不予受理；不知而未提出请求，在二年以内起诉的，应予受理”的规定，此类案件适用《民法典》3年一般诉讼时效的规定。
33. 继承人有扶养能力和扶养条件，愿意尽扶养义务，但被继承人因有固定收入和劳动能力，明确表示不要求其扶养的，分配遗产时，一般不应因此而影响其继承份额。	**第二十二条**　继承人有扶养能力和扶养条件，愿意尽扶养义务，但被继承人因有固定收入和劳动能力，明确表示不要求其扶养的，分配遗产时，一般不应因此而影响其继承份额。
34. 有扶养能力和扶养条件的继承人虽然与被继承人共同生活，但对需要扶养的被继承人不尽扶养义务，分配遗产时，可以少分或者不分。	**第二十三条**　有扶养能力和扶养条件的继承人虽然与被继承人共同生活，但对需要扶养的被继承人不尽扶养义务，分配遗产时，可以少分或者不分。
	三、遗嘱继承和遗赠
36. 继承人、受遗赠人的债权人、债务人，共同经营的合伙人，也应当视为与继承人、受遗赠人有利害关系，不能作为遗嘱的见证人。	**第二十四条**　继承人、受遗赠人的债权人、债务人，共同经营的合伙人，也应当视为与继承人、受遗赠人有利害关系，不能作为遗嘱的见证人。
37. 遗嘱人未保留缺乏劳动能力又没有生活来源的继承人的遗产份额，遗产处理时，应当为该继承人留下必要的遗产，所剩余的部分，才可参照遗嘱确定的分配原则处理。	**第二十五条**　遗嘱人未保留缺乏劳动能力又没有生活来源的继承人的遗产份额，遗产处理时，应当为该继承人留下必要的遗产，所剩余的部分，才可参照遗嘱确定的分配原则处理。

《继承法意见》	《民法典继承编司法解释（一）》
继承人是否缺乏劳动能力又没有生活来源，应按遗嘱生效时该继承人的具体情况确定。	继承人是否缺乏劳动能力又没有生活来源，应当按遗嘱生效时该继承人的具体情况确定。
38. 遗嘱人以遗嘱处分了**属于**国家、集体或他人**所有的**财产，遗嘱的这部分，**应**认定无效。	**第二十六条** 遗嘱人以遗嘱处分了国家、集体或者他人财产的，**应当**认定**该部分遗嘱**无效。
40. **公民**在遗书中涉及死后个人财产处分的内容，确为死者真实意思**的**表示，有本人签名并注明了年、月、日，又无相反证据的，**可**按自书遗嘱对待。	**第二十七条** **自然人**在遗书中涉及死后个人财产处分的内容，确为死者**的**真实意思表示，有本人签名并注明了年、月、日，又无相反证据的，**可以**按自书遗嘱对待。 释义 本条无实质变化，仅为文字性修改。
41. 遗嘱人立遗嘱时必须有行为能力。无行为能力人所立的遗嘱，即使其本人后来**有了**行为能力，仍属无效遗嘱。遗嘱人立遗嘱时**有**行为能力，后来**丧失了**行为能力，不影响遗嘱的效力。	**第二十八条** 遗嘱人立遗嘱时必须具有**完全民事**行为能力。无**民事**行为能力人**或者限制民事行为能力人**所立的遗嘱，即使其本人后来**具有完全民事**行为能力，仍属无效遗嘱。遗嘱人立遗嘱时**具有完全民事**行为能力，后来**成为无民事**行为能力**人或者限制民事行为能力人的**，不影响遗嘱的效力。 释义 本条为文字性修改，使条文表述更加精确。
43. 附义务的遗嘱继承**或**遗赠，如义务能够履行，而继承人、受遗赠人无正当理由不履行，经受益人**或**其他继承人请求，人民法院可以取消**他**接受附义务**那**部分遗产的权利，由提出请求的继承人**或**受益人负责按遗嘱人的意愿履行义务，接受遗产。	**第二十九条** 附义务的遗嘱继承**或者**遗赠，如义务能够履行，而继承人、受遗赠人无正当理由不履行，经受益人**或者**其他继承人请求，人民法院可以取消**其**接受附义务部分遗产的权利，由提出请求的继承人**或者**受益人负责按遗嘱人的意愿履行义务，接受遗产。

《继承法意见》	《民法典继承编司法解释（一）》
	释义　本条无实质变化，仅为文字性修改。
	四、遗产的处理
44. 人民法院在审理继承案件时，如果知道有继承人而无法通知的，分割遗产时，要保留其应继承的遗产，并确定该遗产的保管人**或**保管单位。	**第三十条**　人民法院在审理继承案件时，如果知道有继承人而无法通知的，分割遗产时，要保留其应继承的遗产，并确定该遗产的保管人**或者**保管单位。
45. 应当为胎儿保留的遗产份额没有保留的，应从继承人所继承的遗产中扣回。 为胎儿保留的遗产份额，如胎儿出生后死亡的，由其继承人继承；如胎儿出生时**就**是死体的，由被继承人的继承人继承。	**第三十一条**　应当为胎儿保留的遗产份额没有保留的，应从继承人所继承的遗产中扣回。 为胎儿保留的遗产份额，如胎儿出生后死亡的，由其继承人继承；如胎儿**娩**出时是死体的，由被继承人的继承人继承。 释义　本条仅为文字性修改。
46. 继承人因放弃继承权，致其不能履行法定义务的，放弃继承权的行为无效。	**第三十二条**　继承人因放弃继承权，致其不能履行法定义务的，放弃继承权的行为无效。
47. 继承人放弃继承应当以书面形式向其他继承人表示。**用口头方式表示放弃继承，本人承认，或有其它充分证据证明的，也应当认定其有效。**	**第三十三条**　继承人放弃继承应当以书面形式向**遗产管理人**或者其他继承人表示。 释义　本条主要有两处修改：一是新增"遗产管理人"角色，与《民法典》规定衔接。二是删除口头方式放弃继承的方式，明确表示继承人放弃继承必须以书面的形式向其他继承人或者遗产管理人表示。
48. 在诉讼中，继承人向人民法院以口头方式表示放弃继承的，要制作笔录，由放弃继承的人签名。	**第三十四条**　在诉讼中，继承人向人民法院以口头方式表示放弃继承的，要制作笔录，由放弃继承的人签名。

《继承法意见》	《民法典继承编司法解释（一）》
49. 继承人放弃继承的意思表示，应当在继承开始后、遗产分割前作出。遗产分割后表示放弃的不再是继承权，而是所有权。	**第三十五条**　继承人放弃继承的意思表示，应当在继承开始后、遗产分割前作出。遗产分割后表示放弃的不再是继承权，而是所有权。
50. 遗产处理前**或**在诉讼进行中，继承人对放弃继承**翻悔**的，由人民法院根据其提出的具体理由，决定是否承认，遗产处理后，继承人对放弃继承**翻悔**的，不予承认。	**第三十六条**　遗产处理前**或者**在诉讼进行中，继承人对放弃继承**反悔**的，由人民法院根据其提出的具体理由，决定是否承认。遗产处理后，继承人对放弃继承**反悔**的，不予承认。 **释义**　本条无实质变化，仅为文字性修改。
51. 放弃继承的效力，追溯到继承开始的时间。	**第三十七条**　放弃继承的效力，追溯到继承开始的时间。
53. 继承开始后，受遗赠人表示接受遗赠，并于遗产分割前死亡的，其接受遗赠的权利**移转**给他的继承人。	**第三十八条**　继承开始后，受遗赠人表示接受遗赠，并于遗产分割前死亡的，其接受遗赠的权利**转移**给他的继承人。 **释义**　本条无实质变化，仅为文字性修改。
54. 由国家或集体组织供给生活费用的烈属和享受社会救济的城市居民，其遗产仍应准许合法继承人继承。	**第三十九条**　由国家或者集体组织供给生活费用的烈属和享受社会救济的自然人，其遗产仍应准许合法继承人继承。
56. **扶养人或集体组织与公民订有**遗赠扶养协议，**扶养人或集体组织**无正当理由不履行，**致**协议解除的，不能享有受遗赠的权利，其支付的供养费用一般不予补偿；遗赠人无正当理由不履行，**致**协议解除的，则**应**偿还**扶养人或集体组织**已支付的供养费用。	**第四十条**　**继承人以外的组织或者个人与自然人签订**遗赠扶养协议**后**，无正当理由不履行，**导致**协议解除的，不能享有受遗赠的权利，其支付的供养费用一般不予补偿；遗赠人无正当理由不履行，**导致**协议解除的，则**应当**偿还**继承人以外的组织或者个人**已支付的供养费用。

《继承法意见》	《民法典继承编司法解释（一）》
	释义　本条的修改体现在主体表述与民法典相统一，无实质变化。
57. 遗产因无人继承**收归**国家或集体组织所有时，**按继承法第十四条**规定可以分给遗产的人提出取得遗产的**要求**，人民法院**应**视情况适当分给遗产。	**第四十一条**　遗产因无人继承**又无人受遗赠归**国家或者集体**所有制组织**所有时，**按照民法典第一千一百三十一条**规定可以分给适当遗产的人提出取得遗产的**诉讼请求**，人民法院**应当**视情况适当分给遗产。 释义　本条增加无人受遗赠遗产的情形，与法律条文规定衔接更准确。
58. 人民法院在分割遗产中的房屋、生产资料和特定职业所需要的财产时，应依据有利于发挥其使用效益和继承人的实际需要，兼顾各继承人的利益进行处理。	**第四十二条**　人民法院在分割遗产中的房屋、生产资料和特定职业所需要的财产时，应当依据有利于发挥其使用效益和继承人的实际需要，兼顾各继承人的利益进行处理。
59. 人民法院对故意隐匿、侵吞或争抢遗产的继承人，可以酌情减少其应继承的遗产。	**第四十三条**　人民法院对故意隐匿、侵吞或者争抢遗产的继承人，可以酌情减少其应继承的遗产。
60. 继承诉讼开始后，如继承人、受遗赠人中有既不愿参加诉讼，又不表示放弃实体权利的，应追加为共同原告；已**明确**表示放弃继承的，不再列为当事人。	**第四十四条**　继承诉讼开始后，如继承人、受遗赠人中有既不愿参加诉讼，又不表示放弃实体权利的，应当追加为共同原告；**继承人已书面**表示放弃继承、**受遗赠人在知道受遗赠后六十日内表示放弃受遗赠或者到期没有表示的，**不再列为当事人。 释义　本条增加规定，受遗赠人的放弃继承，应在知道受遗赠后60日内表示放弃受遗赠或者到期没有表示的视为放弃。这样的规定让未来在判断受遗赠人是否明确放弃继承时有了法律依据。

《继承法意见》	《民法典继承编司法解释（一）》
	五、附则
	第四十五条　本解释自2021年1月1日起施行。 释义　本司法解释施行时间与《民法典》施行时间一致。

《最高人民法院关于审理劳动争议案件适用法律问题的解释（一）》与相关规定对照表

（黑体部分为条文变化内容）

劳动争议司法解释①	2020年《劳动争议司法解释（一）》②
	为正确审理劳动争议案件，根据《中华人民共和国民法典》《中华人民共和国劳动法》《中华人民共和国劳动合同法》《中华人民共和国劳动争议调解仲裁法》《中华人民共和国民事诉讼法》等相关法律规定，结合审判实践，制定本解释。
《劳动争议司法解释》 **第一条** 劳动者与用人单位之间发生的下列纠纷，属于**《劳动法》第二条规定的**劳动争议，当事人不服劳动争议仲裁**委员会**作出的裁决，依法**向人民法院起诉**的，人民法院应当受理： （一）劳动者与用人单位在履行劳动合同过程中发生的纠纷； （二）劳动者与用人单位之间没有订立书面劳动合同，但已形成劳动	**第一条** 劳动者与用人单位之间发生的下列纠纷，属于劳动争议，当事人不服劳动争议仲裁**机构**作出的裁决，依法**提起诉讼**的，人民法院应予受理： （一）劳动者与用人单位在履行劳动合同过程中发生的纠纷； （二）劳动者与用人单位之间没有订立书面劳动合同，但已形成劳动关系后发生的纠纷； （三）劳动者与用人单位因劳动

① 《最高人民法院关于审理劳动争议案件适用法律若干问题的解释》简称《劳动争议司法解释》；《最高人民法院关于审理劳动争议案件适用法律若干问题的解释（二）》简称《劳动争议司法解释（二）》；《最高人民法院关于审理劳动争议案件适用法律若干问题的解释（三）》简称《劳动争议司法解释（三）》；《最高人民法院关于审理劳动争议案件适用法律若干问题的解释（四）》简称《劳动争议司法解释（四）》。

② 《最高人民法院关于审理劳动争议案件适用法律问题的解释（一）》以下简称2020年《劳动争议司法解释（一）》。

劳动争议司法解释	2020 年《劳动争议司法解释(一)》
关系后发生的纠纷； （三）劳动者退休后，与尚未参加社会保险统筹的原用人单位因追索养老金、医疗费、工伤保险待遇和其他社会保险费而发生的纠纷。 **《劳动争议司法解释（二）》** **第四条** 用人单位**和**劳动者因劳动关系是否已经解除或者终止，以及应否支付解除**或**终止劳动关系经济补偿金**产生**的**争议，经劳动争议仲裁委员会仲裁后，当事人依法起诉的，人民法院应予受理。** **第五条** 劳动者与用人单位解除或者终止劳动关系后，请求用人单位返还其收取的劳动合同定金、保证金、抵押金、抵押物**产生**的**争议**，或者办理劳动者的人事档案、社会保险关系等移转手续**产生**的**争议，经劳动争议仲裁委员会仲裁后，当事人依法起诉的，人民法院应予受理。** **第六条** 劳动者因为工伤、职业病，请求用人单位依法**承担**给予工伤保险待遇的**争议，经劳动争议仲裁委员会仲裁后，当事人依法起诉的，人民法院应予受理。** **《劳动争议司法解释（三）》** **第一条** 劳动者以用人单位未为其办理社会保险手续，且社会保险经办机构不能补办导致其无法享受社会保险待遇为由，要求用人单位赔偿损失而发生**争议的，人民法院应予受理。**	关系是否已经解除或者终止，以及应否支付解除**或者**终止劳动关系经济补偿金**发生的纠纷**； （四）劳动者与用人单位解除或者终止劳动关系后，请求用人单位返还其收取的劳动合同定金、保证金、抵押金、抵押物**发生**的**纠纷**，或者办理劳动者的人事档案、社会保险关系等移转手续**发生**的**纠纷**； （五）劳动者以用人单位未为其办理社会保险手续，且社会保险经办机构不能补办导致其无法享受社会保险待遇为由，要求用人单位赔偿损失发生**的纠纷**； （六）劳动者退休后，与尚未参加社会保险统筹的原用人单位因追索养老金、医疗费、工伤保险待遇和其他社会保险**待遇**而发生的纠纷； （七）劳动者因为工伤、职业病，请求用人单位依法给予工伤保险待遇**发生**的**纠纷**； （八）劳动者依据劳动合同法第八十五条规定，要求用人单位支付加付赔偿金**发生的纠纷**； （九）因企业自主进行改制发生的**纠纷**。 **释义** 本条整合了原司法解释的若干条文，表述有所调整，内容无实质变化。

劳动争议司法解释	2020 年《劳动争议司法解释（一）》
第二条 因企业自主进行改制引**发的争议，人民法院应予受理。** **第三条** 劳动者依据劳动合同法第八十五条规定，**向人民法院提起诉讼**，要求用人单位支付加付赔偿金**的，人民法院应予受理。**	
《劳动争议司法解释（二）》 **第七条** 下列纠纷不属于劳动争议： （一）劳动者请求社会保险经办机构发放社会保险金的纠纷； （二）劳动者与用人单位因住房制度改革产生的公有住房转让纠纷； （三）劳动者对劳动能力鉴定委员会的伤残等级鉴定结论或者对职业病诊断鉴定委员会的职业病诊断鉴定结论的异议纠纷； （四）家庭或者个人与家政服务人员之间的纠纷； （五）个体工匠与帮工、学徒之间的纠纷； （六）农村承包经营户与受雇人之间的纠纷。	**第二条** 下列纠纷不属于劳动争议： （一）劳动者请求社会保险经办机构发放社会保险金的纠纷； （二）劳动者与用人单位因住房制度改革产生的公有住房转让纠纷； （三）劳动者对劳动能力鉴定委员会的伤残等级鉴定结论或者对职业病诊断鉴定委员会的职业病诊断鉴定结论的异议纠纷； （四）家庭或者个人与家政服务人员之间的纠纷； （五）个体工匠与帮工、学徒之间的纠纷； （六）农村承包经营户与受雇人之间的纠纷。
《劳动争议司法解释》 **第八条** 劳动争议案件由用人单位所在地或者劳动合同履行地的基层人民法院管辖。 劳动合同履行地不明确的，由用人单位所在地的基层人民法院管辖。	**第三条** 劳动争议案件由用人单位所在地或者劳动合同履行地的基层人民法院管辖。 劳动合同履行地不明确的，由用人单位所在地的基层人民法院管辖。 **法律另有规定的，依照其规定。** 释义 本条新增第 3 款，劳动争议案件虽是专属管辖，但是遇到其他专属管辖的案件时，劳动争议管辖也需

劳动争议司法解释	2020 年《劳动争议司法解释(一)》
	要让步。例如，破产企业的劳动争议案件均应由破产法院管辖，而不再由用人单位所在地的基层法院或劳动合同履行地的基层法院管辖。当然，个别地方法院亦作了例外规定，破产案件中有关债务人的劳动争议诉讼案件，仍按照劳动争议纠纷的管辖原则。
《劳动争议司法解释》 **第九条　当事人双方不服劳动争议仲裁委员会作出的同一仲裁裁决，均向同一人民法院起诉的，先起诉的一方当事人为原告，但**对双方的诉讼请求，人民法院应当一并作出裁决。 **当事人双方**就同一仲裁裁决分别向有管辖权的人民法院起诉的，后受理的人民法院应当将案件移送给先受理的人民法院。 **《劳动争议司法解释（二）》** **第十一条**　劳动者**和**用人单位均不服劳动争议仲裁**委员会**的同一裁决，向同一人民法院起诉的，人民法院应当并案审理，双方当事人互为原告和被告。在诉讼过程中，一方当事人撤诉的，人民法院应当根据另一方当事人的诉讼请求继续审理。	**第四条**　劳动者**与**用人单位均不服劳动争议仲裁**机构**的同一裁决，向同一人民法院起诉的，人民法院应当并案审理，双方当事人互为原告和被告，对双方的诉讼请求，人民法院应当一并作出裁决。在诉讼过程中，一方当事人撤诉的，人民法院应当根据另一方当事人的诉讼请求继续审理。**双方当事人**就同一仲裁裁决分别向有管辖权的人民法院起诉的，后受理的人民法院应当将案件移送给先受理的人民法院。 释义　本条将原来的两条司法解释合并成一条，表述略作调整，内容无实质变化。
《劳动争议司法解释（四）》 **第一条**　劳动**人事**争议仲裁**委员会**以无管辖权为由对劳动争议案件不予受理，当事人提起诉讼的，人民法院按照以下情形分别处理： （一）经审查认为该劳动**人事**争议仲裁**委员会**对案件确无管辖权的，	**第五条**　劳动争议仲裁**机构**以无管辖权为由对劳动争议案件不予受理，当事人提起诉讼的，人民法院按照以下情形分别处理： （一）经审查认为该劳动争议仲裁**机构**对案件确无管辖权的，应当告知当事人向有管辖权的劳动争议仲裁

劳动争议司法解释	2020 年《劳动争议司法解释(一)》
应当告知当事人向有管辖权的劳动**人事**争议仲裁**委员会**申请仲裁; (二)经审查认为该劳动**人事**争议仲裁**委员会**有管辖权的,应当告知当事人申请仲裁,并将审查意见书面通知该劳动**人事**争议仲裁**委员会**,劳动**人事**争议仲裁**委员会**仍不受理,当事人就该劳动争议事项提起诉讼的,应予受理。	**机构**申请仲裁; (二)经审查认为该劳动争议仲裁**机构**有管辖权的,应当告知当事人申请仲裁,并将审查意见书面通知该劳动争议仲裁**机构**;劳动争议仲裁**机构**仍不受理,当事人就该劳动争议事项提起诉讼的,**人民法院**应予受理。 释义　本条无实质变化,仅为文字性修改。
《劳动争议司法解释》 **第二条**　劳动争议仲裁**委员会**以当事人申请仲裁的事项不属于劳动争议为由,作出不予受理的书面裁决、决定或者通知,当事人不服,依法**向**人民法院**起诉**的,人民法院应当分别情况予以处理: (一)属于劳动争议案件的,应当受理; (二)虽不属于劳动争议案件,但属于人民法院主管的其他案件,应当依法受理。	**第六条**　劳动争议仲裁**机构**以当事人申请仲裁的事项不属于劳动争议为由,作出不予受理的书面裁决、决定或者通知,当事人不服依法**提起诉讼**的,人民法院应当分别情况予以处理: (一)属于劳动争议案件的,应当受理; (二)虽不属于劳动争议案件,但属于人民法院主管的其他案件,应当依法受理。 释义　本条无实质变化,仅为文字性修改。
《劳动争议司法解释》 **第四条**　劳动争议仲裁**委员会**以申请仲裁的主体不适格为由,作出不予受理的书面裁决、决定或者通知,当事人不服,依法**向**人民法院**起诉**的,经审查,确属主体不适格的,裁定**不予受理或者**驳回起诉。	**第七条**　劳动争议仲裁**机构**以申请仲裁的主体不适格为由,作出不予受理的书面裁决、决定或者通知,当事人不服依法**提起诉讼**,经审查确属主体不适格的,**人民法院不予受理;已经受理的**,裁定驳回起诉。 释义　本条表述略作调整,进一步明确劳动争议案件主体不适格时法院的具体处理方式。

劳动争议司法解释	2020年《劳动争议司法解释(一)》
《劳动争议司法解释》 **第五条** 劳动争议仲裁**委员会**为纠正原仲裁裁决错误重新作出裁决，当事人不服，依法**向人民法院起诉**的，人民法院应当受理。	**第八条** 劳动争议仲裁**机构**为纠正原仲裁裁决错误重新作出裁决，当事人不服依法**提起诉讼**的，人民法院应当受理。 释义 本条无实质变化，仅为文字性修改。
《劳动争议司法解释》 **第七条** 劳动争议仲裁**委员会**仲裁的事项不属于人民法院受理的案件范围，当事人不服，依法**向人民法院起诉**的，裁定**不予受理或者**驳回起诉。	**第九条** 劳动争议仲裁**机构**仲裁的事项不属于人民法院受理的案件范围，当事人不服依法**提起诉讼**的，**人民法院不予受理；已经受理的，**裁定驳回起诉。 释义 本条表述略作调整，进一步明确了不属于法院受理范围的劳动争议案件的处理方式。
《劳动争议司法解释（二)》 **第八条** 当事人不服劳动争议仲裁**委员会**作出的预先支付劳动者**部分工资或者医疗费用**的裁决，**向人民法院起诉**的，人民法院不予受理。 用人单位不履行上述裁决中的给付义务，劳动者依法**向人民法院**申请强制执行的，人民法院应予受理。	**第十条** 当事人不服劳动争议仲裁**机构**作出的预先支付劳动者**劳动报酬、工伤医疗费、经济补偿或者赔偿金**的裁决，**依法提起诉讼**的，人民法院不予受理。 用人单位不履行上述裁决中的给付义务，劳动者依法申请强制执行的，人民法院应予受理。 释义 本条扩大预支劳动者款项的范围至“劳动报酬、工伤医疗费、经济补偿或者赔偿金”，与《劳动争议调解仲裁法》第44条规定相统一。
《劳动争议司法解释（三)》 **第十一条** 劳动**人事**争议仲裁**委员会**作出的调解书已经发生法律效力，一方当事人反悔提起诉讼的，人民法院不予受理；已经受理的，裁定驳回起诉。	**第十一条** 劳动争议仲裁**机构**作出的调解书已经发生法律效力，一方当事人反悔提起诉讼的，人民法院不予受理；已经受理的，裁定驳回起诉。 释义 本条无实质变化，仅为文字性修改。

劳动争议司法解释	2020 年《劳动争议司法解释(一)》
《劳动争议司法解释（三）》 **第十二条** 劳动**人事**争议仲裁**委员会**逾期未作出受理决定或仲裁裁决，当事人直接提起诉讼的，人民法院应予受理，但申请仲裁的案件存在下列事由的除外： （一）移送管辖的； （二）正在送达或送达延误的； （三）等待另案诉讼结果、评残结论的； （四）正在等待劳动**人事**争议仲裁**委员会**开庭的； （五）启动鉴定程序或者委托其他部门调查取证的； （六）其他正当事由。 当事人以劳动**人事**争议仲裁**委员会**逾期未作出仲裁裁决为由提起诉讼的，应当提交**劳动人事争议仲裁委员会**出具的受理通知书或者其他已接受仲裁申请的凭证或证明。	**第十二条** 劳动争议仲裁**机构**逾期未作出受理决定或仲裁裁决，当事人直接提起诉讼的，人民法院应予受理，但申请仲裁的案件存在下列事由的除外： （一）移送管辖的； （二）正在送达或者送达延误的； （三）等待另案诉讼结果、评残结论的； （四）正在等待劳动争议仲裁**机构**开庭的； （五）启动鉴定程序或者委托其他部门调查取证的； （六）其他正当事由。 当事人以劳动争议仲裁**机构**逾期未作出仲裁裁决为由提起诉讼的，应当提交**该仲裁机构**出具的受理通知书或者其他已接受仲裁申请的凭证、证明。 释义 本条无实质变化，仅为文字性修改。
《劳动争议司法解释（三）》 **第十七条** 劳动者依据劳动合同法第三十条第二款和调解仲裁法第十六条规定向人民法院申请支付令，符合民事诉讼法第十七章督促程序规定的，人民法院应予受理。 依据劳动合同法第三十条第二款规定申请支付令被人民法院裁定终结督促程序后，劳动者就劳动争议事项直接**向人民法院起诉**的，人民法院应当告知其先向劳动**人事**争议仲裁**委员会**申请仲裁。	**第十三条** 劳动者依据劳动合同法第三十条第二款和调解仲裁法第十六条规定向人民法院申请支付令，符合民事诉讼法第十七章督促程序规定的，人民法院应予受理。 依据劳动合同法第三十条第二款规定申请支付令被人民法院裁定终结督促程序后，劳动者就劳动争议事项直接**提起诉讼**的，人民法院应当告知其先向劳动争议仲裁**机构**申请仲裁。 依据调解仲裁法第十六条规定申请支付令被人民法院裁定终结督促程

劳动争议司法解释	2020 年《劳动争议司法解释(一)》
依据调解仲裁法第十六条规定申请支付令被人民法院裁定终结督促程序后，劳动者依据调解协议直接**向人民法院**提起诉讼的，人民法院应予受理。	序后，劳动者依据调解协议直接提起诉讼的，人民法院应予受理。 释义　本条无实质变化，仅为文字性修改。
《劳动争议司法解释》 **第六条**　人民法院受理劳动争议案件后，当事人增加诉讼请求的，如该诉讼请求与讼争的劳动争议具有不可分性，应当合并审理；如属独立的劳动争议，应当告知当事人向劳动争议仲裁**委员会**申请仲裁。	**第十四条**　人民法院受理劳动争议案件后，当事人增加诉讼请求的，如该诉讼请求与讼争的劳动争议具有不可分性，应当合并审理；如属独立的劳动争议，应当告知当事人向劳动争议仲裁**机构**申请仲裁。 释义　本条无实质变化，仅为文字性修改。
《劳动争议司法解释（二）》 **第三条**　劳动者以用人单位的工资欠条为证据直接**向人民法院起诉**，诉讼请求不涉及劳动关系其他争议的，视为拖欠劳动报酬争议，按照普通民事纠纷受理。	**第十五条**　劳动者以用人单位的工资欠条为证据直接**提起诉讼**，诉讼请求不涉及劳动关系其他争议的，视为拖欠劳动报酬争议，**人民法院**按照普通民事纠纷受理。 释义　本条无实质变化，仅为文字性修改。
《劳动争议司法解释》 **第十七条**　劳动争议仲裁**委员会**作出仲裁裁决后，当事人对裁决中的部分事项不服，依法**向人民法院起诉**的，劳动争议仲裁裁决不发生法律效力。	**第十六条**　劳动争议仲裁**机构**作出仲裁裁决后，当事人对裁决中的部分事项不服，依法**提起诉讼**的，劳动争议仲裁裁决不发生法律效力。 释义　本条无实质变化，仅为文字性修改。
《劳动争议司法解释》 **第十八条**　劳动争议仲裁**委员会**对多个劳动者的劳动争议作出仲裁裁决后，部分劳动者对仲裁裁决不服，依法**向人民法院起诉**的，仲裁裁决对	**第十七条**　劳动争议仲裁**机构**对多个劳动者的劳动争议作出仲裁裁决后，部分劳动者对仲裁裁决不服，依法**提起诉讼**的，仲裁裁决对**提起诉讼**的劳动者不发生法律效力；对未**提起**

劳动争议司法解释	2020年《劳动争议司法解释(一)》
提出起诉的劳动者不发生法律效力；对未**提出起诉**的部分劳动者，发生法律效力，如其申请执行的，人民法院应当受理。	**诉讼**的部分劳动者，发生法律效力，如其申请执行的，人民法院应当受理。 释义　本条无实质变化，仅为文字性修改。
《劳动争议司法解释（四）》 **第二条**　仲裁裁决的类型以仲裁裁决书确定为准。 仲裁裁决书未载明该裁决为终局裁决或非终局裁决，用人单位不服该仲裁裁决向基层人民法院提起诉讼的，应当按照以下情形分别处理： （一）经审查认为该仲裁裁决为非终局裁决的，基层人民法院应予受理； （二）经审查认为该仲裁裁决为终局裁决的，基层人民法院不予受理，但应告知用人单位可以自收到不予受理裁定书之日起三十日内向劳动**人事争议仲裁委员会**所在地的中级人民法院申请撤销该仲裁裁决；已经受理的，裁定驳回起诉。	**第十八条**　仲裁裁决的类型以仲裁裁决书确定为准。仲裁裁决书未载明该裁决为终局裁决或者非终局裁决，用人单位不服该仲裁裁决向基层人民法院提起诉讼的，应当按照以下情形分别处理： （一）经审查认为该仲裁裁决为非终局裁决的，基层人民法院应予受理； （二）经审查认为该仲裁裁决为终局裁决的，基层人民法院不予受理，但应告知用人单位可以自收到不予受理裁定书之日起三十日内向劳动争议仲裁**机构**所在地的中级人民法院申请撤销该仲裁裁决；已经受理的，裁定驳回起诉。 释义　本条无实质变化，仅为文字性修改。
《劳动争议司法解释（三）》 **第十三条**　劳动者依据调解仲裁法第四十七条第（一）项规定，追索劳动报酬、工伤医疗费、经济补偿或者赔偿金，如果仲裁裁决涉及数项，每项确定的数额均不超过当地月最低工资标准十二个月金额的，应当按照终局裁决处理。	**第十九条　仲裁裁决书未载明该裁决为终局裁决或者非终局裁决，**劳动者依据调解仲裁法第四十七条第一项规定，追索劳动报酬、工伤医疗费、经济补偿或者赔偿金，如果仲裁裁决涉及数项，每项确定的数额均不超过当地月最低工资标准十二个月金额的，应当按照终局裁决处理。

劳动争议司法解释	2020 年《劳动争议司法解释(一)》
	释义 本条新增了“仲裁裁决书未载明该裁决为终局裁决或者非终局裁决”的前提条件。
《劳动争议司法解释（三)》 **第十四条** 劳动**人事**争议仲裁**委员会**作出的同一仲裁裁决同时包含终局裁决事项和非终局裁决事项，当事人不服该仲裁裁决向人民法院提起诉讼的，应当按照非终局裁决处理。	**第二十条** 劳动争议仲裁**机构**作出的同一仲裁裁决同时包含终局裁决事项和非终局裁决事项，当事人不服该仲裁裁决向人民法院提起诉讼的，应当按照非终局裁决处理。 **释义** 本条无实质变化，仅为文字性修改。
《劳动争议司法解释（三)》 **第十五条** 劳动者依据调解仲裁法第四十八条规定向基层人民法院提起诉讼，用人单位依据调解仲裁法第四十九条规定向劳动**人事**争议仲裁**委员会**所在地的中级人民法院申请撤销仲裁裁决的，中级人民法院**应**不予受理；已经受理的，应当裁定驳回申请。 被人民法院驳回起诉或者劳动者撤诉的，用人单位可以自收到裁定书之日起三十日内，向劳动**人事**争议仲裁**委员会**所在地的中级人民法院申请撤销仲裁裁决。	**第二十一条** 劳动者依据调解仲裁法第四十八条规定向基层人民法院提起诉讼，用人单位依据调解仲裁法第四十九条规定向劳动争议仲裁**机构所在地**的中级人民法院申请撤销仲裁裁决的，中级人民法院**应当**不予受理；已经受理的，应当裁定驳回申请。 被人民法院驳回起诉或者劳动者撤诉的，用人单位可以自收到裁定书之日起三十日内，向劳动争议仲裁**机构**所在地的中级人民法院申请撤销仲裁裁决。 **释义** 本条无实质变化，仅为文字性修改。
《劳动争议司法解释（三)》 **第十六条** 用人单位**依照**调解仲裁法第四十九条规定向中级人民法院申请撤销仲裁裁决，中级人民法院作出的驳回申请或者撤销仲裁裁决的裁定为终审裁定。	**第二十二条** 用人单位**依据**调解仲裁法第四十九条规定向中级人民法院申请撤销仲裁裁决，中级人民法院作出的驳回申请或者撤销仲裁裁决的裁定为终审裁定。 **释义** 本条无实质变化，仅为文字性修改。

劳动争议司法解释	2020年《劳动争议司法解释(一)》
《劳动争议司法解释(四)》 **第三条** 中级人民法院审理用人单位申请撤销终局裁决的案件，应当组成合议庭开庭审理。经过阅卷、调查和询问当事人，对没有新的事实、证据或者理由，合议庭认为不需要开庭审理的，可以不开庭审理。 中级人民法院可以组织双方当事人调解。达成调解协议的，可以制作调解书。一方当事人逾期不履行调解协议的，另一方可以申请人民法院强制执行。	**第二十三条** 中级人民法院审理用人单位申请撤销终局裁决的案件，应当组成合议庭开庭审理。经过阅卷、调查和询问当事人，对没有新的事实、证据或者理由，合议庭认为不需要开庭审理的，可以不开庭审理。 中级人民法院可以组织双方当事人调解。达成调解协议的，可以制作调解书。一方当事人逾期不履行调解协议的，另一方可以申请人民法院强制执行。
《劳动争议司法解释》 **第二十一条** 当事人申请人民法院执行劳动争议仲裁机构作出的发生法律效力的裁决书、调解书，被申请人提出证据证明劳动争议仲裁裁决书、调解书有下列情形之一，并经审查核实的，人民法院可以根据《民事诉讼法》**第二百一十三条之**规定，裁定不予执行： （一）裁决的事项不属于劳动争议仲裁范围，或者劳动争议仲裁机构无权仲裁的； （二）适用法律确有错误的； （三）仲裁员仲裁该案时，有徇私舞弊、枉法裁决行为的； （四）人民法院认定执行该劳动争议仲裁裁决违背社会公共利益的。 人民法院在不予执行的裁定书中，应当告知当事人在收到裁定书之次日起**30**日内，可以就该劳动争议事项向人民法院起诉。	**第二十四条** 当事人申请人民法院执行劳动争议仲裁机构作出的发生法律效力的裁决书、调解书，被申请人提出证据证明劳动争议仲裁裁决书、调解书有下列情形之一，并经审查核实的，人民法院可以根据民事诉讼法**第二百三十七条**规定，裁定不予执行： （一）裁决的事项不属于劳动争议仲裁范围，或者劳动争议仲裁机构无权仲裁的； （二）适用法律、**法规**确有错误的； **（三）违反法定程序的；** **（四）裁决所根据的证据是伪造的；** **（五）对方当事人隐瞒了足以影响公正裁决的证据的；** （六）仲裁员在仲裁该案时有**索贿受贿**、徇私舞弊、枉法裁决行为的； （七）人民法院认定执行该劳动

劳动争议司法解释	2020 年《劳动争议司法解释(一)》
	争议仲裁裁决违背社会公共利益的。 人民法院在不予执行的裁定书中，应当告知当事人在收到裁定书之次日起三十日内，可以就该劳动争议事项向人民法院提起诉讼。 释义　本条根据修订的《民事诉讼法》对不予执行裁决书、调解书的情形进行了更新，增加了三种不予执行的情形。
《劳动争议司法解释（三)》 **第十八条**　劳动**人事**争议仲裁**委员会**作出终局裁决，劳动者向人民法院申请执行，用人单位向劳动**人事**争议仲裁**委员会**所在地的中级人民法院申请撤销的，人民法院应当裁定中止执行。 用人单位撤回、撤销终局裁决申请或者其申请被驳回的，人民法院应当裁定恢复执行。仲裁裁决被撤销的，人民法院应当裁定终结执行。 用人单位向人民法院申请撤销仲裁裁决被驳回后，又在执行程序中以相同理由提出不予执行抗辩的，人民法院不予支持。	**第二十五条**　劳动争议仲裁**机构**作出终局裁决，劳动者向人民法院申请执行，用人单位向劳动争议仲裁**机构**所在地的中级人民法院申请撤销的，人民法院应当裁定中止执行。 用人单位撤回撤销终局裁决申请或者其申请被驳回的，人民法院应当裁定恢复执行。仲裁裁决被撤销的，人民法院应当裁定终结执行。 用人单位向人民法院申请撤销仲裁裁决被驳回后，又在执行程序中以相同理由提出不予执行抗辩的，人民法院不予支持。 释义　本条无实质变化，仅为文字性修改。
《劳动争议司法解释》 **第十条**　用人单位与其它单位合并的，合并前发生的劳动争议，由合并后的单位为当事人；用人单位分立为若干单位的，其分立前发生的劳动争议，由分立后的实际用人单位为当事人。 用人单位分立为若干单位后，**对**承受劳动权利义务的单位不明确的，分立后的单位均为当事人。	**第二十六条**　用人单位与其它单位合并的，合并前发生的劳动争议，由合并后的单位为当事人；用人单位分立为若干单位的，其分立前发生的劳动争议，由分立后的实际用人单位为当事人。 用人单位分立为若干单位后，**具体**承受劳动权利义务的单位不明确的，分立后的单位均为当事人。

劳动争议司法解释	2020 年《劳动争议司法解释(一)》
	释义 本条无实质变化，仅为文字性修改。
《劳动争议司法解释》 **第十一条** 用人单位招用尚未解除劳动合同的劳动者，原用人单位与劳动者发生的劳动争议，可以列新的用人单位为第三人。 原用人单位以新的用人单位侵权为由**向人民法院起诉**的，可以列劳动者为第三人。 原用人单位以新的用人单位和劳动者共同侵权为由**向人民法院起诉**的，新的用人单位和劳动者列为共同被告。	**第二十七条** 用人单位招用尚未解除劳动合同的劳动者，原用人单位与劳动者发生的劳动争议，可以列新的用人单位为第三人。 原用人单位以新的用人单位侵权为由**提起诉讼**的，可以列劳动者为第三人。 原用人单位以新的用人单位和劳动者共同侵权为由**提起诉讼**的，新的用人单位和劳动者列为共同被告。 **释义** 本条无实质变化，仅为文字性修改。
《劳动争议司法解释》 **第十二条** 劳动者在用人单位与其他平等主体之间的承包经营期间，与发包方和承包方双方或者一方发生劳动争议，依法**向人民法院起诉**的，应当将承包方和发包方作为当事人。	**第二十八条** 劳动者在用人单位与其他平等主体之间的承包经营期间，与发包方和承包方双方或者一方发生劳动争议，依法**提起诉讼**的，应当将承包方和发包方作为当事人。 **释义** 本条无实质变化，仅为文字性修改。
《劳动争议司法解释（三）》 **第四条** 劳动者与未办理营业执照、营业执照被吊销或者营业期限届满仍继续经营的用人单位发生争议的，应当将用人单位或者其出资人列为当事人。	**第二十九条** 劳动者与未办理营业执照、营业执照被吊销或者营业期限届满仍继续经营的用人单位发生争议的，应当将用人单位或者其出资人列为当事人。
《劳动争议司法解释（三）》 **第五条** 未办理营业执照、营业执照被吊销或者营业期限届满仍继续经营的用人单位，以挂靠等方式借用他人营业执照经营的，应当将用人单位和营业执照出借方列为当事人。	**第三十条** 未办理营业执照、营业执照被吊销或者营业期限届满仍继续经营的用人单位，以挂靠等方式借用他人营业执照经营的，应当将用人单位和营业执照出借方列为当事人。

劳动争议司法解释	2020年《劳动争议司法解释(一)》
《劳动争议司法解释(三)》 **第六条** 当事人不服劳动**人事**争议仲裁**委员会**作出的仲裁裁决，依法**向人民法院**提起诉讼，人民法院审查认为仲裁裁决遗漏了必须共同参加仲裁的当事人的，应当依法追加遗漏的人为诉讼当事人。 被追加的当事人应当承担责任的，人民法院应当一并处理。	**第三十一条** 当事人不服劳动争议仲裁**机构**作出的仲裁裁决，依法提起诉讼，人民法院审查认为仲裁裁决遗漏了必须共同参加仲裁的当事人的，应当依法追加遗漏的人为诉讼当事人。 被追加的当事人应当承担责任的，人民法院应当一并处理。 释义 本条无实质变化，仅为文字性修改。
《劳动争议司法解释(三)》 **第七条** 用人单位与其招用的已经依法享受养老保险待遇**或**领取退休金的人员发生用工争议，**向人民法院**提起诉讼的，人民法院应当按劳务关系处理。 **第八条** 企业停薪留职人员、未达到法定退休年龄的内退人员、下岗待岗人员以及企业经营性停产放长假人员，因与新的用人单位发生用工争议，**依法向人民法院**提起诉讼的，人民法院应当按劳动关系处理。	**第三十二条** 用人单位与其招用的已经依法享受养老保险待遇**或者**领取退休金的人员发生用工争议**而**提起诉讼的，人民法院应当按劳务关系处理。 企业停薪留职人员、未达到法定退休年龄的内退人员、下岗待岗人员以及企业经营性停产放长假人员，因与新的用人单位发生用工争议**而**提起诉讼的，人民法院应当按劳动关系处理。 释义 本条将原两条司法解释整合成一条，部分文字作了调整。
《劳动争议司法解释(四)》 **第十四条** 外国人、无国籍人未依法取得就业证件即与**中国**境内的用人单位签订劳动合同，**以及香港特别行政区、澳门特别行政区和台湾地区居民未依法取得就业证件即与内地用人单位签订劳动合同，**当事人请求确认与用人单位存在劳动关系的，人民法院不予支持。	**第三十三条** 外国人、无国籍人未依法取得就业证件即与**中华人民共和国**境内的用人单位签订劳动合同，当事人请求确认与用人单位存在劳动关系的，人民法院不予支持。 持有《外国专家证》并取得《外国人来华工作许可证》的外国人，与**中华人民共和国**境内的用人单位建立用工关系的，可以认定为劳动关系。

劳动争议司法解释	2020年《劳动争议司法解释(一)》
持有《外国专家证》并取得《外国专家来华工作许可证》的外国人，与中国境内的用人单位建立用工关系的，可以认定为劳动关系。	释义　本条删除了原司法解释中港澳台居民内地就业未取得许可证件的规定，因为自2018年7月28日起，港澳台人员在内地（大陆）就业不再需要办理《台港澳人员就业证》。
《劳动争议司法解释》 **第十六条**　劳动合同期满后，劳动者仍在原用人单位工作，原用人单位未表示异议的，视为双方同意以原条件继续履行劳动合同。一方提出终止劳动关系的，人民法院应当支持。 根据《劳动法》第二十条之规定，用人单位应当与劳动者签订无固定期限劳动合同而未签订的，人民法院可以视为双方之间存在无固定期限劳动合同关系，并以原劳动合同确定双方的权利义务关系。	**第三十四条**　劳动合同期满后，劳动者仍在原用人单位工作，原用人单位未表示异议的，视为双方同意以原条件继续履行劳动合同。一方提出终止劳动关系的，人民法院应予支持。 根据**劳动合同法第十四条**规定，用人单位应当与劳动者签订无固定期限劳动合同而未签订的，人民法院可以视为双方之间存在无固定期限劳动合同关系，并以原劳动合同确定双方的权利义务关系。 释义　本条第2款调整了法律依据。
《劳动争议司法解释（三）》 **第十条**　劳动者与用人单位就解除或者终止劳动合同办理相关手续、支付工资报酬、加班费、经济补偿或者赔偿金等达成的协议，不违反法律、行政法规的强制性规定，且不存在欺诈、胁迫或者乘人之危情形的，应当认定有效。 前款协议存在重大误解或者显失公平情形，当事人请求撤销的，人民法院应予支持。	**第三十五条**　劳动者与用人单位就解除或者终止劳动合同办理相关手续、支付工资报酬、加班费、经济补偿或者赔偿金等达成的协议，不违反法律、行政法规的强制性规定，且不存在欺诈、胁迫或者乘人之危情形的，应当认定有效。 前款协议存在重大误解或者显失公平情形，当事人请求撤销的，人民法院应予支持。
《劳动争议司法解释（四）》 **第六条**　当事人在劳动合同或者保密协议中约定了竞业限制，但未约定解除或者终止劳动合同后给予劳动	**第三十六条**　当事人在劳动合同或者保密协议中约定了竞业限制，但未约定解除或者终止劳动合同后给予劳动者经济补偿，劳动者履行了竞业

劳动争议司法解释	2020 年《劳动争议司法解释(一)》
者经济补偿，劳动者履行了竞业限制义务，要求用人单位按照劳动者在劳动合同解除或者终止前十二个月平均工资的 30% 按月支付经济补偿的，人民法院应予支持。 前款规定的月平均工资的 30% 低于劳动合同履行地最低工资标准的，按照劳动合同履行地最低工资标准支付。	限制义务，要求用人单位按照劳动者在劳动合同解除或者终止前十二个月平均工资的 30% 按月支付经济补偿的，人民法院应予支持。 前款规定的月平均工资的 30% 低于劳动合同履行地最低工资标准的，按照劳动合同履行地最低工资标准支付。
《劳动争议司法解释（四）》 **第七条** 当事人在劳动合同或者保密协议中约定了竞业限制和经济补偿，当事人解除劳动合同时，除另有约定外，用人单位要求劳动者履行竞业限制义务，或者劳动者履行了竞业限制义务后要求用人单位支付经济补偿的，人民法院应予支持。	**第三十七条** 当事人在劳动合同或者保密协议中约定了竞业限制和经济补偿，当事人解除劳动合同时，除另有约定外，用人单位要求劳动者履行竞业限制义务，或者劳动者履行了竞业限制义务后要求用人单位支付经济补偿的，人民法院应予支持。
《劳动争议司法解释（四）》 **第八条** 当事人在劳动合同或者保密协议中约定了竞业限制和经济补偿，劳动合同解除或者终止后，因用人单位的原因导致三个月未支付经济补偿，劳动者请求解除竞业限制约定的，人民法院应予支持。	**第三十八条** 当事人在劳动合同或者保密协议中约定了竞业限制和经济补偿，劳动合同解除或者终止后，因用人单位的原因导致三个月未支付经济补偿，劳动者请求解除竞业限制约定的，人民法院应予支持。
《劳动争议司法解释（四）》 **第九条** 在竞业限制期限内，用人单位请求解除竞业限制协议时，人民法院应予支持。 在解除竞业限制协议时，劳动者请求用人单位额外支付劳动者三个月的竞业限制经济补偿的，人民法院应予支持。	**第三十九条** 在竞业限制期限内，用人单位请求解除竞业限制协议的，人民法院应予支持。 在解除竞业限制协议时，劳动者请求用人单位额外支付劳动者三个月的竞业限制经济补偿的，人民法院应予支持。

劳动争议司法解释	2020年《劳动争议司法解释(一)》
《劳动争议司法解释（四)》 **第十条** 劳动者违反竞业限制约定，向用人单位支付违约金后，用人单位要求劳动者按照约定继续履行竞业限制义务的，人民法院应予支持。	**第四十条** 劳动者违反竞业限制约定，向用人单位支付违约金后，用人单位要求劳动者按照约定继续履行竞业限制义务的，人民法院应予支持。
《劳动争议司法解释》 **第十四条** 劳动合同被确认为无效后，用人单位**对**劳动者付出**的**劳动，**一般可参照本单位同期、同工种、同岗位的工资标准**支付劳动报酬。 **根据《劳动法》第九十七条之规定，**由于用人单位**的**原因订立**的**无效合同，给劳动者造成损害的，**应当比照违反和解除劳动合同经济补偿金的支付标准，**赔偿劳动者因合同无效所造成的经济损失。	**第四十一条** 劳动合同被确认为无效，劳动者**已**付出劳动**的**，用人单**位应当按照劳动合同法第二十八条、第四十六条、第四十七条的规定向劳动者**支付劳动报酬**和经济补偿**。 由于用人单位原因订立无效**劳动**合同，给劳动者造成损害的，**用人单位应当**赔偿劳动者因合同无效所造成的经济损失。 释义 本条增加了劳动合同无效用人单位仍应按照劳动合同法相关规定支付经济补偿的规定。劳动合同无效并不等同于劳动关系无效，用人单位仍需承担支付劳动报酬和经济补偿的法律责任。
《劳动争议司法解释（三)》 **第九条** 劳动者主张加班费的，应当就加班事实的存在承担举证责任。但劳动者有证据证明用人单位掌握加班事实存在的证据，用人单位不提供的，由用人单位承担不利后果。	**第四十二条** 劳动者主张加班费的，应当就加班事实的存在承担举证责任。但劳动者有证据证明用人单位掌握加班事实存在的证据，用人单位不提供的，由用人单位承担不利后果。
《劳动争议司法解释（四)》 **第十一条** 变更劳动合同未采用书面形式，但已经实际履行了口头变更的劳动合同超过一个月，且变更后的劳动合同内容不违反法律、行政法规、**国家政策以及**公序良俗，当事人	**第四十三条** **用人单位与劳动者协商一致**变更劳动合同，**虽**未采用书面形式，但已经实际履行了口头变更的劳动合同超过一个月，变更后的劳动合同内容不违反法律、行政法规**且不违背**公序良俗，当事人以未采用书

劳动争议司法解释	2020 年《劳动争议司法解释(一)》
以未采用书面形式为由主张劳动合同变更无效的，人民法院不予支持。	面形式为由主张劳动合同变更无效的，人民法院不予支持。 **释义** 本条在原司法解释的基础上增加了“用人单位与劳动者协商一致”的前提，更加符合法律规定的劳动合同变更条件。《劳动合同法》第35条规定，用人单位与劳动者协商一致，可以变更劳动合同约定的内容。变更劳动合同，应当采用书面形式。 本条规定口头变更劳动合同同样需要双方协商一致，仅是没有采取书面形式并不影响口头变更的效力。
《劳动争议司法解释》 **第十三条** 因用人单位作出的开除、除名、辞退、解除劳动合同、减少劳动报酬、计算劳动者工作年限等决定而发生的劳动争议，用人单位负举证责任。	**第四十四条** 因用人单位作出的开除、除名、辞退、解除劳动合同、减少劳动报酬、计算劳动者工作年限等决定而发生的劳动争议，用人单位负举证责任。
《劳动争议司法解释》 **第十五条** 用人单位有下列情形之一，迫使劳动者提出解除劳动合同的，用人单位应当支付劳动者的劳动报酬和经济补偿，并可支付赔偿金： （一）以暴力、威胁或者非法限制人身自由的手段强迫劳动的； （二）未按照劳动合同约定支付劳动报酬或者提供劳动条件的； （三）克扣或者无故拖欠劳动者工资的； （四）拒不支付劳动者延长工作时间工资报酬的； （五）低于当地最低工资标准支付劳动者工资的。	**第四十五条** 用人单位有下列情形之一，迫使劳动者提出解除劳动合同的，用人单位应当支付劳动者的劳动报酬和经济补偿，并可支付赔偿金： （一）以暴力、威胁或者非法限制人身自由的手段强迫劳动的； （二）未按照劳动合同约定支付劳动报酬或者提供劳动条件的； （三）克扣或者无故拖欠劳动者工资的； （四）拒不支付劳动者延长工作时间工资报酬的； （五）低于当地最低工资标准支付劳动者工资的。

劳动争议司法解释	2020 年《劳动争议司法解释(一)》
《劳动争议司法解释（四)》 **第五条** 劳动者非因本人原因从原用人单位被安排到新用人单位工作，原用人单位未支付经济补偿，劳动者依照劳动合同法第三十八条规定与新用人单位解除劳动合同，或者新用人单位向劳动者提出解除、终止劳动合同，在计算支付经济补偿或赔偿金的工作年限时，劳动者请求把在原用人单位的工作年限合并计算为新用人单位工作年限的，人民法院应予支持。 用人单位符合下列情形之一的，应当认定属于“劳动者非因本人原因从原用人单位被安排到新用人单位工作”： （一）劳动者仍在原工作场所、工作岗位工作，劳动合同主体由原用人单位变更为新用人单位； （二）用人单位以组织委派或任命形式对劳动者进行工作调动； （三）因用人单位合并、分立等原因导致劳动者工作调动； （四）用人单位及其关联企业与劳动者轮流订立劳动合同； （五）其他合理情形。	**第四十六条** 劳动者非因本人原因从原用人单位被安排到新用人单位工作，原用人单位未支付经济补偿，劳动者依据劳动合同法第三十八条规定与新用人单位解除劳动合同，或者新用人单位向劳动者提出解除、终止劳动合同，在计算支付经济补偿或赔偿金的工作年限时，劳动者请求把在原用人单位的工作年限合并计算为新用人单位工作年限的，人民法院应予支持。 用人单位符合下列情形之一的，应当认定属于“劳动者非因本人原因从原用人单位被安排到新用人单位工作”： （一）劳动者仍在原工作场所、工作岗位工作，劳动合同主体由原用人单位变更为新用人单位； （二）用人单位以组织委派或任命形式对劳动者进行工作调动； （三）因用人单位合并、分立等原因导致劳动者工作调动； （四）用人单位及其关联企业与劳动者轮流订立劳动合同； （五）其他合理情形。
《劳动争议司法解释（四)》 **第十二条** 建立了工会组织的用人单位解除劳动合同符合劳动合同法第三十九条、第四十条规定，但未按照劳动合同法第四十三条规定事先通知工会，劳动者以用人单位违法解除劳动合同为由请求用人单位支付赔偿金的，人民法院应予支持，但起诉前用人单位已经补正有关程序的除外。	**第四十七条** 建立了工会组织的用人单位解除劳动合同符合劳动合同法第三十九条、第四十条规定，但未按照劳动合同法第四十三条规定事先通知工会，劳动者以用人单位违法解除劳动合同为由请求用人单位支付赔偿金的，人民法院应予支持，但起诉前用人单位已经补正有关程序的除外。

劳动争议司法解释	2020 年《劳动争议司法解释(一)》
《劳动争议司法解释（四)》 **第十三条**　劳动合同法施行后，因用人单位经营期限届满不再继续经营导致劳动合同不能继续履行，劳动者请求用人单位支付经济补偿的，人民法院应予支持。	**第四十八条**　劳动合同法施行后，因用人单位经营期限届满不再继续经营导致劳动合同不能继续履行，劳动者请求用人单位支付经济补偿的，人民法院应予支持。
《劳动争议司法解释（二)》 **第十四条**　在诉讼过程中，劳动者向人民法院申请采取财产保全措施，人民法院经审查认为申请人经济确有困难，或有证据证明用人单位存在欠薪逃匿可能的，应当减轻或者免除劳动者提供担保的义务，及时采取保全措施。 **第十五条**　人民法院作出的财产保全裁定中，应当告知当事人在劳动仲裁机构的裁决书或者在人民法院的裁判文书生效后三个月内申请强制执行。逾期不申请的，人民法院应当裁定解除保全措施。	**第四十九条**　在诉讼过程中，劳动者向人民法院申请采取财产保全措施，人民法院经审查认为申请人经济确有困难，或者有证据证明用人单位存在欠薪逃匿可能的，应当减轻或者免除劳动者提供担保的义务，及时采取保全措施。 人民法院作出的财产保全裁定中，应当告知当事人在劳动**争议**仲裁机构的裁决书或者在人民法院的裁判文书生效后三个月内申请强制执行。逾期不申请的，人民法院应当裁定解除保全措施。 释义　本条将原两条司法解释整合成一条，修改了部分文字表述。
《劳动争议司法解释》 **第十九条**　用人单位根据《劳动法》第四条**之**规定，通过民主程序制定的规章制度，不违反国家法律、行政法规及政策规定，并已向劳动者公示的，可以作为**人民法院审理劳动争议案件**的依据。 **《劳动争议司法解释（二)》** **第十六条**　用人单位制定的内部规章制度与集体合同或者劳动合同约定的内容不一致，劳动者请求优先适	**第五十条**　用人单位根据**劳动合同法**第四条规定，通过民主程序制定的规章制度，不违反国家法律、行政法规及政策规定，并已向劳动者公示的，可以作为**确定双方权利义务**的依据。 用人单位制定的内部规章制度与集体合同或者劳动合同约定的内容不一致，劳动者请求优先适用合同约定的，人民法院应予支持。 释义　本条将原两条司法解释整合成

劳动争议司法解释	2020 年《劳动争议司法解释(一)》
用合同约定的，人民法院应予支持。	一条。用人单位的规章制度需要满足《劳动合同法》第 4 条规定的程序和内容合法的条件，才具有法律效力，才能作为确定双方权利义务的依据。
《劳动争议司法解释（二）》 **第十七条**　当事人在**劳动争议调解委员会**主持下达成的具有劳动权利义务内容的调解协议，具有劳动合同的约束力，可以作为人民法院裁判的根据。 当事人在**劳动争议调解委员会**主持下仅就劳动报酬争议达成调解协议，用人单位不履行调解协议确定的给付义务，劳动者直接**向人民法院起诉**的，人民法院可以按照普通民事纠纷受理。	**第五十一条**　当事人在**调解仲裁法第十条规定的调解组织**主持下达成的具有劳动权利义务内容的调解协议，具有劳动合同的约束力，可以作为人民法院裁判的根据。 当事人在**调解仲裁法第十条规定的调解组织**主持下仅就劳动报酬争议达成调解协议，用人单位不履行调解协议确定的给付义务，劳动者直接**提起诉讼**的，人民法院可以按照普通民事纠纷受理。 释义　本条将调解组织修改为“调解仲裁法第十条规定的调解组织”。不同于仲裁委和法院主持的调解，调解组织调解达成的调解协议，不具有强制执行效力，仅可以作为证据使用。
《劳动争议司法解释（四）》 **第四条**　当事人在人民调解委员会主持下仅就给付义务达成的调解协议，双方认为有必要的，可以共同向人民调解委员会所在地的基层人民法院申请司法确认。	**第五十二条**　当事人在人民调解委员会主持下仅就给付义务达成的调解协议，双方认为有必要的，可以共同向人民调解委员会所在地的基层人民法院申请司法确认。
《劳动争议司法解释》 **第二十条**　用人单位对劳动者作出的开除、除名、辞退等处理，或者因其他原因解除劳动合同确有错误的，人民法院可以依法判决予以撤销。	**第五十三条**　用人单位对劳动者作出的开除、除名、辞退等处理，或者因其他原因解除劳动合同确有错误的，人民法院可以依法判决予以撤销。 对于追索劳动报酬、养老金、医

劳动争议司法解释	2020 年《劳动争议司法解释(一)》
对于追索劳动报酬、养老金、医疗费以及工伤保险待遇、经济补偿金、培训费及其他相关费用等案件，给付数额不当的，人民法院可以予以变更。	疗费以及工伤保险待遇、经济补偿金、培训费及其他相关费用等案件，给付数额不当的，人民法院可以予以变更。
	第五十四条　本解释自 2021 年 1 月 1 日起施行。 释义　本司法解释施行时间与民法典施行时间一致。